KB034428

I

동아시아
냉전의 문화

엮은이

오타 오사무 太田修, Ota Osamu_교토 도시샤대학 대학원 글로벌스터디즈 연구과 교수
허은 許殷, Heo Eun_고려대 한국사학과 교수

글쓴이

정병욱 鄭昞旭, Jung, Byung Wook_고려대 민족문화연구원 인문한국(HK) 교수
이타가키 류타 板垣竜太, Itagaki Ryuta_교토 도시샤대학 사회학부 교수
김원 金元, Kim Won_한국학중앙연구원 사회과학부 부교수
오타 오사무 太田修, Ota Osamu_교토 도시샤대학 대학원 글로벌스터디즈 연구과 교수
김수지 Suzy Kim_미국 럿거스대학교 아시아언어문화과 부교수
하라 유스케 原佑介, Hara Yusuke_교토 리츠메이칸대학 기느가사총합연구기구 전문연구원
츠치야 유카 土屋由香, Tsuchiya Yuka_교토대학 대학원 인간・환경학연구과 교수
허은 許殷, Heo Eun_고려대 한국사학과 교수
심재겸 沈載謙, Jaekyom Shim_베를린자유대학 역사문화학과 박사 수료
도미야마 이치로 冨山一郎, Tomiyama Ichiro_교토 도시샤대학 대학원 글로벌스터디즈 연구과 교수
이해연 李海燕, Li Haiyan_도쿄이과대학 공학부 준교수
정영환 鄭栄桓, Chong Young-hwan_도쿄 메이지가쿠인대학 교양교육센터 준교수
왕 언메이 王恩美, Wang, En-Mei_국립타이완사범대학 동아시아학과 교수

문화동역학라이브러리 30

동아시아 냉전의 문화

초판인쇄 2017년 8월 20일 **초판발행** 2017년 8월 30일
엮은이 오타 오사무・허은 **펴낸이** 박성모 **펴낸곳** 소명출판 **출판등록** 제13-522호
주소 서울시 서초구 서초중앙로6길 15, 1층
전화 02-585-7840 **팩스** 02-585-7848
전자우편 somyungbooks@daum.net **홈페이지** www.somyong.co.kr

값 41,000원 ⓒ 허은 외, 2017

ISBN 979-11-5905-213-2 94910
ISBN 978-89-5626-851-4 (세트)

이 책은 2007년 정부(교육과학기술부)의 재원으로 한국연구재단의 지원을 받아 수행된 연구임(NRF-2007-361-AL0013).

고려대학교 민족문화연구원
문화동역학 라이브러리 30

동아시아 냉전의 문화

Cold War Culture in East Asia

오타 오사무·허은 편

문화동역학 라이브러리 문화는 복합적이고 역동적인 구성물이다. 한국 문화는 안팎의 다양한 갈래와 요소가 상호작용하는 과정을 통해 끊임없이 변화해왔고, 변화해 갈 것이다. 고려대학교 민족문화연구원이 주관하는 이 총서는 한국과 그 주변 문화의 복합적이고 역동적인 양상을 추적하고, 이를 통해 한국 문화는 물론 인류 문화에 대한 새로운 통찰과 그 다양성의 증진에 기여하고자 한다. 문화동역학(Cultural Dynamics)이란 이러한 도정을 이끌어 가는 우리의 방법론적인 표어이다.

소명출판

1.

21세기에 들어선 지금 우리는 냉전시대 '이후'에 살고 있는가. 미국과 소련을 맹주로 하는 양 진영의 대립을 상징하던 베를린 장벽이 오래 전에 붕괴되었고, 전 세계 질서를 좌지우지했던 미국과 러시아 양국의 위상이 예전만 같지 못한 현실에서 이러한 질문은 한낱 낡은 우문에 불과할지도 모른다. 그러나 동서냉전에 기인한 국가 간의 대립이 여전히 국제질서에서 주요한 한 축을 이루고, 또한 양 진영의 대립을 열전이 아닌 냉전이 되게끔 했던 핵무기라는 대량보복학살 무기가 강대국의 주된 군사력이자 국가권력의 존립 정당성을 확보하는 수단으로 활용되고 있는 현실은 냉전적 방식이 강고하게 유지되고 있다는 의구심을 떨쳐버리기 어렵게 한다. 더구나 이러한 현실에 한반도와 동아시아가 크게 영향 받으며, 항상적인 위기상황에 처해있다는 사실을 직시할 때 이 '우문'은 우리를 당혹스럽게 만든다.

냉전시대 '이후'인가라는 질문은 냉전시대란 무엇인가라는 물음을 도돌이표처럼 제기하게 만든다. 21세기 국내외 학계는 냉전시대란 무엇인가에 답하기 위해 많은 연구 성과를 제출해 왔다. 이는 각 지역에서 겪었던 냉전과 그들의 냉전을 규정했던 요인들을 풍부하고도 심층적으로 볼 수 있는 학문적 공간이 크게 열리면서, 뫼비우스의 띠와도 같이 반복되는 질문의 굴레에 갇힌 인식을 끊고 새로운 인식 지평으로 넘어가기 위한 학적 차원의 탈냉전 시도라 하겠다. '극단의 시대' 20세기가 종식된 뒤 미네르바 지식인들의 때늦은 시도가 냉소적 대상이 되지 않는 이유는 오직 과거에 대한 깊은 탐구 속에서 미래를 위한 좌표를 제시할 능력을 가지고 있기 때문이다.

냉전사 연구들이 유럽대륙, 중동, 동아시아, 아프리카, 남미 등 각 지역 그리고 국가, 종족ethnic, 소수자, 그리고 마을까지, 이 모든 단위와 구성주체들의 경험을 역사학이 하나하나 조명할 수도 서술할 수도 없지만, 이들의 경험과 지향이 공산진영과 자유진영, 비동맹 또는 위계화된 제1, 2, 3세계 또는 선진과 후진, 개발과 미개발 등과 같은 이항 대비적 영역으로 결코 정리될 수 없다는 사실은 이론의 여지가 없다. 역사학은 '미시'라는 미로에 갇혀 거대한 변동을 놓쳐서도 안 되지만, 거시 구조적 변화를 드러내기 위해 변화를 만든 행위주체들을 일방적으로 재단해서도 안 된다. 연구가 심화될수록 '냉전시대'라는 기표가 의미하는 시공간적 구획과 성격은 크게 변화되어 갈 것이다.

냉전시대는 다양한 지역과 개인이 지닌 다양성과 특수성을 이념으로 정리하며 '진영' 안에 묶기 위한 시도와 기제들이 지속적으로 또한 그 어느 때보다 폭력적으로 작동되었다. 냉전체제는 일견 일괴암처럼 보이는 '진영'(또는 진영 내 국가)이란 실체를 만들어 냈지만, 이는 국가들의 다양한 이해 추구, 자본의 이해 추구, 제국주의 시대 / 식민지주의 시대 경험의 편차 등에 의해 끝이 없이 균열되고 흔들리는 존재였다.

미국과 소련은 균열과 갈등이 요동쳐 '진영체제'를 근본적으로 뒤흔드는 것을 원치 않았고, 이를 막기 위한 폭력적 개입을 '정의'로운 전쟁으로 정당화했다. 한반도와 베트남에서는 폭력적인 진영 분단과 이를 거부한 현지인들의 저항을 억압하기 위한 열전이 벌어졌음은 주지의 사실이다. 그리고 언제 다시 터질지 모를 열전의 분화구를 감시하기 위해 미군의 군사기지들이 촘촘히 배치되었다.

서구 제국 및 일제의 식민지 지배를 경험한 동아시아 지역에서는 베트남전쟁에서 미국의 패전이 보여주듯이 군사적 개입을 통한 진영의 경계 구획이란 애초부터 불가능한 일이었을지 모른다. 그러나 베트남전에 개입한 미국조차도 마을까지 내려가 주민들을 사회문화적 차원에서 이들의 심성을 장악하며 공공한 지지기반을 구축하고자 심혈을 기울였다는 사실을 주목할 필요가 있다. 물리력에만 의존하여 우호적인 진영이라는 '상상된 공동체'의 형성을 기대하는 것은 어불성설이라는 점을 미국은 누구보다 잘 알고 있었다.

이 책에서 다루는 냉전의 '문화'란 미국의 문화냉전 정책에 한정되거나, 순수 문학, 영화, 음악 등과 같은 미디어로 표상되는 '협의적 영역'의 문화에 국한되지 않는다. 여기서 문화란 냉전시대 공동체의 기억과 인식 그리고 생활양식까지 포괄하는 광의의 영역을 의미한다. 냉전은 공동체의 생활문화에서부터 개인의 인식과 기억의 영역까지 깊게 들어와 앉아 뿌리를 내리며 두려움, 기쁨, 희망까지 장악하고자 한 집요한 힘이자, 민족 및 국가의 경계를 뛰어넘어 경험과 인식을 공유하는 상상된 공동체를 구성하는 힘이었다.

냉전시대는 탈식민지 지역을 중심으로 수많은 국민국가가 탄생한 시대였지만, 냉전체제 하 진영 속에서 국민국가의 경험과 기억은 일국 단위에서 자기 완결성을 가질 수가 없었다. 따라서 냉전의 폭과 깊이를 드러내는 '냉전의 최전선'은 일국 단위를 넘어 고찰될 때 그 실체가 분명하게 드러날 가능성이 높다. 지구도를 놓고 볼 때 한반도의 휴전선이 전 세계와 동아시아를 가로지르는 냉전분단선의 일부분이라는 점이 잘 드러나듯이 말이다.

2.

국가와 민족단위의 공간적 경계를 넘어서고, 식민지시대와 냉전시대라는 시간적 구획을 넘나들며 전개되었던 동아시아 냉전의 탐색을 위해서는 역시 연구자들도 경계를 넘나들며 지속적인 공동 연구를 진행할 때 가능하다. 이에 고려대학교 민족문화연구원과 도시샤대학교 코리아연구센터는 다양한 지점에서 냉전연구를 진행해 온 연구자들을 초청하여 2014년부터 2016년까지 5차례에 걸쳐 서울과 교토를 상호 방문하는 공동연구를 진행했다. 이 과정에서 냉전의 문화, 식민지배의 영향, 동아시아 단위에서 전개된 냉전의 연계 등을 다룬 연구들이 발표되었다. 이 책은 공동연구회에서 발표된 연구 성과물을 수정 보완한 결과물이다.

책의 구성은 '1부―기억과 계보, 2부―전쟁과 일상, 페미니즘, 반전

운동, 3부―미국, 문화냉전, 경계, 4부―조선족, 재일조선인, 한국화교'로 구성되어 있다. 냉전은 우리의 기억과 이에 기반한 인식을 어떻게 규정하거나 뒤틀어 놓았을까. 1부를 구성하는 정병욱, 이타가키 류타, 김원의 글들은 각기 다른 시기와 대상을 다루나 개인과 사회의 기억이 냉전 속에서 어떻게 규정되거나 또는 균열되고 있는가를 잘 보여주고 있다. 정병욱의 연구가 보여주듯이 냉전은 기억을 지우거나 선별하도록 강제하기도 했지만, 김원의 글에서처럼 냉전 작동기제가 붕괴되며 생존적 위기를 초래한 지역에서는 냉전 전사들에게조차 '반공 국민'을 위한 집단 기억으로 수렴되지 않는 복잡한 인식의 균열을 낳기도 했다. 한편, 냉전시대와 식민지시대는 시간적 흐름에서 불가역적이나 인식의 영역에서는 정병욱의 글이 잘 보여 주듯이 이러한 제약을 넘나들며 규정한다. 이타가키는 '식민지 지배 책임론의 계보' 탐색의 일환으로 1950년대 중반 이후 귀국운동이 낳은 냉전지형 속에서 대두된 '조선인 강제연행론'의 의미를 고찰한다. 그의 연구는 분단된 한반도와 일본에서 냉전이 새롭게 작동시킨 권력관계에 속박되지 않고 식민지배의 책임을 묻는 재일조선인 지식인들의 치열한 지적 투쟁 즉 냉전진영체제의 지배 논리로 환원되거나 수렴되지 않는 정치투쟁의 장을 보여준다.

2부는 3년간의 잔혹한 전쟁의 의미를 개인들의 일상, 주체들의 치열한 저항의 측면에서 재조명하는 글들을 모았다. 노동자의 일기를 통해 일상사와 미시사적 관점에서 한국 근현대사를 재조명하는 작업을 진행해왔던 오타 오사무는 개전 직전 쓰여진 일기를 분석하며 전쟁으로 인입되며 비상시의 일상화, 국민/비국민의 구별 그리고 개인의 경험을 정밀화처럼 그려준다. 김수지는 국제여맹이 진영논리를 극복하며 글로벌적 차원에서 전개한 반전운동을 상세히 조명하며 당시 페미니즘의 가능성과 한계를 탐색한다. 김수지의 글은 반전, 평화, 여성운동이라는 한반도에 전개된 전쟁이 지닌 또 다른 의미를 읽도록 우리를 이끈다. 한편 하라 유스케도 재조일본인이었던 고바야시 마사루의 전쟁인식을 조명하며 '조선전쟁'이 지닌 또 다른 의미를 보여준다. 하라 유스케는 식민지배자의 아들로서 피지배자 재일조선인과 일치될 수 없었지만 반전운동과정에서 전쟁이 지닌 역사성을 누구보다 날카롭게 읽어낸 일본 지식인의 고뇌를 살피며, 일본에서 '전후'라는 용어의 의미를 비판적으로 재규정한다.

　3부는 미국의 문화적·군사적·경제적인 심대한 영향 속에서 동아시아에 살았던 이들이 이른바 '자유 동아시아'의 구성원으로서 동질성을 부여받고 냉전의 경계를 경험하며 그 정체성을 형성하는 과정을 심도 있게 다룬 네 편의 글들로 구성했다. 츠치야 유카는 1950년대 아이젠하워 정부가 동아시아 개발도상국들을 대상으로 추진한 '평화를 위한 원자력' 프로그램을 분석한다. 츠치야 유카는 특히 베트남의 사례를 집중 조명하며 원자로 지원 프로그램이 미국의 문화적 헤게모니를 구축하는 수단으로 활용된 측면이 강했음을 규명한다. 허은은 '미국학'의 전파를 매개로 구축된 동아시아 지역의 지적 연계를 다룬다. 냉전시대 미국 정부는 아시아 지역 각 국가들에게 지역학으로서 미국학을 고등교육체계에 정착시키는 전략을 취했다. 허은은 '미국학'의 전파가 미국 주도의 '자유진영'을 형성하려는 문화냉전정책과 불가분의 관계였음을 보여준다. 한편 심재겸은 동아시아 미군기지와 '트랜스퍼시픽 연예네트워크'의 탄생관계를 김시스터즈의 사례로 흥미진진하게 보여준다. 그는 미공보원이 주도한 위로부터 문화냉전 전개와 다른 방식의 '냉전의 심미화' 과정을 주목하며, 일제의 식민지 문화정책과 미국 냉전 문화정책의 연관성, 미국을 정점으로 한 동아시아 냉전이 만든 문화적 네트워크의 위계적 권력관계를 날카롭게 지적한다. 도미야마 이치로는 생활 속에 자리 잡은 '기지'의 역할을 다루며 냉전이 만든 경계란 무엇인가를 새롭게 읽도록 이끈다. 그에 따르면 기지는 경계 밖의 국민주권의 체현자로서 국민을 '불완전한 죽음'의 존재로 규정하며 내면의 공포를 유발하는 생물이었다. 도미야마가 던지는 기지의 폭력성과 이에 대한 극복의 질문은 여전히 수많은 기지들과 함께 일상을 영위하고 있는 동아시아 각국의 모든 이들에게 현재적 과제일 것이다.

끝으로 4부에서는 경계를 뛰어넘어 전개되는 동아시아 냉전의 작동과 국민 정체성 형성이 맺었던 관계를 고찰한 세 편의 연구를 모았다. 동아시아 냉전을 상기할 때 우리는 쉽게 '공산중국−북한−소련'과 '자유중국−한국−일본'의 대립축을 연상하면서도 냉전의 작동을 일국 단위로 고찰하는 경향이 강하다. 이해연, 정영환, 왕 언메이 세 연구자는 냉전시기 국민 정체성을 논할 때 이는 공산/자유진영을 불문하고 일국단위 안에서 이를 조명하는 것은 많은 한계가 있음을 보여준다. 이해연은 조선족의 조국관 변화와 중국공산당의 민족정책을 다루며 냉전이란 경계가 공동체에 '국가적 정체성'을 규정하는 과정이 공산진영, 자유진영 가릴 것 없이 격렬하고 폭력적이었음을 보여준다. 공산진영에 조선족이 있었다면 자유진영에 재일조선인이 있었다. 정영환은 '조선적朝鮮籍'의 등장과정을 면밀히 추적하며, 재일조선인의 귀속감이 한반도의 전쟁 인식과 대응 그리고 조선인을 냉전의 틀로 규정하려는 일본 정책의 결과물이었음을 보여준다. 왕 언메이는 한국화교를 통해 동아시아 냉전이 만든 또다른 국가/민족 정체성을 보여준다. 한국화교는 '조국' 대만과 '거주국' 한국이 만든 두 '반공지배체제'로부터 규정받았으며, 자유진영의 최전선 국가였던 양국이 만든 반공공동체에 산다는 것은 한국화교에게는 훨씬 가혹한 폭력성에 노출되었음을 의미했다. 세 편의 연구들은 공히 냉전의 작동기제가 국경과 시간의 구획을 넘어 중첩되어 작동했음을 보여주며, 세 연구자들은 냉전 진영체제에 기반한 국가권력은 중첩된 기제가 야기되는 모순을 해결하기보다 국민을 강제하는 수단 특히 배제의 대상이 되기 쉬운 소수자들을 억압하는 수단으로 활용한 역사를 찬찬히 조명해 주고 있다.

3.

편자 오타 오사무와 허은은 우선 이번 기획에 참여한 모든 분들께 감사를 먼저 드리지 않을 수 없다. 각 영역에서 맡은 업무를 처리하며 식민지시기와 냉전시대 연구의 최전선을 열어가는 분들이 얼마나 많은 부하를 받고 있는지를 알고 있는 편자들로서는 공동연구 참여 제안을 흔쾌히 동의하고 발표를 해 주신 필자 여러분들께 진심으로 감사드리지 않을 수 없다.

일회성의 국제학술회의가 아닌 3년에 걸친 공동연구를 수행하는 것은 결코 쉬운 일이 아니다. 고려대 민족문화연구원 및 도시샤대학 코리아연구센터의 협조와 지원이 없었다면 이러한 기획은 구상조차 불가능했으리라 본다. 특히 정병욱 선생의 지원이 큰 힘이 되었다. 끝으로 번역을 맡아주신 여러 선생님들과 궂은 일을 도맡아 처리한 문민기 간사에게도 감사드린다. 냉전사의 새로운 영역들을 개척하는 연구를 모았지만 편자들의 부족으로 각 연구자의 문제의식이나 논쟁점을 충분히 부각시키지 못한 부분도 있으리라 본다. 부족하나마 이 기획이 냉전사와 동아시아 현대사 이해의 증진에 일조하기를 기대하며 독자들의 많은 질정을 바란다.

필자들을 대표하여

太田修·許殷 씀

책머리에   3

1부 기억과 계보

2부 전쟁과 일상, 페미니즘, 반전운동

3부 미국, 문화냉전, 경계

4부 조선족, 재일조선인, 한국화교

—1부—
기억과 계보

식민지 기억과 분단
1940년 양구군 해안면 소학교 낙서사건을 사례로
정병욱

조선인 강제연행론의 계보(1955~65)
이타가키 류타

냉전/전쟁 그리고 억류의 기억
1975년 베트남 공관원 억류 사건을 둘러싼 기억들의 재구성
김 원

식민지 기억과 분단*

1940년 양구군 해안면 소학교 낙서사건을 사례로

정병욱

1. 사건과 기억

1940년 3월 27일 오전 강원도 양구군 해안면 매동심상소학교梅東尋常
小學校 1학년 교실. 이틀 전(25일) 이 학교를 졸업한 김창환金昌煥은 동기
생 이병은李炳垠과 함께 교실에 몰래 들어갔다. 또 다른 친구 이광훈李光
勳은 복도에서 망을 봤다. 김창환은 칠판에 아래와 같이 썼다.

> 日本精神ヲ養フト共ニ [일본정신을 기름과 함께]
>
> 朝鮮精神ヲ養へ [조선정신을 길러라]
>
> 日本ハイシ [일본 폐지]
>
> 朝鮮トク立 [조선 독립][1]

---

* 이 논문은 같은 제목으로 역사문제연구소 편, 『역사문제연구』 32호, 2014.9, 339~371쪽

1941년 8월 경성지방법원은 김창환(1924년생) 이병은(1923년생) 이광훈(1924년생) 남광숙南光淑(1923년생)에게 보안법 제7조 '정치에 관한 불온한 언동'을 한 죄를 적용하여 징역 1년 집행유예 4년을 선고했고, 이들의 교사였던 홍순창洪淳昌(1904년생)에게 치안유지법 제5조 "국체 변혁"을 목적으로 선동 선전한 죄를 적용하여 징역 2년을 선고 했다.[2]

식민지에서 해방된 이후 이 사건이 어떻게 기억됐는지 살펴보는 것이 이글의 과제다. 필자는 식민지시기 조선식산은행에서 근무했던 한국인 및 일본인 은행원의 식민지 기억을 검토한 적이 있다.[3] 이를 통해 식민지 시절에 대한 기억은 식민지 이후의 역사 전개에 따라 유동하였고, 한국인이건 일본인이건 한국전쟁, 그로 인해 확립된 동아시아 냉전체제의 영향이 컸다는 점을 알 수 있었다. 이 사건에 대한 기억도 유사하다. 그 기억에 나타난 냉전과 분단의 영향, 흔적을 추적해보겠다.

아울러 필자는 앞의 검토와 여러 기억론과 기억 연구[4]를 바탕으로

에 수록된 것을 일부 수정한 글이다.

1　楊口警察署 巡査 李鍾燮(→ 楊口警察署長 安部順一),「(1940.5.19) 不穩落書發見ニ關スル件」, 京城地方法院春川支廳,『刑事第一審訴訟記錄, 記錄號 昭和十五 刑1016호, 昭和十五 豫18호, 德山實 외 5명(治安維持法 違反, 保安法 違反)』. 'ㄷ'은 필자가 낚서 내용을 번역한 것이다.

2　京城地方法院,「昭和16年 刑公第1238호 判決」, 1941.8.19.

3　정병욱,「해방이후 식산은행원의 식민지 기억과 선택적 인식 – 행우회 잡지『무궁(無窮)』(1946~1953)을 중심으로」,『역사와 현실』48, 2003.6; 정병욱,「한국산업은행원의 식민지 기억과 탈식민 –『産友』(1954~1971)를 중심으로」,『한국사연구』152, 2011.3; 정병욱,「조선식산은행 일본인 행원의 식민지 기억」,『사회와 역사』91, 2011.9.

4　최근 학계에서 기억 연구가 대유행인데, 그 접근법은 두 가지로 대별된다. 첫째, 경험에 이르는 매개체로서 기억이다. 대표적인 예로 독일 구술사의 전통을 들 수 있다. 동시대인이 경험한 바를 기억을 통해 구술로 전수하여 역사화 되는 과정에서 기억이다(송충기,「경험의 역사로서 독일 구술사」,『역사비평』102, 2013.2, 참조). 여기서 기억은 사실에 이르는 다양한 경로 중 하나이다. 둘째, '기억론적 전회'에서 말하는 기억이다. 이 때 역사는 기억의 부분집합으로, 기억이라는 바다 위에 떠 있는 육지이다. 기억이 가리키는 경험이나 사실 자체보다는 기억과 역사의 억압과 갈등 관계에 주목하며, 억압받는 기억

경험이 기억을 통해 '역사'가 되는 과정을 기억 주체를 중심으로 구분한 '개인기억 – 집단기억 – 공적 기억 · 역사(화)'를 분석틀로 제시했었다.[5] 앞선 검토가 각 단계의 특성에 치중했다면 이번 연구는 각 단계 간의 상호작용에 주목하겠다. 한편 이 사건 자체에 관해서는 필자가 이미 다른 글에서 김창환과 그 친구들을 중심으로 재해석했다.[6] 이 글에서는 해방 이후 사건에 대한 기억을 중심으로 다루고 필요한 경우 기존의 재해석을 보완하겠다.

을 통해 근대 역사학, 국민국가적 기억을 비판한다(이와사키 미노루 · 이타가키 류타 · 정지영, 「기억으로 동아시아 생각하기 – '동아시아 기억의 장' 탐색」, 『역사비평』 102, 2013.2 참조).

5 정병욱, 앞의 글(2011.9), 7쪽. 앞으로 논의를 위해 각 단계를 간단히 설명하면 다음과 같다. '개인 기억' : 개인은 사회적 집단의 구성원으로서만 기억한다는 모리스 알박스(Maurice Halbwachs)의 말은 개인 기억 자체를 부정하는 것이 아니라 개인 기억의 관계성, 사회성을 강조한 것이다. 무엇보다 기억 행위는 개인적이다. 또한 집단과 공유하기 어렵거나 집단에 동조하지 않는 개인 기억이 존재한다. '집단 기억' : 가장 많이 연구되는 분야로 집단의 존립 기반, 정체성, 지향성과 밀접한 관련을 맺는다. 다만 집단의 범위에 따라 달라지는 기억의 형성 과정과 내용에 유의할 필요가 있다. '공적 기억' : 집단이 기억한다고 해서 다 공적 기억, 역사가 되는 것은 아니다. 다른 집단이나 좀 더 넓은 집단의 인정을 받아야 한다. 근대국민국가 틀에서는 국가 차원의 공인이 필요할 수도 있다. 다만 최종적인 공식 기억이나 역사가 있을 수 있는지 의문이다. 역사를 '개방적인 이해 과정'이라 한다면 '공적 기억' 또는 '역사'보다는 '공적 기억화' 또는 '역사화'라는 진행형 표현이 더 적합한 것 같다. 결국 공적 기억화는 여러 층위의 기억들이 갈등하고 경합하는 과정이라 할 수 있다. 각 단계는 겹쳐 있으며 상호작용한다. 좁은 의미에서 역사는 공적 기억화를 의미하지만 넓은 의미의 역사는 경험(그 대상 세계를 포함)에서 공적 기억화에 이르는 전 단계를 포괄한다.

6 정병욱, 『식민지 불온열전』, 역사비평사, 2013의 제4장 「김창환, 살아서 불온한 낙서, 죽어서 불온한 역사」 참조.

2. 판결문 발굴과 역사화

1) 해안면의 역사

먼저 사건이 일어난 땅의 역사를 알아두는 것이 이후 기억의 전개를 이해하는데 유익하다.[7] 양구군 해안면은 산악분지로『정감록鄭鑑錄』에 이상적인 피난지로 나온다. 사건 당시 경찰에 의하면 이곳은 청일 · 러일 전쟁 때 평안도나 함경도에서 이주한 자가 대부분인 "이민부락移民部落"이라 했다. 그래서인지 18세기 후반 · 19세기 전반 5, 6백 명 가량의 인구가 1910년 3천 5백여 명으로 늘었다. 낙서 사건의 주역들도 할아버지나 아버지 대에 평안도나 함경도에서 이주한 집안 출신이다.

해안면 인구는 1944년 4,813명까지 증가하였다. 이들의 삶은 어떠했을까? 사건 당시 양구경찰서에서 면으로 출장 나와 조사한 순사는 "미개한 면으로서 일반민은 무식계급이고 주로 농업을 본업으로" 한다고 보고했다.[8] 1930년 '국세조사보고'에 의하면[9] 해안면의 유업자 인구 중 직업이 농업인 자가 84%였다. 이해는 읽고 쓰는 능력도 조사했는데 해안면은 한글과 일본어 모두 가능한자 3.7%, 일본어만 가능한자 0.0%, 한글만 가능한 자 18.5%. 모두 불능한 자 77.7%였다. 양구군은 각각 4.1%, 0.1%, 14.9% 80.9%였다. 해안면의 경우 앞의 두 수치가 적

---

7 이하 내용은 정병욱, 앞의 책, 207~209, 250~251쪽과 홍금수, 「역사지리의 파국적 단절과 미완의 회복─민통선북방 양구군 해안면의 인구 · 취락 · 토지이용」, 『문화역사지리』 21-3, 2009을 참조하여 정리한 것이며, 새로 보완한 경우 주를 달았다.

8 楊口警察署巡査 新羅康元, 「(1940.6.16) 檢證調書」, 京城地方法院春川支廳, 앞의 자료.

9 이하 '국세조사보고' 통계는 朝鮮總督府編,『(昭和五年)朝鮮國勢調查報告 道編 第11卷 江原道』, 朝鮮總督府, 1935, 36,48,54쪽에 의한다.

은 것은 1930년 당시 해안면에 보통학교가 없었다는 점,[10] 거주 일본인이 2명에 불과했다는 점을 감안해야 한다. 반면 한글만 가능한자는 많았고 모두 불능한 자, 즉 문맹자는 77.7%로 양구군(80.9%)은 물론 강원도(79.6%)에 비해 적었다. 해안면민에게 "미개"나 "무식"은 억울한 평가다. 오지인 해안면이 상대적으로 문맹이 낮았던 이유는 일찍부터 발달한 서당 교육 덕분일지 모른다. 식민지시기 이 지역에 공로를 기리는 비각이 세 개 있었다는데 그 중 두 개가 훈장의 공로를 기리는 것이었다. 그 중 하나가 바로 김창환의 조부인 김병제金秉濟의 것이다. 김창환의 부도 대를 이어 훈장을 하였다.[11]

또 양구의 경찰들이 하나같이 지적하는 것이 해안면민들 사이에 "융화친목"이 없었다는 점이다.[12] 무엇을 말하는 걸까? 반면에 1939년 해안면에서 태어나 자란 고용근은 해안면 사람들은 "수백 년 동안 교통이 두절된 오지에서 오래 살아 서로 혼인 관계가 얽혀 모두 사돈이 되어 전통을 지키며 행복"하게 살았는데 공산당 통치와 한국전쟁으로 내분이 일어났다고 본다.[13] 내분의 내부적인 요인은 없었던 걸까? 식민지시기 주요 산업인 농업에서 계층 분포를 보면 강원도지역은 소작농이 두터운 남한형과 자작농이 두터운 북한형 중 상대적으로 북한형에

---

10 사건이 일어난 매동심상소학교의 전신인 해안보통학교는 1933년에 설립됐다. 楊口郡誌編纂委員會編, 『楊口郡誌』, 楊口文化院, 1984, 156쪽.

11 고용근, 『고용근 자서전＝내고향 해안(亥安)면을 중심 무대로』, 창문, 2012(자비출판), 67~68쪽; 亥安警察官駐在所巡査 宮本正明(→ 楊口警察署長 安部順一), 「(1940.4.23) 不穩落書事件ニ對スル搜査 復命」, 京城地方法院春川支廳, 앞의 책.

12 주 1 자료; 楊口警察署長 安部順一(→ 江原道警察部長), 「(1940.8.18)不穩落書發見ニ關スル件」, 京城地方法院春川支廳, 앞의 책.

13 고용근, 앞의 책, 83쪽.

가까웠다.[14] 양구군이나 해안면도 유사하였을 것이다. 1934년 영농형 태별 호수 비중을 보면 소작농은 전국 51.9%, 강원도 40.0%, 양구군 35.7%인 반면 자작농은 각각 18.0%, 20.5%, 28.7%, 자소작농은 각각 24.0%, 27.1%, 35.6%였다. 다만 자작농 층이 두터운 양구군이라 하더라도 농민층 하강분해의 추세를 비켜가지 못했던 것 같다. 1934년 소작농 2,954호(35.7%)는 1932년 1749호(23.0%)에 비해 1.7배 증가한 수치이다.[15] 사건이 일어났던 해안면 소학교 학생들 사이에서도 빈부의 차가 보였고 그에 따라 무리 지었다. 낙서를 한 김창환과 그 친구 이병은, 이광훈은 자작농 집안으로 부족하지 않은 생활을 했다. 낙서를 종용한 남광숙의 집안은 자소작농, 동맹휴학을 주도했다가 무죄를 선고 받은 한국정韓國楨(1920년생)은 자작지도 조금 있지만 주로 소작을 하는 집안이었다. 경찰은 김창환과 그 친구들의 생활 정도는 "중류", 남광숙은 "하류", 한국정은 "극빈"으로 분류했다.[16]

1945년 8월 해방 이후 해안면은 북위 38도선 이북에 위치하였으므로 '인공(人共 즉 朝鮮民主主義人民共和國, 이하 '북한'으로 약칭) 치하'에 놓였고 1946년부터 토지개혁이 실시되었다. 해당지역 토지개혁 연구에 따르면 소작지는 예외 없이 몰수되어 소작농에게 분배되었고, 지주는 몰수 후 타 지역으로 추방되었다.[17] 김창환 집안은 자작농이어서 추방되

---

14 김성보, 『남북한 경제구조의 기원과 전개 — 북한 농업체제의 형성을 중심으로』, 역사비평사, 2000, 59~62쪽.

15 朝鮮總督府財務局, 『朝鮮總督府統計年報』 각년판; 楊口郡, 『(昭和七年六月編纂)郡勢一斑』, 1932; 楊口郡, 『(昭和九年六月編纂)郡勢一斑』, 1934.

16 楊口警察署長 安部順一(→江原道警察部長), 「(1940.8.18)不穩落書發見ニ關スル件」, 京城地方法院春川支廳, 앞의 책. 5인의 생활 형편은 각각의 피의자 신문조서 참조.

17 金沄根・李斗淳, 「收復地區 事例調査를 中心으로 본 北韓土地改革의 再評價」, 『農業經濟

지는 않았던 것 같다. 사건 당시 이광훈 집안은 일부 경지를 소작 주었는데,[18] 1946년경까지 그랬다면 그 경작지는 몰수되었을 거다. 또 북한 치하에서는 계급 정치, 계급투쟁이 벌어졌다. 해당지역에서 토지개혁을 주도한 농촌위원회의 중심 구성원은 주로 빈농과 고농 층의 20~30대 청년들이었다.[19] 점차 노동자 농민 중심의 사회가 만들어졌고 부농 층의 지위는 불안정해졌다.[20] 앞의 고용근은 당시 상황을 이렇게 말한다. "공산당의 조직은 노동자 농민을 위한다면서 마을에서 가장 어렵게 살던 사람, 학교도 못 나온 사람, 소작하던 사람, 과거 지주로부터 소외되었던 사람들을 내세워 세포위원장, 농민위원장, 민청위원장 (…중략…) 을 두어 (…중략…) 주민을 감시 감독하였다."[21]

1950년 6월 한국전쟁이 일어나자 해안면의 역사는 바뀌었다. 9월 이후 국군과 유엔군이 북진하면서 오지인 해안면은 지나쳤던 것 같다. 남쪽에서 인민군과 빨치산 '패잔병'이 해안면에 집결했다. 이들은 1950년 말 중공군과 함께 다시 남하하였다. 1951년 봄 국군과 유엔군이 다시 북진하여 동부전선에서 춘천을 탈환하고 38선을 넘었다. 이해 6월부터 10월까지 도솔산 전투에서 펀치볼Punchbowl 전투, 가칠봉 전투에 이르기까지 격전을 치른 끝에 해안분지는 미군·한국군의 수중에 들어갔다. 이후 해안면은 미군정의 통치를 받다가 1954년 11월 대한민국

研究』31, 1990.12 참조.

18 楊口警察署巡査 西原翼相, 「(1940.8.17)被疑者 廣村光勳 訊問調書」, 京城地方法院春川支廳, 앞의 책.

19 金沄根·李斗淳, 앞의 글, 94~95쪽.

20 당시 북한의 계급투쟁을 통한 계급구조 재편에 대해서는 金載雄, 「북한의 인민국가 건설과 계급구조 재편(1945~1950)」, 고려대 박사논문, 2014 참조.

21 고용근, 앞의 책, 73쪽.

(이하 '남한'으로 약칭)에 그 행정권이 이양되었다.[22]

따라서 해안면은 이른바 '수복지구收復地區, Re-taken Areas, 즉 '38도선 이북—휴전선 이남' 지역이다.[23] 격전이 벌어지면서 북한군이 해안면의 주민 대부분을 북쪽 회양군淮陽으로 소개시켰기 때문에 현재 남한에 거주하는 원주민은 적다. 그들은 주로 해방 전후 또는 전쟁 중에 남하한 자들이다. 해안면 거주 원주민은 가구 기준 1956년 18%, 1986년 11%에 불과했다. 원주민은 과거 "괴뢰집단"의 영토 안에서 생활했던 사람이다. 남한 정부와 군에서 보면 북한 치하에서 부역한 것으로 의심되는 자이기 때문에 남한 체제를 확실히 지지하며 반공적 '모범 국민'이 될 필요가 있었다. 더욱이 이곳은 한국전쟁 이후 지금까지도 '최전방'이기 때문에 원주민은 물론이고 이주자에게도 반공은 선택이 아니라 필수였다.[24]

2) 판결문과 항일교육 중심의 서술

1945년 해방 이후 이 사건을 세상에 알린 사람은 역사학자 조동걸이다. 물론 그때까지 관련 개인이나 집단이 이 사건을 기억하지 않았다고 단정할 수 없다. 그러나 현재까지 확인하지 못했으며, 설사 기억했

---

22 전쟁의 추이와 해안면의 상황에 대해서는 楊口郡誌編纂委員會編, 앞의 책, 266~273쪽; 고용근, 앞의 책, 75~79쪽 참조.
23 '남한'과 '북한', '수복지구'는 모두 대한민국 위주의 명칭이다. '수복지구'의 형성에 대해서는 한모니까, 『한국전쟁 전후 '수복지구'의 체제 변동 과정』, 가톨릭대학교 국사학과 박사논문, 2009, 128~140쪽 참조.
24 위의 글, 208~229쪽.

다 하더라도 조동걸의 작업과 무관했다. 조동걸은 1970년 독립운동사 편찬위원회獨立運動史編纂委員會의 조사·집필위원으로 참가하면서 당시 부산형무소에서 보관 중이던 식민지시기 '재판문서', 즉 판결문들을 열람했다.[25] 이 사건의 판결문은 동위원회가 편찬한 『독립운동사자료집 12 : 문화투쟁사자료집』(獨立有功者事業基金運用委員會, 1977)에 번역되어 실렸고, 그는 동년 출판한 『태백 항일사太白 抗日史』(江原日報社, 1977)에 이 판결문에 의거해 「양구楊口 해안소학교亥安小學校의 항일교육抗日教育과 맹휴운동盟休運動」이란 제목으로 본 사건을 다뤘다.

"어린 아동조차 외치던 조국 앞에서 오늘의 어른이 깊이 반성해야 할 것이다"로 끝나는 이 글은 총 3쪽에 불과하지만 이후 기억이나 역사화에 끼친 영향은 컸다. 그런데 판결문 원문과 대조해보면[26] 여러 사소한 오류, 과장이 적지 않다. 한 가지만 지적하자면 낙서가 있기 전인 1940년 9월 매동심상소학교에서 일본인 교장久保一郎의 학생金永昌 구타에 항의하여 학생들이 '동맹휴학'을 추진했는데, 이때 '조선독립朝鮮獨立'의 전단이 뿌려진 것으로 서술되었다. 전단은 판결문은 물론이고 뒤에서 볼 '검사국 기록'에도 나오지 않는다.

---

25 趙東杰, 「독립운동사편찬위원회의 존폐와 저술 활동」, 『韓國史學史學報』 24, 한국사학사학회, 2011, 235쪽. '독립운동사편찬위원회'는 1965년 '한일협정'의 결과, 일본이 남한정부에 지급한 자금의 이자로 조성된 '독립유공자사업기금' 위원회 산하에 설치되었다. 당시 남한 정부는 반일운동의 전개와 독립운동에 대한 관심 고조를 무시할 수 없어 이와 같은 기금 조성과 운용 방안을 마련했던 것 같다.

26 京城地方法院, 「昭和16年 刑公第1238호 判決」, 1941.8.19. 현재 國家報勳處 공훈전자사료관(http://e-gonghun.mpva.go.kr)에서 원본 이미지 열람이 가능하다. 조동걸은 강원도 향토사에 관심을 가지고 강원도 산천을 세 번 샅샅이 답사했다(조동걸, 『于史 趙東杰 저술선집 13 강원역사의 다원성』, 역사공간, 2010, 14쪽). 따라서 이 글을 쓸 때 판결문 이외에 답사나 증언에 의거했을 가능성도 있다. 그러나 글 첫머리에 "이것은 全然 판결문에 의해서 알게 된 일인데"라 밝혔다.

판결문과 조동걸의 글은, 목적이 다르기 때문에 당연한 것이겠지만 홍순창에 대해 달리 서술한다. 판결문에서 홍순창은 "병합에 불만을 품고, 특히 보통학교 훈도 봉직 후는 조선인관리의 차별대우 등에 대한 편견"에서 "민족주의 사상을 품고 조선독립을 희망"하게 되었으며, 이를 실현시키기 위해 먼저 "생도들에게 민족의식을 주입"한 자이다. 조동걸은 "항일에 철저한 교사", "일제의 치부를 파헤칠 수 있을 정도로 지적 수준도 높은 교사"로 평가하고 있다. 판결문에는 맞든 틀리든 홍순창이 항일교육을 하게 된 동기가 간략히 제시되었으나, 조동걸의 글에는 없다. 일제의 강점 아래 항일은 당연한 것으로 전제된 것 같다.

조동걸의 글과 판결문의 또 다른 점은 동맹휴학과 낙서에 대한 서술이다. 조동걸은 '불온 낙서'를 아예 언급하지 않았고, 항일교육의 영향으로 학생들이 동맹휴학을 추진했다는 점을 간단히 언급했다. 영향으로서 낙서는 너무 보잘 것 없었던 것일까? 그러나 '朝鮮ㅏクホ'이라 쓴 낙서가 없었다면 이 사건은 사건으로서 존재하지 않았고 이렇게 확대되지도 않았을 거다. 경찰은 낙서의 배후를 캐다가 홍순창의 항일교육을 문제 삼았다.[27] 판결문에서도 동맹휴학 기도가 언급되긴 하나 이를 주도한 학생 한국정에게는 무죄가 선고된 반면, 낙서와 관련된 학생들에게는 유죄가 선고되었다. 상대적으로 민족주의적 언사가 표출되지 않은 동맹휴학 건을 부각하면 할수록 교장의 폭행이 도드라져 보이기 때문이었던 것 같다.

이런 차이에도 불구하고 양자 사이에는 중요한 일치점이 있는데, 이

---

27 정병욱, 앞의 책, 191~193쪽.

사건의 주인공은 홍순창이고 그 중심활동을 항일교육으로 파악하는
점이다. 동맹휴학이건 낙서건 모두 그 영향으로 일어난 것이다. 조동
걸의 글 제목 '양구 해안소학교의 항일교육과 맹휴운동'이나 항일교육
활동 위주의 서술은 이를 잘 보여주며, 직접 "어린 아동이 이렇게 항쟁
할 수 있게 된 원동력은 말할 것 없이 홍순창 교사의 항일교육에 있었"
다고 썼다(309쪽). 판결문에도 먼저 홍순창의 민족의식 교육 내용이 상
세히 언급되었고, 판사는 그가 학생을 선동했다며 학생보다 더 무거운
죄를 선고했다. 홍순창에 대한 치안유지법 적용은 판사의 판결이자 경
찰과 검사의 기소 의견이었다. 판결문에 의거한 조동걸의 서술은 검경
의 시각을 벗어나지 못한 셈이다.

3. 지역 단위 기억의 활성화

1) 교사 측의 기억 – 침묵과 과장 그리고 포상

조동걸의 발굴로 해안면 소학교의 사건은 강원도 항일독립운동사
에 정사正史로 기록되기 시작했다.[28] 이와 함께 관련 인물, 관련 지역의
사건에 대한 기억이 활성화되었다. 우선 홍순창이 입을 열었다. 1979
년 1월 『강원일보江原日報』는 3·1운동 60주년을 맞이하여 홍순창(당시
76세)을 방문한 뒤 기획 기사를 실었다. "인근에서는 물론 그의 고향인

---

28 조동걸의 글은 李求鎔, 崔昌熙, 金興洙, 『江原道 抗日獨立運動史』3, 光復會江原道支部,
1992, 489~490쪽 '기타 독립운동' 항목에 그대로 인용되었다.

강릉 명주溟州지역에서도 전前 주영注榮국민학교 교장으로만 알려졌을 뿐 그의 독립투쟁경력에 대해서는 별로 알려지지 않았다"며 『태백 항일사』를 언급하는 것으로 볼 때, 조동걸의 글이 계기가 됐을 거다. 이후 1979년 2월 『신아일보新亞日報』가 취재하여 기사를 실었다.[29]

강원일보에는 1940년 9월 일본인 교장의 학생 구타 장면이 생생히 서술되었다. 이는 조동걸의 글이나 판결문에 없는 내용으로 홍순창의 진술에 의거한 것 같다. 나중에 발굴되는 '검사국 기록'에 나오는 내용(학생이 "똥오줌을 쌌다")과 일치한다. 또한 가르친 학생들이 20세 전후로 나이가 많았음을 강조한다. 항일교육 부문은 대동소이하다. 다만 그 영향으로 일어난 사건이 많이 다르다. 강원일보는 "홍옹洪翁의 민족교육은 젊은 학생들의 항일감정을 불러일으켜 마침내 다음해인 1940년 봄 6학년 학생들이 졸업식을 마치자 거리로 뛰쳐나가 독립만세를 부르며 일본인교장 배척시위를 벌이기에 이르렀다"고 기술했다. 신아일보는 홍순창이 주동이 되어 1938년 3월 1일 학생과 주민들이 태극기를 들고 '일본인 교장을 몰아내자' '대한독립만세'를 외치며 면소재지로 행진하다가 헌병대에 의해 많은 주민이 부상을 입고 해산됐다고 전한다. 어디까지 홍순창의 증언이고 어디부터 신문기자의 생각인지 모르겠지만, 신문대로라면 큰 독립운동이 일어난 셈이다.[30] 현재 해안면에

---

29 黃永穆(부장), 「生存해있는 抗日 獨立鬪士─楊口 亥安 사건 洪淳昌옹을 찾아, 民族의식고취 獨立정신 일깨워 "韓民族으로 할 일 했을뿐" 植民地교육 · 創氏 등 虐政 폭로, 抗日示威 배후 人物로 獄苦 2년」, 『강원일보』, 1979.1.30; 朴振緖 · 姜斗楔(기자), 「3 · 1節 60周年 話題─楊口서 독립운동 앞장 …… 洪淳昌, 창호지로 태극기 만들어, 面으로 行進 日警에 沮止, 4년 동안 옥살이 감옥서도 萬歲불러, 심한 拷問 아직도 傷痕이」, 『신아일보』, 1979.2.28, 7쪽. 이외에도 신일 취재, 「한 평생 나라 사랑의 길로 홍순창 할아버지」 『새벗』 294, 1983.7이 있다.

거주하는 원주민 문○승(1929년생)은 낙서사건 당시 같은 학교 1학년이었다. 그는 '선배들이 길거리에 나와서 독립만세를 불렀는가?'란 질문에 이렇게 답했다. "나와서 부를 수는 없었어요... 낙서를 한 거지. 버젓이 나와서 할 수는 없었어요."[31]

여하튼 홍순창은 1979년 3월 강원도지사 공로상을 받았고 1980년 8월 대통령표창을 받았다. 1986년 작고했으며 1990년 12월 건국훈장 애족장이 추서되었다.[32] 현재 국립대전현충원 애국지사 묘역에 안장되어 있으며 묘비에 "학생들에게 교육을 통하여 일제의 민족 차별적 비행과 학정을 규탄, 독립사상을 고취, 일인교장 배척운동 동맹휴학 강행"이라 적혀 있다. '공훈록'이나 '공적조서'의 내용은 주로 판결문에 의거했으며, 비문의 '동맹휴학' 강조는 조동걸의 영향으로 보인다.

신문 보도에서 표창, 포상에 이르는 과정에 비해 그 이전 홍순창의 사건에 대한 침묵은 대조적이다. 강원일보는 "나는 한韓민족으로서

〈그림 1〉 국립대전현충원 애국지사 묘역 안 홍순창의 묘비(2014.3.6, 필자 촬영)

---

30 『강원일보』와 『신아일보』를 비교해보면 후자의 정확도가 더 떨어진다. 신아일보에는 교장 폭행 장면이 나오지 않으며, 홍순창이 1926년 교사가 된 후 1937년 해안면 소학교로 오기까지 여러 학교에서 항일교육을 하다가 발각돼 거듭 전근된 것으로 기술됐다. 또 1938년 3월의 교장은 일본인이 아니었으며, 해안면에 헌병대가 주둔하지 않았다. 일일이 오류 사항을 지적하지 않겠다.

31 문○승, 2013.4.4. 해안면 자택에서 인터뷰.

32 洪河杓(아들) 소장 상장; 공훈전자사료관 http://e-gonghun.mpva.go.kr의 '독립유공자 공적조서'; 국가보훈처 http://www.mpva.go.kr의 '독립유공자공훈록' 참조

마땅히 할 일을 했을 뿐이기 때문에 조국이 해방된 이 마당에 누구에게 자랑할 일도 알릴 일도 없지 않느냐"는 홍순창의 말을 전하며, 그의 강직함을 강조했다. 그의 아들도 "일체 얘기를 안 하셨다"고 한다.[33] 식민지시기 옥고를 치른 일을 감출만한 어떤 사정이 있었던 걸까? 조동걸에 의하면 해방 이후 독립운동사 연구가 쏟아져 나오다가 국회 프락치 사건, 반민족행위특별조사위원회 해체, 백범 김구 암살이 일어난 1949년 이후 1970년대까지 쇠퇴했다며, 그 쇠퇴기의 세태 — 독립운동자나 그와 관련된 사람들이 불이익을 피하기 위해 그 경력을 숨기는 상황, 광복군 출신자가 대한민국 국군의 이력서에 광복군 경력을 숨기는 사태 — 를 전한다.[34] 이런 상황은 독립유공자 통계에도 반영되었다. 2010년까지 총 독립유공 포상자 1만2267명 중 1949~1976년은 582명 5%에 불과했다. 582명도 대부분 임시정부와 광복군 등 해외 독립운동, 3.1운동, 학생운동, 의열투쟁 등에 참여한 유명 인물이었다. 홍순창이 속하는 '문화운동' 또는 '국내운동'은 각각 3%, 6%에 그쳤다.[35] 일상적으로 '독립운동'을 자랑하고 '친일'을 지탄할 수 있는 시기는 생각보다 오래되지 않은 것 같다.[36]

---

33 洪河杓(1928년생, 사건 당시 김창환 등과 同期生), 2013.4.1. 주문진읍 자택에서 인터뷰.
34 趙東杰, 앞의 글, 2011, 227~228쪽. 독립운동연구나 친일규명의 침체는 '반공'과 밀접한 관련이 있다. 1948년 9월 반민족행위처벌법을 반대하는 관제 대중집회의 명칭이 '반공국민대회'였으며, "이런 민족분열의 법률을 만드는 것은 …… 공산당 프락치의 소행이다"는 삐라가 뿌려졌다.(이강수, 『반민특위 연구』, 나남출판, 2003, 157쪽)
35 국가보훈처, 『보훈 50년사 1961~2011』, 국가보훈처, 2011, 932쪽.
36 시험 삼아 'NAVER 뉴스 라이브러리'(http://newslibrary.naver.com)에서 '독립운동'을 검색해보면 검색결과 건수가 1946~1949년 수준으로 회복되는 것은 1970년대에 들어서다. 이후 1982년 일본 역사교과서 파동, 1980년대 말 민주화 이후를 계기로 검색 건수가 단계적으로 상승한다. '친일'을 검색해보면 1949년 반민족특별위원회, 1965년 한일협정 회담, 1982년 일본 역사교과서 파동 때를 제외하면 거의 이슈화되지 못했다. 1987

2) 양구군 해안면 측의 기억 - 살아남거나 성공한 자의 기억 전유

영동嶺東에서 홍순창이 다시 사건을 말하기 시작할 때 사건이 일어났던 영서嶺西의 양구군에서도 이 사건이 회자되기 시작했다. 1984년 『양구군지楊口郡誌』(이하 '군지'로 줄임)의 「일제하日帝下의 항일운동抗日運動」에 이 사건이 「매동(해안)소학교梅東亥安小學校의 항일교육抗日敎育」이란 제목으로 실렸다. 밝히지는 않았지만 역시 조동걸의 글을 참조했음이 확실하며, 당시 사건과 관련된 지역 출신자의 증언이 많이 반영된 것 같다.[37] 군지와 비슷한 내용이 1997년 해안초등학교의 교지校誌 『해안의 메아리』(이하 '교지'로 줄임)와 1998년 『양구 항일·반공운동 자료집楊口 抗日·反共運動 資料集』(이하 '자료집'으로 줄임)에 실렸다.[38]

양구군 측 기억의 첫 번째 특징은 사건의 주인공이 교사에서 학생들로 바뀌었다는 점이다. 이를 상징적으로 보여준는 것이 자료집의 해당 사건 서술편 제목, 「홍순창과 그 제자들의 항일운동」(42쪽)이다. 홍순창의 항일교육도 언급하지만 학생들의 '저항' 내용이 많아졌다. 그에 따라 사건의 줄거리도 크게 달라져, 대립 축은 일본인 교장과 항일교

년 이후에야 자주 등장하는데 그나마 당시 대안 신문인 '한겨레'를 통해서다. 남한 사회가 식민지시기 '친일'을 문제 삼기 시작한지는 그리 오래되지 않았다. 각 시기 '독립운동'과 '친일'을 둘러싼 기억 정치와 추이를 정밀하게 분석할 필요가 있다.

37 조동걸의 실수를 똑같이 반복하고 있다. 동일하게 해안면의 萬垈里를 萬塔里로 잘못 표기하고 있다. 반면 조동걸이 판결문에서 판독하지 못한 인명은 정확히 보완됐다.

38 楊口郡誌編纂委員會編, 『楊口郡誌』, 楊口文化院, 1984, 260~261쪽; 박영재(매동공립초등학교 11회 졸업), 「해안(매동)초등학교의 항일 교육」, 해안초등학교 교지발간추진위원회, 『(해안초등학교 개교 40주년 기념문집) 해안의 메아리』, 해안초등학교, 1997, 73쪽; 江原鄕土文化硏究會, 『楊口 抗日·反共運動 資料集』, 楊口郡, 1998, 42~43쪽. 이 자료집에는 판결문과 수감자의 '수형자 카드'가 수록되었다.

육을 받은 학생들 사이에 형성됐다. 크게 두 사건이 있었는데, 하나는 학교에서 실습용으로 키우는 닭이 없어지자 학생들이 교장을 범인으로 지목하여 그를 배척하는 벽보를 부친 것이고, 다른 하나는 1940년 졸업식 뒤 사은회 때 교장이 '조선 노래'를 중지시키자 학생들이 격분하여 사은회가 끝난 뒤 교실 흑판에 '타도 일본정신, 조선독립 만세'라 쓴 것이다. 나중에 발굴되는 '검사국 기록'을 보면 당시 '닭 도난'이 있었고, 사은회 때 일본인 교장이 학생들이 '조선 노래'를 부르는 것에 불만을 말한 일도 있었다. 다만 사은회 당일 흑판에 '낙서'는 없었다.

양구군 측 기억에서 이 모든 저항의 주동학생은 윤원규尹元圭이다. 벽보도 직접 썼고 낙서도 주도했으며, '만주'로 도주했다가 1945년 4월 돌아왔다고 한다. 그는 조동걸의 글에는 나오지 않으며 판결문에는 한국정과 함께 동맹휴학을 기도한 학생들 중 한 명으로 언급될 뿐이다. 물론 '검사국 기록'에 한국정과 함께 동맹휴교를 주모한 학생으로, 교장의 학생 폭력에 항의하는 벽보를 썼던 남광숙과 함께 모의했던 자로 나온다. 그러나 낙서와 관련되지 않았고, 경찰의 조사를 받던 중 병으로 집에서 요양하다가 평안도 백부 집으로 치료차 떠났다고 기록되었다.[39] 물론 판결문이나 '검사국 기록'이 다 진실을 말하는 것은 아니다. 남광숙이 쓴 벽보와 다른, 윤원규가 쓴 제2의 벽보가 있었을 가능성이나 그가 평안도를 거쳐 만주로 도망갔을 가능성을 배제할 수 없다. 어쨌거나 그를 주인공으로 하는 양구군 측의 자료에는 그가 "재경도민회

---

39 楊口警察署巡査 西原翼相, 「(1940.8.18.)被疑者南光淑訊問調書」, 京城地方法院春川支廳, 앞의 책; 楊口警察署巡査 玉山雄達(→ 楊口警察署長 安部順一), 「(1940.11.3.)保安法違反者(尹元奎)所在搜査方ノ件」, 위의 책.

감사在京道民會 監査"(1984년경) 등을 역임했다고 밝혔다.

사건이 일어난 양구군(해안면)에서 지역사를 쓰면서 타지 인물보다는 현지 인물을 내세우는 것은 이해할 수 있다. 그런데 과연 윤원규가 주동인물일까? 자료집 자료 편에 수록된 판결문에 붙인 제목은 '1941년 김창환 등 해안 매동심상소학교 항일운동 사건'이다. 제목에서 교사 홍순창을 뺐으나 윤원규의 이름은 올리지 못했다. 무엇보다 판결문 내용과 조응하지 않았기 때문일 것이다. 그러면 김창환은 도대체 어떻게 된 것일까?

의문은 의외로 쉽게 풀렸다. 양구군 측 기억의 두 번째 특징은 항일운동과 반공운동의 결합인데, '반공'편에 그 답이 있었다. 양구군은 거의 전 지역이 '수복지구'로 지역사 편찬에서 항일운동과 함께 반공의 역사가 상당한 비중을 차지한다. 위의 군지나 교지도 그러하며, 이를 상징적으로 말해주는 것이 자료집의 명칭 '양구 항일·반공운동 자료집'이다. 자료집 발간의 목적은 "숭고한 항일·반공정신을 길이 선양하기 위하여"였다. 항일과 반공의 조합은 남한이 바라는 자화상에 가장 잘 부합하는 것일 수 있다. 남한에 안착하고 싶은 '수복지구' 양구군의 호소가 느껴지는 제목과 발간사이다.

김창환은 군지에 등장하지 않지만 교지에 등장한다. 「해안을 지킨 반공 자치대 활동」이란 제목의 글에 "6·25전쟁 당시 1950년 10월 중순경 백골부대가 양구를 탈환했다는 연락을 받고 해안면 현리縣里 시장에 동네 청년 21명이 회합하여 반공자치대를 조직, 명주 3필을 구입하여 태극기를 만들어 각 가정에 배부하고 태극기 앞에서 북괴군 격침과 해안 치안을 위해 전력투구할 것을 맹세하고 행동하다가 북괴군 빨치산대에 5명 검거되어 학살되었다"며, 반공자치대원 21명의 이름과 학살된 대원의 이름을 나열했다. 자치대원에 김창환, 이광훈, 이병은이 보이며, 학살된 자치대원에도 김창환, 이광훈이 포함되었다.[40] 이 글을 쓴 사람은 매동초등학교 11회 졸업생(김창환의 5년 후배)으로 여러 증인의 이름을 밝히는 것으로 볼 때 실재 그가 보고 겪은 일은 아닌 듯하다.

1998년 간행된 자료집은 약간 혼란스럽다. 「해안 반공청년치안대와 그 활동」란 항목에 김창환은 나오지 않는다. 다만 주에 교지를 인용하며 김창환을 포함하는 증언도 있지만 여기선 다른 사람(이남수)의 증언에 따른다고 했다(47~48쪽). 개인별 항목 「김창환」에는 식민지시기 낙서사건만 기록되었고 그 내용은 군지와 유사하다(68쪽). 「이광훈」에는 식민지시기 낙서사건과 함께 그가 북한 치하에서 치안대 활동을 하다가 김창환과 함께 총살당했다는 내용이 이남수의 증언으로 실려 있다(74쪽). 이남수는 치안대의 총무를 맡았던 인물인데, 당시 "양구로 나와 있었기 때문에 정확한 상황은 알 수 없"었다(96쪽)는 기술도 있다. 결국 김창환이 6・25 전쟁 당시 사망한 것 같은데 직접 본 사람은 없다.

자료집의 제목이 '항일・반공운동'이지만 수록된 인물을 보면 항일과 반공 사이에 균열이 보인다. 자료집에 따르면 해안면 반공자치대 대장으로 나오는 조환철은 해방 이후 해안면 대한청년단大韓靑年團 단장을 지내다가 한국전쟁 때 치안대를 조직했으며, 많은 대원들이 북한군에 잡혀 죽을 때 몇몇과 함께 산으로 피신했다가, 국군이라고 속인

---

40 박영재(매동공립초등학교 11회 졸업), 「해안을 지킨 반공 자치대 활동」, 해안초등학교 교지발간추진위원회, 앞의 책, 75쪽.

북한군에 발각되어 총살당했다. 그런데 전쟁 당시 미군이 노획한 북한 자료에 의하면 그는 해방 전 면서기로 근무했고, 해방 이후 조선신민 당朝鮮新民黨에 입당했으며, 인제군 서화면 인민위원회 서기장을 하다 가 재정규율 위반 등으로 인민재판에서 3년형을 언도 받고 출당되었 다.[41] 일제강점기 면서기-북한 치하 면 인민위원회 서기장-반공 치 안대장. 그의 삶은 수복지구의 간단치 않은 역사를 압축적으로 보여준 다. 항일과 반공만의 결합으로 담아내기에 난감한 삶이다. 반면 항일 과 반공이 결합된 좋은 예라 할 수 있는 김창환은 항일운동에서는 주 변화되고 반공운동에서는 모호하게 처리되어, 자료집에 자리 잡지 못 하고 부유하는 것 같다.

4. 검사국 기록의 발굴과 가족 측의 기억

1) 검사국 기록과 낙서 중심의 사건 재구성

조동걸 이후로 역사학에서 이 사건을 언급한 연구자는 변은진이다. 그는 1998년 박사논문을 수정 보완하여 2013년에 『파시즘적 근대체험 과 조선민중의 현실인식』을 펴냈는데, 전시기戰時期 민중의 다양한 저 항과 그 속에 나타난 민중의 의식을 고찰했다. 다양한 저항 방식의 하

---

41 國史編纂委員會編, 『北韓關係史料集 III』, 1985, 434쪽. 한모니까에 의하면 북한은 지역 사회의 행정 실무를 위해 식민지시기 행정 종사자들을 활용했다. 또 북한을 지지하고 그 치하에서 적극 활동했던 인물이 수복 이후 남한 체제 편에서 적극 정치 활동을 하며 변신 한 경우도 있다(한모니까, 앞의 글, 66~72쪽, 226쪽).

나로 '불온 낙서' 170여건을 분석했으며, 당연히 이 사건도 다뤘다. 그런데 두 번 나온다. 관련 자료로 앞의 1977년『독립운동사자료집 12』(판결문 번역) 외에도 조선군참모부朝鮮軍參謀部,『소화15년전반기 조선사상운동개황昭和15年前半期 朝鮮思想運動槪況』(1940.8)과 고등법원검사국사상부高等法院檢事局思想部,『사상휘보思想彙報』제24호(1940.9)를 찾았는데, 전자와 뒤 두 가지를 각각 강릉과 양구에서 일어난 별개의 사건으로 파악했다.[42]

식민지시기 재판소 및 검사국의 기록관리를 보면 형사사건의 경우 사건이 종결되면 '판결문' 원본은 판결 법원에 상당하는 검사국에서 영구 보존하고, 검경의 수사 및 법원의 판결에 이르는 각종 기록, 즉 '사건기록'은 판결문 등본과 함께 처음 기소했던 검사국에서 보관한다.[43] 이 사건의 경우 일심 이후 더 이상의 상소가 없었기 때문에 판결문 원본과 '사건기록'은 경성지방법원 검사국에서 보관되었을 것이다.[44] 검

---

42 변은진,『파시즘적 근대체험과 조선민중의 현실인식』, 선인, 2013, 244쪽. 그는 낙서 내용("일본 정신을 기름과 동시에 조선정신도 길러라")은 일제의 정책을 거꾸로 이용하여 조선민족으로서 자각할 필요성을 제기한 것으로 파악하면서, 동일한 내용의 낙서가 강릉과 양구에서 발견된 것으로 볼 때 당시 강원도 지역 졸업생들 간에 연계가 있지 않았을까 추정하기도 했다(255쪽). 물론 하나의 사건이다. 그는 강원도 강릉의 학교에서 廣村(李)光勳, 豊村(李)炳根이 낙서한 것으로 파악했는데(244쪽), 강릉은 홍순창의 본적지이며 이광훈, 이병은과 관련이 없다. 이들의 본적지 및 주거지는 양구군 해안면이었고, 낙서사건이 일어난 곳도 양구군 해안면 소학교였다.

43 「朝鮮總督府裁判所及檢事局書記課處務規程」(1937.8, 總訓56호) 및 「朝鮮總督府裁判所及檢事局書類保存規程」(1918.1, 總訓1호 / 개정1939.8,44호)(朝鮮總督府編纂,『朝鮮法令輯覽』上卷 第6輯, 1940, 2~7쪽) 참조.

44 조동걸은 "재판문서는 종래에는 대검찰청에 열람신청을 해서 허가를 받은 후에 그것을 보관하고 있는 부산형무소에 가서 보관창고에서 열람했"다고 한다(趙東杰, 앞의 글2011, 235쪽). 해방 이후 언제부턴가 대검찰청에서 사상사건 기록을 통합한 것 같다. 현재 국가기록원과 국가보훈처에서도 독립운동관련판결문을 원문 서비스하고 있다. 1974년부터 1982년에 걸쳐 대검찰청을 비롯한 각급 검찰청은 조선총독부 시기 '行刑記錄'을 국가기록원에 이관하였는데, 이중에는 다수의 판결문이 포함되었다(김재순, 「정부수립이전

사국의 '사건기록'은 특별한 사유가 없는 한 20년 이하의 보존기한을 두고 경과하면 폐기한다.

'치안유지법'이 시행되는 1920년대 후반부터 '사상' 사건의 경우 조선은 물론 일본제국 전체의 정보 공유 체계가 구축되어 사건의 인지에서 판결에 이르기까지 경찰기구, 검사국, 군대 간에 정보를 주고받았다.[45] 이 사건이 조선군참모부, 고등법원사상부의 편찬 자료에 등장하는 것도 이러한 정보공유 체계를 통해서 양구경찰서 혹은 강원도경찰부가 보고했기 때문이다. 다만 판결문이나 정보기관의 편찬 자료, 정보문건류는 간략하다. 풍부한 '사건기록'이 남아 있다면 좀 더 사건의 실상에 접근할 수 있을 것이다.

이 사건의 경우 기적(?) 같이 '사건기록'이 남았다.[46] 경성지방법원 검사국 사상부가 담당했던 '사상'사건의 기록은 폐기되지 않고 해방 이후 우여곡절을 겪으면서 현재 국사편찬위원회와 고려대학교에 보존되었다. 자료가 폐기되지 않았던 이유는 무엇일까? 이 자료군의 많은 부분이 공산주의·사회주의 사건 관련 기록이다. 일제의 식민지배체제와 해방 후 남한의 냉전·분단체제의 공통점 중 하나로 사상통제와 반공을 꼽을 수 있다. 식민지시기 사상 검찰과 마찬가지로 남한의 사상·공안 검찰에게도 이 자료는 유용했을 것이다. 이 낙서사건은 물론 사회주

행형기록 해제」, 『기록보존』 11호, 행정자치부 정부기록보존소, 1998, 189쪽).

45 정병욱, 「경성지방법원 검사국 기록과 '사상부'의 설치」, 이타가키 류타·정병욱 편, 『식민지라는 물음』, 소명출판, 2014, 379~383쪽.

46 '사건기록'은 경찰(이 검사국에 송치하기까지), 검사(가 법원에 기소하기까지), 법원(에서 판사가 판결하기까지) 세 단계로 나눌 수 있는데, 이 사건은 경찰 단계 기록만 남아있다. '기록호 1940刑1016'의 자료로 이에 대한 해제는 국사편찬위원회 편, 『일제강점기 경성지방법원 형사사건기록 해제』, 국사편찬위원회, 2009, 41~43쪽 참조.

의나 공산주의와 관련 없지만 치안유지법이 적용된 사건으로, 그 기록이 다른 '사상' 사건 기록과 함께 경성지방법원 검사국 사상부에서 관리되었다가, 해방 후에도 사상통제의 자료로서 보존되었던 것이다. 냉전·분단체제가 아니었다면 폐기됐을 가능성이 높은 기록이다.[47]

'사건기록'도 판결문이나 정보문건처럼 작성자의 시각이 강하게 들어가기 마련이다. 경찰은 자신이 추정한 죄를 성립시키기 위해 조사하고 기록을 남긴다. 홍순창은 조사를 받으면서 "일본인 교장의 어린 학생에 대한 잔학 행위를 들어 경찰에 항변"했던 것 같은데[48] 신문조서를 보면 전체적으로 '죄'를 인정한다. 또한 당시 대부분의 피의자는 마지막에 죄를 뉘우치고 '전향' 한다. 학생들의 경우 지원병 지원을 약속하기도 한다. 신문조서는 검경이란 권력 앞에서 피의자가 행한 진술이란 점을 감안해야 한다. 그럼에도 간접적이나마 판결문이나 정보문건에는 없는 피의자나 증언자의 목소리를 들을 수 있으며 정돈되지 않은 다양한 정보가 담겨 있다. 때로는 판결문과 배치되는 내용도 들어 있다.

필자가 검사국의 '사건기록'을 비판적으로 '거슬러' 읽은 끝에 도달한 결론은 다음과 같다. 첫째, 이 사건의 핵심은 김창환의 낙서다. 사건의 발단은 1939년 9월 일본인 교장의 학생 구타였고, 이에 대한 학생들의 대응은 구타 직후 동맹휴학 기도(한국정 등 '큰 아이들' 주도), 벽보 부착(남광숙 주도), 이듬해 3월 낙서(김창환)였으며, 목표는 교장 축출이었다. 동맹휴학은 담임이 교체되는 선에서 무마되었으며 이에 대해 검

---

47 이상 경성지방법원 검사국 기록에 대해서는 정병욱, 앞의 책의 보론 1 「경성지방법원 검사국 '형사사건기록'」; 정병욱, 앞의 글(2014) 참조.
48 주 29의 『강원일보』, 1979.1.30 기사 참조.

〈그림 2-1〉 1940년 매동심상소학교 '불온 낙서' 사건의 주역들. 왼쪽 상단부터 시계방향으로 김창환, 이병은, 이광훈, 한국정, 남광숙이다. 촬영일시는 모두 1941년 6월 6일로, 당시 이들이 수감되었던 서대문형무소에서 촬영된 것 같다.

출처 : 국사편찬위원회 편, 『韓民族獨立運動史資料集 別集 1~9』, 1991~1993; 한국사데이터베이스http://db.history.go.kr의 '일제감시대상인물카드'

사는 기소했지만 판사는 무죄 판결을 내렸다. 벽보는 판결문에 언급되지도 않았다. 결국 김창환이 '조선독립'이라 낙서하지 않았다면 범죄 자체가 성립하기 힘들었다. 둘째, 경찰이 이 사건을 '치안유지법' 위반

〈그림 2-2〉1940년 3월 매동심상소학교 제6회 졸업기념 사진. 아랫줄 왼쪽에서 네 번째가 일본인 교장(久保正治), 다섯 번째가 교사 홍순창이다. 특정할 수 없지만 상단에 낙서 사건 주역들이 서 있다.

출처 : 홍하표 옹(홍순창의 아들) 소장.

으로 키웠다. 불온한 낙서라 해도 학교 안의 일이고 닫힌 교실에 쓰여 파급 효과도 적기 때문에 '훈계'로 끝날 가능성도 있었다.[49] 그러나 경찰은 네 달여의 조사 끝에 낙서의 배후로서 홍순창의 민족의식 교육을 찾아냈다. 일본인 교장은 낙서의 배후를 암시하면서 이러한 수사 확대

---

49 '불온 낙서'는 행위가 드러나 않는 익명성과 다수의 사람이 볼 수 있는 공개성을 동시에 갖춘 공중변소, 벽과 같은 장소에서 많이 이뤄진다. 학교 교실은 적당한 장소가 아니다. 변은진이 사례로 제시한 '불온 낙서' 170여건 중 학교 교실에 이뤄진 것은 이 사건이 유일하다.(변은진, 앞의 책, 234~251쪽)

를 조장했다. 셋째, 김창환의 낙서는 친구들 사이의 담력 시합, '인정투쟁'과 비슷한 면이 있다. 우선 검경의 주장대로 낙서가 독립사상을 전파하기 위한 것이라면 왜 닫힌 교실에 그것도 일본어로 썼겠는가. 앞서 보았듯이 1930년 수치이지만 해안면민의 96%가 일본어를 읽지 못했다.[50] 교장 축출이라는 목표도 낙서의 시점이 동맹휴학이 기도되고 벽보가 부착되던 1939년 9월이라면 효과가 있었을지 모르겠지만 1940년 3월말에 이르면 약해진다. 필자가 보기에 김창환이 낙서를 하게 된 직접적인 동기는 남광숙의 계속되는 종용과 이를 해냄으로써 '작은 아이들'의 '대장' 자격 유지, 자존감 회복이었다.[51]

2) 여동생의 기억 – 지난한 '독립유공자' 되기

김창환이 주인공으로 나오는 『식민지 불온열전』이 출간 되자, 그의 여동생 김○희(1931년생)와 연락이 되어 인터뷰를 할 수 있었다.[52] 낙서

---

50 김창환은 경찰이 낙서 이유를 묻자 첫째, 교장이 책임을 지고 다른 학교로 전근될 것 둘째, 여러 사람들이 본다면 마침내 조선은 독립이 될 것이라 생각한 까닭이라 했다. 마을 게시판이 아니라 학교 칠판을 장소로 택한 이유에 대해서는 첫째, 교장이 즉시 볼 수 있고 둘째, 곧(4월 1일) 신입생 입학식이 있어 많은 사람들이 와서 볼 거라고 생각했다 한다(楊口警察署警部補 廣田勇, 「(1940.8.15)被疑者金田昌煥 訊問調書」, 京城地方法院春川支廳, 앞의 자료.) 교장이 낙서를 보고 입학식 때까지 남겨두었을지 의문이다. 경찰이 불러준 대로 진술한 듯하다. 일본어로 쓴 이유에 대해서는 문답이 없다.
51 이런 결론을 바탕으로 김창환과 그 친구들의 세계를 중심으로 이 사건을 재구성한 것이 정병욱, 「김창환, 살아서 불온한 낙서, 죽어서 불온한 역사」, 『식민지 불온열전』, 역사비평사, 2013이다.
52 김○희, 2013.12.3, 경기도 군포시 자택에서 인터뷰. 동향 출신인 남편 고○근, 시동생 고용근이 함께 증언했다.

사건 자체에 대한 기억은 소략하다. "글쎄. 그때 하여튼 독립에 대한 걸 (…중략…) 칠판에다 써가지고서 그래서 잡혀갔다는 소리"를 들었다고 한다. 오빠에게 직접 들은 적은 없었다고 한다.[53]

인터뷰를 통해 김창환의 낙서사건 이후 행적을 알 수 있었다.[54] 김창환은 감옥에서 나온 뒤 고문 후유증으로 다리를 조금 절었고, 1942년에 강원도 정선의 친척 양의洋醫에게서 의술을 배웠다. 1944년 경 결혼을 했고 곧 징병[55]되어 "만주 관동군"에서 복무하다가 해방된 뒤 1946년에 귀향했다. 수차례 가족과 함께 장인, 처형 등이 있는 38선 이남으로 내려가려다 실패하고 숨어 지냈다.[56] 1948년경부터 해안면 보건소에 근무했고 1950년에는 해안면 민청(民青, '民主青年同盟'의 약자)위원장이 되었으며[57] 1951년 10월경 해안면 모교 운동장에서 인민재판

---

53 시동생 고용근은 자서전에 김창환이 "한국인 교사의 독립정신 교육을 많이 받아 졸업하던 날 칠판에 태극기를 그려 놓고 조선독립 만세를 불러" 잡혀갔다고 썼다.(고용근, 앞의 책, 63, 82쪽)

54 주 52의 인터뷰 외에 씨가 국가보훈처에 오빠를 독립유공자로 신청하기 위해 작성한 「독립유공자공적조사서」,(2013.8) 및 「독립유공자평생이력서」,(2013.8); 고용근, 앞의 책을 참조하였다.

55 필자는 '사건기록'을 보면 김창환, 이병은, 이광훈이 속죄의 의미로 '지원병'이 되겠다고 맹세했으나, 현지 원주민(문○승, 1929년생)과 인터뷰한 결과 사건 이후 '지원병'으로 간자는 그들이 아니었다고 했다(정병욱, 앞의 책, 231쪽). 해안면이란 한 지역 단위에서 지원병제, 징병제가 실제 어떻게 실행되었는지 좀 더 규명될 필요가 있다.

56 해방 직후 북한 치하의 38선 접경지역에서는 38선 이남에 친척이 있는 것만으로도 당적 유지나 입당에 제약이 따랐고, 그 친척과 교류하거나 38선을 넘는 것은 반체제행위였다. 김재웅, 「북한의 38선 접경지역 정책과 접경사회의 형성 – 1948~1949년 강원도 인제군을 중심으로」,『韓國史學報』28, 2007.8, 129~131쪽.

57 김창환이 민청위원장을 하게 된 경위에 대해서 김○희는 이렇게 말한다. "그때 다시 죄를 사해준다고 방송하고 (…중략…) 이북에서 그런 정책을 피니깐 1년을 그렇게 숨어서 있다가 나와 가지고, 살기 위해서 그 사람들 편에 안 서면, 잡히면 어떻게 할 수 없으니깐 (…중략…) 살아남기 위해 이제 그런 거지." 당시 북한은 접경지역에서 우수한 당원을 안정적으로 확보하기 위해 입당 기준을 완화한 적이 있었다.(김재웅, 앞의 글(2007), 164쪽) 1948년 이후 해안면에서 김창환의 활동도 이런 정책과 관련 있는 듯하다.

을 받고 총살되었다. 처남 홍성철, 친구 이광훈과 그 동생 이광혁이 함께 처형되었다. 죄목은 전투가 치열해짐에 따라 작전회의를 위해 각 기관장을 소집했으나 민청위원장 김창환이 이에 불응하고 산속 외딴집에서 위의 이광훈 등과 함께 국방군 환영을 위해 태극기를 그리고 모의하였다는 것이다. 평소부터 반동분자로 의심 받았던 터라 기관장 회의 불참을 계기로 본보기로 처형된 것 같다고 한다.

김○희 등은 앞의 교지나 자료집의 기록이 해방 당시 남쪽으로 내려와서 그 이후 상황을 잘 모르는 사람들 얘기라며 신뢰하지 않았다. 특히 반공자치대, 치안대에 대해 자신들은 모른다고 했다. 실제 김창환이 관여했는데 몰랐을 수도 있다. 아니면 김창환 등의 인민재판과 치안대는 별도의 사건인데, 후대에 동일 지역 반공운동으로 섞여서 하나의 사건으로 회자되었을 가능성도 있다. 여하튼 인민재판 때 식민지시기 옥고를 치른 일은 참작되지 않았던 것 같다. 민족보다는 체제가 우선이었다.[58]

한편 김○희는 『식민지 불온열전』의 내용을 바탕으로 2013년 8월경 국가보훈처에 오빠 김창환을 독립유공자로 신청했다. 그러나 국가보훈처는 "광복 이후 6·25 전쟁 당시의 행적 불분명"을 이유로 보류했다. 남한에서 독립유공자로 포상 받기 위해서는 다음 세 가지 요건을 충족시켜야 한다. "① 적극적인 독립운동의 공적이 있어야 한다(일제에 항거하여 최소 6개월 이상 적극적인 독립운동을 하였거나, 그로 인하여 3개월 이상

---

58 김○희의 남편으로 같은 해안면 출신인 고○근은 "처형할 적에 처형하는 사람들 그 사람들이 하는 얘기가 김창환이란 사람은 왜정 때 독립운동도 한 사람이고 하니깐 인물도 괜찮고 연설도 잘하고 (…중략…) 이 사람을 죽이는 것이 아깝다, 이용을 하면 좋지 않나 하는 공론도 있었는데 그냥 죽였다"고 한다.

옥고를 치른 분). ② 독립운동 공적이 원전자료에서 확인됨을 원칙으로 한다. ③ 운동 사망 시까지 행적에 문제가 없어야 한다(국위를 손상시킨 자, 친일행적이 있는 자, 광복 이후 사회주의 활동에 주력하거나 동조한 자, 일정 이상의 범죄자 등 공적 흠결자(欠缺者)는 제외)."[59] 김창환은 1940년 4월 임의동행 되어 1941년 8월 집행유예 판결이 날 때까지 구금되었고, 판결문이나 일제 경찰의 기록이 있으니 1, 2의 요건을 충분히 갖췄다. 다만 한국전쟁 당시 민청위원장 경력이 문제가 되었던 것 같다. 남한 정부는 아직 그의 독립운동을 인정하지 않는다. 이 나라는 민족보다 반공의 가치가 높은 곳이다.

5. 식민지 기억과 분단─남한의 자화상

이상 1940년 양구군 해안면 소학교 낙서사건에 대한 해방 이후의 기억은 다소 복잡하지만 세 단계로 나누어 볼 수 있다. 1단계는 조동걸이 이 사건을 세상에 알리기 이전인 1970년대 중반까지 '침묵'의 시기이다. 물론 실제 이 기간에 당사자들 또는 관련 지역에서 이 사건이 기억되고 회자되었을 가능성이 없는 것은 아니다. 그러나 신문보도나 아들의 증언으로 볼 때 홍순창은 이 사건을 그다지 언급했던 것 같지 않고 주변에서도 인지하지 못했던 것 같다. 사건이 일어났던 지역에서 이 사건에 관한 기록은 아직까지 확인하지 못했다. 전국적으로도 임시정

---

59 국가보훈처, 『보훈 50년사 1961~2011』, 국가보훈처, 2011, 542쪽.

부나 3·1운동과 같은 큰 단체, 큰 사건 위주로 '독립운동'이 언급되던 시기였다.

아마 식민지 기억의 정답이 있다면 항일을 기리고 친일을 나무라는 것에서 시작될 것이다. 이는 탈식민의 정치 및 개혁과 맞물려 진행되지 않는 한 지속되기 어렵다. 이를 상징적으로 보여주는 것이 1949년 반민족행위특별조사위원회 해체 및 김구 암살 이후 독립운동사 연구의 침체였다. 낙서사건을 판결문을 통해 세상에 알렸던 독립운동사편찬위원회가 1970년 『독립운동사』 1권을 펴내면서 서문에 "해방과 함께 가장 먼저 독립투사들의 사적을 정리"했어야 했으나 "해방 직후의 사회적 혼란과 6·25 동란, 그리고 정치적 경제적 불안정 상태 속에서" 그 역사를 정리하지 못한 채 오늘에 이른 것이 부끄럽다 했다.[60] 그 "혼란" "동란" "불안정"은 달리 표현하면 냉전과 분단의 상황이다. 기억의 침묵이나 지체가 한반도에 드리워진 냉전과 분단을 반영하는 것이라 할 수 있다.

2단계는 이 사건의 판결문이 발굴되어 『독립운동사자료집 12』에 실리고 이에 의거해 조동걸이 『태백 항일사』에 이 사건을 소개한 1977년부터다. 위의 자료집과 역사책은 잠자던 기억을 깨웠고 이후 교사는 독립유공자로 포상을 받았으며 학생들은 지역 항일역사의 한 주역으로 자리 잡았다. 그 과정에서 있었던 과장과 오류는 차지하더라도 두 가지 점은 생각해봐야 할 것 같다. 하나는 살아남은 자 위주의 기억이다. 사건의 다른 주역들이 사망하고 그 흔적을 찾을 수 없는 상황에서

---

[60] 독립운동사편찬위원회, 『독립운동사 제1권─의병항쟁사』, 1970의 「서문」.

어쩌면 당연한 일이겠지만, 살아남은 자가 전유한 기억이 과연 사건의 실상에 부합하는지 의문이다. 다른 하나는 식민주의의 잔영이다. 교사와 그 항일교육을 중심에 놓고 사건을 설명하는 것은 낙서사건을 치안유지법으로 확대하려는 일제 경찰의 시각이자 의도이며, 그것이 가장 압축적으로 반영된 것이 판결문이다. 조동걸의 교사를 주인공으로 한 사건 기술이나 독립유공자 포상은 이에 근거하고 있다. 현재 국가보훈처에서 독립운동의 공적을 증명하는 유력한 자료로 판결문 등 각종 행형기록을 요구하고 있다. 독립운동을 그것을 탄압했던 권력 측의 자료로 증명해야 되는 아이러니한 상황에서, 일정부분 식민권력 측의 시각이 되살아나고 있다고 한다면 지나친 것일까.

3단계는 검사국 기록 발굴과 그에 기반하여 김창환과 그 친구들을 중심으로 사건을 재구성, 재해석한 2013년 『식민지 불온열전』 출간 이후라 할 수 있다. 이제까지 이 사건에 대한 기억에서 주변화 되었던 김창환이 부각됨에 따라, 김창환 측의 기억이 활성화되었다. 연구가 의도했던 바는 아니지만 그 기억을 국가로부터 공인 받고자 하는 과정에서 문제가 발생했다. 김창환의 가족으로서 남한에 유일하게 생존해 있는 여동생이 김창환을 독립유공자로 신청했으나, 그가 한국전쟁 때 인민군에게 총살되었음에도 당시 민청위원장이란 경력이 문제가 되어 선정이 보류되었다. 향후 유공자로 인정될 수도 있겠지만, 적어도 지금까지 과정에서 현 남한 정부가 추구하는 자화상이 무엇인지는 알 수 있다. 아무리 독립운동을 하고 우익 편에 섰다하더라도 조금의 오점, 좌익 경력이 있으면 유공자가 될 수 없다는 정체성 추구. 이렇게 남한의 식민지 기억에는 냉전과 분단 그림자가 깊게 드리워져 있다.

1940년 소학교 낙서사건에 대한 여러 기억 사례를 보면 '개인·집단 기억에서 공적 기억화로'의 방향보다는 역으로 역사연구와 같은 '공적 기억화에서 집단·개인 기억으로'의 방향이 두드러졌고, 이러 과정에서 집단과 개인의 기억이 활성화된 것으로 보인다. 물론 활성화된 기억들이 사실에 부합하는지 의문이지만, 나름의 역할이 있고 새로운 역사화, 공적 기억화를 자극하는 측면도 많다. '개인기억－집단기억－공적 기억화'는 단선적인 과정이 아니다. 상호작용을 통한 새로운 공적 기억화, 역사화의 가능성은 열려 있다.

참고문헌

자료

(식민지시기)

京城地方法院春川支庁,『刑事第一審訴訟記録, 記録号 昭和十五 刑1016호, 昭和十五 予18호,
　　'德山実 외 5명(治安維持法 違反, 保安法 違反)』.

京城地方法院,「昭和16年 刑公第1238호 判決」, 1941.8.19.

高等法院檢事局思想部,『思想彙報』24, 1940.9.

楊口郡,『(昭和七年六月編纂)郡勢一斑』, 1932.

　　　,『(昭和九年六月編纂)郡勢一斑』, 1934.

朝鮮軍参謀部,『昭和15年前半期 朝鮮思想運動概況』, 1940.8.

朝鮮総督府編,『(昭和五年)朝鮮国勢調査報告 道編 第11巻 江原道』, 朝鮮総督府, 1935.

朝鮮総督府編纂,『朝鮮法令輯覧』上巻 第6輯, 1940.

朝鮮総督府財務局,『朝鮮総督府統計年報』각년판.

(해방 이후)

江原郷土文化研究会,『楊口 抗日·反共運動 資料集』, 楊口郡, 1998.

고용근,『고용근 자서전－내고향 해안(亥安)면을 중심 무대로』, 창문, 2012.(자비출판)

국가보훈처,『보훈 50년사 1961~2011』, 국가보훈처, 2011.

国史編纂委員会編,『北韓関係史料集 Ⅲ』, 국사편찬위원회, 1985.

국사편찬위원회 편,『일제강점기 경성지방법원 형사사건기록 해제』, 국사편찬위원회, 2009.

김○희 작성,「(김창환)독립유공자공적조사서」및「(김창환)독립유공자평생이력서」, 2013.8.

독립운동사편찬위원회,『독립운동사 제1권－의병항쟁사』, 독립유공자사업기금운용위원
　　　회, 1970.

독립운동사편찬위원회,『독립운동사자료집 12－문화투쟁사자료집』, 독립유공자사업기
　　　금운용위원회, 1977.

朴振緖·姜斗楨,「3·1節 60周年 話題－楊口서 독립운동 앞장－洪淳昌」,『신아일보』,
　　　1979.2.28.

신일,「한 평생 나라 사랑의 길로 홍순창 할아버지」,『새벗』294, 1983.7.

楊口郡誌編纂委員会編, 『楊口郡誌』, 楊口文化院, 1984.

해안초등학교 교지발간추진위원회, 『(해안초등학교 개교 40주년 기념문집) 해안의 메아리』, 해안초등학교, 1997.

黄永穆, 「生存해있는 抗日 独立闘士 - 楊口 亥安 사건 洪淳昌옹을 찾아」, 『강원일보』, 1979.1.30.

논문 및 단행본

김성보, 『남북한 경제구조의 기원과 전개 - 북한 농업체제의 형성을 중심으로』, 역사비평사, 2000.

金沄根・李斗淳, 「収復地区 事例調査를 中心으로 본 北韓土地改革의 再評価」, 『農業経済研究』 31, 1990.12.

김재순, 「정부수립이전 행형기록 해제」, 『기록보존』 11, 행정자치부 정부기록보존소, 1998.

김재웅, 「북한의 38선 접경지역 정책과 접경사회의 형성 - 1948~1949년 강원도 인제군을 중심으로」, 『韓国史学報』 28, 2007.8.

金載雄, 「북한의 인민국가 건설과 계급구조 재편(1945~1950)」, 고려대 박사논문, 2014.

변은진, 『파시즘적 근대체험과 조선민중의 현실인식』, 선인, 2013.

송충기, 「경험의 역사로서 독일 구술사」, 『역사비평』 102, 2013.2.

이강수, 『반민특위 연구』, 나남출판, 2003.

李求鎔・崔昌熙・金興洙, 『江原道 抗日独立運動史』 3, 光復会江原道支部, 1992.

이와사키 미노루・이타가키 류타・정지영, 「기억으로 동아시아 생각하기 - '동아시아 기억의 장' 탐색」, 『역사비평』 102, 2013.2.

정병욱, 「해방이후 식산은행원의 식민지 기억과 선택적 인식 - 행우회 잡지 『무궁(無窮)』 (1946~1953)을 중심으로」, 『역사와 현실』 48, 2003.6.

_____, 「한국산업은행원의 식민지 기억과 탈식민 - 『産友』(1954~1971)를 중심으로」, 『한국사연구』 152, 2011.3.

_____, 「조선식산은행 일본인 행원의 식민지 기억」, 『사회와 역사』 91, 2011.9

_____, 『식민지 불온열전』, 역사비평사, 2013.

_____, 「경성지방법원 검사국 기록과 '사상부'의 설치」, 이타가키 류타・정병욱 편, 『식민지라는 물음』, 소명출판, 2014.

趙東杰, 『太白 抗日史』, 江原日報社, 1977.

조동걸, 『于史 趙東杰 저술선집 13－강원역사의 다원성』, 역사공간, 2010.

趙東杰, 「독립운동사편찬위원회의 존폐와 저술 활동」, 『韓国史学史学報』 24, 한국사학사학

　　회, 2011.

한모니까, 「한국전쟁 전후 '수복지구'의 체제 변동 과정」, 가톨릭대 박사논문, 2009.

홍금수, 「역사지리의 파국적 단절과 미완의 회복－민통선북방 양구군 해안면의 인구·취

　　락·토지이용」, 『문화역사지리』 21-3, 2009.

인터뷰

문○승, 2013.4.4. 해안면 자택.

洪河杓, 2013.4.1. 주문진읍 자택.

김○희, 고○근, 고용근, 2013.12.34, 경기도 군포시 자택.

사이트

国家報勲処 공훈전자사료관(http://e-gonghun.mpva.go.kr)

NAVER 뉴스 라이브러리(http://newslibrary.naver.com)

조선인 강제연행론의 계보(1955~65)*

이타가키 류타(板垣竜太)

1. 서론

식민지 조선의 일본 식민지 지배로부터 '해방'이 일본의 아시아태평
양전쟁에서 '패전', 한반도의 남북'분단'과 동시에 진행되었던 것은 조
선의 탈식민지화 과정에 당초부터 복잡한 장애를 초래하게 되었다. 전
승국에 대한 배상문제와 교전국간의 강화문제를 중심으로 하는 '전후
처리'의 틀 속에서 식민지문제는 뒷전으로 물러날 수밖에 없었다. 또
미소 양 대국의 분할점령이 시작되고 남북에 각각의 정부가 수립되었
으며 거대하고 잔혹한 전쟁을 거쳐 분단체제가 고착화되어 버리는 과

---

* 본 원고는 이전에 공간한 다음 논문의 후속편이다. 「조선인 강제연행론의 계보 (1945~
1955) - 식민지 지배 책임론의 계보작성의 일환으로서」, 동북아역사재단 편, 『한일협정
50년사의 재조명 III - 일제식민지책임 판결과 한일협정체제의 재조명』 동북아역사재단,
2014. 함께 참조해 주시기 바란다. 또 원래 본고는 식민지문제에 관해 준비 중인 자료집
해제를 위해 집필한 것이다. 본문 중에 자료소개와 같은 서술 방식이 보이는 것은 그 때문
이기도 하다.

조선인 강제연행론의 계보(1955~65)　53

정에서 '탈식민' 과제는 그 틀과 교섭주체가 글로벌한 냉전질서에 의해 심각하게 규정되어버리게 되었다.

일본의 식민지 지배가 제도로서는 종결이 된 후에 그 책임을 추급하려는 다양한 움직임이 각지에서 나타나는데 그것들이 급속도로 약화될 수밖에 없었던 배경에는 냉전이 있었다. 대일배상은 미국의 극동정책의 변화와 더불어 무배상 방침으로 전환되었으며 남한에서의 '친일파' 처벌의 움직임도 '반공'의 논리가 더욱 강화되면서 좌절되어버렸다.[1] 그렇기 때문에 1990년대 탈냉전의 상황 속에서 다시 한 번 식민지 지배에 대한 책임 문제가 제기되기도 하였다.[2]

이것은 동아시아에 한정된 역사의 조류는 아니다. 예를 들면 1947년에 유엔총회는 뉘른베르크 및 도쿄에서 군사재판의 경험을 바탕으로 국제형사법정의 설치를 결정하고 1954년에 '인류의 평화와 안전에 대한 범죄법전 초안'을 공표하였다. 이 초안은 '식민지'라는 표현까지는 사용하고 있지 않지만 타국에 대한 불법적인 '병합'과 내정간섭, 인종적·민족적 박해 등을 '범죄'로 규정하고 있다. 그렇지만 냉전구조 속에서 유엔에서 논의가 깊이를 더할 수는 없었고 다시 깊이 있는 검토가 시작된 것은 1980년대의 일이었다.[3] 따라서 식민지제국의 붕괴 후

---

1 板垣竜太, 「植民地支配責任を定立するために」, 中野敏男他編, 『継続する植民地主義』, 青弓社, 2005.

2 板垣竜太, 「脱冷戦と植民地支配責任の追及」, 金富子·中野敏男編, 『歴史と責任』, 青弓社, 2008; 한국어판, 「탈냉전과 식민지 지배 책임의 추급」, 나카노 도시오·김부자 편, 『역사와 책임-'위안부' 문제와 1990년대』, 선인, 2008.

3 前田朗, 「植民地犯罪論の再検討(1)」, 『統一評論』 589, 2014. 다만 이렇게 1980년대에 재개되었던 식민지 지배를 범죄화한다고 하는 문제제기 역시 결국에는 좌절되었고 최종적으로 발족한 국제형사재판소의 규정으로 연결되지 못하였다.

에 왜 그 책임추급이 잘 이루어지지 못하였는가 하는 문제를 생각할 때 냉전이라는 역사배경은 필요불가결한 것이라고 할 수 있다.

본고는 이러한 냉전 상황을 배경으로 식민지 지배 책임론의 계보라는 관점에서 전시기戰時期 조선인에 대한 강제적인 노무동원에 대한 책임추급에 관한 담론(이하 '조선인 강제연행론'이라 함)이 어떻게 전개되었는지 밝히겠다. '전쟁책임'이라는 개념과 상대적으로 구분되어 설정되는 '식민지 지배 책임'이라는 개념규정과 그 계보를 재구축하는 것의 의의에 대해서는 나는 지금까지 몇 번이나 논한 바가 있으므로[4] 재론하지 않도록 하겠다. 여기서는 주로 재일조선인에 의해 언급되었던 조선인 강제연행론의 계보를 재구축하는 것의 의의에 대해서 언급하도록 하겠다.

나는 이전에 1950년대 말에서 1960년대 전반에 걸쳐서 일본에서 전개된 한일회담반대운동 중에서 '식민지 지배 책임'이란 사고방식이 어떻게 제기되었고 또 어떻게 주변화 되었는지 그 과정을 묘사한 적이 있다.[5] 거기서 내가 주목했던 것은 '일본인의 책임'이라는 논리를 전면에 내세웠던 연구단체 '일본조선연구소'였다. 젊은 시절의 가지무라 히데키梶村秀樹와 미야타 세쓰코宮田節子 등 전후 일본의 조선사연구에서 중요한 역할을 한 연구자도 참여하고 있던 이 연구소(1959년 창립)는 1960년대 당시의 여러 단체 중에서는 드물게 '식민지 지배 책임'의 논리를 내세워 한일회담에 반대하고 있었다. 이 주장은 일정한 임팩트를

---

[4]　앞의 이타가키 류타의 2편과 더불어 「日韓会談反対運動と植民地支配責任論」, 『思想』, 2010.1, 岩波書店; 한국어판, 「한일 회담 반대 운동과 식민지 지배 책임론」, 미야지마 히로시 외, 『일본, 한국 병합을 말하다-일본의 진보 역사학자들이 말하는 한국 강제 병합의 의미』, 열린책들, 2011; 「植民地支配責任論の系譜について」, 『歴史評論』, 2015.8 참조.

[5]　板垣竜太, 「日韓会談反対運動と植民地支配責任論」, 앞의 책 참조.

가지고 있었고, 그 후 일본의 역사적 청산을 추진하는 사상의 원류의 하나가 되어가지만, 당시에는 반대운동의 주도세력이었던 일본공산당·사회당 및 신좌익의 기본 논리에 압도되어 결과적으로는 주변으로 밀려나 버리고 말았다. 그 의미에서 이것은 냉전기의 동서 양진영의 구도가 좌파의 운동내부에 있어서도 식민지 지배 책임론을 왜소화시켜버렸던 전형적인 사례가 되는 것인데, 여기서 주목하고 싶은 것은 일본조선연구소가 '일본인의 책임'이라는 논리를 구축한 배경이다. 일본조선연구소 설립자의 한 사람인 데라오 고로寺尾五郎는 연구소 창립 당시의 '일조우호운동日朝友好運動'에 대해서 당시에는 전부 재일조선인의 촉구가 있고나서야 비로소 일본인이 움직이기 시작한 상황이었다고 회상한 적이 있다. 그러한 몰주체성에 대한 비판에서 나온 것이 '일본인의 책임'이라는 사고방식이었다. 이것은 거꾸로 말하면 일본인의 일부가 과거의 식민지 지배에 대한 책임을 인식해 나갈 때 재일조선인의 문제제기가 선행되었다는 것이기도 하다. 따라서 일본의 식민지 지배에 대한 책임론의 계보를 생각할 때 재일조선인이 담당했던 역할을 빼고서는 이야기가 성립되지 않는다.

주로 재일조선인이 제기해 온 식민지 지배 책임론의 하나로서 본고에서는 조선인 강제연행론을 다루겠다.[6] 조선인 강제연행문제는 일본의 식민지통치 말기에 일어났던 거대한 비인도적인 행위였고 전쟁책임과 식민지 지배 책임이 겹쳐지는 영역이다. 다만 일본인의 전시동원

---

6 이 글에서는 모집, 관알선, 징용 등의 동원의 형태를 따지지 않고 또 연행 후의 강제노동까지도 포함하는 용어로서 널리 사용되고 있는 '조선인 강제연행론'이라는 용어를 사용하겠다. 주로 노동동원을 대상으로 하지만 병사, 군속이나 '위안부'로서의 군사동원이 동시에 언급되고 있는 자료도 많기 때문에 그것들도 포함하여 언급하는 경우도 있다.

과는 상대적으로 구분되는 '조선인 강제연행'이라는 영역을 추출하여 구체적으로 거명하면서 그 사실을 언급할 때, 거기에는 그 배경이 되는 일본의 식민지 지배에 대한 문제제기가 항상 포함되어져 왔다고 해야 할 것이다. 따라서 조선인 강제연행론은 식민지 지배 책임론의 계보를 구축하는데 있어서 중요한 위치를 점하고 있다.

그 진상규명과 책임추급, 보상 등을 요구하는 운동이 본격화하는 것은 1960년대의 일이었는데 그 계기가 되었던 것은 1965년이었다. 이 해는 일본과 남북한에서 전개된 반대운동에도 불구하고 한일조약이 체결됨과 동시에 재일조선인 역사학자 박경식朴慶植이 『조선인강제연행의 기록(朝鮮人強制連行の研究)』(미라이샤未来社)을 출판한 해이기도 하다. 이 책은 강제동원 문제에 대해서 처음 정리된 역사연구서이며 그 이후 진상규명운동에 관계하게 되는 사람들이 먼저 읽어야 하는 필독서가 되었다. 최초의 논문집이었던 만큼 그 이후 조사가 진행됨에 따라 문제점과 한계가 지적되기도 하였지만,[7] 그 이후의 진상규명운동과 연구의 출발점에 자리매김할 수 있는 저작이라는 점에는 변함이 없다. 그러나 이 책은 전후 최초의 조선인 강제연행론은 아니었다. 오히려 일본의 패전 직후부터 다양한 방면에서 조선인 강제연행론은 언급되어 왔다. 내가 주목하고 싶은 것은 이 책이 성립되기 이전에 어떠한 공간에서 누가 무엇을 목적으로 어떻게 조선인 강제연행론을 썼는가, 그 내용은 어떠한 것이며, 무엇을 문제 삼고 있는가 하는 것이다.

나는 이전에 1945년부터 1955년까지 조선인 강제연행론의 계보에

---

7 진지한 비판으로서는 金英達, 『金英達著作集Ⅱ-朝鮮人強制連行の研究』, 明石書店, 2003을 참조.

대해 밑그림을 그려본 적이 있다.[8] 거기서 나는 좌파 재일조선인운동에 중심축을 두면서 재일본조선인연맹(조련)이 활동하고 있던 시기(1945~1949)와 조련의 강제해산(1949.9)에서 민전(재일조선통일민주전선, 1951.1, 결성)을 거쳐 재일본조선인총연합회(조총련)로 노선을 전환(1955.5)하기까지 시기(1949~1955), 두 시기로 나누어 구분을 하였다. 전자를 제Ⅰ기, 후자를 제Ⅱ기로 부른다면, 제Ⅰ기에 관해서는 조련에 의한 기업에 대한 보상 요구, 재일조선인운동의 극동국제군사재판(동경재판) 비판에서 보이는 책임추급의 움직임, 재일조선인에 의한 조선사의 재구축 등 '보상', '가해자 처벌', '역사서술'이라는 세 가지의 중요한 요소가 이미 나타나고 있었다는 것을 알 수 있었다. 한편 조련 해산 후의 제Ⅱ기는 운동이 다양한 형태로 전개되었던 것을 반영하여 조선인 강제연행론도 다양한 형태를 취하게 되었다. 강제로 해산된 운동체의 역사적 의의를 증명하려는 논고 속에서, 일본인과 연대를 모색하는 논의 속에서, 출입국관리령 적용에 의한 강제송환에 대한 반대운동 속에서, 도쿄도립 조선인학교라고 하는 특수한 운영형태에 대한 탄압에 저항하여 학교를 지키려고 하는 운동 속에서, 혹은 먹고살기 위해서 만들었던 밀주密酒에 대한 단속에 저항하는 민중의 움직임 속에서 조선인 강제연행론이 이야기되었다.

본고는 그 후편으로서 1955년에서 1965년까지의 시기를 다루고 있다(이하 이전의 논문을 '전편'이라 약칭함). 이 시기는 크게 세 시기로 구분할

---

8   이타가키 류타, 「조선인 강제연행론의 계보(1945~1955) – 식민지 지배 책임론의 계보 작성의 일환으로서」, 동북아역사재단 편, 『한일협정 50년사의 재조명 Ⅲ – 일제식민지 책임 판결과 한일협정체제의 재조명』, 동북아역사재단, 2014.

수 있다. 제III기가 되는 1955~1958년은 조총련의 결성에서 북한(조선민주주의인민공화국)으로 집단이주를 요구하는 이른바 '귀국운동'이 개시되기까지 시기에 해당된다. 여기서 주목하는 것은 조총련계 단체로서 한동안 활동한 조선연구소(앞에서 말한 일본조선연구소와는 다름)이다. 여기서 처음으로 재일조선인이 독자적인 연구소를 설립하여 재일조선인에 대한 본격적인 연구가 진행되었다. 이곳에서 조선인 강제연행론이 학문적인 형태를 갖추어 언급이 되었는데, 이 연구소는 당시의 정치적 분위기에 휩쓸려 재편될 수밖에 없었다. 이어서 제IV기는 1958년 여름 '귀국운동'의 시작부터 실제로 니이카타新潟항에서 '귀국선'이 출발하기 시작하는 1959년 말까지 시기이다. 재일조선인의 북한으로 '귀국'을 둘러싼 공방 속에서 국경을 초월하는, 서로 다른 입장에서 조선인 강제연행론이 제기되었다. 그리고 제V기는 1960~1965년으로 한일국교정상화 교섭, 이른바 한일회담에 대한 반대운동이 전개되고 있었던 시기이다. 이 시기에 중국인 강제연행에 대한 진상규명운동과 링크되는 형태로 조선인 강제연행에 대한 조사가 행해지기 시작했다. 또 북한으로부터 식민지 지배 책임에 대한 성명서가 나온 것을 하나의 계기로 한일회담 반대운동 속에서 부분적이기는 했지만 논의와 조사가 진척되게 되었다.

본고에서는 이상의 대략적인 시기구분을 바탕으로 조선인 강제연행론의 계보를 작성한다. 남북한의 논의에 대해서도 언급하겠지만 주로 일본에서 나온 것에 초점을 맞추었다. 통사적인 기술이라기보다는 단편적인 것을 연결시키는 기술이 되어버리겠지만 각각의 시기에 있어서 상징적이라고 생각되는 자료를 들어가면서 거기에 언급되는 기록들을 해석하는 것에 중점을 두고 싶다. 야마다 쇼지山田昭次는 조선인, 중국인 강제연행의 연구사를 서술함에 있어서 '아카데미즘과는 거리가 먼 생활인들 속에서 독자적인 역사연구가 생겨났던 것'에 유의하면서 시, 판화, 소설, 위령제 등 협의의 '연구사'에 전혀 포함되지 않는 연구도 포함하여 그러한 조사와 논술이 '어떠한 시기에 누구에 의해서 어떠한 문제의식에 의해 이루어졌는지 분명히 하려고' 시도하였다.[9] 나는 이 자세를 이어받으면서 계보를 작성하고자 한다.

본고에서 검토하는 조선인 강제연행 문제를 추급하려고 하는 다양한 목소리는 주로 재일조선인에 의해서 이야기 되어진 것인데, 대부분이 일본 사회 안에서 커다란 영향력을 갖지 못하였다.[10] 또 동시에 그것들은 남북한으로 분단되어 있는 본국에서도 반드시 제대로 받아들여지고 있는 것은 아니었다. 본고는 그러한 마이너minor한 언설로부터 냉전이라는 것을 묘사하고자 하는 시도이기도 하다.[11] 이것은 '승리'의 역사를

---

9 山田昭次, 「朝鮮人・中国人強制連行研究史試論」, 『朝鮮歴史論集 下巻』, 竜渓書舎, 1979, 491~492쪽.
10 소니아 량은 재일조선인 여성의 강제연행에 관한 이야기를 분석하면서 "일본에 살고 있는 조선인의 공통체험으로서 '식민지 과거'란 실은 피해자의 육체에 각인된 개인적인 체험이 정치화, 집단화하는 것에 의해 나타났다"고 하는 매우 흥미로운 지적을 하고 있다. 한편으로 박경식 등을 비롯한 조선인 강제연행론이 일본 사회 및 재일조선인 사회 속에서 '정통성이 있으며 또 진정한 것'으로서 헤게모니적인 것과 같은 권위를 지니고 있다는 것을 전제로 논의를 전개하고 있다(Sonia Ryang, "Inscribed (Men's) Bodies, Silent (Women's) Words : Rethinking Colonial Displacement of Koreans in Japan", *Bulletin of Concerned Asian Scholars*, 30-4, 1998. 일본어역 『コリアン・ディアスポラ―在日朝鮮人とアイデンティティ』, 明石書店, 2005, 제2장). 후자의 전제는 적어도 본 논문이 취급하는 시대에는 전혀 맞지 않는다.
11 여기서 '마이너(minor)'라는 표현은 질 들뢰즈와 펠릭스 가타리가 프라하에서 독일어로 작품활동을 계속했던 유대인 작가 프란츠 카프카에 대해서 언급한 '마이너 문학'이라는 표현을 염두에 두고 있다(『カフカ:マイナー文學のために』, 法政大學出版局, 1987). 거기

이야기하는 것도 아니며 '발전'의 역사를 구축하려고 하는 것도 아니다. 다양한 공간에서 부단히 제기되면서도 아무도 들어주지 않았거나 주변화 되거나 탄압을 받았던 목소리를 수집하여 역사화하려고 하는 것이다. 그렇다고 해서 본고는 의식적으로 마이너한 이야기를 발굴하려는 것은 아니며 단순히 '미시적'이며 '국소적'이고 '산발적'인 역사서술을 행하려는 것도 아니다. 물론 조선인 강제연행론이 단순한 이야기에 불과하다든지 더욱이 '신화'라는 등의 주장을 하기 위한 것도 아니다.[12] 본고에서 나는 여러 가지의 역학관계의 귀결로서 마이너한 위치에 처해지게 된 다양한 이야기에 두어졌던 권력관계를 해독하는 것으로서 오히려 세계사적으로 열려진 문제계의 실마리를 풀어내고 싶다. 실제 결과적으로 본고는 지리적으로는 일본과 남북한은 물론이고 미국이나 중국과 관계에도 논의가 미치게 되며, 시대적으로는 1945년 이전과 이후를 역사적인 기억을 통해 연결시키는 서술이 될 것이다. 이러한 서술을 통해서 1945년 이후의 시대만을 오려내어 국가를 주어=주체로 묘사하는 냉전의 모습과는 다른 역사상을 묘사하고 싶다.

에서 '마이너 문학'은 '소수민족이 널리 사용되고 있는 언어를 사용하여 창조하는 문학' 이라고 정의되며, 그 특성으로서 '언어가 어떤 식으로든 비영역화의 강력한 요인의 영향을 받고 있다는 점', '모든 것이 정치적이라는 것', '모든 것이 집단적인 가치를 갖고 있다는 것' 등의 세 가지를 열거하고 있다. 본고에서 다루는 것은 이른바 '문학'은 아니며 들뢰즈와 가타리와 같이 '마이너가 되는' 것을 지향할 생각도 없다. 여기서 지향하고 있는 것은 권력관계 속에서 마이너가 되었던 언술로부터 오늘에 있어서 식민지 지배 책임 개념을 정립하기 위한 사상적 계보를 구축하는 것에 있다.

12 정대균(鄭大均)은 재일조선인은 모두 강제연행에 의해서 형성되었다고 하는 이야기를 '신화'라고 하면서 그 기원을 박경식의 저서에서 찾고 있다.(『在日·強制連行の神話』, 文春新書, 2004). 박경식은 그러한 이야기를 하지 않았다. 정대균의 책은 오류가 곳곳에 있어 문제가 많다. 外村大, 「朝鮮人強制連行 : 硏究の意義と記憶の意味」(http://www.sumq uick.com/tonomura/note/2011_01.html, 2011)은 정대균의 그런 잘못된 부분에 대한 지적과 더불어 본고의 문제 관심에 있어서도 유익한 기술이 많다.

2. 연구와 운동—1955~1958

1954년 8월 30일 북조선정부는 남일南日 외무상의 명의로 '일본에 거주하는 조선인에 대한 일본정부의 불법적 박해'에 항의하는 성명을 발표하면서 재일조선인을 "조선민주주의인민공화국 공민"이라고 명언하였다.[13] 이듬해 1955년 2월 25일에는 북조선정부는 다시 「대일관계에 관한 조선민주주의인민공화국 외무상의 성명」을 발표하여 일본정부에 대해 조일국교정상화를 호소하였다.[14]

이러한 '조국'으로부터 호소에 응하여 1955년 5월에 민전民戰을 대신하여 새로이 재일조선인총연합회(조총련)가 결성되었다. 결성대회에서 채택된 선언문은 그때까지의 민전의 노선을 "옳바른 로선에서 리탈되고 있었다"고 비판하면서 이에 대신하여 "조선민주주의인민공화국 공민"으로서 "조선민주주의인민공화국 정부와 경애하는 수령 김일성원수의 주위에 더욱 굳게 결속시키며 우리 조국의 평화적 통일독립을 달성"할 것을 내세웠다.[15] 당시까지 민전이 일본공산당과의 관계에 근거하여 일본의 민주화와 혁명운동에 참여해 온 것을 "내정간섭"이라고 하면서 그 노선을 방기放棄하고 "조선민주주의인민공화국 정부 주위에 총집결"시킬 것을 목표로 하는 것이었다. 먼저 조총련 결성에서부터 북한으로의 귀국운동 개시(1958)까지의 시기를 다루고자 하는데, 여기서는 거의 1년간만 활동했던 조선연구소의 조사연구에 포커스를 맞추

---

13 「조선 민주주의 인민 공화국 남 일 외무상 성명 발표 / 일본에 거주하는 조선인들에게 대한 일본 정부의 비법적 박해를 반대 항의하여」, 『로동신문』, 1954.8.31.
14 「대일 관계에 관한 조선 민주주의 인민 공화국 외무상의 성명」, 『로동신문』, 1955.2.26.
15 『解放新聞』, 1955.6.2.

어 그 궤적을 되짚어 보는 것으로 한다.[16]

1950년대 후반에서 주목되는 것은 재일조선인이 주체가 된 조사와 연구의 장이 형성되었다는 점이다. 그 중에서도 특히 주목할 만한 것은 1956년에 설립된 조선연구소이다. 같은 해 6월부터 유지有志들이 모여 상설연구소 설립에 대해 토론을 시작하여 8월에는 「설립취지서」를 정리하여 11월부터 기관지 『조선월보』를 발간하기 시작했다.[17] 등록된 독자 수는 조선인 320명, 일본인 107명이었는데 명부에 누락된 사람도 있어서 독자 수는 600명 이상이었다고 예측되고 있다.[18] 발기준비인은 민전 의장단의 일원이었던 이호연李浩然 외에 노재호盧在浩, 조희준曺喜俊, 이중관李中冠, 문동건文東建 등 전 민전 간부들이었다. 실제로 연구에 종사했던 연구원으로서는 김광지金廣志, 백종원白宗元, 유일효劉一孝, 박경식, 강재언姜在彦, 김득원金得遠 등 6명이 이름을 올리고 있다. 「설립취지서」에 의하면 이 연구소는 "조국의 평화적 통일 · 독립"을 위해서 "내외정세를 과학적으로 분석"하는 것을 목적으로 한 조직으로서 준비되었다. '조사 · 연구의 테마'는 크게 '조선(남북)의 정치 · 경제 · 문화의 각 영역 및 조선을 둘러싼 국제관계', '조선 · 일본 양국 간에 있어서의 제 문제', '재일조선인의 제 문제' 등 세 가지로 정리되어 있다.[19]

사업방침에서 마지막 항목으로 들고 있는 것이 '재일조선인의 제 문제'인데 『조선월보』의 지면을 통해 박경식, 강재언, 김광지 등에 의해

---

16 이 시기에 관한 논점으로서 그 외에도 유골에 관련된 문제를 추적할 필요가 있지만 별도의 원고로 작성할 예정이다.

17 朝鮮研究所, 『朝鮮研究所設立準備事業經過報告와 今後의 事業方針(案)』, 1956.12.

18 『朝鮮研究所事業經過報告書(一九五七年一月五日~二月二八日)』, 朝鮮研究所, 1957.2.

19 朝鮮研究所, 『事業案內』, 1956.

나름대로 비중을 가지고 재일조선인 문제가 역사적 관점에서 다루어지고 있다. 바로 이즈음에 일본정부 당국 또는 그와 가까운 사람들과 외국인에 의해서 재일조선인 문제가 상세한 데이터와 더불어 논해지고 있었다. 당시에 입국관리국 법무사무관으로 근무하고 있던 모리타 요시오森田芳夫의 『재일조선인에 대한 처우의 추이와 현상在日朝鮮人処遇の推移と現状』(1955), 같은 저자라고 여겨지는 익명의 잡지연재기사 「재일조선인 인구의 현상在日朝鮮人の人口のあり方」(1956), 일본적십자사 외사부장 이노우에 마스타로井上益太郎의 『재일조선인 귀국문제의 진상在日朝鮮人帰国問題の真相』(1956) 그리고 모리타와 이노우에도 참조하였던 에드워드 와그너Edward W. Wagner의 *The Korean Minority in Japan, 1904 ~ 1950*(1951) 등이다.[20] 조선연구소의 입장은 각 논문에서 보는 한에서는 그러한 권력 측이 제시하는 것을 비판적으로 수용하면서 자신들 스스로의 힘으로 재일조선인의 역사와 현상을 새롭게 서술하려는 것이었다고 할 수 있다. 특히 이노우에의 소책자는 "일본정부는 확실하게 말하자면 귀찮은 조선인을 일본에서 다 쫓아내는 것이 (일본의) 이익이 될

---

20 모리타 요시오의 『재일조선인에 대한 처우의 추이와 현상(在日朝鮮人処遇の推移と現状)』(1955)은 『法務研究』43(7)로서 法務研究所에서 발생된 부외비자료(部外秘資料)로서 재일조선인 운동 속에서 언제쯤 입수가 되었는지는 불명확하다. 일한친화회(日韓親和会)의 기관지인 『親和』에서 연재한 「在日朝鮮人の人口のあり方」(「その一」 31号=1956.5, 「その二」 33号=1956.7, 「その三」 35号=1956.9)는 그것에 대신하는 것이었다고 생각된다. 이노우에 마스타로(井上益太郎)의 『재일조선인 귀국문제의 진상(在日朝鮮人帰国問題の真相)』(日本赤十字社, 1956)은 조선연구소에 소장되어 있었다는 것이 박경식문고에서 확인되고 있다. 하버드대학 재학 중에 군에 입대하였던 에드워드 와그너(Edward W. Wagner)는 전후에 남조선과 일본에서 점령군으로서 근무한 후에 복학하여 그 경험과 자료에 근거하여 1949년에 "*The Problem of the Korean Minority in Japan*"을 Department of Government의 학사논문으로 제출하였다. 이것을 Institute of Pacific Relations에서 출판한 것이 *The Korean Minority in Japan, 1904 ~ 1950*이다.

것"이라고까지 극언하면서 재일조선인을 어떻게 '귀국'시킬 것인가에 대해 논한 것으로서 그 후 운동 속에서 수없이 비판을 받게 된다. 그러한 가운데 강제연행의 역사도 자리매김하게 되었다.

와그너의 저서는 백종원의 일본어 번역에 의해 연구자료 제2집 『재일조선인의 역사 1904~1950』로서 출판될 예정이었으나,[21] 실제 출판되지는 못하였다. 백종원은 『조선월보』 창간호에서 위의 책을 비판적으로 소개하고 있다.[22] 이 책은 전체적으로는 '재일조선인 문제는 일본 제국주의의 소산이라는 것을 꽤 잘 정리하고 있다'는 점에서 평가할 수 있다는 측면과 '맥아더사령부의 정책을 변호하며 오히려 일본정부의 불찰로 인해 재일조선인 문제가 '짜증이 나는 문제'가 되었던 것이라고 하는 경향을 띠고 있다'는 점에서 비판받아야 할 측면이 있다고 말한다. 그 중에 '제2차 대전 중의 일본으로의 강제징용'에 대해서는 이노우에 마스타로의 책자가 "마치 조선인이 (…중략…) 자유로운 '계약'에 근거하여 일본에 왔던 것처럼 인상을 주고 있는 것"과는 대조적으로 조선인이 감언과 협박, 회유에 의해 계약연한을 강제적으로 연장 당했던 실정을 폭로한 점, 시기별로 재일조선인 인구증가의 특징이 임광철林光澈의 역사학연구회 논문 「재일조선인 문제」(1953)[23]에 대체로 가깝게 서술되었다는 점 등에 대해서 높게 평가하고 있다. 다만 전체적으로 "정치적·경제적인 분석은 불충분"하며 "재일조선인의 역사를 올바른 관점에서 연구하여 충실하게 만들기 위해서는 우리 스스로의 힘

---

21 朝鮮研究所, 앞의 책.
22 白宗元, 「E·W·ワグナー 『在日朝鮮人の歴史 1904~1950』」, 『朝鮮月報』 No. 1, 1956. 12.
23 이 임광철의 논문에 대해서는 이타가키 류타, 「조선인 강제연행론의 계보(1945~1955)」, 앞의 책 참조.

에 의하지 않으면 안 될 것"이라고 결론을 내리고 있다.

김광지 · 이교순李教舜의 논문 「재일조선인의 직업과 상공업의 실태」 [I] · [II][24]도 이러한 관점을 공유하고 있다. 이 논문에 의하면 "우리들이 최근에 입수한 재일조선인의 제 문제에 관한 약간의 자료들도 그 대부분이 일본정부 당국자에 의해 작성된 것이거나 아니면 그들과 밀접한 관계에 있는 단체들이 작성한 것"들이며 이러한 조사 · 연구도 "스스로의 역량과 노력이 부족했다는 점을 지금처럼 통감하지 않을 수 없다"는 생각에서 입안한 것이었다. '8 · 15 해방 이전'에 대해서는 주로 관청자료를, '8 · 15 해방 이후'에 대해서는 재일조선인 상공연합회의 오리지널한 조사에 근거하여 기술하고 있다. 다수의 통계표가 게재되어 있는 논문인데 그 중에서도 관청자료에 대해서는 "그들의 일본에서의 생활이 어떠했던가, 영혼이 없는 일본지배 당국의 여러 가지 통계숫자의 하나하나에도 분명하게 새겨져 있다"는 태도로 해석을 하고 있다. 여기서 재일조선인에 대한 호칭으로서 '우리들'이 아니라 일부러 '그들'이라고 사용하고 있는 점에서는 이 논문이 객관적 연구태도를 관철하고 있다는 것을 알 수 있는데, 그와 동시에 '영혼'이 없는 숫자로부터 재일조선인들의 삶의 모습을 부각시키려는 자세도 읽어낼 수가 있다. 이러한 논문 속에서 조선인 강제연행은 전전 · 전후 재일조선인 도항사의 한 단계로서 "징용 기타에 의한 집단적 강제이동=도항(1939년에서 1945년 일본 패전까지)"이라고 자리매김하고 있다. 이 시기 조선인은 "침략전쟁을 위해 육탄, 노동력으로서 노예와 같이 혹사를 당했다"고 하면서 그

---

24 『朝鮮月報』 No.3(1957.2), No.4(1957.3).

중에서도 탄광의 갱내에서 노동은 "육체가 마멸되는 작업"이었으며 "그들의 탄광노동은 단순한 강제노동이라기보다는 육군형무소의 죄수보다 못한 취급을 당했다"고 논하고 있다.

강재언이 집필한 소책자 『재일조선인 도항사在日朝鮮人渡航史』[25]는 당시까지 저술되었던 도항사 중에서 가장 잘 정리된 것이었다. 강재언은 '히스테리를 부리는 매스컴의 중상모략적인 선전'과 오사카大阪에 살고 있는 재일조선인을 '가장 위험한 사람들'이라고 단언했던 방위청장관의 발언 등에 위기감을 느끼고 "재일조선인 문제가 생겨난 역사적 유래를 가능한 한 분명히 밝히고 문제의 합리적인 해결을 위한 올바른 이해를 보다 광범위한 선의를 가진 일본국민에게 호소하고 싶은 마음에서" 이러한 보고서를 작성했다고 말하고 있다. 전반부는 도항의 과정을 4단계로 시대구분을 하여 기술을 하고 후반부는 생활 상태에 관한 분석으로 채워져 있다. 1938년까지의 제3단계까지는 '조선에서의 식민지정책의 소산'으로서 도항 현상이 생겨났다는 관점에서 식민지정책의 특징에 근거하여 시대구분을 하고(1910~20, 1920~30, 1931~38), 제4단계인 1939~45년은 "침략전쟁의 확대에 의해 일본 본토에서 전시 노동력이 결핍되기에 이르러 강제적·집단적으로 조선인을 일본 본토의 군수산업에 징발하는 형태"가 되었기 때문에 별도의 단계로서 설정하였다고 설명하고 있다. 이 단계에 대해서는 내무성·석탄통제회·후코오카福岡광산감독국의 자료를 비롯한 새로운 관청자료를 이용하거나, 운동 측에서는 『조교조뉴스朝教組ニュース』에서 징용공들의 체험

---

25 「研究資料 1」, 『朝鮮月報』 別冊, 朝鮮研究所, 1957.3.

담을 인용하는 등 당시까지는 비교할 수가 없을 정도로 자세한 것이었
다. 소책자의 전반부에서 도항사를 일정하게 정리한 다음 강재언은
"일찍이 천수백년의 역사에 있어서 대륙문화의 신선한 공기를 아낌없
이 불어넣었던 현해탄은 금세기의 전반기 그 후예들의 이루 형용할 수
없는 분노와 슬픔 일색으로 채색되어버리고 말았다"고 말한다. 이러한
재일조선인의 뿌리roots의 결여와 도항과정에서 지나온 현해탄과 같은
루트routes에 대한 주목은 대서양을 둘러싼 20세기의 흑인들의 이야기
와도 어딘가 공명할 수 있는 점이 있다.[26]

　식민지 지배 책임론으로서 각별히 주목되는 것은 이 소책자의 '맺음
말'에서 언급되는 내용이다. 거기서 강재언은 식민지 지배의 산물인 재
일조선인 문제는 "일본의 식민지 지배의 종결과 더불어 당연히 해결되
지 않으면 안 되었던 역사적 성격의 것"이라고 언급하면서 나아가 재일
조선인 문제의 해결이 일본의 "민주적 과제의 하나"이며 "일본 국민의
이익과 연결되어 있다"며 일본인의 책임 문제로 논의를 전개한다.

　　최근 일본의 문화인 중에는 '전쟁책임'에 관한 활발한 논의가 전개되고
　　있다. 이것은 그러한 논쟁을 통하여 진정한 평화와 민주주의를 지향하는
　　문화인의 주체성을 확립하기 위해서도 매우 중요하다. 그러나 그것은 전쟁
　　과 침략에 의해서 생겨났던 부정적인 제 결과를 시정하고 청산하는 실천
　　속에서야말로 깊이를 더해 가지 않으면 안 되는 문제가 아니겠는가?

26　영어로는 같은 발음이 되는 뿌리(roots)와 경로(routes)를 디아스포라(diaspora)의 이중
　　적인 존재와 연관시켜 논의한 폴 길로이(ポール・ギルロイ), 『ブラック・アトランティッ
　　ク : 近代性と二重意識』(月曜社, 2006, 第4章)의 W. E. B. Du Bois에 관한 텍스트가 이 점
　　에서 흥미진진하다.

이와 같이 전쟁책임론을 전개하는 일본인들에게 재일조선인문제를 일본의 평화와 민주주의의 문제로서 직시하자고 호소하고 있는 것이다. 실제로 3장에서 언급한 바와 같이 그 호소에 직접 응하려고 하는 일본인도 그 후에 나타난 점을 보더라도 이 텍스트는 중요한 역할을 담당했다고 할 수 있다.

조선연구소 멤버들은 이러한 연구소 발행의 매체를 통한 논설에 그치지 않고 일본의 일반 독자들을 향해서도 말을 걸었다. 박경식·강재언의 신서(=문고본)인 『조선의 역사朝鮮の歷史』(三一書房, 1957.7)는 조선연구소의 이름을 사용하고 있지는 않지만 동일한 인물들에 의해 집필된 통사이다.[27] 통사라고 해도 전체의 약 절반이 19세기 이후의 근현대사인데 이것은 이 책이 "일본 국민들의 조선 이해를 위해서, 조선인고등학교 학생들의 부교재로서 혹은 청년학교·강습회의 텍스트로도 이용될 수 있도록 고려하면서 근대사·현대사에 주력하면서 저술했기" 때문이라고 한다. 여기서 저자는 고대로부터 이어지는 조선사의 일막一幕으로서 제2차 세계대전 중의 '고난의 길'을 묘사하고 있다. 여기서

박경식·강재언, 『조선의 역사』, 1957.

'징용' 내지는 '노무공출'이 등장한다.[28] 여기서는 "헐값의 노동이 강제적

---

27 삼국시대까지는 이진희가, 한국전쟁 이후는 유일효가 집필하였고 나머지는 박경식과 강재언이 집필했다.

으로 끌려가서 군수산업에 제공되었던" 경험과 더불어 열악하기 그지없는 탄광현장에서 도주하는 형태로 조선인들의 저항이 나타났던 사실이 언급되고 있다.

이러한 조선연구회의 연구 활동은 '조국'인 북한에도 어느 정도 영향을 끼치고 있었다. 연구소에서는 "일본에 가장 많은 조선에 관한 문헌이 정비되어" 있으며 "현재 우리의 역량으로도 조국에는 없을 것 같은 상당이 중요한 문헌을 입수할 수 있다"는 인식에서 자료수집에 힘을 쏟음과 동시에 기관지 등을 북조선에 송부하고 있었다.[29] 이에 대해서 1957년 2월에는 조선대외문화연락협회의 허정숙에게서 감사와 격려의 편지와 함께 자료가 송부되었다.[30] 그뿐만이 아니라 평양의 경제건설사에서 내고 있던 잡지 『경제건설』 1957년 8월호에 게재된 「재일본 조선 동포들의 경제적 형편」에서는 앞에서 언급한 김광지・이교순・강재언 등의 논고에서 얻은 자료를 주로 이용하여 논술하고 있다.[31] 조선연구소는 이 사실에 관하여 "이 한 가지 일은 재일연구・조사활동가들의 활동은 조국에 좋은 공헌을 할 수 있고, 또 하지 않으면 안 된다는 것을 확실하게 말해주고 있다"고 평가하고 있다.[32]

그런데 이와 같은 조선연구소의 활동은 1년 정도의 기간이 경과한 후 종언을 고하였고 강재언과 박경식 등은 비판을 당하게 된다. 여기

---

28 원문에서도 '징용' '노무공출'이라는 두 가지 용어는 괄호(「」)가 붙어 있다. 문맥으로 살펴보면 이러한 명칭으로 불리고 있는데 실제로는 용어자체의 의미로서 이해되는 것보다 훨씬 더 잔혹한 경험이었다는 점을 강조하고 있는 것처럼 이해된다.

29 朝鮮研究所, 『第二次評議員会会議議事録(要旨)』, 1957.3.

30 앞의 『朝鮮研究所事業経過報告書(一九五七年 一月 五日～二月 二八日)』.

31 박제섭, 「재일본 조선 동포들의 경제적 형편」, 『경제건설』, 1957.8.

32 『朝鮮研究所事業経過報告書(一九五七年 三月 一日～九月 三〇日)』, 朝鮮研究所, 1957.10.

에는 적어도 두 가지의 역사적 맥락이 작용하고 있었다. 하나는 1955년의 조총련 설립에 따른 재조직화의 과정이며, 또 하나는 1956년부터 1958년에 걸쳐 북조선에서 널리 행해졌던 정치적 숙청인 '8월 종파투쟁'의 영향이다. 순서대로 보도록 하겠다.

사실은 조선연구소 창립 이전 민전시대인 1952년부터 조선문제연구소가 설립되어 운영되고 있었다. 소장은 이후 조총련 결성의 중심인물이 되는 한덕수韓德洙였고 북한 신문 잡지 등에서 '중요논문'을 편찬한 조선어 잡지 『조선문제연구』를 근근이 간행하고 있었다.[33] 한덕수가 주도하고 있던 출판사인 학우서방學友書房의 한 칸에 자리 잡고 있던 이 연구소의 활동은 『근로자』 등의 북한의 논설을 리프린트하는 정도의 것이었지만 이 연구소가 조총련으로의 노선 전환의 '본거지根城'가 되었다.[34] 이에 대해서 조선연구소 설립의 주도적 인물은, 박경식에 의하면, 결과적으로 "조총련으로의 노선전환의 평가에 많은 의문을 가진 활동가들"이 되었다고 한다.[35] 조직으로서도 "조총련의 조직 밖의 연구소"로서 만들어진 것이지만 결과적으로 조선문제연구소에 대항하기 위한 모임인 것처럼 보이는 형태가 되어 버렸기 때문에 "조총련의 노선에 반대하는 입장의 연구소라고 일방적으로 치부되었다"고 한다.[36] 그러한 일도 있어서 조총련 중앙상임위원회에서는 1956년 11월

---

33 朝鮮問題研究所,『朝鮮問題研究所事業計画』, 1쪽(朴慶植文庫 소장).『조선문제연구』 전권을 소장하고 있는 도서관은 없고 미국 의회도서관 및 일본 국내 몇 개 도서관에 산재해 있다. 지금까지 확인한 바로 이 잡지는 회원에게만 배포된 것으로 1952년 11~12월에 1~2호, 1953년에 3~10호, 1954년에 11~14호가 간행되었고, 종간호인 18호는 1956년 12월에 나왔다.
34 姜在彦,「民戰時代の私」, 152쪽 및「路線転換と総連の結成」, 166~167쪽(두 글 모두『体験で語る解放後の在日朝鮮人運動』, 神戸学生青年センター出版部, 1989).
35 朴慶植,『解放後在日朝鮮人運動史』, 三一書房, 1989, 391쪽.

에 "준비 중에 있는 조선연구소를 조선문제연구소의 사업 확대발전에 합류시키자"고 연구소의 '흡수'방침을 일찍부터 정해 놓았다.[37] 그 후 몇 번에 걸친 회합의 결과 1957년 10월 조선연구소는 조선문제연구소에 흡수 통합되어 연구원들도 백종원을 제외하고는 전원 그만두게 하였다.[38] 그 해 연말에 개최된 조선문제연구소 정기총회에서는 "조선연구소와 그 출판물이 있었다는 것은 결과적으로 우리 조직 내부의 정치·조직적·사상적 통일 단결에 적지 않은 부정적인 영향을 주었다"고 총괄되어,[39] 위의 출판물의 내용과는 상관없이 그 존재 자체가 조총련 내부에서는 부정되어지게 되었던 것이다.

한편 이 시기 북조선은 정치적 대전환기를 맞이하여 그와 더불어 연구를 둘러싼 상황에도 커다란 변화가 찾아왔다. 1956년 2월 소련공산당 제20차 대회에서 스탈린 비판이 일어났고 이 영향으로 북조선에서도 최창익, 박창옥 등 이른바 '연안파'를 중심으로 김일성 개인숭배에 대한 비판 움직임이 수면 하에서 일어나고 있었다.[40] 8월의 조선노동당 중앙위원회 총회에서 그들은 비판적인 발언을 했지만 이 계획은 실패로 끝나고 그 후 약 2년에 걸쳐 연안파와 소련파 기타 관련이 있는 인물들이 '반당종파분자'로서 숙청되게 된다. 이것이 이른바 '8월 종파투쟁'

---

36 朴慶植,「八・一五解放後の私の歩み」,『在日朝鮮人・強制連行・民族問題』, 三一書房, 1992, 615쪽.

37 朝鮮問題研究所,『朝鮮問題研究所第二次定期総会에 대한 1957年度 事業総結報告와 1958年度 事業計画에 관하여』, 1957. 12. 23~24, 3쪽.

38 朴慶植, 앞의 책,『解放後在日朝鮮人運動史』, 392쪽.

39 朝鮮問題研究所, 앞의 책, 13쪽.

40 수면 하의 움직임에 대해서는 Andrei Lankov, *Crisis in North Korea : The Failure of De-Stalinization, 1956*, University of Hawaii Press, 2004에 자세하다.

이다. 1949년에 출판된『조선민족해방투쟁사』[41]에서 최창익이 3·1운동에서 해방까지의 운동사를 분담 집필했던 것이 계기가 되어 숙청의 움직임은 역사학계에도 파급되었다. 역사학계의 중심적 존재였던 이청원도 1956년에서 1957년에 걸쳐 공공연히 비판을 받고 공식적인 자리에서 사라졌다.[42] 그 결과 1930년대의 연안을 중심으로 한 조선독립동맹 등이 항일운동사 서술에서 주변으로 밀려났고 김일성의 항일빨치산투쟁을 중심축에 두고 역사를 새로 쓰는 작업이 진행되게 되었다.

재일조선인의 역사연구에서 이 영향을 그대로 받은 것이 박경식과 강재언이었다.[43] 1952년에『조선민족해방투쟁사』가 일본어로 번역되었는데 박경식은 그 번역의 대표자였고,[44]『조선월보』에는 편집부 명의로 이청원『조선에 있어서 프로레타리아트의 헤게모니를 위한 투쟁』(1955)의 부분 번역도 게재되어 있었다.[45] 그러한 가운데 비판의 창끝이 향해진 것은 이들의 저서를 참고하여 서술되었던 박경식·강재언『조선의 역사』였다. 더구나 공화국 과학원의 김석형에 의한「서평」(1958)으로서 "조국"에서 도착한 비판이었다.[46] 이 서평은 분명히 '8월 종파투쟁'의 일환이었다. 고대·중세사의 부분에도 여러 가지 코멘트가 붙어 있었는데

---

41 『朝鮮民族解放闘争史』, 金日成綜合大学, 1949.
42 広瀬貞三,「李清源の政治活動と朝鮮史研究」,『新潟国際情報大学情報文化学部紀要』7, 2004.
43 現代朝鮮論에서는 劉浩一,『現代朝鮮の歴史』(三一書房, 1953)이 조선과학원의 이나영 (李拏英)에 의해 비판을 받고(『朝鮮問題研究』II-1, 1958), 문학에서는 김달수의『朝鮮 : 民族·歴史·文化』(岩波書店, 1958)이『朝鮮問題研究』III-1(1959.2)에서 비판을 받았다.
44 朝鮮歴史編纂委員会編, 朝鮮歴史研究会訳,『朝鮮民族解放斗争史』, 三一書房, 1952.
45 리청원,『조선에 있어서 프로레타리아트의 헤게모니를 위한 투쟁』, 조선민주주의인민 공화국 과학원, 1955. 부분 번역은 李清源,「朝鮮の民族ブルジョアジーの特質」,『朝鮮月報』No.3-4, 1957.
46 金錫亨,「朴慶植 姜在彦著『朝鮮の歴史』について」,『朝鮮問題研究』II-1, 1958.4.

가장 강력하게 비판을 받은 것은 1920~30년대의 운동사에 대한 기술이다. 김석형은 "(같은 책에서) 20년대의 이른바 '사상단체'로서 열거하고 있는 것은 전부 다 분파단체"라고까지 단언하고 있다. 조국으로부터 비판을 받자 조선문제연구소의 새로운 소장이 되었던 김병식金炳植은 이 서평을 『조선문제연구』에 번역 게재하였을 뿐만 아니라 사회과학자협회에서 보고대회를 개최하였다. 강재언과 박경식은 그 자리에서 가혹하게 규탄을 당하게 되었다.[47] 이것은 결과적으로 조선연구소 시대의 활동성과에 마지막 일격을 가하는 것이었다고 생각된다. 이로써 새로운 '연구'의 움직임은 일단 그 모습을 감추게 되었다.

3. 귀국의 폴리틱스－1958~1959

여기까지 추적해 왔던 다양한 조선인 강제연행론은 아직 그다지 많은 일본인에게는 영향을 주지 못하고 있었다고 생각된다. 아마도 겨우 일본 사회 속에서 강제연행에 관한 논의가 다소나마 주목을 받게 되었던 것은 재일조선인의 북조선으로 집단이주를 요구하는 이른바 '귀국운동'의 과정에서였다. 그 과정에서 '귀국'할 권리를 주장하는 가운데 강제연행론이 제기되게 되었다.

조총련이 본격적으로 '귀국운동'을 시작한 것은 1958년 여름부터였

---

47 姜在彦, 앞의 글, 168~169쪽. 다만 박경식과 강재언은 『조선의 역사』를 김석형 등의 지적을 바탕으로 부분적으로 개고해 다시 출판한 것을 확인할 수 있다(내가 갖고 있는 책은 참고문헌 목록 대신에 1959년 4월 26일자로 된 「재판에 제하여」라는 발문이 추가된 '제3쇄'인데 인쇄는 1960년 6월으로 되어 있다).

고, 실제로 '귀국사업'이 개시되었던 것은 1959년 12월부터인데, 그 이전에도 북조선으로 '귀국' 내지 '송환'을 요구하는 운동이 있었다.[48] 그중 초점의 하나가 오무라大村 입국자수용소, 통칭 '오무라 수용소'에 수용되어 있던 조선인의 북조선으로 귀국운동이었다. 특히 1955년 12월에 북조선의 외무상 남일이 성명을 내고 오무라 수용자를 비롯한 조선인의 귀국을 받아들이겠다는 입장을 표명한 것[49]에 의해 그 움직임이 한 층 더 활발하게 되었다. 그러한 흐름 속에서 나온 신서가 김일 편金日編 『탈출─오무라 수용소의 사람들脫出─大村収容所の人びと』(三一書房, 1956.8)이다. 이것은 국제적십자사 조사단의 수용소 시찰(1956.5) 등을 계기로 편집된 것으로서[50] 수용소 내부의 귀국희망자 약 90명 중 7명의 수기를 수록하고 있다. 그 중에 노영식盧泳植「잃어버린 청춘」과 강정숙康貞淑「나는 속았다」는 강제동원의 경험을 기록한 것이다. 노영식은 1942년에 서울에서 홋카이도北海道의 철도공사현장에 강제 연행된 후 군속으로서 치시마千島로 동원되었던 경험을 말하고 있다. 그는 전후 홋카이도 이와미자와시岩見沢市에서 생활하고 있었는데, 사업상의 문제로 인해 징역형을 받았고 석방과 동시에 오무라수용소에 강제로 수용되었다. 그는 "일본에 끌려 올 때는 길거리에서 사기를 당해서 가족들에게 연락도 하지 못하게 하면서 탄광을 거쳐 최북단의 치시마千島로 끌려가 혹사를 당했는데 이제 와서 벌레취급을 하면서 내쫓는 것

---

48 상세한 것은 朴正鎭, 『日朝冷戰構造の誕生』, 平凡社, 2012, 99~105, 120~150쪽.
49 「조선민주주의인민공화국 남일 외무상의 성명」, 『로동신문』, 1955.12.30.
50 '오무라수용소 내 조선민주주의인민공화국 귀국희망자'에 의한 '국제적십자대표 윌리엄 미첼, 유진 드웨이크 두 분께 혈서로 호소한다'는 탄원서(1956.5.19)가 이 책에 게재되어 있다.

은 양식이 있다면 절대로 생각할 수 없는 모멸적인 태도"라고 말하고 있다. 그리고 남조선이 아닌 북조선으로 돌아가게 해주는 것이 "유일한 염원"이라고 하면서 "그렇게 해주는 것만이 고통에 굴절되고 잃어버린 내 청춘을 되돌릴 수 있다"고 말을 맺고 있다. 강정숙은 1944년에 직물공장에서 일하게 해주겠다는 말에 속아서 평양에서 요시마好間탄광으로 끌려 간 다음, 탈출했던 이야기를 언급하고 있다. 둘 다 부당하게 출입국관리법 위반 혐의로 체포되었고, 남으로는 송환되고 싶지 않다는 생각에서, 원래 자신들의 의지와는 상관없이 일본에 오게 되었던 경위를 활자화하였던 것이다. 강제연행의 경험과 북으로의 '귀국' 요구를 연결시키고 있다는 점에서 그 후의 논술의 원형이라고도 할 수 있는 형태를 띠고 있다.

이와 같이 부분적이었던 조총련의 귀국운동이 전면화 되었던 것은 1958년 8월의 일이다. 조총련의 귀국대책중앙위원회가 조직되어 공화국 창건 10주년(9.9)을 계기로 전국적으로 귀국운동을 확대시켜 나갔다. 조총련은 다양한 운동을 전개하였는데 그 중에는 언론과 조사연구 활동도 포함되어 있었다. 언론활동의 한 예를 들면 「바람직한 일본 정부의 긴급조치 – 귀국은 당연한 권리」라는 기사[51]에서는 "현재 일본에 거주하고 있는 조선인은 누구 하나라도 일본에 오고 싶어서 온 것이 아니었다"는 관점에서 도항사를 간결하게 정리하면서 그 안에 '강제 집단이주 노무자', '징용' 등에 관한 자료도 제시하면서 언급하고 있다. 즉 '귀국'할 권리를 주장할 때에 일본에 좋아서 건너 온 것이 아니라는

51　『朝鮮總聯』, 1958. 10. 1.

역사를 논하는 것이 되며, 그 속에서 필연적으로 강제연행의 역사도 언급되게 되었던 것이다.

또 조선문제연구소도 귀국운동을 배경으로서 재일조선인의 집단거주 지구의 생활실태조사를 조직적으로 실시하였다. 1958년부터 이듬해에 걸쳐서 센다이仙台시의 하라쵸니가다케原町苦竹 및 오다와라小田原, 오사카의 센보쿠泉北, 교토시의 니시진西陣, 야마구치현 오노다시小野田市 및 후쿠오카현의 후쿠오카시福岡市・와카마츠시若松市・타가와시田川市・가호마치嘉穂町 등의 지역에 대해 구체적인 생활실태조사보고가 '생활실태조사반'의 명의로 차례차례 공표되었다.[52] 당시 사회과학자협회의 사업의 일환으로서 오사카에서 조사를 담당하였던 강재언에 의하면 이 조사는 "재일동포의 생활실태에서 귀국운동의 절실함을 실증하려고 한" 것이었다.[53] 실제로 모든 보고에서 도항 경위와 현재의 곤궁한 생활 실태, 그리고 귀국을 희망하는 상황에 대해서, 세대별 실지조사에 의해 상세하게 밝히고 있다. 지역차도 있지만 특히 센다이 및 야마구치, 후쿠오카에 있어서 도항 경위의 조사에서는 전시기에 있어서 광업이나 토목업으로의 동원의 모습이 극명하게 나타나고 있다.[54] 〈표 1〉은 야마구치・후쿠오카의 192세대(1,024명)의 조선인에 대한 조사 결과의 일부인데 고향에서 농업에 종사하고 있던 조선인이 전시기에 토

---

52 『朝鮮問題研究』의 호수(号数)로 말하면 「宮城県仙台市原町苦竹、小田原朝鮮人集団居住地の実態について」(II-4, 1958.12), 「大阪府泉北郡朝鮮人集団居住地域の生活実態」(III-1, 1959.2), 「京都市西陣・柏野地区朝鮮人集団居住地域の生活実態」(III-2, 1959.6), 「苦難と窮乏のどんぞこにあえぐ在日朝鮮人の生活実態」(III-2, 1959.6; III-3, 1959.12)
53 姜在彦, 앞의 글, 164쪽.
54 이 논문만이 김병식(金炳植)의 이름으로 공간되었는데, 그 스스로가 저술한 것인지 아닌지에 대해서는 검증할 필요가 있다.

목·탄광에서 노동을 강요당한 후, 전후에는 그 직장을 잃게 되어 실업이나 날품팔이 그 외의 직업이 증가해 가는 모습을 알 수가 있다.

〈표 1〉 야마구치·후쿠오카 재일조선인 192세대의 직업추이

年	職業										
	農業	土木	炭鉱	工員	養豚	日雇	失對	仲仕	商業	無職	其他
渡日前	131	1	3						3	25	19
渡日後~1945.8	4	52	79	4	1	2		2	4	34	10
1945.9~1950	1	69	50	2	9	5		1	12	33	10
1951~1954		52	38	3	19	9	7	2	21	31	10
1955~1957		38	28	2	20	14	25	1	20	32	12
1958~現在		36	15	2	21	16	26	1	20	37	18

出典 : 「苦難と窮乏のどんぞこにあえぐ在日朝鮮人の生活実態(二)」, 『朝鮮問題研究』 Ⅲ-3, 1959.12.

이상은 비교적 작은 매체에서 나온 것이지만 아마도 당시 가장 충격을 주었다고 생각되는 것이 1958년 12월 월간지 『주오코론中央公論』에 후지시마 우다이藤島宇内·마루야마 구니오丸山邦男·무라카미 효에村上兵衛가 연속 르포 제3회로서 쓴 기사 「재일조선인 60만의 현실」이다. 『주오코론中央公論』은 당시 『분게이슌쥬文芸春秋』 『세카이世界』와 함께 3대 종합잡지의 하나로서 이 기사가 나올 무렵에는 13만부 정도의 발행부수를 자랑하고 있었다. 당시의 편집장은 나중에 천황제비판을 둘러싸고 발생한 '풍류몽담風流夢譚' 사건 당시와 같은 다케모리 기요시竹森清였고 그가 위의 세 명에 의한 연속 르포를 탄생시켰던 것이다.[55] 이것은 그 전해에 나온 강재언의 『재일조선인 도항사』도 참조하면서 '현해

---

[55] 根津朝彦, 『戦後『中央公論』と『風流夢譚』事件』, 日本経済評論社, 2013, 18, 113~123쪽. 또 나중에 이 세 명의 연재는 따로 정리되어 『日本を創る表情』(弘文堂, 1959)으로 출판되었다.

탄을 왜 건너왔는가?'를 네 단계로 정리하면서 현재의 빈곤한 생활 상태를 묘사한 후 귀국운동을 상세하게 소개하는 것이었다. 르포인 만큼 현장에서도 취재를 하였으며 하카타시博多市나 우베宇部 혹은 아소麻生 산업시멘트에 징용이나 모집으로 연행되어 왔던 사람들의 이야기를 들어 전해주고 있다. 귀국운동이 기사의 중심이었지만 당시의 대표적인 논단잡지에 '징용'이나 '강제노동'에 관한 구체적인 기술을 포함하는 기사가 게재되었던 것의 영향력은 매우 컸다고 할 수 있다.

다만 이것도 일본인 저널리스트가 스스로 관심을 가졌다기보다는 재일조선인운동 측의 촉구가 있어서 실현되게 되었던 것이다. 저자의 한 사람인 마루야마 구니오丸山邦男는 세 사람이 "르포르타주를 쓰게 되었던 동기는 정우택鄭雨沢 씨가 일본저널리스트회의의 기관지『저널리스트』(1958.9.25)에 쓴 「조선인을 잊지 말라!」는 글을 읽었기 때문이다"고 고백하고 있다.[56] 정우택은 '여순사건'에서 도망쳐 1948년에 일본으로 '밀항'하여 지하활동을 하던 끝에 당시에는 조총련의 선전부 부부장을 지내고 있었던 인물이다.[57] 정우택은 이 논설[58]을 통하여 귀국운동을 배경으로 고마츠가와小松川사건의 보도 등을 사례로 매스컴의 조선인 멸시를 비판하면서 일본의 저널리스트의 양심에 호소하였다. '전쟁책임'론에 관한 평가는 앞에서 인용한 강재언의 책임론을 그대로 반복하기도 하였다. 그리고 "나는 이러한 일본의 양심-진보적인 저널리스트들에게 '조선인을 잊지 말라!'고 외치고 싶다"고 하면서 "조선 및

---

56 丸山邦男, 「帰国問題と日本人の反省〜「朝鮮人を忘れるな!」, 『朝鮮総聯』 51, 1959.3.1.

57 角圭子, 『鄭雨沢の妻―「さよなら」も言えないで』, サイマル出版会, 1996.

58 鄭雨沢, 「朝鮮人を忘れるな!―日本ジャーナリストへの苦言」, 『ジャーナリスト』 18, 1958.9.25.

재일조선인 문제에 관해서 정의로운 붓을 들어줄 것을 절실하게 바라마지 않는다"고 말을 맺고 있다. 나중에 교도共同통신사 기자가 정우택의 아내인 러시아문학자 스미 게이코角圭子에게 취재한 바에 의하면, 정우택은 단지 기사만으로 세 명의 르포라이터에게 영향을 주었던 것이 아니라 스미의 인맥을 통한 소개에 의해 공동 집필을 사전 준비했다고 한다.[59] 아무튼 중앙논단에서 문제제기도 재일조선인 측의 적극적인 움직임이 있었기 때문에 비로소 성립되었던 것이다.

1959년에 들어서자 강제연행론은 귀국사업을 둘러 싼 폴리틱스 속에서 외교상의 논의로도 되었다. 2월 13일 일본정부는 귀국사업에 대한 '각의요해閣議了解'를 결정하였다. 이에 대해 한국정부는 일본정부의 '북송'결정에 반대하는 선전활동을 국제적으로 전개하였다. 그 선전 속에서 한국정부는 재일조선인의 대부분이 일본에 강제로 끌려갔는데 이번에는 공산주의자의 노예로 추방하려고 하고 있다고 일본정부를 비판하였다. 그러한 한국정부의 외교문서 중 1건에서 강제연행론에 관한 부분을 인용해 보겠다. 이것은 재일한인 북송반대 전국위원회가 유엔, 한국전쟁에 참가했던 유엔군 참전 국가들, 국제적십자사에 보낸 영문 메시지이다.[60]

---

59 「はるかなる隣人」第2部 4(『岩手日報』, 2003.7.18) 및 共同通信北朝鮮取材班, 『はるかなる隣人』, 共同通信社, 2004, 47쪽. 신문 배신 기사에서는 "스스로가 논문을 정리해 공동 집필 기획을 사전에 준비한 것은 조총련 선전부 부부장인 정우택"이며, 단행본에서는 "자기가 논문을 정리해 공동 집필을 의뢰한 것은 조총련 선전부 부부장인 정우택"이라고 되어 있어 미묘하게 차이가 있다. 문맥상으로 보면 정우택 스스로가 대리로 집필했다고 할 정도의 역할은 아니고 참고자료를 건네주면서 집필을 의뢰한 정도가 아닐까 생각되는데 당시 취재를 했던 기자들에게 확인해 봐도 상세한 사정이 밝혀지지는 않았다.

60 "Message by National Committee for Opposition to Expulsion of Koreans in Japan to northern Korea addressed to the General of the United Nations, Representatives of the

② 이 무고한 한국인들을 지옥과 같이 비참한 공산주의 세력권으로 이송하여 강제적인 노예노동의 피해자로 만드는 것은 인도주의적인 입장에서는 결코 허용할 수 없는 범죄이다. 더욱이 이러한 일본의 결정은 아마도 그들의 인구정책에 동기가 부여되어 있는 것 같지만 먼저 재일한국인의 대부분이 태평양에서 침략전쟁 중에 일본에 노동력으로 강제동원 되었으며 종전 후에도 계속적으로 냉대를 받아 왔다는 사실에서 생각해 볼 때 이와 같이 참혹한 일은 없다.

이러한 성명뿐만이 아니라 한국정부는 국제적십자사에도 맹렬한 로비활동을 지속적으로 전개하였다.[61]

일본정부는 귀국사업 추진에 대해서 변명을 했을 뿐만 아니라 이러한 한국정부가 제기한 이 강제연행론에 대해서도 대항적인 정보를 공표하였다. 즉 외무성은 7월 11일자로 「재일조선인의 도래 및 귀환에 관한 경위, 특히 전시 중의 징용노무자에 대하여」라는 문서를 공표하였던 것이다.[62] 이것이 오늘날 일본의 강제연행 부정론자가 즐겨 인용하는 문서인데, 이것은 일본정부의 외교 전략상의 정치선전이었다는 문맥을 빼놓고서는 참조할 수도 없는 것이다. 당시 매스미디어에 설명한

---

16 Korean War Allies of the United Nations and the President of the International Committee of the Red Cross dated February 16, 1959" in Ministry of Foreign Affairs, Reference Materials on the Problem of Mass Expulsion of Korean Residents in Japan to north Korea (since February 9, 1955), 한국 국가기록원 문서(「재일 한인 북한송황 및 한 · 일 양국 역류자 상호석방 관계철, 1955-60 (V.7, 북송관계 참고차료, 1955-60)」, 관리번호 DA0286463).

61 朴正鎭, 앞의 책, 240~243쪽.

62 外務省情報文化局,『外務省発表集第十号および公表資料第八号(合冊)』, 1960 所収.

바에 의하면 이 문서는 "한국 방면에서 일조귀환협정에 대한 방해와 억류 일본인 어부를 석방하지 않는 구실로서 재일조선인의 대부분은 일본정부가 강제적으로 노동시키기 위해 강제 연행되어 왔다는 악선전이 세계적으로 유포되고 있는 현상에 대항하여 그 실상을 공표한 것"이라고 한다.[63] 이 문서에는 시작부터 "제2차 세계대전 중 내지內地에 도래한 조선인, 따라서 아직도 일본에 거주하고 있는 조선인의 대부분은 일본정부가 강제적으로 노동을 시키기 위해서 연행해 온 사람들이라고 하는 것과 같은 오해와 중상모략이 일부 항간에 유포되고 있는데 이

일본 외무성 발표에 대한 조총련의 비판 기사. 『朝鮮民報』, 1959.7.18.

---

63 『讀賣新聞』, 1959.7.13, 『朝日新聞』, 1959.7.13에도 같은 취지의 기사가 있다.

는 사실과 다르다"고 하면서 "현재 등록되어 있는 재일조선인 총수는 약 61만인데 최근 관계 부처 당국에서 외국인 등록표에 대해 일일이 도래한 사정을 조사한 결과 이들 중 전시 중에 징용노무자로서 온 자는 245명에 불과하다는 사실이 밝혀졌다"고 단언하면서 "현재 일본정부가 본인의 의사에 반하여 일본 구류하고 있는 조선인은 범죄자를 제외하고는 단 한명도 없다"고 결론을 짓고 있다. 조사를 법제도상의 징용만으로 한정하고 있는 것 외에도 등록부와 어떠한 명부를 어떻게 대조한 것인가도 전혀 확실하지 않기 때문에 이 숫자를 포함한 문서 자체가 냉전기의 극히 정치적인 선전이었다고 하지 않을 수 없다.[64]

이에 대해 곧바로 반발한 것은 조총련이었다. 조총련은 7월 14일에 기자회견을 열어 중앙상임위원회의 이름으로 「일본외무성 발표는 사실과 상반」이라는 장문의 성명을 발표하였다.[65] 조총련은 대장성大藏省과 일본적십자사의 자료를 제시하거나, 야마구치현 우베 지역의 한 곳만 해도(징용노무자가) 245명을 넘는다고 하는 조사결과를 제시하기도 하였다. 이 우베宇部의 데이터는 앞에서 언급한 생활실태조사에 근거한 것일 것이다. 그리고 외무성의 발표는 엉터리이며 귀국을 연기시키려는 수단이라고 비판하였다.

비판의 목소리는 한국정부에서도 일어났다. 한국 외무부 차관은 일본의 외무성문서에 대해 "전혀 터무니 없는 억설臆說"이며 "이차대전 중 일본지역으로 강제징용된 최소한 22만의 교포 중 현재 그 대다수가

---

64 외무성의 숫자의 문제점과 보다 적절한 추계치에 대해서는 外村大, 『朝鮮人強制連行』(岩波書店, 2012, 211~216쪽)을 참조.

65 「日本外務省 發表는 事實과 相反」, 『朝鮮民報』, 1959.7.18. 그 개요는 『朝日新聞』, 『讀賣新聞』(1959.7.14 夕刊) 등에 보도되었다.

일본 내에서 노예생활을 하고 있다"면서 "이것은 그들이 과오와 죄상을 은폐하려는 궁여지책에서 나온 궤변에 불과하다"고 비난하였다.[66]

이렇게 새로운 집단이주를 향한 움직임은 이전의 강제적 내지는 반강제적인 이동의 역사를 다시 떠올리게 만드는 계기가 되었다. 다만 그것은 책임추급이나 배상이라는 방향이 아니라 일본국내에서의 조선인의 대규모 인구이동을 추진하는 동력으로서 작용하였던 것이다.

4. 한일회담 반대 운동 속에서 - 1960~1965

1951년부터 예비회담이 시작된 한일국교정상화교섭(한일회담)은 1953년에 이른바 구보다久保田망언으로 인해 일시적으로 중단되었고 1958년에 재개하였지만 1960년 4월 한국의 4·19혁명에 의해 이승만 정권이 붕괴됨에 따라 다시 중단되었다. 단명에 그친 장면 정권 하에서도 회담은 행해졌지만 1961년의 5·16 군사쿠데타에 의해 다시 중단되었다. 그리고 박정희 군사독재 정권 하인 1961년 10월에 교섭이 재개되어 최종적으로는 1965년 6월에 한일기본조약이 체결되었다. 그 동안 일본 및 남북한에서 다양한 입장의 한일회담 반대운동이 전개되었다.[67] 본 장에서는 그러한 한일회담 반대운동을 배경으로 1960년부터 1965년까지의 강제연행론

---

66 「徵用僑胞 245名이란 憶說 - 金次官, 日 主張을 反駁」, 『東亞日報』, 1959.7.15.

67 일본 국내에서의 한일회담 반대운동에 대해서는 吉沢 文寿, 『戰後日韓関係』, クレイン, 2005, 第8章을, 한국에서의 반대운동에 대해서는 太田 修, 『日韓交渉』, クレイン, 2003, 第5章 및 吉沢 앞의 책 第7章을, 북조선 및 조총련을 중심으로 하는 반대운동에 대해서는 朴正鎮, 앞의 책 『日朝冷戦構造の誕生』 第4章을 참조하기 바란다.

을 추적하는데, 미리 말해두자면 이 시기에 오늘날까지 연결되는 두 개의 틀이 형성되었다. 하나는 그때까지 다양한 표현으로 불려왔던 것이 '조선인 강제연행'이라는 명칭으로 통합되어 명백히 밝혀져야 될 역사적 대상으로서 성립되었던 것이며, 또 하나는 그 손해에 대한 배상 내지는 보상이라는 관점이 부각되게 되었던 것이다.

1) 조선인 강제연행을 조사한다는 것

지금까지 인용했던(전편에서 논한 1945~1955년의 것을 포함) 사료 중에는 '징용', '강제노동', '강제이동', '전시동원' '근로동원', '강제징용', '노무공출', '끌려가다引っぱられる', '연행되다連れて行かれる' 등의 여러 가지 표현이 사용되고 있는데 '조선인 강제연행'이라는 표현은 사용되지 않았다. 이 표현은 먼저 성립되었던 '중국인 강제연행'이라는 말을 이른바 전용한 것이었다. 1959년 중국인부로순난자명부공동작성실행위원회中国人俘虜殉難者名簿共同作成実行委員会가 결성되어 전4권의 보고서 작성 작업이 시작되었는데 그 조사의 요약이라고 할 수 있는 보고가 「전시 중에 있어서 중국인 강제연행의 기록」이란 제목으로 『세카이世界』 1960년 5월호에 게재되었다. 바로 뒤에서 언급하겠지만 이것이 조선인 피해에 관한 조사의 새로운 계기가 되었음과 동시에 '조선인 강제연행'이란 표현을 만들어 내었다.

중국인 강제연행의 조사는 조선인의 그것과는 다르며, 오히려 '위'로부터 시작되었다. 즉 패전 직후인 1946년에 일본정부가 전국 135개소의 노동현장에서 제출시킨 사업소 보고서 등을 근거로 방대한 내부자료『화인華人노무자 취로사정 조사보고서』(외무성 관리국 작성 : 이하 「외무성 보고서」)를 비밀리에 작성하였던 것이다.[68] 이것은 일본정부가 패전 직후에 중국과 GHQ / SCAP로부터 중국인 '포로', '억류자', '노공勞工'에 대한 정보를 요구받고 있었다는 것, 아키타秋田현에서 미군이 하나오카花岡사건의 조사를 진행하고 있었다는 것, 1945년 12월에는 BC급 전범을 재판하는 요코하마법정이 시작되고 있었다는 점을 배경으로 하여 외무성이 내밀하게 조사를 진행한 것이다. 연합국 측도 전승국 측이었던 중국에 대해서는 일본의 패전에 의해 식민지에서 해방이 되었던 조선과는 대응이 달랐던 것이다. 여기에 전쟁책임과 식민지 지배책임의 사이에 '위'로부터 설치된 벽이 있었다. 그렇다고 하더라도 깊어져가는 냉전체제를 배경으로 하여 중국인 강제연행의 조사와 책임자 소추訴追는 중단되었고 외무성 보고서도 대외비로 하여 은폐되었다.

또 한편으로 '아래'로부터의 움직임이 나타났다. 1949년부터 아키타현 하나오카에서 재일조선인과 중국인의 연계에 의한 유골조사가 시작된 것을 효시로 하여 1950년에는 홋카이도의 비후카쵸美深町와 나가노長野현의 기소가와木曽川 발전소 등에서도 조사가 시작되었고 1953년에는 중국인부로순난자위령실행위원회가 결성되었다. 거기서 취급하게 되었던 제 사건이 '중국인 강제연행'이라고 불리게 되었던 것이다.[69]

---

68 田中宏・松沢哲成編,『中国人强制連行資料－「外務省報告書」全五分冊ほか』, 現代書館, 1995.
69 「戦時下における中国人强制連行の記録」,『世界』, 1960.5; 山田, 앞의 글; 杉原達,『中国人

잡지 『세카이』의 논문 「중국인 강제연행의 기록」은 이러한 움직임의 연장선상에서 공간된 것이었다. 도쿄화교총회는 1950년경 정부가 소각처분했다고 생각했던 외무성 보고서와 그 기초가 되었던 사업소 보고서의 원본을 은밀하게 입수하였다.[70] 중국인부로순난자명부공동작성실행위원회는 그 「외무성 보고서」를 기본 자료로 하면서 다른 자료나 증언 등을 종합하여 위의 논문을 정리해 낸 것이다.

이 논문을 보고 '조선인 강제연행'의 조사 필요성에 대해서 최초로 활자 매체에 제기한 것은, 내가 확인한 바에 의하면, 평론가이자 시인인 후지시마 우다이(전술한 1958년의 『중앙공론』 논문의 제공자의 한 사람)가 『세카이』 1960년 9월호에 기고하였던 기사 「조선과 일본인」이었다. 이 기사에서 후지시마는 「중국인 강제연행의 기록」에 대해 다음과 같이 논하고 있다.

『세카이』 5월호에 「중국인 강제연행의 기록」이 실렸다. 많은 사람들이 이제 와서야 과거에 일본인이 행한 중국인에 대한 잔학행위에 놀라고 애절하게 도의적 책임을 느꼈다. 그런데 이 경우 일본인의 반성의 방식의 커다란 특징은 문제를 중국인에게만 한정하여 반성하는 점이다. '강제연행'은 중국인에 대해서만 행해졌던 것이 아니라 조선인에 대해서도 훨씬 더 대규모로 장기간에 걸쳐 행해졌던 범죄라는 것은 이제 와서 새삼스럽게 지적할 필요도 없이 일본에서는 상당히 널리 알려져 있을 것이다. 그러나 이것에 대해 한 점의 반성도 나타나지 않았다. 그 때문에 많은 재일조선인이 '일본인의 반성 방식은 가짜'라고 분개하였다.

強制連行』, 岩波新書, 2002, Ⅵ章.
70 NHK取材班, 『幻の外務省報告書-中国人強制連行の記録』, NHK出版, 1994.

그리고 보수 세력뿐만이 아니라 혁신 세력 안에도 존재하는 '대민족 편중주의'를 비판한다. 게다가 「조선인 강제연행의 기록」에 대해 "아직 본격적인 조사는 행해진 적이 없다. 만약 조사를 하려고 하면 거의 일본 전국에 걸친 조직적인 조사방법이 필요할 것"이라고 하면서 도항사의 개요를 서술하고 있다.

그렇지만 후지시마의 논설은 단순한 제언에 불과하였다. '중국인 강제연행의 기록'의 충격을 적극적으로 받아들여 스스로 본격적인 조사를 행했던 것은 당시 조선대학교에 근무하고 있던 박경식이었다. 박경식은 이 논문을 읽고서 "뜨거운 마음의 감동을 받아" "조선인 강제연행의 기록"을 조사해야 할 필요를 느꼈고 바로 화교총회 건물에 있던 중국인부로순난자명부공동작성 실행위원회의 문을 두들겼고 연구회에도 참가하기 시작했다.[71] 그러나 조선인 강제연행에 대해서는 중국인의 경우처럼 정부가 정리된 조사를 행한 것은 없으며 그 기록의 작성은 어마어마한 난항을 겪게 된다. 최초로 그것이 정리된 성과가 1962년 3월에 조선대학교 역사지리학과에서 작성한 소책자 『태평양전쟁 중에 있어서 조선인노동자 강제연행에 대해서太平洋戰爭中における朝鮮人 勞働者の強制連行について』였다. 이 소책자는 그 전해에 재개되었던 한일기본회담을 의식하면서 저술되었다.

과거 일본제국주의의 화약언기가, 이번에는 미국제국주의의 지령 하에서 박정희정권과 부활한 일본제국주의가 결합하여 새로운 침략적 행동을

---

71 朴慶植, 『在日朝鮮人—私の靑春』, 三一書房, 1981, 193쪽.

행하고 있는 현재, 우리들은 태평양전쟁 중에 살해되었던 조선인 노동자의 유골의 처리를 방기하고 있으면서도 다시 군사적인 블록의 형성에 광분하고 있는 세력에 대하여 인도주의적인 격분을 금할 수 없다고 더불어 엄중한 경고를 발하는 바이다.

그때까지 수집할 수 있었던 제 자료를 통합한 85쪽의 이 책은 조선인 강제연행의 연구수준을 일거에 고양시킨 것이었다. 그러나 박경식은 아직 이것은 "초보적 단계"에 불과하고 더욱 더 "구체적인 조사"가 필요하다고 통감하고 있다.[72] 조사를 위해서는 조선인뿐만이 아니라 "일본인의 적극적인 참가"가 필요하며 그 연대에 의해 "제국주의적 침략에 반대하고 평화를 지킬 것"을 호소하면서 끝을 맺고 있다.

다만 이 책이 나왔던 시점에서는 이러한 문제제기를 받아들일 소지가 만들어지지 못했다고 생각된다. 박경식은 200부 정도밖에 인쇄하지 못했던 이 책자에 대해 "일부에서는 귀중한 취급을 받았지만 전반적으로는 이 문제에 대한 관심을 그리 높지 않았다"고 술회하고 있다.[73] 조총련의 일본어판 기관지『조선시보』에서도 15줄 정도의 소개 기사가 실렸을 뿐이었다.[74] 또 한일회담 반대운동도 박정희의 방일 (1961.11) 등을 계기로 하여 일조日朝협회가 혁신계 제 단체에게 공동투쟁을 호소하기도 했지만 1962년 전반에는 아직 대오가 정비되어 있지

---

72 박경식은 실제로 그 해 7월에 치쿠호(筑豊) 탄광지역에서 2주간의 현지 조사를 행하고 있다(「日本帝国主義の犠牲者 / 筑豊炭鉱地域をたずねて / 朝鮮人徴用労働者の遺骨」,『朝鮮時報』232, 1962.9.29).
73 朴慶植, 앞의 책, 194쪽.
74 『朝鮮時報』, 1962.4.14.

않았다. 그리고 이 시점에서는 한일회담 반대운동의 논점으로서도 조선식민지 지배 문제가 클로즈업되고 있지 못하였다.[75]

2) 피해자 실태조사와 배상문제

이러한 운동권의 상황을 급변시켰던 것이 한일회담과 관련하여 1962년 12월 13일자로 나온 조선민주주의인민공화국 성명(이하 당시 표현에 맞추어 '공화국 성명'으로 호칭함)이었다.[76] 공화국 성명은 조일간의 문제를 해결하려고 한다면 조선이 통일한 뒤에 하던가, 남북조선·일본의 3자회담으로 하는 것이 정당하다고 하였다. 그리고 "무엇보다도 우선 해결하여야 할 문제"는 "과거의 식민지 통치 시기 특히 전쟁 시기에 일본제국주의자들이 조선 인민에게 끼친 막대한 물적, 인적 피해에 대하여 일본 정부가 공정한 배상을 하는 문제"라고 주장한다. 그리고 여러 가지 피해를 열거한 다음에 공화국정부는 "국제법의 공인된 제 원칙과 국제 관례에 비추어 일제 침략자들이 조선 인민들에게 입힌 모든 피해에 대하여 일본 당국에 배상을 요구할 응당한 권리를 보유하고 있으며 일본 당국은 이를 배상할 법적 의무가 있다"고 법적책임론을 명시하였다.

강제연행론이 논해지는 것은 '재일조선공민'에 대한 내용에서 나온다. 먼저 재일조선인 문제를 '일본 제국주의가 조선에 대한 식민지 통

---

75 板垣竜太, 「日韓会談反対運動と植民地支配責任論」, 앞의 책.
76 『로동신문』, 1962. 12. 14.

치의 결과에 남겨 넣은 또 하나의 엄중한 유산'의 문제로서 자리매김 되었다. 즉 "재일 조선 공민은 지난날 일제 식민 통치자들에 의하여 강제 노동에 끌려갔거나 또는 일제의 가혹한 식민지 통치 하에서 살길을 잃고 자기 고향에서 쫓겨나 일본으로 류랑한 사람들"이라고 한다. 그중에 '전시 징용 제도'에 대해서는 징발과정에서의 '랍치', 탄광 등에서의 '노예 로동', '민족적 멸시와 학대', 군수공장 등에서의 조선인 노무자의 '학살' 등이 논해지고 있다. 그리고 "재일 조선 공민에게 외국인으로서의 모든 합법적인 권리와 대우를 보장할" 것을 요구하고 한일회담에서의 일방적인 처리는 있을 수 없다고 하였다. 말미에는 한일회담을 즉시 중지할 것을 요구하면서 어떠한 협약이 체결되더라도 그것은 "전적으로 무효"라고 선언하면서 끝을 맺고 있다.

이미 다른 글에서 논한 바와 같이 이 성명이 나오고 난 후 겨우 일본의 한일회담 반대운동 속에서도 '배상'이 논점으로 나오게 되었고 일부에서는 '식민지 지배의 책임'이라는 논점도 제시되게 되었다.[77] 조총련의 기관지에서도 북조선의 각 신문이 일본제국주의의 과거의 범죄에 대한 논설 등을 게재하게 된 것을 받아서,[78] 이듬해 1963년 2~3월에는 6회에 걸쳐 「나는 이렇게 박해를 당했다」라는 구술 기록을 연재하였다.[79] 이 단계가 되자 조선인 강제연행론은 조일朝日간의 배상문제

---

77 板垣竜太, 「日韓会談反対運動と植民地支配責任論」, 앞의 책.

78 조총련의 기관지에서 1963년 1~2월에 소개된 것만으로도 「일제는 조선 인민을 강제로 끌어다가 이렇게 학살하였다」(『朝鮮新報』, 1963.1.11), 「朝鮮人民に対する日帝の犯罪行為 / 酷使したあげく虐殺 / いまも放置されたままの遺骨」(『朝鮮時報』, 1963.2.2) 등에서 강제연행을 논하고 있다. 그 외에도 여러 가지 일제의 범죄행위에 대한 기사가 게재되고 있다.

79 「나는 일제에게 이렇게 박해 당하였다」의 『朝鮮新報』의 게재일은 각각 이종웅(1963.2.8), 신원호(1963.2.21), 황언성(1963.2.23), 이우영(1963.2.27), 배상신(1963.2.27), 조성래

라고 하는 틀 속에서 재조명되게 되었다.

이러한 상황 속에서 박경식도 새롭게 조사연구를 전개하게 되었다. 1963년 3월 박경식은 조총련의 일본어판 기관지에 「20세기의 노예사냥−일본제국주의의 조선인 강제연행」이라는 논설을 발표하여 그 동안의 조사결과의 요점을 전달하고 있다.[80] 같은 해 후반부터 박경식은 일요일이나 휴가일을 이용하여 각지에서 현지 조사를 행하기 시작했고 그 결과를 조총련의 청년을 대상으로 한 잡지 『새세대』에 「조선인 강제연행 이야기」라는 제목으로 1964년 1년에 걸쳐 9회의 연재기사를 실었다.[81] 또 1964년 2월~4월에 걸쳐 구술 기록인 「재일조선인의 발자취」를 익명기사로 7회에 걸쳐 연재하였다.[82] 이것들은 모두 이듬 해 간행된 『조선인 강제연행의 기록』에 수록되게 된다.

이러한 조사가 한창 진행되고 있던 1963년 말에 박경식이 조선어로 발표한 논설 「일본 제국주의의 만행에 대한 조사를 깊이자−일제시대 조선 로동자의 강제연행과 관련하여」는 이러한 조사활동의 의의를 동포들에게 호소하는 것이었다.[83] 박경식은 훨씬 더 빨리 이러한 조사에 착수했어야 했다고 우선 반성하면서 거꾸로 일본 지배층은 "손톱만치도 반성하지 않을 뿐만이 아니라 도리여 조선에 대하여 '근대화'를 촉진시켜 준 '은인'처럼 위장하여 일본에 있는 조선인에 대해서는 가혹한 탄압과 차별대우, 악선전을 일삼아 왔다"고 말한다. 그리고 조사결과

(1963.3.8)이다.

80 『朝鮮時報』, 1963.3.2.
81 『新しい世代』, 1964.1, 2, 3, 4, 6, 9, 10, 11, 12.
82 『朝鮮時報』, 1964.2.1, 2.8, 2.15, 2.22, 3.7, 3.14, 4.11.
83 박경식, 「일본 제국주의의 만행에 대한 조사를 깊이자−일제시대 조선 로동자의 강제련행과 관련하여」, 『朝鮮新報』, 1963.12.26.

의 개략을 소개한 다음에 "우리는 자기가 당한 압박과 고통, 그리고 많은 동포들이 받은 학대와 학살의 사실을 낱낱이 폭로함으로써 조선민족을 분렬시키려는 여러 가지 책동과 '한일 회담', 그리고 재일본 조선인의 조국과의 자유 왕래의 실현을 방해하려는 제국주의 세력과 그 추종자들에게 타격을 주며 조국의 평화적 통일을 위한 투쟁에 기여하여야 할 것이다"고 말하고 있다.

이렇게 말하면 박경식이 조총련 중앙이나 북조선 본국의 기본 노선 위에서 순조롭게 조사연구를 진행시켰던 것처럼 보일지도 모르겠지만, 사실은 그렇게 단순하지 않았다. 그 자신의 회상에 의하면 "내 주변에는 이러한 조사에 대해서 이해해 주는 사람은 소수에 지나지 않았고 나를 개인주의라고 흰 눈을 뜨고 보는 사람이 많았다"고 한다.[84] 북한 본국의 역사서술의 중심이 제국주의에 대한 투쟁의 역사이며, 피해의 문제를 그다지 중시하고 있지 않았기 때문인지도 모르겠고 혹은 1950년대에 비판을 받았던 경력이 작용했던 것인지도 모르겠다.

한편으로 각지에서 일조협회 등이 중심이 되어 조선인과 일본인의 공동 작업으로서 강제연행의 진상규명과 위령을 행하려는 움직임이 일어나기도 하였다. 그러한 가운데 후쿠오카현 조선인순난자위령제실행위원회『형제여 편안히 잠드소서 : '조선인 순난'의 진상』(1963.10), 미야기현 조선인희생자위령조사실행위원회『태평양전쟁 중의 호소쿠라細倉광산에서의 조선인 노동자의 실태 : 미야기현 조선인 강제연행 조사보고』(1964)라는 팜플렛도 간행되었다.

---

84 朴慶植, 앞의 책, 194쪽.

그러한 상황 하에서 박경식이 『역사학연구』 1965년 2월에 게재한 논문 「태평양전쟁 시에 있어서 조선인 강제연행」과 그때까지의 연재 기사를 모아서 간행한 것이 『조선인 강제연행의 기록』(1965.5)이었다. 한일회담은 이미 최종국면을 맞이하고 있었고 이 책의 「서론」도 "'한일회담'이 강행되고 있는 현재"에 있어서 "식민지 지배를 마치 무엇인가 선정을 행한 것처럼 선전하는 풍조"가 있다는 것을 비판하는 것에서 시작하고 있다. 그리고 박경식은 조선인에 의한 한일회담 반대운동의 의미를 깊이 생각하지 않는 일본인이 "무엇인가 '반일'적인 운동을 하고 있다"는 정도로밖에 받아들이고 있지 않다는 점, 한일회담에 반대하는 일본인 중에서도 "민족배외주의적인 냄새가 나는 자가 섞여" 있다는 점을 지적하면서 그 원인으로서 "제국주의 및 식민지 지배의 문제, 민족문제에 대한 관점, 연구가 결여되어 있는 것에서 발생하고 있다"고 분석한다. 그리고 "제국주의 침략자로부터 받았던 사상적 잔재를 조금이라도 제거하여 조선과 일본의 우호친선, 진정한 평등한 국제연대를 위해서" 이 책을 정리해 냈다고 끝을 맺고 있다.

　　이 책이 배상도 사죄도 없는 한일조약을 중지시킬 수가 없었고, 많은 일본인이 그 문제 제기를 진지하게 받아들였다고는 도저히 말할 수 없다. 그렇지만 이 책은 그 후의 '한일협정체제'에 있어서 보상운동 속에서 항상 참조되는 문헌이 되었던 것이다.

5. 맺음말

지금까지 약 10년간, 전편도 포함하면 20년간, 다양한 장場에서 표명되었던 조선인 강제연행론의 흔적을 되짚어 봤는데 내가 여기서 주목하려고 한 것은 각각의 문헌에 의해 무엇인가가 분명해졌다고 하기보다도 어떠한 상황과 관계성 속에서 어떠한 사람이 어떠한 표현으로 왜무엇을 위해서 강제연행론을 이야기해 왔던가 하는 점이었다.

그것은 우리들이 왜 역사를 조사하고 서술하는가 하는 물음과 관련되어 있다. 일찍이 조선사 연구자인 가지무라 히데키梶村秀樹는 유명한『배외주의 극복을 위한 조선사』(원래는 1970년의 강연)의 첫머리에서 "끊임없이 여러 가지 형태로 조선인 친구들로부터 '너는 왜 조선사를 (연구)하는가' '당신이 조선사를 (연구)할 필요성은 무엇인가'라고 질문을당하는 경험"에 대해서 이야기하고 있다. 그러한 조선사를 정면으로대하는 '필연성'을 확인하지 않은 채 연구나 운동에 발을 들여 놓은 일본인이 어떠한 벽에 부딪치거나 "무책임한 것을 마음대로 떠들다가 나중에는 (…중략…) 일본인이기 때문에 갖고 있는 자유를 행사하면서그만 두어 버리는" 그러한 모습을 몇 번이나 보아왔던 재일조선인이기때문에 그러한 질문을 계속하였던 것이라고 가지무라는 받아들였다.[85] 본고에서 다룬 재일조선인이 저술한 문헌 어느 한 가지를 보더라도 상아탑 속에서 '학문'으로서 저술된 것은 없다. 다양한 운동의 와중에 '필요'하다는 압박 속에서 조사하여 공표한 것이며, 그러한 의미

---

[85] 이 강연록은 몇 가지 버전이 있는데 최근 헤이본샤 라이브러리(平凡社ライブラリー)에서『排外主義克服のための朝鮮史』(2014)로서 정리되어 간행되었다. 인용 부분은 14~18쪽.

에서 '필연성'을 가지고 있다. 그 '필연성'의 현장의 일단을 분명하게 하기 위해서 본고는 조선인 강제연행의 계보를 추적해 왔다.

1945년부터 10년이 각지의 강제연행의 현장, 강제송환반대운동의 장, 교육현장, 나아가서는 밀주단속의 장까지 상당히 다양한 공간에서 조선인 강제연행론이 제기되어 온 것에 비해서 1955년부터 10년은 그것이 재일조선인의 자주적인 연구의 장, 귀국운동의 장, 대중적인 논단 잡지라고 하는 공간에서 논설을 통해, 일본정부에 대하여 법적 책임과 배상을 요구하면서 진상규명을 추구해 나가는 운동으로 수렴되어 가는 과정이었다고 할 수 있다. 물론 전편에서 제시하였듯이 가해 책임의 추급과 배상을 요구하는 목소리는 이미 1945~49년의 조련 시대에도 있었던 것으로서 1960년대가 되어서야 논의되었던 것은 아니었다. 다만 일본과 남북한의 관계 정상화를 위한 필요조건으로서 이 문제가 서로 연결되어 이야기되게 되었던 것은 그것이 일본사회 속에서는 아직 마이너였다 하더라도 새로운 상황이었다고 생각한다.

조선인 강제연행이라고 하는 과거의 부정의와 인권유린에 대하여 '진상규명, 법적인 책임추급, 배상'을 한 세트로 요구하는 것은 정당한 것이며, 그것이 달성되지 않는 이상 오늘날까지도 거듭 남겨져 있는 과제이다. 또 동시에 — 어느 한쪽을 강조하는 것이 아니라는 의미에서, 이 '또 동시에'를 강조하고 싶은 것인데 — 조선인 강제연행론은 전부 다 이 선상에서만 이야기되어져야 한다는 것도 아니다.[86] 내가 전

---

[86] 식민지 지배와 전쟁의 법적 책임을 추급하는 것과 동시에 생각해야 할 제 문제를 제기하고자 할 때의 동시평행성(同時平行性)의 사고의 중요성에 대해서는 그것을 박유하『제국의 위안부』의 책임론과 이 책에 대한 안이한 옹호론을 비판하는 논점으로 제시했던 졸고를 참조하기 바란다(「日本軍「慰安婦」制度の責任をめぐって」, 『「慰安婦問題」にどう

편·후편을 통하여 각 시대 다양한 공간의 권력관계와 정치적인 투쟁 국면에서 이야기되었던 조선인 강제연행론을 역사적 경험으로서 정리해 왔던 것은 식민지 지배 책임에 대한 추급 방식도 복수의 방향성을 가질 수 있다는 것은 보여주기 위함이었다.

그것을 냉전연구라고 하는 점에서 다시 자리매김하여 보자면, 본고는 단순한 동서 양 진영론적인 정치대립으로 환원될 수 없는 정치의 장을 묘사하려는 시도이기도 했다. 일본정부를 비롯한 '우익'의 논의가 식민지 지배의 책임을 회피하려고 해왔던 것은 두말할 필요가 없지만, 공산당, 사회당 혹은 신좌익으로 대표되는 '좌익'의 운동에 있어서도, 한마디 더 하자면 재일조선인 좌파의 운동에 있어서조차 적어도 본고가 다루고 있는 시기에는 식민지 지배에 관한 역사적 책임론이 주류적인 존재였다고는 할 수 있는 상황은 아니었다. 거대한 국제질서 속에서 '위'에서 설정한 정치의 공간이 아닌 곳에서 별도의 정치의 장을 찾아내는 것, 그것이 냉전연구의 하나의 방향성으로서 본고가 추구하고자 했던 것이었다.

(번역 : 서민교)

向き合うか―朴裕河氏の論著とその評価を素材に~研究集会記録集』, http://www.0328shuukai.net/, 2016).

참고문헌

자료

『解放新聞』, 『朝鮮民報』, 『朝鮮時報』, 『朝鮮新報』, 『朝鮮総聯』, 『로동신문』, 『読売新聞』, 『朝日新聞』, 『東亜日報』, 『ジャーナリスト』.

『朝鮮月報』, 『朝鮮問題研究』, 『新しい世代』, 『中央公論』, 『世界』.

(미간행 자료)

朝鮮研究所 관련 내부자료(滋賀県立大学 朴慶植文庫 소장).

『朝鮮研究所設立準備事業経過報告와 今後의 事業方針(案)』, 1956.12.

『事業案内』, 1956.

『朝鮮研究所事業経過報告書(一九五七年一月五日~二月二八日)』, 1957.2.

『第二次評議員会会議議事録(要旨)』, 1957.3.

『朝鮮問題研究所事業計画』, 1957.

『朝鮮問題研究所第二次定期総会에 대한 1957年度事業総結報告와 1958年度事業計画에 관하여』, 1957.12.23~24.

「재일 한인 북한송황 및 한·일 양국 역류자 상호석방 관계철, 1955-60 (V.7, 북송관계 참고차료, 1955-60)」, 한국 국가기록원 문서, 관리번호 DA0286463.

(간행자료)

익명, 「在日朝鮮人の人口のあり方」, 『親和』 31号=1956.5, 33号=1956.7, 35号=1956.9.

井上益太郎, 『在日朝鮮人帰国問題の真相』, 日本赤十字社, 1956.

外務省, 「在日朝鮮人の渡来および引揚げに関する経緯, とくに, 戦時中の徴用労務者について」, 『外務省発表集第十号および公表資料第八号(合冊)』, 外務省情報文化局, 1960.

姜在彦, 『在日朝鮮人渡航史』, 研究資料1(『朝鮮月報』別冊), 朝鮮研究所, 1957.

金日編, 『脱出 : 大村収容所の人びと』, 東京 : 三一書房, 1956.

角圭子, 『鄭雨沢の妻 : 「さよなら」も言えないで』, 東京 : サイマル出版会, 1996.

朝鮮歴史編纂委員会編(朝鮮歴史研究会訳), 『朝鮮民族解放斗争史』, 東京 : 三一書房, 1952.

朴慶植·姜在彦編著, 『朝鮮の歴史』, 東京 : 三一書房, 1957.

福岡県朝鮮人殉難者慰霊祭実行委員会,『兄弟よ安らかに眠れ:「朝鮮人殉難」の真相』, 1963.10.

藤島宇内・丸山邦男・村上兵衛,『日本を創る表情』, 東京:弘文堂, 1959.

宮城県朝鮮人犠牲者慰霊調査実行委員会,『太平洋戦争中の細倉鉱山における朝鮮人労働者の実態:宮城県朝鮮人強制連行の調査報告』, 1964.

森田芳夫,『在日朝鮮人処遇の推移と現状』,『法務研究』43(7), 1955.

劉浩一,『現代朝鮮の歴史』, 東京:三一書房, 1953.

『朝鮮民族解放闘争史』, 金日成綜合大学, 1949.

리청원,『조선에 있어서 프로레타리아트의 헤게모니를 위한 투쟁』, 조선민주주의인민공화국 과학원, 1955.

박제섭,「재일본 조선 동포들의 경제적 형편」,『경제건설』, 1957.

Edward W. Wagner, "The Problem of the Korean Minority in Japan", *A. B. Thesis, Department of Government*, Harvard University, 1949.

_____, *The Korean Minority in Japan, 1904-1950*, Institute of Pacific Relations, 1951.

논문 및 단행본

이타가키 류타,「조선인 강제연행론의 계보(1945~1955년) − 식민지 지배 책임론의 계보 작성의 일환으로서」, 동북아역사재단 편,『한일협정 50년사의 재조명 Ⅲ − 일제식민지책임 판결과 한일협정체제의 재조명』, 동북아역사재단, 2014.

板垣竜太,「植民地支配責任を定立するために」, 中野敏男他編,『継続する植民地主義』, 東京:青弓社, 2005.

_____,「脱冷戦と植民地支配責任の追及」, 金富子・中野敏男編,『歴史と責任』, 東京:青弓社, 2008.(한국어판은「탈냉전과 식민지 지배 책임의 추급」, 나카노 도시오, 김부자 편저,『역사와 책임 −'위안부' 문제와 1990년대』, 선인, 2008)

_____,「日韓会談反対運動と植民地支配責任論」,『思想』2010年1月号, 東京:岩波書店.(한국어판은「한일 회담 반대 운동과 식민지 지배 책임론」, 미야지마 히로시 외,『일본, 한국 병합을 말하다 − 일본의 진보 역사학자들이 말하는 한국 강제 병합의 의미』, 열린책들, 2011)

_____,「植民地支配責任論の系譜について」,『歴史評論』, 2015.8.

＿＿＿＿＿,「日本軍「慰安婦」制度の責任をめぐって」,『「慰安婦問題」にどう向き合うか：朴裕河氏の論著とその評価を素材に～研究集会記録集』,

(http://www.0328shuukai.net/), 2016.

NHK取材班,『幻の外務省報告書：中国人強制連行の記録』,東京：NHK出版, 1994.

太田修,『日韓交渉：請求権問題の研究』,東京：クレイン, 2003.

梶村秀樹,『排外主義克服のための朝鮮史』,平凡社, 2014.

姜在彦,『体験で語る解放後の在日朝鮮人運動』,神戸：神戸学生青年センター出版部, 1989.

金英達,『金英達著作集 II 朝鮮人強制連行の研究』,東京：明石書店, 2003.

共同通信北朝鮮取材班,『はるかなる隣人』,東京：共同通信社, 2004.

ポール・ギルロイ,上野俊哉・毛利嘉孝・鈴木慎一郎訳,『ブラック・アトランティック：近代性と二重意識』,東京：月曜社, 2006.

杉原達,『中国人強制連行』,東京：岩波新書, 2002.

田中宏・松沢哲成編,『中国人強制連行資料ー「外務省報告書」全五分冊ほか』,東京：現代書館, 1995.

鄭大均,『在日・強制連行の神話』,東京：文芸春秋, 2004.

ジル・ドゥルーズ ＆ フェリックス・ガタリ,宇波彰・岩田行一訳,『カフカ：マイナー文学のために』,東京：法政大学出版局, 1987.

外村大,「朝鮮人強制連行：研究の意義と記憶の意味」,

(http://www.sumquick.com/tonomura/note/2011_01.html, 2011).

外村大,『朝鮮人強制連行』,東京：岩波書店, 2012.

根津朝彦,『戦後『中央公論』と『風流夢譚』事件』,東京：日本経済評論社, 2013.

前田朗,「植民地犯罪論の再検討 (1)」,『統一評論』589, 2014.

朴慶植,『在日朝鮮人：私の青春』,東京：三一書房, 1981.

＿＿＿＿,『解放後在日朝鮮人運動史』,東京：三一書房, 1989.

＿＿＿＿,『在日朝鮮人・強制連行・民族問題』,東京：三一書房, 1992.

朴正鎮,『日朝冷戦構造の誕生 1945-1965：封印された外交史』,東京：平凡社, 2012.

広瀬貞三,「李清源の政治活動と朝鮮史研究」,『新潟国際情報大学情報文化学部紀要』7, 2004.

山田昭次,「朝鮮人・中国人強制連行研究史試論」,『朝鮮歴史論集 下巻』,東京：竜渓書舎, 1979.

吉沢文寿,『戦後日韓関係：国交正常化交渉をめぐって』,東京：クレイン, 2005.

Lankov, Andrei, "*Crisis in North Korea : The Failure of De-Stalinization*", 1956, University of Hawaii Press, 2004.

Ryang, Sonia, "Inscribed (Men's) Bodies, Silent (Women's) Words : Rethinking Colonial Displacement of Koreans in Japan", *Bulletin of Concerned Asian Scholars*, 30-4, 1998(일본어판 :『コリアン・ディアスポラ : 在日朝鮮人とアイデンティティ』, 東京 : 明石書店, 2005, 第2章).

냉전/전쟁 그리고 억류의 기억* |

1975년 베트남 공관원 억류 사건을 둘러싼 기억들의 재구성

김 원

1. 베트남에 남은 사람들은 누구인가

제2차 대전이후 1991년에 걸친 냉전 시기 한국인 그리고 한국정부에게 베트남전 참전은 어떤 의미였을까? 한편으로 참전한지 50년이 넘은 현재 베트남전쟁은 잊혀진 전쟁이다. 한국 대학 강의에서 학생들은 베트남전에 한국이 참전한 것은 알지만 왜 참전했는지에 대부분 모른다. 다른 한편 베트남 전쟁은 반공을 위한 성스러운 전쟁이란 의미이건 미국의 용병으로 동원됐다는 부정적 의미에서 지속적으로 기억되어 왔다.

그간 학계에서는 전투병력 파병 원인, 베트남 참전의 국제관계적 배경, 참전의 정치경제적 효과, 참전 병사와 기술자의 체험 등을 중심으로 연구가 이뤄졌다. 또한 시기적으로는 전쟁 참전 결정, 전쟁체험이,

주체로는 병사, 노무자, 기술자에 대한 연구가 주를 이뤘다. 1964년부터 1973년까지 연인원 32만 명에 달하는 대규모 전투 병력을 베트남전쟁에 파견한 한국에서 파병 원인, 효과에 대한 연구가 많았던 것은 당연한 일이다. 하지만 파병과 종전 이후 전쟁에 직접 연루되었던 한국인들의 베트남전쟁, 냉전에 대한 감각 또한 중요한 문제이다. 특히 미국 중심의 반공 전쟁이었던 베트남전쟁에 참여했던 한국인들에게 베트남전쟁의 종전은 '공포'로 다가왔을 것이다. 1974년 육영수가 암살된 8·15 사건 직후 반공관제 데모는 이런 집단적 공포를 단적으로 드러낸다.[1]

오랫동안 널리 알려져 있지 않았지만 1975년 남베트남 정부의 붕괴 이후 한국 공관원과 한국인 일부는 외교관 특권을 거의 인정받지 못하고 1976년과 1980년까지 억류되어, 투옥되거나 북송北送 위협 등을 받았다. 또한 일부는 싱가폴 등 제3국을 거쳐 탈출을 했다. 이 사건의 해결 과정에서 한국정부는 비밀·비공개 교섭 방식을 취해서, 오랫동안 알려지지 못했다. 하지만 2008년 외교통상부의 비공개 외교문서 공개와 관련 인물의 회고록 발간, 구술증언 등으로 사건이 조금씩 알려지

---

* 이 글의 초고는 「구술아카이브즈를 통한 새로운 역사쓰기」, 국사편찬위원회, 2014.6.25, 『冷戰研究の最前線 第2回研究會』, 2014년 9월13일, 日本 同志社大學寒梅館6階大會議室, "Reconstructing Memories Concerning Detained Diplomats After the Fall of Saigon in 1975", Wednesday 4 May 2016, ANU Korea Institute에서 일부 발표된 바 있다. 또한 「1975년 베트남 공관원 억류 사건을 둘러싼 기억들의 재구성」, 『구술사연구』 제6권 1호 (2015), 45~120쪽에 실린 글을 수정한 것이다. 발표, 심사과정에서 유익한 토론을 해주신 조동준 교수(서울대)와 여러 선생님들께 감사드립니다.
1 한국에서 연구된 베트남전쟁에 대한 기존 연구 검토는 이한우, 「한국이 본 베트남 전쟁 —쟁점과 논의」, 『동아연구』 제51집, 2006. 베트남 전쟁과 동아시아 냉전 간의 연관관계에 대해서는 『사회와 역사』 통권 105호(2015.3) 특집 논문 참조

냉전 / 전쟁 그리고 억류의 기억 ┊ 103

게 되었다.[2]

본 연구의 기반이 되는 구술자료를 수집했던 조동준은 1975년 초반부터 4월 베트남 공산화를 전후로 한 송환과 억류 문제를 정부간 협상에 초점을 맞춰 다루었다. 억류 혹은 송환에 실패한 남겨진 공관원(총 8인)들을 한국 정부가 북한의 존재라는 위협 요인에도, 76년 5인, 80년 3인 모두 억류로부터 해제시킬 수 있었던 협상전략과 선택 문제 — 구체적으로는 정부는 왜 공개적으로 압박을 가하지 않았는가 – 에 초점이 맞춰져 있다.

물론 억류가 가시화된 시점에서 한국 정부, 정부 간 협상의 구조적 요인을 밝히는 것도 중요하다. 동시에 1975년 1월부터 1976년 제1차 송환이 이뤄진 시간대에 억류된(혹은 탈출했던) 개인들에게 관심을 가질 필요도 있을 것이다. 1975년 베트남민족해방혁명(혹은 공산화)이 이뤄진 시기에 남북 간의 경쟁이 극도로 첨예했다. 32만이 넘는 전투 병력을 여러 차례 증파했던 한국은 새로이 들어선 베트남 정부에 적대적인 존재였다. 반면 북한은 이미 여러 차례에 걸쳐 미국과 남한의 베트남 군사적 개입을 비난한 바 있다. 그밖에도 1975년 즈음 북한의 IPU, WHO가입, 스리랑카 콜롬보에서 개최된 비동맹정상회의 회의 참석에 따른 국제적 지위 상승, 비동맹권 가입 및 유엔 가입을 둘러싼 남한과 대결 구도 형성, 남한 정부의 베트남전 참전으로 인한 국제사회지지 협소화, 판문점 도끼 사건과 북한 외교관 마약밀수사건 등 다양한 차

---

2 최초로 언론에 한국 공관원들이 베트남에 역류되었음이 보도된 시점은 1980년 4월이었다.(「사이공억류 5년, 외교관 3명 귀환」, 「경향신문」 1980년 4월 19일자 등) 이 사건은 본 구술자료를 수집한 조동준에 의해 최초로 자료가 수집되었고, 2015년 JTBC에 의해 다큐멘터리 2부작으로 만들어졌다(〈사이공 1975〉 1~3부작, 2015년 7월 방송).

원의 남북간 군사외교적 경쟁과 긴장이 진행된 시기였다.

여기서 다시 1975년 4월, 사이공(현재 호치민시)이라는 공간으로 돌아와서, '호치민 작전'으로 불리는 사이공 함락이 가시화되었을 때, 베트남에 체류하고 있던 한국인들은 어떤 생각을 하고 있었을까, 라는 의문이 든다. 사이공에 체류하던 주월한국대사관 공관원은 참전국답게 큰 규모였으며, 외무부, 중앙정보부, 경찰 등에서 파견된 외교관, 행정요원, 베트남 현지인 등 다양한 사람들로 이뤄졌다. 또한 단기적 노동이주 성격을 지녔던 군인, 노동자, 기술자 등을 제외하고 베트남으로 찾아든 보통 사람들은 '생존' 혹은 '성공'을 위해 이주한 한국 사회에서 주변계급에 속했다. 한국으로 송환 과정에서 이들은 이중결혼, 송환비용 등 문제로 한국으로 돌아가길 꺼리거나, 태국 등지로 이동한 뒤에도 한국으로 돌아가지 않고 이란, 호주 등으로 재이주하는 경우가 많았다. 그만큼 베트남 전쟁이 종료되는 그 시간에 베트남에 있던 한국인은 정부가 내세운 제2전선 구축을 위한 반공 국민으로 단순화되기 어려운 복잡한 성격이었다.

나는 1975년 4~5월 베트남 공산화 시점에서 베트남 사이공에 억류됐던 주월한국대사관 공관원 및 교민들이 억류된 상황에서 무엇을 느끼고 어떤 감정을 구술자료를 통해 현재 이야기하고 있는지 이들의 체험을 중심으로 재구성하고자 한다. 나의 연구는 구술자료를 통해 경제성장, 반공전쟁 혹은 제2전선론이라는 정부의 공식적 / 지배적 서사 이면에 존재했던 억류자들의 '생존'을 둘러싼 체험과 기억을 다뤄보고자 한다. 특히 사건의 전반적인 개요는 기존 연구에서 어느 정도 파악되었기에 구술자들의 체험과 현재적 기억에 초점을 맞추고자 한다. 억류이라는 극단적 상황이 이들에게 어떤 체험으로 받아들여지고 기억되고 있는지 해석해 보고자 한다.

내가 사용하는 핵심 자료는 2008~2009년 국사편찬위원회에서 2차례에 걸쳐 수집한 구술자료다. 구술자의 성격별로 구분하자면 외무부 고위 관료(윤하정, 오재희), 베트남 현지 공관원(김경준, 김창근, 신상범), 송환 업무 담당 군인 그리고 교민(김상우 등) 등으로 나뉜다.[3] 수집 구술자료는 억류자에 대한 정부간 협상 과정에 초점을 맞추었기에 관료, 현지 공관원 구술이 대부분이다. 하지만 송환이 불가능해진 시점에 이르러서 공관원조차 일반 교민과 크게 다른 상황은 아니었으며, 외교관으로서 특권조차 행사할 수 없었기에 교전국에서 생존과 공포 속에서 하루 하루를 지냈다. 본 연구는 베트남전 종전과 송환 과정에서 이들이 '베트남 전쟁'과 '생존'의 문제에 대해 어떻게 기억하고 있는지 재구성해보고자 한다.

---

3 개개인의 구술일시, 장소, 시간 등은 아래와 같으며 이대용의 구술자료는 한국학중앙연구원 현대한국구술사연구사업(서울대 연구단)에서 수집한 구술자료를 사용했다.(이하 구술자료는 각주로 표시하지 않고 본문에 구술자 이름만 표기하도록 한다) 김경준, 당시 주월한국대사관 영사, 2009년 3월 19일 14시~15시 40분, 서울시립대 웰니스센터, 면담자 : 조동준, 국사편찬위원회 수집 구술자료(1970년대 한국외교관 수감사건 관련 구술자료); 김상우, 당시 사이공 한국인연합교회 담임목사 겸 파월선교사 겸 在월남 한국교민철수 부본부장, 2009년 8월 19일 11시~14시45분 미국 로스앤젤리스 자택, 면담자 : 조동준, 국사편찬위원회 수집 구술자료(1970년대 한국외교관 수감사건 관련 구술자료); 김창근, 당시 주월한국대사관2등 서기관, 2009년 7월 7일 3시40분~4시10분, 서울시립대 면담자 연구실, 면담자 : 조동준, 국사편찬위원회 수집 구술자료(1970년대 한국외교관 수감사건 관련 구술자료); 신상범, 당시 주월한국대사관3등 서기관, 2009년 3월 26일 14시07분~16시30분, 경기도 용인시 구술자 자택 사랑방, 면담자 조동준, 국사편찬위원회 수집 구술자료(1970년대 한국외교관 수감사건 관련 구술자료); 이대용 구술자료(한국학중앙연구원 현대한국구술자료관 사업단 소장, AKS2012_SE-C3001_SE-T0001_SE-N00403).

다음으로 참조할 자료는 문헌자료이다. 정부는 억류 공관원의 존재에 대한 '보도통제'를 했기에 당시 국내 신문과 잡지 등에 이들을 기록한 자료는 없다. 외교관 납치와 억류의 경우 언론 공개가 석방과정에 도움을 주는 경우가 많은데, 한국 정부는 국제사면위원회Amnesty International의 개입조차 차단하려고 하였다. 그럼에도 외교문서와 수기, 회고록 등이 남아있거나 공개됐다. 대표적으로 싱가폴로 해상 탈출한 김창근의 「김창근 주월남 2등 서기관 탈출수기, 1975」(2008년 공개), 윤하정(『어느 외교관의 비망록』), 이대용(『사이공 억류기』, 『6·25와 베트남전, 두 사선을 넘다-마지막 주공사 이대용 비화』) 등도 참조는 할 것이다.[4]

공관원들의 실제 억류 기간은 대부분 1975년 4월 30일부터 시작됐으며 이대용 등 3인이 최종적으로 귀국한 시점은 1980년 4월이었다. 나는 1975년 1월 철수가 준비되고, 진행되다가 최종 철수가 실패한 직후 그리고 3명의 공관원이 체포되고 1976년 4월 3명을 제외한 나머지 공관원과 교민들이 송환된 16개월 정도의 시기를 다루고자 한다.[5]

1975년 당시 주월한국대사관은 사이공시 웬주街 109번지(현재 5·19 유치원)에 위치했고, 주월한국대사관저는 판딩풍街 53번지였다. 전체 공관원은 외교관, 타자수, 교환수, 운전수 등 총 58명이었다.[6] 아래 표

4　하지만 이들 자료 중 일부는 본인의 행동을 사후적으로 정당화하거나, 노골적으로 정부의 반공 선전을 반복하는 경우가 없지 않아도 세심한 사료 검토를 통해 제한적으로 활용할 것이다.
5　베트남 정부는 1980년 3월 15일 한국 공관원 무조건 석방을 결정하고 윤하정 스웨덴 대사는 이들의 송환을 위한 절차를 스웨덴 외무성과 협의하였고, 4월 12일 스웨덴 외교관들이 사이공에 도착하여 3명의 외교관은 오후 3시 22분 호치민 시를 출발하여 8시 25분 김포 공항에 도착했다(조동준·차지현, 「駐베트남 한국 공관원 송환을 위한 신호게임, 1975~1980」, 『국제정치논총』 54(1), 2014, 12쪽).
6　이대용, 『사이공 억류기』, 한진출판사, 1981, 11쪽.

는 억류 공관원 명단이다.

〈표 1〉 억류공관원 명단과 억류 유형

직급	소속	성명	억류유형	비고
공사	중정	李大鎔	수감(1975.10.3~1980.4.11)	중앙정보부 파견
2등 서기관	중정	安熙完	수감(1975.6.19~1980.4.11)	중앙정보부 파견
3등 서기관	내무부	徐丙浩	上同	경찰 파견
참사관	외무부	李圭守	연금(1975.6.9~1976.5.7)	
2등 서기관	외무부	金景俊	上同	
3등 서기관	외무부	愼翔範	上同	중앙정보부 출신
통신사	외무부	김고양	上同	
통신사보	외무부	양종렬	上同	통신사
2등 서기관	외무부	金昌根	탈출(1975.5.3)	

* 출처 : 차지현, 「권위주의 정권의 협상 과정 : 1970년대 주월 한국 공관원 억류 사건 중심으로」, 서울시립대 석사논문, 2009.

내가 주로 다루는 1975년 이후 억류자들을 소개하면, 첫 번째로 이대용(1925~)은 황해도 금천 출생으로, 1948년 육군사관학교를 제7기로 졸업하고, 1955년 육군대학, 1958년 태평양지구 합동참모학교, 1960년 미 육군 지휘참모대학을 졸업했다. 그 뒤 육군 제23연대장과 1963년 주월한국대사관 무관, 육군 제6관구 작전부사령관, 1967년 주월한국대사관 정무담당 공사를 맡는 등 60년대 초반부터 월남에 근무했다. 억류 당시 이대용은 1급 정보를 다룰 수 있었으며, 오랫동안 한국과 주월한국대사관에 근무했기 때문에 베트남전에서 한국의 역할을 잘 알고 있었다. 1973년 주월한국대사관 경제담당 공사(중앙정보부 소속)를 맡은 뒤, 철수대책본부장으로서 공관원 철수를 지휘하다가 억류된 뒤, 1975년 10월에 베트남정부에 구금되어 1976~80년 베트남 치화 형무소에 수감되었다.

두 번째, 김창근(1936~)은 경남 창원 출신으로, 1958년 연세대 정치외교학과를 졸업한 뒤 해군사관학교 정치지리교관 등을 담당하다가 1962년부터 외무부에서 일했다. 1969~72년 사이에 주일대사관에서 근무했고, 자원해서 1974년 7월 30일부터 주월한국대사관에 부임해 1등 서기관(총무, 정무)을 맡았다. 1975년 4월 30일 월남패망 이후 5월 9일 싱가포르로 해상탈출에 성공했다. 그가 탈출 직후 작성한 「김창근 주월남 2등 서기관 탈출수기」는 당시 상황을 판단하는 데 주요한 근거가 되었다고 한다(오재희 구술). 이후 외무부 기획관리실 재외공관 담당관, 주코스타리카대사관 대사, 주러시아연방대사관 공사, 주카자흐스탄공화국대사관 대사 등을 역임했다.

세 번째, 김경준(1936~2010)은 서울 출생으로 1962년 서울대 문리대를 졸업한 뒤 1963, 67년 독일 프랑크푸르트 괴테 대학에서 수학했고 비슷한 시기, 중앙정보부에서 근무를 했다고 한다. 그 뒤 1971년 외무 고등고시 4회로 합격해 외무부 구주과, 총무과를 거쳐 1973년부터 월남 패망까지 주월한국대사관 영사(1973~1975)를 맡은 뒤 사이공에서 1년간 억류됐다. 그 뒤 스위스 대사관 참사관, 말레이시아 공사를 역임했다.

네 번째, 신상범(1939~)은 경남 거창 출신이며 동아대를 졸업한 이후 문교부文教部에서 근무하다가 1969년 외무부에 들어가 1971년부터 駐월한국대사관 3등서기관으로 총무 및 영사 업무를 맡다가, 월남 패망 이후 1년간 사이공에서 억류(1975.4.30~1976.5.12)되었다가 송환되었다. 송환 이후에는 주사우디아라비아 한국 대사관 부영사, 외무부 총무과 등에서 일을 했다.

다섯 번째, 김상우(1936~)는 서울 출생으로 1954년 서울 용산고 졸업하였고 1958년 육군 보병 학교 졸업, 군목 (진)소위로 임관任官했다. 1965~1967년 맹호사단 편성요원과 파월 군종 장교를 역임한 뒤 1970년 소령으로 예편했다. 예편한 뒤 1970년부터 사이공 한국인연합교회 담임목사 겸 파월선교사로 활동하며 사이공대학 사범대학 병설 월남어학과 입학했다. 1975년 在월남 한국교민철수 부본부장을 맡으며 역시 1년간 억류되었다. 한국으로 돌아온 뒤 1976년부터 1981년까지 호주에서 4년간 선교사 생활을 하다가 미국으로 건너가 선교사 생활을 하다가 현재 은퇴한 상태이다.[7]

---

7 그 이외에 본 연구에서 등장하는 인물을 간략히 소개하면, ① 당시 대사였던 김영관(金榮寬1925~)은 1946년 해사 제1기로 졸업해 임관했으며 1965~66에 해군본부 국수계획국장 해군통제부사령관 함대사령관을, 1966~1969년 제8대 해군참모총장을 역임했다. 1969년 4월 예편한 뒤 영남화학사장, 주 월남대사를 맡았고 민주당 부총재(1987), 제주도지사 등 관직 생활을 했다. ② 이대용과 더불어 체포되어 1980년 5월까지 억류되었던 안희완(1938~)은 사이공 치화형무소 투옥생활(75.6.18~80.4.16)을 5년간 한 공관원이다. 1980년 송환 당시 당시 42세로, 중앙정보부 파견 요원으로 2급 비밀자료를 취급했다고 전해진다. 주요 경력은 주월한국대사관 영사(67.8~68.8, 75.3.27~75.4.30), 주 라오스 한국대사관영사(74.8~75.3), 한국외국어대학교 베트남어과 강사(68.10~74.7)이다. ③ 안희완과 함께 투옥 생활을 했던 서병호 영사(당시 53세)는 경찰청 파견 영사로 알려져 있다. ④ 당시 외무부 차관이었던 윤하정(尹河珽1924~)은 사건 발생에서 종료까지 직간접적으로 간여한 대표적인 외무부 관료로, 함북 회령 출생이고 서울대 정치학과를 졸업(1951), 외무부 입부(1955), 외무부 차관(1976~1978)과 駐스웨덴 대사관 대사(1978~81)를 맡으며 사건의 시작에서 결말까지 주요하게 개입했다. ⑤ 오재희(吳在熙1932~)는 대구 출생으로 서울대 문리대 졸업한 뒤 1956년 제7회 행정3부(외교) 고등고시에 합격해 외무부에 입부했다. 이후 외무부 정보문화국 국장(1974~5), 외무부 아주국 국장(1975~77) 등을 역임하며 사건 당시 실무자로서 역할을 했다.

2. 베트남 공관원 철수 계획 수립과 실패 그리고 억류[8]

1) 빨리 월남을 떠나야 된다 — 철수 계획의 수립(1975.1~4.20)

1974년 12월부터 1월까지 북베트남은 남베트남을 1975년까지 2년에 걸쳐 해방한다는 군사 계획을 수립했다. 1975년 1월 7일 푹롱성 점령, 3월 10일 반메투오트 공략 등으로 남베트남의 붕괴가 가속됐으며, 3월 14일 남베트남 정부도 북부 포기를 발표했다. 3월 22일 북베트남의 공격이 본격화되고 3월 27일 "호치민 작전", 즉 1975년 5월 10일까지 사이공을 해방시킨다는 작전이 개시되었다. 결국 3월 30일에 다낭이 함락되고 4월 21일 대통령 티우가 사임하고 4월 30일 남베트남은 패망하고 말았다.[9]

1975년 연초부터 북베트남의 공격이 본격적으로 전개되자 1월 23일 주월한국대사관은 "주월남 베트남 비상 계획 수립"이란 자체 철수 계획을 수립했다. 한국 정부도 주월대사관에 단계별 구체적 계획 수립을 요청했다. 하지만 한국정부도 1975년 1월 현재 월남이 빠른 시점에 패망한다는 인식은 하지 않았던 것으로 보인다.

3월 초중순 최초로 철수문제를 논의하기위한 대사관 전체 회의가 열렸다.[10] 뿐만 아니라 베트남 정세 악화 이후 대사관 회의 때마다 철

---

8 사건의 전개 과정은 조동준, 차지현, 앞의 글과 차지현, 앞의 글에서 이미 상세하게 기록되어 있다. 제2절에서는 사건을 둘러싸고 구술자별로 차이가 나는 체험을 부각시키고자 한다.
9 차지현, 「권위주의 정권의 협상 과정 — 1970년대 주월 한국 공관원 억류 사건 중심으로」, 서울시립대 석사논문, 2009, 6쪽.
10 「김창근 주월남 2등 서기관 탈출수기, 1975」, MF, 2007-66(11197), 이하 「탈출수기」로

수 문제가 논의되었으며, 3월 28일 대사관에 대한 경비를 강화하기로 결정했다.[11] 3월경 한국 정부는 긴급 철수 상황 발생 시 협조를 주월 미대사관에 공식 요청해 이상훈 참사관을 연락관으로, 미국 측 톰슨과 연락을 취하도록 했다.[12] 일부 기록에는 공관 직원 사이에 철수 순서를 둘러싼 논란이 있었다.[13]

4월 5일에 접어들자 한국 정부는 국무회의에서 철수계획 작성 및 철수가 불가피하다고 판단하고, 본격 철수 작업을 시작했다. 철수계획은 철수본부장인 이대용 공사를 중심으로 이뤄졌지만 미국의 개입으로 월남정부가 붕괴하지 않을 것이라고 믿었기에 구체적 철수 계획이 이뤄지지 않았다고 한다(이대용 구술).

4월 9일 교민회가 주도했던 "자비귀국무능력자 신고" 이전에도 대사관측은 구체적 철수 계획을 교민들에게 알려주지는 않았다. 다만 월남에서 철수하는 것은 개인의 자유지만 사태가 심각하므로 이에 대비할 것을 교민들에게 분명하게 설명했다(김경준, 김상우 구술 참조). 이후 4월 13일에도 대사관에서 교민들을 불러서 귀국 독려 활동을 전개했다. 하지만 실제 교민들은 문제의 심각성을 감지하지 못한 듯 보인다.

표기.
11 차지현, 앞의 글, 9쪽.
12 위의 글, 12쪽.
13 「탈출수기」.

2) 아주 바빠서 정신 없었어요

─ 십자성 계획과 한국인 철수(1975.4.21~4.26)

마침내 4월 8일 청와대 지시로 Landing Ship Tank(이하 LST)를 통한 구호품 전달과 이를 통해 피난민을 수송하도록 결정됐다. LST 810편과 815편은 남베트남 정부의 요청대로 구호 물자를 하역한 뒤, 남베트남 난민들을 사이공 근처 푸콕섬까지 실어주고 한국 교민들도 같이 탑승하여 한국으로 돌아오기로 되어 있었다.[14]

이는 이른바 "십자성 계획"이라고 불렸다. 이 계획은 "국방 훈령 38호"로 2급 비밀에 해당되는 청와대 극비 지령으로 작전 명령이 하달됐다(박인석 구술).[15] 다만 십자성계획이 애초부터 교민 철수를 위해 기획된 것인가 여부는 관련자들마다 기억이 다르다. LST 810 함장은 작전 브리핑을 받았을 때 비전투, 인도적 지원을 위한 월남 물자 수송과 위급 시 교민과 대사관 직원 철수를 '부가 업무'로 지시받았다고 증언한다(박인석 구술). 하지만 김창근, 김경준 등 공관원들은 구호품을 주는 명분은 위장된 것이고 애초부터 "철수용"이었다고 다르게 기억한다.

한편 한국 정부도 월남 패망이 분명해지고 있던 시점에 원조 물자를 싣고 보낼 필요가 있는지에 대한 의문이 제기됐다. 다른 한편 빈 배만 보내는 것은 참전국의 의리상 문제가 있지 않은가에 대한 의견도 존재했다. 결국 청와대에서 원조물자를 보내고 돌아오는 배에 교민과 공관

---

14 차지현, 앞의 글, 13쪽.
15 LST 810함은 제2차 대전 시기에 건조되었다. 1975년 4월 2일 제주도 함석 해안에서 폭파 작전 수행 중에 급히 귀항하라는 전보를 받고 4월 3일 진해로 향했다.

원을 철수시킨다는 결정을 했던 것으로 보인다(오재희 구술).[16]

4월 21일 LST가 뉴포트항에 도착했을 때, 주월 미대사관은 자체 철수인력이 많아서 한국도 빠른 시일 내 철수할 것을 요청했다. 당시 철수 예상 인원은 공관원 17명, 관계요원 4명, 고용원 15명 등 36명의 대사관 관련자였다.[17] 4월 24일 이대용 공사를 철수대책본부장으로 임명하고, 한국대사관도 3단계 철수 계획에 돌입했다.

하지만 십자성 계획과 달리, 4월 26일 뉴포트항을 출항한 이후 교민 불법 승선, 세관통관 절차의 적합성, 기함 출발 후 월남의 위협 등 문제가 발생했다(박인석 구술). 뿐만 아니라 교민들이 LST에 승선하는 과정에서 대사관에서 뉴포트까지 가는 것이 애초 양해가 된 것이었지만, 월남 해군 초소에서 통과를 시켜주지 않자 술, 양주, 라면 등을 한 박스씩 주어야 했다. 또한 월남정부는 한국 불법체류자를 인정해 주는 대신, 월남인 400명을 LST에 태워 푸콕까지 갈 것을 요구했다(김창근 구술; 박인석 구술).

그럼에도 LST에 승선하지 않은 한국인은 총 260여 명에 이르렀으며, 이 가운데 재산을 정리하지 않은 사람도 적지 않았다(이대용 구술). 또한 일부 공관원의 경우, 사이공 주변 도시(방콕 등)로 갔다가 사이공으로 다시 돌아오는 등 논란이 있었다고 한다(김창근 구술).[18]

4월 25일 본부에서 즉시 철수를 하라는 전문이 도착하자, 4월 26일

16　차지현, 앞의 글, 11쪽. 안병찬은 4월 25일 본부의 긴급지령으로 십자성계획의 우선순위가 '교포안전철수-엘에스티 안전'으로 바뀌었다고 기술하고 있다.(안병찬, 『컬러오 찍어라 사이공 최후의 표정-한국 르포르타주의 정수』, 커뮤니케이션북스, 2005, 212~215쪽)
17　차지현, 앞의 글, 12쪽.
18　「탈출수기」.

저녁 5시 45분 LST선은 사이공을 출발한다. 예정보다 급하게 출발했던 이유는 본부 전문 때문이기도 했지만, 항구 주변에 베트콩 출현을 목격했기 때문이었다. 일부 선원들은 나포 가능성 때문에 상당히 불안을 느꼈다고 한다(박인석 구술). 하지만 4일 24일 본부 지시 이후 철수 시점에 관해서는 견해가 엇갈렸다. 월남 측 정보를 받은 이대용 등은 '미국은 월남을 포기하지 않는다' '혈맹론' 등을 주장하며 즉시 철수를 따르지 않아 갈등을 빚었고 김상우 목사도 '미군이 다시 온다'고 믿었다. 하지만 김경준이나 김창근 등 공관원들은 월남군이 비장의 무기인 CBU(CLUST BOMB UNIT) 폭탄을 터뜨려 월맹군의 보복이 분명한 심각한 상황이며 빨리 철수를 해서 자신들도 베트남에서 빠져 나아가야 한다는 생각이었다. 먼저 탈출한 이문휴, 송한호 등은 "희망 없다고" 말하며 떠났고 철수 여부가 "아주 총영사관의 시끄러운 문제"였다고 한다(김상우 구술). 미국대사관이 아직 철수하지 않았고 미대사관을 통한 4월 28일과 29일 자체 철수 계획이 존재했기에 LST철수에 미온적 대응을 보인 것이라고 해석할 수도 있다.

하지만 원래 550명이어야 하는 한국인 LST 승선자는 314명이었고, 철수 계획에 없던 월남인도 다수 탑승했다. 탑승했던 월남인들의 경우 당시 사진과 함장의 기억으로 통상적인 난민이라기보다, 어느 정도 여유가 있는 사람들이었다고 한다(박인석 구술). 김상우도 대사에게 요청해서 월남의 목사들, 월남호국회 총회 관계자 20~30명 정도를 배에 승선시켰다고 기억한다(김상우 구술). LST가 한국에 돌아온 뒤 본부는, "거의 빈 배로 왔다"는 표현을 사용하며 교민, 공관원 중 다수가 철수

하지 않은 것을 문제시했다고 전해진다.[19]

4월 1일 월남 잔류 한국인은 외교관 21인, 외교관 가족 59인, 농업사절단 20인, 의료사절단 21인, 수자원 사절단 4인, 민간인 1,000여 명이었다. 4월 25일까지 이 가운데 외교관 7인, 외교관 가족 전원, 사절단 전원, 민간인 450명이 민간항공기로 철수했다. 그리고 4월 26일 LST 815와 810에 한국인 민간인 약 300여 명, 교민의 월남인 가족 659명, 월남 피난민 342명, 중국인 등 20명 등 총 실제 1,364명이 떠났다.[20] 교민보다 많은 월남인이 승선했으며 공관원 가운데 일부의 개인 짐이 실려 있어 논란이 되기도 했다.[21] 공관원들은 잔류 교민을 한국으로 돌려보내려고 했지만 이를 원하지 않은 사람이 적지 않았다. 교민 가운데 적지 않은 수는 돈을 벌기 위해 월남으로 왔기 때문에 한국으로 귀환하기를 거부했고, 이 때문에 공관원들은 철수 계획에 적지 않은 어려움을 겪었다. 이들은 호주와 이란 등 재취업할 수 있던 제3국으로 갈 것을 원했고 '경유지 추가'를 요청했다. 외무부 아주국은 태국을 거쳐 수일내 한국으로 온다는 것을 태국 정부와 약속한 상황에서 경유지 추가는 외교 문제가 될 수 있었다. 하지만, 관광 목적 등을 명분으로 통과 사증을 받아 여권 목적지를 이들이 원하는 대로 해주는, 즉 여권 기재 사항을 정정했고 이를 통해 교민들은 이란, 호주 등으로 이주했다(김경준; 김상우 구술자료).

당시 베트남에 잔류하고 있던 한국인들은 제2차 대전 시기 잔류 체

---

19 "거의 빈배"라는 표현은 한국인 공관원, 교민보다 월남 피난민과 여러 종류의 짐이 다수 선적됐던 것을 의미하는 것으로 추정된다(오재희 구술).
20 이대용, 앞의 책, 15쪽.
21 『탈출수기』.

류자(무국적자, 이들은 거의 월남사람으로 동화된 상황), 이중결혼이나 위장결혼, 호적 정리를 통해 제3국에 취업하기 위한 사람들이었다. 불법체류, 이중결혼, 제3국 노동이주 등 이유로 교민들은 철수에 잘 응하지 않았다(김창근 구술). 적지 않은 수가 월남에서 한국인으로 등록되지 않은 사람들이었기에 한국으로 귀환도 쉽지 않았다(김상우 구술).

이들 가운데 일부는 주월한국대사관이 월남인 부인을 한국으로 데려가지 않는 것에 대해 "우리는 월남 피다, 한국 피다, 우리를 데려가야 한다"고 항의를 하기도 했다(김상우 구술). 이들을 한국으로 데려갈 것인지를 둘러싸고 정부 부처 간 의견이 갈렸다. 결국 총리 김종필이 모두 수용할 것을 지시해 주월한국대사관에서 알아서 처리하는 것으로 일단락이 났다.

LST철수 과정에서에서 주월한국대사관 카펫, 타자기 등 물품, 퇴직금 정산 등으로 당시 공관원들의 기억은 '바빴던 것'이 대부분이었다. 회의 때마다 철수 문제가 언급됐지만 낙관적인 생각이 지배적이었는데, 김경준은 화장실에 갈 여유가 없을 정도로 바빴다고 당시를 기억한다; "저희들은 정신이 빠져가지고. 그런 걸(구체적 철수 계획을—인용자) 갖다가 구체적으로 생각 할 건 없고. 매일 아침마다 모여가지고 우리 회의를 해요. 회의를 할 때마다 철수 문제가 나오고, 또 그게 되풀이 되고 이러기 때문에. 나중에는 그냥. 뭐 어떻게 되면은 떠나겠지 그런 생각만 하고 있었지. 철수 계획에 대해서 이렇다 저렇다 우리가 의견을 제시할 그런 계기는 못 되었어요"라고 기억하고 있다(김경준 구술).

3) 월남 망하지 않는다, 우리가 피의 혈맹인데
─공관원 철수 작전의 실패(1975.4.28∼4.30)

　제1차 공관원 탈출 계획이던 4월 28일 11시 군용 항공편 철수는 지연되고 말았다. 애초 라디오에서 빙 크로스비의 화이트크리스마스 노래가 울리면 집결해 철수하려던 계획은, 탄손누트 공항Tan Son Nhat Airport 폭격으로 공항이 폐쇄되자 연기됐다고 전해진다.[22] 하지만 김상우 목사는 대사와 통화해 철수 연기를 들었지만, 독립궁 폭격으로 인한 통행금지로 철수가 취소되었다는 말과 달리 당시 교통도 정상적이었고 28일 비행기로 베트남을 떠난 사람들도 있었다고 한다. 김창근도 비행기 타는 창구에 당일 50달러만 내면 비행기에 태워줬다고 증언하며 28일 탈출이 가능했다고 증언한다(김창근 증언).

　오전 9시경 대사관회의에서 철수가 하달되었지만, 공관원 중에는 어느 방향으로 가는지 모르는 사람들도 있었다. 김창근도 전후 상황을 파악하지 못한 채 4월 28일 탈출계획이 취소되었다고 전한다(김창근 구술). 같이 동행한 김상우도 정보는 거의 공유되지 않았다고 전하면서 철수 예정일 4월 28일 주월한국대사관 분위기를 "살벌했다"고 기억한다.

　4월 29일 미대사관 건물 옥상 헬리포트를 통한 공중 철수 작전인 제2차 철수가 진행되었으나 결과적으로 실패하고 한국 공관원들은 잔류하게 된다. 4월 29일 주월한국대사관 공관원, LST 연락조 해방장병 3인, 고용인 5인, 한인 목사 1인, 신문기자 1인은 대사관저에 모여 대기

22　안병찬, 앞의 책, 58∼59쪽, 161쪽.

해 있다가 미대사관으로부터 연락이 오면, 어셈블리 포인트 3Assembly Point 3에 집합하도록 되어 있었다.[23] 하지만 2차 철수 역시 정확한 목적지가 공유된 것은 아니었다. 김경준은, "이제 상황이 급박하고 그러니깐, 빨리 미국대사관에 가서 헬리콥터를 타고 탈출을 해라, 그런 공관의 지시가 내려지니깐. 다 같이 타고 그냥 간 거죠"라고 기억하고 있다. 오전 9~10시경 미대사관에서 전화가 오자 주월한국대사관에서 10분 거리에 독채아파트, 미국 USAID(미국국제개발청, The United States Agency for InternationalDevelopment-인용자), USAID 원조기관 직원들이 사는 전용 아파트가 포인트 3로 향했다. 하지만 먼저 출발한 김영관 대사 차부터 어셈블리 포인트 3의 위치 확인을 둘러싸고 혼선이 발생했다.

탈출 장소를 둘러싼 혼란이 거듭되자 미국 대사관으로 직행한 뒤에 김영관 대사는 차를 밖에 두고 10시경에 미국 대사에게 향했다. 개인에 따라 기억 차이가 나지만 이것이 베트남에서 김영관 대사의 마지막 모습이었다. 오후 3시경 초퍼(chopper, 헬리콥터)가 1시간 마다 헬리포트에 내려, 미국인과 가족부터 철수시키기 시작했다.[24] 당시 외교관 12인, 해군 3인, 민간인 약 160명, 월남인 부인과 자녀 약 40인 정도가 미대사관 오락센터 출입문을 중심으로 모여 있었다.[25] 하지만 미대사관 내에서 대사를 제외하고 누구도 특별대우를 받진 못했다. 처음에는 약간의 배려가 있었으나 시간이 지날수록 그렇지 못했다.

오후 5~6시에 이르러 대사와 이상훈 참사관이 먼저 철수한 사실을

---

23 이대용, 앞의 책, 11~12쪽.
24 「탈출수기」.
25 이대용, 앞의 책, 15쪽; 안병찬, 앞의 책, 76~77쪽.

확인 후, 이대용 공사는 월남에 잔류했을 때 문제가 될 수 있는 무관(이문학, 정영순, 이달화, 변중진, 김형태 등)들에게 군복을 입을 것을 지시하고 미대사관의 양해 아래 우선 탈출시켰다.[26] 대사가 없는 상황에서 저녁 8시경부터 직위가 제일 높았던 이대용이 지휘권을 행사하려고 한 것으로 추정된다.[27] 이대용은 자신이 철수 본부장인데 대사가 이미 철수한 마당에 자신까지 떠날 수 없으며, 한국인들을 살리기 위해 남아있었다고 한다(이대용 구술). 물론 이것은 철수본부장이었던 이대용의 기억이며, 다른 해석도 공존한다. 김창근은 이대용이 현장 지휘를 제대로 하지 못했다고, 김상우는 월남이 망하지 않는다고 철수는 지연하고 막은 것이 이대용이라고 다르게 기억하고 있다.

저녁 10시 미대사관과 헬리포트 사이에 문을 차단했지만 이후 10대가 더 오니 기다리라는 미국 측의 지시를 듣고 줄을 서 있었다.[28] 새벽 1시 대사관 경비원과 협상을 통해 교민 20명, 월남인 20명이 우선 헬리포트로 탈출하려고 했다. 이즈음 공관원과 교민 가운데 누가 앞에 서느냐 뒤에 서느냐를 둘러싸고 의견이 대립되었다.[29] 김창근은 비밀자료를 더 많이 지닌 공관원이 앞에 설 것을 주장했지만 "잡아먹을 듯이 눈길이 험해서, 할 수 없이 내가 물러났다"고, 김경준은 교민들이 먼저 탈출하는 것이 당연했다고 지금도 상황을 상이하게 기억하고 있다.[30]

---

26 이문학 등 연락 장교를 남겨 둔 이유는 월남 정세가 좋아지면 LST가 몇 차례 다시 왔다갔다 할 계획이었던 것으로 보인다. 자세한 내용은 박인석 구술자료 참조.
27 이대용, 앞의 책, 17쪽.
28 「베트남억류공관원 석방 교섭(기타) 1975~78」 722.6VT 1975~78.
29 「탈출 수기」 참조.
30 당시 현장 상황을 기록한 안병찬(『한국일보』 기자)는 공관원이 앞쪽에, 교민이 5열종대로 뒤쪽에 위치했다고 기록한다. (안병찬, 앞의 책, 86~87쪽)

오전 4시 30분경 마지막으로 3대의 헬기가 미대사관 옥상에 착륙하는 순간 미국 해병대는 대사관 마당에 일렬로 서서 총을 겨누고 미대사관 청사로 접근을 막았다. 이것이 마지막 철수였고 미해병대가 대기 중인 사람들에게 최루탄을 투척해 아수라장이 돼 버렸다.[31] 대사관 담을 뛰어넘으려고 드럼통을 담 밑에 옮겨 먼저 나려고 나서는 교민들,[32] 질서 문란으로 이대용 공사는 "밟혀 죽는 줄 알았다"고 당시를 기억한다(이대용 구술). 철수에 실패한 직후 미대사관이 폭파된다는 소리에 밖으로 뛰쳐 나아가던 순간을 신상범은 "앞이 깜깜", "야, 이러다 죽는구나"라고 지금도 기억하고 있다. 하지만 김경준은 같은 체험을 했지만 최루탄 기억은 나지 않는다고 말하고 있다.

4) 우리 끝났구나 — 베트남 억류, 공관원 3인의 체포 그리고 송환
(1975.5.1~1976.4.11)

결국 두 차례에 걸친 철수는 실패했고 9명의 공관원, 교민 164명, 한국인과 가족관계인 월남인 가족 350여 명이 베트남에 잔류하게 됐다. 새벽 5시경 미대사관을 빠져나온 뒤 이대용 공사 등은 프랑스, 일본 대사관에 도움을 요청했지만 거절당했다. 5월 1일 오전 11시경 프랑스 소속 그랄 병원에서도 일본대사관 참사관 와타나베渡邊는 한국 공관원에게 북송의 위험을 알려주며 더 이상 일본에 폐가 되는 일을 삼가 달

---

31 「베트남억류공관원 석방 교섭(기타) 1975~78」 722.6VT 1975~78; 『탈출수기』.
32 『탈출수기』.

라고 전하며 돌아갔다.[33]

하지만 한국 정부가 베트남에서 철수하지 못한 공관원과 교민이 있다는 사실을 알게 된 시점은 4월 30일 11시 즈음이었다고 한다(오재희 구술). 4월 29일 철수 준비 과정에서 외신과 통신기기를 모두 파괴했기에 본부와 주월한국대사관 간의 연락이 두절되었기 때문이었다.[34] 일본 대사관을 통해 9명 공관원과 160여 명 교민이 억류됐다는 사실을 확인한 한국 정부는 미대사관을 통해 국무성과 협조로 미해병대 작전 요청을 했다. 그러나 하비브Philip Habib, 1920~1992 차관보는 한국정부에 현 시점에서 군사 작전은 불가능하다고 4월 30일 새벽에 통보했다(오재희 구술).

프랑스와 일본 대사관으로부터 지원을 받을 수 없게 되자 공관원들은 5월 1일 "지미의 집"을 운영하는 한국에 우호적인 프랑스인 보넷의 도움을 받아 약 140여 명이 치외법권지역인 그랄 병원으로 이동했다.[35] 그랄 병원은 19세기 후반 프랑스원정군의 통합 병원으로 지어진 건물로, 1954년 프랑스 철군시 프랑스와 월남의 합의로 프랑스가 계속 운영하는 '치외법권' 지역이었다.[36]

공관원과 교민들은 병원에 집합해 1박을 했지만 베트콩이 그랄병원을 접수할 것이라는 소문이 돌기 시작했다.[37] 5월 1일 병원 측도 한국인의 퇴거를 요청하자 프랑스 깃발을 내걸고 주월한국대사관 공관으로

---

33 『탈출수기』.
34 정확한 시점은 확인하기 어렵지만, 주월한국대사관과 본부는 5시간 마다 통신을 지속했고, 더 이상 연락이 없는 경우 철수한 것으로 간주하기로 했다고 전한다(오재희 구술).
35 일부 기록에는 교민 76명이라고 하기도 한다.(조동준·차지현, 앞의 글, 4쪽)
36 이대용, 앞의 책, 24쪽.
37 「베트남억류공관원 석방 교섭(기타) 1975~78」 722.6VT 1975~78.

돌아왔다. 일부 교민들은 공관으로 돌아오는 이유가 무엇인지 항의하기도 했고, 관저 안에서 음식물, 관내 질서 및 청결 등 "질서가 엉망"이었다. 5월 1일 저녁 서병호 총경은 교민들을 모이게 해서, 관내 질서를 유지하고 섭외부, 재정부, 총무부 등을 구성해 책임자를 임명하고 10~20명 단위로 조를 짜서 조장에게 보고하도록 했다. 또한 각자 10,000피아스타piaster(월남 화폐단위)씩 재정부財政部에 내도록 해서, 2일부터 식권을 발행해 하루 두끼 식사를 하기로 결정했다.[38]

하지만 김경준은 시간이 갈수록 억류자들이 함께 행동하거나 조직적으로 움직이지 않았다고 기억하는데, "지휘가 없어요, 그 당시에는. 지휘가 있을 수가 없죠. 서로 다 흩어져 있었으니깐. 처음에 일본 대사관에 갈 때까지만 해도 같이 갔었어요 …… 그런데 그 뒤에는 많이 흩어지고, 이제 조직으로서 활동이 좀 뜸해졌어요."(김경준 구술) 억류후 1달 정도가 지난 5월 이후 치안이 잡히는 등 상황이 안정되자 공관원들은 거의 역할을 하지 못하고 이순흥과 유남성 등 교민회 멤버들이 내무성과 외무성 연락, 통역, 자금 확보에서 중요한 역할을 했다(김상우 구술).

그러나 여전히 억류된 상황은 절망적이었다. 탈출 실패 직후에 대해 김상우는, " …… 딱 서있는데 탱크가 들어 오대요, 홍땁뜨거리에. 탱크와 포병들, 까만 군복 입은 저 큰 모자 쓴 포병들이 총칼 하고, 꼽고 들어오는 걸 보고는. 나도 놀랬죠, 우리가 그 전에 전쟁 때에는 걔네들 봤지만은, 언제 그 저 봤어요. 홍땁뜨에 탱크가 죽 오면서 앞에 포병들

---

38 「김창근 주월남 2등 서기관 탈출수기, 1975」, MF, 2007-66(11197). 한국의 베트남전 참전 당시 원화와 환율은 거의 1 : 1에 가까웠다고 알려져 있으므로, 1인당 1만 원 정도를 각출한 것이다. 참고로 1975년 80kg 쌀 한가마니가 2만 원 정도로 알려진다.

이 총을 쏘면서 그 들어오는데. 자꾸, 우리 끝났구나. 그 자꾸 보니깐. 끝났구나 하는 생각이 들었어요"(김상우 구술)라고 기억한다.

3절에서 후술하겠지만, 공관원 간의 갈등이나 주먹다짐 등 폭행, 공관원과 교민 간의 반목이 존재했던 것으로 보인다. 신상범이 "하루도 마음이 편하지 않음", "교민하고 안 있으니 좀 낫겠다"나 김경준의 "소동". "이대용이 죽이자"(김상우 구술) 등 기억으로 간접적으로 확인할 수 있다.

결국 5월 2일 이대용, 신상범, 김경준 등은 거처를 교민회관으로 옮겼다.[39] 5월 9일 사이공 안녕국의 지시로 주월한국대사관저에 20여 명이 동원되어 한국인에 대한 조사가 이뤄졌다. 이들은 한국인 전원에 대해 몸수색을 한 뒤 이름, 직업, 생년월일, 국적 등을 조사했다.[40] 5월 12일 월남임시정부의 외국인, 외교관 등록 공지에 따라 공관원들은 외교관 등록을 하려고 했지만 대한민국 정부가 베트남 사회주의공화국 정부를 승인한 국가가 아니어서 등록은 불가능했다.[41] 군인 출신도 아니었고 정보관계 업무를 맡지도 않았던 경우와 달리, 중앙정보부나 군 출신인 경우 상당한 불안감을 느꼈다. 5월 19일 주월장병은 당국에 신고하라는 조치가 내려지자 군목 출신인 김상우는 상당한 부담을 느꼈다. 김상우는 "다 겁내며 들어갔어"라고 당시를 기억한다. 그는 신고를 하러가면서 억류중인 19명에 달하는 장병 출신에게 신고를 하든 하지 않든, 과거 군인 경력을 스스로 밝히든 말든 각자가 책임을 지되 "누구

---

39 『탈출수기』.
40 이대용, 앞의 책, 39쪽.
41 차지현, 앞의 글, 19쪽.

에게 고발을 하진 말아라, 그것은 우리들의 의리다"라고 말했다고 한다(김상우 구술).

마침내 우려하던 사건이 5월 19일~20일 사이에 일어났다. 북한 사절단이 사이공에 등장했던 것이다. 사이공 번화가에 위치한 카라벨 호텔, 콘티넨탈팰리스 호텔 등에 북한 단원 모습이 보이기 시작했다.[42] 이즈음부터 공관원과 교민들의 긴장과 공포가 나타나기 시작했다. 군 출신이었던 김상우는 북송에 대한 우려가 컸다. 특히 본인이 전방에 있을 때 대북방송을 한 것 등을 걱정했던 것으로 보인다(김상우 구술).

하지만 4월 30일 발표된 임시혁명정부의 기본 정책 가운데 제10항 "외국인과 그 재산의 안전을 보장하나 혁명에 반대하는 외국인들은 처벌"과 7항의 (나) "5.10 PRG(월남임시혁명정부) 포고 : ○ 모든 외국인은 15일 이내에 군사 위원회에 등록 지시 (외교관은 외국부에, 일반 외국인은 내국부에 등록) ○ 등록된 외국인은 사이공 시내에 한정하여 일상 업무를 허용 ○ 출국 희망 외국인에 특별 허가증을 발급"이란 정책 강령이 존재했기 때문에 억류한국인들의 분위기는 낙관적이었다.[43] 공관원들도 곧 한국으로 귀환될 것을 예측했다. 대표적인 사례로 한국 정부는 6월 2일 주프랑스대사로부터 잔류 공관원 8인이 출국 허가를 받았고 사이공과 라오스의 비엔티엔vientiane 간 항공기로 출발할 것이라는 보고를 받았다.[44] 6월 3일에도 공관원 8명 및 목사 1명이 6월 10일까지 사이공 출국을 허가받고 출국 비자도 받았으며, 10일까지 비엔티엔으

---

42 이대용, 앞의 책, 40쪽.
43 "공산월남현황"(75.4.30 이후), 「월남 공산화, 1975. 전4권(V.3 이후 정세)」, MF, O-0044 (8950), 차지현, 앞의 글, 20쪽 재인용.
44 차지현, 앞의 글, 19쪽.

로 출국할 것이 예상된다는 주일 대사의 보고가 있었다. 잇따른 보고에 한국정부는 보안 조치를 포함하는 귀환 사전 준비를 했지만[45] 이들의 출국은 이뤄지지 못했다. 8월 월남 유엔 가입 직전에는 한국인 출국 비자가 발급되다가, 8월 29일 베트남 정부의 유엔가입이 미국의 거부권 행사로 무산되자 미국, 호주, 뉴질랜드, 태국, 필리핀, 대만, 한국 등 7개국 참전 국민의 출국이 전면 금지됐다.[46]

한국 공관원들은 안닌(안녕부)에 의해 관저에 연금됐다. 지방치안대가 무장을 하고 관저에 보초를 서면서 출입을 통제하기 시작했고, 이런 상태는 약 6개월 동안 지속된 것으로 보인다. 이들은 가택수색을 통해 관저내 공동생활자금인 현금과 미곡 등을 가져간 것으로 알려졌다.[47] 그러나 김경준은 베트남 정부 군인들이 규율이 잡혔기 때문에 그런 일이 있지 않았을 것이라고 기억한다. 뿐만 아니라, 전체적으로 치안이 잡힌 뒤 억류 상황은 표면적으로 안정을 찾은 것으로 추정된다. 김경준과 김상우는 치안 확보 이후 억류 공관원에 대한 간섭이 크게 없었다고 당시를 기억한다.

한편 6월 19일 12시경 안녕국 경찰이 판딩풍가 63번지 주월한국대사관저를 급습해 안희완 영사와 서병호 총경을 체포한 이후 정보계통 관련자들의 체포가 예감되기도 했다.[48] 김상우는 당일 두 명의 체포 소식이 들리자 이대용 공사가 극도로 긴장했다고 기억한다. 당시 김경

---

45 "긴급 발신전보"(WTH-0641), MF, P-0015(8994), 차지현, 앞의 글, 20쪽 재인용.
46 이대용, 앞의 책, 60쪽.
47 차지현, 앞의 글, 24쪽.
48 이대용의 기록에는 김종옥이란 이름의 민간인도 연행되었다고 한다(이대용, 앞의 책, 45쪽).

준은 교민의 정보를 통해 정보계통 관련자에 대한 신상 파악이 이뤄졌다고 기억한다.

이들이 체포된 이유는 정보부 출신이며 전쟁범죄인이기 때문이었다(윤하정 구술).[49] 사건 직후 이대용 등은 뚜도가 171번지 인도인이 소유한 아파트 6층에 거주하게 됐다. 여기에는 이미 김상우 목사 등 한국인 6인이 방 5개를 빌려 사용하고 있었다.[50] 실제 9월 27일부터 이틀간 한국인 교민 여러 명이 소환되어 북한 공작원이 머물던 매져스틱호텔 502, 503호에서 심문을 받았다.[51] 주변 교민들이 북한군에 불려가서 심문을 받고 오면, "우리 국민들이 괜히 무섭더라구"란 신상범의 기억처럼 교민들이 자신에게 위해를 가할 것에 대한 극심한 불안감을 지금도 기억하고 있다. 잠시 신상범의 기억을 인용해 보면 다음과 같다.

이북 사람들한테 그 동안 있던 일을, 다 잘 알더래요. 내도 알고, 다 알면서. 활동 상황도 알고 있는데, 자기 아들이 그 자리에(서 - 인용자), 나는 빨갱이가 아닙니다. 그러면서 선생님, 나 말고도 많은 사람들 갔다 왔는데. 말하면, 죽여 버린다 그러니깐 말을 못합니다. 그러니깐 우리, 거 다 있는 **우리 국민이 괜히 무섭더라고. 그렇잖아요.** 내가 언제 죽을지 모르겠고. 거기서 뭐 떨어져 죽으면 그만인데. 그래서 그때 심적으로 고생 참 많이 했어. 그래 갔다가, 그 사람이 그래도 나한테 그런 말 하면서. 그래, 난 이미 각오하고 있다, 여서(여기에서 - 인용자) 생이 끝나도 내 최선을 다하면 괜찮으

---

49 공식적인 수감 사유는 "월남 혁명 방해"였다(조동준·차지현, 앞의 글, 3쪽).
50 이대용, 앞의 책, 46~47쪽.
51 위의 책, 64~65쪽.

니깐 고맙다. 근데 공사한테 그걸 보고했더니. 뭐 그런 일이 있었어요. 그런 참, 기억이 나네요…….(강조는 인용자)

이윽고 10월 3일 김경준, 김상우, 신상범 등과 외부에서 거주하던 이대용 공사가 체포된다. 당시 현장에는 김상우, 임 집사(執事) 부인 등 일부만 있었다(김상우 구술). 이후 이대용, 안희완, 서병호는 1980년까지 치화형무소 등에 수감되게 된다. 체포 및 수감된 3인의 공관원의 공통점은 외무부 소속이 아닌 비밀정보(1급 비밀 및 2급 비밀)를 담당했다는 점이었다.[52] 체포되지 않은 5명의 공관원은 자유로운 조건 하에서 외교관으로서 어느 정도 대우를 받고 있는 것으로 추정되었지만, 체포, 수감된 3인의 억류는 장기화될 것이 예상됐고, 실제로 80년 5월에 한국으로 돌아오게 되었다.

억류된 지 1년 정도가 지난 1976년 5월 7일 출국 연락이 잔류공관원들에게 전달되었다. 점차 출국이 인민국에서 허용되어, 관저에 출국대상자 벽보가 붙었다. 당시 이순홍 교민회장이 매일 대사관에 붙은 출국자 명단을 확인했고 이들은 방콕으로 떠났다. 하지만 방콕으로 가는 비행기에서도 이들은 긴장을 풀지 못했다. 김상우는 같이 비행기를 탄 억류자들에게 억류자 인계를 위해 같이 비행기에 탄 보안성 직원들이 자신들을 내려주지 않으면, "이것들 죽이자"라고 속삭였다(김상우 구술).

무사히 방콕에 도착한 뒤 3일간 방콕에서 디브리핑debriefing을 중앙정보부에서 받은 뒤 이들은 5월 11일 귀국했다.[53] 디브리핑 내용은,

---

52 차지현, 앞의 글, 27쪽.
53 추정치지만 개인에 따라 디브리핑 과정에서 좋지 않은 감정을 간직하게 된 경우도 있을

"뭘 했느냐, 그 동안에. 왜 못 나왔느냐, 그 동안. 억류된 중에는 뭘 했느냐. 그 중에 배신자가 있느냐, 북이나 월맹 협력자를 지명할 수 있는 사람이 있느냐" 등으로 보인다. 최초로 탈출했던 김창근은, "월남에 있는 그 사람들을 구출할 수 있는 작전이 가능한 가, 안한가. 그것도 검토 (…중략…) 마지막 질문이 만일 가서 그 사람들 구출해가지고 올 수 있겠느냐 이런 질문을 해요. 그러니깐 그것 검토하기 위한 게 주고, 모르겠어. 또 하나는 내가 나쁜 짓, 내가 간첩이나 해가지고 왔는가 그거 알아보기 위해서 한 것 아닌가 그런 생각도 들고"했던 디브리핑 과정에서 '배신자'같은 느낌을 받아서 힘들었다고 기억한다(김창근 구술). 반면 김상우나 김경준은 디브리핑을 당연한 과정으로 여기고 크게 부담을 느끼진 않은 것으로 보인다(김상우 구술). 더불어 억류 교민의 출국도 허용되어 교민 109명, 월남인 가족 123명이 출국했다.[54] 물론 억류 사실에 대해서는 외부에 이야기하지 않을 것 — 이른바 "보도관제 요청" — 을 다짐 받았다.[55]

듯 싶다.

[54] 조동준 · 차지현, 앞의 글, 9쪽.

[55] 당사자뿐만 아니라 한국 내에서도 억류 공관원이 남아있는 상황에서 언론보도는 제한되었다.(윤하정 구술자료) 또한 모든 사실이 대외적으로 일체 누설되지 않도록 한 것은 김창근 탈출 시에도 유사했다.(「베트남억류공관원 석방 교섭(기타) 1975~78」722.6VT 1975~78)

3. 남겨진 사람들의 기억과 이야기

—"베트남 전쟁은 실패했나?"

3절에서는 김경준, 김창근 그리고 교민인 목사 김상우 3명의 구술자료를 중심으로 당시 남겨졌던 사람들이 현재 베트남 체험에 어떠한 의미를 부여하고 있는지 살펴보고자 한다. 구술자 대부분은 대한민국에 대한 강한 충성심과 반공주의를 내면화한 개인이었다. 나는 전쟁, 억류라는 상황에 대해 현재 이들이 어떤 의미를 부여하고 있느냐에 대해 해석함을 통해 베트남 전쟁을 '반공성전'으로 기억하는 공식 / 지배적인 기억에 대해 의문을 제기하고자 한다.

베트남전쟁에 대한 연구에서 자주 제기되는 것은 '한국에게 베트남 전쟁은 무엇이었는가'이다. 한편 근대화, 반공, 외화획득 등으로 베트남 전쟁을 기억하고, 다른 한편 민간인 학살, 용병, 고엽제 등을 중심으로 기억되고 있다. 1975년 억류된 한국 외교관들은 정치적 성향으로 보면 전자에 가까울 것으로 추정되는 인물들이다. 이들은 동아시아 냉전 아래에서 반공 전쟁과 이를 통한 국민국가 형성, 국가주도 근대화에 참여한 직업군에 포함되는 인물들이기 때문이다.

하지만 구술자들의 억류에 대한 기억은 위와 같은 두 가지만으로 국한되지 않았다. 냉전 근대화와 반공전쟁이란 한축과 민간인 학살과 민족해방전쟁이라는 '다른 의미의 전쟁' 사이에 이들의 베트남 전쟁과 억류의 기억은 위치하고 있다. 나는 반공, 근대화, 경제성장 등 국가정책에 대한 충성도가 높을 것이라고 추정되는 개인의 베트남전쟁과 억류에 대한 현재 기억이 지닌 다른 면에 주목하고자 했다. 다른 기억이란, 좌절된 꿈, 화이트크리스마스라는 트라우마 그리고 억류 속의 안정이다.

1) "화이트 크리스마스"라는 트라우마 — 김창근의 이야기

김창근은 잔류 공관원 가운데 탈출에 성공한 '유일한' 인물이다. 또한 한국정부의 교섭 과정 보다는 탈출 과정을 중심으로 구술면담이 진행됐다. 주로 교민의 송환 과정, 월남인이 한국 LST 송환선에 승선한 이유, 한국 정부의 보도관제 등을 중심으로 이야기가 전개됐다. 1974년 3월 처음 부임 당시 총무 업무를 김창근은 담당했으며, 6개월 후부터 정무과 일을 맡았다.

김창근에게 사이공 철수 실패와 해상탈출은 충격적인 사건이었던만큼 감정을 추스르기 위해서 몇 차례나 면담을 중단할 것을 요구하였다고 면담자는 전했다. 그는 주월한국대사관의 상급자인 대사와 공사에 대하여 반감과 불신을 드러냈다.

베트남에서 탈출한 뒤 동구권에서 외교관 생활을 했고 군인 출신이기에 '반공'에 대한 신념은 구술자료에서 분명하게 드러난다. 하지만 김창근 기억에서 주목해야 할 점은 '화이트 크리스마스'와 '라디오'로 상징되는 전쟁으로 인한 트라우마였다.

1년 만에 돌아온 나머지 공관원들과 교민들도 정도는 달랐지만 각자 '트라우마'를 지니고 있었다. 1975년 5월 탈출한 김창근은, 초기 '난민에 섞여 공관원이 송환'되기를 원했던 한국 정부의 태도나 귀국한 뒤 자신들의 심리적인 고통 / 외상에 대해 인정해주지 않는 외무부에 대해 "차가운 외무부"라고 기억하고 있다.[56] 방콕을 경유한 탈출 직후 상황에 대해, "그때 생각하면. 그래가지고 서울에 왔지. 서울에 왔는데. 난 10kg가 빠졌거든, 그러니 사람 몰골이 아니지. 내가 제일 화가 나는 것이. 병원에 한 번 가보자 하는 사람이 없어"라고 기억한다.

자신의 트라우마를 명시적으로 이야기한 김창근은 꽤 오랫동안 라디오를 지니고 다녔다고 한다. 인터뷰를 마치며 면담자가 '지금도 라디오를 들고 다니냐'는 질문에 김창근은, "우리 집에 라디오가 한 열 개도 넘어요"라고 답했다. 그가 라디오에 집착했던 이유는 1975년 4월 28일 탈출 작전 때 라디오 방송으로 "화이트크리스마스"란 노래가 나오면 탈출 장소로 가야한다는 강박관념 때문이었다. 김창근은 "이게 습관이 돼서"라고 말했지만 미국 측 철수 암호로 White Christmas가 방송에 나올 것이라는 계획과 당시 BBC 방송이 생존 정보를 제공해 주었던 영향으로 지금도 라디오를 항상 휴대한다는 것이다.

미국이 FM 라디오 방송을 운영을 하고 있었는데, 이제 그 FM 라디오에서 일기예보를 먼저 하고 화이트 크리스마스 노래가 나오면, 화이트 크리스마

---

56 김경준도 이 문제에 관해, "근데 그거는(난민과 섞여 탈출하길 바라는 문제는 – 인용자) 본부 사정이지 우리 입장에서 볼 때에는 입장을 신분을 밝혀야지, 거기서(억류된 베트남에서 – 인용자) 어떻게 거짓말 할 수 있어요. 거짓말을 하는가, 특히 공무원이. 더군다나 외교관이라는 게 특권이 있는데, 외교관 신분을 갖다가 우리가 감출 이유가 하나도 없지요"라고 우회적으로 비판했다(김경준 구술).

스 아직 멀었는데. 노래가 나오면 우리보고 K-10 있잖아요, K-10이라는 집합 장소, 포인트10(Point 10). 거기로 오라 이거에요. 그러면 헬리콥터로 우리 태워서 철수시켜 주겠다고. 그리고 나는 그때 습관으로 아직도 언제든지 이 라디오 가지고 다녀요. 이 라디오가 생명이거든. 그 때 일은 없고 하니까 새벽에 골프 치러 가면 골프 쳐도 라디오 둘러메고 그리고 골프 쳐요. 그러니 이게 습관이 돼서…… (강조는 인용자)

그렇다면 김창근의 트라우마는 어떻게 해석해야 할까? 무엇보다 2차례에 걸친 탈출 실패와 해상 탈출이란 체험이 중요했다. 탈출 과정에서 배위에서 실신, 살기 위해 타이완 배 밑에 매달렸던 절박한 선택, 타이완 선박의 하선 요구, 방콕 도착 직전 스콜을 맞이한 뒤 인생 처음으로 하느님을 찾았다는 체험이 그의 트라우마를 이해할 수 있게 해준다. 김창근의 탈출 체험을 좀 더 이해하기 위해 전후 상황을 살펴보도록 하자.

미대사관 탈출에 실패한 직후 김창근은 신상범과 정글이나 강쪽으로 가서 붕타우Vung Tau 방향으로 탈출하는 것에 관해 의견을 나누기도 했다.[57] 다른 공관원들도 회의를 통해 탈출할 가능성을 타진했지만 실제 탈출하지는 않았다. 5월 3일 새벽 이대용 공사는 애초 탈출하고자 했던 길영국 일행과 2~3차례 탈출 계획을 협의했지만, 결행을 망설였다.[58] 다른 공관원들도 외교관이므로 위험을 감수하는 행동을 하

57 『탈출수기』.
58 당시 51세로 알려진 길영국은 월맹군 점령지인 캄란에서 탈출한 건으로 「사선을 넘은 부정」(『한국일보』 1975년 4월 25일자)로 알려졌다. 자세한 내용은 안병찬, 앞의 책, 198~200쪽 참조.

지 말자는 의견 때문에 탈출을 실행하지 못했다.[59] 1976년 3월 김경준과 신상범은 외무부 소속 공관원이 탈출을 해도 되는가 여부를 외무부에 전문으로 문의했지만 한국 정부는 '위험risk'(불법출국) 문제로 이를 허락하지 않았다.[60] 한국 정부가 허락하지 않았지만 탈출했던 인물이 김창근이었다. 5월 3일 그는 길영국, 최용준, 김재택, 한수동 등 교민 일부와 탈출을 시도했다.[61]

하지만 탈출은 생사를 넘나드는 선택이었다. 탈출 과정에서 갖은 구박, 허드렛일, 선장 역할까지 맡아야 했다. 뿐만 아니라 그는 방콕으로 가기 위해 대형 선박 밑으로 붙어서 가기도 했고, 스콜squall을 만나 죽을 고비를 만나기도 했다.[62] 김창근의 기억 가운데 인상적인 내용은 오랜 해상 탈출의 마지막 자락인 5월 8일 방콕에 도착하는 상황을 설명하며, "나라고 정부고 없었다. 가족만 생각났다"는 구절과 그의 탈출기에 적힌 "내 손이 떨리는 것 같다"는 장면이었다. 자신이 사이공에서 온 한국 외교관임을 30~40분간 계속 태국 해상경비정에 알리고 태국 해양경찰 본청에 도착한 김창근은 끝까지 긴장을 늦출 수 없었다.

"(방콕에 — 인용자) 상륙을 해가지고, 차가 오더니. 저 엉뚱한 곳에 가서 세워요. 해양 경찰 본청으로 데려가서, 대장 방에. 그러니깐 나는 뭐 생각이 가족뿐이지, 나라고 뭐고 없어요. 그래서 우리 영사관에 전화 좀 하자. 먼저

---

59 「베트남억류공관원 석방 교섭(기타) 1975~78」, 722.6VT 1975~78;『탈출수기』.
60 외무부 입장은 탈출(불법출국)은 외무부 범위를 넘어서는 하지 말아야 하는 행동으로 간주했고, 기본 원칙은 외교관을 위해 억류 문제를 평화적으로 해결하는 것이었다고 밝히고 있다(오재희 구술).
61 탈출할 때는 13명의 월남인 가족과 함께 해상으로 움직였다.
62 김창근의 탈출 기록은 논문 분량 상 생략하도록 한다. 자세한 내용은 『탈출수기』를 참조.

국방성의 허가가 나야 전화를 쓸 수 있다고 기다리래. 그동안에 식당에 가서, 보니깐 몰골이 얼마나 초라했던지, 화장실에도 가고. 식당에 가니 뭐 먹어지나, 몇 개를 먹고 기다리는데. 다시 오더니, 그 전화, 총영사관 두 개 중에서 어느 쪽이냐 그래. 북한 총영사관이 위에 있대. 위의 것은 아니고, 밑이다. 위에는 절대 하지마. 절대 하지마, 밑에 해. 그래 내가 딱 했지, 밑에 해 가지고"라고 당시 상황을 기억한다. 방콕 한국 총영사관 양세훈 영사와 통화가 된 것은 저녁 6시였다.[63] (강조는 인용자)

국가 정체성이 강할 것으로 추정되는 군인 출신 김창근이, "뭐 생각이 가족뿐이지, 나라고 뭐고 없어요"라고 말했던 것은 생사를 넘나드는 급박한 상황에 대한 푸념이었을까? 오히려 미국도, 정부도, 외무부도 자신의 생존을 보호해주지 못했다는 것에 대한 우회적 표현은 아니었을까? 우리는 그의 기억이 지닌 의미를 탈출을 전후로 한 그의 체험으로부터 추정해 볼 수 있다.

먼저, 공관원과 주월한국대사관 중요 인물에 대한 거듭된 불신을 들 수 있다. 사이공이 함락될지도 모르는 위급한 상황에서 물건을 구입하러 주변국을 다녀온 상류층 등에 대한 반복된 비난, 자신과 주월한국대사관 직원들에게 "떠나지 마라"고 설득을 하면서, 해군 함장 출신인 자신은 사이공을 탈출했던 대사에 대한 불신과 주월한국대사관 지도부의 안이한 정세 판단 등이 이런 불신을 만들었을 것이다. 여러 공관원들이 언급한 대사관 지도부의 정세 판단의 오류는 다음과 같은 그의

---

63 『탈출수기』.

기억에서 확인할 수 있다.

나는 매일 BBC 방송을 듣거든. BBC 방송을. 그러면 戰況이 오늘은 어디
까지 왔다, 어디까지 왔다, 어디까지 왔다, 이것이 나온다고. 그럼 나는 벽
에 지도를 해가지고 이렇게 해서 오늘은 베트콩이, 월맹군이 여기까지 왔
습니다, 줄을 그어가(그어서―인용자) 보여주고. 반응이 없어, 이 높은 사람
들이. 그래가지고 매일 하는 소리가 하늘 쳐다보고 왜 비행기, 미국 B-29가
왜 안 오느냐, 이 소리 자꾸 하고. 그러니까 상관을 모셔도 좀 머리가 있고
똑똑한 사람을 모셔야지. 절대…….(강조는 인용자)

다음으로 주목할 이야기는 탈출 실패와 억류가 가시화된 직후 김창
근의 생존 욕구이다. 미대사관에서 탈출에 실패한 직후 탱크 소리를
들으며 월남군이 반격하는 것이 아닌지 오인한 경험, 탈출을 하려고
무작정 공항으로 내달렸던 체험, 공중에 뜬 미군 헬기를 향해 대책 없
이 달려간 일 등은 사이공 억류가 현실화됐지만 김창근이 누군가에게
보호를 받고자 한 강렬한 욕구를 보여준다. 아래 체험은 프랑스대사관
으로부터 보호 요청이 거절된 직후, 살기위해 뛰어다니는 김창근 자신
의 모습이다.

(프랑스대사관에서 나와―인용자) 그래서 난 정신없이, 이제 철레철레
걸어오는데. 어디로 가는지도 모르지. 정신없이 걸어가는데. 서쪽에서 드
르륵 드르륵 소리가 나서 보니까, 탱크가 막 쭉 수십 대 이리로 오는 거예

요. 그래 난 이래 월남군이 아직 이래 탱크를 가지고 있으니까 또 전쟁 더 계속 할 줄 알았어요, 어리석게. 그 판이지만. 전쟁하러 가는 줄 알았어요, 한 판 하러. 그런데 돌아가지고 직각, 내 앞에서 직각으로 해서 가는데 보니까 그게 이 비행장 가는 길이라. 그 때 내가, 이게 무슨. 내가 얼마나 살고 싶었으면 비행장을 가려고 여기까지 왔느냐. 언뜻 생각나는 게 오리새끼는 어디로 가나 물로 간다더니. 그래가지고 우두커니 서있는데 또 우리 직원을 거기서 만난거야. 비행장으로 간다고 우리 갈 수 있겠느냐 어떻게 하지. 그러고 있는데, 참 무섭더만요. 월남사람들이 막 몰려오는데. 저쪽 시내 쪽에서, 동쪽에서. 자전거, 리어카 뭐, 그 사람들 막 싣고 오는 거야. 미국사람들 살던 집을 약탈해가지고…….(강조는 인용자)

세 번째 주목할 체험은 1975년 4월 29일 미대사관을 통한 탈출이 무산된 직후 "죽을 자리를 찾았던" 극심한 공포이다. 탈출 실패 후 김창근은 당황한 나머지 운전 조차 제대로 되지 않았고, 월남에서 받은 훈장을 버리고 여권은 신발 밑에 까는 등 신분 위장을 해야만 했으며 치외법권 지역인 프랑스 그랄 병원 마당 큰 나무 밑에서 낙엽을 깔고 '이슬 잠'을 자야만 했다.[64] 특히 그랄병원으로 일본공사 와타나베가 찾아와 '당신들은 북송될지도 모른다'는 말을 전하고, 사이공 거리에 북한군이 등장하면서 그의 공포는 절정에 이르렀다. 병원 측에서도 오후 4시경에 퇴거를 요청하자 공권원과 교민들은 절망에 빠져 수면제나 청산가리를 공동구입해 배분할 것을 협의했다는 기록도 있다.[65] 심지어

---

64 『탈출수기』.
65 「베트남억류공관원 석방 교섭(기타) 1975~78」 722.6VT 1975~78.

공관원들 가운데 북한에 끌려가는 것보다 죽는 것이 낫다며 유서를 쓰거나 가족들에게 편지를 남기는 사람도 생겼다.[66] 김창근은 그랄 병원에서 자살할 장소, 자살 방법 등을 고민하고 실제 자살하려고 면도날을 찾고 의사에게 약을 요청하는 등 자살을 시도했다가 그만 두었다. 일본 공사가 온 직후 자신의 심리 상태를 다음과 같이 김창근은 술회하고 있다.

> 저건(와타나베 참사관의 말은—인용자) 틀림없는 소리다, 거짓말은 아니다, 저것은. 난 죽으려고 했어요, 거기에서, 자결하려고. 이건 안 되겠다, 절대 안 되겠다. 그래가지고 병원 뒷마당을 한 바퀴 돌았어요, 죽을 자리는 찾은 거지. 그래 여기 있는데. 그런데 죽을 도구가 있어야지. 그래 관저 요리사가 가져온 것을 보니깐. 세면도구에 면도칼이라도 있겠지 싶어서. 그래서 이규수 참사관한테, 난 이제 죽으러 갑니다. 나더러 그러지 말라고, 왜 죽냐고. 나는 죽어야겠습니다, 그래가지고 죽으러 가는데. 죽으러 가는데, 보네, 그 불란서 이 사람이 아주 막 뛰어 오대. 뛰어오는데, 병원 우리 있는 쪽으로 찾아서 막 뛰어 오대. 그래서 저사람 왜 그런가 싶어서 막 가니깐. 여기 병원에 곧 불란서, 베트콩, 월맹군이 접수하러 오니깐. 여기 위험하니깐 자기 따라가자 이거라, 자기 따라가자. 그러니 또 살고 싶더만. 그러면 그 사람, 나 따라나섰지.(강조는 인용자)

66 「김창근 주월남 2등 서기관 탈출수기, 1975」, MF, 2007-66(11197).

2) 그가 억류를 기억하는 '다른 방식' – 김경준의 이야기

표면적으로 극심한 트라우마를 지닌 김창근과 대조적인 기억을 지닌 인물이 김경준이다. 김경준은 서울대 출신 엘리트였고 독일에서 유학을 경험했다. 또한 그는 중앙정보부 활동을 한 이력을 지니고 있다. 김경준의 인터뷰는 베트남 탈출을 전후로 한 체험, 탈출 실패 직후 감정 그리고 억류과정과 억류로부터 풀려난 직후 상황 순으로 진행되었다. 김경준은 인터뷰 내내 유쾌하게 응하는 것처럼 보였고 억류 상황도 '이미 지난 일'이니 낙천적으로 생각하고 있다고 말했다. 하지만 면담 중간 중간에 언급된 표현은 당시 사건의 충격을 잊기 위해 자신을 매우 억제하고 있다는 느낌을 받았다고 면담자는 밝히고 있다. 김경준은 미국 대사관 도착 시점, 미 해병대들의 최루탄 사용, 대사관저에 걸어둔 프랑스 국기, 공관원과 교민 간 관계, 베트남임시정부로부터 가택 수색, 탈출시도 등에 대하여 기억을 못하거나, 다른 사람들과 다른 증언을 했다. 당시 면담자가 판단하기에, 1년 동안 억류되었던 김경준은 과거 중정의 경력으로 북송 위협에 매우 민감했고 시간이 지날수록 귀국 가능성이 희박하자 삶의 태도를 바꿀 만큼 체념했던 것으로 보인다. 이런 정신적 충격으로 귀국 이후 외무부의 태도는 '생색내기'로 비춰졌을 것이다.

김경준의 기억에서 주목해야 하는 부분은 사이공 억류 당시를 기억하는 방식이다. 유사하게 체험했던 구술자들과 달리 김경준은 억류 당시를 '안정安定' 혹은 '어쩔 수 없었다' '크게 불편하지 않았다' 등으로 기억했다. 그가 이런 식으로 기억하는 것을 어떻게 이해해야 할까?

영사 업무를 맡았던 김경준은 억류를 당한 이후에도 교민들에게 사인을 해주는 업무를 반복적으로 했다. 그에게 내전 / 전쟁이 종료된 4월 30일은 '안정安定'으로 기억되고 있다. 4월 30일 월남정부가 붕괴된 이후에도 총영사관에 월남 여성들이 와서 한국 남성과 결혼했다고 위장결혼을 신고했으며 자치회에서는 주월한국대사관 직원들이 결혼 증명서를 발급해 주었다고 한다.[67] 왜 탈출하지 않았는가에 관한 면담자의 질문에 대해 그는 다음과 같이 기억한다.

(웃음) 그래 왜 그러냐 하면은. 이제 전쟁, 다 교민 철수하고 이제 안정이 되었잖아요? 안정이 되었는데, 그 人民局이라는 게 새로, 북한, 월맹 사람들이 와서 이제 일을 하는데. 너(한국-인용자) 영사 아직도 있다니깐, 가서 너 사진, 도장 받아가지고 와라 하는 거예요. 그러니깐 나(를-인용자) (웃음) 찾아오는 거예요, 제가 숙소에 있는데. 그럼 찍어주는 거예요. 안 찍어 줄 수 없는 거죠.(강조는 인용자)

북송위험이 다가오는 심각한 상황이었지만 그는 영사 업무를 했다고 '웃으며' 답했다. 실제 김경준이 기억하듯이 5월 직후 치안이 확보되며 억류 생활이 안정되었다는 해석도 존재한다. 김상우 목사도, "글쎄, 뭐 다들 이걸(외교관 신분이라는 것을 베트남측에-인용자) 신고를 해야 되느냐, 말아야 되느냐. 그 고민을 했죠. 그러나 우리는 해야 된다. 왜

---

67 이대용의 수기에도 대사관 비서였던 여성이 해외 탈출을 위해 계약결혼했던 남편이 등장한다(이대용, 앞의 책, 55쪽).

냐하면, 아무리 공산주의라도, 외교관에 대한 신분 보장은 하게 되어 있으니깐. 하자, 떳떳하게. 그렇게 해서 했지"라고 회고하듯이, 5월경이 되면 최악의 상황은 아니었다고 기억하는 구술자도 있다.

하지만 김경준이 떠올렸던 '안정'이란 단어와 상반되게 공관원과 교민들 사이에는 누구도 보호해주지 않는 공포와 두려움은 심해졌다. 초기 교민들은 공관원에게 협조적이었지만 억류가 시작되자 교민들의 태도는 돌변했다.

심지어 북한 정보원에게 심문을 받고 돌아온 교민들은 '굳게 입을 다물었다'. 교민들의 침묵 자체가 이들에겐 참기 어려운 공포로 다가왔다. 뿐만 아니라 2명의 공관원이 6월에 체포되자 이대용 공사는 신상범 서기관에게 만일 북송된다면 자결하겠다는 계획을 구체적으로 밝혔다고 기억한다(이대용 구술). 이대용뿐만 아니라, 대부분 자신도 북송될 수 있다는 집단적 공포에 사로 잡혔다.

하지만 김경준은 이들과 다른 방식으로 당시를 기억하고 있다. 일단 그는 유럽 생활을 통해 억류 문제가 외교적 방식으로 해결될 것이라는 '낙관적 사고'를 가지고 있었다. 동시에 구금된 3명을 제외하고 공관원에 대한 직접적인 심문이 이뤄지지 않았던 이유에 대해 한국 공관원에 대한 북한의 위협을 제어한 베트남 정부 측의 태도를 지적했다.[68] 그의 이야기를 보면 다음과 같다.

---

68 다만 외무부 본부 담당자들은 공관원의 북송이 이뤄지지 않은 것은 북베트남 정부 — 구술자들의 표현으로는 월맹 — 의 역할이 컸음을 긍정적으로 평가하고 있다(오재희·윤하정 구술).

그것은(북송은-인용자) 우리도 우려를 했어요. 속으로 결국 빨갱이 놈들이 와가지고 우리를 데려 갈거다 하는 그런 것을, 일부는 그런 각오를 하고 있었어요. 결국 북한으로 끌려갈 수 있겠다 이런 가능성은 늘 생각하고 있었거든요. (억류되어-인용자) 있는 동안에 우리 편히 살자 해가지고, 집 얻어가지고 맛있는 거 먹고, 그냥 이렇게 지냈는데. 그 우리가 그 안 잡혀 간 것은 월남정부의 특별한 배려였어요 (…중략…) 우리한테 건드리지 못한 것은. 월맹 정부, 외교부가 너희들(북한 지칭-인용자) 사이공 오는 것은 좋은데, 절대 한국 외교관 손대면 안 된다 하고 딱 못을 박아버렸어요.(강조는 인용자)

북송에 대한 공포뿐만 아니라 억류된 공관원 간의 갈등이나 폭행, 공관원과 교민 간의 반목이 존재했던 것으로 보인다. 이런 갈등 양상은, "하루도 마음이 편하지 않음", "교민하고 안 있으니 좀 낫겠다" 등의 기억으로 간접적으로 확인할 수 있다(신상범 구술). 하지만 김경준은 다른 공관원에 비해 신변 위협 등을 덜 느낀 것처럼 억류 당시를 기억했다. 명확하게 밝히기는 쉽지 않지만, "식모, 밥, 술, 끌려가는 대로 살지" 등 면담 상황 일부를 소개하면 다음과 같다.

김경준: 돈 필요가 없지요, 밥 먹는 거 하고, 방세 내는 것 밖에, 돈 필요가 없잖아요. 전혀 쓸 때가 없지요. 그러니깐 우리는 식모들 데리고 앉아서 살았어요. 그냥 밥 시켜먹고, 앉아서 맨날 밖에 나가서 술이나 마시고. (웃음)
면담자: 지금 약간 느낌은 선생님은 신변의 위협을 느꼈다든가, 그런 게

전혀 느낄 수 없었다, 라는.

김경준 : 없어요, 전혀 없었어요. 그리고 또 사람이 급해지니깐.

면담자 : 네.

김경준 : '뭐, 될 대로 대라' 하는, 그런 생각이 있고. 평양에 끌려가면, 또 끌려가는 데 살지, 뭐. 그런 사고방식을 가지고 있었어요.(강조는 인용자)

왜 김경준은 '다른 방식으로' 당시를 기억하고 있을까? 앞서 언급한 유럽 체험, 월남 정부의 한국 외교관에 대한 태도도 중요했을 것이다. 김창근과 마찬가지로, 교민들에 섞여서 월남에서 나오라는 정부의 초기 지시에 대한 불신, 억류 이후 자신도 교민들과 별다른 차이가 없다는 상황 판단이 이런 김경준의 기억을 가능하게 한 것이 아닐까? 주월 한국대사관 주요 간부들에 대한 구술 당시 김경준의 태도 그리고 정부가 보내준 돈이 정작 억류 생활에는 큰 의미가 없었으며 돈 걱정이 없었다는 그의 기억은 이런 가능성을 추정할 수 있게 해준다.

저는 그 독일에서 살아봤고, 선진국에서 사는 행태로 봤을 때. 한 마디로 이야기해서 (대사관 중요 간부들은 – 인용자) 참 싸가지 없는 사람들이다, 그런 걸 제가 느꼈어요. 이런 중대한 일을 대충 대충 즉흥적으로 처리를 하니깐 결국 이런 사태(억류 사태 – 인용자)까지 도달한다. 그래서 우리 한국 사람들, 국민성에 대해서 다는 그렇지 않겠지만. 일부분들이, 지도층이란 사람들이 이런(현지 사정만 고려하고 자기 주장만 반복하는 – 인용자) 사고방식을 가지고 있구나 하는 것에 대해서 환멸감을 느꼈어요.(강조는 인용자)

김경준 : 우리가 가지고 있던 돈, 그 몇 푼 안 되는 달러, 달러가 한 10불을 바꾸면 한 달 먹어요.

면담자 : 10불만 바꾸면요?

김경준 : 네. (웃음) 한 달 먹고, 뭐 쓸 데가 있어야죠. 방세 내고. 왜냐하면 암시세로 바꾸니깐. 누구 시켜가지고, 좀 바꿔오라 그러면 (달러를-인용자) 한 보따리 들고 오거든요. 그거 가지면 한 달 가지고 사니깐. 또 나중에 돈 모자라면은, 거기 또 홍콩 왔다 갔다 하는 사람이 있었는데. 그 사람이 빌려 주더라고요.

(…중략…)

김경준 : 네. 급하면 빌려썼지요, 뭐. 돈에 대해서는 걱정이 하나도 없었어요. 근데 나중에는 송금을 했다고 그러면서 통지가 오더라고. 그 돈은, 뭐 돈도 아니고, 휴지조각이에요. 공정 환율로 하니깐 돈이 안 나오지요. (웃음) 얼마 안 되니깐.

면담자 : 은행에서 그 돈을 찾으셨습니까? 1천불씩 보냈던데요.

김경준 : 뭐, (한국 정부에서-인용자) 1천불씩 보내봐야, 그게 10불어치의 가치도 없으니깐.

면담자 : 아.

김경준 : 그 돈(한국 정부가 보내준 돈-인용자)은 우리한테 아무 소용이 없는 돈이었어요. 그냥 **명예상으로 오는 걸로** 우리가 기록으로만 가지고 있는 거지요. (강조는 인용자)

표면적으로 김경준은 사이공 억류 상황에 초연했고 안정적인 것으로 당시를 기억했다. 하지만 그가 당시를 '안정'만으로 기억하고 있다고 보기는 어렵다. 김경준은 외교관으로서 합법적으로 억류에서 풀려날 것을 주장했다고 기억하지만, 억류 상황의 공포, 답답함을 자신의 방식으로 표현했던 것이 외무부 본부에 탈출 여부를 문의한 것일 수도 있다.

> 그 얘기(탈출이 송환을 더 어렵게 만든다는 미국의 입장—인용자)는 이제 중정 담당관한테 들었는데. 그래 그때 신호를 보내는 것은 우리가 한 것은 답답해서 보낸 거지, 뭐 탈출을 꼭 한다, 안 한다 그런 상황에서 보낸 것은 아닌 것 같아요. 그리고 본부에서도 '부', 노했고.(강조는 인용자)

또 한 가지 주목해야 할 김경준의 이야기는, 거듭해서 자신은 억류 상황에 대해 심각하지 않았다고 말하지만 8년이 넘게 근무했던 '중앙정보부' 출신이라는 점이 자신에게 불이익을 가져올지도 모르기 때문에 불안해했다. 이대용, 서희완 등 정보 계통 관련자들이 베트남 당국에 의해 체포되는 상황에서 중앙정보부 출신이라는 과거가 그에게 압박으로 다가왔을 것은 충분히 추정할 수 있다. 여러 정황으로 미뤄보았을 때, 억류 당시 안정, 심각하지 않음 등 김경준의 기억 방식은 오히려 본인의 충격을 누르기 위해 '다른 방식으로' 억류를 이야기하는 것이 아닐까. 이런 문제를 제기하는 이유는 신체적 건강과 정신적 스트레스의 공존이란 '모순적인' 김경준의 아래 이야기 때문이다.

김경준 : (귀국 이후 – 인용자) 후유증은 없었어요. 그 몸 건강에 대해서는 이상이 없었고, 정신적으로는 굉장히 피로했지요. 인생이 여기서 끝난다 하는 생각을 하니깐. 그러니깐 이제 당국에 돌아가서 정상적으로 또 외교관 생활을 한다는 것은 꿈도 못 꾸고, 북한이나 끌려가지 않고, 그냥 여기에 이렇게 살아야하겠다는 그런 심정을 가지고 살다 보니깐. 상당히 그 안정된 생활은 아니었죠, 정신적으로.

면담자 : 그런데도 지금 이렇게 선생님을 뵈면, 상당히 이렇게 좀 그 당시 상황에 대해서 어떻게 표현해야 될까, 아주 이렇게 절박하게 그렇게 느끼진 않으신 것 같아요.

김경준 : 그러진 않았어요. 그 뭐 상당히 태평했어요. 하여튼 뭐 대사관에서 제일 먼저 그 관저에서 제일 먼저 뛰쳐나와서 제멋대로 했으니깐. 그러고 싶어요, 이왕 이런 상황에서 내가 뭐 어째, 어째 한다고 해서 될 것, 그럴 리가 없고. 운명에 맡긴다는 그런 생각이었어요. (강조는 인용자)

김경준은 억류 생활을 '태평' '운명'이란 낙관적인 단어를 사용해서 기억했다. 하지만 인생, 귀국, 외교관 생활도 모두 끝났다고 체념했고 정신적으로 피로했음을 무의식적으로 밝힌다. 그가 누구보다 먼저 관저에서 나와 "제멋대로 생활했다"는 이야기 속에는 억류의 공포와 상처로부터 '누구보다 먼저 벗어나길' 갈구했던 당시 상황을 추측할 수 있게 한다.

3) 좌절된 꿈과 반복되는 전쟁 - 김상우의 이야기

김상우는 구술자 가운데 유일한 민간인이다. 그는 인터뷰 당시 미국에서 선교사를 은퇴한 뒤, 고엽제 후유증 및 시력이 약해진 상황이었다. 인터뷰는 미국 거주 자택에서 진행됐으며 그는 고령이었지만 중요한 사실을 잘 기억했고 재월남 한국교민철수 부본부장으로 맡았던 일들을 설명하였다. 다른 구술자와 유사하게 대사관 지도부가 월남 정치권과 인맥을 통해 얻은 잘못된 정보로 철수 시점을 놓친 것에 대해 김상우도 비판적이었다. 또한 그는 한국 교민들이 경제적 이유로 철수를 주저하거나 제3국으로 가길 원했으며, 주월한국대사관은 교민철수를 위하여 여러 시도를 했음을 밝혔다. 다만 자신이 정책결정에 참여하기보다는 이미 결정된 사항을 실행하는 입장이었음을 반복해 강조했다고 면담자는 밝혔다.

서울 토박이로 철도공무원 출신 부친 아래에서 자란 김상우는, 용산중고교를 나온 뒤 독실한 기독교 신자였던 모친의 권유로 목회자의 길을 걷게 되었다. 한국전쟁 시기 인민군에 의해 학도의용군에 동원되었지만, 폭격으로 예성강에서 흩어져 귀환한 뒤 1954년 부산에서 학교를 졸업 한 뒤 다시 중앙신학교를 졸업하고 해군 군목 생활을 시작한다. 파월 맹호사단 편성에 군종장교로서 참여하였고, 맹호사단에서 군종장교로 근무하였다. 1967년 귀국해 전방사단 군목 생활을 하다, 1970년에 소령으로 예편했다. 그 직후 기독장교회officials priests union 책임자였던 채명신의 요청으로 1970년 9월 다시 월남에 목사로 오게 된다.[69]

1972년부터 1975년까지 사이공 한인연합교회 담임목사로 근무하였다. 그는 1975년 월남 패망 전에는 재월남 한국교민철수 부본부장을 맡았으며 월남 패망 후 1976년 5월까지 월남에서 억류되어 주월한국 대사관의 공관원들과 함께 생활하였다.

김상우의 생애사에서 주목해야 할 사항 가운데 한 가지는 그가 차지철 前 대통령 경호실장과 고등학교 동기라는 점이다.[70] 그가 박정희 대통령과 만나고 동백장 훈장을 받고, 구국선교회 제안을 받았던 배경을 차지철과의 관계에서 찾을 수 있을 듯 하다.[71] 김상우는 당시 상황을, "차지철이가 여기를(구국선교회에-인용자) 김목사를 넣자고 그랬더니, 그러라고 그래서 거기를 내가 (청와대에-인용자) 갔던 거예요. 아예 서울시장 격 자리에. 다 브리핑 받으니깐, 이거 내가 할 자리 아니다. 그리고 돌아왔지요, 난 간다. 호주로 가기로 했으니, 간다고"라고 밝혔다. 이러한 인적 연결망은 김상우가 단순한 목사가 아니라 베트남 한인사회에서 중요한 역할을 담당했고, 재월남 한국교민철수 부본부장으로 활동할 수 있는데도 영향을 미쳤을 것이다.

---

69 채명신(蔡命新, 1926~2013)은 황해남도 곡산군에서 태어나 제2국민병으로 동원(1944), 월남이후 조선경비사관학교(육군사관학교의 전신) 제5기로 졸업(1948), 한국 전쟁에서 백골병단 지휘했다. 61년 5・16 군사쿠데타에 참가한 뒤 베트남전쟁 참전 당시 맹호부대장, 주월한국군 사령관이었다.

70 차지철(車智澈, 1934~1979)은 경기도 이천 출생으로 서울로 이사해서 용산고를 졸업했다. 1954년 육군 갑종장교 포병간부후보생을 통해 육군 소위로 임관, 미국 육군포병학교 수료이후 5・16 군사쿠데타에 참여한다. 60년대 국회의원을 거치며 1974년 8・15 사건 뒤 박종규의 후임으로 제3대 대통령 경호실장이 되었고, 1979년 10・26사건으로 사망한다.

71 대한민국구국선교회는 1975년 대한구국선교회(최태민 총재, 박근혜 명예총재)로 창설되고, 1976년 구국봉사단으로 개칭한 뒤, 다시 1979년 새마음 봉사단으로 바뀐뒤, 80년 전두환 정권 시기 해산된다.

김상우에게 베트남은 목회자로 정착해서 평생을 살아갈 땅이었다. 1971년에 사이공대학에 입학해 베트남어를 배우고, 1973년 4월 주월사령부 귀국 직후 "한월 선교회"를 만들 정도로 그는 월남에서 목회에 열정적이었다. 그는 농장을 만들어 교회 운영을 위한 돈을 마련하는 등 많은 것을 준비했다. 하지만 김상우는 월남에서 목회자로서 꿈을 펴지 못했다.

김상우의 이야기 속에서 주목되는 점은 "좌절"이란 구술 말미에 나온 말이었다. 김상우는 미국이 월남을 포기하지 않을 것이라고 믿었으며 억류 과정에서도 교회 네트워크를 통해 교민들의 생계를 위해 궂은 일을 마다하지 않았다. "이(억류—인용자) 사건이 목사님의 인생에 미친 영향이 무엇인가"라는 면담자의 질문에 대해, 그는 "좌절"이라고 표현했다. 김상우에게 베트남은 선교를 위한 장소였고, 이를 실현하려고 농장을 구입해 자립선교를 위해 여러 가지를 준비했지만 결국 모든 것을 빼앗겨 버리고 말았다. 그는 다시 호주로 건너가 모든 것을 새로 시작해야만 했다. 김상우의 기억을 보면 아래와 같다.

면담자 : 이 사건이 목사님 일생에 어떤 미친 영향은, 어땠었는지요?

김상우 : 좌절이죠, 뭐.

면담자 : 좌절이요?

김상우 : 그럼요. 하나의 삶을 선교사로서 꿈을 가지고 갔다가. 거기에서 딱 멈추고 나니깐. 난 좌절이죠. 그게 선교사라는 것이 한 곳에서 뼈를 묻고, 이렇게 해야 되는데. 모든 꿈이 다 깨어졌죠. 그때 저는, 우리는 사이공에 그

저 농장을 갖고 있었어요.

면담자 : 네.

김상우 : 저번에 말한 것처럼. 自立 농장으로, 사탕수수밭 15 헥타르를 짓고. 홍성기 목사라고 (같이 – 인용자) 농사를 지었는데. 그래서 자립선교를 할 수 있는 넉넉한 준비를 다 하다가. 그만 다 잃어버렸죠. 자동차도, 버스도, 뭐, 중장비도. 농장이 사이공서 한 40km 밑으로 내려가는 데 땅호와라는 데 있는데.

면담자 : 네.

김상우 : 거기에 한 삼십 대 월남 사람들을 고용해가지고, 일을 시키고, 교회도 만들어주고. 그런데 그게 다 깨어졌죠. 뺏겼어요, 다 그 저.

면담자 : 몰수 당했겠지요.

김상우 : 네. 사이공 교회도 다 빼앗기고. 아무것도 없는 거죠.(강조는 인용자)

"다 **뺏**기고 아무 것도 없는 거죠"라는 김상우의 말은 그가 얼마나 월남 선교와 목회에 애정을 지녔는지 추측할 수 있게 해준다. 귀국 후 동백훈장을 받은 뒤 그는 호주로 떠났다. 이미 월남에서 호주로 이주한 사람들과 약속을 했기 때문이었다. 그곳에서 "시드니한인연합교회"에서 목회를 하며 불법체류자 지원과 교민회 일을 4년간 맡았다. 그 뒤 자녀의 교육 문제로 미국으로 건너와 오렌지카운티orange county에서 15년간 "에덴교회"라는 작은 사역교회에서 목회 활동을 하다 은퇴했다.

하지만 이는 그가 원래 계획했던 인생의 방향과 달랐다. 그는 1973년 베트남에서 한국군이 떠나더라도 한국군을 기념하기 위해 교회가 유지되어야 한다고 생각했다. 그래서 만들었던 것이 한국과 베트남선교회, 즉 한월선교회였다. 1973년 한국군 주월사(주월한국군사령부)가 귀국할 때 본인도 귀국하고 싶은 생각이 많았느냐는 면담자의 말에 김상우는 다음과 같이 이야기했다.

(귀국하고 싶은 생각이 – 인용자) 많이 있었죠. 그런데 이제 우리는 뭐가 좀 달라냐면은(달랐는가 하면 – 인용자). 그 교회가 주월군을 기념하는 교회를 지었는데. 그 교회에서 우리가 한국군이 떠나더라도 한국군들을 기념하기 위해 이 교회가 계속 유지되어야 된다, 그래가지고 우리 한월 선교사를, 선교회를 만들었어요. 한월, 한국과 베트남 선교회.

당시 선교회 회장은 강원룡 박사가 맡아서 사절단이 자금을 준비하도록 했으며,[72] 월남에서 매년 100만 달러 수입을 내는 사탕수수 15헥타르를 짓는 농장을 롱하이에서 운영했다. 뿐만 아니라 자동차, 버스, 중장비를 준비하면서 자립교회를 꿈꾸었다(김상우 구술). 평생 목회를 위해 준비한 월남에서 모든 것을 잃고, 이후 20년 정도 그는 정착하지 못한 채, 청년기의 꿈을 실현하지 못한 채 말년을 맞이했던 것이다. 다만 한 가지 의문이 가는 점은 1973년 4월 주월사령부가 한국으로 돌아간 직후에 김상우가 목회를 위한 본격적인 준비를 했다는 사실이다.

---

72 강원룡(姜元龍, 1917~2006)은 1917년 10월 30일 함경남도 이원군에서 출생해 기독교계 은진중학 교목이던 김재준의 영향을 받고 농촌계몽활동을 전개한다. 해방 이후 좌우합작위원회 선전부 활동, 한신대학교 졸업(1948), 경동교회 목회활동을 하였다. 50년대 미국 유학이후 1965년 설립한 크리스찬아카데미를 중심으로 종교화합 및 민주화운동 지원 및 중간지도자 육성 등을 전개한다.

월남 정부가 붕괴하기 2년 전이지만 전세가 월남에 유리하지 않았을 것으로 추정되는 데 그러한 선택했던 이유는 무엇일까?

그 실마리를 그의 이야기를 통해 추적해 보도록 하자. 1975년 4월 29일 한국 공관원 철수가 실패한 뒤 남겨진 사람들 사이에서 철수 실패를 둘러싼 책임을 둘러싼 논란이 발생했다. 급박한 정세였지만 공관원 탈출 준비는 늦었고, 4월 29일 어셈블리 포인트 3에서 대처도 적절치 못했으며, 대사와 미대사관이 한국인들을 버리고 가겠느냐는 정세인식은 부정확했다. 대사와 공사가 베트남 정세를 지나치게 낙관적으로 판단했기 때문에 1년간 억류되면서 겪었던 '고통스런 체험'은 쉽게 잊혀지기 어려웠다. 하지만 당시 월남의 미래에 대한 판단은 각자 달랐던 것으로 보인다. 김상우도 '미국이 월남을 포기하지 않을 것'이라고 신앙처럼 믿었다.

> 우리는 그때까지 월남 망하지 않는다고 생각했어요. 미군이 포기하지 않을 거다, 그게 우리들의 신앙이었죠. 그런데 자꾸만 그 월남군이나 정보 소스에서는 월남이 망한다고 자꾸만 그래요. 그러니깐 신문과 이 의사소통이 안돼요. 월남이 망한다고 사람들은 그러고 떠나고. 우리는 아직 안 망한다고 그렇게 믿고. 그러면서 한 1년을 우왕좌왕 했지요. (강조는 인용자)

김상우가 미국이 월남을 포기하지 않을 것이라고 믿었던 것은 자신의 기독교 신앙, 군목을 체험한 경력 그리고 월남선교라는 희망이 섞여 복합적으로 작용했을 것이다. 김상우에게 미국이 월남을 포기한 사실은 큰 실망이었다. 1975년 4월 1일 교민철수 부본부장을 맡았다. LST선이 왔을 때 그는 주월한국대사관에 체류하며 교민 철수와 일부 월남 교회 관련자들의 철수를 적극적으로 지원했다. 하지만 4월 29일 공관원과 교민 철수를 전후로 한 때는 "다급하고 살벌한 분위기"였다. 그랄 병원에서 공관으로 돌아오는 상황을 김상우는 "끝났구나"라고 말하며 다음과 같이 기억하고 있다.

> 딱 서있는데 탱크가 들어 오대요, 홍땁뜨거리에. 탱크와 포병들, 까만 군복 입은 저 큰 모자 쓴 포병들이 총칼 하고, 꼽고 들어오는 걸 보고는. 나도 놀랬죠, 우리가 그 전에 전쟁 때에는 걔네들 봤지만은, 홍땁뜨에 탱크가 죽 오면서 앞에 포병들이 총을 쏘면서 들어오는데. 자꾸, 우리 끝났구나. 그 자꾸 보니깐. 끝났구나 하는 생각이 들었어요. 그래서 홍땁뜨에 백여 명 한인들이 몰려왔는데, 대사 공관에. 땅을 치고 우는 사람, 별 사람들이 다 있어요. 이제 끝났다고 소리 지르고, 뭐. 참 한심하대요.(강조는 인용자)

베트남에서 새로운 인생을 개척하려는 김상우의 희망은 모두 끝난 것처럼 보였다. 하지만 억류가 분명해졌을 때도 김상우는 농장에서 800만 피아스타를 인출해 현금으로 마련했고,[73] 교회 네트워크를 동원해 7,000~8,000불을 대여해서 억류된 교민들의 식량을 제공해주었다. 이는 시간이 갈수록 공관원보다 교민들의 역할이 억류 생활에서 중요하기도 했지만, 김상우 자신이 놓고 싶지 않았던 월남이란 장소에

---

[73] 800피아스타는 당시 원화로 800만 원 가량이다.

대한 애착 때문이기도 했다. 그는 이 모든 지원 활동을, "기적 같은 일", "그래, 많은 사람들을. 난 참 많은 사람들에게 도움을 줬다고 생각해"라고 지원 활동에 대한 현재 의미를 인터뷰 끝에 남겼다.

그건 기적이에요, 진짜 기적이에요. (교민 100여 명이 – 인용자) 먹고 살아도, 잘 먹고 살았어요. 우리가 돈을 다 남들을 주고 그래가지고

식사 못한 것으로 알아요. 우리 차, 가방에다가 그 건빵들을 다 준비를 했어요, 비상식량으로. 그래 건빵 같은 것을 가지고 있었고. 그리고 난 그 거기에 돈이 많이 있었어요, 월남 돈. 우리 그 교회가 농장을 갖고 있었기 때문에, 800만 피아스타인가, 그 정도의 돈이. 돈을 찾았죠, 외환은행에서. 그래가지고 거의 일부는 돈을 바꾸고, 일부는 현금으로 가지고 있고. 그렇게 있었지요.

3절을 시작하며 나는 '베트남 전쟁은 실패했나'에 관해 질문을 던졌다. 그렇다면 자신의 목회 활동을 '좌절'이라고 기억하는 김상우에게도 전쟁은 실패로 기억되고 있을까? 그 실마리는 김상우의 구술 마지막 부분에서 찾아볼 수 있다. 한국으로 귀환한 뒤인 1976년, 8월 호주로 떠나기 전에 대통령이었던 박정희를 만난 장면을 김상우는 다음과 같이 기억하고 있다.

뭐, 그 저 훈장 주고, 그저 인사하고. 그동안 어떻게 지냈느냐 하는 그런

이야기. 고생했지, 그러고. 아까 얘기했듯이. (박정희가−인용자) "우리가 월남에 많은 장병을 보냈는데, 월남이 망하니깐 난 정책이 실패한 것 같다." (라고 말하자 김상우는−인용자) 아닙니다, 그들이 외려(오히려−인용자) 우리를 고마워 한다고. 우리 손 붙잡고, 눈물을 흘리면서. 당신들이 조금만 더 있었으면, 월남 안 망했을 거라고. 격려를 해줍디다. 저 그런 걸 봤을 때, 우리는 실수한 것 아니라고. 그랬더니, (대통령이−인용자) 그렇게 좋아하세요, 좋아하세요.

　　박정희를 만났던 장면에 대한 기억이 얼마나 사실에 가까웠는지 혹은 실제 그랬는지보다 주목해야 할 것은, 그가 베트남전쟁과 한국의 전쟁 개입을 '실패가 아니라고' 기억하고 있다는 점이다. 김상우 개인에게 자립교회의 정착과 농장 운영을 무로 돌리는 결과를 낳았지만, 한국의 전쟁 개입은 월남 사람들도 아쉬워하는 일이라고 해석하고 있다.

　　김상우를 포함한 구술자들의 억류 기억의 행간에서 우리는 한국전쟁과 베트남 전쟁이 오버랩overlap되는 순간을 징후적으로 읽을 수 있다. 김상우도 억류와 북송의 공포로부터 자유롭지는 못했다. 자신이 군 출신인 것에 부담을 느꼈으며 교민들이 자신이 군목 출신임을 고발할까봐 겁이 나기도 했다. 5월 베트남 당국이 주월 군장병에 대한 신고를 알렸을 때, 김상우는 각자 책임 하에 신고할 것을 권유하며 본인도 신고를 하는 과정에서 "부담스럽다"는 불안한 감정이 존재했음을 숨기지 않았다.

(5월 10일 외국인 등록시 – 인용자) 부담스럽죠. 부담스러워서, 내가 사람들 다 모아놓고 그랬어. 이거 신고를 해야 되는 거다. 그런데 내가 군대 출신이다, 아니다는 각자가 책임지고. 숨기고 싶으면 숨겨라. 왜냐하면, 불이익이 올 수도 있으니깐. 그 대신 누구에게 고발을 하진 말아라. 그 우리들의 의리다. 그러니깐 과거는 이 사람, 모르는 사람으로 하자. 그거 다 이야기를 했지. 그 다음에 갔는데, 우리 군인들이 그때 열아홉 명인가, 군대 출신이. 다 겁내며 들어갔어. 그런데 다행히 일찍, 일찍 나왔어.(강조는 인용자)

2절에서 소개한 것처럼 억류 과정에서 공관원들이 체험했던 어려움은 '교민들과 관계'였다. 김상우도 북한 요원에게 조사를 받기도 했으며 자신이 한국군대에 있었다는 것을 그들이 이미 알고 있다는 것도 확인했다. 뿐만 아니라 북한조사관들로부터 통일, 김일성, 좋은 세상 등에 대해 이야기를 들으며 협력을 요구받기도 했고 과거 전방에서 자신이 대북방송을 했던 사실에 대해 우려를 하기도 했다. 특히 시간이 갈수록 교민 가운데 북한의 공작원 활동을 하는 사람이 있는지 서로간의 의심이 깊어지기도 했다. 김상우 역시 교민들에 대한 의심을 떨치지 못했다.

나가서, 그쪽(북한 측 – 인용자)의 사람들을 만난다고 누구 얘기를 하는데. 아무런 물증도 없고. 왜 나갔다가 늦게 들어오고, 맥주를 먹고 들어오고, 무슨 돈으로 맥주를 먹느냐 이래가지고선. 의심을 했지요.(강조는 인용자)

심지어 사이공 억류가 장기화되면서 돈이 떨어지자 주먹다짐, 서로 죽이겠다 등 교민과의 관계가 악화됐다. 일부 공관원들은 교민들의 공 공연한 위협에 두려움을 느꼈고 이들이 폭동을 일으킬까봐 우려하기 도 했다. 김경준은, "아, 나 여기 있다가는 도저히 이 여기 상황에 못 견 디겠구나, 못 있겠구나 하고 일단 분위기가 그렇다 해서, 같이 있을 형 편이 못 된다 이거죠. 그래가지고 인제 그 날짜가 하루 이틀이 지나가 지고 난 다음에 제가 제일 먼저 나왔어요"라고 기억하며 다른 숙소를 얻어 나왔다. 신상범은 이런 두려움 때문에 '수면제'를 오랫동안 복용 해야만 했고 정신적 불안에서 벗어나기 어려웠다(신상범 구술).

그 다음부터 그만 분위기가 싸늘해지는기, 굉장히 힘들었어요. 그리고 나서는 인제 (연금 상태에서-인용자) 풀어줘서, 바깥에 나가게 되었지. 아니 그 안에, 내 거기서, 잠자는 거 뭐야, 요새로 치면 수면제 (⋯중략⋯) 수면제를 내 기억에 모가돈(Mogadon-인용자) 인가 하는 걸 10번을 구했 어, 어째 구했는지 몰랐는데. 어째 구했는지, 구했어. 그래 처음에 한두 알 먹을 땐 잘 잤어. 잠을 못자겠어, 불안해서. 언제 얘들이(교민을 지칭-인용 자) 폭동이 일어나서, 어째 또 잽혀 갈지 모르고. 또 그 앞에, 아까 이야기 했 던 대로 공관원들이 날 고발을, 죽인다 그카고(그렇게 말하고-인용자). 돈 안주고, 내 돈 줄 게 어디있냐, 아무것도 없는데. 참 잠을 못 자서, (수면 제 먹던 날-인용자) 처음으로 잘 잤어. 나중에는 이게 면역이 되니깐, 한 두 알, 세 알 다섯 알 이래 먹어도 잠이 안와. 아침에 일나면은(일어나면-인 용자), 창문도 안 열었는데, 앞이 노래. 노래서. 그러니깐 그 앞에서 불안한 마음, 말도 몬하고. 이 세상이 노란 거야, 마. 그래서 정말 고생했어, 이야. 언제 벗어나느냐, 뭐 지긋지긋해.(강조는 인용자)

이들이 수면제를 복용했고 공관 밖에서 거주했던 이유는 '교민에 대한 공포' 때문이었다. 그리고 그 공포는 '한국전쟁의 기억'에서 비롯된 것이기도 했다. 특히 한국전쟁 시기 의용군으로 동원됐던 김상우에게 사이공에서 '북송'의 두려움은 한국전쟁 시기 '월북의 아우라'를 연상시켰을지도 모른다. 김상우는 한국전쟁이 일어났던 1950년 당시 중학교 3학년 때 인민군에 의해 의용군에 동원되어 예성강까지 끌려갔다.[74] 김상우는 당시를 다음과 같이 기억하고 있다.

우리 용산중고등학교 갔더니, 그때 학도 의용군이라고 그래서 학생들을 동원시켜가지고 포탄을 나르는 일을 해주세요 그래서. 후문에서부터 한강 인도교까지 포탄 두 개를 들고 그걸 날라서 노역 동원처럼 했지요. 그 소위 인민군들에게 끌려다니며, 학생들이 다 그렇게 했어요. 그걸 매일 저녁 하다가, 낮에는 음악 가르치고, 노래. 그리고 하다가 철수, 국군이 철수한다고 하는 바람에 전부들 그걸 따라서 북으로 올라갔지요 (…중략…) 우리는 그때 쫓아가서 북쪽으로 전부 갔으니깐, 그래서 서울서부터 경의선 쪽 따라서 올라가는데. 그 뭔가요, 임진강 쪽에서 거기서 더 올라가면서, 폭격을 받아서. 많은 사람들이 죽고, 어렵죠. 우리가 예성강까지 갔어요.

---

74 예성강은 185Km에 달하는 강으로 황해북도 수안군 언진산, 황해남도 배천군과 개성시 개풍군 사이 강화만에 걸쳐있다. 현재는 북한에 속해있다.

김상우는 예성강에서 폭격이 심해 대열이 흩어져 인도하는 사람조차 없이 서울로 왔다. 그는 구파발 부근에서 국군을 만났다고 기억한다. 웃으면서 "그 당시 다 우리가 그랬죠"라며 김상우는 이야기했지만 아직도 당시 차림새를 정확하게 기억하고 있었다. 흰 노타이 학생복장, "의용병"이라고 씌여진 완장을 차 "꾀죄죄한" 모습은, 중학생이었던 그에게 생사를 넘나드는 체험이었을 것이다. 다행히 전선에 차출되지 않았지만 경의선과 임진강을 지나 예성강을 따라가는 길은 '죽음으로 가는 길'로 여겨졌을지도 모른다. 1975년 사이공에서 억류 생활 속에서 김상우의 기억의 한켠에서 연상되는 것은 '억류 – 적 치하'라는 한국전쟁 체험은 아닐까?

초기 6개월 동안 연금 아래에서 이들은 마치 전시상황처럼(혹은 유년기 한국전쟁 때처럼) 매일 180g으로 제한된 식량 배급 때문에 한 끼는 밥, 다른 한끼는 죽을 먹고 살아가야했다. 당시 이순홍과 유남성 등이 교민 자치회를 조직해 돈을 모아서 쌀과 식량 등 배급을 타도록 했다. 이처럼 생존을 둘러싼 조건이 악화되자 교민과 관계는 악화되었다. 신상범은 같이 거주하던 이대용 공사와 대화를 통해 다음과 같이 전한다.

> 그때 하루에 180g인가, 190g인가 해서. 쌀 하고, 담배 하루 한 가치(개피
> –인용자) 하고, 된장인가 뭐 소금인가를 줬어. 그때부터 두 끼씩 먹었어.
> 두 끼씩 먹다 보니깐, 화애하던(和氣靄靄하던–인용자) 분위기가 싹 사라
> 져버렸어. 그래서 이 공사가 날 불러가지고, 방에 자면서. 옛날 거제도 사건
> (한국전쟁 시기 전쟁포로 탈출 사건을 지칭하는 듯–인용자) 일어난 것을

아느냐. 나는 모른다. 이안에서 어떤 일이 폭파, 폭동이 일어나면. 우리를 먼저 죽인다. 교민이 우리를 먼저 죽인다. 그러니깐 우리가 최대한으로 해보는데까지 잘해보자. 이 공사가 나보고 그러더라고.(강조는 인용자)

억류 생활 속에서 공포의 중심에는 '의심스러운 교민'이 자리 잡고 있었다. 교민을 번갈아 불러서 북한군이 심문하는 과정에서 같은 한국인끼리 '의심'하는 상황이 벌어졌다. 김경준은, '당시 교민들 입장에서 북한에게 정보를 제공해주는 것은 어쩔 수 없지 않았는가'란 뉘앙스의 말을 하는 듯 하다. 김상우 역시 억류 상황이 워낙 힘들다 보니 서로에 대한 의심이 '자연스러웠다'고 기억하고 있다. 이러한 자연스러움은 그만큼 이들을 둘러싼 '불신이 일반적인 일'이었음을 암시해주는 것이기도 하다. 한국전쟁 시기 '마을전투' 정도는 아니었지만 옆에 있는 국민에 대한 공포가 가시화됐다(김상우 구술).

(북한에 정보는 주는 교민이 – 인용자) 있었을 거예요. 도움을 주는 게 아니라, 북한 사람들이 오니깐, 자기들이 이제 사이공에 대해서 정보를 알고 싶으니깐. 다 접촉을 했겠지요. 거기에 있는 사람들은 남한이고, 북한이고. 교민들 입장에서는 그건 관심 없어요. 그 상황에서. 뭐, 만나자 그러면 만나주고, 정보 달라면 정보 주고 다 하는 거죠. 그 이대용 공사님하고 세 사람 간 것도(체포된 것도 – 인용자) 그 사람들이 이야기해 준거지. 지들이 미리부터 오지는 않았을 거고. 한국 사람들이 다 이야기 한 거 (…중략…) (북한에 협조한 사람들이 한국에 돌아왔는지 여부 – 인용자) 모르겠어요. 돌아왔는

지, 돌아왔어도 그 이야기 안하면 그뿐이지, 어떻게 알아요, 우리가. 그런데 두 사람들이 또 그런 상황 하에서 북한 사람들이 뭐 물어보면 답변 안할 수 있어요? 다 답변 해주는 거죠. 뭐, 저 사람은 뭐 중앙정보부에서 왔고, 저 사람은 내무부에서 왔고 다 이야기 해주는 거죠, 뭐.[75](강조는 인용자)

'베트남 전쟁은 실패 했는가'란 질문은 '한국전쟁의 기억'이 억류 중의 공포와 겹쳐질 수도 있다는 '가설'에까지 이르렀다.[76] 1975년 베트남 공관원 억류 사건은 남북 체제 경쟁이 '정점'에 이르렀을 때 일어났다. 베트남 전쟁과 비동맹외교 등을 둘러싼 경쟁이 공격적으로 전개되었던 냉전의 감각이 절정에 이르렀을 때였다. 참전국 국민이자, '한국전쟁이란 반공냉전을 이미 경험한' 이들에게 남베트남 정부의 붕괴는 충격이었고 '적화된 장소'에서 북한인과 마주했던 것은 한국 전쟁 시기를 연상시키는 공포였을 것이다.

억류 공관원들은 이 과정에서 집단적 공포를 체험했다. 폭동을 일으킬 것 같은 혹은 공관원인 자신들을 밀고할 지도 모르는 교민 / 국민과 공존, 북한의 존재를 둘러싼 공포(혹은 북송) 등이 그 실체였다. 사이공이란 고립된 공간에 억류되어 있다는 실감은 적대국 국민이란 공포, 살아서 돌아갈 수 있을 것인가에 대한 두려움 혹은 체념이란 형태로 나타났다. 억류 상황은 월맹군 / 정부, 북송 / 북한군 간의 긴장뿐만 아

---

75 실제 비밀공개된 일부 서류에는 친북 활동을 한 개인들에 대한 디프리핑 보고서가 상세히 기록되어 있다.

76 이 문제는 본 연구를 발표한 한 연구회에서 도미야마 이치로(富山一郎)의 지적에 터한 것이다. 아직 가설에 불과한 연구 과제이다.(「冷戰硏究の最前線 第2回硏究會」, 2014年9月13日(土)13:30~18:00, 場所:同志社大學寒梅館6階大會議室)

니라, 한국전쟁을 통해 이들이 학습한 '의심스러운 국민'과의 긴장이기도 했다.

더불어 1975년 4월 이후 억류를 둘러싼 이들의 현재적 기억은 트라우마, 미래에 대한 좌절과 실패, 망각하고 싶은 악몽, 물질적 보상보다는 정신적 고통을 인정해 주지 않는 한국 정부 / 외교부에 대한 섭섭함 등 다양한 형태로 나타났다. 외교관으로서 자신이 보호받을 수 없었다는 불가능했다는 것을 기억하며 구술자들은 '냉전'이라고 불렸던 자신의 환경에 대해 잠시라도 다시 생각해보는 계기였을지도 모른다.

혹자는 '베트남 전쟁은 신이 한국에게 준 선물'戰爭特需이라고 평가하기도 한다. 하지만 억류와 탈출, 죽음과 생존 그리고 폭동의 공포라는 기억이 그들에게 어떤 의미였는지 단언하긴 어렵다. 사이공에서 1년여에 걸친 억류의 체험이 아직도 다양한 의미의 기억으로 남아있는 것은 기억의 현재적 힘인 동시에, '적과 아' '죽음과 생존' 이라는 휴전체제를 전후로 만들어진 냉전의 윤리학이 이들의 언어와 신체에 지금도 각인되어 있는 증좌證左일지도 모른다. 이런 면에서 베트남전쟁은 '전쟁'이나 '외화획득'으로 단순화되기 어렵다. 이들의 억류의 기억은 한반도내 '전장국가'戰場國家가 베트남 사이공에서 '재림'再臨된 것이었는지도 모른다.[77]

---

77 전장국가와 기지국가에 관해서는 남기정, 「동아시아 냉전체제하 냉전국가의 탄생과 변형−휴전체제의 함의」, 서울대 국제문제연구소, 『세계정치』 26집2호, 2005 참조.

참고문헌

자료

김경준 구술(국사편찬위원회 구술자료번호 OH_09_010_김경준_06.hwp).

김상우 구술(국사편찬위원회 구술자료번호 OH_09_010_김상우_06.hwp).

김창근 구술(국사편찬위원회 구술자료번호 OH_09_010_김창근_06.hwp).

박인석 구술(국사편찬위원회 구술자료번호 OH_09_010_박인석_06.hwp).

신상범 구술(국사편찬위원회 구술자료번호 OH_09_010_신상범_06.hwp).

오재희 구술(국사편찬위원회 구술자료번호 OH_08_029_오재희_0601.hwp).

윤하정 구술(국사편찬위원회 구술자료번호 OH_09_029_윤하정_0601.hwp).

이대용 구술(한국학중앙연구원 현대한국구술자료관 사업단 구술자료번호, AKS2012_SE-
    C3001_SE-T0001_SE-N00403).

JTBC제작진, 『사이공 1975』 1~4부작, 2015년 7월 5일, 7월 12일 방송.

「베트남억류공관원 석방 교섭(기타) 1975~78」 722.6VT 1975~78.

「김창근 주월남 2등 서기관 탈출수기, 1975」 1, MF, 2007-66(11197).

「사선을 넘은 부정」, 『한국일보』, 1975.4.25.

「사이공억류 5년, 외교관 3명 귀환」, 『경향신문』, 1980.4.19.

논문 및 단행본

남기정, 「동아시아 냉전체제하 냉전국가의 탄생과 변형—휴전체제의 함의」, 『세계정치』
    26집 2호, 2005.

이한우, 「한국이 본 베트남 전쟁—쟁점과 논의」, 『동아연구』 제51집, 2006.

조동준·차지현, 「駐베트남 한국 공관원 송환을 위한 신호게임, 1975~1980」, 『국제정치논
    총』 54-1, 2014.

안병찬, 『컬러로 찍어라 사이공 최후의 표정—한국 르포르타주의 정수』, 커뮤니케이션북스,
    2005.

이대용, 『사이공 억류기』, 한진출판사, 1981, 2009.

차지현, 「권위주의 정권의 협상 과정—1970년대 주월 한국 공관원 억류 사건 중심으로」,
    서울시립대 석사논문, 2009.

한국전쟁 전야, 한 노동자의 생활***

인천 전기공 I씨의 일기로부터

오타 오사무(太田修)

1. 머리말

인천의 전기공 I씨는 1949년 8월 24일의 일기[1]에 다음과 같이 적고 있다.

> 38線 甕津方面에 出動하여 赫々한 戰果功勳을 세운 第12聯隊 壯[將]兵은
> 오늘 午後4時頃 官公署 靑年團体 學生團体 社會一般市民의 盛大한 歡迎裡
> 에 士氣도 旺盛하게 보무 堂々히 凱旋하였다. 家々戶々에는 國旗를 달고,
> 各洞里에서는 歸還허는 壯[將]兵을 歡迎하기 爲하야 男女老少가 손에다 國
> 旗를 들고 列를 지어 埠頭로 行進허는 것고 눈에 띠었다.(49/8/24)

---

* 이 연구는 JSPS KAKENHI Grant Number JP25370843의 조성을 받은 것이다.
** [편집자 쥐] 이 글에서는 당시 한 사람의 문자 사용을 포함한 서민의 역사를 그대로 반영
   하고자 하는 필자의 뜻에 따라 원문을 인용하는 경우 수정 없이 그대로 실었다.
1 I씨의 일기는 2007년 여름 인천광역시 수도국산달동네박물관에서 전시되었다.

한국전쟁은 1950년 6월 25일에 발발했다. 사람과 물자가 총동원되고 전쟁이 무엇보다 우선시되었으며, 전쟁이라는 비일상이 한반도 전역을 뒤덮었다. 하지만 위 일기의 구절에서도 알 수 있듯이, 전쟁이라는 비일상이 6월 25일부터 갑작스레 시작되었던 것은 아니다. 1949년 옹진반도 38도선 부근에서는 이미 남북 간의 전투가 시작되어, 인천의 '남녀노소男女老少'는 전선에서 돌아오는 장병들을 '환영歡迎'하고자 국기를 들고 행진하고 있었던 것이다. 전쟁을 둘러싼 일상과 비일상을 어떻게 생각하면 좋을까?

커밍스Cumings나 와다 하루키和田春樹, 박명림 등의 연구로 대표되는 지금까지의 한국전쟁 연구는 국제정치와 정치경제사의 측면에서 한국전쟁의 기원 혹은 원인을 규명하고자 했다.[2] 본고에서는 그런 연구들을 참조하되, 사람들의 생활 속에서 전쟁이 어떻게 시작되었는지 생각해보고자 한다. 구체적으로는 인천의 전기공 I씨가 한국전쟁 전야에 쓴 일기(1949.1.1~1950.6.23, 이하 I일기)를 독해하여, 전쟁 전야의 인천에서 살았던 한 노동자의 생활을 조명하고자 한다. 이 시기의 I일기에는 정치정세나 지역의 동향, 직장과 업무, 가족, 생활난, 식민지 지배·전쟁의 영향, 전통과 근대 등이 기술되어 있다. 그 같은 생활의 여러 측면을 밝힘으로써 전쟁 전야에 일상이 비일상 속으로 파고들어가는 양상, 또 비일상이 일상으로 전화되어가는 양상을 그려보고자 한다.

---

2   Bruce Cumings, *The Origins of The Korean War Liberation and the Emergence of Separate Regimes 1945-1947*, Princeton University Press, 1981; Bruce Cumings, *The Origins of The Korean War Volume II The Roaring of the Cataract 1947-1950*, Princeton University Press, 1990; 박명림, 『한국전쟁의 발발과 기원』 I · II, 나남출판, 1996; 和田春樹, 『朝鮮戦争全史』, 岩波書店, 2002.

왜 사람들의 생활에 주목할 필요가 있는가? 그것은 지금까지의 연구에서 전쟁 전야를 살아간 사람들의 생활사가 거의 그려지지 않았기 때문이기도 하지만, 단지 그뿐만은 아니다. 츠루미 슌스케鶴見俊輔는 일찍이 일본의 지식인이 "처음에는 평화를 말하고 얼마 지나지 않아 전쟁을 지지한" 이른바 연속전향이라고도 할 만한 역사에 대해 성찰한 바 있다. 츠루미는 이론에 대해 "자신의 생활 속에 뿌리내리지 못한 것"이기 때문에 "전쟁반대의 자세를 장기간에 걸쳐 지탱하지 못한다"고 잘라 말하고, 생활 속에 뿌리내린 사상에 대해 생각하는 것의 중요성을 지적했다.[3] 한국전쟁 전야의 경우에도 생활 속에 뿌리내린 사람들의 언동과 사상을 주의 깊게 살펴보는 것이 뒤이은 한국현대사의 전개과정을 생각하는 데 중요한 의미를 지닌다고 생각한다.

I일기의 독해와 관련하여 다음의 두 가지 사항에 유의하고자 한다. 하나는 식민지 지배와 전쟁, 해방, 분단, 한국전쟁이라는 흐름 속에서 한 노동자의 생활을 이해하는 것이다. I씨는 1945년 이전에 식민지 지배·전쟁 하에서 대일본제국의 '신민臣民'으로서 살아가고 있었다. I씨가 그 시대를 어떻게 살아갔는지는 오늘날 상세히 알 수 없다.[4] 조선은 1945년 8월에 일본의 식민지 지배로부터 해방되었지만, 9월에는 미군이 38도선 이남을 점령하고 미군정이 시작되었다. I씨는 미군정 하의 인천에서 생활했으며, 매일 매일 일어난 일을 일기에 기록했다. 그 후 1948년 8월에는 자본주의의 최전선에 대한민국(이하 한국)이 사회주의

---

3 鶴見俊輔,『鶴見俊輔コレクション2—身ぶりとしての抵抗』, 河出書房新社, 2012, 12~13쪽.
4 후술하는 바와 같이, I씨는 1941년부터 일기를 쓰기 시작했는데, 그때부터 1945년 8월까지의 일기가 남아 있는지 여부는 불투명하다. 적어도 박물관에는 전시되어 있지 않았다.

한국전쟁 전야, 한 노동자의 생활 169

의 최전선에 조선민주주의인민공화국(이하 북한)이 수립되었으며, I씨는 한쪽 분단국가인 한국의 국민이 되었다. 하지만 1949년에는 전쟁이 눈앞에 다가오고 있었다. 한국전쟁 전야 I씨의 생활은 식민지 지배와 전쟁, 해방, 분단, 그리고 다시 한 번 전쟁이라는 흐름 속에 있었던 것이다.

또 하나 유의해야 할 점은 I일기는 인천의 한 노동자가 적은 생활의 기록이라는 것이다. 체계적이고 기능적인 역사학은 이 같은 무명의 개인 기록을 특정 개인의 것인 만큼 편향되고 객관성이 결여된 하찮은 자료라고 경시하곤 했다. 푸코의 말을 빌리자면, I일기는 '종속화된 지知'[5]의 하나였다.

I일기의 내용은 확실히 곧장 일반화할 만한 것은 아니다. 하지만 그것을 I씨의 생활지誌로 읽어 나가고 다른 역사적 자료와 대비하여 해석한다면, 지금까지의 통사나 정치경제사에서는 그려내지 못했던 한국전쟁 전야의 사회・문화적 상황에 관한 하나의 풍경을 그려낼 수 있을 것이다. 또 지금까지의 체계적인 서술 속에서 가려져 왔던 '충돌과 투쟁이 뒤엉킨 분열지점'을 드러내는 일도 가능할 것이다.

필자는 1945년 9월부터 1947년까지의 I일기를 논한 「朝鮮解放直後におけるある労働者の日常－仁川の電気工 I 氏の日記から」[6]와 1950년 6월부터 1951년 1월까지를 분석한 「朝鮮戦争下のある労働者の生活－二つの社会、恐怖、平和への焦がれ」[7]의 두 논문을 공간한 바 있다. 본

---

5   ミシェル・フーコー(石田英敬/小野正嗣訳), 『コレージュ・ド・フランス講義1975~1976年度 社会は防衛しなければならない』, 筑摩書房, 2007, 10~11쪽.
6   鄭昞旭・板垣竜太編, 『同志社コリア研究叢書1 日記が語る近代－韓国・日本・ドイツの共同研究』, 同志社コリア研究センター, 2014.
7   板垣竜太・鄭昞旭編, 『同志社コリア研究叢書3 日記からみた東アジアの冷戦』, 同志社コリア研究センター, 2017.

소론은 앞서 다룬 두 시기 사이의 간극을 메우는 것이기도 하다.

2. I씨와 한국전쟁 전야의 일기

1) I씨에 대해

일기의 저자인 I씨에 대해서는 앞선 논고에서 소개한 바 있지만, 다시 한 번 확인해 두고자 한다. I씨는 1926년 5월 6일(음력 6월 5일) 인천부府 송현松峴리(현재의 인천광역시 동구 송현동)에서 출생하여 한 평생 그곳에서 살아갔다. 보통학교를 졸업한 후 1940년 4월 경성전기京城電氣주식회사(이하 경전) 전기기술원양성소에 들어가 이듬해 3월에 수료했다. 1941년 4월 경전 인천지점에 입사하여 전기기사(전기공)로 일하기 시작했다. 1948년 7월 인천대학 예과에 입학하여 이듬해 10월 홍익대학 인천전문학관 야간전문부에 편입했지만 중퇴했다. 1948년 1월에 결혼하여 3남 2녀를 두었다. 1976년 한국전력주식회사(경전의 후신)를 퇴직하고 2000년에 사망했다.

I씨는 1949년 당시 24살의 청년이었다. 1949년 1월부터 1950년 6월까지의 I일기를 살펴보기 위해, I씨의 주위에서 일어난 주요 사건을 〈표 1〉에 정리해 보았다.

이 시기에 I씨는 국내외의 정치정세에 많은 관심을 기울이고 있었다. 1948년 8월 한국이 성립하고 이듬해인 1949년에는 미국을 비롯한 서구의 여러 나라가 정식으로 한국을 승인하기 시작했다. 같은 해 6월 미군이 군사고문단만을 남겨두고 완전히 철수하는 한편, 이승만 대통령은 반공의 결속을 강화하고자 진해에서 장개석蔣介石과 회담을 가졌다. 그런 가운데 가장 존경하고 있던 김구가 암살된 일은 I씨에게는 큰 충격이었었던 것 같다.

I씨의 생활의 장이었던 지역과 직장에 상당한 영향을 미친 것은 대한청년단(이하 한청)이었다. 후술하는 바와 같이, 한청은 1948년 12월에 20여 개의 우익청년단체가 통합하여 결성된 관제 청년조직이다. 인천에서는 1949년 1월 9일 한청 인천부단이 결성되었으며, I씨의 직장에

〈표 1〉 I씨를 둘러싼 주요 사건(1949.1~1950.6)

1949.1.1	미국이 대한민국을 승인
1.9	대한청년단 인천부단 결성
1.21	대한청년단 인천부단 경성전기분단 결성
3.6	대한청년단 인천부단 경성전기분단의 제1회 군사훈련 시작
4.1	서머타임제 실시, 표준시 1시간 앞당김
5.1	제1회 국세조사 실시, 메이데이 행사 중지
5.11	경성전기 인천지점이 경성전기 인천지점부로 승격
6.12	대한청년단 인천부단 주최의 비상시국대책 방위강화 총궐기대회 개최
6.21	농지개혁법 공포
6.26	김구가 육군포병 소위 안두희에 의해 암살
6.29	미군 철수 완료, 군사고문단만 잔류
8.6~7	이승만, 장개석과 진해에서 회담
9.20	I씨, 송현동 제3동회 제8구 2반 반장 맡음
10.	I씨, 홍익대학 인천전문학관 야간전문부 편입
1950.2.6	경성전기 인천지점부 자위대 경비 시작
2.25	I씨의 여동생 J가 '肺及腸病'으로 죽음
5.30	제2대 국회의원 총선거 실시
6.17	달레스 미 고문 방한(~6.18, 38도선 시찰)
6.19	제2대 국회 개원

서도 같은 해 1월 21일에 한청 인천부단 경성전기분단이 결성되었다. 특히 I씨는 한청 경전분단을 통해 1949년에는 군사훈련, 1950년부터는 자위대 경비에 동원되었다.

1950년 2월에는 여동생 J가 '肺 及 腸病'으로 세상을 떠났다. I씨에게 여동생의 죽음은 엄청난 슬픔이었다. 슬픔이 채 가시기도 전인 1950년 6월, 한국전쟁이 발발했다.

2) I일기

여기서 다루는 것은 1949년과 1950년의 일기장이다. 1949년의 일기장은 B5 사이즈의 횡서 노트로, 일기의 표제는 '自由日記'이다. 표지의 상부에는 I씨가 찍은 것으로 보이는 숫자 스탬프 '24/4282/9', '24/1949/9'가 보인다. '24'는 I씨의 나이, '4282'는 단군기원, '9'는 9권째 일기장임을 의미한다. 역산하면 I씨가 일기를 쓰기 시작한 것은 1941년(15세)이었음을 알 수 있다.

일기장의 기입란에는 한 면에 2일분이 적혀 있다. 윗부분에는 날짜, 요일(영어), 날씨, 한난, 음력 날짜, 축제일, 기념일이 기재되었으며, 본문은 한글과 한자로 쓰여 있다.

1950년의 일기장은 시판의 것으로, 표지에는 '自由日記/1950年/日記'라고 인쇄되어 있다. 이 일기에 대해서는 앞선 논고 「朝鮮戦争下のある労働者の生活－二つの社会, 恐怖, 平和への焦がれ」에서 소개했으므로 참조해 주었으면 한다.

1949년 1월부터 1950년 6월까지의 일기에 적힌 내용은 날씨, 한난, 업무와 직장 내의 인간관계, 가족사, 국내외의 정치정세, 직장과 지역에서의 특별한 행사 등이다. 가장 많이 기술된 것은 업무 내용과 직장의 인간관계이지만, 국내외의 정치정세에 관한 기술이 다른 시기에 비해 많다는 점이 눈에 띈다. 그것은 I씨가 일기를 쓰는 방식과 연관되어 있다. "아침에 잠을 깨여 눈을 뜨면 7時가 되었고, 레듸오에서는 아침 News를 한다. 此News를 듯자, 이러나서 昨日의 日記를 어푸려서 쓴다."[8] 또 I씨는 '좌익'의 입장을 대변하였던 『인천신문仁川新聞』[9]을 읽었다(49/11/4). 정치정세의 기술이 많은 이유의 하나로 라디오뉴스를 듣고 혹은 신문을 읽고 일기를 썼던 점을 들 수 있다.

3. 대한민국의 '국민國民'이 되다

1) '초비상시국하超非常時局下'의 정치

I일기의 국내외 정치정세에 관한 기술에서는 이승만 대통령이나 이범석 국무총리 등 정부 요인의 언동에 관한 것이 눈에 띈다. 예컨대, 이

---

8 『自由日記』, 1949.4.15. 이하 본문에서는 (49/4/15)과 같이 표기한다.

9 김홍식을 사장, 엄홍섭을 편집국장으로 하여 1946년 3월 1일에 창간. 1945년 10월 8일에 창간된 『大衆日報』가 '우익성향'이었던 것에 반해, 『仁川新聞』은 '좌익'의 입장을 대변하고 있었다고 한다. 한국전쟁 발발 이후 발행이 정지되었다(인천직할시사편찬위원회 편, 『仁川市史 下卷』, 인천직할시, 1993, 528~530쪽).

승만 대통령의 발언으로 "和平統一을 念願"하면서도 "北韓人民軍의 頻
繁한 侵犯에 對備하여 强力한 軍隊와 警察 및 空軍을 建設"할 필요가 있
다는 것(49/5/6), "以北 共産黨이 以南에 侵犯할 때에는 斷乎 이를 膺懲
할 것", '美軍의 駐屯 興[與]否'보다는 '美國의 軍事援助'(49/5/7)나 ECA[10]
원조가 중요하다는 것(49/6/17) 등을 언급하고 있다. 논평은 덧붙여져
있지 않지만, I씨는 대한민국 수립을 환영하고 대체로 이승만 정권을
지지하고 있었다.

1949년의 I일기에 정치정세의 기술이 많은 것은 I씨가 신문을 읽고
라디오를 듣고 있었던 사실에 더하여, 1949년 여름 한반도를 둘러싼
정치상황이 격렬하게 요동친 바, I씨 자신도 그것을 일기에 써 두어야
한다고 생각했기 때문일 것이다. 이 여름 반민족특별조사위원회(이하
반민특위) 습격, 국회의원의 대량 검거, 그리고 김구의 암살이라는 당시
의 정치정세를 크게 뒤흔드는 사건이 발생했다.[11] 박명림은 1949년 여
름의 사건이 '남한 정치균열에서 결정적인 전환점'이라 파악하고, 이를
'6월 공세'라 불렀다.[12]

우선 반민특위에 대한 기술은 다음과 같다. 1949년 1월 국회 내에 반
민특위조사위원단이 발족하여 화신백화점 사장 박흥식이 서대문형무
소에, 『대동신문大東新聞』, 『대한일보大韓日報』 사장 이종영이 마포형무
소에 수감되었으며, 그밖에 '親日派'에 대해서도 조사가 "어느 程度로

---

[10] 제2차세계대전 후에 미국의 대외원조를 담당하고 있던 경제협력국(Economic Cooper-
ation Administration). 1948년 4월 대통령 직속기관으로 설립되어 1951년 12월까지 활
동했다.
[11] 박명림, 『한국전쟁의 발발과 기원 II — 기원과 원인』, 나남출판,1996, 472쪽.
[12] 위의 책, 452쪽.

될는지는 자못 주목된다"(49/1/13). 6월에는 "國會 對 政府 間에 對立이 發生되어 反民特委特警隊武裝解除問題事件 等으로 重大事로" 직면하고 있었다(49/6/8). 이들 기술에는 특별한 논평은 보이지 않지만, I씨가 반민특위의 동정에 주목하고 있었음을 알 수 있다.

국회의원의 '國家保安法違反檢擧旋風'도 사건의 경과가 담담하게 적혀 있다. 5월 18일에 이문원, 최태규, 이구수 등 국회의원 3명이 국가보안법 위반 등의 혐의로 체포되었다(49/6/22). 6월 22일에도 노일환, 김옥주, 김병회, 강욱중, 박윤원, 황윤호 등 국회의원 6명이(49/6/22), 25일에는 김약수 국회부의장이 국가보안법 위반 등의 혐의로 검거되었다(49/6/25). 김약수 등 국회의원은 "軍事顧問團 設置를 反對하는 書한을 U.N.韓委에 보내어 國內 國外에 충격을 주어"(49/6/22), 그들과 "北韓과 連落[絡] 眞相이 判明되었고, 여긔에 對헌 行動報告書 等을 押收하였다"(49/6/25).

김구 암살사건에 대해서는 보다 상세하게 적고 있다. 암살 직전인 6월 13일에는 한국독립당이 제7회 당 대회를 개최하여, 당수인 김구가 "南北統一 完遂에는 于先 右翼團結이 最急務"라고 역설했다(49/6/13). 김구가 암살된 6월 26일에는 '哀悼 故金九先生, ※白凡 金九先生 急逝'라고 일기장에 별도로 적어 넣었다. 본문에서는 김구가 '韓國獨立黨 特別秘密黨員'인 안두희[13]에게 저격되어 74살의 나이로 서거했고 "祖國光復과 國土의 完全統一을 爲하야 平生을 祖國에 이바지헌" 정치가라고 애도의 마음을 담아 적고 있다(49/6/26).

---

13 오늘날의 연구에서는 안두희는 육군 보병 소위로 주한미군 CIC요원이었다고 파악하고 있다(박태균·정창현, 『암살-왜곡된 현대사의 서막』, 역사인, 2016, 212쪽).

김구의 장례는 10일간 국민장으로 치러졌다. 7월 5일 '故白凡金九先生 葬儀日'이라고 특별히 기록하고, 평소보다 2배 분량의 일기를 쓰고 있다. "民族的 課業인 完全 自主統一의 光輝있는 새로운 歷史를 보지 못한 채 哀惜하게도 長逝한 民族의 指導者 白凡 金九先生의 國民葬은 豫定대로 오늘 三千萬 同族의 哀悼裡에 嚴肅히 擧行되었다." 영결식은 서울운동장에서 거행되었으며, 유체는 "趙素昴氏의 애달픈 祭文 朗讀 喪主金信氏의 분향, 弔樂으로 서울交響樂團이 演奏하는 (베―도벤)第3番 심포니 英雄의 第2樂章"이 울려 퍼지는 가운데 효창공원에 매장되었다. "초생달 皎々한데 孝昌숲 初夜에는 발다지 소리, 어둠 해치고 달도 우는 밤 先生은 잠드시다."(49/7/5) 가장 존경하던 김구가 암살된 일은 I씨에게 매우 충격적인 일이었던 것이다.

이상과 같이, I씨는 1949년 여름의 정치 격변에 대해 상세히 기술하고 있다. 그런 상황은 I씨에게도 '超非常時局'으로 인식되었다(49/7/1).

2) '1949년의 위기' – 분단과 남북통일

1948년에 수립을 선언한 한국과 북한은 각각 '北進統一', '國土完整'을 내세우며 대립했다. 1949년 1월말에는 한국 측이 38도선을 넘어 북한 측을 공격하는 사건이 발생한다. 5월에는 본격적인 무력충돌이 시작되어, 6월부터 8월에 걸쳐 옹진반도에서는 서로 상대방을 공격하는 전투가 이어지고 있었다. 남도 북도 상대가 공격해 오면 반격하고, 무력통일 실현을 공언하고 있었다. 와다 하루키는 이런 한반도의 상황을

'1949년의 위기'라고 표현한 바 있다.[14]

I씨는 '1949년의 위기' 속에서 '美軍' 철수와 ECA 원조문제에 관한 보도에도 관심을 가지고 일기에 기록하고 있다. 예컨대 이승만 대통령은 한국방위강화를 위해 '美國'에 1억 5천만 달러의 ECA 원조를 요청했으며, 전 국민은 "Carry out your defence mission prior to withdrawal of U.S. army"라는 슬로건을 들며 '38線 撤廢에 擧族蹶起防衛强化國民大會'를 서울운동장에서 개최했다(49/6/11).

6월 29일에는 잔류하고 있던 주한 '美軍' 장병 약 1,500명이 인천항을 출발했으며, "軍事使節團을 남기고 全員 撤退하게 되었다"(49/6/29). 다음 날 이범석 국무총리가 '美軍' 철수에 즈음하여 한국은 국토방위와 치안확보에 자립성을 발휘하고 "世界平和를 爲해서 韓美 兩國은 앞으로 더욱 提携을 革固히 하여야 할 것"이라는 담화를 발표했다(49/6/30).

I씨는 1949년 5월부터 8월에 걸쳐 중화민국의 장개석, 필리핀의 키리노, 이승만 사이에서 '반공'을 기본이념으로 하여 동아시아의 정치·경제적 유대 강화를 도모하는 '太平洋同盟'이 추진되는 움직임에 대해서도 언급하고 있다(49/5/7, 7/12, 8/6, 8/7). 8월 6일, 7일 이승만과 장개석의 '鎭海會談'에서는 양 수뇌가 "共産主義侵略에 對抗 太平洋同盟 豫備會談 等에 合意를 보고" 공동성명을 발표했다(49/8/7). 하지만 미국의 지원을 둘러싼 이해관계의 차이와 공산주의에 대항하는 힘에 대한 의구심 등이 원인이 되어 '太平洋同盟'은 실현되지 않았다.[15]

14 和田春樹, 「第1章 1949年の危機」, 『朝鮮戦争全史』, 岩波書店, 2002.
15 Bruce Cumings, *The Origins of The Korean War Volume II The Roaring of the Cataract 1947-1950*, Princeton University Press, 1990, p.383.

한편 I씨는 신년을 맞이하여, 남북 분단의 움직임이 진행되는 가운데 을축년에야말로 "원수의 38°도 께여지고 南北이 統一될 줄 믿는다"(49/1/1)며 남북통일에 대한 기대를 피력하기도 했다.

'3·1節 第30週年記念'(49/3/1)과 '第2次萬才事件 6·10記念 第26週年'(49/6/10)의 기술에서도 남북통일에 대한 희망을 이야기하고 있다.

> 聯合國의 勝利로 말미아마, 日帝로부터 解放이 되였스나, 생각도 안튼 國境 아닌 國境 38°線이 生기고, 韓國은 兩斷되여, 오늘날에 와서는 南北間에 충突이 發生하야 같흔 民族끼리 生命을 삐기게 하고, 서로 원수 같치 피를 흘니고 있스니, 此 엇지 한심한 일이 아니랴. 하루밥비 南北統一 自主獨立國家로 되기를 마음것 비러 마지 안는다.(49/6/10)

1949년 여름에 발생하고 있던 38도선 부근에서의 군사충돌이 '한심한 일'이며 "國民들은 恐怖에 싸여있다"(49/6/10)고 I씨는 비판적으로 적고 있다. I씨는 이승만 정권의 군사력에 의한 '북진통일'론이 아니라 김구나 김규식의 대화를 통한 남북협상론을 지지하고 있었다.

3) 한국인이라는 의식

1949년 I일기에는 '美國'(1/1)에 이어 '中國'(1/3), '英國'(1/18), '仏蘭西'(2/5), '比國'(3/3), '뉴-질렌드國'(6/21), '도미니카共和國'(7/13), '보리비아共和國'(8/10), '土耳其王國'(8/13), '濠洲國'(8/14), '白耳義王國'(8/16), '이란王

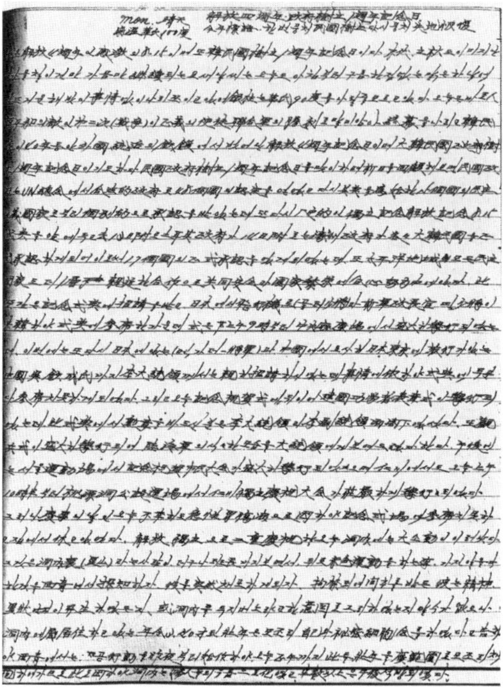

〈그림 1〉 1949년 8월 15일의 일기
'解放四週年・政府樹立1週年記念日'이라고 적혀 있다.

國'(9/24) 등의 각국이 한국을 승인한 날이 본문과는 별도로 기록되어 있다. 세계 각국의 한국 승인 문제는 I씨의 가장 큰 관심사 가운데 하나였다.

8월 15일에는 '解放 四週年・政府樹立1週年記念日'(49/8/15)이라고 적고, 본문에서는 '解放四週年'보다도 '政府樹立1週年'을 강조하고 있다. 그리고 21일에는 "大韓民國政府의 自主獨立國家임을 世界萬邦에 宣布한 지도 어언 한돌을 마지하게 되어 안으로 모든 部面이 自設되어가고 밖으로 17個國의 承認을 어더 점차로 育成發展하려는 때 軍[國]民의 感激을 새롭게 하고 진취와 각성을 촉구하는 多彩로운 記念式典이 全國坊々谷々에서" 개최되었다 (49/8/21). I씨가 세계 각국의 한국 승인을 기록하는 일은 I씨가 대한민국의 '國民'이라는 점을 스스로 매일 매일 재인식하는 일이기도 했다.

이듬해인 1950년 4월의 제54회 보스턴 마라톤대회에서는 "大韓의 建兒 咸基龍君의 榮譽의 第一着을 하고 뛰이며 宋吉允君이 第二着, 崔倫七君 第三着"(50/4/19)이 되어, "一着에서 三着까지 한 나라 사람이 차지하였다는 것은 歷史에 없는 記錄이며, 마라돈의 王國은 韓國이라는 것을 이번 포−쓰튼大會에서 各世界에 여지 없이 그 威力을 떨첫다"(50/4/20). 이는 "全韓國々民의 耳目을 集中"(50/4/19)하게 하는 사건이었으며, I씨 역시 '全韓國々民'의 한 사람이라는 점을 느끼고 있었다.

1949년 5월 1일에는 한국 최초의 국세조사가 실시되었다. "오날은 大韓民國政府가 樹立된 以後 第1回로 施行허는 國勢調查 卽 人口調查日이며 (…중략…) 家々戶々 全國 坊々곡々에서 歷史的인 人口調查를 하였을 것이다"라고 적었다. I씨의 집에서도 신고서를 조사원에게 제출하여 "家族이 全部6名이라는 것을 正確하게 事實데로 報告하엿다". 또 "大韓民國에 있서々 總人口가 을마나 되며 仁川府內의 府民은 얼머나 되는지, 今般 實施헌 人口調查에 依하야 確實헌 人口를 알 수가 잇슬 것이다"라고 I씨는 적고 있다(49/5/1).

6월 15일에는 공보처에서 국세조사의 결과가 발표되었다. 그에 근거하여 I씨는 5월 1일 현재 한국 총인구는 20,284,000명, 서울시 총인구는 1,446,000명, 인천부 총인구는 262,468명이라고 기록하고 있다(49/6/15). I씨는 국세조사라는 국민의 수량화를 통해 '大韓民國'을 한층 명확하게 상상할 수 있게 되었던 것이다.

이어서 '5·10選擧記念日'에는 다음과 같이 적고 있다. "金九氏, 金奎植博士들의 所謂 南北協商派의 反對도 있엇으나, 昨年 오늘 U.N.韓委 監視下에 南韓에 있어서 總選擧를 施行하였다. 選擧에 있어서 投票成積[績]은 90%以上이라는 好成積[績]이였다 하며 濟州道만히 暴徒들의 방해로 因하야, 遺憾하게도 選擧를 못하고 追後에 하게 되었다"(49/5/10).

이는 신문 혹은 라디오의 인용이라고 추측되지만, 여기서 I씨는 "韓國人는 처음으로 選擧 投票를 하였다"고 논평을 덧붙이고 있다. 남한 총선거를 통한 대한민국의 건국에 의해 '韓國'이라는 호칭이 신문, 라디오 등을 통해 보도되었으며, I씨 역시 이를 일기에 기록했다. 그리고 I씨는 대한민국의 사람들을 이날 처음으로 '韓國人'이라고 적었던 것이다.

여기서 제주도만이 '暴徒들의 방해'로 선거가 실시되지 못했다는 구절에는 주의할 필요가 있다. 한국 건국을 위한 최초의 총선거에 투표한 사람들이 '韓國人'이라고 한다면, 그것을 방해한 '暴徒'는 '韓國人'이 아니다, 혹은 '韓國人'으로부터 제외되어야 한다는 해석이 이 기술에는 함의되어 있기 때문이다. 다른 곳에서도 '赤色共産主義者'는 '韓國人'으로부터 제외해야 할 존재로 기술되어 있다(49/12/16). I씨에게는 '韓國人'이란 '暴徒'나 '赤色共産主義者'을 배제한 '國民'으로 인식되고 있었던 것으로 보인다.

그래도 한국정부는 과거의 "과오를 청산하고 大韓民國에 한 國民으로서의 忠誠"을 다하는 사람들은 "特別히 용서하기로 하고 (…중략…) 國民保導聯盟에 加入식혀, 앞으로는 大韓民國에 國民으로서 育成"하게 되었다(49/12/16). I씨는 '暴徒'나 '赤色共産主義者'도 국민보도연맹에 가입함으로써 '國民'이 되는 길이 열린 것을 긍정적으로 기록하고 있다.

알튀세르에 따르면 "개인들은 항상 이미 주체로서 이데올로기에 의해 호명되고 있다".[16] 1949년의 한국에서 그 '호명'은 신문이나 라디오, 지역·직장의 집회 등에서 이루어졌다. 실제로 I씨는 자신과 같이 신

---

[16] ルイ・アルチュセール(西川長夫ほか訳), 『再生産について 下―イデオロギーと国家のイデオロギー諸装置』, 平凡社, 2010, 91쪽.

문을 읽고 라디오를 듣고 있는 사람들이 어떤 사람들인지 몰랐지만, 그 사람들이 이루 헤아릴 수 없을 만큼 존재한다는 점은 국세조사에 의해서도 확신하고 있었다.[17] I씨도 신문이나 라디오, 지역·직장의 집회에서의 '호명'에 의해 서로 만난 적도 없는 약 2,000만의 사람들과 함께 같은 시간을 살아가고 있다고 느끼고 있었다. I씨는 '韓國人', '韓國民'이 되었던 것이다.

단, I일기의 기술이 모두 '韓國人'으로 통일되어 있었던 것은 아니다. 예컨대, "요사히 日氣는 겨울 冬期로는 通하지 않은 땃뜻하고 푸군한 氣溫이다. 生活難에 허덕이는 朝鮮人에게는 꼭 알맞는 日氣다"(49/12/16), "解放이 된 오늘날 朝鮮사람들은 基督敎信者나 信者가 않인 사람이나, 크리쓰마ー쓰를 질거운 날로 생각하고 있게 된 것을 어데 가서든지 알게 되었다"(49/12/24)와 같이, '朝鮮人'이나 '朝鮮사람들'이라는 표기도 보인다. 그런 표기들은 I씨가 1945년 이전부터 습관적으로 사용하고 있었다고 할 수 있는데, 그것들은 대체로 생활의 장면에서 사용되고 있다. 1949년의 I씨는 정치나 공식행사에 관한 기술에서는 '韓國人', 일상생활 속에서는 '朝鮮人', '朝鮮사람들'이라는 식으로 아마도 무의식으로 사용하고 있었다고 생각한다.

---

17 ベネディクト・アンダーソン(白石さや・白石隆訳), 『増補 想像の共同体ーナショナリズムの起源と流行』, NTT出版, 1997, 62쪽.

4. 지역에서의 동원, 전쟁의 징후

1) 동회에 의한 경제적 동원

지방자치법은 1949년 7월 4일 법률 제32호로 공포되어 8월 15일부터 시행되었다.[18] 제2조에서는 정부 직할 하의 도 및 서울특별시, 도 관할 하의 시·읍·면이 지방자치단체로 규정되었다. 이에 따라 인천부는 인천시로 개칭되고 지방자치단체가 되었다.[19]

I일기에 따르면 인천시에는 동이 있었으며, 동에는 구·반이 존재했다. 동·구·반은 지방자치법에서는 지방자치단체로 규정되어 있지 않았지만, 실질적으로 지방의 말단 행정기관으로 기능하고 있었던 것 같다. I씨는 송현동 제3동회 제8구 제2반에 소속되었는데, 제2반은 10여 세대로 구성되어 있었다. I씨는 이해 9월 제2반의 반장이 되어 "오늘부터 責任 맡은 此 班을 爲하야, 여러가지로 성의껏 일혜볼 決心"이라고 적고 있다(49/9/20).

김영미에 따르면, 식민지 시기부터 존재한 애국반은 1949년 10월 1일 국민반으로 개칭되어 국민운동 실시를 위해 조직된 국민회의 말단 기관으로 자리매김되었다.[20] 12월 11일 I씨가 반장이 된 후 처음으로 제8구 반장회의가 소집되었다. 이날의 의제는 ① 양력 명절을 앞둔 이중과세過歲 금지의 건, ② 각 반장은 수일 내에 반회를 소집하여 12월분

---

18 『官報』 號外, 대한민국정부공보처, 1949.7.4.
19 인천직할시사편찬위원회 편, 『仁川市史 上卷』, 인천직할시, 1993, 442쪽. 1995년 3월 1일부터 인천광역시로 변경되어 현재에 이르고 있다.
20 김영미, 『해방 전후 서울의 주민사회사─동원과 저항』, 푸른역사, 2009, 305쪽.

부터 4월분까지의 '국민회비' 1세대당 70원을 징수하는 건, ③ 청소비 1
세대당 60원을 징수하는 건의 세 가지로, 모두 동회의 지시에 따른 것
이었다(49/12/11).

이처럼 동회와 반은 주민으로부터 '국민회비'나 청소비 등의 행정비
용을 조달하고 있었음을 알 수 있다. 김영미에 따르면 동회는 식량배
급제와 밀접하게 연동하면서 경찰이나 행정을 보조하는 비용, 동사무
소나 양곡배급소의 신축·개축비용 등의 행정자금을 주민으로부터 동
원하고 있었다.[21] 이 같은 동원시스템은 식민지 말기부터 연속된 것으
로, 정부수립 이후 반공체제의 정비과정, 한국전쟁 하에서도 주민을
동원하고 통제하는 핵심적인 역할을 하고 있었다.

2) 한청에 의한 동원

1948년 12월 19일 대동청년단, 청년조선총동맹, 국민회청년단, 대
한독립청년단, 서북청년단 등 20여 개의 우익청년단체가 통합되어 대
한청년단이 조직되었다. 총재에 이승만, 최고위원에 장택상, 지청천,
전진한, 유진산이 추대되었다. 한청은 약 200만 명의 단원에 의한 광범
한 조직망을 아우르는[22] 이승만 정권에 의해 조직된 관제 청년조직이
었다.

---

[21] 위의 책, 308쪽.
[22] 한국사사전편찬회 편, 『한국 근현대사사전 증보』, 가람기획, 2005, 288쪽. 결성된 것은
1949년 12월 19일로 되어 있지만, 1948년의 오기이다.

이듬해인 1949년에는 남한 각지에서 "靑年團의 結成式이 每日갓치 여긔저긔서 擧行"되었다(49/3/6). 1월 9일에는 '大韓靑年仁川府團'이 결성되었다. 결성식은 인천부 제1공회당에서 서상천과 문봉제 등의 중앙 간부, 다수의 청년단원이 참가한 가운데 거행되었다. "愛國歌 合唱, 先烈 默想, 開會辭, 宣誓"에 이어 인천부 단장에 김득하, 부단장에 김영일, 김철이 임명되었으며, 이승만 대통령의 축사와 '以北同胞에게 보내는 글월'이 낭독되었다(49/1/9).

6월 12일에는 한청 인천부단 주최의 비상시국대책 방위강화 총궐기 국민대회가 개최되어 인천부민 2만여 명이 동원되었다. 대회는 '國民儀礼', 부윤府尹의 축사, 한청 동서남북 각 구단 대표의 격문 낭독, UN 한국위원회·미국대통령·이대통령·국회에 보내는 메시지 및 결의문의 낭독, 시가행진으로 이어졌다. I씨는 "늠々하고 씩々헌 男女靑年들이 보기 조운 列을 지어, 國會內에 反動 不純分子를 肅淸하자! 南北協商 中間路線 機會主義者 打倒하자 等의 스로간을 푸른 하날 놉피 들고, 韓靑團歌와 韓靑行進曲을 씩々하고 기운차게 부르며 市街行進을 하는 것도 歷史的 觀景이였다"(49/6/12)고 적고 있다.

한청은 부뿐만 아니라 동이나 구에서도 조직되어 활동하고 있었다. 예컨대, 3월 26일 오전 3시에는 한청 인천부단 동구단으로부터 갑작스런 비상소집이 걸렸다. 오전 6시에는 제3동회 광장에서 한청 동구단장의 지도로 '國民儀礼'를 하고, 오전 7시에는 동구단원이 서림국민학교에 모여 "李承晩大統領 第75回誕生祝賀式을 盛大히 擧行하였다"(49/3/26). I 씨도 2반 반장의 집 문을 두드리는 소리에 깨어 축하식에 동원되었다.

4월 20일에는 송현동 제3동회 한청 주최로 조선기계 사택 앞의 도로 수리작업이 이루어졌다. 한 세대 당 한 사람의 부역을 제공하게 되어, I 씨도 작업에 참석하였다. I씨는 "이번 修理工事로 因하야, 조혼 上等道 路가 되면, 이 을마나 조홀 일이랴"라며 도로수리작업을 긍정적으로 평가하고 있다(49/4/20).

이처럼 한청은 부(시), 동의 지역에서 동원을 하고 있었다. I씨는 지역에서의 동원에 불평하는 일 없이 오히려 적극적으로 응하고 있었던 것 같다. 그것은 식민지 시기의 동원 체험에 더하여, 한청이 내세운 한국의 방위와 반공에 호응하고 있었음을 보여주는 것이라고 할 수 있을 것이다.

동원하는 주체는 일본의 식민지 지배 행정조직에서 이승만 정권의 관제조직 한청으로 변했다. 한청은 식민지시기, 특히 전쟁시기에 만들어진 부, 동, 반의 지역행정시스템에 의거하여 조직되었으며, 다양한 정치적·행정적 동원을 행하고 있었다. 부, 동은 한청에 장소를 제공하고 인적으로 협력하고 있었다. 식민지 지배 하에서 형성된 지역의 동원시스템은 반공과 대한민국을 방위하는 것을 목적으로 한 것으로 재편되었던 것이다.

3) '적색테러' 사건, 38도선 부근에서의 군사충돌, 징병검사

I일기에는 인천에서의 좌우세력 대립이나 '赤色테로事件'도 기술되

어 있다. 2월말에는 3·1독립운동기념일을 앞둔 계엄태세 하에서 한청 인천부단 동부분단장인 최득래씨가 좌익청년에게 총으로 살해당하는 사건이 발생하여 I씨도 장례에 참석했다. "아까읍게도 南北統一의 떼도 보지 못한 체, 늘25才라는 꽃다운 靑春을 버리고 永眠하게 되였다. 彼는 大端히 싁싁하고 勇敢하며, 左翼 共産分子를 악척 갓치 자버치우며 大韓 民國에 忠誠을 다헌 靑年"이라고 I씨는 기록하고 있다(49/2/26).

3월 15일에는 금곡동, 송현동 등에서 '赤色分子의 테로事件'이 발생 하여 비상계엄상태였다(49/3/15). "解放, 獨立으로 二重慶祝할" 8월 15 일, "洞內에는 大小動이 이러낫다". '裵(星山)'라는 동의 반장을 맡았던 인물이 '赤色運動'의 혐의로 서북청년단에 체포되었다. 배는 조사과정 에서 동 내에 거주하는 30~40대 장년은 모두 '秘密細胞會'로 조직되어 있다고 증언했다. 이에 서북청년단 측은 모든 대상자를 체포하여 동 내는 큰 혼란에 빠졌다고 한다(49/8/15).

'적색테러' 사건 외에 1949년 봄에는 38도선 부근에서 본격적인 군 사충돌이 일어나고 있었다. 와다 하루키는 미군 G2의 보고에 근거하 여 한국 측의 도발로 전투가 개시되었고 서해 쪽 옹진반도는 충돌이 일어나기 쉬운 무대가 되었다고 지적한다. 옹진반도에서의 전투는 6 월에는 한국 측의 우세 속에 전개되었지만, 8월에는 인민군이 38도선 을 돌파하여 한국군 2개 중대를 전멸시켰다.[23]

옹진반도에서의 군사충돌은 I일기에도 기록되어 있다. 옹진방면으 로 출격했던 한국군은 7월 6일 "名譽의 壯烈한 戰死를 英靈을 모시고"

---

23 和田春樹, 앞의 책, 50~60쪽.

귀환했다. 그들은 "全員 決死의 覺悟로 周到한 作戰計劃과 果敢한 攻擊을 斷行하야 (…중략…) 頑强히 抵抗하는 叛徒에게 致命的 損害를 준 後 이를 擊退하야 多大한 動功"을 거뒀다(49/7/6).

8월 24일에는 역시 옹진방면으로 출격하고 있던 제12연대가 귀환하여 관공서, 청년단체, 학생단체, 사회일반시민이 성대하게 환영한 광경을 적고 있다. "家々戶々에는 國旗를 달고, 各洞里에서는 歸還허는 壯[將]兵을 歡迎하기 爲하야 男女老少가 손에 다 國旗를 들고 列를 지어 埠頭로 行進허는 것도 눈에 띠었다"(49/8/24).

38도선 부근에서 전투가 이어지는 가운데 "滿 20歲 靑年이면 다 兵役에 服하는 義務를 지게 하는" 병역법이 국회에 상정되었다(49/7/12). 병역법은 이 시점에서 공포·시행되지 않았으나 I일기에 따르면 약 10일 후인 7월 21일 밤 인천의 각 동에서 '募兵召集'이 이루어져, I씨의 직장에서도 여러 명의 동료가 '召集狀'을 받았다고 한다. 22일은 '調査日'로 "各處에 設置헤 있는 檢査所 앞에는 召集狀을 가지고 온 靑年들도 많치만, 父母들까지 와서들 울고불고 허는 狀況은 此 時代의 歷史的 觀景이었다". "요사히 募兵의 件으로 누구나 다 말이 만코", I씨 여동생의 약혼자가 모병 대상이 되는 것은 아닌가라는 문제로 "全家族이 다 근심 걱정에 싸여있다". 이날 I씨의 직장에서는 퇴근 때 특별소집이 있었다. "京電社員은 護國隊 才112聯隊로 되여 있으니가 募兵 召集狀이 나와도 너무 걱정할 것 읍다는 注意의 말이 있섰다"(49/7/22).

병역법은 옹진반도에서 인민군이 38도선을 돌파하여 한국군 2개 중대를 전멸시킨 직후인 8월 6일에 공포되었다. 전투가 격화되었기 때문에 급히 국회에서 심의되어 공포된 것으로 여겨진다. 병역법은 전체의 구성 및 조문의 내용에 비춰볼 때 1927년 3월 31일에 공포된 대일본제국의 병역법[24]을 바탕으로 작성된 것이 분명하다. '제1장 총칙' 제1조 "大韓民國 國民된 男子는 本法의 定하는 바에 依하여 兵役에 服하는 義務를 진다"는 '帝國臣民'이 '大韓民國 國民'으로 바뀌었을 뿐 대일본제국의 병역법 제1조와 거의 같다.[25] 제2조 "大韓民國 國民된 女子 및 本法의 定하는 바에 依하여 兵役에 服하지 않는 男子는 志願에 依하여 兵役에 服할 수 있다"는 대일본제국의 병역법에는 없는 내용으로 지원에 의해 모든 '大韓民國 國民'이 병역에 복무하는 것을 가능하게 하는 조문이다.

그해 말 12월 16일에는 병역법에 근거한 징병제도 하에서 제1회 징병검사가 이루어졌다. "大韓民國의 歷史的인 課業으로서 今年부터 徵兵制度가 實施되어, 滿20才 되는 靑年들에는 徵兵檢査를 하게 되어서 第1回 歷史的인 徵兵檢査가 요즘 各地方에서 한참이라 甲種 合格者도 많이 나왔다". I씨는 징병검사가 '大韓民國의 歷史的인 課業'이라고 쓰는 한편 "問題되여 마음이 傷하는 일이 없"다고 적고 있다(49/12/16). 어딘가 다른 사람의 일이라는 듯한 말투인데, 앞서 언급한 바와 같이 경전사원은 호국대 제112연대에 소속되어 있어서 I씨 자신은 징병 대상이 아니라고 생각했기 때문일지도 모르겠다.

I일기에서 분명히 알 수 있는 사실은 1949년 7, 8월에 38도선, 특히 옹진반도에서 전투가 격화되었다는 점, 그런 가운데 7월에는 '募兵召

---

24 「徵兵令ヲ改正シ兵役法ト改ム・御署名原本・昭和二年・法律第四七号」, NATIONAL AR-CHIVES OF JAPAN DIGITAL ARCHIVE, https://www.digital.archives.go.jp/das/image/F0000000000000030373, 2017.4.28 열람.

25 『官報』 제149호, 대한민국정부공보처, 1949.8.6.

集'이 이루어지고 8월에는 병역법이 공포된 점, 12월에는 징병검사가 실시되어 병사 동원이 시작되고 있었던 점이다. I씨와 같은 서민의 입장에서 전쟁은 이미 1949년에 시작되고 있었던 것이다.

5. '비상시국 하'의 노동

1) 직장과 업무

I씨가 일하고 있던 경전 인천지점에는 공무계·수리계·시험계·조정계·업무계·회계계 등의 부서가 있었다. I씨는 시험계에 배속되어 있었다. 그곳에서 I씨의 업무는 변압기·계량기·전동기의 검사·시험·측정, 개수, 공사의 검수 등으로, 전속 부하 3명과 함께 매일 현장에 나가 있었다. I씨는 현장에서의 업무 내용을 매일 적고 있었다. I 일기는 업무의 기록이었다.

경전의 직위는 중간관리직과 전문기술자인 직원, 하위관리자와 숙련기술자인 고원雇員, 전공이나 승무원 등 단순기술자인 용원傭員으로 구분되었다. 1948년까지 I씨는 용원이었던 것 같다.[26] 1949년 4월 1일 일기에는 '組長 日給 出勤簿로부터 工手 月給 出勤簿'라고 별도로 기재되어 있다. '工手'란 전기나 토목 등의 공사를 하는 노동자를 가리킨다.

---

26 太田修, 「朝鮮解放直後におけるある労働者の日常－仁川の電気工氏の日記から－」, 鄭昞旭·板垣竜太編, 『同志社コリア研究叢書1－日記が語る近代－韓国·日本·ドイツの共同研究』, 同志社コリア研究センター, 2014, 349쪽.

본문에는 3월 26일 지점장으로부터 '工手辭令'을 받고 4월 1일부터 '工手 月給 出勤簿'에 날인할 수 있게 되었다고 적고 있다. 즉, I씨는 그때까지 일급의 '傭員'이었지만, 3월말 '辭令'에 의해 월급을 받는 '雇員'으로 승진했다는 의미일 것이다.

"工夫못하야 學識 읍는 罪"로 인해 출근 시에 일급자용 '쌍놈 出勤簿'에 날인해 왔지만, 월급자용 '兩班 出勤簿'에 날인할 수 있게 되었다. I씨는 그 기쁨을 다음과 같이 적고 있다. "每日 아침 會社 出勤時, 悲痛의 마음이 사라질 사히 읍드니, 하날의 黑雲이 하날를 답々허게 뒤덥고 안다가, 구롬이 벗겨지고 快晴의 하날로 되듯 (…중략…) 오날은 日常 가슴을 쓰라리게 하고 일든 組長 日給 出勤簿를 지버치우고, 希望의 새로운 工手 出勤簿에 처음으로 印章을 찍게 되었다"(49/4/1).

단, 이 일로 만사가 호전된 것은 아니었다. 이전에는 여러 수당을 포함하여 7천 원이었지만, '工手'로 승진해도 본급은 5천 원으로 생활이 곤란하다고 적고 있다(49/4/26). 그것이 7월에는 4천 원으로 줄어 '앞으로 사러 나갈 걱정'만 하게 되었다(49/7/22). 하지만 9월에는 본급이 11,200원으로 올랐다(49/9/21). 왜 2배 이상 늘어났는지는 불투명하지만, I씨에 따르면 경력, 근무연수가 고려된 결과라고 한다.

어쨌든 본급만으로는 생활할 수 없어서 '殘業手当', '危險手当', '年末特別警備手当' 등으로 부족분을 메우고 있던 것 같다. 특히 잔업수당이 많아서 11월분은 5천원이었다. 이에 대해 회사 측은 잔업이 지나치게 많다고 여겨 현장의 책임자가 조정하도록 지시하고 있다. 현장책임자인 I씨는 부하의 잔업신청을 거부하지도 못하고 '참으로 괴로운 일'이라고 적고 있다(49/12/17). 여러 가지 수당은 I씨와 같은 노동자에게는 양보할 수 없는 것이었다.

1949년부터 1950년 6월에 이르는 시점에서 I씨는 노동자임을 어느 정도 자각하고 있었다. 1949년 5월 1일에는 "勞働者는 누구나 勿論하고 있지 못할 메―데―記念日이다"라고 적고 있다. 하지만 그날 국세조사가 실시되었기 때문에 이범석 국무총리의 명령으로 모든 메이데이 기념행사가 중지되었다. 이승만 정권이 메이데이에 맞춰 국세조사를 실시한 것은 고의임이 명백했다. 그래도 I씨는 "行事 읍시 마음으로 메-데-를 祝賀하는 同時, 勞働者의 한사람으로서 메―데―의 뜻을 머리 깁피 느어 두는 同時, 1880年 美國 勞働者들의 鬪爭記가 세롭게 머리에 떠올는다"(49/5/1)라고 적고 있다.

이듬해 1950년의 메이데이에는 인천공설운동장에서 '大韓勞總仁川最高委員會' 주최의 '第64回 메―데―記念祝賀大會'에 경전의 노동자로서 I씨도 참가했다. "오늘은 勞働者의 날 메―데― 第六十四週記念日이다"라고 시작하여 "美國勞働者가 資本家의 非人間格的 억압과 强制勞働, 生活의 貧困 속에서 呻吟 타호―독한 彈壓 박해 속에서 피루성이로 싸워 "八時間 勞働制 實施"의 目的으로 達成하고 勝利의 月桂冠을 가저온 날이다. 그러므로 그 굳은 団結은 永遠히 빛나고 있어, 오늘 全世界 勞働者들은 盛大한 記念祝賀가 있을 것이다"라고 적고 있다(50/5/1).

이처럼 I씨는 메이데이에 자신이 노동자임을 재확인하고 있다. 이런 의식은 해방 직후에 조선노동조합 전국평의회의 영향 하에 있던 '電工會', '京電仁川支店電工會', '京電從業員會仁川支部' 등 노동조합운동의

체험에도 기초한 것이었다.[27]

I일기에는 업무 내용과 함께 직장 내의 인간관계, 상사와 동료, 부하에 대한 불만이나 비판이 많이 기술되어 있다. 그것들은 아래의 두 가지로 대별된다. 하나는 공부가 부족한 자신에 대한 원망, 그리고 동료 H에 대한 질투와 경쟁심이다. 1949년 새해 벽두에는 동료 H로부터 계량기·변압기의 시험과 개수 등 현장의 업무를 인수받게 되었는데, H에게서 일을 배우지 않으면 안 되는 상황에 대해 "외 技術를 배우랴고 하지 아너든가? 하는 自身만 원망하여진다. 이죄부터 電氣工夫, 技術를 이를 악물고 工夫하야 絶對 他人에게 뒤떠러지는 일이 읍도록 할 決心이다"(49/1/6)라고 적고 있다. 또 2월 14일의 인사이동에서 입사동기임에도 상사로부터 평가받아 사무원으로 발탁된 H에 대한 질투와 경쟁심에 대해서도 기술하고 있다(49/2/23). 그 후에도 "모든 것이 다 怠慢하고 工夫허지 안은 罰이러구나, 하는 생각이, 머리를 큰 鐵棒으로 네 갈기는 것 갓치 되는 感이 낫다"(49/3/5)라며 공부를 게을리 한 자신을 반성하고 자책하는 날이 이어졌다.

다른 하나는 상사와 동료에 대한 비판, 부하와 한청, 대한노총 간부에 대한 불만이다. 우선 상사와 동료에 대한 비판에 대해서는 I씨 자신도 동료 H도 같은 '工手'였는데, 주임 K가 H에게는 사무 업무를, 자신에게는 현장 업무를 시키는 것은 '差別待遇'라고 토로한다. 또 주임 K의 비호 아래서 특별대우를 받고 있는 H나 그 동료도 비판하여 주임 K와 H 등 3인과 '親交斷絶'했다(49/2/14). 그런 상사와 동료에 대한 비판

---

27 위의 글, 352~357쪽.

은 "學歷없는 技術者에게 工夫못한 서름을 주게 하였다"고 적고 있듯이(49/9/21), 학력 콤플렉스로 변해갔다. 이에 I씨는 인천대학 야간부에 다니게 된다.

또 부하에 대한 불만은 4월 중순 현장의 작업반 편성이 이루어져 I씨에는 부하 3명이 있었는데, 3명 모두 태만하여 일을 하지 않고(49/5/11), 그 가운데 2명은 한청의 일만 하고 현장에는 하루도 나오지 않는다고 한탄하고 있다(49/5/20). 이런 상태가 장기간 지속되는 것에 대해 I씨는 단순히 개인이나 시험계 내에 문제가 있는 것이 아니라 회사 전체가 무질서 상태에 빠져 있기 때문이라고 해석한다. 즉, "解放以後로 新入社員과 其中 北韓에서 기여 네려온 者 等이 大韓靑年團 大韓勞總 等의 役員으로 되여 全社員을 自己들 손악위에 지버 느랴고 하"고 있는 것은 '恨심한 일'로(49/3/8) '大韓勞總京電仁川分會 副會長'인 주임 K 역시 일을 하지 않는 사람의 하나라고 I씨는 보고 있었다. 이처럼 I씨는 부하가 현장에서 일하지 않은 것은 한청 및 노총의 간부가 직장을 틀어쥐고 있는 '無秩序狀態'에 있기 때문이라고 비판적으로 보고 있다. 하지만 그 비판의 칼날은 한청이나 노총을 통제하는 이승만 정권이 아니라 월남북한출신자에게 겨눠지고 있었다.

2) 군사훈련, 사찰

업무나 인간관계의 서술과 더불어 중요했던 것은 경전 한청의 군사훈련과 경찰에 의한 사찰 및 동료의 검거에 대한 기술이다.

1949년 1월 21일 한청 인천부단 경전분단의 결성식이 사옥 옥상에서 개최되었다. '國民儀禮', 강령낭독, 단장과 간부의 임명, '萬歲三唱' 등이 이어졌다(49/1/21). I씨의 직장에도 한청이 조직되었던 것이다.

지역에서 한청이 사람과 물자를 동원하고 있었던 것처럼 회사나 공장에서도 한청이 동원을 지휘하고 있었다. 경전 한청은 결성으로부터 한 달 여 지난 3월 6일부터 사원을 군사훈련에 동원하기 시작했다. I씨는 '京電 韓青 第1回 訓練日'에 "요사히 近來에 와서는 軍事訓練이 심하여 가고 있다"고 기록하고 있다. 한청은 동회에 조직된 구분단, 그리고 회사나 공장의 분단에서 군사훈련을 지휘하고 있었던 터라, I씨는 동회 한청과 경전 한청 양쪽으로부터 소집통지를 받았다. 그렇다고 해서 양측에서 훈련을 받을 수도 없고 어느 한쪽을 "理由 읍시 欠席하는 時에는 監察部에서 빨겡이로 치고, 嚴罰에 處"하기 때문에 동회의 군사훈련에는 참가하지 않고 직장에서의 군사훈련에만 참가할 수 있도록 경전 한청이 중재해 주었다(49/3/6).

제1회 경전 한청 군사훈련은 숭의동 초등학교 교정에서 약 2시간에 걸쳐 이루어졌다. I씨는 "全部가 美國式이요, 모든 것이 멋만 잇고, 日本式보다 全部가 편하고 樂感이 든다"(49/3/6)고 적고 있다. 이 낙관적인 감상은 I씨가 1945년 이전 일본의 전시 하에서 받았던 군사훈련과의 비교에서 비롯된 것인데, 이 감상이 사라지기까지는 많은 시간이 필요치 않았다.

그 후로도 군사훈련은 매주 토요일 혹은 일요일에 정기적으로 이루어졌다. 일정한 훈련이 끝나면, '術科 及 學科試驗'(49/8/7)이 실시되었으며 한청 간부 앞에서 성과를 발표하여 사찰, 표창을 받는 졸업식도 거행되었다. 예컨대, 9월 4일에는 '大韓靑年京電特別團部仁川分團訓練所'의 제4기 졸업식이 "崇義洞 國民學校 校庭에서 盛大하고도 壯嚴하게 擧行되었다". 식에는 대한청년총본부 최고위원 장택상, 부단장 유진산, 미국인 고문 등 내빈이 참석했다. 훈련, '國民儀礼', 정대요 소장의 식사, 김삼문 분단장의 훈시, 내빈의 축사, 만세삼창이 이어졌다. 특히 영화촬영반원이 훈련광경을 촬영했다(49/9/4).

I씨는 군사훈련 개시 당초에는 "멋만 잇고", "편하고 樂感이 든다"고 적었지만, 피로와 감기를 이유로 훈련 참가를 기피하는 심정을 적게 된다. 9월의 어느 날, 두통이 생겨 쉬고 싶었지만, 결석하면 "訓練에 參加 허지 않았다는 것으로 여기에 對하야 기압을 바들 것"이기 때문에 어쩔 수 없이 참가했다(49/9/2). 하지만 "近1週日間 訓練을 바더, 무리에 무리를 하여 極度로 몸이 重弱하여 젓다"(49/9/5). 11월의 훈련 종료식에는 두통에 더하여 열도 났기 때문에 참가하지 않았다(49/11/15).

12월에 들어서자 매주 토요일 '木銃'을 이용한 '戰鬪訓練'이 시작되었다. "처음 만저보는 木銃으로 '세워 銃'에서부터 16動作까지 뵈우고, 前에 뵈운 密集訓練을 復習하고 오늘의 冬期 第二次 戰鬪訓練 第1日를 보냈다." 그리고 I씨는 부단장의 호령을 둘러싼 '우슴'에 대해 다음과 같이 기록하고 있다.

萬若 理由없이 欠席 2回以上 할 때에는 嚴罰에 處하며, 아주 없에버리겠 다는 副團長 金世根의 호령에는 코우슴이 나왔는데 彼도 우슨지 처다보고

빙그레 우섰다.(49/12/10)

부단장의 호령에 대한 I씨 등 훈련생의 '코우슴', 그리고 뒤이은 부단장의 '빙그레' 웃는 모습은 전시체제 하의 냉혹한 일상 속에도 '우슴'이 존재했음을 보여준다. 이 찰나의 '우슴'은 I씨 등 서민들이 전시하의 일상을 살아가는 힘이 되었다.

1950년 2월 1일에는 경전 인천지점의 '督動隊, 巡察隊, 自衛隊'가 조직되었다.[28] 자위대 경비는 오후 5시부터 다음 날 오전 9시까지 하루 8명씩 교대근무였다. I씨도 2월 6일의 제1회부터 6월 6일의 제17회까지 근무한 일을 기록에 남기고 있다.

1948년 12월 1일에는 법률 제10호 '國家保安法'이 공포, 시행되었다. 제1조에는 "國憲을 違背하여 政府를 假稱하거나 그 付隨하여 國家를 変亂할 目的으로 結社 또는 集團을 構成한 者는 左에 依하여 處罰한다"고 규정되었다. 지역이나 직장에서는 이 법에 근거하여 '좌익분자'의 검거가 이루어지게 되었다.[29]

1949년 봄부터 여름에 걸쳐 경전 인천지점에서도 경찰에 의한 사찰과 검거가 대대적으로 이루어졌다. 4월에는 사찰계의 형사가 '左翼分子·빨갱이' 5~6명을 연행했다. 지점장은 형사의 요구에 응하여 사원 전원을 모아 "京電內에서 左翼分子를 탐진하야 全評 細胞組織 全員名簿를 압수하였는데, 人員數는 77名인데 여긔에 役員이 8名이고 女子가 5

---

28 독동대는 지점장과 계장을 수행하는 8명, 순찰대는 2명, 자위대는 52명으로 조직되었다.
29 『官報』 제18호, 대한민국정부공보처, 1948.12.1. 1949년 12월 19일에는 법률 제85호 '國家保安法改正法律'이 공포, 시행되었다. 최고형이 사형으로 규정되었으며, 새로 '保導拘禁'에 관한 조문이 규정되었다(『官報』 號外, 대한민국정부공보처, 1949.12.19).

名이 包含되 있스니, 過去 左翼分子와 같치 活動헌 사람은 나와서 自首만 허면 誓約書 程度로 관대히 主任께서 處分하시겟다"고 말하며 '左翼分子'에게 자수를 권했다(49/4/7).

4월말에는 서무주임 G가 '赤色'이라고 지탄받아 퇴직하는 사건이 발생했다(49/4/27). G는 1946년 9월에 결성된 '南鮮總罷業鬪爭委員會仁川支會'의 위원장으로 경전에서의 총파업을 주도한 인물의 하나였다. 8월에는 다시금 사내에 '左翼分子 檢擧施[旋]風'이 불어 부하 N 등 동료 어려 명이 검거되었다. 특히 부하 N의 검거는 '참으로 異狀[常]한 일'이라고 I씨는 기록하고 있다(49/8/30).

이처럼 1949년의 경전에서 I씨를 비롯한 노동자들은 한청에 의한 군사훈련, 자위대 경비 등에 동원되었으며, 그 사이 '左翼分子' 사찰과 검거가 전개되었다. 1949년 I씨의 직장은 이미 전시체제 하에 있었다고 할 수 있다.

6. '우환憂患'의 나날들 – 고물가, 배급, 생활난

해방 직후 이래의 인플레이션은 한국정부 수립 후에도 계속되고 있었다. I일기에 따르면 1949년 5월 초에 "1升에 200圓이라는 참으로 무시々々헌 값으로 뛰여 올났다"(49/5/9). 이듬해인 1950년 1월에는 1승 370원으로 '狂騰'하여 "市民들의 食生活에 크다란 危險을 주게 되여 앞으로 市当局의 對策이 매우 注目되는 바 크다"(50/1/17). 그 후로도 쌀 가격은 1승 420원(4/8), 440원(5/20), 500원(6/8)으로 계속 '狂騰'하여 한국 전쟁 발발 직전인 6월 20일에는 "天井無知로 暴騰하여" 1승 600원이 되었다(50/6/20). 결국 쌀 가격은 전년의 약 4배로 뛰어올랐다. 보리와 연료 등의 가격 역시 크게 뛰어올랐다.

다른 물가는 사과 30원(49/12/8), '中國燒빵' 20원(49/1/13), 짜장면 200원(49/9/9), '朝鮮배차' 한 폭 30~40원, '中國호배차' 80~90원(49/11/14), 목욕료 90원(49/12/31), 이발료 180원(50/1/28) 등이었다.

I씨의 모친은 배급 일에 종사하고 있었다. 해방 직후에는 I씨도 도왔는데 1949년에는 임시로 돕는 정도로, 일기에는 그 모습이 단편적으로 적혀 있다. I일기로부터 배급의 상세한 운영시스템은 알 수 없지만, 1949년에도 배급이 계속되고 있었다는 점은 확인할 수 있다.

1949년 1월 16일 인천생활품판매조합 정기 신년총회가 개최되어, 조합운영의 경과보고에 이어 I씨의 모친이 담당하고 있던 제37구 배급소에서 일어난 '不祥事, 所謂 運賃事件'이 언급되었다. 모친의 대리로 참가한 I씨는 "얼골이 붉거지며, 머리가 숙어젓다"고 적고 있어서 I씨의 모친도 연관된 사건이었음을 짐작할 수 있다. 결산보고에서는 '雜費, 旅費, 接待費'가 매우 많은 점이 지적되었다(49/1/16). I씨의 집도 이 사건의 영향을 받아 수수료조차 받을 수 없는 상태가 계속되었다. "이루 긔가 막혀 말이 나오지 안는다. 仁生[인천생활품판매조합]에 對한 希望은 失望"으로 변했다고 I씨는 적고 있다(49/4/30).

사건이 일단락된 후에도 배급을 둘러싼 상황은 악화일로였다. 7월에는 모친의 대리로 1년 반 만에 배급 일을 하여 1인당 백미 3.5kg, 밀가루

2.6kg을 1,182명에게 배급했지만, 다음 날은 곡물이 '大不足'하여 "入荷될 때까지 配給을 中止키로 되었다"(49/7/3). 11월에는 "家族全體의 生命을 직히든 仁川生活品販賣組合도 이제는 運營을 繼續하느냐 解散이냐 허는 重大한 立場에 處하였"다고 적고 있다. 그 배경에는 11월 1일 한국 정부의 정책변경, 즉 '重点配給'에서 '超重点配給'으로의 전환이 존재했던 것 같다. 결국 정부방출미를 극빈자에 한정하여 배급하는 '超重点配給'을 조합이 대행하게 되어 가까스로 존속하게 되었다(49/11/1). 그러나 조합은 출자금 부족으로 운영난에 빠져, I씨는 '三匁짜리 純金 約婚結婚 반지'를 팔아 5만 원을 조합에 납부했다고 한다(50/5/13).

한편 I씨의 집은 이듬해인 1950년 1월에는 '自由米穀商'을 개업하게 되었다(50/1/5). 1월 12일부터는 공동으로 '쌀 小賣商'을 시작하여 2월 11일까지 '自由販賣'를 했다고 기록하고 있는데, 매상은 시원치 않았던 것 같다.

이처럼 인플레이션의 진행과 인천생활품판매조합의 운영난에 의해 I씨의 가계는 매우 힘든 처지에 놓여 있었다. I씨의 급료만으로는 도저히 꾸려나갈 수 있는 상태가 아니었다. 그로 인해 大皁의 처갓집으로부터 식량지원을 받거나 회사의 '相互楔'로부터 돈을 빌리기도 했지만, 그것들은 미봉책에 불과했다.

I씨의 집만이 생활난에 허덕이고 있었던 것은 아니다. 1949년 봄의 시점에서 I씨는 "요사히 生活難을 걱정 근심하야 將次 얼덕케 사러나 가나"(49/4/26), "쌀값이 워낙 高價이라 市民들은 누구나 食生活難에 울며 허덕이고 있다"(49/5/9)고 적고 있다. 한여름인 8월에는 "比 무서운

炎暑 그야말로 猛暑의 날, 더구나 末伏날, 질거히 안저 개장꾹 한번 먹
지 못하고 生活難, 우환의 걱정으로 그날々々"을 보냈다(49/8/8). 11월
의 김장철에는 "갓뜩이나 生活難에 허덕이는 市民들은 또 하나 김장 걱
정 나무 걱정이 또 問題로 돈 없는 주머니를 털게 하며 가슴을 앞으게
할 것"이라며 예년보다 크게 줄어든 김장 비용조차 어디서 염출할까
애타우고 있었다. I씨는 "이렇케 궁하여진 것은 原因이 어데있으까?"
라고 한탄도 하지만, "他人들도 어느程度 生活難에 허덕인다는 말를 듯
고 조금 安心"이라며 스스로를 위로하기도 한다(49/11/8). 어느 집이나
김장 비용을 걱정하지 않으면 안 될 정도로 생활난은 만연해 있었던
것이다.

이듬해인 1950년이 되자 생활난은 더욱 심각해졌다. 4월에는 "요사
히 쌀값은 날々이 暴騰되여, 오늘은 市場에도 쌀이 없어 더 一層 사람
들의 食生活에 크다란 危險을 주어 누구나 마음에 공포심을 늣기게 하"
는 상황이었다(50/4/8). 한국전쟁 직전인 6월에 I씨는 다음과 같이 적고
있다.

> 継續허다가는 生活難과 싸우다가, 견듸지 못하고 世上을 悲觀헌 나머지
> 自殺하야 世上을 떠는 사람도 있을는지 알 수 없다. 그러지 않어도 요사히,
> 福魚卵을 먹고 죽은 사람, 投身自殺헌 사람이나 나날이 늘고 있는데, 이들도
> 生活難에 싸우다가 結局은 이렇케 自殺헌 것이 않이가 생각된다. (50/6/8)

1950년 봄의 생활난은 사람들에게 '恐怖心'을 느끼게 할 정도로 심각

한 사회문제가 되었으며, 그로 인해 자살하는 사람이 증가하고 있었던 것이다.

이런 상황에 더하여 가족 문제가 I씨를 한층 곤란하게 만들었다. 가장 큰 난제는 1949년에 여동생 J가 심각한 폐병에 걸린 일이었다. 모친을 비롯하여 I씨 등의 가족은 병원에서 치료를 받게 했으며, 비싼 가격의 주사와 여러 가지 한방약을 시험해 보고, '안산安山 구주물 대왕님'에게 기도하고 '원怨푸리'도 하는 등 전력으로 간병했다. 하지만 그 보람도 없이 여동생은 1950년 2월 말에 숨을 거뒀다. 여동생의 병과 죽음은 생활난과도 겹쳐 I씨에게는 커다란 시련이었다.

또 1949년 가을 여동생 S의 남편이 '失業者'였던 것, 1948년에 결혼했음에도 자식이 생기지 않는 것 등이 I씨를 괴롭히고 있었다. 한국전쟁 전야의 I씨는 생활난에 가족 문제가 겹쳐 우환의 나날을 보내고 있었다.

7. 근대와 전통

1) 식민지 지배・전시체제의 유제, 애국, 민족

I일기에는 1945년 이전 식민지 지배, 특히 전시체제 하의 전쟁동원에 관련된 내용이 기술되어 있다. 예컨대, 1949년 6월의 '仁川基督教徒救國總蹶起大會'에서는 '國民儀礼'와 '旗行列'이 펼쳐졌다(49/6/23). 옹진반도

에서의 전투에서 한국군 병사가 '名譽의 壯烈한 戰死'를 했으며, 살아남은 병사는 "英靈을 모시고 全員 意氣旺盛하게 上陸 歸還하였다"(49/7/6). 11월의 '防火週間'에는 소방서가 대원을 '總動員'하여 '防火宣伝'을 했다(49/11/4). '國民儀礼', '旗行列'을 행하고 '總動員'하여 '防火宣伝'을 하고 전사자의 '英靈'을 칭양했다는 기술은 표기 상으로는 1945년 이전의 전시체제 시기와 한국정부 수립 후 1949년의 상황이 연결되어 있음을 보여준다.

단, 식민지 지배·전시체제 하의 동원이 그대로 반복되었던 것은 아니다. 앞서 언급한 한청의 지역에서의 동원은 1945년 이전에 구축된 동·구·반의 지역행정 시스템을 이용하여 이루어지기는 했지만, 1945년 이전의 동원과 동일한 것은 아니었다. 오히려 반공을 내세워 북한과 대치하며 이제 막 탄생한 한국을 방위하기 위해 새롭게 만들어진 것이다. '國民儀礼' 역시 전시체제기에 만들어진 것이지만, 동작은 '拝礼'에서 오른손을 왼쪽 가슴에 대는 '敬礼'로 변형되었으며, 목적도 조선인의 황국신민화와 전쟁 동원에서 한국민화와 국가에 대한 충성의 양성으로 변했다. 전체적으로 식민지 지배·전시체제 하의 제국의 동원 시스템은 냉전체제 하의 한국의 동원 시스템으로 재편되었다고 할 수 있다.

I일기에는 '民族正氣', '三·一精神', '愛國'에 관한 기술이 보인다. 그것들은 주로 3·1운동, 6·10만세운동, '國恥日' 등 일본의 식민지 지배와 관련된 기술에 집중적으로 나타난다. 모두 신문의 기사나 사설을 필사 혹은 요약한 것이라고 여겨진다.

1949년의 '己未3·1獨立宣言日'에는 "民族正氣에 發露인 三·一精神의

結晶으로서 지난해 大韓民國이 樹立"되었지만, "國土는 南北으로 兩斷된 체 있으니, 우리 三千萬民族은 殉國革命先烈의 崇高한 精神을 이어, 38線을 撤廢하고 南北統一 大業에 邁進하여야 할 것이다"라고 I씨는 적고 있다(49/3/1).

'6·10萬歲第23回記念日'에는 "이러버린 國土를 倭帝로부터 다시 차즈랴는 愛國韓人은 힘을 合하야, 朝鮮獨立萬才를, 倭警銃刀에 마저 쓰러지며 投獄을 當하며, 불녀, 全世界를 놀나게 하였고(…中略…) 우리나라를 盜賊 日帝로부터 다시 차저보겟다는 獨立精神는 은저나, 韓人 어느 사람 머리에든지 깁피 벡여 있다"고 기록하고 있다(49/6/10).

'國恥日'에는 "李完用等의 亂臣賊子가 나라와 民族을 송두리채로 日本에 賣渡하던 所謂 合倂條約을 發表한 날이며 (…중략…) 二千萬 愛國同胞가 함께 가슴을 치고 痛哭하던 날"이며, "先烈과 愛國同胞의 屍山을 넘고 넘어서 昨年 8月15日 世界萬邦에 向하야 우리 政府 樹立을 宣布할 때까지 正히 40年 民族的 鬪爭期間을 通하여 나라 없는 서름과 異民族의 긔絆 단레서 갖인 人間的 悔蔑과 経済的 搾取를 余地 없이 當하여 온 痛憤한 歷史를 해마다 이 날이면 想起"했다고 적고 있다(49/8/29).

I씨는 '3·1節'이나 '6·10萬歲記念日', '國恥日' 등의 기념일 때마다 신문 혹은 라디오에서 얻은 정보를 일기에 기록하며 '民族正氣', '三·一精神', '愛國'과 같은 단어를 재확인하고 있었다. 이들 국민통합에 관한 갖가지 말들이 전기공 I씨와 같은 서민층까지 침투하고 정착하고 있었음을 알 수 있다.

주목해야 할 것은 한국이야말로 "民族正氣에 發露인 三·一精神"의 정통 계승자이며, '愛國'의 대상은 한국이었다는 점이다. '民族正氣', '三·一精神', '愛國' 등의 단어는 주로 대한민국 수립 후에 신문보도 등에서 많이 쓰이게 되었다. 한국정부는 1949년 국경절인 3·1절의 '國民口號'로 "南北統一은 三一精神으로"를 결정했다.[30] 이승만 정권은 '공산반란', '공산화'의 움직임에 대해 모든 민간단체와 청년부녀가 '애국심'과 '3·1정신'을 통해 '나라'와 '민족'을 수호하지 않으면 안 된다고 주장하고 있었다.[31] 일본의 식민지 지배를 비판하고 독립국가의 건설을 지향하는 데에서 비롯된 담론은 북한과 대치하는 상황에서 한국의 정통성을 확보하고 한국민을 동원하는 성격의 것으로 변용되어갔다.

나카노 도시오中野敏男는 '국민'이나 '민족' 관념의 생성과 식민지주의의 관계에 대해 다음과 같이 말한다. 본래 식민지주의는 영토와 영민을 획득·산출하고 그것을 본국-식민지라는 차별적인 편성에 짜 맞춰가는 내재적 힘을 수반하는 영위로, 그 영위가 또한 차별적인 편성에 짜 맞춰진 사람들 사이에 국민이나 민족과 같은 아이덴티티에 대한 강렬한 희구를 낳는다.[32]

그렇다면, 식민지시기에 널리 퍼져 있었던 민족이나 애국은 1948년에는 '民族正氣', '三·一精神', '愛國'으로 위로부터 새롭게 만들어졌고, 사람들은 식민지 지배의 체험과 기억에 기초하여 그것들을 받아들여 '韓國民'이나 '韓民族'을 희구했다는 이야기가 된다. I씨 역시 '民族正氣', '三·一精神', '愛國'을 지지하고 일기에 적고 있었던 것이다.

---

30 『東亞日報』, 1949.2.23, 2면.
31 『東亞日報』, 1949.3.1, 1면.
32 中野敏男, 「植民地主義概念の新たな定位に向けて―「終わりに」にかえて」, 中野敏男ほか 編, 『沖縄の占領と日本の復興―植民地主義はいかに継続したか』, 青弓社, 2006, 350쪽.

2) 축제일, 기념일

I씨는 '國慶日'이나 '公休日', 그 밖의 기념일을 일기에 별도로 표시하고 본문에서 해설하거나 감상을 적었다. '國慶日'은 1949년 10월 4일 법률 제53호 '國慶日에 關한 法律'로 공포, 시행되었다. '三一節', '制憲節', '光復節', '開天節'이 이에 해당한다.[33] '公休日'은 같은 해 6월 3일 대통령령 제124호 '官公署의 公休日에 關한 件'으로 공포, 시행되었다. 일요일, '國慶日' 외에 1월 1일, 2일, 3일, 4월 5일(식목일), 추석(중추절), 10월 9일(한글날), 12월 25일(성탄절), 기타 정부에서 임시로 지정하는 날이 이에 해당한다.[34] I씨가 1949년 일기에 별도로 표시한 '國慶日', '公休日', 기타 기념일은 〈표 2〉와 같다.

그 밖에 I씨나 가족의 생일, 결혼기념일, 음력 보름설, 춘분, 하지, 추분, 동지, 입춘, 입추, 입동, 칠월칠석, 초복, 중복, 말복 등도 기록되어 있다.

이들 '國慶日'이나 '公休日', 기념일에 대한 기술은 무엇을 이야기하고 있는 것일까? '國慶日'이나 '公休日'은 국가가 제정한 것이다. 예컨대, 'Christmas'에는 "解放이 된 오늘날 朝鮮사람들은 基督敎信者나 信者가 않인 사람이나, 크리쓰마쓰를 질거운 날로 생각하고 있게 된 것을 어데 가서든지 알게 되었다"(49/12/24)라고 적고 있다. I씨는 모든 '朝鮮사람들'을 만나서 확인한 것도 아님에도 마치 모든 '朝鮮사람들'이 크리스마스를 즐기고 있는 것처럼 적고 있다. 이렇게 대부분은 만난

---

33 『官報』 號外, 대한민국정부공보처, 1949.10.4.
34 『官報』 제367호, 대한민국정부공보처, 1949.6.3.

<表 2> 1949년의 I일기에 기록된 '국경일', '공휴일', 기념일

날짜	별도로 표기된 명칭	본문의 서술
1949.1.1	洋曆元旦	
1.9	大韓靑年團仁川府團結成日	
1.29	陰曆설, 元旦	
3.1	己未年 · 三 · 一獨立宣言日	
3.26	第75回李承晚大統領誕生祝賀日	
4.5	獨立植樹日	"韓國이 獨立된 後 처음으로 마지허는 植樹日이라, 오늘의 行事로 各地에서 植木이 있어 公休日로 되어있다."
5.1	메一데一記念日 / 第1回國勢調査日	
5.5	釋迦聖誕日 / 第20回 어린이날	
5.10	5 · 10選擧第1週年記念日	정부 및 서울시 주최 '5 · 10選擧第1週年記念式' 광경.
6.10	6 · 10萬歲第23回記念日	
6.15	勸農日. 五個年計劃樹立 農業增産	"政府에서는 오늘을 勸農日이라고 定하고 農業增産 五個年計劃을 樹立."
6.26	白凡金九先生 急逝	
6.29	白凡金九先生 유해 入棺日	
7.4	美國 · 比律賓獨立記念日	"이 意義 깊은 友邦 美國의 獨立記念日를 맞아 李大統領은 (트루멘) 美國大統領에게 美國은 民主의 鬪士 防共에 總團結을 祈願한다는 祝電을 發送하시였다 한다."
7.5	白凡金九先生 葬儀日	
7.7	日支事变記念日	"東亞諸民族은 日本의 再起를 嚴戒하여 共同戰線을 布陣"할 필요성을 이야기함.
7.14	佛蘭西革命記念日	임 외무부장관의 발언 "佛蘭西 國民들의 勇猛心을 본받어 反共鬪爭에 挺身한다면 우리의 앞날은 勿論 世界平和에 커一다란 役割을 할 수 있을 것이다".
8.15	解放四週年 · 政府樹立1週年記念日	
8.29	國恥日	
9.15	第1回航空日 / 京電接收第4週記念日	"지난해의 바루 오늘 9月15日은 解放後 처음으로 大韓民國ㅅ군의 飛行機가 우리의 解放된 三千里 蒼空을 휘날린 날이다."
9.18	鐵道五十週年記念日	"韓國에 鐵道를 敷設한지 50週年記念日이다. 特히 仁川이 濟物浦時代에 鷺梁津과의 사이에 鐵道가 開通된 것이 효시 嚆矢이니 近代文明을 자랑하는 鐵馬의 우렁찬 汽笛소리는 자라나는 仁川과의 뜻깊은 인연을 맺고 있는 것이다." (49 / 9 / 19)

10.3	開天節	"億萬代 우리 배달 民族의 象徵이며 不滅의 光 망인 始祖 檀君의 진역창건에 對한 鴻恩大德을 숭앙 추모하는 政府主催의 開天節 慶祝式."
10.6	秋夕, 仲秋節	
10.9	한글날	
10.15	創立30週年大韓體育會全國體育大會日	
10.16	李承晩大統領還國4週年記念日	
10.19	麗順反亂1週年記念日	"全南 麗水에 駐屯中이든 第14聯隊의 左翼分子들이 濟州島 暴徒掃蕩戰에 對한 出動命令을 拒否하고 反動을 일켜던 것도 벌써 一年前일로 오늘이 그 한돌되는 날을 마지한다."
10.24	UNITED NATION DAY! OCT. 24 第2回 國際聯合日	
11.3	第廿週年光州學生事件記念日	"光州學生事件 第廿週年 記念日인 오늘, 政府에서나 其外에서 아무러한 特別記念行事는 업었고 이날를 想起하야 앞으로의 國民의 각오를 세롭게 하였다."
12.8	大東亞.太平洋.第二次世界大戰記念日	"오늘은 그 지긋지긋하든 大東亞戰爭이 始作된 날이다. 이 戰爭中, 罪없는 朝鮮民族이 얼마나 苦生을 하고 단배를 주려, 참기 어려운 배곱픔과 헐벌엄을 경난하였든가 참으로 생각하면 이가 갈닌다."
12.12	U.N. 韓國承認一週年記念日	
12.25	Christmas	"解放이 된 오늘날 朝鮮사람들은 基督敎信者나 信者가 않인 사람이나, 크리쓰마―쓰를 질거운 날로 생각하고 있게 된 것을 어데 가서든지 알게 되었다."(49 / 12 / 24)

적도 없는 '朝鮮사람들'은 '國慶日'이나 '公休日', 기념일이라는 '균질적이고 공허한 시간'을 동시에 보내게 되었다.[35] I씨 역시 자기 나름의 해석과 감상을 덧붙여 그것들을 기술함으로써 한국민이라는 자각을 흔들림 없는 것으로 하고 있었던 것이다.

단, I씨가 일기에 기념일을 기술하는 것은 한국정부의 수립 후부터 시작되었던 것은 아니다. 1946년의 I일기에는 '三月一日 獨立宣言日', '五月一日 메―데―', '五月五日 端午', '八月十五日 朝鮮解放日', '仲秋',

---

[35] ベネディクト・アンダーソン, 앞의 책, 50~52쪽.

'九月二七日開天節', '十月九日한글날', '十二月二五日Xマス' 등의 기념일이 기록되어 있다.[36] 아마 식민지 지배·전시 하에서 기록된 일기에도 축제일이나 기념일이 적혀 있었을 것으로 추측된다. 그렇다면 I씨가 일기에 기념일을 기술하여 '공허하고 균질적인 시간'을 보내는 행위는 식민지 지배 하에서 형성된 것으로, 그것이 해방 후 대한민국정부 수립 후에도 계속되었던 것이라 보아야 할 것이다.

그리고 '國慶日'이나 '公休日', 기념일의 기술은 '麗順反亂1週年記念日'에 보이듯이, '左翼分子'나 '暴徒'를 배제하고 '反共鬪爭에 挺身'하는 '韓國民'이라는 자각을 환기하는 것이었다.

3) 일본, 미국, 중국의 문물

(1) 일본

해방으로부터 4년이 지나 기록된 I일기에도 일본어와 일본의 문물에 대한 기술이 많이 보인다. 그것은 식민지시기에 I씨의 주변에 존재하던 것들이었다.

우선 변함없이 일본어가 많이 사용되고 있다. 가장 빈도가 높은 것은 '工手', '組頭', '組下', '取替', '取付' 등의 전문용어이다. 일반 생활에서도 '아이롱', '七輪', '肉屋아주머님', '交番所', '松島屋', '야미쌀', '元氣' 등이 사

---

36 太田修, 앞의 글, 370쪽.

용되고 있었다, 또 빈도는 높지 않지만, '용용식(松原)', '裵(星山)'와 같이 창씨명을 기록하는 경우도 있었다. 해방 후 4년이 흘렀어도 동료나 주위 사람들을 창씨명으로 기록하는 상황이 이어지고 있었음을 알 수 있다.

업무 현장에서는 일본제 기계도 사용되고 있었다. '메一가[37] 器'는 '日立製500V'였으며, "美國 우에스톤製' 전력량계가 고장나서 고칠 수 없었을 때에는 보관하고 있던 '아시다[38] 製' 전력량계를 대신 사용했다 (49/11/22).

그 밖에 I씨는 조카딸의 결혼 상대가 연상의 '늘근 노一돌 新郎'이라며 "삔덕 々々허는 대머리에다 꼭 倭놈 같치 셍겼다"는 표현으로 야유하기도 했다(49/4/4). 한편 I씨의 집에서는 음력설에 '餠米로 日本式 餠(못지)'를 만들거나(50/2/15), 유명한 '日本婦人 占쟁이'를 찾아가 가족의 '새해 身數占'을 보았으며(50/1/22), 위장병으로 고생하고 있던 I씨 자신은 가이바라 엣켄(貝原益軒)의 『養生訓』을 읽기도 했다(50/4/10). 도쿄에서 인천으로 귀환한 지인으로부터 미군의 도쿄대공습에 관한 이야기를 전해 듣고는 '참으로 비慘'(50/5/16)하다고 느꼈다고도 적고 있다.

1945년 이전부터 이어져온 일본어와 일본의 문물은 식민지 지배의 유물이었기 때문에 비판과 야유의 대상이 되었지만, I씨의 생활 속에 마치 공기처럼 존재하고 있었다. 식민지 지배의 유물과 흔적은 그리 간단하게 사라질 수 있는 것이 아니었던 것이다.

---

[37] Megger. 절연저항계는 Megger라고도 불렸다. Megger Group Limited사의 상표에서 유래한다.

[38] 1914년에 창업한 아시다(芦田) 공업소. 1917년부터 전력량계를 제조하기 시작하여 오늘날에는 주식회사 에네게이트(エネゲート)라는 이름으로 전기계측기 및 관련기기의 제조·판매·수리조정·교체공사·검정신청대행 등을 하고 있다(http://www.enegate.co.jp/company/gaiyou.html).

(2) ‘美國’

I씨는 해방 직후와 마찬가지로 변함없이 ‘美國’을 강하게 의식하고 있었다. 일기의 요일은 반드시 영어로 표기했으며, ‘開洞 M.P Station’, ‘美國製 Sangama標準器’, ‘Texi’, ‘Bus’, ‘新品 Table’, ‘Branch 長椅子’ 등도 영어로 표기하고 있다. 해방 직후부터 시작한 영어 공부도 계속하고 있었던 것 같다.

한국전쟁 발발을 2개월 반 정도 앞두고는 ‘美國 航空母艦 폭써號 及 巡洋艦’이 인천 외항에 입항하여 ‘歷史的인 巨艦’을 I씨도 보러갔다. “映畵로는 이따금 보았지만 實物를 보기 이번이 처음인데 이 航空母艦 박서號는 이번에 二隻의 구축艦을 帶同하고 왔으며, 크기는 中央廳 建物만하고 톤數는 二萬七千톤이고 戰鬪機와 爆擊機를 九十台 搭載하였다”, ‘참으로 큰 航空母艦’(50/4/7)이었다고 적고 있다.

직장에서는 ‘Sangama標準器’, ‘garanch標準器’, ‘우에스톤製 電力計’ 등 미국제 검사기기를 사용하고 있었다. 한청 경전특별단 인천특별분단 제2기 훈련생 졸업식에 참가한 서울 본사 한청 노동위원장은 미국제 ‘스리코-타車’를 타고 왔으며(49/8/9), 여동생의 약혼자가 부평 ‘美軍 々部 K‧B‧C’의 전기부에서 근무하고 있어서 진귀한 ‘美軍物品’을 매주 금요일에는 가지고 와 주었다(49/4/29). I씨는 ‘美國製 ELEGIN 大型 懷中時計’를 지니고 있었으며(49/12/29), 회사 동료에게는 ‘美國 코카콜라’를 마시게 했다(49/1/31). 이 시기에 I씨가 관람한 영화의 대부분은 할리우드 영화였다.

I씨 주변에는 변함없이 ‘美國’의 문물이 흘러넘치고 있었다. I씨는 ‘美

國'의 문물을 좋아했으며, 그것들을 통해 '美國'에 대한 막연한 동경을 품고 있었던 것이다.

(3) 중국

I씨는 중국의 문물에 대해서도 기록하고 있다. 그 가운데 가장 빈번하게 서술된 것은 먹거리에 관련된 것이다. I씨는 전기공사 의뢰인 측의 접대로 '中國料理집'에서 음식을 대접받는 경우가 종종 있었다. '中國食堂'에서 '짜장면'(200원)을 먹거나 '中國燒빵'(20원)을 사서 먹는 일도 있었다. 집에서는 모친이 '中國만두包子'를 만들어 주는 일도 있었다(49/9/11).

이해의 '김장'에 즈음해서는 "朝鮮배차는 한폭이에 30圓이나 40圓이고, 中國집에서 나오는 特上 호배차는 한폭이에 80圓 90圓이면 살 수 있다"고 적고 있다. 중국화교가 생산한 배추가 높은 가격으로 거래되고 있었음을 알 수 있다(49/11/14).

그 밖에도 선린동의 '中國沐浴湯'에도 종종 다녔으며, 의외로 '中國醫生'에게 진찰받는 일이 많았다. 위장병을 앓고 있던 I씨는 관동 '中國醫生'의 치료를 받아(50/4/1) '中國永生藥局'에서 '健胃强腎劑'를 구매했으며(50/4/3), 도원동 '中國醫生'으로부터는 '胃腸病 治療 特製 秘方藥', '安胃消化劑' 등을 처방받았다(50/4/21). '좋은 成果'가 있었다고 적은 것으로 보아(50/6/20), I씨는 '中國醫生'을 마음에 들어 했던 것 같다.

선린동의 '中國人 街里'에서 I씨가 중국인 양화 수선공에게 구두 수선을 의뢰했을 때의 일이다. "住所 性[姓]名도 모르는 外國人에게 洋靴를 修膳헤 달나고 附託하고, 昨日 집에 도라와서 或時 洋靴 修膳을 한다고 신 없어질가 念慮가 되여 大端히 근심을 하여, 오늘 부즈런히 善隣洞 中國人 街里에 가보니, 멀니 洋靴 修膳하는 中國人이 보여 비로서 安心하 였다". 중국인 양화 수선공에 대한 막연한 불신감이 I씨에게 있었음을 엿볼 수 있다. 결국 중국인 수선공이 "長日間 病으로 休業하였기 때문에 밋錢이 없으니 現金을 주었으면 하는 事情에 말을 하므로, 同情하는 마음으로 現金을 주었다"(49/8/28). '同情'하는 마음이 이겼던 것이다.

I씨의 생활에는 중국의 문물이 녹아들어 있었다. 특히 '中國醫生'이나 한방약은 몸 상태를 유지하는 데 없어서는 안 되는 것이었다.

(4) 오락 – 영화, 연극, 음악

전쟁전야의 I씨는 해방 직후만큼은 아니지만, 변함없이 영화를 곧잘 보러 다녔다. 동방영화극장에서는 20세기폭스영화사 제작의 〈센티멘탈·쩌늬─〉(49/1/27),[39] 메트로 골드윈 메이어사 제작의 〈水兵과 姉妹〉[40] (49/1/31) 등의 헐리우드영화와 중국영화 〈鵲橋會相牽牛와 織女〉를 관람했다. 후자에 대해서는 "中國 古傳談으로 朝鮮에도 말하고 있는 牽牛와 織女가 鵲橋에서 만나는 날"에 봤다고 적고 있다(49/8/1).

인천영화극장에서는 〈칼멘〉[41](49/ 11/14), 프랑스영화 〈悲戀〉[42]을 관람

---

39 〈Sentimental Journey〉. 1946년에 제작된 미국영화. 감독은 Walter Lang.
40 〈Two Girls and a Sailor〉. 1944년에 제작된 미국영화. 감독은 Richard Thorpe.
41 〈Carmen〉. 이 영화는 1909년 이후 세계 각국에서 여러 편이 제작되었다. I씨가 본 것은 1946년에 제작된 프랑스·이탈리아 합작영화라고 추측된다.

했다. 〈悲戀〉은 "大端히 좃타는 소문이
있어 드러가보니 참으로 芸術価値 있
는 映畵였다"고 적고 있다(49/12/13). I
씨에게 영화를 보는 시간은 가장 즐거
운 한때였다.

연극과 가극도 관람했다. 애관에서
상연된 새별악극단의 공연 〈燈잔불
에 메진 사랑〉은 우천임에도 많은 관
객이 입장했다. "內容도 조와지만, 配
[俳]優들의 演技도 한사람 스투름 읍
시 熱演的으로 잘들 하엿고, 喜劇 쫑콩
配[俳]優도 있서, 明朗, 喜悲劇的으로
잘들 하였다"(49/3/17).

〈그림 3〉 1944년에 제작된 프랑스영화 〈L'eternel
Retour〉의 포스터

새로 창립된 가극단 청춘부대의 가극 〈우지마라 두 男妹〉가 문화관
에서 상연되었다. "場內에는 大滿員인데 下層은 1般客이고 上層은 38度
線에서 赤軍과 싸우고 昨日 歸還헌 國軍들이 戰鬪服을 입은 것도 늠늠하
게 빈틈없이 안저 野戰慰問 같은 氣分이 드럿다". '現代戀歌劇'에서 "注
意헤 볼 場面이 만이 있서 참으로 조았다"(49/8/17). 문자 그대로 전투를
마치고 돌아온 국군 위문공연이었던 모양으로, 전쟁의 그림자가 여기
에도 보인다.

I씨는 음악도 좋아했다. 곧잘 유행가나 민요를 부르며 일했으며, 노

---

42 〈L'eternel Retour〉. 1944년에 제작된 프랑스영화. 감독은 Jean Delannoy.

래를 잘해 동료들로부터 노래해 달라는 청을 받기도 했다. 현인의 〈故鄕 萬里〉는 직장에서 큰 인기를 얻어 합창할 정도였다(49/12/28). 1949년 시험계의 망년회에서는 노래와 무용, 트럼펫, 아코디언, 기타, '朝鮮樂器 장고' 등의 연주가 펼쳐졌다. I씨는 "朝鮮樂器 장고에는 責任을 지고 노라주며, 演奏헤주었다", '滋味있고 愉快헌 마당'이었다고 적고 있다. 단, 병상에 누워 있는 여동생이 마음에 걸려 "눈물이 핑도라 울고 십은 마음"이었다(49/12/31).

그 밖에 '서울交響樂團 才1回特別演奏會'(문화관, 49/7/30)나 '南國星輕樂團의 舞踊과 歌謠', '輕音樂集으로 되여있는 레뷔유-바라에데쇼'(항도극장, 49/11/25)도 보러 다녔다. 자택에는 소형 축음기도 있었다(49/11/27).

음력 정월에는 가족 전원이 "滋味잇는 小說 林巨正이라는 책을 朗讀하야 全家族이 다 滋味를 디렷"다(49/1/30). 『栗谷先生傳』을 읽으려 했지만, 너무 어려워 좌절했다고 한다(49/3/10). 그 밖에 휴일의 오락으로는 목욕탕에서의 목욕, 월미도 수영장에서의 수영, 탁구, 관악산 등산 등의 기술이 보인다.

(5) '朝鮮風俗'

I씨는 자신의 주위에 근대적 문물이 늘어나는 것을 환영하는 한편, '朝鮮風俗'에 대한 집착도 지니고 있었다. I일기에는 매일 양력과 함께 음력 날짜가 표기되어 있다. '國慶日'이나 '公休日' 외에 음력 정월, 보름설, 춘분, 하지, 추분, 동지, 입춘, 입추, 입동, 칠월칠석, 초복, 중복, 말복, 추석 등이 별도로 표기되어 있다. 연호가 간지로 기재되는 경우도 있었다.

I씨의 '朝鮮風俗'에 대한 생각은 이중과세過歲 금지문제를 둘러싼 기술에서 분명하게 드러난다. 이승만 정권은 1948년 말 '新生活建設'을 위해 이중과세금지정책을 내세워 음력설을 폐지하고 양력으로 설을 쉴 것을 국민에게 요구했다.[43] 이에 대해 I씨는 다음과 같이 말한다.

政府에서는, 國民에게 文化民族은 絶對 陰曆설를 쇠지 말라고 世界文化民族에게 뒤떠러진다는 것으로 嚴히 말니고 있고, 더구나 二重과세는 嚴禁하여야 한다고 말하고 잇다. 거긔다 節米強調週間이라 定하고 年末에는 떡은 勿論이요 蜜[密]酒, 飴 等을 製造못하게 하는 同時, 市廳々員, 稅務署々員들이 各々 現場에 나다니며 調査를 하엿다. 그러나 昔 옛붓터 나려온 朝鮮風俗은 꿋々하게 日政時에도 如前히 陰曆을 第1로 하엿스며, 더구나 解放된 今日에야 말할것 읍시 陰曆설을 명절로 하는 것이다. (…중략…) 街里를 나가보니 울긋뿔긋 아해들이 조흔 옷을 입고, 어른들까지 조흔 韓服들을 입고 다니고, 商店들은 全部 門을 다덧다. (49/1/29)

여기서 I씨는 "文化民族은 絶對 陰曆설를 쇠지 말라"며 음력설을 금지하고 절미강조기간이라고 하여 떡이나 밀주, 엿 등의 제조를 단속하고자 하는 정부의 방침을 비판하고, 음력설 같은 것은 '朝鮮風俗'이므로 종전처럼 '명節'로 삼아야 한다고 주장한다.

이 이중과세금지문제는 1949년 말에도 재삼 불거진다. 송현동 8구 2반의 반장회의에서 "各世帶는 "양녁"으로 과세하자, 음녁 과세는 문명

---

43 「二重過歲말자 文敎部에서 強調」, 『東亞日報』, 1948.12.8, 2면.

인의 슈치라는 것을 써서 門앞에 부처두라는 것"(49/12/11)이 인천시의
지시사항으로 보고되었다. 이에 대해 I씨는 "陽曆 名節은 全部들 名節
같이 생각하고 있지 않으니가 여간해서 施行되기 어려울 것이다"라며
불만을 털어놓는다.

그리고 1950년 정월에는 다음과 같이 적고 있다. 정부는 '陽曆過歲啓
蒙運動'을 전개하고 '陰曆過歲는 文明人의 辱恥'이라고 선전하지만, "昔
前부터 내려오는 朝鮮의 習慣이라 朝鮮民族으로서는 도底히 實行키 困
難한 問題"이다. 관공서는 3일간 쉬었지만, '鄭柶大會'가 개최된 것 이
외에는 '別로 名節의 特別한 行事'는 없어서(50/1/2) I씨는 "新正 元旦은
명절 氣分이 나지 않"았다(50/1/1). 이에 대해 1949년 보름설의 풍경은
사뭇 달랐다.

장반 갓혼 달님이 저녁 東쪽 하늘에 떠올늘 때, 家々戸々에는 五穀밥을
지어서 열두가지 나물, 첫죄는 씨라기나물 둘죄는 무나물 하야 밥을 먹는
데, 한번 먹는게 아니고 아홉번을 먹어야 하며, 거긔다 더 1層 興味있게 되
도 아홉번을 마저야 한다 하며, 잣, (栗)밤, 호두, (落花生)땅콩 等의 부름을
먹어야 한다. 그리고 農村는 더 1層 크게 놀며, 都市에서는 各洞里部落, 各
職場에서 擲柶遊會가 버러지며, 靑年들의 우렁찬 호암소리 네며 擲柶웃노
는 것도 보름설 아니며는 맛볼수 읍는 일이다. 이와 갓혼 것을 朝鮮에서는
옛 古時에서부터 今日까지 나려온 朝鮮 特有의 風俗인 陰曆正月15日 卽 보
름설이 오날이다.(49/2/12)

I씨는 음력 보름설 행사를 예전부터 내려온 '朝鮮特有의 風俗'이라며 그 풍경을 생생하게 묘사하고 있다. 추석이나 음력 정월도 마찬가지로 묘사되었다.

I씨와 가족이 병에 걸렸을 때에도 '朝鮮風俗'이 중시되었다. 이해에는 여동생 J가 심각한 폐병에 걸려 병원에서 진찰을 받았지만 낫지 않았다. 그래서 I씨 가족은 동시에 '漢醫'로부터 '漢藥'을 처방받았다. 여동생의 병세가 악화되자 병원에서의 치료는 그만두었지만, '漢醫'의 치료와 '漢藥'의 처방은 죽음 직전까지 계속되었다.

그리고 병원과 '漢醫'를 통한 치료가 불가능하게 되었을 때 I씨 가족이 의지한 방법은 신불에 대한 기도와 '굿'이었다. 예컨대, 모친은 강화도 전등사에 가서 딸아이의 쾌유를 기원했으며(49/9/19), "洞內 있는 開城만신 집에 가시여 칠성님께 祈願"하고(49/8/1), "安山 구주물 大王님 게신 堂에까지 차저가시여 大王님께 祈拜"하기도 했다(49/10/31). 그 밖에 '무끄리, 푸다꺼리, 무당 드려 큰 굿' 등의 기원을 하여 자식의 회복을 빌었으며(49/12/31), 사후에는 "天主敎會를 參拜하시고 J의 靈혼을 天堂에 보내주시기를 祈願"하기도 했다(50/3/15). 모든 기도에는 아이를 살리고 싶다는 부모의 마음이 깃들어 있었던 것이다.

I씨 자신도 여동생의 병과 죽음에 더하여 생활난, 직장에서의 불우한 처지, 불임, 매제의 실업 등으로 일기에 '悲觀', '悲哀', '失望', '苦難', '憂患', '愁心', '勤心' 등의 말을 적어 넣는 일이 많았다. 1949년의 섣달 그믐날에는 "지나간 一年間의 歷史를 回顧헤보면 今年이야말로 怨 눈물 걱정 근심으로, 마음을 傷한 해는 없을 것이다"(49/12/31)라고 적고

있다. 그런 가운데 I씨는 부처님이나 칠성님에게 빈번히 기원했다. 특히 I씨는 '虛空藏菩薩부처님'을 안치하고 "朝夜로 拜禮를 올니고, 부처님께 前事의 罪事를 널니 容許하시고, 다시는 오늘날 같은 不幸事를 갖지 않도록 祈願을 하기로 되었다"(50/1/17). 그리고 1950년 5월의 '第貳阡九百七拾七回 釋迦聖誕日'에는 '御守尊 虛空藏菩薩님'에게 "家內가 無故, 繁榮, 健康허게 하여주실 것을 참말로 重大헌 祈願할 点으로 決定하였다"(50/5/24).

이처럼 한국전쟁 전야에도 I씨는 '朝鮮風俗'에 의한 생활양식과 정신세계를 견지하고 있었던 것이다.

8. 맺음말

전쟁을 둘러싼 일상과 비일상을 어떻게 생각하면 좋을까? 근대의 전쟁에서 그러하듯, 전쟁 중에는 언제나처럼 아침에 일어나 아침밥을 먹고 학교나 직장에서 하루를 보내고 집으로 돌아와 저녁밥을 먹고 잠자리에 드는 통상적인 생활을 보내는 것이 불가능해진다. 모든 사람과 물자가 전쟁에 동원되고 전쟁이 무엇보다 우선시되며 전쟁이 일상을 뒤덮는다. 그런 이유로 전쟁은 비일상이다.

하지만 비일상은 어느 날 갑자기 시작되는 것은 아니다. 전쟁이라는 비일상이 일상을 파고들어간다. 일상이 조금씩 비일상화되어가고, 생활이 전시 하의 그것으로 점점 변해가는 것이다. 또 전쟁이 시작된 후에는 전시 하의 비일상이 일상화되어간다. 그런 의미에서 전쟁의 시작 전후에 일상과 비일상은 별개의 것으로 명확하게 구별할 수 없다. 전쟁을 둘러싼 일상과 비일상의 경계는 어렴풋하고 애매모호하다.

모두에서 언급한 바와 같이, 한국전쟁은 1950년 6월 25일 새벽에 시작되었지만, 그렇다고 하여 전쟁이 갑작스레 시작되었던 것은 아니다. 1949년 여름의 한국 정계에서는 반민특위의 습격과 좌절, 국회의원의 '國家保安法違反檢擧旋風', 김구의 암살 등이 일어났으며, I씨는 그런 상황을 '超非常時局'이라고 적었다. 이해에는 세계 각국이 한국을 승인하는 움직임이 있었으며, 최초의 국세조사도 실시되어 I씨는 '韓國人', '韓國民'임을 의식하게 되었다.

그런 가운데 38도선 이북에 수립된 북한과의 사이에 국가의 정통성을 둘러싼 대립이 격화되었다. 그것은 정부 간의 언어상의 응수나 두 지역에서의 '국민' 형성 경쟁만으로 끝나지 않았다. 38도선 부근에서 인민군과 한국군에 의한 전투가 빈발했으며, I씨 등의 서민들은 부상당한 장병과 '英靈'을 '旗行列'로 맞이했다. 지역과 직장에서는 '赤色테러'와 경찰에 의한 '左翼分子' 사찰, 검거가 이루어졌을 뿐만 아니라 한청에 의한 군사훈련이 실시되어 I씨는 주말마다 직장에서의 군사훈련에 동원되었다. 8월에는 병역법이 공포, 시행되었으며 12월에는 징병검사도 시작되었다.

1949년부터 1950년 6월에 이르는 한국전쟁 전야 I씨의 생활에서 전쟁이라는 비일상이 일상으로 전화되어가는 광경을 확인할 수 있었다. I씨는 생활난과 직장 내의 '差別待遇', 여동생의 죽음 등으로 인해 '憂患'

의 나날을 보내면서도 영화와 음악, 목욕, 수영, 탁구를 즐겼으며, '朝鮮風俗'을 중시하며 살아갔다. I씨는 언젠가 경전의 전기기사 일을 그만두고 '商業實業家'가 되는 것을 꿈꾸고 있었다. 그 꿈을 위해 1948년 가을 무렵 인천대학 예과에 다니기 시작했으며(49/2/6), 1949년 가을 홍익대학 전문부 3학년 편입하여 학업을 이어나갔다(49/12/18).

하지만 1949년 회사와 가족을 둘러싼 상황은 꿈을 실현하기 위한 I씨의 노력을 방해하고 만다. 나아가 1950년 6월 한국전쟁의 발발은 그때까지의 I씨와 가족의 생활을 완전히 부숴버리고 말았다. 비일상이 일상을 압도하는 사태가 발생했던 것이다. 하지만 그래도 I씨 등 서민들의 비일상화된 일상은 가차 없이 계속되고 있었던 것이다.

(번역 : 이세연)

참고문헌

자료

I씨 일기『自由日記 / 24 / 4282 / 9, 24 / 1949 / 9』, 1949.

I씨 일기『自由日記 / 1950年 / 日記』, 1950.

『官報』, 大韓民國政府公報處.

『東亜日報』.

논문 및 단행본

김영미,『해방 전후 서울의 주민사회사—동원과 저항』, 푸른역사, 2009.

박명림,『한국전쟁의 발발과 기원』I・II, 나남출판, 1996.

박태균・정창현,『암살—왜곡된 현대사의 서막』, 역사인, 2016.

仁川直轄市史編纂委員会編,『仁川市史 上卷』, 仁川直轄市, 1993.

仁川直轄市史編纂委員会編,『仁川市史 下卷』, 仁川直轄市, 1993.

한국사사전편찬회 편,『한국 근현대사사전 증보』, 가람기획, 2005.

伊藤亜人ほか編,『新訂増補朝鮮を知る辞典』, 東京：平凡社, 2000.

太田修,「朝鮮解放直後におけるある労働者の日常—仁川の電気工I氏の日記から」, 鄭昞旭・
　　板垣竜太編, 『同志社コリア研究叢書1—日記が語る近代—韓国・日本・ドイツの共
　　同研究』, 京都：同志社コリア研究センター, 2014.

―――,「朝鮮戦争下のある労働者の生活—二つの社会, 恐怖, 平和への焦がれ」, 板垣竜太・
　　鄭昞旭編,『同志社コリア研究叢書3—日記からみた東アジアの冷戦』, 京都：同志社コ
　　リア研究センター, 2017.

鶴見俊輔,『鶴見俊輔コレクション2—身ぶりとしての抵抗』, 東京：河出書房新社, 2012.

中野敏男,「植民地主義概念の新たな定位に向けて—「終わりに」にかえて」, 中野敏男ほか編,
　　『沖縄の占領と日本の復興—植民地主義はいかに継続したか』, 東京：青弓社, 2006.

ベネディクト・アンダーソン, 白石さや・白石隆訳,『増補 想像の共同体—ナショナリズム
　　の起源と流行』, 東京：NTT出版, 1997.

ミシェル・フーコー, 石田英敬・小野正嗣訳,『コレージュ・ド・フランス講義1975-1976
　　年度 社会は防衛しなければならない』, 東京：筑摩書房, 2007.

ルイ・アルチュセール, 西川長夫ほか訳, 『再生産について 下－イデオロギーと国家のイデ
　　オロギー諸装置』, 東京：平凡社, 2010.
和田春樹, 『朝鮮戦争全史』, 東京：岩波書店, 2002.
Bruce Cumings, *The Origins of The Korean War Liberation and the Emergence of Separate Regimes
　　1945-1947*, Princeton University Press, 1981.
　　＿＿＿＿＿＿, *The Origins of The Korean War Volume II The Roaring of the Cataract 1947-1950*,
　　Princeton University Press, 1990.

웹사이트

「徴兵令ヲ改正シ兵役法ト改ム・御署名原本・昭和二年・法律第四七号」. NATIONAL ARC
　　HIVES OF JAPAN DIGITAL ARCHIVE, https://www.digital.archives.go.jp/das/
　　image/F0000000000000030373, 2017.4.28 열람.

한국/조선전쟁기 냉전 여성주의Cold War Feminism*

김수지

코펜하겐 세계여성대회World Congress of Women가 열린 1953년 6월은 한국/조선전쟁(1950~1953)[1]의 중지를 위한 정전협정이 체결되기 직전이었다. 스웨덴 대표단 단장 안드레아 안드린Andrea Andreen은 "한국/조선Korea · 베트남 · 말라야에서, 침략자들을 격퇴하고 생존 · 독립 · 평화에 대한 권리를 지키기 위하여 민중들과 함께 싸우고 있는 우리의

---

* 이 글은 현재 진행 중인 연구 프로젝트의 내용을 요약한 것이다. 완성되지 않은 연구를 번역 · 출판하는 것에 다소 망설였음이 사실이다. 그럼에도 불구하고 한국의 독자들에게 내 연구를 전달할 수 있는 기회를 주신 허은 교수님과 번역을 맡아 준 고려대 박사과정 이주호 씨에게 감사드린다. 이 연구는 National Endowment for the Humanities 2016 Fellowship에 의하여 수행되었다.
1 (역주) 이 글은 필자의 의견을 반영하여 'Korean War'의 번역어로 '한국/조선전쟁'을 택하였다. 분단 이후의 남 · 북 현대사 연구에 쓰이는 '한국'이라는 호칭은 대한민국 위주의 역사 인식을 반영하고 있다는 것이 필자의 견해이며, 한반도 내의 2개의 국가, 즉 대한민국과 조선민주주의인민공화국이 모두 참여한 이 전쟁에 대하여 양국을 함께 고려한 번역어 선택이 연구의 출발점이 되어야 한다는 취지이다. 그에 따라 'Korea' 역시 '한국/조선'으로 옮기거나 또는 '코리아'를 사용하였다. 그리고 'North Korea', 'DPRK'를 지칭할 때 일반적으로 쓰이는 '북한'이라는 용어 대신, 북측의 국호와 북쪽이라는 지리적 위치를 함께 고려한 '북조선'을 사용하였다.

자매들"에 대한 커다란 환영의 뜻을 표시하면서, 모든 여성들에게 "어머니, 노동자, 시민"으로서 세계 평화를 위하여 단결할 것을 요구하였다.[2] 세계여성대회는 「전세계 여성들에게 호소함Appeal to Women of the Whole World」, 「여성권리선언Declaration of the Rights of Women」의 두 문서를 채택하였는데, 그 내용은 냉전이 여성의 권리 실현에 악영향을 미치고 있음을 고발하는 것이었다. 이 중에서 「전세계 여성들에게 호소함」은 "정당한 근거를 둔 정전협정 체결, 그리고 적대행위 중지 이후 공정하고 지속적인 평화", 아울러 강대국들의 군사비 감축 및 대량파괴무기의 완전한 퇴출을 요구하였다.[3] 이러한 요구는 여성이 갖는 '모성母性'의 권리로 정당화되었다. 대회 주최측은 "사람들의 손에서 손으로 넘겨지면서 콩고Congo의 브라자빌Brazzaville로부터 로잔Lausanne까지 매우 어린 나이의 엄마와 함께 온 10개월된 아기"인 도리스Doris를 언급하면서, "우리 여성들 사이를 분열시키는 요소들은 단결시키는 것에 비해 사소하다"고 선언하였다.[4] 그러나 냉전의 역사는 두 강대국 간의 지정학地政學적 분할, 그리고 국가 공동체를 넘어선 인종·계급·이

---

2   Women's International Democratic Federation, *World Congress of Women (Copenhagen June 5-10, 1953) : Reports, Speeches (Extracts), Documents*, Berlin : WIDF, 1953, pp.35~36. 이 연구가 참고한 모든 국제민주여성연맹 자료는 미국 스미스 대학(Smith College) 도서관의 'Sophia Smith Collection'과 'WASI 디지털 데이터베이스'(Kathryn Kish Sklar and Thomas Dublin ed., *Women and Social Movements, International – 1840 to Present*)에 소장되어 있다. WASI 디지털데이터베이스의 상세 정보는 다음의 안내를 참고하라. "About Women and Social Movements, International, by co-editors Kathryn Kish Sklar and Thomas Dublin", http://search.alexanderstreet.com/wasi/about.

3   WIDF, "Appeal to Women of the Whole World", pp.252~53; Andrea Andreen, "With Our Sisters in Pyongyang", *Women of the Whole World* 7 (1952), p.4; *Women of the Whole World* 1 (1953), pp.23~24; *Women of the Whole World* 3 (1953), p.16.

4   Lothar Roher, Rolf Jubisch and Werner Gerwinski, ed., *10th Anniversary of the Women's International Democratic Federation*, Berlin : WIDF, 1955, p.22.

데올로기에 따른 분열로 가득하였고, 그와 같은 차이들을 "사소한 것"으로 규정하고 투지 넘치게 연대를 외쳤던 여성들 역시 예외가 아니었음은 우리는 알고 있다.

여성주의는 오랫동안 '차이의 딜레마dilemma of difference'를 두고 이론과 현실, 양 측면 모두에서 고민해 왔다. 남성과 다른 여성의 '특성'을 잠재적인 해방의 가능성으로 보고 긍정적으로 받아들여야 할지, 아니면 성별화된 근대 주체의 탄생을 비판하는 관점에 입각하여 여성의 '특성'이 결국 남성에 의하여 만들어진 것으로 볼지가 문제의 핵심이었다.[5] 이에 대한 입장 차이는 다양한 방식으로 구체화되었다. 등장 시기에 따라 "구舊여성주의"와 "신新여성주의" 또는 "제1세대 여성주의"와 "제2세대 여성주의"로 구분하기도 하는데, 이는 여성주의를 급진적radical · 자유주의적liberal · 사회주의적socialist인 것으로 구분하는 미국학계의 일반적 견해와 관련되어 있다.[6] 사실, 지금 시점에서 보면 이들 간의 입장 차이가 그렇게 큰 것은 아니었다. 심지어 1960년대 이전까지 많은 여권女權 운동가들은 '여성주의' 호칭을 거부하기도 했다. 그런

---

5 이 딜레마에 관한 학술적 연구들은 너무 많아서 일일이 언급하기도 힘들 정도다. 개설적으로나마 소개하는 글로는 다음의 글을 참고하라. Karen Offen, "Defining Feminism : A Comparative Historical Approach", *Signs* Vol.14, No.1, Autumn 1988. 보다 최근의 경향까지 파악하려면 다음의 글을 참고하라. Anne C. Herrmann and Abigail J. Stewart, ed., *Theorizing Feminism : Parallel Trends in the Humanities and Social Sciences*, Boulder : Westview Press, 2001.

6 카렌 오펜은 "관계중심적(relational)" 여성주의와 "개인주의적(individualist)" 여성주의를 구분하는 스스로의 주장을 담아 다양한 여성주의 관점들을 이분화하거나 또는 삼(三)분화된 형태로 목록화하였다. 그러나 내가 보기엔 그냥 모두 '몰(沒)역사적'이다. Offen, "Defining Feminism", pp.132~35. 반대로, 나는 20세기의 수많은 정치적 운동들처럼 근대성(modernity)에 대한 각각의 대응이 다양한 형태의 여성주의를 기초하였다고 생각한다.

데 여성이 갖는 '(남성과는 다른) 차이'에 대한 입장 충돌은 여성의 야간 노동을 금지하는 입법이 여성을 보호하는 것인지 아니면 차별하는 것인지에 대한 논쟁으로 명확하게 드러난 바 있다. 1923년 미국에서 당시 신여성당New Woman's Party이 발의하였던 「남녀 평등에 관한 헌법 수정안Equal Rights Amendment」을 두고 신여성당과 공산당Communist Party이 논쟁을 벌인 사건이었다. 공산당이 이 수정안을 반대한 이유는 다음과 같았다. 젠더 간의 평등을 명문화한 이 수정안이, 노동계급 여성을 과도한 장시간·야간 노동으로부터 보호하는 내용으로 어렵게 확보한 (기존의) 법안을 위협한다는 것이었다.[7] 공산주의자들은 여성을 노동현장의 착취로부터 보호할 필요를 인정하는 것과 동시에 젠더 평등을 명문화한 「여성 헌장Women's Charter」을 대안으로 제시하였다. 그들의 구조 분석은 사회개혁의 목표가 되는 불평등 및 물질적 차이를 전제로 하였기 때문에, 특별보호입법의 진행과 젠더 평등 주장이 서로 모순된다고 생각하지 않았다.

역사적으로, '여성 문제'는 사회혁명과 대중사회의 시대가 도래한 이후 여러 사회 개혁가들과 혁명가들 모두가 직면했던 '차이의 딜레마' 문제의 한 부분이었다. 서로 다른 계급·인종·민족·이데올로기를 가진 사람들이 그러한 차이에도 불구하고 하나의 이상을 향해 단결하

---

7 Kate Weigand, *Red Feminism : American Communism and the Making of Women's Liberation*, Baltimore : Johns Hopkins University Press, 2001, p.24. 제1세대와 제2세대 여성주의의 연속성을 밝혀낸 웨이간드의 미국 여성주의 역사 연구는 1940~50년대 사회주의적 여성주의와 그것의 인종·젠더·계급 분석이 1960년대 이후 여성주의 운동의 기초를 형성하였음을 잘 보여주었다. 그간 공산주의와 얽히고 싶어하지 않았던 여성주의자들과, 여성주의를 '부르주아적 부패물'로 여기는 공산주의는 이러한 연속성을 감추는 데 공조해 왔다.

고자 할 때 맞닥뜨리게 되는 수수께끼 같은 것이었다. 현재의 여성주의 담론에서야 이러한 논쟁은 이미 너무 익숙한 것이 되었지만, 냉전에 의해 분열된Cold War divide 시대의 사회주의적 여성주의socialist feminism는 '차이' 문제에 대해 적지 않은 혼란을 경험하였다.[8] 조안 스코트 Joan Scott와 같은 여성주의 이론가들은 '차이difference'와 '평등equality'의 문제에 대하여 "서로를 대조시키면 양자兩者의 상호의존성이 가려진다. '평등'은 '차이'를 지워버리는 것이 아니며, '차이'는 '평등'을 배제하지 않는다"고 하여 양자택일의 문제가 아님을 명확히 하였다.[9] 사실, '평등'의 반대어는 '차이'가 아니라 '불평등inequality'이며, '차이'의 반대어는 '동일함sameness'이지 '평등'이 아니었다. 그럼에도 불구하고 '차이의 딜레마'는 20세기 여성주의 역사에서 계속해서 제기된 문제였다. 이 글은 '냉전 여성주의'의 형성과 관련하여 한국/조선전쟁기에 이 딜레마가 어떻게 구체화되었는지, 또한 어떻게 처리되었는지를 보여주고자 한다.[10] 결론부터 밝히자면, 여성주의 기획은 전세계적 냉전에

---

8   사실 여성주의를 "부르주아" 이데올로기로 여겼던 공산주의 국가들은 공식적으로 '사회주의적 여성주의' 또는 '공산주의적 여성주의'의 용어를 사용하지 않았다. 하지만 나는 스스로를 여성주의자로 인식한 사람들, 국가 사회주의자들, 맑시스트적 여성주의자로 자처한 '신좌파(New Left)'를 포함한 사회주의적 여성주의자들이 여성 억압에 대한 분석 및 투쟁에 대하여 공유한 것들이 있었다고 주장하기 위하여 이 용어를 사용하고자 한다. Barbara Ehrenreich, "What is Socialist Feminism?", *WIN Magazine* (1976), accessed January 28, 2017, https://www.marxists.org/subject/women/authors/ehrenreich-barbara/socialist-feminism.htm and "Forum : Is 'Communist Feminism' a Contradictio in Terminis?", *A spasia* Vol.1, 2007, pp.197~246.

9   Joan W. Scott, "Deconstructing Equality-Versus-Difference : or, The Uses of Poststructuralist Theory for Feminism" in *Theorizing Feminism : Parallel Trends in the Humanities and Social Sciences*, ed. Anne C. Herrmann and Abigail J. Stewart, Boulder, CO : Westview Press, 2001, p.258.

10   리사 요네야마(Lisa Yoneyama)는 냉전 여성주의를 제2차 세계대전 이후 미국이 강대국으로의 부상하는 조건에서 나타난 자유주의적 여성주의 일반론의 개념으로 사용하였

의하여 양분되어 진행되었으며, 그 영향은 오늘날의 여성주의 담론에
도 여전히 남아 있다.

역사적 관점에서 볼 때, 한국/조선전쟁은 냉전에 관한 모든 논의의 출
발 지점이 되어야 한다. 동아시아에서 냉전은 아직 끝나지 않았다는 점
때문만이 아니라, 역사학자 마스다 하지무Masuda Hajimu가 최근 지적하
였듯, 한국/조선의 교전은 전후 세계질서를 기초한 냉전의 '도가니'였기
때문이다. 1940년대 후반, 기껏해야 "차가운 전쟁a cold war" 또는 "소위
냉전so-called cold war"이라 불리던 상황이, 한국/조선전쟁을 거치면서 이
제 본격적인 '냉전the Cold War'이 되었다. 이처럼 한국/조선전쟁은 냉전
에 의한 상호간의 위협이 실제 교전으로 이어진, 즉 냉전에 대한 최악의
공포가 실현된 곳이었다.[11] 교착상태에 빠진 한국/조선전쟁의 종결은
평화조약이 아니라 정전으로 이루어졌고, 남북 간 및 북미 간 갈등은 끝
내 해결되지 않은 상태로 남았다. 사실상 한국/조선전쟁은 냉전기에 들
어선 이후 첫 번째 '열전熱戰'이었고, 과거 제2차 세계대전에서 함께 싸웠
던 우방국들(한쪽엔 미국, 다른 한쪽엔 소련과 중국)은 현재 지구상에서 냉전
이 이른바 '종료'된 지금도 거의 그대로 유지되고 있는 지역적 냉전 체제

다. 그녀는 2003년 이라크 침공 때 등장한 "이슬람 여성의 해방"이라는 기치와, 제2차 세
계대전 이후 미국의 일본 점령기(1945~1952년)에 미국의 승리를 자애로움, 평등과 자
유, 그리고 젠더 정의를 포함한 민주주의로 이야기하는 것의 연속성을 보여준다. 그녀가
붙인 호칭은 "미국의 자유와 재건에 대한 제국주의적 신화"이다. (16). Lisa Yoneyama,
Cold War Ruins : Transpacific Critique of American Justice and Japanese War Crimes, Durham
: Duke University Press, 2016.(특히 2장을 볼 것) 나는 냉전기 미국 헤게모니 하의 자유
주의적 여성주의가 갖는 편향된 선적적 의미를 넘어, '냉전 여성주의' 개념을 냉전기 양
진영 모두에서 여성의 억압에 대한 이론화가 각각 확정된다는 의미로 사용하고자 한다.

11 Hajimu Masuda, *Cold War Crucible : the Korean Conflict and the Postwar World*, Cambridge
: Harvard University Press, 2015, p. 1.

를 구축하였다. 그와 같은 장기적인 전쟁 상태의 지속이 젠더 관계에 미친 영향은 좀 더 심화된 연구를 필요로 한다. 나는 이 글에서 한국/조선의 열전으로 구체화된 냉전에 여성들이 모성 여성주의maternal feminism적 전략으로 개입하고자 한 측면을 살펴보고자 한다. 다시 말해, 한국/조선전쟁이 냉전의 '도가니'인 이유는, 냉전을 체감케 하고 제2차 세계대전 이후 미-소 협력의 한계를 시험했던 사건이라는 데 그치는 것이 아니라, 국제연대의 진정한 사례를 만들어냈기 때문이다. 이 글이 주목하고자 하는 바는 바로 후자後者이다. 여기서 국제연대란 한국/조선전쟁 참전을 결의하였던 유엔United Nations과 같은 것이 아니라, 평화를 요구하는 초국가적 여성 운동을 의미한다.

과거에나 지금이나 여성을 단순한 전쟁의 피해자로 묘사하는 경우가 많지만, 역사가들은 그간 여성들이 전쟁과 평화 양 측면 모두에 적극적으로 개입한 모습들을 규명해 왔다. 양차 세계대전의 참혹한 경험에 기반하여 여성 운동가들은 국제평화운동을 탄생시켰고, '엄마'이자 '돌보는 사람caregiver'인 여성은 평화의 "자연스러운" 요소라고 주장하였다.[12] 이러한 주장 또한 한국/조선전쟁기에 전파되었다. 이 글은 한국/조선전쟁 반대에 여성들의 모성을 다국적으로 동원하려 했던 사실

---

12 보다 구체적인 연구로 다음을 참고하라. Leila J. Rupp, *Worlds of Women : The Making of an International Women's Movement*, Princeton : Princeton University Press, 1997; Amy Swerdlow, *Women Strike for Peace : Traditional Motherhood and Radical Politics in the 1960s*, Chicago : University of Chicago Press, 1993. 냉전기 미국의 여성조직들과 미 중앙정보부(CIA)의 공모에서 나타난 것처럼, 글로벌한 모성주의와 국제연대('자유롭고', '독립적인' 자원봉사 민간조직에 호소) 주장이 갖는 편협함에 대한 또 다른 설명으로 Helen Laville, *Cold War women : the international activities of American women's organisations*, Manchester : Manchester University Press, 2002.

을 주목하여, 냉전의 문맥 속에서 정치적 기획으로써의 여성주의가 갖는 가능성과 한계를 서술하고자 한다. 우선, 나는 국제민주여성연맹 (Women's International Democratic Federation, 이하 '국제여맹')이 일찍부터 반反식민주의 입장을 표명하고, 여성주의 운동의 발전을 위하여 아시아와 제3세계를 주목하였던 사실을 소개하고자 한다. 그리고 전쟁기에 벌어진 전범행위를 조사하기 위하여 국제여맹이 파견한 위원단의 활동을 상세하게 다룰 것이다. 그런 다음, 평화의 옹호자로써의 모성이 전쟁 지지 및 반대의 양 측면에서 상반된 양상으로 내세워졌음을 보여줄 것이다. 마지막에 나는 냉전 여성주의가 주는 교훈을 되살펴보고자 한다. 20세기 냉전의 긴 역사 속에서 한국/조선전쟁 반대에 대한 여성 동원을 분석하는 작업을 통하여, 나는 냉전의 역사를 다층화하고 특히 냉전이 여성 운동과 여성주의적 동원 담론에 어떠한 영향을 남겼는지를 보여주고자 한다.

1. 국제민주여성연맹과 제3세계

역사학자 프란시스카 데 한Francisca de Haan이 지적하듯, 여성과 평화에 대한 국제여맹의 역사와 활동은 냉전 때문에 제대로 된 주목을 받지 못했다.[13] 근래 들어 이를 극복하고 국제여맹과 같은 조직들의 활

---

13 Francisca de Haan, "The Women's International Democratic Federation (WIDF) : History, Main Agenda, and Contributions, 1945~1991", in *Women and Social Movements, International 1840 to Present,* ed. Kathryn Kish Sklar and Thomas Dublin, Alexandria : Alexander Street Press, 2012, accessed September 14, 2014.

동을 부각시키고자 하는 새로운 연구들이 등장하였다.[14] 제2차 세계
대전 직후인 1945년 11월에 파리에서 결성된 국제여맹은 곧 40개국
850여 명의 여성대표들이 참여한 제1차 세계여성대회를 개최하였다.
주최측은 지난 전쟁의 책임이 제국주의와 인종차별에 있다고 비판하
였으며, 사실상 여성의 권리 보호를 위한 전제가 되는 평화 · 반식민주
의 · 반인종차별 기치를 크게 내세웠다. 엘리자베스 암스트롱Elizabeth
Armstrong이 설명하듯, "1945년 당시 국제여맹은 식민주의를 전면적으
로 비판하였던 유일한 초국가적 여성운동 조직"이었고, 아프리카 · 아
시아 여성들의 미국 · 영국 · 네덜란드 · 프랑스 제국주의에 대한 투쟁
은 제국주의와 인종차별, 그리고 파시즘의 '동지적' 관계를 보다 더 선
명하게 드러냈다.[15] 시작 단계부터 서구제국주의 반대 투쟁과 연대하
고자 했던 국제여맹은 1946년 남미 지역에 처음으로 진상조사단을 파
견하였고, 1948년에는 동남아시아에 조사단을 보냈다.[16] 조직 직후부
터 국제여맹의 반제국주의 노선이 명확했던 탓도 일부 있었지만, 미하
원 반미활동위원회US House Un-American Activities Committee의 1949년 보

---

http://wasi.alexanderstreet.com.proxy.libraries.rutgers.edu/help/view/the_womens_
international_democratic_federation_widf_history_main_agenda_and_contributions_1
9451991. 또한 Francisca de Haan, "Continuing Cold War Paradigms in the Western Hist
oriography of Transnational Women's Organisations : The Case of the Women's Interna
tional Democratic Federation (WIDF)", *Women's History Review* Vol.19, No.4, 2010.

14 Elisabeth Armstrong, "Before Bandung : The Anti-Imperialist Women's Movement in
Asia and the Women's International Democratic Federation", *Signs : Journal of Women in
Culture and Society* Vol.41, No.2, 2016; pp.305~331; Celia Donert, "From Communist
Internationalism to Human Rights : Gender, Violence and International Law in the
Women's International Democratic Federation Mission to North Korea, 1951", *Contem-
porary European History* Vol.25, No.2, 2016.

15 Armstrong, "Before Bandung", p.320.

16 Ibid., pp.322~23.

고서는 국제여맹을 "소련의 꼭두각시tool"이자 "위장조직front organiza-tion"으로, 즉 "미국의 무장해제를 목적으로 하는 현재의 '평화' 운동에서, 소련의 '오른팔' 같은" 존재로 규정하였다.[17] 그 결과, 국제여맹의 미국 지부격이었던 미국여성의회Congress of American Women는 1950년에 강제로 해산되었다.

국제여맹은 성립 초기부터 명확히 공산주의에 우호적이었으며 또한 친소련적이었다. 예를 들어, 의장 유제니 코튼Eugénie Cotton은 "평화를 사랑하는" 소련을 "전쟁도발자" 미국에 비교하였다. "전세계 민주여성의 연대와 행동"을 모토로 하는 국제연맹 회보의 한 기사는 제2차 세계대전이 미국과 소련에 미친 영향을 다음과 같이 보여주었다.

〈누가 전쟁으로부터 이득을 얻었는가, 그가 바로 전쟁도발자이다〉

미국	소련
파괴된 도시 : 0 카르텔 기업들의 이윤 : 7천만 달러	파괴되고 소실된 도시와 마을 : 71,710 피해액 : 6,790억 루블

*출처 : "Seek those who profit from war and you will find the war-mongers", *WIDF Information Bulletin* No.32, November 1948, p.1.

그런 까닭으로, 중립적 입장을 취했던 스웨덴 대표 안드레아 안드린은 국제여맹 제2차 대회 도중에 "나는 동구East와 서구West간의 심한 상호 불신이 염려스럽습니다. 그것은 전쟁의 원인이 될지도 모릅니다"고 발언하여 다른 참가자들을 놀라게 하였다.[18] 제2차 대회에 대한 국제

---

17 Committee on Un-American Activities, U.S. House of Representatives, *Report on the Congress of American Women*, Washington : United States Government Printing Office, 1950.

18 *Information Bulletin on the 2nd International Congress of Women* No.3, WIDF, 1948, pp.3~8.

여맹 회보는 안드린이 국제여맹의 문건에 대하여, "아직 민주주의적이지 않은non-democratic 여성들이" 국제여맹을 독립기구가 아니라 소련의 선전조직으로 "의심하지 않도록" 수정을 요구한 사실을 알려준다. 그러나 소련 대표인 니나 포포바Nina Popova는 예상대로 "동-서의 불신은…… 반동적인 제국주의자들 때문이다. …… 반동적 요소에 대한 투쟁은 더욱 강화되어야 한다"고 답변하였다. 포포바는 소련이 제2차 세계대전기에 소집하였던 군인들을 1947년까지 다수 제대시켰음에 반해, 미국·영국은 군사화와 제국주의적 야심을 강화하고 있으며, 소련은 1946년 유엔에 원자무기 금지 결의문을 제출했던 것처럼 "평화를 위하여 끝까지 투쟁할 것"이라고 주장하였다. 국제여맹 제2차대회는 노골적으로 스스로를 사회주의 진영의 노선에 일치시키면서, "우리 국제여맹은 평화의 수호자가 될 것이며, 그와 동시에 소련을 적으로 한다는 것은 어불성설이다. 소련에 적대하는 것은 곧 평화를 반대하는 것"이라고 결론내렸다.

비록 국제여맹이 소련의 후원을 받아 각종 회의와 출판, 그리고 축하 행사를 진행한 점, 소비에트 여성동맹Soviet Women's Committee이 가장 영향력 있는 소속 기구였던 점 등에서 공산주의 진영과 강력하게 연결되어 있었던 것은 사실이었지만, 제3세계의 다양한 조직들이 가입하게 되면서 회원 구성은 광범위하게 변화했다.[19] 1945년의 제1차

---

[19] Jadwiga E. Pieper-Mooney, "Fighting fascism and forging new political activism : The Women's International Democratic Federation (WIDF) in the Cold War", in *De-Centering Cold War History : Local and Global Change*, ed. Jadwiga E. Pieper-Mooney and Fabio Lanza, New York : Routledge, 2013, pp. 55~56. 또한 파이퍼무니는 국제여맹에 대한 편견은 소련의 "평화 공세"와 결합했기 때문이라고 설명한다. 국제여맹에 참여한 다양한 여성조직들에 대해서는 60~61쪽 참고.

대회에는 40개국 출신의 대표가 참여하였지만, 10년 뒤에 열린 제4차 대회에는 70여 개국 사람들이 참여하였다. 이후 1985년에 이르면, 국제여맹은 117개국 출신의 135개 가입단체를 거느리게 되었다. 규모가 커진 국제여맹은 가맹 기구가 내는 회비와 출판물 판매, 그리고 세계여성대회 참가자들이 직접 수공예품·미술품을 판매하는 대형 바자회 등의 다양한 모금 캠페인 등을 통하여 독자적인 재정을 운영할 수 있게 되었다.[20] 전세계로부터, 특히 제3세계의 다양한 여성조직들을 포괄하게 되면서, 세계여성대회는 각지의 여성들로 하여금 자기 조직을 만들게 하는 추동력이 되었으며, 국제여맹의 구성은 인종과 민족 면에서 뿐만 아니라 정치적으로도 다양한 쪽으로 변화하였다.

제1차 세계대회에서 통과된 강령은 국제여맹이 전세계적인 회원망 구축을 위한 폭넓은 지지를 이끌어낼 수 있었던 이유를 보여준다. '반파시즘', '평화', '여성의 권리', '아동의 권리'라는 서로 연관된 4가지 기본 원칙은 다음의 목표들을 뒷받침한다. ① 자결권과 민주주의적 자유의 권리, ② 전쟁·군사주의·폭력 행위 종식, ③ 남성과 여성의 동일한 노동에 대한 동일 임금, 교육과 직업 훈련에 있어서의 동등한 기회, ④ 여성을 위한 사회보장서비스, ⑤ 결혼 유무에 무관한 모성 보호.[21] 국제여맹은 군사비 증대와 사회적 비용 지출 감소의 연관 관계를 명확히 보여주면서 "여성은 가정의 빈곤한 살림살이와 군사예산 지출 확대의 관

---

20 Melanie Ilic, "Soviet women, cultural exchange and the Women's International Democratic Federation", in *Reassessing Cold War Europe*, ed. Sari Autio-Sarasmo and Katalin Miklóssy, New York : Routledge, 2010, p.160.
21 국제여맹은 3년마다 한번씩 세계대회를 개최하였으며, 대회 참가자들은 각 국가의 인구에 비례한 대표권을 부여받았다. 또한 기본 정강 중에서 '반파시즘'은 1958년 세계대회에서 삭제되었다.

계를 보다 더 잘 파악할 수 있다"고 주장하였다.[22] 1947년 잡지 Life는 "전시기에야 남성과 여성은 정상적인 상호 관계를 구축한다. 남성은 지배적·영웅적인 역할이며, 여성은 여성적인 매력을 발산하여 남성을 격려하는 본래의 역할에 충실하여 남성을 보조하는 것"이라는 기사를 게재한 적이 있었는데, 국제여맹은 이 기사를 인용하여 "전쟁 지지" 선전이 "반여성적" 내용을 담고 있음을 명확히 보여주고, 평화운동과 여성주의가 연결되어 있음을 알렸다.[23] 평화의 사명에 충실하고자 했던 국제여맹은 1946년 12월 초, 유엔에 원자무기 금지와 군축을 요청하였다. 또한 초대 의장이자 프랑스여성연합Union des Femmes Françaises 대표였던 유제니 코튼의 지휘 하에, 국제여맹은 프랑스의 베트남 식민 전쟁에 일찍부터 반대 운동을 벌였다. 이 때문에, 국제여맹은 1951년 1월 프랑스에서 추방당하여 본부를 동베를린으로 옮기게 되었다(국제여맹 본부는 1991년까지 동베를린에 있었다).[24]

파리로부터 추방되던 1951년, 국제여맹은 그에 좌절하지 않고 한국/조선전쟁의 전쟁 범죄를 조사하는 작업에 착수하였다. 그리하여 1951년 5월에 17개국 출신의 21명으로 구성된 진상조사단이 북조선으로 파견되었다.[25] 미국의 전쟁 범죄를 고발하는 진상 보고서가 발간되자, 미

---

22 Roher, Jubisch and Gerwinski, *10th Anniversary of the Women's International Democratic Federation*, p.10.
23 *For Their Rights as Mothers, Workers, Citizens*, Berlin : WIDF, 1952, p.3. 이 출판물은 '철의 장막'의 다른 면에 있는 냉전 여성주의의 좋은 예이다. '제2세계'의 "해방된" 여성은 억압받는 아프리카계 미국인 여성으로 대표되는 서구 여성의 곤경에 대비된다.
24 국제여맹은 2002년에 의장 마르시아 캄포스(Marcia Campos, 브라질) 선출과 함께 상파울로(Sao Paolo)로 이전하였다. de Haan, 'The Women's International Democratic Federation', endnote 75.
25 *We Accuse! Report of the Commission of the Women's International Democratic Federation in*

국은 그에 대한 보복으로 국제여맹의 유엔 자문기구 지위를 박탈하는데 앞장섰다. 그리하여 국제여맹은 1954년 4월에 유엔 자문기구 지위를 잃었다(1967년 6월에야 다시 복귀할 수 있었다).[26] 그와 같은 보복에도 불구하고 국제여맹은 창립 당시 중국을 위한 부의장 의석을 비워 놓는 등(중국은 1948년까지 참여하지 못하였다), 초기부터 제3세계의 참여를 중시하였다. 1953년, 제3세계 대표들을 위하여 부의장 의석 수를 4자리에서 10자리로 늘렸는데, 이는 Tsai Chang(중국), Céza Nabaraoui(이집트), Funmilayo Ransome Kuti(나이지리아) 및 인도, 일본, 브라질 대표를 위하여 비워놓은 자리를 포함하였다.[27] 나머지 부의장 의석들은 Nina Popova(소련), Erzsébet Andics(헝가리), Lilly Wächter(서독), Dolores Ibarruri(스페인), Andrea Andreen(스웨덴), Rita Montagnana(이탈리아), Monica Felton(영국) 대표들에게 돌아갔다. 국제여맹의 기관지인 *Women of the Whole World* 는 월간으로(1966년부터 계간 발행) 영어·독일어·프랑스어·러시아어·일본어·스페인어로 발행되었다. 이는 최대한 많은 회원국에 전달하기 위함이었다. 성공하진 못했지만, 아랍어로 발행하기 위한 노력도 계속 있었다. 한국/조선전쟁 중인 1951년부터 간행이 시작되었기 때문인지, 초기 몇년간 이 잡지는 한국/조선전쟁 및 그에 반대하는 캠페인을 상세히 수록하였다.

Korea, May 16 to 27, 1951, Berlin : WIDF, 1951.

26 "WIDF Bureau Meeting (Berlin, June 14~17, 1968)", *Documents and Information* No.9, Berlin : WIDF, 1968, appendix 1~2.

27 *As One! For Equality, for Happiness, for Peace : World Congress of Women*, Copenhagen : June 5~10, 1953, pp.257~259 cited in de Haan, 'The Women's International Democratic Federation', endnote 57.

2. '도가니'로서의 한국/조선전쟁

제2차 세계대전 이후의 첫 번째 대규모 국제전을 통하여 국제여맹과 같은 여성 평화운동의 조직적 성과를 시험하게 되면서, 많은 국제여맹 간행물들은 세계 여러 지역의 한국/조선전쟁 반대 운동 및 점점 더 심화되고 있는 베트남의 갈등을 상세히 다루었다. *Women of the Whole World*의 1951년 2월호는 여러 나라에서 일어난 반전 시위에 대한 상세한 기사들을 싣고 있다. 그리스의 신문은 "코리아는 코리아인들에게!", "코리아에 그리스인이 웬말이냐!"와 같은 슬로건을 담은 전단을 나눠주었다. 쿠바의 어머니 위원회Mother's Committees는 파병에 반대하였다. 아르헨티나와 이스라엘에서는 "코리아로부터 손떼라!"고 외치는 시위가 있었다.[28] 프랑스 국회의원이자 아우슈비츠·라벤스부르크 수용소 출신인 마리-끌로드 바이양-쿠튀리에Marie-Claude Vaillant-Couturier는 다음과 같이 말하였다.

코리아 여성의 목소리를 주목하세요! 맥아더(MacArthur)에게 용병을 공급한 수많은 나라에서, 여성들은 이미 파병에 반대하고 군인들을 철수시키는 운동의 선두에 서 있습니다. 캐나다 정부는 대중운동의 압력 때문에 현지에 있는 378명의 캐나다인을 철수시키고, 군인 10,000명 추가 파병 계획은 취소될 것이라고 발표하였습니다. 아르헨티나 여성연합(Union of Argentine Women)은 대중적 분노와 행동의 선두에 서서, 페론(Peron) 정부

---

28 *Women of the Whole World 2*, February 1951, pp. 50~65.

로 하여금 군대를 보내지 않기로 약속하게끔 하였습니다. 시리아와 이란도 같은 상황입니다. 이와 같은 전쟁 반대운동은 푸에르토리코에서, 네덜란드에서, 영국에서 심지어는 미국에서도 전개되고 있습니다.[29]

실제로, 미국의 많은 여성들이 '우리 아들을 구하자!Save Our Sons'는 전쟁 반대 캠페인에 참여하였다. 미국여성의회의 간부로, 1951년 2월에 열린 국제여맹 평의회WIDF Council에 미국대표로 참석했던 베티 밀라드Betty Millard는 다음과 같이 썼다. "오늘 아침 코리아 (북조선) 대표단의 끔찍하고 화급한 보고를 들으면서, 나는 부끄러움과 공포에 압도당했습니다. 나는 나 자신에게 미국인은 두 부류가 있다고 말하려고 했습니다. 하나는 전쟁을 일으키는 사람들입니다. 다른 하나는 전쟁에 반대하여 폴 로브슨Paul Robeson 및 로브슨이 노래했던 조 힐Joe Hill[30]과 같은 영웅들의 생각처럼, 평화와 좀더 나아진 세상을 위해 싸우는 사람들입니다. 나는 우리 미국인들에게 커다란 믿음을 가지고 있습니다. 허나, 우리 미국인들이야말로 코리아에서 자행되고 있는 범죄에 책임이 있고 세계를 휩쓸 끔찍한 전쟁이 또 있다면, 그것 역시 우리의 책임일 것입니다."[31] 밀라드는 한국/조선전쟁으로 미국 군사비 지출이 3배

---

29 Marie-Claude Vaillant-Couturier, "Democratic Federation in realising the World Peace Congress", *Women of the Whole World 2*, February 1951, p.5.
30 (역주) 폴 로브슨은 1930~1950년대에 활동하였던 미국의 아프리카계 미국인 가수, 영화배우, 민권운동가이며, 조 힐은 1910년대에 활동하였던 미국의 가수, 노동운동가로 1915년에 암살당한 인물이다. 폴 로브슨은 조 힐에 대한 추모곡 〈I dreamed I saw Joe Hill Last Night〉을 즐겨 불렀다.
31 Betty Millard, "On the edge of the precipice, the American people awake", *Women of the Whole World 2*, February 1951, p.26.

나 늘어나 전쟁 예산으로 "역사상 최대"라는 525억 달러를 쓰고 있음을 지적하고, 미국 여성들의 노력을 보여주는 사례로 유엔에 가서 미군 철수를 요구했던 350명의 여성들을 소개하였다. 이들은 이후 1950년 8월에 '평화를 요구하는 미국여성회American Women for Peace'를 조직하여, 원자무기 금지와 한국/조선전쟁 중단을 요구하기 위하여, 1,000명(이들은 40개 주와 46개 도시로부터 온 80여개의 조직을 대표하다)의 여성들이 워싱턴시로 행진하는 것을 주도하였다.[32] "미국 전역에서 '평화를 요구하는 여성Women for Peace' 단체들이 성장하고 있습니다 (…중략…) 그녀들은 평화청원서를 들고 모든 가호를 방문합니다 (…중략…) 그녀들은 장식한 차량을 동원해 평화 구호를 외치는 자동차 퍼레이드를 진행합니다 (…중략…) 젊은 엄마들은 유모차 퍼레이드를 조직합니다. 그녀들은 트루만Truman 대통령에게 편지와 전보를 보내고, 지역 정치인, 라디오 방송국, 신문 편집실을 직접 방문합니다. 무엇보다 여기에서 흑인 여성들이 큰 역할을 하고 있습니다. 흑인 여성들은 전쟁 준비가 곧 흑인에 대한 차별과 폭력으로 이어진다는 점을 알고 있기 때문입니다. 차별과 폭력, 그리고 최하의 직업에 종사하면서도 아시아의 유색인들을 핍박하는 '자유'를 위한 전쟁 지지를 요구 받는 것, 그것은 흑인들에게는 쓰라린 아이러니입니다."[33]

국제여맹은 전세계 여성들이 보여준 행동들 덕분에 여론이 전쟁을 반대하는 쪽으로 동요하였다고 주장하였다. 1951년에 수개월간 미국

---

32 Betty Millard, *Women on Guard : How the Women of the World Fight for Peace*, New York : New Century Publisher, 1952, p.29.
33 Millard, *Women on Guard*, p.30.

의 정전협상을 관찰할 기회를 가질 수 있었던 허버트 골드하머Herbert Goldhamer는 "유엔은 공산주의자들보다도 여론의 향방에 더 많은 노력을 기울이고 있다"고 논평하였다.[34] 이어서 그는 조이Joy 제독이 이끄는 미국의 협상팀이 "미국 국민들로부터 받은 편지에 상당히 민감해하고 있는데, 왜냐하면 이 편지들은 전쟁 지속으로 인하여 앞으로 발생할 죽음들에 대한 큰 책임감을 의미하기 때문"이라고 썼다.[35] 국제관계학자 로즈마리 풋Rosemary Foot은 이러한 이유들로 인하여, "유엔의 연루는 국제여론(그리고 특히 미국의 가장 중요한 우방국들의 견해)에 대한 책임감을 요구하며, 이는 무력을 선호하며 외교적 협상에 비타협적인 관료들로부터의 요구를 때때로 배제할 수 있게 한다"고 결론내렸다.[36]

정전협상이 정체 상태에 들어선 와중에, 국제여맹은 북조선의 전쟁 피해 아동들을 돕기 위하여 1953년부터 소련, 루마니아, 중국, 체코슬로바키아, 동독의 여성들에게 수천 명의 북조선 아이들을 데려와 돌보자는 캠페인을 전개하였다.[37] 그에 맞춰, 전쟁기에 발간된 국제여맹의 한 팜플렛은 다음과 같은 호소로 시작된다. "한국/조선의 전쟁이 역사상의 그 어떤 전쟁과도 다른 점은 (…중략…) 맥아더가 지금까지 세계에 알려진바 없는 규모의 죽음을 초래할 수 있다는 것에 있다. 여기 그

---

34 Herbert Goldhamer, *The 1951 Korean Armistice Conference : A Personal Memoir*, Santa Monica : RAND, 1994, p.159. 골드하머의 1951년 미국・유엔의 정전협상 관찰 기록은 1971년에야 비밀해제되었다.

35 Goldhamer, *The 1951 Korean Armistice Conference*, p.161.

36 Rosemary Foot, *A Substitute for Victory : The Politics of Peacemaking at the Korean Armistice Talks*, Ithaca : Cornell University Press, 1990, p.14.

37 Roher, Jubisch and Gerwinski, *10th Anniversary of the Women's International Democratic Federation*, p.32.

것을 보여주는 끔찍한 숫자들이 있다. 인구의 2,600만 명의 나라에서, 전쟁 초기의 8개월간 1백만 명의 한국/조선인이 사망하였으며, 그 중에서 33%는 어린 아이, 45%는 여성들이었다."[38] 이 팜플렛은 독자들의 이해를 돕기 위하여 다양한 언론 매체에 실린 여러 언론인과 종군기자들의 전쟁 묘사를 활용하였다. The United Press는 "'초토화焦土化'[39] 전술이 정확히 무엇인지 알려면 이곳 현장에 있어야만 한다 (…중략…) (그들이) 원주Wonju에서 퇴각할 때, 모든 주택에 방화가 이루어졌고, 모든 다리가 파괴되었으며, 단 한 조각의 식료품도 모조리 폐기되었다. 교외의 경비병들은 모든 오두막과 건초더미에 불을 질렀다. 도로와 평지에는 지뢰가 매설되었다. 도시 소개가 이루어지고 마지막 다리가 폭파되어 굉음을 내고 난 이후, 포병대와 항공대가 등장하였다. 오늘, 원주는 완전히 평평하게 파괴되었다. 담 하나 제대로 서 있는 것이 없다." Chicago Daily News의 종군기자는 미 공군이 "모든 움직이는 것들을 살상하라"는 명령을 받고 있다고 전하였다. 한국/조선전쟁이 미국경제에 미친 영향을 전하는 US News and World Report는 "한국/조선전쟁이야말로 비즈니스를 최고 상태로 유지하는데 안성맞춤인 조건이다. 제2차 세계대전 이후 미국 경제를 위협하던 공황의 기운을 완전히 몰아냈으며", 전쟁 시작 이후 3개월간 미국의 이윤은 전년도 같은 기간보다 54% 이상 증가했다고 주장하였다.[40]

한편, 이 팜플렛은 북조선의 고위급 여성 관료이자 문화선전상인 허

---

38 The Children of Korea Call to the Women of the World, Berlin : WIDF, n.d., p.3.
39 (역주) '초토화' 전략은 후퇴하는 부대가 적의 공격을 지연시키고 적에게 활용될 가능성이 있는 자원을 없애기 위하여 해당 지역을 철저히 파괴하거나 비우는 것을 의미한다.
40 The Children of Korea Call to the Women of the World, p.10.

정숙의 발언으로 마무리된다. 1951년 2월 3일, 베를린에서 열린 국제 여맹 평의회에 모인 여성들에게 호소하는 자리에서, 허정숙은 미국 여성들에게 직접적으로 다음과 같이 요구하였다.

> 미국의 친구들이여! 당신들은 당신의 아들과 남편의 손에 의하여 조선에 서 저질러지고 있는 잔혹 행위들을 알아야 합니다! 아무 죄도 없는 사람들을 죽이는 것에 당신도 책임을 져야 합니다. 이러한 짓을 저지르는 것은 바로 당신의 아들이자 남편이기 때문입니다. 뉴욕 같은 미국 도시들이 현재 조선인들이 겪고 있는 고통을 경험하게 될 일이 없다고, 당신은 모면하리라 생각하지 마십시요. 조선으로 당신의 아들과 남편을 보내는 것에 더 강력하게 반대하세요![41]

허정숙은 영국 여성들에게도 유사한 내용으로 호소하였다. "조선에서 영국군은 오직 죽음과 조선인들의 증오만 거두고 있기 때문에" 아들과 남편들이 되돌아오도록 요구해야 한다는 것이었다. 그 연장선상에서, 허정숙은 "국제여맹의 대표가 조선에 직접 와서 미국 야만인들이 우리 조국에 가하고 있는 비인간적 잔혹 행위들을 직접 볼 것"을 요청하였다.

북조선의 여성들은 1945년 11월에 결성된 조선민주여성동맹Korean Democratic Women's Union[42]을 통하여 국제여맹에 연결되어 있었다. 허정

---

41 *The Children of Korea Call to the Women of the World*, p.9.
42 (역주) 결성 당시의 정확한 명칭은 '북조선민주여성동맹'이다. 북조선민주여성동맹은 이후 1951년 1월에 남조선민주여성동맹과 통합하여 '조선민주여성동맹'이 되었다.

숙, 그리고 조선민주여성동맹 위원장이자 1948년부터 국제여맹 집행위원이었던 박정애의 초대에 응하여, 국제여맹은 아메리카·유럽·아시아·아프리카 대륙 출신의 다양한 사람들로 구성된(심지어 국제여맹 소속이 아닌 사람도 있었다) 조사단을 파견하였다. 조사단의 구성은 다음과 같았다.

위원장(Chair) : Nora K. Rodd (캐나다)

부위원장(Vice-Chairs) : Liu Chin-yang (중국, 사무국장)

Ida Bachmann (덴마크, 사서)

비서(Secretaries) : Miluse Svatosova (체코슬로바키아),

Trees Soenito-Heyligers (네덜란드, 변호사)

위원 : Monica Felton (영국, 도시계획가)

Maria Ovsyannikova (소련, Soviet Women 편집주간), Bai Lang (중국, 작가), Li K'eng (중국, 교육자), Gilette Ziegler (프랑스, 언론인), Elisabeth Gallo (이탈리아), Eva Priester (오스트리아, 언론인), Germaine Hannevard (벨기에), Hilde Cahn (동독), Lilly Wächter (서독), Li-thi-Quê (베트남), Candelaria Rodriguez (쿠바, 변호사), Fatma ben Sliman (튀니지), Abassia Fodil (알제리), Leonor Aguiar Vazquez (아르헨티나)

참관인(Observer) : Kate Fleron Jacobsen (덴마크, 언론인)

5개 국어(영어·프랑스어·러시아어·중국어·한국/조선어)로 편집된 보고

KOREA

We accuse!

Report of the Commission of the Women's International
Democratic Federation in Korea, May 16 to 27, 1951

DS918.5
W874

국제여성민주동맹의 조사보고서 표지.
We Accuse! Report of the Commission of the Women's International Democratic Federation in Korea, May 16 to 27, 1951, Berlin : WIDF, 1951. Hoover Library.

서 『우리는 고발한다!*We Accuse!*』는 끔찍한 전쟁 피해를 도시부터 시골까지 이어진 죽음과 파괴의 참혹한 양상들로 설명한다. "이 책의 모든 면은 암울한 상황을 담고 있다. 이 책에서 말하는 모든 사실들이 이 전쟁의 대량파괴적인 양상을 말한다. 군사적 목표보다 민간인 주택들이 더 많이 파괴되었으며, 탄약보다 식량이, 군인보다 여성·아동·노인이 더 많이 피해를 입었다. 이 전쟁은 삶 자체에 대한 전쟁이다!"[43] 보고서는 한국/조선에서 행해지는 전쟁 범죄들이 '헤이그협약'과 '제네바협약'[44] 모두를 위반하고 있다고 결론내렸다. "소이탄을 사용하여 식료품, 식료품저장소, 식료품공장을 조직적으로 파괴", "모든 도시와 시골의 주택·병원·학교에 대한 조직적인 파괴", "소이탄·휘발유폭탄·네이팜탄·시한폭탄 그리고 때때로 저공비행하여 민간인에게 직접 기관

---

[43] *We Accuse*, p.2.

[44] (역주) '헤이그 협약'은 1899년 7월 제1차 헤이그 평화회의에서 체결된 「육전의 법 및 관습에 관한 협약(Convention respecting the Law and Customs of War on Land)」을 뜻한다. 교전자의 정의 및 선전포고, 전투원·비전투원의 구분, 포로·부상병 취급, 사용해서는 안될 전술, 항복, 휴전 등을 최초로 명문화하였다. '제네바 협약'은 전쟁으로 인한 희생자 보호를 위하여 1864~1949년에 걸쳐 제네바에서 체결된 일련의 합의서들로, 전쟁 포로 및 전시 민간인 문제 등이 중심이다.

총을 사용하는 등 국제적으로 금지된 무기를 사용", "고문 · 폭력 · 방화 · 생매장 등으로 민간인들을 끔찍하게 몰살함" 등의 이유였다.[45]

국제여맹 조사단은 신의주, 평양, 안악, 신천, 남포, 강서, 원산, 철원, 휘천, 강계 등 북조선에서 가장 피해가 큰 지역들을 직접 방문하였다. 각 지역에서 수집된 사망자의 숫자 및 잔해로부터 찾아낸 무기의 겉표지 정보 등을 꼼꼼하게 수집하였다. "새로운 형태의 파괴력을 가진 무기"인 네이팜탄의 실제 효과에 대해서도 언급되어 있다. "네이팜탄은 땅이나 건물과 닿게 되면, 일단 폭발 없이 개봉된다. 내부에서 나온 물질은 벽돌이건 나무던 간에 어디에건 달라붙는데, 곧 햇볕을 받아 화염으로 전이된다."[46] 또한 보고서는 개인들의 피해를 생생하게 기록하였다. "폭격으로 4명의 아이를 잃은 37세의 김순옥은 증언하기를 (…중략…) 미국인들은 (그 지역) 여맹위원장을 발가벗겨 거리에서 끌고 다닌 다음, 새빨갛게 달군 철근을 성기에 집어 넣어 죽였다. 그녀의 어린 아들은 산채로 불태웠다."[47]

보고서는 감정적인 증언 및 소름끼치는 죽음 묘사에만 충실한 것은 아니었다. 다음의 인용문은 조사단의 노력이 명확하고 체계적이었음을 보여준다.

한 여성은 달군 뜨개바늘로 손톱 밑을 찌르는 고문을 당했다고 우리에게 말해주었다. 우리는 상처를 직접 확인하였다. 그녀는 자신이 고문받고 있

---

45 *We Accuse*, p.6.
46 Ibid., pp.14~15.
47 Ibid., p.16.

을 때, 사람들이 야외의 구덩이에 산채로 던져지는 것을 목격했다고 증언했다. 우리는 이 구덩이가 사용되지 않는 우물이라는 것을 확인하였다. 우물은 60cm 높이에 1m 지름의 콘크리트 담으로 둘러싸여 있었다. 우물의 깊이는 7~8m 정도로, 강한 아침 햇살이 있을 때면 바닥의 시체들이 훤히 보였다. 우리는 가장 높은 곳에 있는, 검은 모자와 반짝이는 옷단추가 보이는 어린 아이의 시체를 알아볼 수 있었다. (…중략…) 시체들은 신원을 구분할 수 없을 정도로 상해 있었다. 시체 외에도 우리는 어린아이 신발, 여성의 머리다발, 책, 작은 생활용품들, 그리고 시체를 서로 묶은 줄을 볼 수 있었다.[48]

파괴된 가축·학교·주택·병원의 숫자부터 여성 강간 피해 및 아동 사망자 숫자까지, 이 보고서는 전쟁이 끼친 영향, 그 중에서도 여성과 아동이 입은 피해에 대한 날카로운 서술을 담고 있다. 국제여맹 진상조사단은 매 사건의 가해 주체가 미군, 남한군, 기타 유엔군 중 어디인지를 확실히 하고자 하였다. 조사 지역이 공산군측 지역으로 한정되어 있었기 때문에, 이 보고서에 등장하는 잔혹행위들에 대하여 누가 가장 큰 책임을 지고 있는지는 명확한 문제였다. 보고서는 유엔총회 의장 및 안보리 의장, 그리고 유엔 사무총장에게 보내는 서신으로 끝난다. 국제여맹으로 대변되는 9,100만 명의 여성들을 위하여 「코리아에서 미군과 이승만 군대에 의하여 저질러진 잔혹행위에 대한 국제여성조사위원단 보고서(report of the Women's International Commission for the Investigation of Atrocit-

---

48 Ibid., p.19.

ies committed by U.S.A. and Syngman Rhee Troops in Korea)」를 긴급하게 검토할 것을 요구하는 내용이었다. 또한 서신은 외국군대의 개입을 배제하고 한국/조선인들 스스로 결정할 권리에 따라 평화 협상에 나설 수 있도록, 유엔이 한국/조선에서의 폭격을 금지해야 한다고 주장하였다.

그러나 진상조사단의 조사가능지역에서 명확히 드러나듯, 냉전에 의한 대립은 진상조사단의 활동 범위뿐만 아니라, 그 결과물의 수용에도 작용하였다. 조사단의 일부 사람들은 남한도 방문하기를 원하였지만 성사되지 않았다. 따라서 보고서는 남쪽 지역에서 공산군측에 의하여 행해졌을 수도 있는 전쟁 범죄에 대해서는 전혀 언급하지 않았다.[49] 그 결과, 이 보고서는 편향된 선전 술책으로 치부되었고, 일부 조사단원들은 참여에 대한 대가를 크게 치뤘다. 서독의 릴리 와쳐Lilly Wächter는 주서독 미점령당국에 의하여 구금되었고, 영국의 모니카 펠튼Monica Felton은 노동당 정부의 공직으로부터 축출되었다.[50] 또한 진상조사단 구성원은 내부 논쟁으로 의견 합의에 실패할 때도 있을 정도로 다양했음에도 불구하고, 미국 정부는 조사단 참가자들을 공산주의 간첩

---

49 Monica Felton, *That's Why I Went*, London : Lawrence & Wishart, 1953. 유엔이 과연 국제여맹 진상조사단의 남한 입국을 허용할 것인지는 처음부터 논쟁거리였다. 펠튼은 남한을 방문해야 한다는 강경파 중 하나였는데, 이후 조사단 내에서의 이런 입장에 대한 위상 하락, 그리고 여정이 계획보다 길어져 귀국해야 하는 사정 때문에 남한 방문 의사를 포기하게 되었다. 펠튼의 기록은 진상조사단의 공식적인 보고서를 보완하는 내용들을 담고 있는데, 특히 대표단 내에서의 의견 불일치, 개인적 감상들, 그리고 조사단 내에 이미 명백하게 존재했던 냉전기 진영 대결 등에 대한 미묘한 감상들을 주목할만하다. 35~36, 41~49, 66~71쪽을 참고하라. 모니카 펠튼에 대해서는 후지메 유키, 「모니카 펠튼과 국제여성민주연맹(WIDF) 한국전쟁 진상조사단」, 『사회와 역사』 100, 2013 참조.

50 Dora Russell, *The Tamarisk Tree : Challenge to the Cold War* Vol.3, London : Virago Press, 1985, pp.145~46; Donert, "From Communist Internationalism to Human Rights", pp.313~33.

이라고 공격함으로써, 보고서의 신뢰도를 떨어뜨리고자 하였다. 전쟁 범죄 혐의를 거부하기 위함이었다. 미국 정부의 노동성 여성국과 국무성이 특히 걱정한 것은 이 보고서의 세균전에 대한 문제제기였다.[51] 공개적인 대응 대신, 미 중앙정보부CIA는 한국/조선전쟁을 맞아 "소련의 평화 운동과 국제민주여성연맹의 활동에 직접 대응하기 위하여" 조직된 정보연락위원회Committee of Correspondence[52]와 같은 여성 조직을 은밀하게 후원하였다.[53] 그리고 30개 이상의 미국 여성단체들이 모여 구성한 유엔여성연합Women United for United Nations은 한국/조선에서 진행중인 '국지적 치안행동police action'를 옹호하는데 분투하였다.[54] 미 국무성은 이러한 단체들의 메시지가 Radio Free Asia 및 Radio Free Europe 등의 방송을 통하여 널리 전파되어야 한다고 강조하였다. 유엔여성연합은 "올바른" 평화 호소와 "부당한" 평화 호소를 구분하고 대중들에게 소련의 "평화 공격"을 경계할 것, 특히 여성들에게 순진한 평화 호소를 경계하고 소련에게 속지 말라고 당부하였다.

이와 같은 환경에서 이루어진 국제적 여성기구의 진상조사와 그 보고서 발간은 비록 한계가 있다고 할지라도, 그 중요성은 강조될 필요가 있다. 새로운 국제기구인 유엔은 전쟁의 직접적 공범인 관계로 전쟁 범죄를 논할 수 없었기 때문이다.[55] 남한과 미국은 유엔의 깃발 아

---

51 Laville, *Cold War Women*, p.135.
52 (역주) 1953년에 미국의 여성지도자들을 주축으로 세계 주요 여성지도자들의 모임을 자처한 단체로 결성되었다. 회원은 국가 또는 단체가 아니라, 개인이었다.
53 Laville, op. cit., p.171.
54 Jennifer De Forest, "Women United for the United Nations : US Women Advocating for Collective Security in the Cold War", *Women's History Review* Vol.14, No.1, 2006, pp.61~74.
55 Francisca de Haan, "The WIDF, the NVB and the Korean War : Women Traversing the

래 전쟁을 하고 있었고, 유엔군의 연합사령부는 미국의 주도 하에 16개국으로 구성되어 있었다. 남성들이 이끄는 유엔 연합군에 대항하여 국제여맹이 여성만으로 구성된 진상조사단을 파견한 것은, 단지 전쟁 피해 여성들만을 위한 것만은 아니었다. 국제여맹의 국제 네트워크와 소속 기구들을 통하여, 한국/조선전쟁이 제2차 세계대전이 종전된 후 바로 미국의 직접 개입에 의하여 일어난 비참한 세계적 전쟁이라는 것을 알리고자 함이었다. 1950년 6월 30일, 북조선민주여성동맹에 보낸 전보를 통하여 "조선인들의 정당한 권리를 방해하는 미제국주의의 범죄적 군사 개입"을 비난하였던 국제여맹 의장 유제니 코튼은 회보에 "조선에서의 도발과 미국의 개입은 전쟁도발자들이 오직 민중의 단결된 힘에만 물러날 것임을 보여준다"는 의견을 남겼다.[56]

한국/조선전쟁 개전 직후, 국제여맹 회원이자 프랑스여성연합 부의장인 쟈네트 베르메쉬Jeannette Vermeersch는 걱정스럽게 물었다. "미국이 한국/조선에 원자폭탄을 쓸까요?"[57] 국제여맹은 트루먼 대통령이 "필요하다면" 원자폭탄을 사용하겠다고 위협한 것과 더불어 미국이 민주주의를 위선적으로 적용하고 있다고 비판하였다. "그들이 '민주주의'에 대해서 이야기하는 것은, 자신들은 민주주의를 너무나도 많이 가지고 있어서 그것을 다른 나라로 수출하고 싶어한다는 것이다 (…중략…) 그런데 미국 정부는 '민주주의'라는 단어의 의미를 대량살상 정책에 반

Local and the Global", Paper presented at Swiss Historical Conference, University of Fribourg, February 2013, p.10.

56 Eugenie Cotton, "To the Women of Korea", *Information Bulletin* No.45, June 1950, pp.1~3.

57 Jeannette Vermeersch, "The People of Korea Fight for Happiness", *Information Bulletin* No.45, June 1950, p.15.

대하고 진정한 평화와 민주주의를 위하여 투쟁한 남녀들을 투옥하는 것으로 보여주고 있다." 국제여맹 회보는 미국의 전쟁 정책에 반대하여 투옥된 사람들(그 중에 3명의 여성이 있다. 노동운동가이자 미국여성의회 회원인샬럿 스턴Charlotte Stern, 스페인 내전에서 파시즘과 싸우다 전사한 비행사의 미망인이자 변호사인 루스 라이더Ruth Leider, 가정주부 마조리 초도로프Marjorie Chodorov)을 언급하는 등, 전쟁에 반대하는 미국인들의 조직적인 노력을 나열하였다. 대표적으로 '평화와 자유를 위한 할렘 여성 위원회Harlem Women's Committee for Peace and Freedom'는 단 하루만에 흑인 여성 1,200명의 서명을 받았는데, 특히 여기에는 에이미 말라드Amy Mallard(그녀의 남편은 조지아에서 피살당했다)와 같은 여성들의 노력이 있었다. 국제여맹에 의하면, 말라드는 "내 남편을 죽인 권력이 이제 다른 전쟁을 시작함으로써 또다른 수백만명을 살해하려고 한다"고 선언하였다.[58] 그리고 한국/조선전쟁 반대 혐의로 1953년 1월에 유죄를 선고받고 5년형에 처해진 13명의 사람들 중에 엘리자베스 걸리 플린Elizabeth Gurley Flynn, 클라우디아 존스Claudia Jones, 베티 가넷Betty Gannett이 있었다.[59] 유명한 흑인 활동가인 존스는 1950년 세계 여성의 날을 맞아 기고한 글을 통해 한국/조선전쟁 반대의 뜻을 밝힌 이후, 고국인 트리니다드로 추방될 위기에 처하게 되었다. 플린은 국제여맹 창립총회에 참여한 미국 대표의 한 명이자, 1920년대 사코 · 반제티Sacco and Vanzetti[60] 옹호 캠페인을 주도

---

[58] "This is the 'Democracy' that the U.S. Government Wants to Export!", *Information Bulletin* No. 45, June 1950, p. 7.

[59] "Women leaders among thirteen convicted for peace activities in U.S.A.", *News in Brief* No. 3, February 11, 1953.

[60] (역주) 1920년 미국 매사추세츠주의 한 공장에서 발생한 강도 살인사건에 대하여 이탈리아 출신의 가난한 노동자 니콜라 사코(Nicola Sacco)와 바르톨로메오 반제티(Bartolo-

하는 등 오랫동안 활동한 노동운동가였다. 가넷 역시 교육자이자 노동운동 조직자였다.

전쟁이 교착 상태에서 멎게 되자, 국제여맹은 휴전 대신 영구한 평화 요구를 계속하였다. 불명확한 휴전 상태에서 주기적으로 충돌이 일어날 때면, 국제여맹은 긴장이 고조되고 있다는 것에 경종을 울리며 미국을 직접 지목하여 비난하였다. "코리아의 상황은 날이 갈수록 심각해지고 더 위험해진다. 미국은 현재 남한에서 권력을 쥐고 인민들을 완전히 억압하고 있는 반동적 세력들과 결탁하여 지배 정책을 계속 실시하고 있다. 조선민주주의인민공화국에 대한 그들의 도발은 점점 심화되고 있으며 동남아시아와 전 세계의 평화에 위협을 가하고 있다."[61] 조선민주여성동맹의 북조선 여성 동지들로부터 전달받는 정보에 크게 의존하고 있었기 때문에, 국제여맹은 한국/조선의 상황에 대하여 남한이 미국의 지원을 받아 한국/조선전쟁을 먼저 시작했다는 북조선의 설명을 그대로 쓰고 있다. 정전협정 체결 이후부터 국제여맹은 "그들 조국의 남반부에서 미군이 무조건적이고 즉각적으로 완전 철수하도록 하고 조선인들 스스로가 그 어떠한 외국의 개입 없이 평화적인 통일을 달성할 수 있도록 인민들과 함께 투쟁하고 있는" 북조선 여성들과의 연대를 끊임없이 언급하였다.[62]

---

meo Vanzetti)가 용의자로 체포된 후, 유죄 판결을 받고 1927년에 사형당한 사건. 두 사람의 무정부주의 활동이 재판 과정에서 불리하게 작동한 것으로 알려져, 당시 이미 큰 논란이 일었다. 1959년에야 진범이 밝혀지고 두 사람의 복권이 이루어졌다.

61 "Solidarity with the Korean women", *Documents and Information* No.4, Berlin : WIDF, 1969, p.2.

62 *Documents and Information* No.9, Berlin : WIDF, 1970, p.25.

3. 모성母性 여성주의의 변천

그와 같은 방식으로 국제여맹은 한국/조선전쟁 당시부터 그 이후까지 평화를 지지하고 군사주의를 반대하는 활동에 매진하였다. 특히 모성에 대한 호소가 주된 방식이었다. 그 예로, 국제여맹 진상조사단의 보고서는 전세계의 "여성들, 어머니들"이 "극심한 어려움 속에서도 영웅적인 코리아 어머니들의 목소리"에 귀 기울일 것을 요구하였다.

우리는 모든 여성과 어머니들에게, 이 보고서를 널리 모든 가정과 공장, 농지에, 그리고 선의를 가진 모든 남녀에게 알려지도록 할 것을 요구한다. 이것은 극심한 어려움 속에서도 영웅적인 코리아 어머니들의 목소리이다. 이것은 평화의 목소리 그 자체이다. 인간이라면 이러한 화급한 사실에 무관심하거나 그냥 있을 수 없다. 민중에 비인간적 잔혹 행위가 저질러지는 순간에, 침묵하는 것은 범죄이다. 우리는 특히 미국과 영국, 그리고 코리아로 군대를 보낸 정부가 있는 모든 나라의 여성과 어머니들에게 그들의 아들과 남편을 코리아에서 철수하도록 하는 노력을 배가시킬 것을 요구한다 (…중략…) 만약 우리가 코리아의 대량 파괴를 그대로 둔다면, 그것은 곧 전세계로 확산될 것이며, 코리아에서 벌어지는 일은 그 어떤 곳에서라도 반복될 수 있다. 코리아의 부녀자와 아동들을 구하는 것은 곧 우리 가정을 구하는 일이 된다.[63]

---

63 *We Accuse*, pp. 2~3.

서두에 언급한 것처럼, 1953년 코펜하겐 세계여성대회는 어머니, 노동자, 시민으로서의 모든 여성들이 세계 평화를 위하여 단결할 것을 촉구하였다. 이 대회에는 67개국에서 온 1,990명의 대표들(대표 613명, 내빈 1,312명, 참관인 65명)이 참가하였다. 국제여맹은 참가자의 확대뿐만 아니라, 국제여맹에 속하지 않는 여성국제평화자유연맹Women's International League for Peace and Freedom, WILPF, 기독교여자청년회Young Women's Christian Association, YWCA 등 보다 더 큰 다양성을 상징하는 기구들이 참여한 사실을 특히 중요하게 여겼다. 미국에서 참여한 9명의 대표 중에는 브루클린 평화위원회Brooklyn Peace Committee의 릴리안 레빈 Lillian Levine, 저명한 민권 지도자 도로시 번햄Dorothy Burnham도 포함되어 있었다. 또한 세계여성대회에서는 지난 3년간 한국/조선전쟁 반대 운동에 대한 보고와 평가도 이루어졌다. 대회를 앞두고 보내온 회원 기구들의 보고에 따르면, 반전운동이 상당히 성과를 거두었음이 분명하였다. 그 예로, 이탈리아 여성연합Union of Italian Women은 젊은 여성 들에게 갖가지 다른 색깔의 작은 정사각형 천으로 각자의 이름을 수놓은 평화 깃발을 만들자는 운동을 제기하였다. 그 결과, 1953년 2월까지 20만 명 이상의 이름이 적힌 2만 5천 개의 깃발이 제작되었다. 헝가리 여성들은 평화 서명을 받으면서, 많은 서약을 받은 유명한 거리와 건물들을 "평화의 거리", "평화의 아파트"라고 이름지었다.[64] 브루클린 평화위원회의 레빈에 의하면, 아이젠아워 미국 대통령은 매일 3만 통의 전쟁 반대 편지를 받고 있었다.[65]

---

[64] *Special Information Bulletin* No.1, March 7, 1953, pp.5~8.
[65] *Women of the Whole World* 5, June 1953, p.17.

코펜하겐 세계여성대회 이후의 활동에 대해 기록한 런던 에드먼턴 출신의 힐다 버튼Hilda Burton은 대회에 참가한 영국대표단의 일원이었으며, 그 남편은 한국/조선전쟁에서 포로생활을 하고 돌아온 사람이었다.[66] 그녀는 세계여성대회 당시 덴마크 정부에 의하여 참가를 저지당한 북조선 대표단을 대신하여 북조선 국기를 들고 있었던 영국 여성들 중 한 명이기도 했다. *Women of the Whole World* 는 다음과 같이 썼다.

5일 동안, 대회에 참여한 모든 대표단과 내빈이 코리아(Korea)와 베트남 대표단이 코펜하겐에 도착하는 것을 보게 되리라 희망하였다. 그들은 비행기로 2시간도 안 걸릴 정도로 가까운 베를린에 있었다 (···중략···) 아들이 방금 코리아(Korea)로부터 돌아온 볼드윈 부인(Mrs. Baldwin), 남편이 코리아에서 2년반 동안 포로생활을 했던 왓머스 부인(Mrs. Watmouth)이 북조선의 국기(Korean flag)를 들고, 영국에서 온 한 여성노동자와 광부 부인은 말레이시아의 국기를 들고, 아들이 베트남에서 죽은 샬린 부인(Mme. Challin), 마르세이유 부두노동자의 아내 마제리 부인(Mme. Margerie)이 베트남 국기를 들었을 때, 세계여성대회의 모든 여성들은 이 비참한 전쟁을 종결시키기 위하여 모든 여성이 단결하는데 자신들의 힘을 합칠 것을 맹세하였다.[67]

이 기사는 또한 세계여성대회 종료 이후 베를린에서 따로 열린 모임에서 있었던, 북조선에서 온 농민 여성의 발언을 전한다.[68] "16명의 가

---

66 *Special Information Bulletin After the World Congress of Women* No.4, October 19, 1953, p.3.
67 "We shall fight unceasingly to end the wars in progress!", *Women of the Whole World* 5, June 1953, p.31.
68 위의 자료에 따르면, 그녀의 이름은 'Yu Man Oe'이다.

족 중에서 혼자 남은 그녀의 고통스러운 이야기를 들으면, 눈물이 앞을 가리고 가슴이 찢어질 듯 하다…… 모임 참가자들에게, 그리고 전 세계 여성들에게 그녀는 말한다. '당신이 만약 평화를 위한 투쟁을 한 시라도 늦춘다면, 한국/조선의 전쟁 참상이 곧 당신에게 닥칠 것임을 잊어서는 안 된다.'"

국제여맹의 조직 확장과 성과에 대한 자축이 이루어지는 순간일지라도, 세계여성대회에서의 토론 내용은 그들 스스로의 동력이 어디에서 기인하는가를 두고 회원간의 미묘한 의견 차이가 있었음을 보여준다. 대표적으로 프랑스 출신의 콜레트 쟌슨Colette Jeanson은 여성에 국한된 문제제기를 거부하고 보편적 인간에 호소하고자 하였다. "여성들은 그들의 경제적·사회적·정치적 요구가 보편적 문제의 일부임을 너무나 잘 알고" 있으며, 그러므로 "여성들의 요구는 여성의 고유한 필요보다 훨씬 위에 있다 (…중략…) 여성들의 투쟁은 전체 사회를 위한 투쟁이다. '여성주의' 관점이 이제 구식인 이유가 여기에 있다."[69] 그와 달리, 영국의 델 머렐Thel Murrel은 어머니로써의 경험이, 여성들로 하여금 서로 간의 차이에 관계없이 함께 평화를 추구할 수 있게 한다고 강조하였다. 세계여성대회를 "인종과 피부색, 언어, 고유의상이 서로 다른 수백 명의 여성들이 함께 있었던 순간"으로 기억하면서, 그녀는 이와 같은 차이에도 불구하고 "우리는 공동의 목표, 즉 평화와 아이들을 지키기 위하여 함께 한다는 것을 알고 있었다"고 주장하였다.[70] 역사학자 재드위거 파이퍼무니Jadwiga Pieper-Mooney는 세계여성대회가 서로 다른 배

---

69 *Special Information Bulletin After the World Congress of Women* No.1, August 8, 1953, p.5.
70 Ibid., p.7.

경을 가진 여성들을 연대시키는데 성공한 것은 "모성의 보편성"에 호소하면서 엄마와 아동의 권리를 위하여 투쟁할 필요를 강조하는 모성주의 전략maternalist strategies을 사용했기 때문이라고 본다.[71] 역사학자 주디 우Judy Wu에 따르면, 그와 같은 "여성들의 국제정치 개입에 대한 모성주의적·젠더본질주의적 정당화"는 특히 냉전기에 유효했다. 자신들의 정치적 행동을, 아동들을 위한 "상식적"이고 "비이데올로기적"인 것으로 표현할 수 있었기 때문이었다.[72] 따라서 국제여맹 규약의 최고 원칙 중 하나가 아동 복지였던 것, 1949년부터 6월 1일을 국제아동절 International Children's Day로 기념하자고 주장한 것, 이후 1979년에 그 해를 '유엔 아동의 해UN International Year of the Child'로 선포하는데 동참하였던 것 등, 국제여맹이 엄마로써의 여성을 여성의 가장 중요한 구성 부분으로 한 것은 놀랄 일이 아니었다.

한편, 여성들은 "공격적인 모성"을 발휘하여 전쟁을 지지하기도 한다.[73] 1951년 2월, 국제여맹 평의회에 참석한 허정숙은 미국과 영국에서 온 여성들을 만난 자리에서 북조선 여성들의 투쟁정신을 강조하고자 하였다. "여성들의 애국심과 영웅적 행동은 남성들에 비해 결코 부족하지 않습니다 (…중략…) 젊은 여성들과 소녀들은 전선으로 보내어 줄 것을 요청합니다. 그들 대부분이 현재 조선인민군의 최전방에서 싸우고 있습니다."[74] 가족과 국가 안보의 위협에 대하여, 한국/조선전쟁을 포함한

---

71 Pieper-Mooney, "Fighting fascism and forging new political activism", p.63.

72 Judy Tzu-Chun Wu, *Radicals on the Road : Internationalism, Orientalism, and Feminism during the Vietnam Era*, Ithaca : Cornell University Press, 2013, p.197.

73 Suzy Kim, "Mothers and Maidens : Gendered Formation of Revolutionary Heroes in North Korea", *Journal of Korean Studies* Vol.19, No.2, Fall 2014, pp.257~289.

74 Che Den Suk, "We give our blood and our lives for our people, for all people. What-

냉전기의 여성들은 적극적으로 전쟁을 지지하고 군사적 동원에 동참하였다. 사실, 국제여맹은 스스로의 평화운동을 반전주의pacifism와 구별하면서, 후자後者를 수동적으로 전쟁을 거부하는 부르주아적 발상이라고 비판하였다.[75] 역사학자 멜라니 일리치Melanie Ilic는 국제여맹의 간행물들이 종종 여성활동가들을 "평화의 전사"라고 하거나, "민족의 독립을 위하여 투쟁하고 있는 영웅들"이라고 부르는 군사적 어법을 사용하였음을 찾아냈다.[76] 이와 비슷한 것으로, 북조선의 여성들은 평화 공존을 거부하고 세계 여성들에게 6월 25일부터 7월 27일까지 열리는 '남조선으로부터 미제 침략군을 축출하고자 하는 반제국주의 공동투쟁월간'에 동참할 것을 촉구하였다. 북조선의 여성들은 한국/조선전쟁기에 미국이 유엔의 깃발을 사용하였던 것을 상기하면서, 유엔이 평화의 매개체가 될 수 있다는 데 회의를 표시하였고, 아울러 유엔한국통일부흥위원회United Nations Commission for the Unification and Rehabilitation of Korea[77]의 해산을 요구하였다. 북조선 여성들은 "평화제일주의"를 거부하고, "비굴하게 굴복하여 얻은 평화는 평화가 아니"라고 주장하였다.[78]

국제여맹은 제3세계의 반제 · 반식민 투쟁을 지지하였지만, 평화적

---

ever the price, we will win", *Women of the Whole World 2*, February 1951, p.24. 'Che Den Suk'은 허정숙의 국제여맹 출판물(영문)에 표기된 이름이다.

75 WIDF *Information Bulletin* No.41, November-December 1949, p.5, cited in Ilic, "Soviet women", p.162.

76 Ilic, "Soviet women", p.164.

77 (역주) 1950년 10월 7일 제5차 유엔 총회의 결의를 통하여 만들어진 유엔의 '한국 문제' 담당 기구. 유엔 주도하의 선거로 통일 정부를 수립함을 목적으로 하였기 때문에, 사회주의 진영 및 제3세계 국가들로부터 배척당하였다. 1973년에 해체되었다.

78 "Speech of the Korean Women's Delegation at the World Women's Congress", Helsinki, June 1969, p.18.

공존과 독립 전쟁의 모순적 관계는 국제적인 여성 평화운동 내에 지속적인 마찰을 불러 일으키는 원인이었다. 평화공존정책에 대한 이견 대립이 중심이 되었던 1960년대 중·소 갈등은 상황을 더욱 복잡하게 만들었다. 제3세계는 소련의 화해 정책보다는 중국의 명확한 투쟁적 입장에 더 기우는 편이었는데, 북조선도 예외는 아니었다. 제국주의적 침략에 대하여 제3세계의 여성들은 무장투쟁과 독립전쟁을 필연적인 것으로 받아들였다. 국제여맹과 같이 전쟁이 벌어진 곳에 파견된 평화운동가들은 평화보다는 응징을 요구하면서 "당신들은 우리의 복수를 돕기 위해 무엇을 할건가요? 복수 없는 삶은 있을 수 없어요"라고 외치는 피해 여성들을 만나곤 했다.[79] 평화적 공존의 의미가 "공포의 균형"에 의한 폭력에 노출된 사람들로 하여금 더 이상 견디기 힘든 현재 상황을 그대로 유지하는 것이라면, 냉전기에는 전쟁과 평화가 서로 반대의 개념이라고 분명하게 말할 수 없었다.[80] 이러한 조건에서, 모성 여성주의는 전쟁과 평화 모두를 정당화하는 데 사용되었다.[81]

4. 냉전 여성주의 – 가능성과 한계

냉전기 최초의 글로벌한 반전운동을 이끈 국제여맹은 정전협정 체결 소식을 커다란 자긍심을 가지고 환영하였다. "코리아의 정전협정

---

79 *We Accuse*, p. 25.
80 Bruce Cumings, *Parallax Visions : Making Sense of American-East Asian Relations*, Durham : Duke University Press, 1999, p. 51.
81 Jean Bethke Elshtain, *Women and War*, New York : Basic Books, 1987, pp. 253~55.

체결은 평화세력, 그것도 국제여맹을 중심으로 여성들이 큰 비중을 차지하고 있는 평화세력의 커다란 승리이다 (…중략…) 이것은 여성들의 효과적인 연대, 그리고 코펜하겐 세계여성대회에서 만장일치로 채택된 「세계 여성들에게 호소함Appeal to the Women of the Whole World」의 마지막 문장, '단결하자, 평화가 승리할 것이다'라는 구호의 적실성을 보여준다."[82] 1954년 1월에 열린 국제여맹 상임위원회 모임의 개회사에서, 의장 코튼은 한국/조선의 휴전이 여성들의 평화운동 때문에 가능했다고 다시 한번 강조하였다. "코펜하겐에 있는 동안 매일매일 기다렸던 휴전협정 타결이 결국 통과되고야 말았고, 우리는 코리아의 여성 동지들에게 이 소식이 전세계에 불러일으킨 열광을 전달하고 싶다. 민중들의 의지로 전쟁세력으로부터 이 휴전협정을 탈취하는데 있어 집단적 행동이 가장 효과적임을 증명하였다."[83] 31개국으로부터 참석한 55명의 대표가 모인 상임위원회는 휴전협정 체결 소식에 고무받아 2개의 실무위원회를 구성하였다. 하나는 1954년 세계 여성의 날을 기념하여 호소하는 성명서를 작성하고, 다른 하나는 국제여맹의 소속 기관들로 하여금 모든 대량살상무기 파괴와 전반적 군비축소, 그리고 베트남과 한국/조선의 평화를 촉구하는 행동을 조직하기 위한 결의안을 만드는 팀이었다.[84] 국제여맹은 한국/조선의 휴전이 임시적인 해법임을 알고 있었으며, 다른 이들이 단지 전투가 중단되었다는 사실에 안심하였을 때 이들은 영구적인 평화 합의를 요구하였다. 국제여맹의 부의장

---

82 "The women of the whole world support their sisters in Korea", *Women of the Whole World* 7, August-September 1953, p.6.
83 14th Session of the Executive Committee Meeting, Geneva, January 16~19, 1954, p.3.
84 Ibid., p.45.

중 한 명이자 북조선에 파견된 진상조사단에 참여했던 모니카 펠튼은 "반전 운동을 통하여 더 많은 사람들이 물가상승과 재군비 정책의 관계를 깨닫게 되었다. 다만 정전협정이 불러일으킨 안도감은 민중들로 하여금 평화를 위한 새로운 행동을 하도록 자극할 대신에, 국제 무대 수준의 반전 행동들을 분산시키는 경향이 있다"고 주장하였다.[85]

평화를 얻어낸 여성들의 연대 능력에 대한 의기양양한 축하에도 불구하고, 이미 20세기 초반부터 '차이의 딜레마'에 대한 서로 다른 접근 방식에서 그것이 매우 위태위태한 연대임이 드러난 바 있었다. 자유주의적 여성주의와 사회주의적 여성주의의 충돌은 냉전기 내내 반복되었다. 그러나 나는 냉전 여성주의가 이렇게 두 흐름으로 분기한 것을 아쉬워하기보다는, '차이의 딜레마'에 대한 두 가지 사고방식의 경쟁(자유주의적 방식은 주로 참정권과 개인의 권리에, 사회주의적 식은 경제적 조건 개선과 집단적 복지에 중점을 두었다)이 궁극적으로 여러 여성주의적 입장을 통하여 여성 억압에 대처하는 다양한 전략을 낳게 하는 생산적인 장場이 되었다고 생각한다. 냉전기 대부분의 기간 동안, 여성들은 모성의 보편성에 기반한 모성 여성주의 하에 단결하면서 진영간 대결에 가교를 놓았다. 물론 이것은 여성의 생물학적 특성을 강조하는 전략이긴 했다. 소위 '냉전의 종식' 후에야 우리는 그간 여성주의가 무엇을 놓치고 있었는가를 파악함으로써 그것의 유효성을 판단할 수 있게 되었다. 낸시 프레이저Nancy Fraser는 2013년에 발간한 책에서 여성의 노동시장 참여, 그리고 개인들의 권리 신장이라는 명목 하에 소비 주체가 될 수

---

85 Ibid., p.11.

있는 여성성femininities의 부상으로, "여성주의가 자본주의의 시녀"가 되었다고 강하게 주장하였다.[86] 프레이저가 이야기한 것처럼, "자본주의의 역사적 성격 변화, 즉 국가주도적인 것으로부터 신자유주의적인 것으로 변화하는 과정과 제2세대 여성주의 등장이 동시에 일어난 것"은 결코 우연이 아니었다. 또한 그녀는 좀 더 평등함을 추구하는 방향으로 시장을 규제했던 제2차 세계대전 이후의 정책 기조가, 신자유주의 부상 이후 역류하여, 개별적인 자립과 유연성이라는 이름 아래 민영화와 탈규제를 선호하는 시장 만능주의market fundamentalism를 만병통치약으로 받아들이고 있음을 설명하였다. 그녀는 날카롭게 묻는다. "제2세대 여성주의와 신자유주의가 동시에 전개된 것이 과연 우연일까? 혹시 둘 사이에 알려지지 않은, 삐뚤어진 관련성은 없을까?"[87]

프레이저는 양자兩者의 친연성이 공통적으로 전통적 권위주의를 배제하는데 있다고 하였지만, 이것은 국가 사회주의 역시 전통적 권위주의를 공격했음을 생각해보면 적합하지 않은 설명이다. 냉전 여성주의의 역사는 다양한 여성주의와 신자유주의 이종들 간의 명백한 친연성보다는 냉전 자체의 역사적 궤적에 여성주의가 복잡하게 얽혀 있음을 보여준다. 신자유주의 부상의 전조가 되는 1980년대 냉전의 약화는 재분배 문제로부터 문화정치로, 경제적 투쟁으로부터 정체성의 정치로 관심이 옮겨간 것과 맞물린다. 서구의 자유주의가 자연권 이론에 기초

---

86 Nancy Fraser, "How feminism became capitalism's handmaiden-and how to reclaim it", *The Guardian*, October 14, 2013, accessed January 18, 2017, https://www.theguardian.com/commentisfree/2013/oct/14/feminism-capitalist-handmaiden-neoliberal.

87 Nancy Fraser, *Fortunes of Feminism : From State-Managed Capitalism to Neoliberal Crisis*, New York : Verso, 2013, p.218.

하여 시민의 정치적 권리를 우위에 둔다면, 사회주의는 불평등의 구조적 분석에 기초하여 사회적 · 경제적 권리를 주요한 원칙으로 하는데 중심을 둔다. 이것은 곧 자유주의가 '차이'로 인한 불평등을 인종이나 성별과 같이 자연적인 것으로 보고 심지어 그 핵심 가치인 '차이'를 보편적 원칙으로 끌어 올린데 반해, 구조주의적 비판은 '차이'를 사회적으로 만들어진 것으로 보고, 그것의 불평등 효과를 경감시키고자 한다.

국제여맹은 일찍부터 제3세계 여성들을 적극적으로 참여시켰던 데서 입증되듯, 1960년대 "제2 세대" 여성주의가 등장하기 전부터 젠더 · 계급 · 인종의 범주들을 통합하여 상호 교차적으로 접근하는 방식을 택하였다. 국경을 넘는 초국가적인 문제제기를 통하여, 국제여맹은 제국주의, 식민주의, 그리고 제1세계와 제3세계의 불평등 문제 등을 비판하였다. 그에 따라, 국제여맹과 사회주의 여성운동가들은 인권과 같은 개념이 성문화된 보편적인 것이라고 주장하기보다는, 여성의 생활 조건과 환경을 규정하는 범주들, 예를 들어 결혼과 육아에 대한 종교적이고 전통적인 규칙들, 여성노동자의 경제 조건, 차별과 아파르트헤이트 apartheid 등으로 나타난 인종차별 관습 등을 고려하였다. 다시 말해 정치적 담론 및 비판적 분석 이론으로써의 사회주의는 보편적 원칙의 자유주의적 가정보다는, 계급 · 인종 · 젠더와 같은 물적物的 조건에 따른 차이를 명확하게 인지하는 데서 출발한다. 따라서, 모성 여성주의는 냉전기 대결을 가로질러 여성들을 단결시키는 보편적 가치로써 모성의 단일성을 표현한 것이다. 요컨대, 국제여맹은 계급 · 인종 · 젠더의 상호교차적 분석을 여성주의적 구조 비평과 연결시키는 데 앞장섰다. 이러한 맥락 속에서 한국/조선전쟁에 개입하기 위하여 국제여맹이 보낸 여성들은 그들의 책임감을 다하고자 하였다.

그러나 냉전기 이데올로기들의 현재 복지국가 형태로의 수렴은, 모성 여성주의에 있던 가정 이데올로기와 노동의 젠더화된 분리를 그대로 유지하였다.[88] 그러한 결과는 물론 냉전 여성주의의 한계를 보여주는 것이지만, 현재의 탈냉전 시대 여성주의적 가능성의 위축에 비할 바는 아니다. '제2세계'의 몰락과 냉전기 진영 대결의 해체는 여성의 권리 신장에 대한 최고의 방법을 찾는데 있어, 유엔의 권위 및 유엔의 활동 방식과 평화유지군 이용의 확대로 이어졌다. 그러나 유엔의 "여성에 대한 폭력"에 초점을 맞춘 글로벌 치안 활동은 여성을 단지 피해자의 위치로 떨어뜨리고 있다.[89] 여성에 대한 폭력, 즉 마을 단위의 가정 폭력으로부터 세계적인 수준에서 분쟁 지역의 조직적 성폭력 등 다양한 수준에서 일어나고 있는 여성에 대한 폭력이 심각한 문제가 아니라는 것이 아니다. 단지, 그와 같은 접근 방식에 대한 강조가 여성에 대한 임금 차별, 취업·보육·각종 사회적 복지의 부족 등 궁극적으로 자원의 불평등한 분배라는 구조적 폭력으로부터 기인하는 일상적인 영향을 부차화하고 있다는 점을 지적하고자 한다. 국제여맹의 역사가 보여주듯, 여성들이 한국/조선전쟁에 개입한 이유는 여성에 대한 전쟁 범죄 및 폭력에 대하여 주의를 환기시키기 위함이었지만, 그뿐만 아니라 미

---

[88] Geoff Eley, "From Welfare Politics to Welfare States : Women and the Socialist Question", in *Women and Socialism, Socialism and Women : Europe Between the Two World Wars*, ed. Helmut Gruber and Pamela Graves, New York : Berghahn Books, 1998.

[89] Carol Harrington, "Resolution 1325 and Post-Cold War Feminist Politics", *International Feminist Journal of Politics* 13-4, December 2011.

국인들의 한국/조선 개입을 제국주의의 사례로 비판하려는 뜻도 있었다. 여성들은 보다 평등한 권력 분배와 제3세계의 독립을 위하여 계속 노력하였다. 냉전기에 소련이 정치적인 목적을 가지고 유사한 주장을 펼쳤다고 해서 국제여맹과 여성들의 노력을 유효하지 않은 것으로 볼 수 없다. 이러한 역사를 재음미하는 것은 비판의 날을 다시 세우고 우리 시대 여성주의의 의미를 살리는 한 가지 방법이 될 것이다.

(번역 : 이주호)

참고문헌

논문 및 단행본

후지메 유키, 「모니카 펠튼과 국제여성민주연맹(WIDF) 한국전쟁 진상조사단」, 『사회와
역사』 100, 2013.

Armstrong, Elisabeth, "Before Bandung : The Anti-Imperialist Women's Movement
in Asia and the Women's International Democratic Federation", *Signs : Journal
of Women in Culture and Society* Vol.41, No.2 ,2016.

Cumings, Bruce, *Parallax Visions : Making Sense of American-East Asian Relations*, Durham
: Duke University Press, 1999.

De Haan, Francisca, "Continuing Cold War Paradigms in the Western Historiography
of Transnational Women's Organisations : The Case of the Women's Inter-
national Democratic Federation (WIDF)", *Women's History Review* Vol.19, No.4,
2010.

De Haan, Francisca, "The Women's International Democratic Federation (WIDF)
: History, Main Agenda, and Contributions, 1945-1991", In *Women and Social
Movements, International 1840 to Present*, edited by Kathryn Kish Sklar and Tho-
mas Dublin. Alexandria : Alexander Street Press, 2012.

De Haan, Francisca, "The WIDF, the NVB and the Korean War : Women Traversing
the Local and the Global", Paper presented at Swiss Historical Conference,
University of Fribourg, February 2013.

De Forest, Jennifer, "Women United for the United Nations : US Women Advocating
for Collective Security in the Cold War", *Women's History Review* Vol.14, No.1,
2006.

Donert, Celia, "From Communist Internationalism to Human Rights : Gender, Vio-
lence and International Law in the Women's International Democratic Feder-
ation Mission to North Korea, 1951", *Contemporary European History* Vol.25,
No.2, 2016.

Eley, Geoff, "From Welfare Politics to Welfare States : Women and the Socialist

Question", In *Women and Socialism, Socialism and Women : Europe Between the Two World Wars*, edited by Helmut Gruber and Pamela Graves. New York : Ber-ghahn Books, 1998.

Elshtain, Jean Bethke, *Women and War*, New York : Basic Books, 1987.

Foot, Rosemary, *A Substitute for Victory : The Politics of Peacemaking at the Korean Armistice Talks*, Ithaca : Cornell University Press, 1990.

Fraser, Nancy, *Fortunes of Feminism : From State-Managed Capitalism to Neoliberal Crisis*, New York : Verso, 2013.

Harrington, Carol, "Resolution 1325 and Post-Cold War Feminis Politics", *International Feminist Journal of Politics* 13-4, 2011.

Ilic, Melanie, "Soviet women, cultural exchange and the Women's International Democratic Federation", In *Reassessing Cold War Europe*, edited by Sari Autio-Sarasmo and Katalin Miklóssy, New York : Routledge, 2010.

Kim, Suzy, "Mothers and Maidens : Gendered Formation of Revolutionary Heroes in North Korea", *Journal of Korean Studies* Vol.19, No.2, 2014

Herrmann, Anne C., and Abigail J. Stewart, ed., *Theorizing Feminism : Parallel Trends in the Humanities and Social Sciences*, Boulder : Westview Press, 2001.

Laville, Helen, *Cold War Women : The International Activities of American Women's Organisations*, Manchester : Manchester University Press, 2002.

Masuda, Hajimu, *Cold War Crucible : the Korean Conflict and the Postwar World*, Cam-bridge : Harvard University Press, 2015.

Offen, Karen, "Defining Feminism : A Comparative Historical Approach", *Signs* Vol.14, No.1, 1988.

Pieper-Mooney, Jadwiga E., "Fighting fascism and forging new political activism : The Women's International Democratic Federation (WIDF) in the Cold War", In *De-Centering Cold War History : Local and Global Change*, edited by Jadwiga E. Pieper-Mooney and Fabio Lanza, New York : Routledge, 2013.

Rupp, Leila J., *Worlds of Women : The Making of an International Women's Movement*, Princeton : Princeton University Press, 1997.

Russell, Dora, *The Tamarisk Tree : Challenge to the Cold War* Vol.3, London : Virago

Press, 1985.

Scott, Joan W., "Deconstructing Equality-Versus-Difference : or, The Uses of Poststructuralist Theory for Feminism", In *Theorizing Feminism : Parallel Trends in the Humanities and Social Sciences*, edited by Anne C. Herrmann and Abigail J. Stewart. Boulder, CO : Westview Press, 2001.

Swerdlow, Amy, *Women Strike for Peace : Traditional Motherhood and Radical Politics in the 1960s*, Chicago : University of Chicago Press, 1993.

Yoneyama, Lisa, *Cold War Ruins : Transpacific Critique of American Justice and Japanese War Crimes*, Durham : Duke University Press, 2016.

Weigand, Kate, *Red Feminism : American Communism and the Making of Women's Liberation*, Baltimore : Johns Hopkins University Press, 2001.

Wu, Judy Tzu-Chun, *Radicals on the Road : Internationalism, Orientalism, and Feminism during the Vietnam Era*, Ithaca : Cornell University Press, 2013.

식민자植民者의 아들이 싸운 한국전쟁

고바야시 마사루小林勝의 문학과 반전운동

하라 유스케(原佑介)

1. 들어가며 - '전후戰後' 일본과 한국전쟁

제국일본의 패전 및 한반도의 해방 70주년이자 한일협정 50주년인 2015년이 지나갔다. 이제 2018년과 2020년이 다가온다. 1948년 한반도에 두 개의 분단국가가 성립되어 1950년 '동족상잔'의 한국전쟁이 일어난지 바야흐로 70년이 지나가려고 하는 것이다. '전후'(2차 세계대전 후) 동아시아에서 한반도 분단의 역사성이 지닌 의미에 대해 다시 아프게 고민해야 할 시점이다.

한국전쟁 발발 70주년인 2020년은 일본에서 두 번째 도쿄 올림픽이 개최될 해이기도 하다. 일본의 언론들은 이를 계기로 삼아 1964년의 첫 번째 도쿄 올림픽을 상기하면서 '눈부신 전후 부흥'을 이루어낸 '국민의 이야기'를 자랑스럽게, 그리고 절실하게 확인할 것이다. 원래 도쿄 올림픽은 소위 '황기皇紀[1] 2600년'이 거국적으로 축하된 1940년에 개최될 예정이었는데, 당시 일본을 둘러싼 국제정세의 악화 때문에 일단 수포로 돌아갔다. 따라서 1964년 도쿄 올림픽은 '전후' 일본의 부활인 동시에 어떤 면에서 제국일본의 오랜 꿈이 성취된 순간이기도 했던 것이다.[2] 2020년의 두 번째 도쿄 올림픽을 통해 '전후' 일본의 '성공'과 제국일본의 '영광'에 대한 담론들이 재생산됨으로써 국민적 자부심을 자극할 것이다.

그런데 일본 국내가 축제 무드 일색이 될 것으로 관측되는 2020년에, 한국전쟁은 얼마나 관심을 끌 것인가? 이에 관한 대답은 비관적인 것이 되지 않을 수 없다. 그동안 일본에서는 '일본군 위안부', '독도 / 다케시마', '핵개발', '납치', '역사교과서' 등등 한반도에 관련된 여러 현안들이 격렬한 '혐한' 감정이나 북한 또는 재일조선인에 대한 혐오심을 계속 증폭시켜 왔다. 그럼에도 불구하고 대부분의 일본인은 그러한 문제들과 절대로 떼어낼 수 없는 한반도의 분단 그 자체에 대해서는 거의 무관심해왔다.

한반도의 분단은 제국일본의 역사가 '전후' 동아시아에 가져온 가장 심각한 후유증 중 하나이다. 제국일본이 수행한 전쟁 및 식민지배가 대단히 깊은 관계를 지니고 있음은 그동안 많은 연구자들이 지적해왔다. 예를 들어 한국전쟁 시기의 민중학살을 검증한 김동춘은 "위기에 몰린

---

1 『日本書紀』를 근거로 초대 일본 천황인 진무천황(神武天皇)이 즉위했다고 여겨지는 해 (기원전 660년)를 기점으로 규정한 기년법이다.
2 小野俊太郎,『明治百年』, 青草書房, 2012, 190쪽을 참조.

친일세력이 일제에서 배운 대로 학살에 앞장섰다는 것을 생각해 보면, 한국전쟁 시기의 대량학살은 바로 일제 식민지 지배의 직접적인 유산이라고도 볼 수 있다"라고 지적했다.[3] 또한 브루스 커밍스Bruce Cumings는 한국전쟁의 기원에 관해서 "한국전쟁은 먼 옛날 식민지배의 역사 속에서, 특히 1931년 일본에 의한 침공이 시작되었던 곳, 즉 (만주라고 불리던) 중국 동북부에 뿌려진 씨앗에서 생겨난 전쟁이었다"라고 하면서 다음과 같이 지적한 바 있다. "조선의 전쟁은 일본과 조선의 반목을, 즉 1930년대에 만주에서 10여 년간이나 계속되었던 무력항쟁을 촉발시킨 반목을 이어받고 있었다."[4] 한국전쟁은 '일본과 조선의 반목', 즉 조선 및 만주를 지배한 일본의 식민권력과 그에 맞선 민족독립세력의 갈등에서 유래했다는 주장이다. 이와 같이 '조선의 전쟁'(한국전쟁)과 '일본의 전쟁' 및 식민지배 사이의 관련성을 강조한 연구는 많다.

하지만 일본에서 한국전쟁은 '전후부흥'의 기폭제가 된 특수경기의 국민적 기억만으로 남겨졌으며, '잊혀진 전쟁'이 되었다. 아니, 그 특수경기를 포함하여 오히려 '조선의 전쟁'은 아예 일본국민의 기억에 각인된 적이 없을지도 모른다. 그러므로 재일조선인이나 한반도에 관한 일본 국내의 여러 논의에는 역사성의 결여, 특히 '전후' 일본과 한반도 또는 동아시아의 통합적 역사에 대한 이해에 커다란 공백이 흔히 보인다. 제국일본에 의한 한반도 식민지배의 평가에 대해서는 너무 많은 목소리가 울려 퍼지는 한편, 남북분단을 핵심으로 한 해방 후 한반도

---

3   김동춘, 『전쟁과 사회』, 돌베개, 2000, 365쪽.
4   ブルース・カミングス, 栗原泉・山岡由美訳, 『朝鮮戦争論―忘れられたジェノサイド』, 明石書店, 2014, 12~13쪽.

의 역사에 대한 성찰은 매우 부족한 것이 현실이다. 일본과 한반도의 갈등 문제는 당연히 양쪽 지역을 균형 있게 바라보면서 고찰해야 할 터인데, 일본에서는 '전후' 일본의 역사와 '해방 후' 한반도의 역사를 통합적으로 바라보려는 시각이 떨어지는 경향이 있다. 이런 상황에서, 지극히 내향적인 '전후' 역사 인식은 제국일본의 역사를 돌이켜 보는 데에도 결정적인 장해물이 된다. '전후' 일본의 역사를 열어나가기 위해서는 '해방 후' 한반도의 역사에 대한 이해를 보다 적극적으로 전개하는 작업이 반드시 필요하다.

이러한 기본적 문제의식 위에 이 글에서는 식민지조선에서 태어나 자란 소설가 고바야시 마사루小林勝, 1927~1971가 겪은 한국전쟁 당시의 경험을 주목하고자 한다. 그는 '전후' 일본의 역사와 '해방 후' 한반도의 역사가 근본적으로 연동된다고 보고 있었다. 제국일본의 붕괴 과정 속에서 한반도가 분단을 겪는 양상을 일본에서 지켜보던 그가 어떻게 사유하며 행동했는지, 그리고 그것이 오늘날 어떤 의미를 가질 수 있는지에 대해서 검토하도록 하겠다.

사카이 나오키酒井直樹는 1950년대의 일본에 대해 다음과 같이 지적한다. "놀랍게도 패전으로부터 10년 정도가 지나는 사이에 일본에는 '일본인'만이 있으며, 이전에 일본인이었던 사람들의 대부분이 더이상 일본인이 아니게 되었다는 사실은 급속하게 잊혀져 갔다. 1950년대의 일본 사회는 극단적인 국민적 폐쇄성의 공상에 취해 있는 것처럼 보인다."[5] 이러한 "극단적인 국민적 폐쇄성의 공상"에 빠지면서 '전후' 일본

---

5   酒井直樹, 『希望と憲法』, 以文社, 2008, 167쪽.

인들이 더욱 잃어버리게 된 것은 무엇보다도 이웃 아시아 지역, 그 중에서도 한반도에 대한 관심과 상상력이 아니었을까? 1950년대 초반에 출발한 고바야시 마사루의 문학은 '전후' 일본 국민이 한반도를 비롯한 식민지배에 대한 기억을 망각하는 현실에 저항하려는 시도였다.

2. '나 자신만이 가지고 있는 조선'

먼저 고바야시 마사루의 생애를 간단하게 소개해 둔다. 그는 1927년 경남 진주에서 태어났다. 1914년 일본 나가노현長野県에서 조선으로 건너간 부부의 셋째 아들이었으며, 아버지는 농림학교 교사였다. 소년기를 경북 안동과 대구에서 보내다가 1944년 2월 일본 육군예과사관학교에 입학하기 위해 조선을 떠났다. 1945년 3월 육군항공사관학교에 진학하여 가미카제神風 특공대원이 되어 죽을 것을 결심하지만, 훈련 생활 중에 일본의 패전을 맞이하게 되었다.

미군 점령하에서 시작된 새로운 시대의 흐름 속에서 정신적 혼란을 겪던 그는 1948년 일본공산당에 입당했다. 이듬해 와세다早稻田 대학교 문학부에 입학했는데, 1950년 전국적으로 터진 '레드 퍼지Red Purge' (공산주의자 및 그 동조자를 직장에서 몰아내는 운동)에 대한 반대투쟁에 참여하고 퇴학처분을 받았다. 그리고 1952년 6월 25일, 일개 노동자였던 그는 한국전쟁에 반대하는 데모 중에 화염병을 던졌다는 죄목으로 체포되었다.

당시 감옥에서의 경험이 고바야시의 운명을 바꾸었다. 경찰 유치장에서 그를 '동무'라 불렀던 조선인 청년들이 전쟁 중인 대한민국으로 강제송환되던 현장에 맞닥뜨린 것이다. 바로 그때 그를 사로잡은 분노와 죄책감이야말로 그의 '전후' 문학의 원점이자 이후 죽을 때까지 그로 하여금 조선과 조선인에 대해 꾸준히 글을 쓰게 한 원동력이 되었다고 한다. 1953년 1월에 보석된 이후, 긴 재판투쟁과 유죄판결, 감옥살이, 일본공산당 비판과 추방, 폐결핵과의 투병생활 등 우여곡절을 겪으면서 "일본과 일본인에게 조선과 조선인이란 무엇인가"를 묻는 소설을 써 나갔지만, 1971년 3월 43세의 나이로 병사했다. 조선이란 주제를 평생 동안 짊어진 보기 드문 '전후' 일본인 문학자였다고 할 수 있다.

2차대전 중에 '고향'인 조선을 떠난 고바야시가 그 땅과 다시 만날 계기가 된 것이 바로 한국전쟁이었다. 1950년 1월 6일, 코민포름Cominform의 기관지에 스탈린이 썼다고 추정되는 논문이 게재되었는데, 당시 일본공산당의 기본방침이었던 '평화혁명노선'에 비판이 가해졌다. 당 지도부가 이 비판을 전면적으로 받아들이고 '무장투쟁'으로 방향을 크게 전환시킴으로써 일본공산당은 곧 심각한 분열 상태에 빠지게 된다. 그로부터 불과 6개월 뒤에 벌어진 한국전쟁은 당원들에게 피할 수 없는 무거운 정치과제로 다가왔다. 일반 당원들에게 반전운동의 목적은 조선 인민을 학살하며 조선과 일본의 혁명을 방해하는 미국과 일본의 제국주의를 타도하는 데 있었다. 그런데 고바야시가 그런 동료들과 근본적으로 달랐던 것은 바로 그가 조선에서 16년간 살았다는 점, 즉 그의 삶이 조선과 일본 양쪽에 걸쳐져 있다는 점이었다.

고바야시는 한국전쟁 시기의 일본을 무대로 한 소설을 몇 편 남겼는데, 이를 통해 조선인들이 겪고 있는 분단과 전쟁의 고통이 바로 일본인의 절실한 역사적 과제이기도 하다는 점을 알리고자 했다. 그 중 한 편에서 그는 당시 일본의 상황을 다음과 같이 묘사한다.

> 조선에서 벌어진 전쟁의 경과는 신체의 가장 깊숙한 곳에서 떨려오는 공포를 사람들에게 맛보게 했지만, 그들은 갑자기 일어난 특수붐과 인플레로 이행된 분주한 분위기 속에 몸을 맡기면서 자기 일이 아닌 듯 억지로 치부하고 있었다. 하지만 자기 일이 아니라는 것은 완전한 잘못이었다. 미군은 '조선 전역(朝鮮戰域)'이 아닌 '일본·조선 전역(日本·朝鮮戰域)'이라는 정확하면서도 섬뜩한 용어를 사용했었다.[6]

일본에서 '조선동란朝鮮動亂'이 일반적으로 남의 집 불로 외면되던 가운데, 고바야시 마사루는 일본이 전쟁과 관련이 있기는 커녕 바로 전쟁터의 일부이다는 관점에 서서 한국전쟁을 바라보았다. 이는 단순히 일본과 한반도 남부가 같은 군대에 점령되어 있음을 뜻하는 것이 아니라, 제국-식민지의 관계가 끊어진 후에도 여전한 식민주의적 지역구조를 통해서 일본과 한반도가 구분하기 어려울 정도로 복잡하게 얽혀있다는 인식에 기반을 둔 것이었다.

이러한 감각을 더욱 뼈져리게 느끼던 자들은 바로 재일조선인들이었다. 일본과 한반도 양쪽 정황의 영향을 더 직접적으로, 또 심하게 받

---

6 小林勝, 「砂粒と風と」, 『文学界』, 1962.11, 105쪽.

을 수 밖에 없었기 때문이다. 한국전쟁이 터진 직후 소설가 김달수金達壽는 「슬픔과 분노와悲しみと怒りと」라는 제목의 짧은 글을 발표했다. "이제 나는 깊은 슬픔과 분노의 수렁 속에 빠져 있다. 물론 슬픔이나 분노 등은 언제나 우리들의 것이긴 했지만" – 모든 재일조선인의 심정을 대변하는 듯한 말로 시작하면서 김달수는 다음과 같이 간절하게 외친다. "날마다 일본의 신문이나 라디오는 보도한다. B29편대 평양을 맹폭, 다대한 전과. 함흥도, 원산도. 그리고 경성도, 개성도. 그곳들의 거리 하나하나가 피부 속이 찢어지는 듯한 고통과 함께 내 눈 앞에 생생하게 떠오른다. 평양방송도 말한다. ○○○을 폭격하여 시민 가운데 다수의 사상자가 났다. 다수의 사상자가, 라고."[7]

김달수는 한반도로 향하는 미군 비행기의 폭음을 듣고 신음하면서 소설 『현해탄玄海灘』을 썼다고 한다. 이처럼 '해방 후' 재일조선인 문학은 한국전쟁의 "깊은 슬픔과 분노의 수렁 속"에서 너무나 고통스러운 새벽을 맞이하고 있었다. 한편, '해방 후' 재일조선인 문학과 표리를 이룬다고 볼 수도 있는 어떤 '전후' 일본인 문학이 한국전쟁의 와중에서 조용하게 탄생했다는 것을 아는 자는 거의 없을 것이다. 식민지조선에서 일본으로 '귀환'한 일본인 식민자 2세의 '전후' 문학 말이다.

고바야시는 자전적 장편소설 『단층지대斷層地帶』(1958)에서, 한국전쟁 반대투쟁에 나선 주인공의 입을 통해 이렇게 언명한다. "내가 이번 행동대에 참가한 것은 당의 방침이라는 이유 때문만이 아니다. 나에게는 나 자신만이 가지고 있는 조선이 있다. 그 조선을 위해 나는 싸우기

---

7   金達寿, 「悲しみと怒りと」, 『婦人民主新聞』, 1950.7.15.

로 결심한 것이다."[8] 이와 같이 그는 단순한 인도주의나 정치적 이념이라는 관점에서 한국전쟁에 반대한 것이 아니며 자신이 직접 보고 자신만이 아는 조선을 위해 전쟁에 대한 그 나름의 저항을 시도한 것이다. 훗날 당시의 심경을 그는 다음과 같이 회고한 바 있다. 주관적으로 그의 '고향'이었던 조선은 이제 그가 고향이라고 느껴서는 안 될 '이향異鄕'이었다.

나는 내 몸 속에 펼쳐져 있는 조선의 산과 강, 집이 철저하게 파괴되어 가는 상황을 현실에서 눈으로 보고 있는 것처럼 생생하게 느꼈다.

내가 조선을 고향이라 부르면 조선인들은 불쾌함을 느낄지도 모른다. 그것은 당연하다. 네가 말하는 조선은 식민지조선이고 그것은 진실한 조선이 아니다, 너는 거기에 있었을 뿐이며 진정한 조선은 하나도 몰랐을 것이다, 진정한 조선은 일본인들 앞에서는 그 모습을 가리고 있었다, 혼자 들떠서 고향이라는 말 따위로 부르지 마라, 네가 그리워하는 산도 물도 논도 모두 조선인의 것이며 단 한 번도 일본인의 소유물이었던 적이 없었다 ― 나는 이 말들이 모두 옳다고 생각하며, 그래서 고향처럼 느끼는 것에 대해 양심의 가책을 가지고 있는 것이다.

하지만 한국전쟁이 터지면서 미군이 네이팜탄으로 조선을 철저하게 파괴하고 그 기지가 일본에 있다는 사태가 일어났을 때, 나는 그때만큼 일본인의 한 사람으로서 고통 속에 갇힌 적은 없었다. 그 고통은 어떤 속죄도 하지 않은 채 전쟁에 가담한 일본인의 잘못된 처사에서 비롯된 것이었지만, 동시에

---

[8] 小林勝, 『小林勝作品集』 2, 白川書院, 1975, 40쪽.

개인적으로는 고향이 파괴되어 소멸되는 것과 같은 아픔이기도 했다.[9]

고바야시 마사루는 파괴되어 가는 "조선의 산과 강, 집"이 펼쳐져 있는 곳이 그의 마음 속이 아니라 "몸 속"이라고 표현한다. 이것이야말로 조선에 대해 그가 가진 "몸 밑바닥의 이미지"였던 것이다. 이러한 육체적인 감각은 한국전쟁을 "피부 속이 찢어지는 듯한 고통"으로 바라본 김달수의 감각과 일맥상통한다. 그런데 식민자의 아들로서 고바야시가 품은 조선에 대한 감정은 김달수 등 재일조선인들과 결코 공유할 수 없는 것이었으며, 그렇다 해도 조선을 직접적으로 모르는 다른 일본인들이 실감하기 거의 불가능한 것이기도 했다. 그러한 고독한 심정을 안고서 고바야시는 당이 명령한 비합법 '무장투쟁'에 몸을 내던진다.

1952년 6월 25일 밤, 도쿄 신주쿠新宿 역전에서 한국전쟁 반대를 외치는 2000명 이상의 군중이 경찰대와 충돌했다. 다음날 신문보도에 따르면, 조직적으로 실시된 이 시위 중에 50개 이상의 화염병이 난무했고, '광장은 마치 전쟁'과 같은 상태였다고 한다.[10] 당시 현장에 있었던 한 참가자가 다음과 같이 증언한다. "그동안 역전은 불바다가 되고 황산도 주변에 뿌려져 있었다. 파출소, 역전매점 등 일부가 불탔으며, 일반군중도 섞여서 역전은 대혼란에 빠져들었다. (…중략…) 시위대만이 아니라 일반군중도 돌을 던졌다. 또 누군가 역전에 세워져 있던 외국제 고급차 밑에 화염병을 던지며 자동차의 휘발유가 인화하면서 단숨에 활활 불타오르기 시작했다. 자동차의 유리는 벽돌로 엉망으로 파

---

9   小林勝,「体の底のイメージ」,『新日本文学』, 1959.6, 81쪽.
10   『朝日新聞』, 1952.6.26.

괴되어 있었다."[11]

고바야시는 조선인 중학생들을 포함한 군중을 덮친 경찰대를 향해 화염병을 내던지고, 현장에서 도망가던 길에 사복형사들에게 체포되었다. 끌려간 감옥에서 조선인에 대한 일본의 거대한 식민주의적 폭력이 '전후'에도 여전히 지속되는 현실과 마주하게 된다.

상술한 증언자도 체포되어 고바야시와 같은 경찰서에 연행되었는데, 미성년자였기 때문에 머지않아 풀려났다. 그가 신문보도를 통해 알아본 바에 따르면, 그 날 "'수제 권총을 주머니에 숨겨 놓은 사내'가 체포되었다. '22, 3 살로 갈색 잠바를 입었으며, 주머니에 실탄이 장전된 수제의 소형 단발식권총을 숨겨 놓은' 이 사내는 성명도 국적도 불명인 완전히 수수께끼의 사내로, 경찰은 상당한 거물로 보고 떠들고 있었다. 물론 '그'는 성명불명인 채 기소되고 공판에 회부되었고, 징역형을 받기도 했다."[12] 이 '수수께끼의 사내'가 바로 고바야시 마사루였다.

그는 완강하게 묵비로 일관하고 결국 경시청 유치장에서 두 달을 보냈는데, 그곳에서 일본 당국이 조선인들을 형식적인 수속만 거쳐 현해탄 건너편으로 몰아내고 있음을 목격하고는 큰 충격을 받았다. 그의 '동무'이기도 했던 공산주의자가 전쟁 중인 대한민국에 간다는 것은 곧 죽음을 의미하기 때문이다. 1950년에 설치된 나가사키현長崎県의 오무라大村 조선인수용소에서, 1952년 3월까지 약 3,000명의 '불법입국자'와 약 500명의 '전과자'가 한국으로 강제송환되었다고 한다.[13] 이 시기

11　南坊義道, 「作戦的, かつ組織的に―6・25新宿硫酸ビン事件のこと」, 植田康夫編, 『戦後史の現場検証』, 創元社, 2016, 213~214쪽.
12　위의 글, 215쪽.
13　吉留路樹, 『大村朝鮮人収容所』, 二月社, 1977, 47쪽을 참조.

의 조선인 강제송환은 사실상 전쟁터에 민간인을 내보내는 것과 다름없는 국가적 범죄행위로 여길 수 있다.

고바야시는 감옥에서 만난 조선인들의 암담한 앞날에 대해 고심을 거듭하던 가운데 끝난 줄 알았던 과거의 '일본의 전쟁'과 현재 벌어지고 있는 '조선의 전쟁'이 분명히 연결되어 있다는 사실을 깨달았으며, 시대와 역사에 대한 새로운 인식을 점차 얻게 되었다. 만년에 그는 당시의 상황을 다음과 같이 회고한 바 있다.

> 내 조국의 추악함에 대하여, 한 걸음 한 걸음 강대해져가는 권력과 군사력에 대하여, 그리고 조선인에 대한 감도(感度)가 전혀 변하지 않았다는 점, 앞으로도 변하지 않을 것이라는 점에 대하여, 그것들에 대해 둔했던 내 나태함에 대하여, 죽음으로 인도되는 조선인에게 어떤 도움의 손길도 뻗을 수 없는 내 무력함에 대하여, 연대를 외치면서도 진정한 연대의 내용을 따져보는 노력이 없었던 퇴폐함에 대하여─나는 분노에 사로잡힌 것입니다.
>
> 바로 그때부터 나의 문학이 시작되었다고 말할 수 있겠습니다. 그때 내속에 있으면서 또 내 조국이 짊어지고 있는 '과거'는 지나가 버리고 완료된 '과거'임을 그만두고, 현재 그 자체 속에 살며 미래로 이어져갈, 살아 있는 하나의 총체의 일부가 되어서 나에게 다가오기 시작한 것입니다.[14]

한국전쟁 반대운동과 그 좌절을 통해서 고바야시 마사루는 식민지제국로서의 일본이 아직 망하지 않았다는 중대한 사실을 깨달았다. 동시

---

14 小林勝, 『小林勝作品集』 4, 白川書院, 1976, 256쪽.

에 이러한 각성은 그의 입장으로는 그 자신이 아직도 식민자 2세, 즉 조선민족을 억압하는 존재로 있다는 것을 의미했다. 일본인이 식민주의에서 벗어나는 길을 찾으려 했던 고바야시의 '전후' 문학은 바로 조선인이 한 명, 또 한 명 사라져 가던 그 유치장에서 싹트기 시작한 것이다.

3. 옥중의 데뷔작

1955년에 이르러 한국전쟁 당시 많은 젊은 당원들에게 파멸을 가져온 일본공산당의 '무장투쟁' 노선은 일부 과격분자의 경거망동으로서 공식적인 부정의 대상이 되었으며, 당의 역사에서 신속히 소거되었다. '무장투쟁' 노선이 너무나도 폭력적이고 성급했다는 측면이 있는 것은 분명하다.[15] 하지만 조선의 평화와 일본의 변화를 원하면서 싸운 무명의 조선과 일본의 청년들이 품었던 절실한 심정의 역사적 의미는 '극좌모험주의'라는 한마디로 정리되어서는 안 될 것이다. 요시다 시게루吉田茂 수상을 비롯한 많은 지도층들이 한국전쟁을 '하늘의 도움'이라고 기뻐하던 당시 일본에서, 그들처럼 깊이 조선의 비극에 분통하면서 그 땅의 민중들에게 다가가려고 노력한 사람은 거의 없었을 것이다.

고바야시 마사루는 조선인들의 곤경을 너무나 냉정하게 외면하는 일본 당국에 분노하면서도 그 감정을 어디로도 표출시키지 못한 채 경시청 유치장에서 여름을 보냈다. 거기에서 만난 젊은 조선인들과 감옥

---

15 小山弘健, 『戰後日本共産党史』, こぶし書房, 2008, 170~172쪽을 참조.

안이나 운동장에서 숨죽여 대화하는 나날이었다. 그러다가 1952년 9월 고스게小菅의 도쿄 구치소로 이송되었다. 그때서야 허름한 종이와 펜을 어렵게 입수한 고바야시는 "경시청의 움 속에서 쌓이고 쌓였던 분노가 터졌고, 지금 소설을 쓰고 있다는 의식"조차 없었던 정신상태로 단숨에 한 편의 단편소설을 완성시켰다.[16] 이 소설은 그가 출옥하기 전에 『인민문학』1952년 12월호에 게재되었다. 바로 고바야시의 첫 소설이자 당시 일본의 배외주의적이며 식민주의적인 출입국관리정책을 고발한 「어떤 조선인의 이야기ある朝鮮人の話」이다.

이 작품에는 다음과 같은 배경이 있었다. 미군 점령하의 국가개혁 과정 속에서도 일본정부는 이민족, 특히 조선인에 대한 법적 배제를 게을리 하지 않았다. GHQ가 제시한 신헌법 초안13조("모든 사람은 법 앞에 평등하다") 중의 '모든 사람'이라는 말을 '모든 국민'으로 바꾸었고, 또 "외국인은 법의 평등한 보장을 받는다"라고 규정한 16조를 삭제했다. 이렇게 외국인을 법적 보호대상에서 제외하는 수정을 거쳐 신헌법은 1947년 5월 3일에 시행되었다. 그 전날에 외국인등록령이 발포되었는데, 이로 인해 조선인 및 대만인에게 거부할 경우 강제출국의 대상이 되는 외국인등록 의무가 부과되었다. 외국인등록령이 대일본제국헌법 마지막 날에 공포된 일본 천황의 칙령이었다는 사실은 기본적 인권의 존중에 기반을 둔 신헌법의 법적 은혜를 구식민지 출신자들에게는 결코 주지 않겠다는 정부의 의도를 노골적으로 보여준다. 이러한 조치는 식민지가 대일본제국헌법이 적용되지 않는 '이법역異法域'이었다는

---

16 小林勝, 「私の創作上の苦しみ」, 『文学評論』, 1954.8, 30쪽.

역사적 사실과 직결된다고 할 수 있다. 이어서 1951년 10월 출입국관리령이 공포되었는데, 1952년 4월 28일에 샌프란시스코 강화조약이 발효됨으로서 재일조선인은 일률적으로 일본국적을 박탈당한 채 출입국관리령의 대상이 되었다. '전후' 일본의 주권 회복 과정과 동시적으로 구축된 이러한 외국인관리체제의 실질적 목적은, 한반도의 불안정한 정황을 비롯한 여러 가지 곤경으로 인해 일본에 머무르거나 밀입국한 조선인들을 통제하고 배제하는 데에 있었다. 고바야시는 한국전쟁 중인 1952년 여름에 자기가 경시청 유치장에서 직접 보고 들은 일들을 바탕으로 「어떤 조선인의 이야기」를 썼는데, 그 배경에는 당시 재일조선인들이 처했던 위와 같은 어려운 법적 상황이 있었다.[17]

주인공은 김('キン・コオ・ネン'라고 표기됨)이란 탄광노동자였던 사내이다. 공산주의자인 그는 형기를 마치고 감옥에서 나가게 되었다. 그런데 풀려나가야 할 그날, 외국인출입국관리청의 직원들이 나타나서 그에게 수갑을 채웠다. 그는 일단 경시청 유치장에 이송되었는데, 거기에서 많은 동포들이 한국으로 추방되고 있음을 알게 된다. 다음날 출입국관리청으로 끌려간 그는 교만한 일본인 관리에게 재차 모욕을 당하고는 어이없게도 국외퇴거를 명령받았다. 김은 고향 땅 경북 안동에 돌아가고 싶다는 절실한 마음이 있었지만, 한편으로 공산주의자인 그가 지금 한국에 가면 목숨은 없으리라 판단하고 탈주를 결심한다.

경비관들의 감시 아래 기차를 타고 나가사키현 오무라 조선인수용소로 향하던 밤, 김은 경비의 빈틈을 노려 어두운 바깥으로 뛰어내리

---

17 明石純一, 『入国管理政策―「1990年体制」の成立と展開』, ナカニシヤ出版, 2010, 64~69쪽을 참조.

는 탈출을 결행한다. 소설의 마지막에서 독자는 김이 그대로 행방불명이 되거나 무사히 도망쳤음을 기대할 터이지만, 결말은 그렇지 않았다. 이 소설의 결말은 한국전쟁 당시 재일조선인들이 일본 사회의 무관심과 적개심 속에서 갈 곳을 잃고 버려지게 됨을 상징하는 듯한 비참한 내용으로 채워져있다. 다음날 아침 철로주변을 수색하던 경찰들이 열차에서 뛰어내릴 때의 충격으로 허리가 부러져 버리고 그 자리에서 진흙투성이의 몰골로 무참하게 신음하고 있는 조선인을 발견한다. 결국 김은 한국으로 추방되고 마는데, 그 후 어디로 가서 어떻게 되었는지는 알려주지 않는다.

고바야시가 이 작품에서 격한 분노를 담아 비판하려던 것은 오무라 수용소까지 김을 연행하는 경비관이 기차 안에서 내뱉은 "뭐, 조선에 보내지고 나면 네 쪽의 문제지, 그렇지?"라는 말로 집약된다. 이 작품이 강조한 것은, 우리는 조선인들의 고통과는 전혀 무관하다는 '전후' 일본인들의 의식에 보이는 식민주의적 기만성이다. 불과 몇 년 전에 '일본의 전쟁'이 진행되는 가운데 그토록 큰소리로 '내선일체'를 외쳤던 많은 일본인들이 도대체 어디로 갔을까? 고바야시는 이 작품을 통해 '전후' 일본 사회에 이런 질문을 했다고 할 수 있다.

1950년대 후반에 고바야시는 한국전쟁 당시 자신이 참여한 '화염병 투쟁'이 잘못이었다고 인정하면서도 "나는 가만히 있을 수가 없었다. 나의 행동을 관통하고 있던 것은 단 하나였다. 한국전쟁에 반대한다, 오직 그것이었다"라고 강조한다.[18] 그런데 소설가 나카노 시게하루中

---

18 小林勝, 「体の底のイメージ」, 『新日本文学』 1959.6, 81쪽.

野重治가 어떤 단편소설 속에서 주인공의 입을 빌려 토로한 다음과 같은 솔직한 감상도 중요한 의미를 지닌다. "다만 나는 일본인 순사의 파출소에 화염병을 던지는 짓따위는 넌센스라고 생각했다. 생각했지만, 더 이상은 나아가지 않았다. 갸륵하게 느껴지기도 하고, 경박한 불장난처럼 느껴지기도 했다."[19] 이와 같이 나카노의 눈에 '경박한 불장난'으로 보이기도 한 '화염병투쟁'은 고바야시 마사루와 그의 문학에서 어떤 의미를 갖고 있었을까? 왜 그는 다름 아닌 한국전쟁이 진행중인 시기에 문학활동을 시작한 것일까?

한국전쟁은 '전후' 일본에서도 많은 문학 작품을 낳았고, 다양한 문학자들을 탄생시키기도 했다. 당시 일본에는 한국전쟁으로 촉발된 많은 문학적 목소리가 울려 퍼지고 있었고, 고바야시의 작품도 그 중의 하나였던 것이다. 예를 들어 「화승총의 노래火縄銃のうた」로 알려진 허남기許南麒는 당시 한편의 시를 썼는데, 그 시작과 끝에 반복되는 다음 구절을 보자.

조선은 지금
싸움의 한가운데에 있다,
조선은 지금
시의 한가운데에 있다,
시와 싸움은
이제 조선에서는

---

19. 中野重治, 「空白」, 『中野重治全集』 3, 筑摩書房, 1977, 319쪽.

구별할 수 없고,

싸움과 시는

이제 조선에서는

두 개의 것이 아니다.[20]

　고바야시 마사루의 첫 소설도 그 나름의 '싸움' 속에서 태어났다. 그가 허남기의 이 시를 접할 기회가 있었다면 아주 실감나게 읽었을 것이다.

　사건으로부터 6개월이 지난 1953년 1월, 고바야시는 구치소에서 풀려난다. 그는 경시청 유치장에서 본 조선인들의 고통과 고독에 대해 문학 활동을 통해 바깥 세상에 소리쳐 알릴 것을 결심하고 있었다. 그런데 그의 앞에 일본 국민들의 여전한 조선인에 대한 무관심과 차별의식, 그리고 폐쇄적인 국가의식의 장벽이 가로막고 서 있었다.[21] 또한 정치적으로도 험난한 현실이 그를 기다리고 있었다. 1952년 10월에 실시된 총선거에서 그동안 일련의 '무장투쟁'으로 인해 신용이 완전히 추락되었던 일본공산당은 의석을 전부 잃었다. 조선을 위해 싸우겠다는 고바야시의 격정은 제 갈 길을 찾지 못했으며, 오히려 일본 국민의 공포심과 불신감을 샀던 셈이다. 게다가 '무장투쟁'은 당뿐만 아니라 재일조선인들에게도 절망적인 고립을 불러왔다. 일본공산당의 '무장투쟁'을 포함한 한국전쟁 반대운동의 최전방에 나서서 싸운 많은 조선인

---

20 許南麒, 「一九五〇年の朝鮮詩の報告」, 許南麒編訳, 『朝鮮はいま戦いのさ中にある』, 三一書房, 1952, 114쪽.

21 文京洙, 『在日朝鮮人問題の起源』, クレイン, 2007, 32~34쪽을 참조.

들이 투옥되거나 한국으로 추방되면서, 그들의 민족주의운동은 급격히 식어갔다.[22]

고바야시 마사루는 이러한 냉엄한 현실들이 다중적으로 교차하는 감옥 밖 세상으로 나갔지만, 그를 기다리던 것은 유죄판결이 확정된 1959년 7월까지 계속된 긴 재판투쟁, 그리고 가난 속의 소설 집필활동이었다.

4. '일본인 자신의 문제'

전쟁에 비판적인 사람, 협력하지 않은 사람은 많았다. 그것은 전쟁이 생활과 자유를 파괴했기 때문이다. 하지만 일본인의 생활과 자유에 직접 관계가 없는 일처럼 보인 조선민족에 대한 압박을 자신의 문제로 삼은 사람은 의외로 적었다고 생각한다. 그것은 의식의 바깥에 있는 일이었던 만큼, 의식하지 않아도 그냥 넘길 수 있는 일이었던 만큼, 정신을 좀먹는 것이 매우 위험하다는 것을 인식하고 있던 사람은 더욱 적었다고 생각한다.[23]

이 인용문은 역사학자 이시모다 쇼石母田正의 평론 「단단한 얼음을 깨는 것堅氷をわるもの」(1948) 중의 문장이다. 이시모다는 아직도 조선 식민지배를 "일본인의 생활과 자유에 직접 관계가 없는 일"로밖에 인식하지 못하고 있는 일본인의 정신 구조를 비판했다. 식민지배가 한창 때인 2

---

22 위의 책, 144쪽을 참조.
23 石母田正, 『歷史と民族の発見』, 平凡社, 2003, 331쪽.

차대전 중조차 그랬던 이상, 제국일본이 지배권을 상실한 이후의 조선이 일본인과는 전혀 상관이 없다고 간주된 것은 당연했을 것이다. 그러한 상황을 염두에 두고 한국전쟁 시기 고바야시 마사루의 행동을 보면 식민지배의 후유증과 남북분단으로 몸부림치는 조선민족의 고통을 자신의 일처럼 느끼고자 했던 한 사람의 젊은 일본인의 모습이 떠오른다.

한국전쟁 당시의 일본공산당 '무장투쟁'을 소재로 한 고바야시의 소설 중에 『가교架橋』(1960)라는 작품이 있다. 1952년의 '화염병사건'으로 유죄판결을 선고받고 형무소에 수감되던 기간(1959.7~1960.1)에 구상한 작품으로서 출옥 후에 처음 발표한 것이다. 이 작품이 주제로 삼은 것은 "제국과 식민지의 불행한 과거를 가진 두 민족이 냉전과 신식민이라는 새로운 '공동투쟁'의 국면에서 과연 어떠한 표정으로 서로 마주할 수 있을까 하는 보다 역사적인 차원의 문제였다."[24]

주인공은 공산주의에 관심을 갖고 있는 아사오朝雄라는 젊은 공장노동자이다. 그는 식민지조선에서 태어나 자랐는데, 일본의 패전 직후 경찰관이었던 아버지가 공산주의자들에 의해 총살을 당했기 때문에 조선과 공산주의에 대해 아주 복잡한 감정을 안고 있었다. 한국전쟁이 벌어지자 그는 아버지도 깊이 관련되어 있던 조선 식민지배의 죄를 청산하기 위해 일본공산당 '무장투쟁'의 최전방으로 뛰어들어 갈 것을 고집한다. 그러던 어느 날 아사오는 당으로부터 미군 물자집하장을 공격하여 교란시키라는 지령을 받아 이름도 모르는 조선인 청년과 짝을 이루게 된다.

---

24 장세진, 「트랜스내셔널리즘, (불)가능 그리고 재일조선인이라는 예외상태─재일조선인의 한국전쟁 관련 텍스트를 중심으로」, 『東方学志』 157집, 2012.3, 57쪽.

가랑비가 내리는 가운데 작전결행에 나선 아사오는 조선인 청년에게 지적을 받는다. 낮에는 공장에서 미군이 사용할 포탄의 부품을 만들고 밤에는 그 포탄을 발사할 전차에 화염병을 던진다는 행동은 모순이 아닌가? 당연히 많은 일본인들이 그런 모순에 괴로워하고 있다고 아사오는 곧장 반박한다. 이에 대해 조선인 청년은 어떤 사고나 행동을 요구하지는 않고 이런 대답만 한다. "처지를 이해 못하는 건 아니야. 하지만 그건 어디까지나 일본인 자신들의 문제야", "일본인의 모순은 새삼스러운 게 아니야. 먼 옛날부터 근본적으로 생각하지 않으면 안돼. 일본인 자신의 문제로서 말이야."[25]

'일본인 자신의 문제' — 이 말을 듣고 혼란에 빠진 아사오는 앞뒤 가리지 않고 화염병을 쥔 채로 안개비로 젖은 제방에 뛰어 올라간다. 그러나 성급한 그의 실수로 작전은 실패하고, 두 사람은 아슬아슬하게 그 자리를 벗어난다.

그 후 두 사람은 조선 음식점에서 같이 끼니를 때우는데, 결국 한때나마 운명을 공유했던 일본인 식민자 2세와 재일조선인 사이에 우정이나 공감의 다리가 걸쳐지는 일은 없었다. 아사오는 '전후' 일본에서 혼자 조선에 대해 고민해왔다. 식민지조선에서 아버지를 죽인 자는 공산주의자였지만, '전후' 일본에서 아들에게 넘어서야 할 식민지 문제를 알려준 자도 공산주의자였다. 그의 어머니는 자기 남편을 죽인 공산주의자를 계속 원망했었고, 공산주의와 가까워지는 아사오에게 눈물을 흘리며 강한 배신감을 나타냈었다. 이웃 민족들을 억압했던 식민지배는

25 小林勝,『小林勝作品集』4, 白川書院, 1976, 78쪽.

이제 비판을 받아야 한다. 그런데도 여전히 아사오는 아버지의 죽음을 식민지 지배자들이 무조건 당해야 할 역사의 필연으로는 받아들일 수가 없었다. 이런 것들이 얽혀 있는 미묘한 속마음을 솔직하게 밝힌 아사오에게 조선인 청년은 어느 정도의 동정을 보이긴 했다.

결국 조선인 청년은 간단한 말을 하고는 그 자리를 떠난다. "몇 천만 명의 사람들이 (가족이 살해당한) 그런 슬픔으로 울고 있다는 사실을 생각해 주었으면 해", "우리 조선인들은 조선인으로서의 길을 찾아낼 거야. 일본인인 자네는 일본의 역사와 단절된 길을 찾아낼 수는 없겠지."[26] 마지막으로 조선인 청년은 그의 아버지도 일본인에게 죽임을 당했다는 말만 남기고 빗속으로 사라져 갔다. 식민지배와 전쟁으로 진행된 '일본의 역사', '일본인 자신의 문제'를 재빨리 잊어버리고 경제성장의 길을 바쁘게 달려 가던 '전후' 일본인들에 대한 통렬한 비판을 담은 이 소설은 아쿠타가와상芥川賞 후보작이 되었지만 상을 받지는 못했다.

식민지배, 남북분단, 재일조선인에 대한 차별 등 여러 문제를 포함한 '조선'문제는 바로 '일본인 자신의 문제'이다 — 이것이야말로 고바야시 마사루가 꾸준히 주장한 점이었다. 하지만 이시모다 쇼가 지적한 바와 같이, 그것은 '일본의 전쟁' 이전에도 이후에도 대부분의 일본인에게는 현실적인 감각으로 받아들이기 힘든 것이었을지도 모른다. 고바야시와 같은 세대에 속하는 문학자인 미시마 유키오三島由紀夫, 1925~1970는 1968년에 발표한 「문화방위론文化防衛論」에서 같은 해 2월에 일어난 '김희로金嬉老사건'[27]을 언급하면서 다음과 같이 말한다. "전후의

---

26 위의 책, 85~86쪽.
27 1968월 2월 재일조선인 김희로가 일으킨 살인, 인질 감금 및 농성 사건이다. 돈 문제 때문

일본에서 진정한 이민족문제란 있을 수 없고, 재일조선인문제는 국제 문제나 난민문제인 것이지, 일본국민 내부의 문제가 되지는 못한다. 이것을 내부의 문제인 것처럼 취급하는 일부의 처사에는 분명히 정치 적 의도가 있으며, 선진공업국에서 혁명주체로서의 이민족의 이용가 치를 인정한 것에 지나지 않는다."[28]

　미시마는 '전후' 일본의 재일조선인문제를 국제문제, 즉 일본인 외부 의 문제로 규정했다. 이러한 사고방식은 이민족문제가 패전 이전의 일 본(제국일본)에는 있었다 해도 '전후' 일본에는 더 이상 존재하지 않는다 는 논리에 기반을 두고 있는 것으로 보인다. 이와 같이 제국일본과 '전 후' 일본을 마치 다른 국가인 것처럼 인식하는 사고방식은 좌우를 막론 한 일본인의 전형적인 역사관이라고 할 수 있다. '종전終戰'을 절대적인 경계선으로 삼은 역사의 단절성을 어떤 이는 점령자인 미국이 강요한 '전후체제'의 시작으로 봤으며, 어떤 이는 주권이 국민에게 이양된 '8월 혁명'으로 보기도 했다. 그런데 재일조선인의 입장에서 볼 때 제국일 본과 '전후' 일본의 단절성이란 일본 본토에서만 통용될 뿐인 독선적인 허상에 불과했다.

에 조직폭력배 2 명을 사살한 김희로는 수마타쿄(寸又峽)라는 산골짜기에 가서 한 온천 여관에 들어가다가 경영자 및 숙박객 13 명을 인질로 농성했다. 사건은 언론을 통해 집중 적으로 보도되었으며 일본 국민에 뜨거운 관심을 끌었다. 김희로는 일본에 여전히 횡행 하는 재일조선인 차별에 대한 사죄와 해결을 호소했지만, 결국 기자로 분장한 경찰 등에 의해 체포되었다. 이 사건은 재일조선인 차별에 대해 '전후' 일본사회에 널리 알리는 계기 가 되기도 했다. 鈴木道彦, 『越境の時―一九六〇年代と在日』, 集英社, 2007을 참조. 이와 관련해서, 이 사건을 다룬 논픽션으로 『私戰』(1978)이란 작품이 있는데, 필자인 저널리 스트 혼다 야스하루(本田靖春, 1933~2004)는 식민지 조선의 '경성'에서 태어나 자랐으 며, 재일조선인 차별을 비롯한 '조선'문제에 대해 깊은 관심을 계속 보였다.

28　三島由紀夫, 『文化防衛論』, 筑摩書房, 2006, 62쪽.

재일조선인을 그냥 외국에서 온(그러니까 언젠가 외국으로 돌아갈) 난민으로 본 미시마 유키오의 눈에는 '조선' 문제를 바로 '일본인 자신의 문제'로 규정한 고바야시의 문학은 국제문제를 억지로 국내 혁명운동에 이용하려는 좌익세력의 정치적 의도로 가득한 것으로 보였을 것이다. 하지만 정말 그럴까?

　미시마의 「문화방위론」과 같은 시기에 발표된 「칼날은 누구를 겨누고 있는가刃は誰につきつけられているか」(1969)라는 시평에서 고바야시는 출입국관리법안을 비판하면서 "최근 백년간 일본 정신사精神史의 일부를 형성해온 차별, 멸시 내지 경시는 여전히 오늘날의 조선문제에 대한 태도에 미묘하게 반영되어 있다"고 지적하며 일본 당국의 배외주의에 대한 일본인들의 의식을 다음과 같이 비판한다.

　　일본인의 문제가 아니라 조선인의 문제라는 사고방식, 그 사고방식 자체에 백년에 걸친 아시아관, 조선관이 내포되어 있기 때문에, 지배층이 추진하는 정책이 실은 자신의 목을 겨누고 있는 칼날이라는 것을 감지(感知)하는 힘을 갖지 못하는 것이다.[29]

　이와 같이 한국전쟁 당시 옥중에서 쓴 첫 소설 「어떤 조선인의 이야기」 이래, 고바야시의 문제의식은 일관하고 있었다. 조선인들을 향한 일본 국가의 식민주의적 폭력이 사실은 일본인 자신을 향한 폭력이 되기도 하는데, 일본인들은 아직도 그 연관성을 지각하지 못하고 있다고

---

29 小林勝, 「刃は誰につきつけられているか」, 『新日本文学』, 1969.7, 132쪽.

지적한다. "조선문제는 틀림없이 일본의 우리들의 문제이다"라고 언명하면서 이 글은 매듭지어진다.[30]

5. 나가며 – '전후'라는 마법을 넘어서

'전후' 70년이 지나가면서 일본에서는 '전후체제로부터의 탈각戰後レジームからの脱却'을 내세운 아베 신조安倍晋三 수상을 중심으로 일본을 부당하게 억눌러온 '전후체제'를 벗어나려고 하는 기운이 높아지고 있다. '탈각'이라는 표현이 잘 보여주듯이, 현재 일본 사회에는 '전후체제'에 대한 피해 감정이나 박탈감, 심지어는 일종의 자기연민에 가까운 감정이 만연하고 있는 것처럼 보인다. '전후체제'의 은혜를 세계에서 가장 많이 누려온 국가 중 하나가 바로 일본이었다는 것을 감안하면 이것은 아주 기묘한 현상이라고 하지 않을 수 없다. 사실 일본에서 '전후체제'는 냉전체제가 본격화하는 가운데 구축되기 시작하여 한국전쟁 당시 기복적 구조가 완성되었으며, 결국 제국일본의 권력을 온존하기 위해 절호의 장치가 되었다.[31] 돌이켜보면, '대동아전쟁'의 주요한 지도자 중 한 명으로 있다가 바로 '전후체제' 덕분에 목숨을 건지며 '전후' 정치권력을 손에 잡은 기시 노부스케岸信介의 손자가 이제 와서 그 권력을 이어받아 누리고 있는 것보다 '전후체제'적인 구도는 없을 것이다. '전후체제'의 최대 수혜자가 '전후체제'에서 벗어나자고 외치는 극

---

30 위의 글, 133쪽.
31 大沼久夫編, 『朝鮮戦争と日本』, 新幹社, 2006을 참조.

도로 역설적인 상황이 된 셈이다.

　어떤 일본인은 '전후체제'에서 벗어나자고 하고, 어떤 일본인은 그것을 지키자고 한다. 하지만 '전후체제'의 형성 그 자체에 근원적인 영향을 미친 한반도 분단을 고려하지 않는 논의는 기본적인 결함을 갖고 있다고 보아야만 한다. 헌법 9조와 자위대의 모순이나 식민지적인 '미일 안보체제' 등 '전후' 일본 국가의 근간을 이루는 구조는 냉전, 특히 바로 한국전쟁이라는 파괴의 영향권에서 형성된 것이다. '전후' 일본의 성립과 한반도 분단의 연관성은 더욱 깊이 검토해야 한다. 이는 '일본의 전쟁'과 '조선의 전쟁'의 연관성에 대해 더 눈을 떠야 한다는 것이기도 하다.

　한반도 분단의 경시는, 근대 일본의 오랜 부정적인 아시아 인식과 함께, 1950년 1월에 미국 국무장관이 선언한 이른바 '애치슨 라인'의 인식구조가 '전후' 일본에서 강고하게 기능해왔음을 시사한다고도 볼 수 있다. 당시 필리핀, 오키나와, 일본, 알류샨 열도를 잇는 선이 공산권에 대한 미국의 절대방위선으로 규정됨으로써 한국과 대만은 이 선의 애매한 건너편에 놓이게 되었다. 그러므로 '애치슨 라인'의 발표는 한국전쟁을 일으킨 하나의 계기로 간주되기도 했다. 그런데 일본 본토에서 볼 경우, 이것은 무엇보다 일본 열도와 한반도 사이에 그려진 분단선에 다름아니었다. '전후' 일본에서는 중국과 북한을 포함한 사회주의권뿐만 아니라, 한국을 비롯한 이웃 아시아 나라들 전체가 의식의 바깥에 놓여 있다는 정신사적 정황이 계속해온 것이 아닐까? 냉전과 '전후체제'가 가져온 일본과 한반도의 분단선의 중층성을 간과해서는 안 될 것이다.

일본에서 이 중층적인 분단선에 의해 가장 많은 고통을 받은 자들은 역시 재일조선인들이었을 것이다. '애치슨 라인'의 맞은편에 대한 상상력과 공감이 결여된 '전후' 일본을 최진석崔眞碩은 다음과 같이 비판한다.

아직까지도 끝나지 않은 한국전쟁을 망각하기 위한 마법의 단어로써 일본 사회에서 기능해온 것이 바로 '전후'라는 말이리라. 이 '전후'라는 말이 당연한 것처럼 반복될수록 전쟁 중인 한반도나 오키나와의 존재는 망각되었으며, 그 희생을 동력으로 하는 '일본적 자본주의체제'의 성장이 촉진되어왔다.

굳이 말하자면, '전후'라는 이름의 망각이야말로 일본인의 존재방식을 규정해온 / 규정하고 있는 생활감각이 아닌가라는 생각이 든다. 당연한 것처럼 '전후' 또는 '평화'를 살아가고 있다고 착각하는 한, 일본인은 한국전쟁을 알 수가 없을 것이기 때문이다. 일본 사회에서 한국전쟁은 풍화된 것이 아니다. '일본적 자본주의체제'의 존재방식으로 필연적, 구조적으로 망각되어온 / 망각되고 있는 것이다.[32]

'전후' 일본의 본토 주변에서 계속되는 식민주의적 폭력과 '일본의 전쟁'의 연관성을 자각하기 위해서도 이제 '전후'라는 마법을 풀어야만 한다. '일본의 전쟁'은 아직 끝나지 않았다. 일본 국내에서는 특히 미군기지 문제를 통해, 아직도 본토와 오키나와 사이에는 '일본의 전쟁'의

---

32 崔眞碩, 『朝鮮人はあなたに呼びかけている』, 彩流社, 2014, 163〜164쪽.

종결과 지속을 둘러싼 감각에 대단히 큰 차이가 있다는 점이 적나라하게 드러나고 있다. 거대한 정렴군의 모습이 눈 앞에 존재하는 오키나와는 '전후'란 마법에 걸리지 않았기 때문이다.

한국전쟁 당시, 공범으로서의 미국과 일본에 의한 마법이 효력을 발휘하기 시작하는 와중에 고바야시 마사루의 문학은 태어났다. 그의 문학은 '전후' 일본 본토를 바로 덮어가던 "'전후'라는 이름의 망각"에 저항하기 위해 조선인의 고통과 식민지 2세인 자신의 트라우마를 꾸준히 외친 소리의 기록이었다.

「식민자의 아들이 싸운 한국전쟁」이란 이 글의 제목은 정병욱의 「일본인이 겪은 한국전쟁」(2010)을 참조한 것이다. 정병욱은 앞서 언급한 고바야시의 소설 「가교」에 관련해서 다음과 같은 질문을 던진다. "아마 고바야시는 자기반성과 성찰을 위해 거울로서 강한 재일조선인이 필요했는지 모른다. 그런데 과연 우리는 나름의 생각을 하고 있는 걸까? 먼 옛날부터의 역사를 자신의 문제로 받아들이면서 오늘을 생활하고 있는가? 손발이 오그라든다. 진정한 연대를 위해서 우린 어떻게 해야 하나?"[33]

한국인(조선인)을 통해 '일본인 자신의 문제'를 추구한 고바야시의 문학은, 거꾸로 한국인(조선인)에게도 고바야시라는 일본인을 통해 '조선인 자신의 문제'를 추구하는 것을 촉구한다는 말이다. 그 하나의 예로 정병욱은 재일조선인 시인 김시종金時鐘이 겪은 경험에 주목한다. 김시종은 고바야시가 1971년에 죽었을 때 발표한 글에서 다음과 같이 반성

---

33 정병욱, 「일본인이 겪은 한국전쟁」, 『역사비평』 2010년 여름호, 226쪽.

한다. "상대방의 변용만이 연대의 증거였던 불손한 나의 조선이 '고바야시 마사루'를 괴롭혔다는 것에는 의심의 여지가 없다."[34] 일본국가의 식민주의와 식민자 2세인 자신의 역사성을 가차없이 비판한 고바야시의 문학과 삶은 김시종이란 한 사람의 재일조선인에게도 자기를 돌이켜보는 기회를 가져다 주었던 것이다.

대다수의 일본 국민이 '일본의 전쟁'은 끝났다고 하며 국경으로 요새화된 '자유'와 '민주주의' 그리고 '평화'의 환상에 젖어드는 가운데, 고바야시 마사루는 경계적 존재인 식민자 2세로서 자신의 삶의 역사적 의미를 계속해서 물었다. 이는 그가 '전후'가 아닌 '제국 후' 일본에서 살았음을 시사한다. 그러한 고바야시의 '제국 후' 문학은 지금 일본에서 아베 신조 수상을 중심으로 더욱 깊어져 가고 있는 '전후'라는 마법을 풀 하나의 열쇠가 될 것이다.

---

34 金時鐘, 「この苦き対話」, 『新日本文学』, 1971.7, 153쪽.

참고문헌

논문 및 단행본

김동춘, 『전쟁과 사회』, 돌베개, 2000.

장세진, 「트랜스내셔널리즘, (불)가능 그리고 재일조선인이라는 예외상태-재일조선인의
　　　한국전쟁 관련 텍스트를 중심으로」, 『東方學志』 157집, 2012.3.

정병욱, 「일본인이 겪은 한국전쟁」, 『역사비평』 2010년 여름호.

明石純一, 『入国管理政策-「1990年体制」の成立と展開』, 京都：ナカニシヤ出版, 2010.

石母田正, 『歴史と民族の発見』, 東京：平凡社, 2003.

大沼久夫編, 『朝鮮戦争と日本』, 東京：新幹社, 2006.

小野俊太郎, 『明治百年』, 東京：青草書房, 2012.

ブルース・カミングス, 栗原泉・山岡由美訳, 『朝鮮戦争論-忘れられたジェノサイド』, 東京
　　　：明石書店, 2014.

小林勝, 「私の創作上の苦しみ」, 『文学評論』, 1954.8.

_____, 「体の底のイメージ」, 『新日本文学』, 1959.6.

_____, 「砂粒と風と」, 『文学界』, 1962.11.

_____, 「刃は誰につきつけられているか」, 『新日本文学』 1969.7.

_____, 『小林勝作品集』 1-5, 京都：白川書院, 1975~1976.

小山弘健, 『戦後日本共産党史』, 東京：こぶし書房, 2008.

金時鐘, 「この苦き対話」, 『新日本文学』 1971.7.

金達寿, 「悲しみと怒りと」, 『婦人民主新聞』, 1950.7.15.

酒井直樹, 『希望と憲法』, 東京：以文社, 2008.

崔真碩, 『朝鮮人はあなたに呼びかけている』, 東京：彩流社, 2014.

中野重治, 「空白」, 『中野重治全集』 3, 東京：筑摩書房, 1977.

許南麒, 「一九五〇年の朝鮮詩の報告」, 許南麒編訳, 『朝鮮はいま戦いのさ中にある』, 東京：
　　　三一書房, 1952.

三島由紀夫, 『文化防衛論』, 東京：筑摩書房, 2006.

文京洙, 『在日朝鮮人問題の起源』, 東京：クレイン, 2007.

吉留路樹, 『大村朝鮮人収容所』, 東京：二月社, 1977.

── 3부 ──
미국, 문화냉전, 경계

평화를 위한 원자력과 아시아의 미국산 원자로 확산
츠치야 유카

**냉전시대 동아시아 지역의 미국학 확산과
'지적知的 네트워크' 구축**
한국의 사례를 중심으로
허 은

환상적인 김시스터즈
미군기지와 1960년대 한국 여성 연예인, 그리고
트랜스퍼시픽 연예네트워크의 탄생
심재겸

기지를 감지한다는 것
도미야마 이치로

평화를 위한 원자력과 아시아의 미국산 원자로 확산

츠치야 유카(土屋由香)

1. 들어가며

1953년 12월에 아이젠하워 대통령이 UN에서 행한 '평화를 위한 원자력Atoms for Peace' 연설과 1955년의 원자력의 평화이용 국제회의(제네바회의)를 계기로, 세계적으로 원자력의 평화적 이용 붐이 일어난 결과, "1950년대 말까지 국제사회에서는 핵확산 문제 대처의 필요성을 널리 인식하게" 되었음에도 불구하고,[1] 미국은 2국간 협정에 기반한 원자로나 우라늄, 원자력 기술 제공을 계속하고 있다. 아시아에서도 1960년까지는 일본(55년 연구용 원자로(줄여서 연구로研究爐라고도 함) 협정·58년 발전로發電爐협정), 대만(55년), 필리핀(55년), 한국(56년), 베트남(59년), 인도네시아

---

[1]   黒崎輝, 『核兵器と日米関係－アメリカの核不拡散外交と日本の選択 1960~1976』, 有志社, 2006, 31쪽.

(60년)가 협정을 맺었다.[2] 많은 개발도상국에서는 설비와 기술자, 교육기관이 압도적으로 부족해서 원자력 기술을 즉시 실용화할 수 있는 상황이 아니었다. 그럼에도 그들은 왜 원자력 기술을 구했으며, 미국은 원자력 원조를 행했던 것일까? 냉전 초기 미국산 원자로가 아시아 개발도상국에 확산되어 간 배경을 탐색하는 것이 본고의 목적이다.

아이젠하워 연설 내용을 다시금 음미하면, 거기에는 국제관리 하에서의 원자력 기술 확산이 이미 엮여있음을 알 수 있다. 연설은 "현재 몇몇 국가가 소유하고 있는 지식은, 최종적으로 다른 국가들, 어쩌면 모든 국가에 공유된다"는 인식에 기반하여, "가장 파괴적인 이 힘이 전 인류에 은혜를 가져다 줄 위대한 은총이 될 수 있다"는 희망을 드러내고 있다. 아이젠하워는 "세계의 과학자 및 기술자"가 원자력 개발에 온갖 노력을 기울이고, 게다가 "충분한 양의 핵분열물질을 차지하면", 세계 각국에서 핵에너지를 농업, 의료, 그 밖의 "평화적 활동"에 응용하고, 또 "남아도는 전력을 제공하는" 일이 가능하다고 호소한 것이다.[3]

그 후, 실제로 많은 나라가 미국과 소련의 지원에 의하여 원자로를 보유하게 되자, 국제사회에서 핵 확산 위험을 지적하는 목소리와 핵확산방지조약NPT을 위한 논의가 고조되었다. 그러나 미국에서는 원자력 기술을 타국으로 이식하는 복수의 동기가 있었다. 그 하나는 민간기업의 니즈needs였다. 1954년에 원자력법이 개정되어 민간기업이 원자로 개발에 뛰어들 당시, 산업계는 원자력 발전의 장래성에 큰 기대를 품고 있

<hr>

2   Richard G. Hewlett and Jack M. Hall, "A History of the United States Atomic Energy Commission 1952-1960", The Energy Citations Database by U.S. Department of Energy, p.356.
3   '평화를 위한 원자력(1953년)' 미 대사관 웹사이트.

었다. 그런데 원자로 개발은 갖가지 애로 사항과 위험이 수반되고, 게다가 미국 내 전력 공급은 충분했었기 때문에 막대한 투자를 하여 원자로 개발을 행한 기업 사이에 실망이 커져갔다. 그러나 미국 정부는 소련과의 개발경쟁 탓에 기업이 원자로 연구개발을 계속해줘야 하는 필요가 있었기 때문에, 원자로의 해외수출을 추진하고 장려한 것이다.[4] 다른 동기는 소련이 아닌 미국이야말로 인류 보편의 이익에 공헌하고 있다는 이미지 만들기였다. 대통령이 국제사회에서 화려하게 발신한 UN 연설 이후에, 국제원자력기구IAEA의 설립이나 핵 군축교섭도 좀처럼 진전을 보이지 못했기 때문에, 미국은 국제원조에 의한 평화추진국가 이미지를 쟁취하고자 했다. 이 목적을 위해 국가안전보장회의NSC가 1954년 8월에 기초한 '타국과의 원자력 평화이용 협력'(NSC5431 / 1)이란 정책문서는, 최종적으로는 IAEA설립에 의한 다국간 협력을 지향하면서도, 당장은 2국간 협정에 기반하여 우호국에 연구용 원자로 및 핵연료물질을 제공할 것을 강조하였다. NSC 회의 중 군축문제담당 대통령보좌관이었던 해럴드 스타센Harold Stassen은 대외지원에 힘을 쏟지 않으면, "어느 날 잠에서 깨면 소련이 이탈리아나 인도에 발전용 원자로 건설을 신청할지도 모른다"고 발언했다. 이러한 위기감이 미국의 대외 원자력 지원을 지탱하고 있었던 것이다.[5]

---

4   기업의 원자로 수출에 대해서는, 土屋由香, 「アイゼンハワー政権期におけるアメリカ民間企業の原子力発電事業への参入」(加藤哲郎・井川充雄編著, 『原子力と冷戦』, 花伝社, 2013)에서도 논하였다.

5   Document 236, "Memorandum of Discussion at the 210th Meeting of the National Security Council", August 12, 1954; Document 237, "National Security Report (NSC 5431 / 1) : Note by the Executive Secretary to the National Security Council on Cooperation with Other Nations in the Peaceful Uses of Atomic Energy", August 13, 1954, *FRUS*

이러한 사정을 배경으로 하여, 아이젠하워 대통령은 1955년 6월 11일, 펜실베니아 주립대학에서 연설 도중, "자유진영 국가의 모든 사람들에게 연구용 원자로를 제공할" 용의가 있으며, 미국산 원자로의 수입·설치비용의 절반(상한35만 달러)을 미국 정부가 부담하겠다고 발표했다. 또 원자로의 운전에 필요한 핵연료물질과, 발전용 원자로 개발에 필요한 기술정보를 제공할 것이라고 했다. 그 이후 1961년까지 37개국과 2국간 원자로 협정이 체결되었다.[6]

개발도상국이 한 목소리로 미국산 원자로를 원했던 이유에 관하여, 존 크레이그John Krige는, 1950년 중반에 미국이 행한 원자력 평화이용 캠페인이 개발도상국에 원자력에 대한 꿈을 심어놓기 위한 "욕망교육의 실천"(exercise in the "education of desire")이었음을 분석한다. 이식된 욕망이 향하는 곳은 "워싱턴의 정치목표와 합치하는" 방향으로 유도되고 있었다. "욕망교육"의 예로서 크레이그는, 1955년 제네바 원자력 국제회의에서 미국이 "해외에 이식하려고 했던 것과 같은 유형의 가동중인 원자로를 전시"하고, 개발도상국의 리더들이 "부족한 자원을 원자력 개발에 투입하"게 만들고, "미국의 기술·산업에 대한 의존관계에 가두어" 두었다는 것을 언급하고 있다.[7] 일본에서 원자력 평화이용 캠페인에 대해 연구한 란 츠빙겐베르크Ran Zwigenberg는, 크레이그의 "욕망교육의 실천"이 특히 일본의 경우에 잘 들어맞았다는 사실을 지적하고

1952-1954, Vol.II, National Security Affairs, pp.1482~1499.

6   Louis Strauss, "Memorandum for the President", July 25, 1955, DDE, box 524, 마이크로 필름 1729, 국립국회도서관.

7   John Krige, "Techno-Utopian Dreams, Techno-Political Realities : The Education of Desire for the Peaceful Atom", Michael D. Gordin, et al. eds., *Utopia / Dystopia : Conditions of Historical Possibility*, Princeton University Press, 2010, pp.151~155.

있다. 원자력의 평화적 이용을 추진하지 않으면 일본이 "영구히 4류 국가인 채로" 머물게 된다는 나카소네 야스히로中曾根康弘의 발언이 시사하듯이, 과학과 근대성을 희구하는 '욕망'과 미국의 지원 하에 행해지는 원자력 평화이용의 추진은, 일본에서도 둘로 나뉘기 어려울 정도로 연결되어 있던 것이다.[8]

1950년대 중반의 세계에서 많은 국가가 과학과 근대성에 강한 동경을 품고, 그 근거로 원자력을 추구한 것이, 원자력 기술의 확산으로 이어졌다는 데에는 이론의 여지가 없다. 더욱이 미국정부가 원자력 원조 대상국의 선택을 "외교와 지정학상의 고려"나 "천연자원 보유국에 미국의 발자취를 남긴다"는 전략에 기초하여 행했다는 지적 역시 올바르다.[9] 그러나 같은 2국간 협정이라도 원자력기술을 도입할 만한 충분한 잠재력이 있는 국가와 그렇지 않은 국가의 상황은 심히 차이가 있었다고 생각한다. 미국이 2국간 협정을 개시한 1955년에 발 빠르게 협정을 맺은 국가는 아르헨티나, 벨기에, 브라질, 캐나다, 대만, 덴마크, 그리스, 이스라엘, 일본, 필리핀, 포르투갈, 스위스, 터키, 영국 등 14개국으로 압도적으로 서양국가가 많으며, 대부분 일정한 과학기술교육의 기반이 있는, 장래에 원자력 발전을 도입할 수 있는 가능성이 높은 나라였다. 미국이 전략적으로 그러한 상대국을 선택한 것은 분명해 보인다. 그런데 1958년부터 반액원조제도가 종료된 1961년까지 2국간 협

---

8 ラン・ツヴァイゲンバーグ, 「アボル・ファズル・フツイと森滝一郎ー原子力の夢とヒロシ マ」, テッサ・モーリス-スズキ編, 『ひとびとの精神史 第2巻 朝鮮の戦争 1950年代』, 岩波 書店, 162~163, 174~175쪽. 크레이그의 앞의 글에 대해 주의를 환기시켜 준 츠빙겐베르크 씨에게 깊이 감사한다.

9 John Krige, op. cit., pp.164~165.

정을 체결한 국가는, 호주(60년), 코스타리카(61년), 에콰도르(58년), 프랑스(58년), 인도네시아(60년), 이란(59년), 아이슬란드(58년), 이탈리아(58년), 니콰라과(58년), 스페인(58년), 태국(58년), 베네수엘라(60년), 베트남(59년)으로, 거꾸로 비서양국가가 많으며, 과학기술적 기반이 꼭 정비되지는 않은 개발도상국에도 원자로 수출이 행해졌다.[10]

미국에서 연구용 원자로를 제공받은 많은 개발도상국은 그 후에도 오랫동안 연구로研究爐 단계에 그쳤으며, 원자력 발전 실용화에 이른 것은 한참 뒤였거나, 혹은 원자력 발전에는 이르지 못하고 끝났다. 예를 들면 필리핀에서는, 1976년 마르코스 정권의 계엄령 하에서 원자력 발전소 건설이 시작되었지만, 안정성을 둘러싸고 반대운동이 일어났으며, 스리마일 섬 사고(1979년)까지 겹쳐서 공사는 중단되었다가, 1983년에 겨우 완성되지만, 결국은 원자력 발전소를 포기하고 말았다. 한국에서는 박정희 대통령의 핵 무장론에 경계심을 가졌던 미국이 1970년대까지 핵무기의 원료가 되는 플루토늄을 포함한 폐기물이 나오는 발전로를 제공하지 않았다. 그 때문에 이럭저럭 상업용 원자력 발전이 개시된 것은 1978년의 일이었다. 그리고 본고에서 상세히 다룰 베트남에서는 미국이 군사개입을 심화하는 가운데 연구로가 건설되어, 최종적으로는 북베트남군의 맹공격 속에서 연료봉만을 추출하여 원자로를 포기하는 결말을 맞이하였다.[11] 이런 사례들에서 과연 미국이 합리적

---

10 Hewlett and Hall, op. cit., p.356.

11 필리핀의 사례에 대해서는 伊藤裕子, 「フィリピンの原子力発電所構想と米比関係－ホワイト・エレファントの創造」, 加藤哲郎・井川充雄編, 『原子力と冷戦－日本とアジアの原発導入』, 花伝社, 2013, 205~234쪽; 友次晋介, 「『アジア原子力センター』構想とその挫折」, 『国際政治』No.163, 2011.1, 14~27쪽. 한국의 사례에 대해서는 小林聡明, 「南北朝鮮の原子力開発－分断と冷戦のあいだで」, 加藤哲郎・井川充雄編著, 『原子力と冷戦－日本と

인 전략적 판단에 기반하여 이들 국가에 원자로를 제공했는지에 대해서는 의문을 제기하지 않을 수 없다. 본고에서는 미국 국무부의 1차 자료를 토대로, 1950년대 후반의 국제정세에 주목하면서 미국산 원자로가 아시아에서 확산된 배경을 밝히고자 한다.

또한 1950년대부터 1960년대 초엽에 제공된 것은 연구로 및 발전로의 '샘플'과 같은 의미를 가지는 실험로實驗爐였다. 미국산 경수로(발전로)의 수출 붐이 일어난 것은 1960년대 중반 이후로, 일본 역시 이 시기 미국산 경수로에 대한 의존을 높여 갔다. 본고에서 말하는 '원자로'란 주로 연구로를 가리키지만, 연구로의 수출은 장래의 발전로 수출을 염두에 두고, 미국산 원자로의 취급에 익숙하게 한다는 의도가 있었음을 지적해 둔다.

2. 베트남 전쟁 하 원자로 건설과 그 말로

앞에서 언급했듯이, 미국은 베트남에 건설한 원자로를 극적인 형태로 '포기'하게 되었지만, 애당초 왜 베트남에 원자로를 제공했던 것일까? 이 절에서는 베트남을 사례로 미국이 아시아 개발도상국에 원자로를 제공하겠다는 판단을 내리고, 그 프로젝트가 실패로 끝날 때까지의 경위를 고찰한다.

アジアの原発導入』, 花伝社, 2013, 167~204쪽; 金性俊, 「한국원자력기술체제의 형성과 변화―1953-1980」, 서울대 박사논문, 2012; John Dimoia, "Atoms for Power? : The Atomic Energy Research Institute (AERI) and South Korean Electrification, 1948-1965", *Historia Scientiarum*, vol. 19-2, 2009.

프랑스 식민지였던 인도차이나 반도에서는, 제2차 세계대전 중 일본의 '불인진주佛印進駐' 즉, 일본 제국의 프랑스령 인도차이나 침공에 의하여 식민지 통치가 중단되는데, 일본의 패전은 호치민이 이끄는 베트민(베트남 독립동맹)으로서는 독립의 찬스로 여겨졌다. 호치민은 1945년 9월 2일 베트남공화국의 독립을 선언했지만, 종주국 프랑스는 이를 인정하지 않고, 1946년 말에 제1차 인도차이나 전쟁이 발발한다. 중화인민공화국과 소련이 베트남공화국을 승인하자, 일국의 공산화가 다른 지역까지 파급된다는 '도미노 이론'을 신봉하는 미국은, 프랑스에 군사원조를 개시한다.[12] 그러나 1954년 디엔비엔푸 전투에서 프랑스군이 패배하고, 7월에 개최된 제네바 평화회의에서, 프랑스군의 철퇴와 북위 17도선을 경계로 하는 잠정적인 남북 분할, 그리고 2년 뒤 남북 통일선거 실시에 합의하였다. 그런데 통일선거가 실시되면 호치민이 승리할 것이라고 예측한 미국정부는 조인을 거부하고, 고 딘 디엠(응오 딘 지엠)을 옹립하여 사이공에 친미정권을 수립하였다. 고 딘 디엠 정권은 반대세력을 가혹하게 탄압하여 이에 반대하는 무장저항운동이 일어났다. 1959년 북쪽의 베트남 노동당은 남쪽의 무력해방을 결단하여, 1960년에는 '남베트남 해방민족전선'이 결성되었다.[13]

1960년 대통령선거에 당선된 존·F·케네디는 베트남에 본격적으로 개입하기 시작했다. 군사고문단의 규모를 큰 폭으로 확대하고, 정권발족 시에는 2천 명이 안 되었던 특수부대 그린베레(미국 육군 특수부대 사령부)를 1963년에는 1만 2천 명으로 확충하였다. 1961년에는 정글

---

12 松岡完ほか編著, 『冷戦史－その起源·展開·終焉と日本』, 同文館出版, 2003, 35~37쪽.
13 油井大三郎, 『好戦の共和国アメリカ―戦争の記憶をたどる』, 岩波新書, 2008, 181~183쪽.

에 몸을 숨기고 게릴라전을 펼치는 적을 찾아내 무찌르기 위해, 맹독성의 고엽제를 살포하기 시작했다. 또 1962년에는 정부 내 '반군진압특별연구반'을 설치하고, CIA와 국제개발청에 의한 '반란진압 전문가' 육성을 추진하였다.[14] 그러나 사태는 미국 생각대로 되지 않았다. 남베트남 정부군과 미국 군사고문단 사이는 항상 마찰과 의사소통에 문제가 있었고, 질적·양적 측면에서 부족함이 있는 남베트남 정부군을 보완하기 위해 미국은 무거운 부담을 질 수밖에 없었으며, 미국이 지지하는 고 딘 디엠 정권은 지주우대와 강제이주로 농민의 반감을 사고 있었다.[15] 게다가 미군은 게릴라전 경험이 거의 없어, "화력, 기동력, 공군력을 아낌없이 투입"했음에도 불구하고 적에게 농락당하였다. 1962년 2월에는 이미 국무부는 베트남 전쟁이 "고통이 긴 전쟁"이 될 것을 예측하고 있었다. 그 예측은 1963년 이후 현실이 되었다.[16]

미국과 베트남이 원자력 2국간 협정을 체결한 것은 1959년, 원자로 건설이 시작된 것은 1961년의 일이므로, 그야말로 베트남 전쟁이 본격화한 시기에 원자로를 건설한 것이 된다. 왜 그런 시기에 원자로와 핵연료물질을 제공했던 것일까? 첫머리에서 서술한 대로, 결국 이 원자로는 연료봉을 추출하고 난 뒤에 적의 손에 넘겨주게 된다. 진흙탕 속의 장기전 끝에, 1973년에 평화협정이 조인되어 미군의 철수가 시작되었다. 1975년 3월 10일, 북베트남군은 17도선을 넘어 남베트남을 침공하여, 국가통일을 향해 단숨에 남하하였다. 원자로가 있던 달랏 마을

14 松岡完, 『ケネディとベトナム戦争―反乱鎮圧戦略の挫折』, 錦正社, 2013, 116, 212~215쪽.
15 위의 책, 54, 58, 68쪽.
16 위의 책, 105, 110쪽.

에도 전화戰火가 육박하자, 키신저 국무장관은 사이공의 미 대사관 앞으로 "연구로가 적의 손에 넘어가거나 핵연료의 상실과 산란散亂은 핵에 관한 우리 미국의 국익을 손상시킬 가능성이 있다"고 하여 우라늄 연료철거 가능성을 검토하라는 명령을 내렸다. 연료봉은 20%의 우라늄과 수소화 지르코늄의 합금으로, 미국 독자기술이었다. 우호국조차 '리스' 형태로만 제공했던 것이, 적의 수중에 들어가는 것은 용납할 수 없었다. 또 전년도에 인도가 캐나다산 연구로에서 추출한 핵물질을 농축하여 핵실험에 성공하기도 했으니, 미국의 농축우라늄이 북에 넘어가 핵무기로 사용되는 경우도 걱정되었다. 물론 연구용 원자로에서 나온 핵물질로는 분량이나 농축도가 핵무기를 만들기에는 불충분하지만, '미국산 핵물질이 공산주의자의 손에 넘어갔다'는 사태는 국가의 위신에 걸리는 일이라 피하고 싶었던 것이다. 검토 결과 핵연료를 빼내어 미국으로 가지고 돌아오는 작전을 국무부가 입안하여, 백악관의 승인을 얻어 국방총성의 협력으로 실시하게 되었다.[17]

2015년 7월 20일, NHK・BS1방송이 핵연료 철거작전에 종사한 두 명의 미국인 과학자가 남긴 기록과 관계자 인터뷰를 토대로, 작전결정에서 실행까지의 전모를 그린 다큐멘터리를 방영했다. 작전에 종사한 사람은 아이다호 국립연구소의 핵연료 전문가로 당시 39세의 몰리 핸드릭슨과 동료인 존 홀랜이었다. 홀랜은 연료회수 명령에서 완료까지 12일간의 행동을 상세히 기록한 일기를 남기고 있었다. 두 사람은 "만약 회수에 실패한 경우에는 노심爐心에 콘크리트를 부어라. 만약 그조

---

17 NHK, 〈BS1スペシャル 極秘指令・ウラン燃料を回収せよ-戦火の原子炉40年目の真実〉, 2015.7.20 방송, 2016.1.15 재방송.

차 불가능하게 되면 원자로를 다이너마이트로 폭파하라"는 명령을 받았다고 한다. 실제로 육군의 핵무기 부문에서 AEC와의 연락책을 맡은 릭 밀러 전 대좌大佐는 원자로 폭파에 필요한 폭약의 양을 계산했다고 증언하고 있다. 두 사람의 과학자가 달랏에 도착했을 때에는 원자로를 지키고 있어야 할 현지 직원은 이미 대부분 남아있지 않았으며, 미국에서 원자력을 배워 달랏 원자로 건설 당초부터 일하고 있던 베트남인 고딘 롱 소장과 다른 직원 한 사람을 포함한 네 명만으로 작업을 했다. 오랫동안 끝나지 않은 전쟁으로 예산이 적었던 탓에, 원자로가 정지했던 것이 다행이었다. 3월 30일 작전이 개시되었지만, 북베트남군은 달랏에 육박하여 회수작업은 시간과의 싸움이었다. 4인은 방사선을 차단하는 콘크리트의 차폐벽 그늘에서 순서대로 뛰어나와, 연료봉을 하나씩 들어 올려 장갑을 낀 손으로 붙잡아 회수용기에 넣고, 다시 차폐벽 뒤로 숨는 작업을 반복했다. 한 시간당 방사선량은 약 20밀리시버트로, 중간부터는 방사선량이 너무 높아서 가이거뮐러 계수기도 기능하지 않게 되었다. 오전 2시에 겨우 전체 67개 추출을 완료하였고, 다음 날 3월 31일에 수송기가 연료를 반출했다. 작전종료 2일 후에 달랏은 북베트남군의 공격으로 함락되었다.[18]

달랏 점령의 임무를 맡은 북베트남군의 응우옌 쿠이 소장은, 동독에서 물리학 박사학위를 취득하였으며, 보 응우옌 잡 장군(북베트남군 총사령관)으로부터, "달랏을 해방시키고 원자로를 확보하라"는 지령을 받았다. 북베트남군은 미국산의 우수한 원자로를 손에 넣고 싶어했다고 한

---

18 위의 방송.

다. 그런데 현지에 도착해 보니, 원자로는 연료봉이 추출되어 텅 비어 있었다. 쿠이 소장은 사이공 함락 후, 미군 관련 시설을 조사하여 연료를 찾아 헤맸으나, 당연하게도 발견하지 못했다. 다음 해인 1976년 베트남사회주의공화국이 탄생하자 부총리 겸 국방장관에 취임한 보 응우옌 잡 장군은, 달랏 원자로 재건을 소련에서 물리학을 배운 팡 듀이 비엔 박사에 위탁하였다. 이렇게 달랏 원자로는 1984년 소련의 기술과 핵연료에 의해 다시금 임계臨界에 달하여, 현재도 베트남에서 유일한 원자로로서 '달랏 원자력 연구센터'에서 가동되고 있다.[19]

이상이 달랏의 미국산 연구로가 걸어 온 운명인데, 베트남 전쟁이 한창인 시기에 원자로를 제공한 것은, 1955년 2국간 협정을 체결한 일본과 같은 국가의 경우와는 상당한 차이가 있다. 장래 유망한 국가에 미국 기술을 뿌리내리게 하겠다는 전략적 판단만으로는 설명할 수 없다고 생각한다. 그렇다면 베트남의 원자로 수출계획은 어떻게 시작된 것일까? 다음 절에서는 미국 국무부의 공문서를 토대로 베트남과 2국간 협정 체결의 경위를 밝히겠다.

3. 미국＝베트남 2국간 원자로 협정

1955년 제네바 원자력 평화이용 국제회의에서 미국이 가동 중인 원자로를 전시하고, 미국산 원자로를 다른 여러 국가에 선전한 일은 첫

---

19 위의 방송.

머리에서 인용한 크레이그의 논고에도 서술되어 있지만, 1958년 9월에 개최된 제2회 제네바 원자력 평화이용 국제회의에서는 한층 더 각미국기업에 의한 "원자로의 견본시見本市"라는 성격이 짙어졌다. 제1회 회의에서는 "원자력의 평화이용 가능성이 극히 가까이 있음을 시사하고, 세계에서 원자력 개발 의욕을 고양시켰"지만, 그 후 3년 동안 "이 분야에서 각국의 연구발전은 기대 이상으로 현저하여" 제1차 회의가 대서특필한 "원자력의 꿈을 오히려 현실적인 형태로 되돌렸다"는 점에 의의가 있었다고 한다. 참가자도 제1회의 두 배 이상에 해당하는 70개국·7,320명에 달했는데, 그 가운데서도 최대 집단은 미국으로 465명이었다.[20]

국무부 문서에 따르면, 미국 정부는 제2차 제네바 회의석상에서 베트남 대표에게 "전형적인 2국간 협정서식의 복사본"을 건넸다고 한다. 그 이전부터 베트남 정부가 제너럴 아토믹스 사가 만든 '트리거' 연구로를 조달하고 싶다는 희망을 표명했기 때문이었다.[21] 미국 원자력위원회AEC는 이와 잇따라 양자 협정 초안을 기초하고, 이듬해 초에는 국무부에 초안을 제출했다. 1월 28일 베트남 원자력국의 레 뚜안 안Le Tuan Anh박사, 베트남 대사관의 응우옌 듀이 리안Nguyen duy Lian과 쩐 낌 프엉Tran Kim Phuong, 미국 측에서 국무부의 조셉 멘덴홀Joseph Mendenhall과 채드윅 존슨Chadwick Johnson, 그리고 AEC 국제부에서 풀러톤 W.M. Fullerton, 슬러슨R.N. Slawson, 반즈R.J.H. Barnes 등 세 명이 참

---

20 原子力委員会, 『昭和33~34年版 原子力白書』, 1960.2, http://www.aec.go.jp/jicst/NC/about/hakusho/wp1958/sb20101.htm(2017.5.6 열람)

21 Memorandum from Algie A. Wells to Philip J. Farley, Nov 25, 1958, RG59, Entry A1 3008-A, box 537, National Archives at College Park, Maryland.(이하NACP로 약기한다)

석하여 교섭이 개시되었다. 베트남 측은 1959년 10월 26일 건국 기념일까지 원자로를 완성시킬 것을 희망했지만, 미국 측은 어렵다고 했다. 베트남 측은 또한 세 명의 베트남인 과학자를 브룩 헤이븐 국립 연구소에 보냈으면 한다는 의지를 전했다.[22]

미국산 원자로 건설에 대해 "고 딘 디엠 대통령의 전권 위임을 받았"던 베트남 원자력 국장의 부 호이Buu Hoi 박사가 미국 방문 중이던 1959년 2월 24일, 이미 2국간 협정서가 임시 조인되었다.[23] 같은 해 3월 말에 대통령의 승인을 얻어 양원兩院 원자력위원회에 제출 되어, 30일간의 유예 기간을 보내고 양국의 행정 절차를 거쳐 협정은 7월 1일에 발효되었다.[24] 동시에 AEC는 원자로가 완성된 새벽에는 35만 달러의 원자로 건설 보조금을 베트남 정부에 줄 것을 확인함과 동시에, 원자로에는 '미국산'이라고 각인하도록 지시했다.[25]

"연구용 원자로는, 의료 등 연구에 도움이 됨과 동시에, 원자력 연구에서 귀중한 훈련·경험을 쌓을 기회를 제공하고, 원자력 발전을 포함하는 원자력의 평화적 이용 개발에도 이바지하는" 것이다. 그래서 베

---

22 AEC Division of International Affairs, Memorandum of Conversation, January 28, 1959, RG59, Entry A1 3008-A, box 537, NACP.

23 Memorandum of Conversation, July 31, 1959; Office Memorandum from J. Robert Schaetzel to Mr. Farley, February 16, 1959; From Mr. Johnson to Mrs. McDowell, February 24, 1959, RG59, Entry A1 3008-A, box 537, NACP.

24 From Chairman, AEC to the President, March 16, 1959; From the President to McCone, Chairman, AEC, March 31, 1959; Memorandum from Clark C. Vogel, Acting Director, Division of International Affairs, AEC, to Philip J. Farley, Department of State, May 26, 1959; Memorandum from Charles A. Sullivan to Algie A. Wells, July 1, 1959, RG59, Entry A1 3008-A, box 537, NACP.

25 From Chairman, AEC to Tran Van Chuong, Ambassador of Viet Nam, May 29, 1959, RG59, Entry A1 3008-A, box 537, NACP.

트남 공화국정부는 "원자력의 평화적·인도적인 이용을 지향하는 연구개발을 추진하기를 희망하여, 미국정부 및 민간 기업으로부터 이점에서 지원을 얻을 수 있기를 바란다"는 전문으로 시작하는 2국간 협정서에 의해, 미국에서 원자로 연료용 농축 우라늄(U-235)과 소량의 연구용 플루토늄 등의 제공을 받아, 미국의 민간기업과 계약하여 연구용 원자로를 건설하고, 35만 달러의 보조금을 받게 되었다. 협정에서는 또한 이 2국간 협정서가 "발전용 원자로의 설계·건설·가동으로 이어지는, 한층 더 깊은 협력의 검토로 연결되기를 기대한다"고도 되어 있다.[26] 협정체결을 받은 AEC는, 제너럴 아토믹스 사에 출력 100킬로와트의 '트리거 마크 II형' 연구로 수출을 허가하였다. 다만 AEC는 해외수출용의 원자로에 대해서는 안전성 평가를 실시하지 않는다는 방침으로, "AEC는 안전성에 관하여 어떠한 책임도지지 않는다"는 점을 베트남 측에 전했다.[27]

　원자로 건설의 조건은 갖추어졌지만, 기술자 부족과 베트남 측의 요청에 의한 설계 변경 등으로 좀처럼 착공되지 않았다. 애초에 핵심 인물이었던 부 호이 박사는, 1년의 절반은 프랑스 정부의 초청에 의해 파리의 연구소에서 암 연구에 종사하고, 나머지 절반은 달랏 원자로 프로그램에 종사하게 되어, 그가 베트남 국내에 없는 것이 계획이 지연된 한 원인이 되었다. 게다가 그는 44세의 젊은 나이에 "심장 질환"으

26　"Agreement Between the United States of America and the Republic of Vietnam", RG59, Entry A1 3008-A, box 537, NACP. 또 협정 제10조는, 그 이전의 연구로 협정에는 포함되지 않은 새로운 조항으로, IAEA에 양국이 협력한다는 내용도 있었다. From Chairman, AEC to the President, March 16, 1959, RG59, Entry A1 3008-A, box 537, NACP.

27　From A.A. Wells, Director, Division of International Affairs to Ambassador Tran Van Chuong, November 16, 1959, RG59, Entry A1 3008-A, box 537, NACP.

로 건강상태가 좋지 않았다. 또한 기술자 부족은 심각해서, 카이저 사와의 기술 컨설턴트 계약과 제너럴 아토믹스 사와의 원자로 계약 조인이 지연된 것도 "베트남 측의 경험 부족"이 주된 원인이었다. 부 호이도 "40명의 기술자가 교육을 수료할 때까지" 원자로 건설 프로그램을 개시할 수 없다고 생각하고 있었다. 이미 6명의 기술자가 미국에서 훈련을 수료했거나 수강 중이며, 부 호이는 "이 같은 프로그램을 가속화하여 1960년까지 6개월의 연수를 받은 기술자를 40명으로 만들" 작정이었다.[28]

또한 건설 예정지 및 디자인 변경도 착공을 늦추는 원인이 되었다. 원자로 건설 예정지는 "두 곳을 검토하여 두 곳 모두 거절당한" 끝에 겨우 결정되었다. 첫 번째 예정지는 "호수에 접한 곳"이며, 다음으로는 "골프 코스 가운데" 있었지만, 관광 자원을 망가뜨린다는 이유로 정부의 허가가 나오지 않아, 결국 호수에서 2~3킬로미터 떨어진, 호수로 흘러드는 강가의 넓은 토지로 정해졌다. 디자인은 카이저 사의 제임스 콘웰James Conwell이 설계 컨설턴트로서 내방하여 "AEC의 요청에 따라 기능적인 유형의 원자로 시설로 상당히 완성된 설계도"를 제안했지만, 베트남 측은 "보다 미적 가치에 중점을 둔 디자인"으로 변경하여 "관광객의 눈에 매력적으로 비쳐지고, 지역 주민의 바람에 부합하는" 것이어야 한다고 호소하여, 유명한 건축가 응오 비엣 투Ngo Viet Thu의 협력으로 "초 현대식 동심원 형태"로 변경되었다. 새로운 디자인은 "기능적으로 문제가 없었"지만, 더 많은 비용과 시간이 소요되는 것이었다. 게다가 응오 비

---

28 Memorandum of Conversation, October 7, 1959, RG59, Entry A1 3008-A, box 537, NACP.

엣 투는 "원자로 디자인의 세부사항에는 관심이 없고", 세부 설계를 결정하는 일은 AEC 직원에게 일임된 것이 사태를 더욱 복잡하게 만들었다.[29] 1961년에 들어서면서 베트남 정부는 100킬로와트가 아닌 250킬로와트의 원자로를 요구하게 되었다. 베트남 정부는 250킬로와트의 원자로 건설이 승인된 국가의 예를 들면서, "원자력 분야에서 베트남의 위신을 높이기 위해서"라도, 또한 "장기적으로 볼 때 비용 절감을 도모하기 위해"서도 더 큰 출력의 원자로가 필요하다고 주장했지만, 원자로의 변경에 따른 "연구 내용 및 직원의 연수 프로그램을 변경"하려고는 하지 않아서, 미국 측에서 보자면 합리적인 요구는 아니었다.[30]

1960년 10월 베트남의 원자로 건설 상황을 시찰하러 온 AEC 도쿄 사무소의 헐버트 페닝턴Herbert Pennington은 "건설은 내년 초까지 개시되지 않을 것"이며 "원자로 건물의 지붕이 완성 되어 제너럴 아토믹스 사와 홈즈&너버 사가 풀과 방호벽 건설에 착수하기까지는 4~5개월" 걸릴 것이다. 원자로 본체의 설치는 "빨라도 내년 가을"일 것이며, 가동은 "빨라도 1962년"이 될 것이라는 전망을 보고했다. 그러나 일정이 지연된 덕분에 "원자로가 가동될 때까지는 충분히 연수를 한 직원이 갖춰질" 가능성이 나왔다. 1960년 10월의 시점에서 부 호이와 6명의 해외 연수중인 기술자 이외에, 베트남 원자력국의 20명의 직원이 연수를 받고 있었다. 이 중 9명은 사이공에 거주하고 있었으며, 그 중 7명은

---

29 From W. Herbert Pennington, AEC Scientific Representative Tokyo Office to A. A. Wells, Director, Division of International Affairs, AEC, November 7, 1960, RG59, Entry A1 3008-A, box 537, NACP.

30 From O. Ricfhard Spurgin, FE : SEA to Orwick, S / AE, August 9, 1961, RG59, Entry A1 3008-A, box 537, NACP.

이미 연수를 마친 상태였다. 4명은 앞으로 3개월 동안 연수를 마치고 돌아올 예정이며, 나머지는 향후 1년의 교육 기간이 남아있다. 페닝턴의 보고서는 원자력국의 멤버 26명의 프로필도 소개하고 있다. 오하이오 대학에서 1954년에 응용 수학 학사를, 1958년에 프랑스 사크레 대학에서 핵 기술의 박사 학위를 취득하고, 뉴 델리의 원자력의 평화적 이용 박람회에서 트리거 마크II의 전시를 담당한 레 뚜안 안은, 앞서 서술한 바와 같이 1959년 1월에 협정 체결을 위한 협상이 워싱턴에서 시작되었을 당시의 중심 멤버였다. 레 뚜안 안의 '오른팔'로 미시간 대학교 대학원에서 고체 물리학을 배운 응우옌 뚜 반Nguyen Tu Ban, 프랑스의 툴루즈 대학에서 박사 학위를 취득한 후 미국 오크리지 국립연구소에서 연수를 받은 판 테 쩐Phan The Tran처럼 미국이나 프랑스의 대학에서 수학하고, 마지막으로는 미국의 국립연구소 또는 기업에서 연수를 받은 사람이 많았다. 나이는 기재되어 있지 않지만, 모두 1950년대 후반부터 1960년대에 학위를 취득하였기 때문에 20~30대 젊은 연구자가 대부분이었다고 추측된다.[31]

26명 기술자 중에서는 달랏 원자로의 연료봉 추출 작전에 참가한 론 소장도 포함되어 있었다. 응오 딘 론은 위스콘신 대학에서 전기 공학 학사(1956년)와 석사 학위(1957년)를 취득한 후, 동 대학에서 1959년까지 강사로 재직했다. 페닝턴이 시찰을 위해 방문했던 1960년 10월에는 오크리지에 체류 중이었으며, 11월부터 3개월 동안은 오크리지 원자로 기술

---

31 From W. Herbert Pennington, AEC Scientific Representative Tokyo Office to A. A. Wells, Director, Division of International Affairs, AEC, November 7, 1960, RG59, Entry A1 3008-A, box 537, NACP.

학교ORSORT의 원자로 감독자 연수과정Reactor Supervisors Training Course을 수강할 예정이었다. 그는 이듬해 1960년 말 베트남에 귀국, 베트남 원자력국의 원자로 운용부문을 총괄하는 것이 정해져 있었다. 론 소장도 1950년대 말 미국의 대학에서 공부하고 국립연구소에서 연수를 받은 뒤 곧바로 베트남에 소환된 젊은 원자력 기술자였던 것을 알 수 있다.[32]

이상과 같이, 베트남과 미국의 양자 원자로 협정은 1958년 제네바 원자력 평화이용 국제회의를 계기로 급속한 전개를 보이면서, 졸속으로도 여겨지는 속도로 원자로 건설이 시작되었다. 그러나 베트남 측에는 기술자 부족이나 익숙하지 않은 미국 기업과의 협상, 또한 부지 및 디자인 변경 등, 원자로 프로그램을 지연시키는 다양한 요인이 있었다. 그럼에도 불구하고 베트남이 원자로 건설을 강력히 희망하고 미국 측이 이에 응한 이유는 무엇이었는가? 다음 절에서는 베트남 측·미국 측의 동기를 보다 상세히 검토하겠다.

4. 원자로 건설에 관한 베트남 측·미국 측의 의도

남베트남 정부에게 원자로는 근대화의 욕망을 충족시키는 장치였고, 자신의 권위를 과시하여 국민의 복종을 촉구하는 수단이기도 했다. 국민의 신임을 얻을 수 없는 고 딘 디엠 정권은 "과학 기술"과 "그것을 제공해 주는 미국"에 완전히 기대고 있었으며, "네이팜탄과 고엽제

---

32 위의 자료.

등에 열중"했다고 한다. 전 『타임』지의 기자로 사이공의 미국 대사관의 홍보 담당관이었던 존 멕클린John A. Mecklin에 의하면, 베트남인 사령관들에게는 "마치 목발에 의지하듯 새로운 미국의 장치에 의존하는 경향"이 있었다.[33] 즉 그들에게 미국산 원자로는 자신의 후원자인 미국의 상징이자, 권력을 구체적인 형태로 보여주는 우상이었다.

1958년 2월에는 사이공에서 미국정부주최의 원자력의 평화이용 박람회가 개최되었다. 회장에서는 USIS 사이공[34]이 제작한 영어·불어·베트남어 등 3개 국어로 된 팸플릿이 배포되었다. 회장 입구에는 아이젠하워대통령과 고 딘 디엠대통령의 사진이 걸렸고, 팸플릿 첫머리에는 아이젠하워 대통령의 'Atoms for Peace' UN연설의 발췌문과, "원자력이 평화를 위해 그리고 모든 인류의 이익을 위해 사용된다는 충분한 증거가 여기에 있다. 이 새로운 힘은 우리의 자손과 그 자손이 보다 나은 생활을 하기를 바라는 모든 사람들이 주목할 만하다…"는 고 딘 디엠의 말이 나란히 적혀있다. 또 같은 페이지에 "원자력이 인류에 가져다주는 것은 ① 새로운 전력power, ② 더욱 나은 건강, ③ 더욱 많은 식량"이라고도 적혀 있다. 그 다음 총 20페이지의 팸플릿은, 회장의 전시 순서에 따라 '핵분열 반응' '핵연료' '실물 가이거 계수기' '농업' '의료' '공업'에 응용, 그리고 마지막으로 '원자력 발전'에 대한 전시내용을 해설하고 있다.[35]

---

33 松岡, 앞의 책, 73쪽.
34 US Information Service(USIS)는 홍보외교를 전문으로 하는 미합중국 정보국 USIA의 해외진출기관으로, 현지 국민에 대한 미국의 정책과 문화 등에 관한 홍보활동과 선전활동을 행하고 있었다.
35 USIS Saigon, "Atoms for Peace Exhibition", RG306, Entry P46, box 48, NACP.

사이공의 USIS(US Information Service) 내부(1956년)
출전: 미국 국립공문서관, RG306 56-13521

사이공의 고등학교에서 개최된 원자력 평화이용 전시회(1956년)
출전: 미국 국립공문서관, RG306 56-1929

영어 · 불어 · 베트남어로 인쇄된 원자력 평화이용 박람회의 팸플릿(1958년)
출전: 미국 국립공문서관, RG306, Entry P46, box 48.

박람회가 개최된 시기는 아직 2국간 협정의 교섭이나 기술자의 양성도 시작되지 않은 단계였기 때문에 이러한 전시와 팸플릿은 분명히 미국 측의 주도로 준비된 것이다. 그러나 전술한 바와 같이, 같은 해 9월에 개최 된 제2회 제네바 원자력 평화이용 회의에서는, 이미 베트남은 미국산 원자로의 도입을 원하고 있으며, 미국정부는 베트남 측의 요청에 따라 2국간 협정의 '양식'을 베트남 대표에게 전달했다. 이러한 경위를 감안할 때, 미국산 원자로에 대한 관심은 그야말로 박람회 등의 "욕망 교육의 실천"을 통해 이식되어 갔다고 추측 할 수 있다. 전시회 팸플릿의 문구에서 고 딘 디엠정권이 미국의 지원으로 원자력을 도입함으로써 '작은 미국'처럼 물자가 풍부하고 강한 나라가 될 수 있다는 국민을 향한 메시지가 전해진다. 국내의 권력 기반을 다지고 싶은 고 딘 디엠정권으로서는 이러한 미국 측의 메시지에 발맞추어 가는 것이 정치적 생존 방법이었다고 생각된다. 뒤에 열린 달랏의 원자로 착공식에는 고 딘 디엠도 참석하여 원자로 프로젝트를 솔선하여 추진하고 있는 모습을 언론을 통해 강조했다.

또한 남베트남의 과학자들도 미국의 기술자에 의존하는 자세가 강했다. 원자로 프로젝트의 총괄 관리자인 부 호이는 미국 국무부 직원과의 대화에서 달랏 원자로에 미국인 기술자가 상주하기를 희망하고 있으며, 건설 예정지로 "달랏을 선택한 이유 중 하나는 미국인 과학자들에게 사이공보다 기후적으로 생활하기 편했기 때문"이라고 말했다. 확실히 사이공(현재, 호치민 시)의 동북쪽에 위치한 고원지대에 있는 달랏은 프랑스 식민지 시대부터 피서지로 알려졌고, 대학과 골프장을 갖춘, 서양인에게도 살기 좋은 곳이었다.

또한 부 호이는 "원자로를 베트남에 건설하는 주된 이유는 심리적 것"이며, "프랑스에 유학하고 있는 베트남인 학생이 고국으로 돌아오는 것을 장려"하고, 다양한 분야에서 활약해 줄 것을 바라기 때문이라고 설명했다.[36] 이러한 대화에서 베트남 과학자에게도 원자로는, 순수하게 연구를 추진하기 위한 존재라기보다는 미국의 후원을 받아 베트남 지위를 끌어 올려, 해외에 거주하는 엘리트층 베트남인의 귀환을 위한 '심리적' 장치라는 의미가 강했음을 알 수 있다. 이렇게 생각하면 남베트남 정부가 원자로의 내용보다 외관에 집착하고, 유명한 건축가에 의한 선진적인 디자인을 채용한 것도 납득이 된다. 원자로는 단순한 실험장치가 아니라, 미국이라는 신과 같은 존재를 모시는 신전이며 그 후원을 얻은 남베트남 정부의 권위의 상징이며, 또한 해외에서 지식층을 불러 들일만큼 매력을 발신하는 '심리적'인 구심 장치이기도 한 것이다.

그렇다면 미국 측은 베트남에 원자로를 설치하면서 어떤 의도를 품었을까? 앞서 서술한 다큐멘터리에 등장하는 전 국무부차관으로 AEC의 우라늄연료 관리 책임자이기도 했던 마이런 클래처는, 원자로를 공여한 이유에 대해, "남베트남을 신뢰하고 있다. 북과의 전쟁에서 승리할 것을 믿고 있다"는 의지의 증명을 위해서였다고 설명하고 있다.[37] 여기에서도 원자로는 원자력과 방사성 동위 원소 연구라는 순수한 과

---

36 Memorandum of Conversation, October 7, 1959, RG59, Entry A1 3008-A, box 537, NACP.
37 NHK 앞의 방송프로.

학적 목적을 넘어, 상대국에 대한 신뢰를 나타내기 위한 '심리적' 장비로 바뀌고 있다. 이러한 생각은 신뢰 관계를 구축하기 위해 '하트 앤 마인드' 즉 민심 획득을 중시하는 케네디 행정부의 대외정책과도 근본적으로 공통성을 가지고 있다. 미국 정부는 남베트남에서도 이 방침에 따라 뉴스영화, 라디오 프로그램, 잡지, 포스터, 팸플릿 등을 활용하여 민심 확보에 노력하고, 교육·농업·보건·의료 등 다양한 분야에서 행정 서비스를 제공하고, 미국의 잉여 농산물과 비료 등을 보냈다.[38] 원자로는 농업 지원이나 의료 지원과 같은 눈에 보이는 혜택을 국민에게 가져다 줄 수는 없었지만, 향후 미국과 같은 풍요로운 사회를 실현한다는 '꿈'을 제공했다. 이러한 의미에서 원자로의 제공은 미국에게 상대국 정부·국민의 마음을 쟁취하기 위해 수단이었다고 생각된다.

또한 1958년부터 1960년 무렵 미국의 과학 기술 정책이 '스푸트니크 쇼크'의 여파로 크게 동요하고 있었다는 사실도 이 시기의 원자로 제공에 영향을 주었을 가능성이 있다. 1957년 10월 4일 소련의 인공위성 스푸트니크의 발사 성공으로, 아이젠하워 행정부는 소련의 과학 기술 발전을 만만히 보고 있던 것에 대해 여론과 야당의 비판에 직면하게 되었다. 약 3개월 후 1958년 1월 9일 연두 교서에서 아이젠하워 대통령은 'Atoms for Peace'를 'Science for Peace'로 확대하겠다고 선언했다. 즉 질병과 기아와의 싸움 등 원자력뿐만 아니라 모든 과학 기술을 인도적 목적에 응용하고, 그러한 시도에 미소가 협력할 것을 제안한 것이다.[39] 미국이 과학 기술을 인류의 복지를 위해 사용하고 있다는 것

---

38 松岡, 앞의 책, 138~140쪽.
39 Dwight D. Eisenhower : "Annual Message to the Congress on the State of the Union",

을 강조함으로써 소련에 뒤떨어진다는 이미지를 불식하려고 하고 있었다.

　물론 이러한 이미지 전략의 한편으로, 미국은 '스푸트니크 쇼크'에 대한 대응으로 군사 예산의 대폭적인 확대와 우주 개발 경쟁을 벌이고 있었기 때문에, "인류의 복지를 위한 과학 기술"은 다분히 프로파간다와 같은 색채를 가진 것이었음은 부정 할 수 없다. 그러나 적어도 홍보 외교상으로는 미국의 과학 기술의 '위대함'을 강조하는 방침에서, 일반 시민 생활에 도움이 되는 제품이나 의료 등에 초점을 두는 방침으로 전환이 이루어졌다.[40] 이러한 방침 전환은 개발도상국으로의 원자로 수출 의미 부여에도 반영되어, '식량' '건강' '전력'이야말로 원자력이 제공하는 혜택이라는 담론이 유포되었다. 앞에서 서술한 사이공에서 개최된 원자력의 평화적 이용 박람회의 팸플릿에 "원자력이 인류에게 가져다주는 것은 ① 새로운 전력 ② 더욱 나은 건강 ③ 더욱 많은 식량"이라고 적혀 있던 것도 그러한 경향을 반영하고 있었다고 생각된다.[41] 개발도상국으로의 원자로 제공은 향후 원자력 발전을 정착시키는 1955년경의 초기의 2국간협정에서도 볼 수 있는 전략적 목적에서, 보다 개발도상국 사람들에게 '꿈을 파는' 행위로 전환 해 간 것이 아닐까?

　인심을 장악하기 위한 목적과 미국의 국가 이미지 전략을 위해 아무

　　January 9, 1958. Online by Gerhard Peters and John T. Woolley, The American Presidency Project.(http://www.presidency.ucsb.edu/ws/?pid=11162)

40　'Atoms for Peace'에서 'Science for Peace'로의 전환에 대한 구체 사례는, 土屋由香, 「科學技術廣報外交と原子力平和利用ースプートニク・ショック以後のアトムズ・フォー・ピース」(小路田泰直・岡田知宏ほか編著, 『核の世紀ー日本原子力開發史』, 東京堂出版, 2016), 193~223쪽에서 상세히 서술하였다.

41　USIS Saigon, "Atoms for Peace Exhibition", RG306, Entry P46, box 48, NACP.

리 원자로 수출이 효과적이었다고 해도, 미국 정부는 달랏 원자로가 전투에 연루되거나 적의 손에 넘어 갈 가능성 대해서는 우려하지 않았던 것일까? 사실 1961년 아직 원자로가 건설 도중인 단계에서 국무부와 AEC가 베트남의 군사・정치 정세에 불안을 가지고 있었다는 것을 엿볼 수 있는 기술이, 국무부 문서에 담겨있다. 즉 AEC 국제 부장 앨지 A. 웰스Algie A. Wells와 국무부・원자력 담당 국무 장관 특보좌실의 필립 J. 팔리Philip J. Farley 사이에 1961년 11월 다음과 같은 대화가 이루어졌다.

[1961년 11월 14일, 웰즈가 팔리에게]

베트남의 작금의 정치적・군사적 상황을 감안하여 달랏에 건설 중인 연구로에 악영향을 줄 수 있는 상황이 있으면 언제든지 알려주길 바란다. 주지하는 것처럼 트리거 형 원자로가 건설 중이며 그중 미국에서 수입된 농축 연료가 주입 될 예정이다.[42]

[1961년 11월 24일, 팔리가 웰즈에게]

달랏은 현재 평온하며 사이공에서 문제없이 비행기로 갈 수 있다. 그러나 사이공에서 달랏까지의 육로는 때때로 공격을 받을 수 있다. … 달랏은 지방의 주요 도시로서 중요성을 가지고 있기 때문에 그 안보 보장상 상황에 중대한 변화가 발생한 경우에는, 국무부와 AEC는 즉시 보고를 받을 것이다.[43]

---

42 From A. A. Wells, Director, Division of International Affairs, AEC to Philip J. Farley, Department of State, November 14, 1961, RG59, Entry A1 3008-A, box 537, NACP.

사이공=달랏 간의 육로가 이미 공격을 받고 있는 상태에서 "현재 평온하다" 무슨 일이 있으면 "즉시 보고"가 있을 것이라고 말하는 것은, 원자로의 보안에 관한 인식으로서는 상당히 여유롭게 보이지만, 이 단계에서는 아직 핵연료를 주입하지 않았기 때문에, 그만큼의 위기감은 없었던 것일까? 또는 불안을 해소하고 남을 만큼 충분한 장점을 베트남에서의 원자로 건설에서 견출하고 있었던 것일까?

그러나 1950년대 말이 되면 많은 개발도상국과 2국간 원자력 협정을 체결하고 원자로 비용의 절반을 미국이 부담하는 프로그램을 더 이상 계속해야 하는지에 대해 정부 안팎에서 의문시하는 목소리가 높아지기 시작했다.[44] 1955년 6월 아이젠하워 대통령이 연구용 원자로 건설비용의 절반을 부담하겠다고 선언한 이후, 1959년 1월까지 이 보조금을 받은 국가는 브라질, 덴마크, 서독, 그리스, 이스라엘, 이탈리아, 일본, 네덜란드, 포르투갈, 스페인, 스웨덴, 베네수엘라, 벨기에, 노르웨이, 대만, 오스트리아, 한국 등 17개국으로, 그 총액은 593만 달러에 달하며, 또한 1960 회계연도에는 7개국의 보조금이 승인될 예정이었다.

또한 원자로 보조금 외에도 개발도상국의 기술자 부족을 해소하기 위해 미국은 막대한 비용을 들여 장학금이 나오는 교육 훈련 프로그램을 운영하고 있었다. 1960 회계연도만 해도 100명분의 장학금으로 75만 달러가 예산 청구되었다. 또한 이러한 교육 훈련을 위한 실험 장치 및

---

43 From Philip J. Farley to Algie A. Wells, November 24, 1961, RG59, Entry A1 3008-A, box 537, NACP.

44 Memorandom from James P. Grant, Deputy Director for Program and Planning, ICA to John O. Bell, Special Assistant for Mutual Security Coordination, Department of State, January 22, 1959, RG59, Entry A1 3008-A, box 297, NACP.

방사성 동위 원소, 교육 영화 등의 비용도 미국 정부가 부담하고 있었다.[45] 1950년대 중반까지 공전의 호황을 경험한 미국이었지만 1957년 여름부터 이듬해 봄까지 급격한 경기 침체가 일어나고, 아이젠하워 대통령이 충분한 경기 대책을 취하려하지 않은 것으로 대통령 신뢰도가 하락했다.[46] 이런 가운데 정부가 막대한 비용을 들여 개발도상국에 원자로를 계속 제공하는 것에 의문이 제기되어도 이상하지 않았다.

개발도상국으로의 원자로 제공에 대해서는, 연구자와 국제 원자력 기구IAEA에서도 비판이 있었다. 미시간 대학에서 '피닉스 프로젝트'로 불리는 원자력 연구 그룹에 소속된 연구자들은 개발도상국에 "원자로를 제공하는 것은 4~5년 뒤에나 했어야 했다"고 국무부 직원에게 의견을 말했다. 충분한 수의 기술자가 아직 육성되지 않은 국가에 졸속으로 원자로를 설치함으로써, 가뜩이나 적은 기술자가 "원자로의 운전에만 전담하게 되어 인재人才의 비생산적인 낭비로 이어진다"는 것이 그 이유였다. 또한 미시간 대학의 연구자들은 (1958년 17번째 국가로 35만 달러의 원자로 건설 보조금을 받은) 한국에서 "원자력 관계 당국자들이 대학 등으로부터 분리된 전담 직원만 받아들였으며, 고립된 원자력 시설을 설립하고 있는" 상황을 우려하고 있었다. 또한 그들은 개발도상국의 기술자에게 미국에서 교육 훈련을 실시하는 목적에 대해서도 회의적이었다. "미국에서 교육훈련을 받은 기술자 한 명이 조국으로 돌아가, 30인의 새로운 기술자를 양성한다. 그런데 그 목적은 무엇인가?"

---

45 "Atoms for Peace Program" January 16, 1959, RG59, Entry A1 3008-A, box 297, NACP.
46 Chester J. Pach, Jr. and Elmo Richardson, The Presidency of Dwight D. Eisenhower, Revised Edition,(University Press of Kansas,1991), pp.175~176.

연구용 원자로를 안전하고 효율적으로 운전하기 위해서는 막대한 예산과 설비가 필요하다. 많은 젊은 기술자를 양성해도 그에 걸맞은 예산과 설비를 확보하지 못하면 원자력 연구는 불가능한 것이다.[47]

한편 IAEA는 미국이 2국간 협정에 의해 개발도상국을 구슬리려는 방식에 대해 비판적이었다. 특히 AEC의 "Buy American" 정책, 즉 협정을 맺은 상대국에 미국산 원자로 부품을 조달할 것을 강제하는 방법에 대해 IAEA는 강하게 비판했다. 사실 이 문제는 미국 내에서도 국무부와 국제협력국ICA이 비판했으며, 정부 내부에서 불협화음이 생기고 있었다.[48] 당시 AEC 의장은 철강 · 조선 업계 출신으로 전쟁 전에 스티브 벡텔과 함께 벡텔 · 맥콘 사를 설립한 존 맥콘John A. McCone이었다. 기업가 출신의 맥콘은 해외에 미국 제품을 파는 데 열을 올리고 있어서, 종종 국무부와 대립했다.[49] 원자로에 대해서도 IAEA의 비판에도 불구하고 완고하게 "Buy American"을 주창하는 맥콘에 대해 국무부와 ICA는 애를 태웠던 것이다.

이렇게 다양한 요인이 겹치면서, 결국 원자로 설치비용의 반액 지원 프로그램은, 1960 회계연도를 끝으로 중단되게 되었다. 국무부에서 맥콘에게 보낸 서한에는 이 프로그램이 지금까지 "선의의 근원이었으며, 우리가 원자력의 평화적 이용을 세계에 퍼뜨리려는 바람을 뒷받침하

---

47 Office Memorandum from S / AE J. Robert Schaetzel to S / AE Farley, February 17, 1959, RG59, Entry A1 3008-A, box 297, NACP.

48 Memorandum from S / AE Philip J. Farley to G Mr. Murphy, March 18, 1959; Memorandum from S / AE Philip J. Farley to W Dillon, April 1, 1959, RG59, Entry A1 3008-A, box 297, NACP.

49 Oral History Interview with John McCone by Thomas Soapes, July 26, 1976, 아이젠하워 대통령 도서관.

는 것이었다"는 점에 비추어, 1960년도 예산 편성에 관한 의회 청문회에서 "1960년 6월 30일 이후에는 이 제도가 연장되지 않는 것을 발표하는" 것으로써, 마지막 몇 달 동안 뛰어들어 응모를 하려고 하는 국가에 기회를 준다는 취지가 적혀 있다.[50] 개발도상국에 원자로를 제공하는 프로젝트는 1950년대 말에 이미 경제적인 측면에서도 국제 협력의 측면에서도 한계에 도달했다. 1958년 이후 미국산 원자로의 제공을 받은 베트남을 비롯한 국가들은, 많은 모순을 안고 있는 정책을 진정으로 그 나라의 발전에 기여하는지 여부와 미국의 장기적 국익에 이바지하는지 여부도 충분히 고려되지 않은 채, 주로 '심리적인' 장점에 의해 적용되어 있었다고 할 수 있다.

5. 마치며

본장에서는 냉전 초기인 1950년대 후반부터 1960년대 초에 걸쳐 미국이 실시한 원자로의 외국제공에 초점을 맞추어, 장래에 원자력 발전을 도입할 가능성이 높은 국가들에 선행 투자한다는 합리적 전략만으로는 다 설명되지 않는, 아시아 개발도상국의 사례를 분석하였다. 원자력의 평화적 이용 박람회 등을 통하여 베트남 정부가 미국산 원자로를 손에 넣었으면 하는 욕망을 불러일으키고, 기술자의 육성도 부족한 채로 원자로를 도입하였지만, 최종적으로는 전쟁 중에 원자로가 적의

---

50 From Under Secretary for Economic Affairs to John McCone, Chairman, AEC, April 1, 1959, RG59, Entry A1 3008-A, box 537, NACP.

손에 어가는 경위를 추적하였다. 그러는 가운데 국무부 공문서에서 발견한 것은 미국이나 베트남으로서도 원자로는 '연구용'이라는 본래의 목적에서 일탈하여 국내의 권력기반을 공고히 하기 위해 혹은 인심을 장악하기 위해 심리적인 수단으로서 사용되었다는 사실이다. 때문에 해당국에서 원자로가 장기적으로 보아 생산적인 효과를 낼 수 있는지, 혹은 치안이나 국제정세에 비추어 안전한지에 대한 점은 방치되었다. 일본을 비롯한 과학기술적 기반이 있는 국가들에 원자로를 수출한 경우, 장래 미국산 원자로를 사용하여 발전發電한다는 명확한 목표를 수반하고 있었음을 생각하면, 개발도상국으로의 원자로 수출은 매우 상이한 양상을 보이고 있다.

충분한 기술력이 없는 채로 미국산 연구로를 받아들인 개발도상국의 대부분은 그 후로도 연구로 단계에 머물러, 원자력 발전까지는 도달하지 못했음을 생각하면 미국의 정책은 발전용 원자로 확산과 그다지 연결되지 않았다고 볼 수 있을지도 모른다. 그러나 미국산 연구로와 함께 확산된 것은, 과연 소량의 핵연료 물질만이었을까? 미국의 과학기술에 대한 신봉과 원자력이 부와 행복을 가져다준다는 꿈, 나아가 원자력이 권력기반과 이어진다는 인식이, 원자로와 함께 아시아 개발도상국에 확산되어 갔다고 한다면, 그것은 먼 장래의 원자력 발전 실현과 마찬가지로 장기적인 효과를 가지고 있었던 것인지도 모른다.

이 장에서 주로 언급한 남베트남 사례가, 과연 아시아 개발도상국 가운데 특수한 경우였는지, 전형적인 경우였는지는 일률적으로 판단할 수 없다. 미국이 개입한 전쟁 중에 원자로 건설이 추진된 사례는 특수하지만, 다른 많은 아시아 국가에서도 정부군 대 공산주의 게릴라 전투가 산발적으로 이어진 시대였다. 이후 다른 아시가 국가의 사례도 상세히 조사할 필요가 있지만, 남베트남의 경우처럼 원자로가 심리적 장치로서 사용된 케이스는 다른 곳에서도 있었으리라고 추측된다. 본 연구를 통해 원자로가 눈에 보이는 하드웨어로서만이 아니라, 그 존재 자체가 사람의 마음과 국가의 이미지를 좌우하는 소프트웨어의 원천 으로서 이용될 수 있음을 알 수 있다. 동시에 아이젠하워 정권기의 원 자력의 평화적 이용 정책이 대상국에 따라 서로 다른 의미를 가지고 있으며, 이를 통틀어서 논하기 어렵다는 점도 분명해졌다.

(번역 : 김선희)

참고문헌

논문 및 단행본

金性俊, 「한국원자력기술체제의 형성과 변화-1953~1980」, 서울대 박사논문, 2012.

松岡完ほか編著, 『冷戦史-その起源・展開・終焉と日本』, 東京:同文館出版, 2003.

黒崎輝, 『核兵器と日米関係-アメリカの核不拡散外交と日本の選択 1960~1976』, 東京:
　　有志社, 2006.

油井大三郎, 『好戦の共和国アメリカ-戦争の記憶をたどる』, 東京:岩波新書, 2008.

加藤哲郎・井川充雄編, 『原子力と冷戦-日本とアジアの原発導入』, 東京:花伝社, 2013.

松岡完, 『ケネディとベトナム戦争-反乱鎮圧戦略の挫折』, 東京:錦正社, 2013.

テッサ・モーリス スズキ編, 『ひとびとの精神史 第2巻:朝鮮の戦争-1950年代』, 東京:岩
　　波書店, 2015.

小路田泰直・岡田知弘ほか編著, 『核の世紀-日本原子力開発史』, 東京:東京堂出版, 2016.

友次晋介, 「『アジア原子力センター』構想とその挫折」, 『国際政治』 No.163, 2011.1.

Chester J. Pach, Jr. and Elmo Richardson, *The Presidency of Dwight D. Eisenhower*, Revised
　　Edition,University Press of Kansas,1991.

John Krige, "Techno-Utopian Dreams, Techno-Political Realities: The Education
　　of Desire for the Peaceful Atom", Michael D. Gordin, et al. eds., *Utopia / Dystopia
　　: Condition so fHistorical Possibility*, Princeton University Press, 2010.

John Dimoia, "Atoms for Power?: The Atomic Energy Research Institute (AERI) and
　　South Korean Electrification, 1948-1965", *Historia Scientiarum*, vol.19-2, 2009.

냉전시대 동아시아 지역의 미국학American Studies 확산과 '지적知的 네트워크' 구축*

한국의 사례를 중심으로

허 은

1. 들어가며

미국의 저명한 영문학자 로버트 스필러Robert E. Spiller는[1] 1966년 제2차 세계대전 이후 미국의 문화외교가 '公報단계The Informational Phase', '인적 교류단계The Exchange of Persons Program', 그리고 '自助단계The "Self-Help"

---

* 이 글은 2017년 『아세아연구』 제60권 1호에 실린 「냉전시대 동아시아 지역의 미국학 (American Studies) 확산과 '지적 네트워크' 구축」을 수정 보완한 것이다.

1 스필러(Robert E. Spiller)는 '미국학협회(the American Studies Association)' 회장, 미국학 술위원회 미국학 분과위원(Committee on American Studies of the American Council of Learned Societies) 등을 역임했으며, 1955년 출판된 그의 저서 *The cycle of American literature : an essay in historical criticism*은 1960년대 각 국에서 번역 출간되어 '미국학'의 주요 교 재로 활용되었고 한국에서도 1973년 번역되었다(Robert E. Spiller, 장왕록 역, 『美國文學 史』, 日新社, 1973). 그의 미국문학론은 1960년대 중반부터 한국에 소개되었다(Robert E. Spiller, 양병탁 역, 『現代美國文學論』, 탐구당, 1966).

Stage'라는 3단계를 밟아 왔다고 설명했다. 스필러의 설명을 따르자면 미국의 문화외교는 지속적인 교류와 지원을 통하여 상대국이 스스로 우호적인 미국의 이미지를 만드는 단계, 이른바 '자조단계'의 도달을 목표로 삼았다. 그리고 그 목표 달성을 판단하는 기준은 고등교육을 맡은 지식인 사회 또는 대학교육 기관에 미국학American Studies이 제도적으로 정착했는지 여부였다.[2]

하지만 상대국의 고등교육 과정에 미국학을 통합시키는 일은 간단하지 않았다. 유럽에서도 고등교육 체계가 달랐던 독일과 같은 국가에서는 미국학의 정착이 난항을 겪었으며, 아시아·아프리카 지역 또한 우호적인 여건이 아니었다. 동남아시아 지역의 경우, 장기간 서구 제국주의의 통치를 받으며 유럽식 고등교육 체계가 뿌리를 내렸기 때문이다.[3]

1960년대부터 동아시아 지역에서 미국학의 확산이 본격적으로 이루어졌다. 이는 미국 문학 및 역사를 전공한 학자들의 학문적인 욕구와 미국 정부의 문화냉전 정책이 결합되어 나타난 결과물이었다. 1960년대로 접어들며 전 세계적으로 반미구호가 터져 나오고, 한편 베트남전에 개입한 미국은 동아시아 국가들의 단합된 지지가 필요한 상황이었다. 이러한 때 동아시아 지역에서 일본이 미국학 확산의 교두보 역할을 했다는 사실을 주목할 필요가 있다. 스필러는 동아시아 지역에서

---

2   Robert E. Spiller, "American Studies Abroad : Culture and Foreign Policy", *The Annals of the American Academy of Political and Social Science*, Vol.366, 1966.

3   Robert E. Spiller, ibid, p.11. 제2차 세계대전 이후 1960년대까지 미국학의 해외 확산 현황에 대해서는 다음 연구를 참조. Robert H. Waker, *American Studies Abroad*, Greenwood Press, 1975.

미국학의 정착에 가장 우호적인 여건을 구비하고 있는 나라는 인도와 일본이라고 지적했다. 이들 국가들은 1945년 이래 20년 동안 미국을 배우려는 움직임이 크게 나타난 곳이었다. 동아시아지역에서 미국학의 확산은 개별 국가 차원의 확산과 지역regional 차원의 學的 · 知的 네트워크가 동시에 구축되는 양상으로 전개되었다.

이 글은 목적은 한국에서 미국학의 확산 사례를 분석하여 냉전시대 미국 정부의 주도하에 형성된 동아시아 지역의 지적 네트워크의 규명에 일조하는데 있다. 한국의 사례는 다음 두 측면에서 주목할 필요가 있다. 첫째, 1960년대 한국 고등교육계의 미국학 도입 과정은 미국학의 확산과 미국 정부의 문화냉전 정책이 불가분의 관계를 맺었다는 사실을 잘 보여준다. 미국학 확산에 주한 미공보원USIS, Korea이 적극적으로 개입했고, 개입의 저변에 '반공적' 지향이 있었다는 사실을 통해 이를 확인할 수 있다. 둘째, 한국에서 미국학 확산과정은 미국학을 매개로 한 미국 정부의 동아시아 지적 네트워크 형성을 구체적으로 보여준다. 한국의 미국학 연구자들은 주한 미공보원의 지원을 받으며 일본 및 동아시아 지역의 미국학 연구자들과 활발히 교류하고 여기서 한발 더 나아가 동아시아 지역의 지적 네트워크 형성을 주도하고자 했다. 이러한 점을 고려할 때 1960, 70년대 한국은 미국 정부가 문화외교에서 추구한 '자조단계'의 실상을 고찰할 수 있는 적절한 사례라 하겠다.

20세기 냉전시대가 종언을 고한 1990년대부터 냉전시대 미국 정부의 냉전 정책과 학적 영역의 관계에 대한 연구가 본격적으로 진행되어, 미국 정부가 학회 및 연구소 설립 지원, 학술회의 개최 후원 및 학술적인 교류의 확대 등을 통해 문화적 헤게모니를 구축하고자 했음이 밝혀졌다.[4] 이후 동아시아 각국에서 문화냉전 및 지성사 연구가 진전되면서, 지적·학적 분야에서 미국 정부 및 민간재단의 영향을 분석한 연구들이 축적되고 있다.[5]

한편 미국학의 확산과 관련해서는 일본 학계의 연구동향이 주목된다. 일본 학계는 미국학의 도입, 확산을 일찍부터 주목하고 주요한 연구를 제출해 왔다.[6] 그 배경에는 일본에서 제2차 세계대전 직후 동아시아 지역에서 가장 일찍 미국학회가 설립되었고, 미 점령통치 시기부터 시작된 '도쿄대-스탠포드대 아메리카연구세미나', '京都아메리카연구夏期세미나'(이하 교토세미나)와 같은 학술 교류의 경험이 있다. 이러한 배경 때문인지 일본 학계는 미국학의 확산을 미·일 관계 측면에서만 주목하는 경향이 강하다. 하지만 1960년대 이후 미국 정부가 미국학의 확산을 동아시아 각국에서 동시 병행적으로 추진했고, 교토세미나도 일본 내 미국학의 확산 수단으로서 뿐만 아니라 동아시아 지역의 자유진영 국가들을 대상으로 한 지적 네트워크 형성의 기제로 배치했

---

4 Noam Chomsky et al., *The Cold War & The University,* The New Press, 1997; Giles Scott-Smith, *The Politics of Apolitical Culture−The Congress for Cultural Freedom the CIA and post-war American hegemony*, Routledge, 2002; 브루스 커밍스 외, 『대학과 제국』, 당대, 2004.

5 松田武, 『前後日本におけるアメリカのソフトパワー半永久的依存の基源』, 岩波書店, 2008; 山本正編, 『前後日米關係とフィランソロピー』, ミネルヴァ書房, 2008; 우린춘(吳翎君), 「전후 대만에서 록펠러재단의 원조사업」, 『문화냉전과 아시아』, 소명출판, 2012; Han Tie, "The Hegemonic Vision of the Ford Foundation and the Sucess of Its China Program", *ACTA ASIATICA* 104, The TOHO GAKKAI, 2013; 정문상, 「포드재단(Ford Foundation)과 동아시아 '냉전지식'」, 『아시아문화연구』 36, 2014; 임성모, 「냉전과 대중사회 담론의 외연−미국 근대화론의 한·일 인식」, 『한림일본학』 26, 2015.

6 財団法人 國際文化會館, 『前後日本の'アメリカ研究セミナー'の歩み』, 1998; 松田武, 앞의 책; 松田武, 『對米依存の起源』, 岩波書店, 2015.

다는 점을 주목할 필요가 있다. 냉전시대 미국학의 수용에 대한 본격적인 검토가 이루어지지 않고 있는 국내 학계 역시 미국학의 전파 과정을 동아시아 지역 차원의 지적 네트워크 형성이란 차원에서 주목하지 못하고 있다.

이상과 같은 선행 연구의 성과와 한계를 고려하며 이 글에서는 냉전시대 미국학의 확산을 다음과 같은 두 가지 측면에서 주목해 보고자 한다. 첫째, 문화냉전의 주요한 수단으로서 배치되었던 미국학이다. 냉전시대 지적네트워크 형성을 다룬 연구들의 주된 관심은 각국의 대공산권 연구기관과 반공지식인, 미국 민간재단들의 지원 그리고 이를 매개로 한 동아시아 지역의 지적 네트워크 등을 규명하는데 맞추어졌다. 이러한 연구 경향이 낳은 미국학의 확산에 대한 분석의 결여는 연구자들의 의도와 무관하게 고등교육 영역에서 미국학의 수용을 냉전과 거리가 먼 학문적인 사안으로 여기게 만든다. 이와 관련하여 앞서 언급한 바와 같이 1960년대 미국학의 확산이 미국 정부의 적극적인 개입과 지원 하에 이루어졌다는 점, 그리고 1960년대 근대화론의 확산이 미국의 특성을 새롭게 조명하는 미국역사학 조류consensus history의 등장과 호응하며 전개되었다는 점을 주목할 필요가 있다.[7] 즉, 냉전시기 미국 근대화론의 근거와 설득력은 '미국적인 것'의 역사적·문화적 이해로부터 마련되었다.

둘째, 동아시아 지역 지적 네트워크의 주요한 고리로서 미국학이다. 동아시아 각국에 주재한 미공보원USIS의 적극적인 개입과 지원 하에

---

7 Nils Gilman, *Mandarins of The Future-Modernization Theory in Cold War America*, Johns Hopkins University Press, 2003, pp.62~68.

미국학 연구자들의 교류가 이루어진 사실만으로 충분히 짐작할 수 있
듯이 미국학을 매개로한 학술 교류는 미국 정부 측의 지원과 의도를
배제하고 논할 수 없으며 미국 정부의 의도는 단지 순수한 학문적 교
류의 강화에 있지 않았다. 이를 논구하지 않으면 냉전시대 형성된 동
아시아 학적 · 지적 네트워크를 탈역사적으로 파악하는 경향을 낳을
수 있다.

끝으로 냉전시대 미국이 확산시킨 지역학Area studies의 성격 규정을
위해서도 미국학의 확산과 수용에 관한 이해가 필요하다. 냉전시대 지
성사를 비판적으로 접근한 미국학계는 1960년대 미국학계에서 활발
하게 진행된 지역학의 정치적 의미를 드러내는데 힘을 쏟았다. 그러나
미국 내 대학에서 지역학의 활성화는 미국학의 해외 확산과 더불어 고
찰될 필요가 있다. 미국 대학에서 지역학이 활성화 된 시기는 미국학
의 대외적인 확산이 본격적으로 추진되던 시기와 겹쳐있기 때문이다.[8]
미국학회가 확고히 자리 잡은 1960년대까지 미국 대학에서 미국학이
분과학문의 독립성을 확보했는지에 관해 의문이 제기되기도 했지만,[9]
이와 별개로 미국 정부는 미국학의 대외적인 전파를 일관되게 추진하
였다. 지역학이 '제국의 지역학'이 되기 위해서는 중심과 변경 또는 보

---

8   제2차 세계대전을 거치며 패권국가로 올라선 미국은 자국의 세계적 위상과 고등교육에
    서 '미국'이 차지하는 빈약함이 초래하는 괴리를 전면적으로 수정할 필요성을 느꼈고,
    이는 '미국학 운동'의 주요한 전환점이 되었다(Marshall W. Fishwick, 여석기 역, 「미국
    학운동」, 『논단』 제4권 5호, 1969, 31쪽).

9   '미국학 운동'은 1951년 미국학회(American Studies Association)의 창립으로 절정에 달
    하고 이후 1960년대까지 미국학계 내에서 미국학의 정착이 추진되어 갔다. 미국학회는
    1967년에 가서야 독자적인 전국 학술대회를 개최했으며, 이 시점까지도 미국학 전공자
    들 내에서는 분과학문으로서 독립성을 확보하는데 확신을 가지지 못했다고 한다
    (Marshall W. Fishwick, 여석기 역, 앞의 글, 33쪽).

편과 특수의 관계 확립에 기여해야 하는 데, '동아시아 지역에 확산된 미국학'과 '미국 대학의 동아시아 지역학'은 미국과 동아시아 지역을 중심과 변경으로 위계 짓는 담론을 구성하는 역할을 수행했다고 볼 수 있다.[10] 또한 냉전시대 미국의 지역학이 국가를 분석단위로 삼아 분산적인 경향을 보였다면,[11] 동아시아의 미국학은 국민국가 단위를 자연스럽게 뛰어넘는 연계 형성의 기반을 제공했다고 볼 수 있다. 미국학의 대외 확산을 검토할 때 '이중의 지역학'이란 지적 메커니즘에 의거한 냉전시대 미국의 헤게모니를 온전하게 규명할 수 있을 것이다.

2. 미국 정부의 미국학 대외 확산 정책

미국학계에서 지역 연구의 활성화는 냉전과 불가분의 관계를 맺었다. 제2차 세계대전 시기 전쟁의 필요에 의해 본격적인 발전을 이루었던 미국의 지역 연구는 전후에 냉전이라는 또 다른 전쟁의 필요에 의해 발전의 큰 전기를 맞았다. 냉전시기 미국 대학의 지역연구는 포드재단과 같은 민간재단 및 정부의 전폭적인 지원을 받으며 대대적으로 팽창했다.[12] 1957년 스푸트니크Sputnik위성 발사의 충격을 받은 아이젠하워

---

10 이와 관련하여 미국학 교수 휘시위크(Fishwick)의 미국 예외성에 관한 언급이 흥미롭다. "미국은 새로운 과학기술, 인간소외, 오토매이션과 직면한 첫 나라였다. 전자회로의 '無의 땅'을 탐험한 최초의 나라였다. 이 점으로 해서 미국 지역연구는 기타의 지역연구와는 다른 차원을 가지게 되는 것이며 낡은 19세기적 사고양식을 부적당한 것으로 만들어 버렸다."(Marshall W. Fishwick, 여석기 역, 앞의 글, 38쪽)

11 Harry Harootunian, *History's Disquiet*, Columbia University Press, 2000, pp.35~36.

12 김경일은 1950년대 초반부터 1970년대 초반 기간까지 미국대학에서 지역연구가 크게

정부는 국방에 필요한 고등인력 양성을 위한 국방교육법National Defense Education Act(1958)을 입안했다. 이 법안의 주요 내용으로 지역학 전공자들의 육성이 포함되었다.[13] 이 시기 각 대학 연구기관들은 '학제적 방법interdisciplinary approach'을 지역연구 방법론으로 제시했다.[14]

그런데 1960년대 케네디 정권 등장 이후 미국은 해외 지역을 연구하는 것뿐만 아니라 지역학으로서 미국학을 대외적으로 확산시키는 데 본격적으로 관심을 쏟기 시작했다. 소련이 '경쟁적 병존'을 외치며 그 어느 때보다 치열한 체제경쟁을 벌였던 시기에 집권한 케네디는 대외공보활동에 큰 관심을 기울일 수밖에 없었다. 케네디는 미국의 선전능력이 소련과 중국에 대응할 수 있어야 한다고 보았다. 그는 집권하자마자 대외정책과 관련하여 5개 분야의 전담반Task Force을 꾸리고 미 해외공보처USIA를 검토 대상으로 포함시켰다.[15] 미국의 대외공보정책을 자문한 이들은 단지 공산주의를 비판하는 수준에서 벗어나 전 세계적인 기대에 부응하는 존재로서 미국의 위상을 다시 정립할 필요가 있다고 강조했다.[16] 케네디 정부가 기존 교육·문화교류와 관련된 법안을 재정비하고 강화한 이유도 여기에 있었다.

확대된 이유를 '냉전대립 속에서 아시아, 아프리카, 남미 지역에 대한 전문가 수요의 급팽창', '민간재단과 미국 정부의 전폭적인 재정지원', '미국 고등교육의 급격한 팽창' 등에서 찾았다.(김경일, 「전후 미국에서 지역연구의 성립과 발전」, 『지역연구』 5-3, 1996, 242~246쪽)

13 위의 글, 245쪽; 松田武, 앞의 책, 2015, 142~146쪽.

14 황동연, 「21세기 전야 미국 지역연구의 운명」, 『동아시아역사연구』 제6집, 1999, 195~196쪽.

15 Nicholas J. Cull, *The Cold War and the United States Information Agency*, Cambridge University Press, 2008, p.191.

16 Ibid, p.192.

미국 정부의 미국학 대외 확산 정책은 크게 1961년 케네디 정부의 '상호 교육문화 교환법Mutual Educational and Cultural Exchange Act of 1961'(PL 87-256) 시행 이전 시기와 이후시기로 구분된다. '풀브라이트-헤이즈 법The Fulbright-Hays Act'으로 약칭되는 이 법은 교육·문화 분야의 교류 활동과 관련된 법안들을 통합한 것으로 교육·문화 분야 교류를 더욱 확대 촉진하는 내용을 담았다. 풀브라이트-헤이즈 법은 미국학의 대외 확산을 명시적으로 언급했다는 점에서 특히 주목된다. 즉, 미국역사, 행정government, 경제, 언어, 문학, 그리고 미국 문명과 문화와 관련된 주제 등을 다루는 교육과정, 세미나, 기관, 교수직 및 강사직 등을 통한 미국학의 확산을 강조했다.

미국무부와 미해외공보처가 추진한 문화·학술교류의 가장 중요한 목표는 미국에 관한 지식의 증대였다. 여기서 '지식'은 피상적인 지식이 아니라 '진정한 의미의 연대 관계'를 맺을 수 있도록 하는 '미국에 대한 근본적이고 깊이 있는 지식'을 의미했다. 제2차 세계대전 직후 유럽을 포함하여 전 세계적으로 미국사를 정식 강좌로 개설한 국가들은 없었고, 미국에 관한 지식을 '올바르고 깊이 있게' 알리고자 했던 미국 정부와 미국학자들은 이러한 상황을 주목하지 않을 수 없었다. 전후 미국 정부는 문화·교육교환계획에서 외국 대학에 대한 미국학 연구지원을 주요한 사업으로 배치했다.[17]

1961년 '풀브라이트-헤이즈 법' 제정 이후 동아시아 지역에서 미국학의 확산 및 학술교류의 기조는 크게 변화했다. 이는 미국 정부가 추

---

17 Jacob Canter, 고명식 역, 「미국의 "문화수출"」, 『논단』 제6권 2호, 1970, 28~29쪽.

진한 동아시아 지역 교육교환 활동에서 다음과 같은 세 가지 변화들로 나타났다(〔부표〕**18** 참조). 첫째, '학제 간' 성격을 지닌 학문으로서 미국학이 강조되기 시작했다. 일례로 1961년 주일 미국교육연구회는 미국학과 미국문학의 학제적 연구를 촉진하기 위한 좌담회를 개최했다. 둘째, 고등교육을 맡은 지식인 사회와 대학기관에 미국학의 보급과 정착을 추진한 결과, 동아시아 각국의 고등교육 과정에서 미국학이 자리잡기 시작했다. 같은 시기 각국에서 미국학회들이 창립되었음은 물론이다. 셋째, 동아시아 각국의 미국학 연구자들의 교류가 활발해졌다. 1966년 교토세미나의 개방 이후 미국학을 매개로 한 동아시아 학자들의 교류는 1970년대로 접어들면서 동아시아 지역 미국학 국제세미나가 공식적으로 개최되는 단계까지 진전되었다.

3. 주한 미공보원의 개입과 한국의 미국학 도입

1950년대 말 주한 미공보원이 'The American Studies Project'라는 계획을 추진했지만, 이는 학문으로서 '미국학'의 도입과는 무관했다. 하지만 이 사업은 미국에 관한 지식을 종합적·문명적 차원에서 전파하고자 시도했다는 점에서, 1960년대 중반 주한 미공보원이 주도한 미국학 도입의 전사로 볼 수 있다.

---

18 〔부표〕는 미국 정부가 작성한 '동아시아 교육교환 연표'('AN EDUCATIONAL EXCHANGE CHRONOLOGY OF EAST ASIA', RG306, Historical Collection Subject Files, 1953-2000, Box57, NARA)에다 동 시기 주요 한·미, 한·일 학술교류를 추가한 것이다.

1959, 1960년에 주한 미공보원은 'The American Studies Project'의 주요 프로그램으로 두 차례의 세미나를 개최했다.[19] 미공보원은 세미나의 취지를 미국인과 한국인 참석자들이 참석기간 동안 긴밀히 소통하며 양국의 문화, 전통, 가치관, 태도 등에 관한 이해를 증진하는데 두었다.[20] 세미나에 참석한 미국 측 강사들은 전문 학자들이 아니라 대부분 주한 미공보원, 유솜USOM, 주한 미대사관의 직원들로 구성되었다.

주한 미공보원은 개인적인 차원의 긴밀한 인간관계를 형성하면 미국이 추진하는 대한정책에 대한 한국인들의 반응을 정확하게 읽어내고, 미국의 목적을 한국인들에게 보다 쉽게 전달할 수 있다고 보았다.[21] 따라서 주한 미공보원은 심리활동 목표Psychological objective의 주요 대상이 되는 그룹들의 리더를 이 세미나에 참석시키고자 했다. 우수한 영어실력으로 의사소통에 문제가 없고 프로그램의 활용을 극대화할 수 있는 30대 중반의 인물들을 선별되었다. 참석자 대부분은 영어교사들이었고, 학교 정규교육과 별개로 '민주시민교육'에 관심을 갖는 이들이었다.[22]

---

19 1959년에는 8월 1일부터 14일까지 2주간 강릉에서 세미나가 열렸고, 1960년에는 7월 30일부터 8월 11일까지 설악산 신흥사에서 개최되었다. 신흥사 세미나에는 17명의 미국인과 50여 명의 한국인들이 참여했으며, 한국인들은 대부분이 교육자(교수 또는 교사)들이었다.

20 USIS Seoul, 1959.9.8, American Studies Project, Kangnung, Korea, August 1 to 14, 1959, p.1, RG306, P-51, Box35, NARA; 'American Studies Project', 1961, p.1, RG306, P-51, Box49, NARA; Country Assessment Report, 1961.1.30, p.2.(국사편찬위원회DB) 세미나에 참석한 한국 측 교육자들은 미국인 참석자들이 기존에 알고 있던 미군들의 태도와 크게 다르다는 점과 미국인들이 한국의 역사와 문화에 깊은 관심을 보이고 있다는 점에 강한 인상을 받았다는 소감을 밝혔다.

21 USIS Seoul, 1959.9.8, American Studies Project, Kangnung, Korea, August 1 to 14, 1959, p.1.

22 USIS Seoul, 1959.9.8, American Studies Project, Kangnung, Korea, August 1 to 14,

세미나를 주최한 주한 미공보원은 전문가 참석이 오히려 자유로운 의사소통에 제약이 된다고 판단하고, 참가자의 '전문성'이 부각되는 것을 최대한 억제하고자 했다. 주한 미공보원은 세미나 참석자들의 솔직한 의견 제시와 교환을 끌어내기 위해 '비공식성informality'을 강조했다.[23] 이처럼 1960년대 초반 'The American Studies Project' 세미나는 학문으로서 미국학의 전파라는 취지와는 거리가 멀었다.

한국에서 미국학의 확산은 1960년대 초 한・미간에 문화교류를 위한 제도적인 정비가 이루어졌기에 가능했다. 먼저 '주한 미국교육위원단Fulbright Commission in Korea'의 기능이 활성화 되었다. 풀브라이트 협정은 1950년에 체결된 바 있으나 양국 정부가 재원마련 방식에 이견을 보여 이승만 정부시기 풀브라이트 법에 의한 교육교환 활동은 제대로 이루어지지 않았다. 이승만 정부 붕괴 이후인 1960년 10월 30일부터 주한 미국교육위원단이 정식으로 사무를 보기 시작했으며, 1963년 6월에 새로운 한・미간 교육교환계획 협정이 조인되었다. 이는 1960년에 개정된 협정을 대체하는 것으로 한국에서 풀브라이트 계획의 확대를 목적으로 하고 있으며 주한 미국교육위원단을 통해 교류자금을 효과적으로 사용한다는 내용이었다.[24] 1964년 서강대는 풀브라이트 교환으로 방한한 '조지 시드니'George Sidney(캘리포니아 San Fernando Univ) 교수의 지원을 받으며 미국학 프로그램을 처음으로 만들었다.[25]

1959, p.3.

23 USIS Seoul, 1959.9.8, American Studies Project, Kangnung, Korea, August 1 to 14, 1959, p.4.

24 「韓美間調印」, 『동아일보』, 1963.6.18.

25 김용권・민자영, 「김용권 선생을 찾아서」, 『안과 밖』 10호, 2001, 218쪽.

1965년 주한 미공보원이 불국사에서 개최한 세미나를 계기로 '학제 간 연구'(Interdisciplinary Studies)로서 미국학이 국내 학계에 본격적으로 자리 잡았다. 1965년 2월 24일부터 28일까지 불국사에서 개최된 세미나에는 미국 문학 전공자를 중심으로 미국의 역사, 철학을 전공한 각 대학 교수들과 풀브라이트 계획으로 방한 중인 미국인 교수들이 참가했다.[26] 세미나 전체 일정이 마무리 될 무렵 미국학 연구단체의 창설이 제기되었고, 이는 3개월 뒤인 1965년 5월 '한국아메리카학회'의 창립으로 이어졌다.[27] 한국아메리카학회 창립 발기인이었던 김종운金鍾云은 불국사 세미나가 "전공이 다른 교수들이 한 자리에 모여 앉아 동일한 화제를 놓고 논의하는 것이 가능할 뿐만 아니라 매우 유익하다는 것"을 참석자들에게 깨우쳐 준 자리였으며, "학제연구를 틀로 하는 지역연구로서 미국학의 가능성이 처음으로 발을 붙이기 시작"한 계기였다고 평가했다.[28]

김종운의 언급에서 알 수 있듯이 불국사 세미나가 개최될 때까지 한국학자들에 미국학이란 낯선 학문이어서, 미국사를 전공한 역사학자 이

---

26 풀브라이트 초빙강사 '조지 시드니'도 불국사 세미나 개최를 주도하고 한국아메리카학회 창립을 지원했다.(김용권, 「한국의 미국학 — 과거·현재·미래」, 정연선 외, 『한국에서의 미국학』, 한국외대 출판부, 2005, 155쪽)

27 「학계소식」, 『미국학 논집』 1권, 한국아메리카학회, 1969, 135쪽; 이보형, 「한국 아메리카학회와 나」, 『미국학 논집』 23권, 1991, 207~208쪽.

28 김종운, 「우리 학회 회고」, 『미국학 논집』 23권, 1991, 215~216쪽. 김종운은 불국사 세미나를 계기로 한 학회 창립이 국내 최초로 학제 간의 구성체로서 학회를 탄생시키는 일이었기에 이 학회 창설에 관여했던 이들이 "모두 단순한 학회 창설 이상의 흥분을 느끼면서 일을 추진"했다고 회고했다(위의 글, 216쪽). 김종운은 1962년 미국 뉴욕주 대학(New York State Univ.)에서 석사를 마친 뒤 이후 1974년 서울대에서 박사학위를 받았다. 귀국 후 1963~65년까지 서울대 어문학 연구소에서 재직하고, 1965~67년 사이에는 성균관대 문과대학에서 조교수로 근무했다. 1967년 이후 서울대 교수로 재직했다.

보형李普珩조차도 '미국학'은 명칭만 들어보았을 정도로 생소한 분야였다.[29] 한국 최초의 미국학 학자라고 불리는 김용권金容權은 1959년 주한 미국공보원의 도서번역 프로그램의 지원을 받아 록펠러 재단Rockefeller foundation 인문학 부장 스티븐스David H. Stevens가 저술한 *The Changing Humanities*(한국판 제목 : 『새로운 인문학』, 을유문화사, 1959)를 번역하면서 '미국학' 개념을 접했다. 이 책에서 스티븐스는 미국대학 인문학 연구의 현황과 당면과제 등에 관해 논의하며, 'Area studies, American studies, discipline, interdisciplinary'라는 용어들을 사용했다. Interdisciplinary 라는 말은 한국학자들에게 번역하기조차 어려운 생소한 용어였다.[30]

그렇다면 미국학의 도입 주체였다고 할 수 있는 한국아메리카학회 회원들은 미국학을 어떻게 이해했을까. 이보형은 미국학을 '미국문명을 종합적으로 연구하는 학문'이라 정의했다. 그는 미국학이 인문과학 및 사회과학의 각 특수 분야의 지식을 총동원하여 미국문명이라는 공통의 대상을 분석하는 종합적 연구이기에 독자적인 학문이라기보다 '방법론적인 성격'이 강하다고 보았다. 또한 그는 미국학이 제2차 세계대전 이후 미국의 대외적인 이미지 형성과 깊게 결부되어 있으며, 동아시아학과 같은 지역학 연구의 대두에도 큰 영향을 끼쳤다고 보았다.[31]

---

29 이보형은 "(세미나 참여 권유를 받고) 미국학이라는 말은 들었어도 그 내용에는 생소했으므로 참가할 자격이 있겠는가를 반문했으나 미국을 공부하는 사람들의 모임이니 개의하지 말고 꼭 참가하기 바란다"는 답변을 들었다고 회고했다(이보형, 앞의 글, 207쪽).
30 김용권은 'Interdisciplinary' 용어를 '學問間'이라고 번역했다. 김용권에 따르면 일본에서는 이 용어를 1960년대 초부터 '학제 간'으로 번역하여 사용했다고 한다(김용권, 「미국학과 더불어 30년」, 『미국학 논집』 23권, 1991, 219쪽). 서강대 교수로 임용되자마자 김용권은 1963년부터 1966년까지 주한 미교육위원단의 지원을 받아 미국에서 영문학 박사과정을 이수했다. 한국 최초의 미국학 학자라고 볼 수 있는 김용권의 경력에 대해서는 김용권·민자영, 앞의 글, 2001 참조.

당시 한국학계의 미국학 도입에 관한 인식은 한국아메리카학회 창립 취지문에 잘 나타나 있다. 한국아메리카학회 발기인들은 창립 취지문에서 새로운 미국학의 도입을 역설했다. 이들은 그동안의 긴밀한 한·미관계 속에서 미국을 연구하는 전문가들이 여러 분야에서 걸쳐서 배출되었지만, "각자가 종사하는 연구 분야에서 거대한 미국문화의 일각들을 서로 드러내는 데" 그치고 있다고 평가했다. 이들은 이러한 고립 분산적인 연구의 한계를 극복하고 미국문화의 핵심까지 이해하려면, 분산적이고 개별적인 연구를 지양하고 '지역연구'로서 성격을 지닌 '미국학'이라는 새로운 방법을 도입할 필요가 있다고 역설했다.[32] 이처럼 한국아메리카학회 수립 이후 한국 학자들은 개별 분과학문 차원이 아닌, 종합적인 차원에서 미국을 본격적으로 접근하기 시작했다.

1965년 주한 미공보원이 주최한 세미나가 미국학 확산의 직접적인 계기였다는 사실은 한국에서 미국학 수용과 미국 정부의 문화냉전 정책이 불가분의 관계를 맺었음을 의미한다. 한국아메리카학회 창립 멤버이자 초창기 학회의 주요 인물이었던 이보형의 회고에 따르면, 그는 주한 미공보원 직원인 곽소진郭小晋의 초청을 받아 불국사에서 개최된 미국학 세미나에 참석했다. 곽소진은 이후 한국아메리카학회 창립멤

---

31 이보형은 제2차 세계대전 이후 명실공히 강대국이 된 미국에서 전 세계인에게 자국을 보다 깊이 이해시킬 필요성이 대두한 이후 미국학이 각광을 받으며 대학 교육과정에 자리 잡게 되었다고 언급했다(이보형, 「한국아메리카학회의 동향」, 『이화사학 연구』 2권, 1967, 11쪽).

32 「학계소식」, 『미국학 논집』 1권, 한국아메리카학회, 1969, 135~136쪽. 1969년 김용권이 한국에서 미국학의 확산을 위해서 선행되어야 할 일이 "미국학 관계자들 사이에서 이 학문 개념 규정을 뚜렷하게 만드는 일"이라고 지적한 것으로 보아, 한국아메리카학회가 수립된 이후에도 학계에서 미국학에 대한 이해가 쉽게 통일되지 않았던 것으로 판단된다(김용권, 「미국학의 교육과정」, 『논단』 제4권 5호, 1969, 64쪽).

버로도 참여했다. 창립 해인 1965년 11월 한국아메리카학회는 주한 미공보원의 지원을 받아 '뉴딜과 미국정신'이란 주제로 세미나를 개최했는데,[33] 주한 미공보원장 번스W. Kenneth Bunce 박사가 축사를 하고 곽소진과 주한 미공보원 번역도서과장 보일James E. Boyle이 토론자로 참석했다.[34] 학회 창립 다음해인 1966년 주한 미공보원은 한국에서 미국학이 '새로운 동의'를 획득했으며, 이는 주요하게 한국아메리카학회를 고무시키는 활동을 통해 이루어졌다는 평가를 본국에 보고했다.[35] 주한 미공보원이 한국아메리카학회 창립과 그 이후의 상황을 매우 긍정적으로 파악했음을 알 수 있다.

한국아메리카학회는 주한 미국교육위원단과 주한 미공보원의 지원을 받아 연례 학술세미나를 개최했으며,[36] 주한 미공보원 및 시사영어사의 지원을 받아 미국의 역사학과 문학을 알리는 책들을 번역했다. 한국아메리카학회는 1969년 3월에 『美國史新論』William Miller, A New History of the U.S을 공역하여 출판했으며, 시사영어사의 지원을 받아

---

33 이 세미나 정식명칭은 '제1회 아메리카학 세미나'이지만, 이후 한국아메리카학회가 주관하는 연례 세미나 목록에 포함시키지 않는 것으로 보아 창립을 기념하는 일회성 세미나였다고 판단된다. 이 세미나의 저변에 깔린 의도는 '위기' 극복책으로서 뉴딜정책을 검토하며 후진국 한국사회가 당면하고 있는 '위기' 극복 방안을 찾아보는 데 있었다. 정치, 경제, 역사, 문학 등 다양한 분과학문에서 미국을 다루는 연구자들이 참여했는데, 참여자 대부분은 전혀 다른 조건에 기반 한 뉴딜정책을 한국사회에 즉자적으로 적용할 수 없다고 보았다. 서울대 교수 김종현은 조건의 차이를 전제하고, 뉴딜정책은 "민주주의 정치체제를 유지하면서 경제면에서 계획적인 정책을 수행할 수 있다"는 시사점을 준다고 언급했다. (「(심포지엄) 뉴딜과 미국정신 – 한국아메리카학회가 주최한 제1회 아메리카학 세미나 토의록」, 『논단』 제1권 3호, 1966, 157쪽)

34 위의 글, 146쪽.

35 USIS-Seoul, Country Assessment Report, 1967.1.30, p.3, RG306, Record Pertaining to Exhibit in Foreign Countries, Box 20, NARA.

36 이보형, 앞의 글, 1991, 212쪽.

1968년부터 『現代美國文學全集』 발간 기획에 착수하여 전 6권을 1971
년에 간행했다.[37]

한국아메리카학회 창립 이후 중앙과 지방의 주요 대학에 미국학 연
구소 설치와 지역 학회 설립이 이어졌다. 이들 기관은 지역 미공보원
으로부터 지원을 받으며 활동을 이어갔다. 전남대학교에서 미국학에
관심이 있던 교수들이 모여 1965년 12월 미국문화연구소를 정식으로
설립했다. 이들은 1964년부터 미국문화연구회를 조직하고 미국 문명
전반에 걸쳐서 연구하고 있었다. 전남대 미국문화연구소는 광주미공
보원 지부와 협조 하에 다양한 활동을 전개했으며,[38] 1970년에는 '미국
문화 夏期大學'이란 명칭으로 강좌를 개설했다.[39] 1967년에는 전북대
학교에 미국학연구소가 설립되었다. 전북대 미국학연구소는 주한 미
대사관 문정관 바츠Carl F. Barts, 주한 미국교육위원단 지부장 라이트
Edward R. Wright의 지원을 받아 여러 미국 학자들을 초빙했고, 1970년
에는 교사와 대학생을 대상으로 미국학연구 대학 강좌를 열었다. 1968
년에는 고려대학교와 성균관대학교에 미국문화연구소가 설치되었다.
고려대 미국문화연구소는 1968년 9월 9일부터 13일까지 서울 미국문
화원American Cultural Center과 공동주최로 'American Symposium'을 개

---

37 「학계소식」, 『미국학 논집』 4권, 한국아메리카학회, 1971, 154쪽.

38 「학계소식」, 『미국학 논집』 1권, 한국아메리카학회, 1969, 138~139쪽; 「美國文化講演
會」, 『동아일보』, 1968.4.6. 일례로 전남대 미국문화연구소는 광주미공보원 및 논단지
사(論壇誌社)와 공동주최로 1970년 5월 9, 10일 광주미공보원에서 '미국문학에 대한 한
국인의 반응'이란 주제로 세미나를 가졌으며, 재일(在日) 및 재한(在韓) 풀브라이트 교수
들이 특별강연회를 가졌다. (「학계소식」, 『미국학 논집』 3권, 한국아메리카학회, 1970,
139~140쪽)

39 「학계소식」, 앞의 책, 1970, 140쪽.

최했다.

1968년 대구에서 지역차원의 미국학연구회인 '미국연구회'가 발족했다. 이 학회에는 대구에 소재하는 각 대학에서 미국문화의 연구에 관심을 가진 여러 교수들이 참여했다. 미국연구회는 대구미공보원의 지원을 받으며 학생 및 일반시민을 대상으로 미국연구 동계대학 강좌나 '미국연구 하계대학 강좌' 등을 개최했다.[40] 1969년 11월에는 청주에서도 미국연구회가 발족되었다.

4. 지역 네트워크의 구축과 미국 정부의 지향

1) 한일협정체결 이후 주한 미공보원의 구상

미국학의 확산은 냉전시대 미국과 동아시아 각국 간의 문화관계를 강화하는 수단이자 동시에 동아시아 지역의 지적 네트워크를 만드는 주요한 계기였다. 1960, 70년대 한국의 미국학 연구자들은 일본, 대만 지역 연구자들과 활발하게 교류했는데, 이는 주한 미국교육위원단 및 주한 미공보원의 적극적인 지원이 없었다면 실현되기 어려웠다.

한국학자들이 미국학을 본격적으로 도입하고 이를 매개로 한 동아시아 지역 연구자들과 지적 교류를 시작한 시기는 미국의 한일협정 체결 개입을 통한 동북아 지역질서 재편 추진 시기와 맞물려 있다. 한일

---

40 위의 글.

협정 체결 직후인 1966년 주한 미공보원은 한국사회에 일본에 대한 뿌리 깊은 불신이 자리 잡고 있지만 일본의 영향이 여러 분야에서 급속하게 확산될 것이라 전망했다.

그런데 주한 미공보원은 한·일 양국의 관계가 긴밀해지고, 이에 따른 일본의 영향력 확대가 가져올 변화를 긍정적으로만 바라보지 않았다. 주한 미공보원은 한일협정 체결 이후 지적 교류의 확대가 부정적인 결과를 초래할 수 있다고 우려했다. 즉, 주한 미공보원은 양국의 교류확대는 "한국과 미국의 목적들에 해악을 끼칠 수 있는 일본 좌익 지식인들의 견해Japanese leftist thinking가 유입될" 가능성을 열어놓는다고 보았다. 이러한 우려를 불식시키기 위해 주한 미공보원은 한국과 일본의 지식인들을 '선택되어진 환경'에서 교류하게 만들고, 한국인들이 자신의 문제를 지역적regional, 세계적 차원의 문제들과 연계시키며 폭넓게 이해할 수 있도록 지원하는 대책을 강구하고자 했다.[41]

주한 미공보원이 일본 좌익 지식인들의 영향력에 대한 우려는 한국 지식인들에 대한 판단과 연계되어 있었다. 주한 미공보원은 서구 민주주의가 한국 문제 해결에 적합하지 않다는 생각을 지닌 '사회주의 성향'의 교수들이 한일협정 체결을 반대한 학생들에게 영향력을 행사하는데 힘을 쏟고 있다고 보았다.[42]

한편, 주한 미공보원은 "미국의 위신American prestige이 지속되고 미국의 장기적인 개입이 한국인들의 신뢰에 의해 뒷받침되는 관계", 이

---

41 USIA, Country Plan For Korea, p.3, RG306, Record Pertaining to Exhibit in Foreign Countries, Box 20, NARA, 1966.

42 USIS-Seoul, Country Assessment Report, p.14, RG306, Record Pertaining to Exhibit in Foreign Countries, Box 20, NARA, 1966.1.21.

른바 '효율적인 한·미관계Effective U.S.-ROK Relations'를 유지하기 위해서는 한국사회의 여론 주도층이라 할 수 있는 교수, 학생, 지식인, 기업 및 사회 지도자들로부터 미국 정부의 정책에 대해 지지를 획득하는 것이 매우 중요하다고 보았다. 주한 미공보원은 한국사회 각 분야 지도자들의 지지를 얻기 위해서는 미국 정부의 정책과 활동이 한국의 정치, 경제, 사회, 문화의 발전에 많은 기여를 해왔다는 사실을 주지시켜야 한다고 판단했다.[43] 주한 미공보원은 한국아메리카학회를 이러한 작업을 수행하기 위한 조력자로 여기고, 한국아메리카학회와 협력하여 미국문명의 발전과 '선별된 미국역사'를 다룬 작품들을 활용한 세미나, 패널토론, 심포지엄 등을 조직하고자 했다.[44]

2) 한국아메리카학회 연례 세미나와 동아시아 지적 네트워크 형성

한국아메리카학회 창립 이후 한·미·일 삼국의 미국학 연구자들 사이에 교류가 활발해졌다. 한국아메리카학회가 개최하는 연례 학술회의에는 거의 매년마다 일본 및 미국학자들이 참석했다. 1966년 4월 1일부터 5일까지 '미국의 대중문화'를 공동주제로 삼아 개최된 한국아

---

43 1966년 주한 미공보원은 종합대학과 전문대학의 교수들, 교육 및 연구 분야의 전문가들, 학생 리더들, 약 5천여 명을 심리활동 대상(Psychological objective)으로 삼았으며 특히 이들 중 5백 명은 특별 취급을 해야 한다고 언급했다(USIA6, Country Plan For Korea, 196, p.4).
44 USIA, Country Plan For Korea, 1966, p.10.

메리카학회 제1회 세미나에는 미국 역사학자 찰머스David M. Chalmers
가 참석하여 일본의 아메리카 연구 현황에 대해 발표했다. 그 이외에
도 6명의 외국학자들이 참가했다.[45]

1967년 한국아메리카학회 제2회 세미나(1967.5.4~5.7)는 공동주제를
'미국의 보수주의 및 자유주의'로 정했고, 해외에서 5명의 미국인과 1
명의 일본학자가 참가했다. 또한 '한국에서의 아메리카학의 발전을 위
한 제언'이란 주제로 원탁토론이 개최되었고, 여기에는 미국학자 3명
과 일본 도시샤대학 교수 다구찌 요시히로田口芳弘가 참여했다.[46] 1968
년 제3회 세미나 원탁토론 주제는 '극동에서의 미국학 연구의 현황과
장래'였다. 이 자리에는 도시샤대학 교수 오시모 쇼이치大下尙一가 참석
했다. 제2, 3회 원탁토론 주제들은 미국학의 수용과 발전이 1960년대
중후반 동아시아 지역 각 국의 미국학 관계자들의 주된 고민이었음을
보여준다.

학회 연례세미나는 현실정치의 전개와 긴밀히 연동되었다. 삼선개
헌 반대투쟁이 한창 전개되던 때에 개최된 제4회 세미나(1969.8.21~
8.24)는 학생운동을 주요 주제로 삼았다. 미국과 일본에서 온 교수 8명
을 포함하여 약 50여 명이 세미나에 참가했는데 한·미·일 학자들은
학생운동을 주제로 패널 토론을 했다. 당시 국내 언론은 한·미·일
삼국의 교수들이 참가하여 3개국에서 일어나고 있는 학생운동을 대학
생과 밀접한 위치에 있는 교수들이 비교한다는 점을 주목하며 발표와

---

45 「학계소식」, 『미국학 논집』 1권, 한국아메리카학회, 1969, 136쪽. 언론보도에 따르면 사
    이공대학과 타이베이대학, 교토대학에서도 학자들이 참석했지만(「美國의 大衆文化」,
    『동아일보』, 1966.4.8), 한국아메리카 학회의 학계소식란에는 언급이 없다.
46 「학계소식」, 앞의 책, 1969, 137쪽.

토론을 상세히 보도했다.[47] 1970년 제5회 연례 세미나도 공동주제를 '미국의 젊은이들', 원탁토론의 주제를 '동서양을 통해 본 젊은이'로 삼아 사회저항을 주도하는 청년, 학생층에 대한 관심을 쏟았다. 이 세미나에서는 도쿄대학교 벤자민Roger Benjamin 교수가 '청년 · 정치 · 대학 Youth, Politics and the University'이라는 제목으로 특강을 했다.[48]

1970년대로 접어들자 한국아메리카학회는 미국학을 매개로 대내 · 대외 지적네트워크를 구축하기 위해 적극적으로 움직였다. 1971년 개최된 제6회 연례 세미나(1971.9.11~9.13)(공동주제 '미국 민주주의의 재음미') 에서 한국아메리카학회는 대내적으로 지방의 미국학연구소들과 유대를 강화하게 위한 연석회의를 개최하고, 대외적으로 일본, 대만에서 참가한 학자들과 동아시아 지역 차원의 미국학 진흥을 위하여 3개국 간의 긴밀한 협조와 합동세미나 개최를 모색했다.[49] 이와 관련하여 제6회 연례 세미나에 참석한 일본아메리카학회 부회장 나가야 켄이치中屋健一의 언급이 주목된다. 그에 따르면 한국 연구자들이 한국 · 일본 · 대만 3국의 연구자들 간에 협력을 위해 3개국 합동 연구세미나를 돌아가면서 개

---

47 「교수가 보는 학생운동」, 『동아일보』, 1969.8.26. 패널토론 참여자들은 이데 요시미쓰 (井出義光, 日本女子大學), 아끼야 겐(秋山健, 도시샤대학), 오티스 케리(Otis Cary, 도시샤대학), 도널드 마이어(서울대 교환교수), 로버트 틸만(臺北大 교환교수) 등이다.
48 「학계소식」, 앞의 책, 1970, 136쪽.
49 3개국 합동세미나 개최를 논의한 비공식 세미나에 참석한 외국인들은 다음과 같다. 중국 : 朱立民(국립대만대학), 周新民(淡江대학), 일본 : 나가야(中屋健一, 南山대학 일본미국학회 부회장), 이마즈(今津晃, 京都大學), 야스오(榊原胖夫, 도시샤대학), 미국 : Charles Allan McCoy(Lehigh Univ.), Roger I. Yoshino(Univ. of Arizona), 이외에도 주한공보원에서 문정관 바츠(Carl F. Barts)가 참석했고, 주한 미국교육위원단에서 라이트(Edward R. Wright) 교수가 참석했다(「학계소식」, 『미국학 논집』 4권, 한국아메리카학회, 1971, 154~155쪽). 라이트는 풀브라이트교수로 방한한 것을 계기로 주한 풀브라이트 위원장을 맡아 한국아메리카학회와 깊은 인연을 맺었던 인물이다. 이후 일본으로 건너가 도시샤대학에서 교편을 잡았다(이보형, 앞의 글, 211쪽).

최하자는 제안을 했다. 나가야는 학술회의에 대한 재원을 지원받는 일은 일본에서조차 어려운 상황인데 경제력이 상당히 뒤쳐져 있는 한국에서는 결코 간단한 문제가 아닐 것이라고 판단하고, 한국이 주도하는 3개국 합동세미나 개최 가능성에 대해 회의적으로 바라보았다.[50]

나가야 교수의 1971년 한국아메리카 학회 연례세미나 참관기는 한국의 미국학 발전과 관련하여 당시 일본인 학자의 흥미로운 시선을 보여준다. 첫째, 그는 한국에서 미국학 연구자가 소수인 상황은 이후 미국학발전에 심각한 장애요소이므로 교토세미나 등에서 한국의 젊은 연구자를 양성하는 방안을 고려해볼 필요가 있다고 보았다. 둘째, 군사독재가 초래하고 있는 과잉군비투자, 강력한 반공주의, 사상검열 등과 같은 상황은 미국학 연구의 진전을 막는 커다란 장애물이라 지적했다. 셋째, 미국의 경제정책 변화로 한국경제가 심각하게 침체된 상황도 미국학 연구의 부정적인 요인으로 보았다. 그는 지금까지 한국의 아메리카연구세미나는 주한 미공보원과 주한 미국교육위원단의 지원을 받아왔는데, 향후 삼국의 세미나를 개최하기 위해서는 일본이 정신적·물질적인 면에서 적극적인 원조를 할 필요가 있다는 의견을 제시했다.[51]

그러나 나가야 교수의 우려와는 달리 한국의 미국학계는 국내를 넘어 동아시아 지역 미국학의 활성화를 주도하는 모습까지 보였다. 1972~73년 주한 미국교육위원단은 동아시아 지역의 미국학 협력방안을 모색했다(〈부표〉 참조). 이는 한국의 미국학 연구자들이 동아시아 지역의 미국

---

50 中屋健一, 「韓國アメリカ研究セミナに参加して」, 『アメリカ學會會報』 No.23, 1971.11, p.2.
51 위의 글.

학 네트워크 구축에 주도적인 역할을 하는 가시적인 결과로 나타났다. 1974년 개최된(1974.9.5~9.7) 한국아메리카학회의 제9차 연례 세미나는 제2차 '아시아지역 미국학 세미나Regional American Studies Seminar'를 겸하여 개최되어,[52] 대만, 필리핀, 말레이시아, 오스트레일리아, 미국, 일본 등 각국의 미국학 연구자들이 참여했다. 이 세미나에 참여한 아베 히토시阿部齊, 成蹊大學 교수는 한·일 관계가 극도로 악화된 상황임에도 불구하고 한국 관계자들로부터 시종 우호적인 환대를 받았음을 언급하며 주최 측의 세심한 배려에 사의를 표했다.[53] 다음해 1975년 주한 미공보원과 한국아메리카학회가 주최한 미국학 세미나에도 일본, 자유중국, 말레이시아, 필리핀 및 미국 등에서 50여 명의 학자들이 참석했다.[54]

'아시아지역 미국학 세미나'와 같이 정례적으로 개최되는 세미나 이외에도 동아시아 지역 미국학 연구자들을 연결하기 위한 국제 학술회의들이 개최되었다. 1967년 2월 태국 방콕에서는 '아시아 지역 아메리카학 회의'가 개최되어 이보형 등이 참석했으며,[55] 1972년 7월에는 대만 담강대학교에서 '1970년대 미국의 변화하는 역할America's Changing Role in the 70's'을 주제로 한 학술회의Tamkang American Studies Conference가 개최되어 한국학자들을 포함하여 일본, 필리핀, 태국, 그리고 미국에서 70여 명의 학자들이 참석했다. 이 학술회의를 미국의 아세아재단과 미공보

---

52 「'현대 미국사상' 세미나 주제논문 요지」, 『동아일보』, 1974.9.6. 제1회 '아시아지역 미국학 세미나'는 1973년 대만 타이베이 미국학센터의 주관 하에 '1945년 이후 미국과 동아시아 각국 간의 문화, 외교관계에 대한 비교연구'를 주제로 개최되었고, 미국, 일본, 한국, 홍콩, 대만, 베트남, 태국 대표들이 참석했다.

53 阿部齊, 「韓國アメリカ學會に出席して」, 『アメリカ學會會報』, No.35, 1974.11, p.2.

54 「예일대 교수 등 來韓, 美國學 세미나 참가」, 『경향신문』, 1975.9.16.

55 「학계소식」, 앞의 책, 1969, 138쪽.

원이 물심양면으로 지원했다.[56] 담강대학 측은 이 학술회의의 목적을 '근대혁명modern revolution'의 좌표가 되어 온 미국의 변화를 검토하는 데 두었다. 이 회의의 배경에는 동북아 반공국가인 일본, 한국, 대만의 지식인들, 특히 닉슨 미 정부의 동아시아 정책으로부터 가장 큰 정치적 타격을 입었던 대만이 미국학 학술회의를 빌어 닉슨의 데탕트 정책을 파악하려는 의도가 깔려 있었다. 담강대학 총장은 개회사에서 미국의 문제는 미국만의 문제가 아니라 한국과 일본 그리고 대만인의 문제라고 언급하며, 미국과 자유세계는 중대한 순간에 처해있다고 언급했다.[57]

요컨대 1960, 70년대 한국아메리카학회의 연례 세미나 개최 현황은 두 가지 점을 확인시켜준다. 첫째, 교토세미나 주최 측 및 일본아메리카학회와 긴밀한 관계를 맺으며 진행되었다는 사실이다. 이는 한국아메리카학회 연례세미나에 참석한 일본학자들 대부분이 1960년대 교토세미나의 실행위원 및 전문위원을 맡았던 인사들이었고,[58] 전후 일본아메리카학회의 성립과 발전에 중추적인 역할을 나가야마中屋健一와

---

56 Philip M. Chen, *American Changing Role in the 70's -Proceedings Tamkang American Studies Conference 1972*, Tamkang College of Arts & Science, 1973, pp. ii~iii.

57 Ibid, p.3.

58 학회지 회보 등을 통해 한국아메리카학회 연례세미나 참석이 확인되는 일본학자들은 다음과 같다. 1967년 田口芳弘(도시샤대학, 경제학), 1968년 大下尙一(도시샤대학, 미국사), 橋口保夫(元安田女子大學, 영문학), 1969년 井出義光(일본여자대학), 秋山健(도시샤대학), Otis Cary(도시샤대학), 1970년 本間長世(도쿄대학), 淸水博(立敎大學), 靑木次(京都大學), 1971년 中屋健一(南山大學 일본아메리카학회 부회장), 今津晃(교토대학), 榊原胖夫(도시샤대학), 1973년 榊原胖夫(도시샤대학), 新川健三郎(도쿄대학), 松山信直(도시샤대학), 1974년 久保田キヌ(子), 北垣宗治(도시샤대학), 阿部齊(成蹊大學), 1975년 齋藤眞(도쿄대학), 榊原胖夫(도시샤대학), 大橋吉之輔(慶應義塾大學). 이 중 도시샤대학 교수 田口芳弘, 大下尙一, 松山信直, 秋山健, Otis Cary, 교토대학 교수 今津晃 등은 1960, 70년대 교토세미나의 주요 운영진들이었다(財団法人 國際文化會館, 자료집 3「京都アメリカ研究夏期セミナ」プログラム 참조).

같은 인물이 참석했다는 사실 등에서 알 수 있다.[59] 둘째, 한국아메리카 학회는 연례세미나를 통해 동아시아 지역의 지적 네트워크 구축을 적극 추진해 나갔다. 3개국 공동세미나 개최 추진 및 제2차 아시아지역 세미나 유치 등이 이를 보여준다.

3) '京都아메리카학夏季세미나' 참석과
동아시아 지역 지적 네트워크 참여

앞서 살펴보았듯이 1960년대 중반이후 동아시아 지역에서 미국학을 수용하는 일개 국가에 그쳤던 한국은 1970년대로 들어서자 한국아메리카학회의 주도하에 미국학을 매개로 동아시아 지역의 지적 네트워크 형성을 적극적으로 도모하고, 동아시아 지역의 미국학 연구자가 대거 참여하는 국제 학술회의까지 개최하기에 이르렀다. 그런데 이러한 변화는 한국의 지식인들이 일본을 매개로 삼아 미국정부가 구축 한 동아시아 지역의 미국학 네트워크에 지속적으로 참여하는 과정과 맞물려 있었다.

〈부표〉에서 알 수 있듯이 미국은 패전국 일본을 미국의 영향력 안으로 끌어들이기 위한 일환으로 교육교환계획을 대대적으로 전개하는 한편, 미국학을 일본 대학 교육에 분과학문으로서 정착시키고자 힘을

---

59 제2차 세계대전 종전 직후 동경대 교수였던 中屋健一는 일본아메리카 학회의 창설 멤버이자 초창기 학회 유지에 헌신적인 노력을 기울인 인물로 평가받는다(松田武, 앞의 책, 151~152).

쏟았다. 미국학의 확산을 위한 일환으로 1950년에 '도쿄대-스탠포드대 아메리카연구세미나'가 개시되어 1956년까지 지속되었다. 한편 교토에서는 1951년부터 도쿄세미나의 확장 형식으로 교토세미나가 시작되었고, 이는 1952년부터 록펠러Rockefeller 재단의 지원 아래 교토대학, 도시샤대학, 일리노이Illinois대학이 공동 운영하는 체계를 갖추었다. 1959년 1월을 끝으로 록펠러재단의 지원으로 진행된 교토세미나는 종료되었고, 이후 교토세미나는 아세아Asia재단, 미공보원USIS으로부터 대신 지원을 받으며 교토대학 아메리카연구센터와 도시샤대학 아메리카연구소가 공동주관하는 방식으로 진행되었다. 1960년대로 접어들면서 교토세미나는 미공보원USIS, 풀브라이트위원회, 교토 아메리카문화센터 등으로부터 지원을 받았고, 여기에 1966년 '아메리카연구진흥회American Studies Foundation in Japan'와 1967년 '미국학자연합회 American Council of Learned Societies / ACLS' 등 미국 정부 및 일본 내 미국학 관련 기관들의 지원이 더해졌다. 또한 1960년대 초반부터 교토세미나 운영은 '학제적' 성격이 강화되는 방향으로 전개되었다.[60]

한편, 교토세미나 주최 측은 1964년경부터 세미나의 대외 홍보를 시작하여, 인도네시아, 필리핀, 홍콩, 대만, 말레이시아에 있는 대학의 학장들에게 참석자 파견을 부탁하는 편지를 보냈다. 흥미롭게도 이러한 제안에 제일 먼저 그리고 적극적으로 응답한 곳이 한국이었다. 주한 미공보원이 경비를 지원하여 수강자를 보냈던 것이다. 일본의 프로그

---

[60] 山本信直, 「京都アメリカ研究夏期セミナ」, 『東京大學アメリカ研究資料センター年報』第1 号, 1978, 28~29쪽. 이외에도 1960년대 후반 70년대 초 교토세미나의 운영방식에 대해서는 다음 글을 참조. メリル・ジエンセ, 「京都アメリカ研究夏期セミナーと人と思想の國際的交流」, 『同志社アメリカ研究』 No.8, 1972.3.

램을 주일 미공보원이 운영하고 있었기 때문에, 주한 미공보원 이외에도 동남아시아 각국에 주재한 미공보원이 협력하여 연구자를 파견했다.[61] 오스트레일리아 학자도 미공보원의 지원을 받아 교토세미나를 시찰했다.[62]

1966년부터 교토세미나 주최자들은 동아시아 지역 미국학 연구자들에게 세미나를 개방하여, 세미나를 동아시아 지역 미국학 연구자들의 지적 교류의 장으로 만들고자 했다.[63] 한국 학자들의 교토세미나 참석을 계기로 한·일 양국의 미국학 학자들이 정식으로 교류하기 시작했다. 한국아메리카학회는 매년 4, 5명을 교토세미나에 파견했고, 일본아메리카학회에서도 매년 2, 3명씩 한국에 회원을 보냈다.[64] 한국아메리카학회는 교토세미나 참가자를 선발하는 권한을 가졌고, 이는 관련 분야의 교수 사회에서 학회가 영향력을 강화하는 계기가 되었다.[65] 교토세미나 참석에 드는 비용은 주한 미국교육위원단으로부터 지원받았다.[66]

교토세미나 참석한 한국학자들은 일본의 높은 미국학 연구 수준을

---

61 東京大學アメリカ研究資料センター, American Studies In Japan Oral History Series Vol. 22, 1987, p.36.

62 メリル・ジェンセ, 「京都アメリカ研究夏期セミナーと人と思想の國際的交流」, 『同志社アメリカ研究』 No.8, 1972, 37쪽.

63 1966년부터 1975년까지 약 120여 명이 외국인이 이 세미나에 참석했다(本間長世, 「日本におけるアメリカ研究」, 『東京大學アメリカ研究資料センター年報』第1号, 1978, 3쪽).

64 이보형, 앞의 글, 1991, 211쪽. 1987년 오티스 케리는 교토 세미나의 주요 관계자들과 함께한 회고자리에서 한국에서 참가한 학자들이 40여 명에 달했다고 언급했다(東京大學アメリカ研究資料センター, 앞의 글, 38쪽). 그의 기억이 맞는다면 1966년 이후 1987년까지 매년 4명 정도가 지속적으로 교토 세미나에 참석했다고 볼 수 있다.

65 김종운은 한국아메리카학회가 교토세미나에 "5~6명의 교수를 선발하여 참여시킬 수 있는 창구 역할을 학회가 맡게 되어 아연 교수사회에서 인기를 독차지"했다고 회고했다(김종운, 앞의 글, 217쪽).

66 김영정, 「경도 아메리카 연구 하기세미나 보고」, 『이화사학 연구』5권, 1970, 12쪽.

절감했다. 교토세미나에 최초로 참석한 학자들 중 한 명이었던 이보형은 양국 간 미국학 연구 수준의 현격한 격차를 미국 점령정책의 차이에서 찾았다. 그의 견해에 따르면 "미국은 일본을 점령하면서 왜 미국이 승리하고 일본은 패배했는지를 절실히 이해시키는 정책"을 취했기 때문에 맥아더 사령부가 미국학 분야에서도 도쿄대학 및 도시샤대학에 미국연구의 자료센터를 설립하여 아낌없는 원조를 하고 미국의 유명 교수를 파견하여 학생들을 가르치게 했다는 것이다. 반면 주한 미군정은 "동경의 사령부에 속하여ㅡ마치 과거의 조선총독부가 동경의 일본정부의 지휘감독을 받았듯이 명령된 정책을 수행"했을 뿐, 미국을 이해시키고 알리는 정책은 전혀 고려조차 하지 않았다고 그는 평가했다. 더불어 이보형은 각 분야에서 저명한 미국 학자들의 한국 방문이 거의 없었을 정도로 미국은 한국인에게 자신을 이해시키고자 하는 일을 소홀히 했으며, 그 결과 미국을 전문적으로 가르치는 강의가 대학 교육과정에서 극히 소수에 불과한 현실을 낳았다고 개탄했다.[67]

미국대학에서 학위를 받은 이화여대 교수 김영정金榮禎에게는 교토 세미나 내용이 모두 다 인상적이지 않았다.[68] 그녀에게 세미나 내용은 때론 진부하기까지 했다. 또한 자신이 참여한 토론에 대해서는 "미국학이 지향하는 종합적 성격을 위해서라도 종합적 보고가 있었더라면 하는" 아쉬움도 언급했다. 하지만 1950년대부터 진행된 교토세미나를 통해 1,800여 명에 달하는 일본인 학자 및 대학원생들이 미국학을 깊

---

67 이보형, 앞의 글, 1967, 210~211쪽.
68 김영정은 1970년 7월 20일에서 31일까지 열린 19회 교토세미나에 참석했다. 김영정 이외에도 趙成圭(연세대), 柳盛根(전북대), 徐仁濟(영남대), 崔雄(전남대) 등이 참석했음이 확인된다(「학계소식」, 앞의 책, 1970, 135・140쪽).

게 체험할 수 있었다는 사실은 부러움의 대상이었다.[69]

교토세미나에 참석한 이보형, 김영정 등의 비판적이며 객관적인 언급들은 교토세미나 참여를 놓고 '친미'를 논하는 것은 당대 행위주체들의 복합적인 경험과 인식을 단순화해 버리는 오류를 범할 여지가 크다는 점을 보여준다. 그렇지만 이점이 1960년대 미국학의 확산을 통한 미국 정부의 문화냉전 정책의 실패를 보여주는 것은 결코 아니다. 주한 미공보원의 지원 아래 한국의 미국학 학자들은 미국의 동아시아 지적 네트워크 기제였던 교토세미나에 지속적으로 결합했고, 교토세미나를 주관한 일본 학자들도 한국아메리카 연례 세미나에 지속적으로 참여하며 관계를 돈독히 했다. 무엇보다 한국아메리카 학회가 주한 미공보원과 주한 미국교육위원단의 지원을 받으며 동아시아 지역 지적 네트워크 구축을 주도하고자 했다는 사실은 미국 정부가 미국학을 매개로 한 문화냉전을 통해 한국을 동아시아 지역 헤게모니 구축에 일익을 담당하도록 만드는 성과를 거두었음을 보여준다.

5. 나가며

이상 냉전시기 미국 정부가 전개한 동아시아 지역 미국학 확산 정책에 대해 한국 사례를 중심으로 살펴보았다. '미국학'을 수단으로 한 미국 정부의 문화냉전 전개 속에서 한국의 미국학계는 국내 미국학의 확

---

69 김영정, 앞의 글, 12쪽.

산뿐만 아니라 동아시아 지역의 지적 네트워크 구축에 주도적인 역할까지 수행하였음을 확인할 수 있었다.

1960년대 초 미국의 문화냉전 역량의 향상을 크게 고려한 케네디 정권의 등장과 이후 이를 실현하기 위한 '상호 교육문화 교환법'의 제정으로 미국학의 확산은 문화냉전의 주요한 프로그램으로 자리 잡았다. 냉전시대 미국 정부는 대상국이 피상적인 대미 인식을 넘어서서 진정한 연대를 지속시킬 수 있는 지식을 구비하기를 원했다. 학제 간 성격의 '미국학'은 분과학문으로 분절된 미국 인식이 아닌 미국문명을 종합적인 전달을 지향했고, 이는 미국 정부의 문화냉전 정책과 미국학이 결합하는 접점이었다.

한국에서 미국에 대한 종합적 이해를 증진시키기 위한 시도는 1950년대 말 주한 미공보원에 의해 시도되었다. 주한 미공보원은 1950년대 말 미국학 세미나를 개최하며 교사와 같은 지식인들에게 미국에 대한 종합적인 이해를 심화시키고자 시도했지만 이는 대학교육 과정에 미국학을 정착시키는 것과 무관했다. 학제 간 학문으로서 미국학의 수용은 1960년대 중반 이후, 주한 미국교육위원단 활동이 활성화되고 주한 미공보원의 적극적인 개입아래 미국관련 연구자들 간에 미국학 도입에 대한 공감대가 형성되면서 이루어 질 수 있었다. 그 결과 1965년 한국아메리카학회가 결성되었고, 이후 각 대학에 미국학연구소의 설립, 지방 미국연구학회의 설립이 이어졌다.

주한 미공보원이 미국학의 도입을 적극적으로 추동한 배경에는 한일협정체결 이후 일본 좌파 지식인들의 영향력 확대에 대한 우려가 있었다. 주한 미공보원은 한국의 지식인들을 일본의 좌파 지식인들의 영향으로부터 격리시키기 위한 최선의 방안을 미국 정부가 만든 구도 속에서 한국의 지식인들이 지역적, 세계적 차원과 연계시키는 데서 찾았다. 이러한 주한 미공보원의 판단에서 볼 때 미국학을 도입하고 이를 매개로 한국 지식인들의 대외 관계를 형성하는 방식은 가장 안전하고 이상적인 선택지였다. 이는 주한 미공보원이 한국아메리카학회 창립 직후인 1966년, 한국에서 미국학이 '새로운 동의'를 얻게 되었고, 한국 아메리카학회를 '효율적인 한·미관계'의 구축에 기여하는 훌륭한 조력자로 판단했다는 점에서 충분히 유추된다.

한국아메리카학회는 창립 이래 매년 일본, 미국의 미국학 관련 학자들이 참가하는 학술회의를 개최하고 또한 매년 교토세미나에도 비록 소수이나 지속적으로 참석시켰다. 1960년대로 접어들면서 교토세미나는 미국의 민간 재단이 아닌 미국 정부로부터 직접 지원을 받았고, 1966년에는 동아시아 지역 국가에게도 세미나가 개방되었다. 각국 미공보원의 개입아래 미국학 연구자들이 연계할 수 있는 상황이 조성되었던 것이다. 교토세미나 개방이후 가장 먼저 참여의사를 밝힌 국가는 한국이었다. 이후 주한 미공보원의 지원을 받으며 한국아메리카학회의 주도하에 매년 교토세미나에 연구자가 파견되었다.

흥미롭게도 한국아메리카학회는 일본을 중심으로 한 동아시아 지적 네트워크에 하위로 편입되는데 자족하지 않고, 동아시아 지역의 지적 네트워크 형성을 주도하려는 모습까지 보였다. 1970년대로 접어들면 한국아메리카학회는 동아시아 지역의 미국학 진흥을 위해 한국, 일본, 대만 3개국 합동세미나 개최를 능동적으로 제안하는 모습을 보였고, 1974년에는 주한 미국교육위원단의 후원아래 동아시아 지역의 미국학 국제세미나를 유치했다. 당시 한국의 미국학 연구자들이 한·일 간에 미국학의 격차가 크다는 사실을 명확히 알고 있었기에, 한국학자들이 교토세미나를 대체하는 동아시아 지적 네트워크를 만들고자 했다고 보기는 어렵다. 다만 '지역학'으로서 미국학 확산은 중층적인 위계관계를 구축하는 것이 아니라 '미국의 예외'만을 용인하기에 한국아메리카학회가 일본학자들과 긴밀한 유대관계를 맺으면서도 독자적인 지적 네트워크를 모색한 것은 자연스러운 현상으로 보인다.

현재의 시점에서 볼 때 미국학이 한국의 대학교육에서 독자적인 학문분과로서 확고하게 권위를 누릴 정도로 자리를 잡았는지는 의문이다. 하지만 1960, 70년대 문화냉전을 전개 한 미국 정부의 입장에서 볼 때 한국에서 미국학 확산은 한국을 이른바 '자조적 국가'로 만들고 나아가 동아시아 지역에 미국의 헤게모니를 관철하는 데 일익을 담당하도록 만드는 성과를 거두었음은 분명하다.

부표

동아시아 지역 교육교환 연표와 미국학 확산

시기	지역	활 동	한국
1919~1939	중국	의화단운동 배상금의 미국 할당량인 약 1500만 달러 지원으로 매년 1,000여 명의 중국 학생들 미국 방문	
1923	일본	도쿄대에서 미국 헌법사와 외교전공을 담당하는 햅번 교수직(The Hepburn Chair)을 신설함	
1939	일본	릿쿄(立敎)대 미국학 연구소 설립	
1946.6	일본	릿쿄대 미국학 연구소가 일본 미국학회 설립. 월간 잡지『미국문화』발간	
1947.4	일본	릿쿄대 미국학 연구소 재정상의 이유로 폐쇄	
1947.9	일본	미군 점령시기 일본 미국학회 설립됨	
		일본 미국학회 릿쿄대 미국학 연구소의 월간잡지『미국문화』발간	
1948	일본	릿쿄대 미국학 연구소 재개	
		일본 미국학회『미국학』회보 발간	
1948~1958	일본	일본 미국학회 역사분과에서 록펠러재단과 일본문부성의 재정지원 하에『미국인의 역사』6권 발간. 일본 미국학 연구의 토대 마련	
1949	중국	중국 공산주의자 정권 장악. 4,000여 명의 중국 학생들이 미국 학교와 대학에 등록함	
1949.11	호주	미국과 호주 풀브라이트 협정 체결	
1949~1971	일본	총 5,388명(일본인 4,616명, 미국인 772명)이 풀브라이트 교환계획에 참여	
1949~1972	일본	풀브라이트재단이 일본 대학에서 미국학 강의를 목적으로 313명의 미국 학자를 일본으로 파견	
1950	일본	교토 미국학 연례 세미나 시작	
		일본 미국학회에서 발간하는 학술지『미국 평론』발행 중단. 미국학회가 소수의 엄선된 학술단체로 재조직됨	
		도쿄대 미국학과 개설	

시기	지역	활 동	한국
	호주	미국과 호주 간의 풀브라이트 교환 실시	
○~1956	일본	도쿄대와 스탠포드대가 공동 주최하는 미국학 세미나가 록펠러재단의 재정적 후원 하에 도쿄에서 매년 7, 8월 6주간 열림	
○~1970	일본	도쿄대 미국학과 177명 졸업생 배출	
○~1972	일본	112명의 미국 학자들이 방문교수 자격으로 일본 방문	
951	일본	주일미국교육위원회 설립	
		호주 캠브리지대에서 미국학을 주제로 하는 제1회 풀브라이트 회의 개최	
		도쿄대 미국학과 석사과정 개설	
		고베에서 미국 흑인학회 설립됨. 『흑인학』계간지 발간	
955	일본	도쿄대 미국학과 박사과정 개설	
		미국 정부 잡지 『아메리카나』 일본어 번역판 발행	
955.2	일본	큐슈에서 큐슈대, 후쿠오카와 나가사키의 미국 문화 센터의 공동 주최 하에 미국 문학 세미나 개최. 세미나 참가자들 정기적인 연구모임 개최 결정	
957	일본	도쿄대가 도쿄대-스탠포드대 미국학 위원회의 지원 하에 임시적으로 미국학 센터 설립	• 1957년 6월 고려대 아세아문제연구소(이하 고대 아연) 창립 • 1957년 10월 미국 하버드-엔칭 연구소로부터 연구보조금을 지원받아 연구활동 개시
		교토대 미국학 센터 설립	
7~1958	인도네시아	포드재단, 미국 국제처가 인도네시아에 장학금 지원. 인도네시아-미국 대학 간의 연계 설립을 목적으로 함	• 1958~1959년 고대 아연, 록펠러재단, 아세아재단으로부터 영문잡지 발행을 위한 인적, 재정적 지원 받음
1958	일본	록펠러재단이 도시샤대와 교토대에 재정 지원	
958.1	일본	주일 미국교육위원단 제1회 미국학 강연회 개최	
		도시샤대 미국학 센터 공식 개원. 도시샤대는 일본에서 가장 많은 미국학 전문인력을 보유	
1961	미국	'상호 교육문화 교환법'(공법 87-256)이 통과됨. 미국이 미국학(American Studies) 관련하여 다양한 대내외적 상호교류활동을 전개하는 데 기초를 제공함	
	일본	주일 미국교육위원단은 미국학과 미국문학의 학제간 연구를 촉진하기 위해 도쿄와 오사카 일대 유명 대학에서 좌담회를 개최	

시기	지역	활 동	한국
	한국	일본의 미국인 풀브라이트 학자 일부가 미국학 세미나를 진행하기 위해 한국으로 파견됨	
	일본	미일 법학연구회가 설립됨. 법학연구회는 일본에서의 미국법과 미국에서의 일본법에 관한 학술지 기사를 발행	
1961.6	미국	워싱턴 DC에서 케네디 미국 대통령과 이케다 일본 수상이 회동. 이날 회동에서 미일 문화 교육 교류회의 (CULCON) 조직	
1962.1	일본	도쿄에서 제1회 미일문화교육교류회의 (CULCONI) 개최. 매년 미국 또는 일본에서 회의 개최	• 1962년 7월 고대 아연, 아세아재단의 후원 ᄃ 해방 후 최초로 일본학자 4명을 초청하여 ᄀ 강연회 개최
		간사이 미국 역사학회 설립	
1962.4	일본	도쿄여자대학 영문학과에 미국학 과정(American Studies Course) 개설.	
1962.6	일본	'일본 미국학재단'(The American Studies Foundation) 설립. 도쿄대-스탠포드 대학 세미나에서 발전. 일본 내 미국연구와 미국학 발전에 대한 재정적 지원을 목적으로 삼음	• 1962~1971년 고대 아연, 포드재단으로부터 네 차례에 걸쳐 연구지원금 받음
1962	필리핀	워싱턴대학교(UW), 필리핀대학에 '미국학'을 위한 프로젝트 제안	
1963	일본	津田熟大 영문학과에 미국학 과정 개설, 뉴잉글랜드 대학에서 미국학 세미나 개최, 베트남 달랏(Dalat)에서 제3차 미국학 연례 세미나 개최.	
1963.7~8	대만	미국 대학원 입학을 준비하는 130명의 대만 학생들이 대만대학의 미국학 연구소를 방문. 미국학 연구소는 풀브라이트-헤이즈 보조금을 지원 받음	
1963~1965	일본	미국학 연구자들의 회의인 "하코네 세미나"가 일본 미국학재단의 주최 하에 개최됨	
1964	호주	호주와 뉴질랜드의 미국학회(ANZASA)가 조직. 멜버른에서 첫 회의 개최. 2년에 한 번씩 회의 열림	
1964.1	일본	일본미국학재단에서 제1회 미국학 전문가(Specialist) 회의를 개최	
1964.6	필리핀	마닐라에서 주필리핀 미국교육재단(U.S. Educational Foundation)의 후원 하에 미국 문학 교사를 대상으로 하는 미국학 세미나가 열림. 그 결과 '필리핀 미국학회'(The American Studies Association of the Philippines)가 설립됨	

시기	지역	활동	한국
4~1967	호주	호주와 뉴질랜드의 모든 대학에 미국학 과정이 개설됨	
965	일본	도쿄대에 미국학 센터 건립	• 1965년 6월 28일부터 7월 3일까지 워커힐에서 고대 아연 주최 하에 한국 최초로 대규모 국제 학술회의 개최됨. 회의 주제는 "아세아에 있어서의 근대화 문제"임. 한국, 일본, 미국, 대만 등 각국 학자 참석
	중국	미국제학회평위원회, 사회과학연구위원회, 미국립과학원(NAS)이 중화인민공화국과의 학술교류위원회를 설립	
	한국	1965년 5월 22일 한국아메리카학회 창립.	• 1965년 11월 20일 한국아메리카학회 제1회 아메리카학 세미나 개최
066.2	일본	교토에 위치한 도시샤대학의 미국학센터(아메리카센터)에서 간사이 지역의 일본 학자들 40명이 참석한 가운데 미국학 세미나가 열림	• 1966년 4월 1-5일 한국아메리카학회 주최 하에 부산 해운대에서 미국 대중문화에 관한 세미나 열림. 40명의 한·미 학자, 주한미공보원 직원 참여
066.4	일본	큐슈 미국문학연구회와 후쿠오카 미국문화센터가 미국 문학을 주제로 하는 열두 번째 연례 큐슈 세미나 개최	• 1966년 5월 7일 한국아메리카학회 연례총회 개최
066.6	일본	나고야 미국학회 설립 교토아메리카학 하계세미나를 처음으로 외국인에 개방	• 1966년 6월 20~24일 고대 아연 온양에서 "아세아에 있어서의 공산주의 문제"를 주제로 하는 국제학술세미나 개최. 한국, 대만, 일본, 미국 등 각국 공산주의 연구자 참석
	일본	교토대 미국학 센터가 미국학 재단의 재정 지원 하에 1930년대 미국 역사에 관한 종합 연구를 실시	• 1966년 12월 10일 주한 미공보원 강당에서 한국아메리카학회 제1회 연구발표회 개최
6~1967	일본 호주	미국제(諸)학회평위원회가 일본, 호주, 뉴질랜드 학자로 하여금 미국 대학에서 1년간 미국학 연구를 수행할 수 있도록 장학금을 수여	• 1967~1974년 고대 아연, 하버드-옌칭 연구소로부터 매년 연구지원금 수령
1967	말레이시아	주말레이시아미국교육위원회는 풀브라이트-헤이즈 법에 따라 교환계획 실시	• 1967년 9월 19~21일 한국정경연구소와 일본 '오모니 미노루(大森實)' 국제문제연구소의 공동 주최 하에 한일정경세미나가 열림. 주제 "한일협조에 있어서의 문제점"
	일본	도쿄 미국 문화센터가 "미-일 문화상호교류의 세기"를 주제로 하는 심포지엄 개최	
1968	일본	도시샤대학 미국학 센터 10,000권 이상의 장서 보유	• 1968년 4월 11~13일 한국아메리카학회와 전남대 미국문화연구소의 공동 주최 하에 미국문화 전반에 관한 강연회가 광주미공보원 강당에서 열림
		나가사키 현대 영미문학연구회 조직	
968.3	한국	고려대에 미국문화연구소 설립	
968.4	대만	대만 담강(淡江)대학 미국학연구소 설립	• 1968~1972년 고대 아연, 아세아 재단으로부터 두 차례에 걸쳐 일본 연구 지원금 받음
969.1	일본	일본여자대학 미국학 연구진이 『미국 역사 관련 일본어 문헌 목록 1945~1967』 출판	• 1969년 8월 21~24일 한국아메리카학회 춘천 성심여대에서 미국학 세미나 개최. 한, 미, 일 연구진 참여

시기	지역	활동	한국
1969~1970	한국	제2회 미국학 연례 세미나가 서울 아카데미하우스에서 개최. 주한 미대사관 문화과, 주한 미국교육위원회가 재정 지원	• 1970년 4월 7일 서울대 부속 한국경제연구ᄉ 초청으로 교토대 동남아연구센터 소장 ᄂ "경제발전과 근대화"라는 제목으로 강연ᄒ
	일본	도쿄대 미국학과에서 미국학 세미나 개최	• 1970년 7월 17일부터 10일간 교토에서 도ᄉ 대와 교토대의 공동 주최 하에 열리는 일본 메리카 연구회 세미나에 한국 대표 5명 참
1970	일본	주일 미국교육위원회 제공을 목적으로 미국학 관련 일본 대학, 연구기관에 대한 연구 실시	• 1970년 7월 17일부터 나흘간 춘천 성심여ᄃ 서 한국아메리카학회 하기 연례 세미나 ᄀ
1970.5	한국	전남대 미국문화연구소에서 광주 미국문학 세미나 개최. 한국 학자 17명과 2명의 풀브라이트 교수 참여	• 1970년 8월 고대 아연, 아세아 재단으로부ᄐ 남아 전문가 양성을 위한 지원금 받음
1970.5~6	인도	인도 미국 교육재단의 주최 하에 "미국 문학에 대한 아시아의 반응"을 주제로 하는 국제 세미나가 카슈미르 스리나가르에서 열림. 미국, 일본, 한국, 홍콩 등 17개국 학자들 참석	• 1970년 8월 24~29일 고대 아연 최초로 "한ᄌ 일문제"를 주제로 하는 국제학술회의 개최. ᄀ 국, 일본, 미국, 대만, 서독 등 11개국 학자 ᄎ
1970.9	일본	도시샤대학 존 하이얌(John Hyam)의 『미국사 재평가(Restudy of American History)』를 번역 출간	• 1970년 9월 22일 제5차 아메리카 심포지ᄋ 한국아메리카학회와 서울미국문화센터의 동 주최로 미국문화센터에서 개최
	일본	도쿄, 오사카, 후쿠오카에서 미국학 증진회 연구모임 개최	• 1970년 11월 5~7일 대구에서 영남대 통일ᄃ 연구소, "분단국가의 제(諸)문제"를 주제로 는 제2회 국제학술심포지엄 개최. 한국, ᄆ 일본, 서독, 대만, 월남 등 학자 20여 명 참
1970	한국-필리핀	한국 및 필리핀의 풀브라이트 위원회는 미국에서 오는 미국학 강사를 공유하기로 합의	
1971.5	일본	제17회 미국 문학 관련 큐슈 세미나 연례모임 개최. 이날 모임에서 미국인 풀브라이트 학자 2명이 논문 발표	• 1971년 한국아메리카 학회 현대미국문학ᄌ 6권 출판
	일본	교토미국학 하계세미나가 열림. 일본, 한국, 인도네시아, 말레이시아, 대만, 필리핀 대표자 21명 참석	• 1971년 9월 11~13일 한국아메리카학회 "ᄆ 민주주의의 재음미"를 주제로 하는 세미나 최. 한, 미, 일 학자들 참여
1971.9	한국	고려대 미국문화연구소에서 "현대미국사회의 새로운 방향"을 주제로 하는 세미나 개최	
1971.10	한국	고려대 미국문화연구소에서 "현대 미국의 예술 장려"를 제목으로 하는 콜로키움 개최	• 1971년 11월 26~28일 한국국제관계연구소 "세계 속의 중공-한국에 미치는 영향"을 주ᄌ 하는 국제학술회의 개최. 한국, 미국, 일본, 만, 홍콩 등 국제정치학자, 언론인, 정책수립 등 50여 명 참석

시기	지역	활 동	한국
1972	일본	미일문화교육교류회의(CULCON) 결과 일본 재단이 설립됨	• 1972년 7월 25일 워커힐에서 "세계평화를 위한 대학의 사명"을 주제로 하는 제3회 한·일 교수 친선세미나 개최. 한·일 대학교수 총 100여 명 참석
72.9	한국	한국아메리카학회 제7회 연례 미국학 세미나 개최. 한국, 일본, 대만, 미국 대표자들 36명 참가. 주제는 "20세기 중반 미국의 변화"임	• 1972년 12월 4-7일 고대 아연, 아세아재단의 지원 하에 "새 태평양시대에 있어서 일본"을 주제로 하는 국제학술회의 개최. 한국, 일본, 대만, 미국 등 9개국 학자 참여.
~1973	한국	한국풀브라이트위원회 극동지역에서 미국학 협력 방안 모색	
1973	일본	일본과학진흥회가 미일 학자들의 미국학 분야 공동 연구 프로젝트를 실시	• 1973년 7월 10~13일 한국국제관계연구소는 서울 아카데미하우스에서 "세계정치 속의 남북한 관계"를 주제로 하는 제6차 국제학술회의 개최. 한국, 일본, 미국, 서독 등의 학자 총 47명 참석
73.6	일본	일본미국학회가 미국학 분야의 문헌 총목록을 출판	• 1973년 9월 15일 한국아메리카학회 9차 총회 개최.
73.7	대만	동아시아 차원의 미국학 세미나가 최초로 타이베이 미국학 센터에서 개최. 세미나는 타이베이 미국학 센터, 주요 대만 대학의 공동 주최로 열림. 미국, 일본, 한국, 홍콩, 대만, 베트남, 태국 대표들이 참석. 주제는 "1945년 이후 미국과 동아시아 각국 간의 문화, 외교관계에 대한 비교 연구"	• 1973년 11월 14~17일 고대 아연, 미국 허드슨연구소와 공동주최 하에 "한국의 미래"를 주제로 한 국제회의 개최. 한국, 일본, 미국, 캐나다, 이탈리아 등 5개국 학자, 전문가, 실업인 참가
~1974	일본	주일미국교육위원회는 큐슈, 히로시마, 고베 지역 대학에 미국문명 관련 강의 보조를 위해 미국인 강사를 파견	• 1974년 1월 24-26일 춘천에서 "외교정책에 있어서의 이데올로기와 국가이익"을 주제로 한 국제학술대회가 개최됨. 한국, 미국, 일본 학자 참석 • 1974년 1월 21~24일 경남대 극동문제연구소와 뉴욕시립대 정치학연구소 공동주최로 "동아시아의 평화와 안보" 국제학술회의가 열림. 한국, 미국, 일본 학자 총 60여 명 참가
1974	한국-호주	한국 및 호주의 풀브라이트 위원회는 미국학 강사 공유에 협력하기로 합의	• 1974년 9월 5~7일까지 한국아메리카학회 주최 하에 제9차 연례회의 겸 제2차 아시아지역 세미나가 속리산 관광호텔에서 개최. 세미나 주제는 "현대 미국의 사상"임. 한국, 대만, 호주 학자들 참석
1975	중국	미국 화교협회에서는 미국 전역에 거주하는 중국인들을 대상으로 "1785~1950 미국에서의 중국인의 삶, 영향, 역할"을 주제로 한 회의를 샌프란시스코 차이나타운에서 개최	• 1975년 9월 14일 미국 학자들이 주한 미공보원과 한국아메리카학회의 공동 주최 하에 속리산 관광호텔에서 개최되는 미국학 세미나에 참석하기 위해 내한.

시기	지역	활 동	한국
1975~1976	일본	주일미국교육위원회 일본에서의 미국학 발전 장려를 위해 일본 대학과 연구기관을 대상으로 하는 새로운 장학금을 신설함	
1976.6	일본	미국학회, 스미스소니언 연구소, 미국제학회평의원회가 공동 주최하는 미국학 국제학술대회가 일본에서 개최 예정	• 1976년 3월 11일 ~ 6월 24일 한국아메리카 와 미국문화센터는 미국 독립 200주년 기 사로 미국관련 특별강연회 개최 • 1976년 3월 고대 아연은 주한 일본대사관의 원 하에 한·일 관계 세미나를 개최함. 한일 자들 참석
1976~1979			• 1977년 1월 24~26일 아시아정책연구원과 포드연구소의 공동 주최 하에 "동북아에 한·미·일 관계"를 주제로 하는 국제학 포지엄 개최. 한국, 미국, 일본 관계학자 명 참석 • 1977년 2월 24~26일 동아일보, 동아방송 하에 "80년대를 향한 한·미·일 관계"를 로 하는 국제학술회의 열림. 한국, 미국, 학자 50여 명 참석 • 1977년 6월 23~25일 고대 아연, "중, 소, 북 각관계와 한국안보"를 주제로 하는 국제 회의 개최. 한국, 일본, 미국, 호주 등 국내외 자 50여 명 참석 • 1979년 5월 10일~6월 14일 한국아메리카 미국문화원에서 "윤리·권리·책임"을 로 하는 공개강좌시리즈 개최

참고문헌

자료

RG306, Historical Collection Files, 1953~2000, NARA.

_____, Record Pertaining to Exhibit in Foreign Countries, NARA.

_____, P-51, NARA.

『미국한 논집』, 『논단』, 『アメリカ学会会報』

논문 및 단행본

김경일, 「전후 미국에서 지역연구의 성립과 발전」, 『지역연구』 5-3, 1996.

金榮禎, 「경도 아메리카 연구 하기 세미나 보고」, 『이화사학 연구』 5권, 1970.

金容權, 「미국학과 더불어 30년」, 『미국학 논집』 23권, 1991.

김용권, 「미국학의 교육과정」, 『논단』 제4권 5호, 1969.

_____, 「한국의 미국학−과거−현재−미래」, 『한국에서의 미국학』. 한국외대 출판부, 2005.

김용권 · 민자영, 「김용권 선생을 찾아서」, 『안과 밖』 10호, 2001.

브루스 커밍스 외, 한영옥 역, 『대학과 제국』, 당대, 2004.

우린춘(吳翎君), 「전후 대만에서 록펠러재단의 원조사업」, 『문화냉전과 아시아』, 소명출판, 2012.

이보형, 「한국 아메리카학회와 나」, 『미국학 논집』 23권, 1991.

이보형, 「한국아메리카학회의 동향」, 『이화사학 연구』 2권, 1967.

임성모, 「냉전과 대중사회 담론의 외연−미국 근대화론의 한 · 일 인식」, 『한림일본학』 26, 2015.

정문상, 「포드재단(Ford Foundation)과 동아시아 '냉전지식'」, 『아시아문화연구』 36, 2014.

황동연, 「21세기 전야 미국 지역연구의 운명」, 『동아시아역사연구』 제6집, 1999.

_____, 「냉전시기 미국의 지역연구와 아시아 인식」, 『동북아역사논총』 33, 2011.

メリル · ジェンセ, 「京都アメリカ研究夏期セミナーと人と思想の国際的交流」, 『同志社アメリカ研究』 No.8, 1972.

東京大学アメリカ研究資料センター, American Studies In Japan Oral History Series

Vol.22, 1987.

財団法人 国際文化会館, 『前後日本の'アメリカ研究セミナー'の歩み』, 1998.

松田武, 『前後日本におけるアメリカのソフトパワー半永久的依存の基源』, 岩波書店, 2008.

松田武, 『対米依存の起源』, 岩波書店, 2015.

山本正編, 『前後日米関係とフィランソロピー』, ミネルヴア書房, 2008.

Giles Scott-Smith, *The Politics of Apolitical Culture – The Congress for Cultural Freedom the CIA and post-war American hegemony*, Routledge, 2002.

Hamachita Takeshi, American Academic Policy on Asian Studies during the Cold War : A Geo-Academic Map of China Studies in Cross-Pacific Regions. *ACTA ASIATICA* 104, The TOHO GAKKAI, 2013.

Han Tie, The Hegemonic Vision of the Ford Foundation and the Sucess of Its China Program, *ACTA ASIATICA* 104, The TOHO GAKKAI, 2013.

Harry Harootunian, *History's Disquiet*, Columbia University Press, 2000.

Jacob Canter, 고명식 역, 「미국의 "문화수출"」, 『논단』 제6권 2호, 1970.

Marshall W. Fishwick, 여석기 역, 「미국학 운동」, 『논단』 제4권 5호, 1969.

Nicholas J. Cull, *The Cold War and the United States Information Agency*, Cambridge University Press, 2008.

Nils Gilman, *Mandarins of The Future-Modernization Theory in Cold War America*, Johns Hopkins University Press, 2003.

Noam Chomsky et al, *The Cold War & The University*, The New Press, 1997.

Philip M. Chen, *American Changing Role in the 70's-Proceedings Tamkang American Studies Conference 1972.* Tamkang College of Arts & Science, 1973.

Robert E. Spiller, *American Studies Abroad : Culture and Foreign Policy*, The Annals of the American Academy of Political and Social Science, Vol.366, 1966.

Robert H. Waker, *American Studies Abroad*, Greenwood Press, 1975.

환상적인 김시스터즈

미군기지와 1960년대 한국 여성 연예인, 그리고 트랜스퍼시픽 연예네트워크의 탄생

심재겸

1. 에드 설리번, 아시아를 전시하다

1960년 당시 미국 전역으로 방송되는 쇼 중에 가장 유명하였던 에드 설리번 쇼The Ed Sullivan Show에 어느 한국인 트리오가 출연하였다. 그들은 화려한 전통 한복을 입고 가야금과 장구를 들고 노래를 부르면서 등장하였다. 관객들이 이런 소녀들이 어떻게 라스베가스에서 성공할 수 있었는지 갸우뚱해 하는 순간, 그들은 위에 걸쳤던 한복을 벗어제끼고 매끈한 치파오를 드러냈다. 그리고 색소폰, 드럼과 베이스로 악기를 바꿔들고 "Tom Dooley", "Fever", "Charlie Brown" 등의 팝송을 부르기 시작하였다. 본래 주한미군 위문클럽에서 쇼를 선보이던 이 3명의 10대 소녀들은 1959년 미국으로 건너가 라스베가스에서 가장 유명한 여성 연예인으로 명성을 쌓아갔다. 그리고 당시 라스베가스는 이

미 제2차 세계대전 이후 전 세계 쇼 비지니스의 중심지가 되어 있었다.

김시스터즈라는 사례가 매우 매력적이었기에 다수의 국내외 언론에서 그들의 이야기가 다루어진 바 있다. 특히 한류와 케이팝 붐에 힘입어 2000년대 후반부터 김시스터즈는 이미 1950년대에 세계로 진출하여 성공을 거둔 "한류의 원조"로서 새롭게 '발굴'되었다. 이러한 담론 속에서 현재 아이돌 걸그룹을 비롯한 케이팝 스타의 전세계적 유행은 단순한 우연의 소산이 아니라 식민지 시대 저고리 시스터즈부터 이어지는 역사성을 지닌 것으로 묘사된다. 특히 몇몇 텔레비전 방송은[1] 김시스터즈뿐만 아니라 그들의 어머니인 이난영의 역할을 강조하고 한류 뒤에 숨어 있는 기성세대의 헌신과 노력의 이미지를 적극적으로 구축하며 최근 몇 년간 불거져왔던 세대 논쟁의 보수진영에 참여한다. 이와 같은 다양한 미디어 재현물이나 언론보도는 이들이 얼마나 탁월한 재능을 가지고 있었는지 그리고 그것이 얼마나 한국인이 본래 가지고 있는 춤과 노래를 비롯한 문화적 역량에 기인하고 있었는지를 과시적으로 드러낸다. 이를 증명하는 "원조 한류스타"로서 김시스터즈는 한국인들의 민족주의적 욕망을 자극하는 또 하나의 국민적 영웅으로 자리매김하며 그렇게 기억의 장으로 소환되었다.

2012년 글로벌 음악 시장에서 싸이Psy가 큰 성공을 거둔 것에는 여

---

1 이를테면, 〈위대한 이야기〉 TVN / TV조선, 2015.3.15~5.10, 〈신비한 TV 서프라이즈〉 754회, MBC, 2017.2.26 등이 있다. 특히 TVN과 TV조선이 합작한 광복70주년 기념 특별 기획 단막극인 〈위대한 이야기〉는 총 9회에 걸쳐서 1950년대부터 1990년대까지 이르는 기성세대들의 노력과 도전에 대해 다루고 있다. 1화의 주인공은 김시스터즈이지만 기성세대의 헌신이라는 틀에서 그들의 어머니인 이난영이 얼마나 이들을 성공시키기 위해 고군분투하였는지에 초점이 맞춰져 있다. 이는 당시 논란이 있었던 영화 〈국제시장〉과 유사한 감수성을 공유하고 있다.

러 요인이 있다. 우선 오랜 기간 성숙되어 온 국내 연예인 육성 시스템 속에서 세계 음악 시장의 생산물들을 체계적으로 흡수해 온 결과, 한국 문화산업은 세계 어디에서나 통용될 수 있는 일종의 보편언어로서의 '팝'을 생산할 수 있게 되었다. 그리고 이 '팝'이라는 문화상품은 유튜브Youtube나 페이스북Facebook과 같이 세계 각지를 실시간으로 연결하는 온라인 네트워크를 통해 보다 즉각적으로 글로벌하게 유통되었다. 하지만 1950년대 당시 전후의 혼란에서 채 벗어나지 못했던 한국에서 이와 같은 문화산업의 발달을 기대하기란 힘들었다. 따라서 미디어에 재현된 김시스터즈의 스토리가 의존하고 있는 일련의 성공 서사, 즉 전쟁의 폐허에서 출발하였지만 탁월한 재능과 노력으로 세계 연예산업의 최중심지인 라스베가스까지 도달하였다는 서사는 그들의 행보를 예외적인 경우로 취급하며 현재와는 다른 방식의 유통구조와 냉전이라는 역사적 맥락을 시야에서 제거한다. 그리고 이는 사실과도 조금 다르다.

당시 미국에서 활동하던 한국 연예인은 김시스터즈만이 아니었다. 이미 일본과 동남아시아에서 순회공연을 하던 김치캣츠Kimchi Kats, 일본에서 활동을 하다 미국으로 건너 간 패티 김, 윤복희가 있던 코리안키튼즈Korean Kittens 등 다수의 연예인들이 미국 라스베가스의 쇼 비지니스에 뛰어들었다. 하지만 더욱 중요한 것은 라스베가스 쇼 비지니스 세계에서 활동한 한국 여성 연예인들은 그 자체가 글로벌한 현상의 일부였다는 점이다. 이미 1950년대부터 라스베가스에 소재한 호텔과 나이트클럽의 디너쇼에서는 한국뿐만 아니라 일본, 중국, 홍콩, 필리핀

등 다양한 국적의 아시아 여성 연예인들이 출연하여 관객들의 큰 호응을 얻고 있었다. 그들은 어떻게 최신 경향의 팝음악을 흡수하고 또 어떠한 경로로 미국에까지 알려지고 진출하였던 것일까? 그리고 미국 관객들은 아시아 여성 연예인들의 활동에 왜 그렇게 열광하였던 것일까.

본 글에서 우선 주목하고자 하는 바는 김시스터즈를 비롯하여 아시아 여성 연예인들의 글로벌한 유통을 가능케 하였던 채널로서의 미군기지의 역할이다. 미군기지가 새로운 이동의 네트워크로서 탄생한 것은 단지 미군의 각 주둔기지 간 정기적인 인사이동에만 국한된 것이 아니었다. 제2차 대전 시기인 1941년부터 미국은 미군의 해외 주둔을 확대시켜왔다. 비록 1945년 이후 전쟁 당시 2,000개가 넘던 해외 미군 시설이 1957년에는 815개로 줄어들었지만 여전히 미군기지는 주둔국에 대한 미국의 정치적, 군사적, 그리고 경제적 영향력을 행사할 수 있는 가장 강력한 교두보였다. 각지의 미군기지는 냉전기 미국의 헤게모니를 전파하는 구체적이고 물질적인 거점 중 하나였지만 동시에 '기지촌'으로 대변되는 기지 주변 지역과의 경제적, 문화적 관계 하에 놓여 있었다. 수십만에 달하는 해외 주둔 미군, 특히 상대적으로 교육받지 못한 젊은 남성이 중심을 이루는 이 군사집단은 이미 전쟁 당시부터 살인, 강간, 매춘 등으로 인해 주둔 지역 사회와 마찰을 일으켜왔고, 이를 억제하기 위해 미군 당국은 이들에게 교육과 오락을 제공하지 않으면 안 되었다. 전시에는 오락 제공을 위해 미국으로부터 정기적인 인력 지원, 즉 미국 연예인 파견이 이루어졌지만, 전후에는 이와 같은 지속적인 공급이 여의치 않았다. 이와 같은 과정 속에서 주둔 미군에게 오락을 제공하기 위한 시설에 지역 사회의 인력이 공급되기 시작하였고, 이는 현지인들이 수행하던 부대 민간 위탁사업과 함께 기지 경제의 커다란 한 축을 구성하게 된다. 하지만 개성과 재능으로 평가받는 연예인은 서비스업에 종사하던 평범한 기지 출입 민간인과는 다른 역사적 궤도에 놓이게 된다.[2]

이러한 배경 하에서 본 글은 김시스터즈의 사례를 중심으로 냉전 시기 미군기지 클럽, 사설 위문조직, 그리고 나이트클럽의 연예인, 중개인, 기획자들 간에 광범위하게 만들어진 트랜스퍼시픽 연예 네트워크의 형성에 관해 시론적 접근을 시도한다.[3] 우선 해방 이후 한국 연예산업의 상황에 관해 살펴본 후 한국전쟁과 미군기지 설치를 기점으로 어

---

[2] 여기에서 의미하는 연예인은 주로 생계를 포함한 비자발적인 방식으로 미군위안업에 종사하였던 성노동자들과는 구분되는 개념으로, 연주자들을 포함한 밴드에 속하여 미군의 오디션을 비롯한 정기적인 관리를 받던 일군의 집단을 의미하는 것으로 사용하고자 한다. 하지만 광범위하게 볼 때, 연예인이라는 직업은 지역과 시기에 따라 종종 이러한 구분이 무의미한 경우가 종종 있었음은 분명하다. 이를테면, 베트남과 필리핀에서 연예인이라는 이름으로 성노동에 종사하며 타지역 혹은 국외 미군주둔지들을 전전하던 다수의 사례가 있다. 산드라 스터드반트 · 브렌다 스톨츠퍼스, 김윤아 역, 『그들만의 세상 : 아시아의 미군과 매매춘』, 잉걸, 2003; 広岡敬一, 『戰後性風俗体系―我が女神たち』, 朝日出版社, 2000, 269~281쪽 등 참조.

[3] 본 글은 필자가 준비 중인 박사학위 논문 *Cold War Entertainer : U.S. Military Bases, Asian Female Entertainers, and A Birth of Transpacific Entertainment Network*의 일부를 김시스터즈의 사례를 중심으로 축약 서술한 것이다. 이외에 김시스터즈에 관한 연구로 대표적인 것은 Yu Jung Lee, "Embedded Koreanness in American Oriental Imagination : Kim Sisters' 'Their First Album,'" 『비교문화연구』 24, 경희대 비교문화연구소, 2011, pp.55~77과 Benjamin Han, *Small Screen Talent : Ethnic Performers, Music, and Variety Shows in Cold War America*, 박사논문, New York University, 2012를 들 수 있다. 이유정은 라스베가스와 에드설리번쇼에 등장한 김시스터즈의 퍼포먼스를 분석하면서 한국 여성 연예인의 정체성과 김시스터즈를 계기로 미국 오리엔탈리즘 담론에서 한국인 이주자들이 어떻게 시각화되는지에 대해 다루고 있으며, 벤자민 한은 1950~60년대 미국 텔레비전 쇼에 출연한 김시스터즈와 같은 아시아인이나 라티노, 그리고 하와이 출신 연예인들을 분석하며 냉전의 문화적 국제주의가 어떻게 미국 내에서 재현되고 강화되는지에 관하여 논하고 있다.

떤 식으로 변화가 이루어졌는지 서술하고자 한다. 그리고 두번째 장에서는 미군기지 클럽들을 통해 지역 연예인들이 교환되고 또 그러한 네트워크를 통해 김시스터즈가 미국에 소개되는 과정을 설명한다. 더불어 아시아 여성 연예인들의 미국 진출이 어떠한 요청에 의한 것이며 또한 그들이 어떤 방식으로 소비되었는가에 관하여 논한다. 다음으로 고조되는 베트남전의 여파 속에서 김시스터즈가 미국의 미디어에서 어떻게 재현되는지를 살펴본다. 그리고 그것이 어떻게 미국의 전쟁 프로파간다에 동원되며 미국식 생활방식의 우월함을 증명하는 아메리칸 드림의 냉전서사로 포섭되어 가는지에 관하여 서술한다. 마지막으로 아시아 태평양에서 앞서 설명한 연예 네트워크가 어떻게 작동하고 또 어떻게 확장되었는지에 대하여 간략히 조망하고자 한다.

기지 위탁사업에 종사하던 민간인들은 이데올로기적 이해관계에서 한발 벗어나 경제적, 문화적 이해관계에 다종다양하게 놓여있었다. 페트라 괴데Petra Goedde는 미군 주둔국이 미국의 헤게모니가 일방적으로 관철되는 장이 아니라는 입장에서, 미국의 프로파간다 정치와 외교정책 연구에서 무시되어왔던 밑으로부터의 상호관계에 초점을 맞추었다. 괴데는 미군과 평범한 독일시민들 간의 교제의 경험이 어떻게 독일뿐만 아니라 미국의 국내 담론 역시 변화시키면서 냉전의 무대에 등장하는지를 설명한다.[4] 본고는 이러한 입장에서 미국의 표면적이거나 은밀한 공보 선전 활동과는 일견 무관하고 직접적으로 관계없는 트랜스내셔널한 연예네트워크의 형성과 그 영향에 대해 연구하는 것을 목

---

4 Petra Goedde, *GIs and Germans : Culture, Gender, and Foreign Relations*, 1945~1949, Yale University Press, 2002.

적으로 한다. 또한 미국화, 즉 문화적 식민화라는 논쟁적인 역사적 과정과 거리를 두고, 동아시아와 미국의 개별 행위자들의 실질적인 상호작용을 연구함으로써 그들이 냉전정치의 자장을 벗어나지 않으면서 동시에 코카콜라와 헐리우드 영화로 대변되는 '미국화'와 위로부터의 문화냉전과는 다른 방식의 냉전의 심미화 과정에 참여하는지 규명하고자 한다.[5] 이는 냉전시기 미국 헤게모니하에 있던 국가들 간의 문화적 관계를 이해하는 데 있어 한 가지 다른 통로를 제공해 줄 수 있을 것이라 생각한다.

---

5   냉전시기의 문화에 관한 연구는 여러 차원에서 진행되어왔다. 가장 '고전'적인 연구경향으로서 "Coca-colonization"이나 "McDonaldization"으로 대변되는 문화제국주의로서의 '미국화'를 들 수 있고, 다른 한편으로는 일방적인 전파로서의 '미국화' 담론을 비판하고 미국 문화를 변형, 전유, 우회하는 수용자의 관점에 입각한 문화연구의 성과들을 들 수 있다. 특히 2000년대부터는 외교를 포함한 정치적 활동과 경제적 원조를 통한 반공전선 형성과 더불어 미국 문화를 광범위하게 선전하고 전파함으로써 냉전기 미국의 헤게모니를 구축하고자 하였던 시도들에 대한 탐구가 이어졌다. 심리전 (psychological warfare)의 일환으로서의 "문화냉전 (Cultural Cold War)"이라는 이 아젠다 속에서 USIA와 CIA 등을 비롯한 각종 공보 및 정보기관과 이에 관련된 민간단체들에 대한 연구가 활발하게 이루어져 왔다. 문화냉전에 관한 연구로는 Frances Stonor Saunders, *The Cultural Cold War : The CIA and the World of Arts and Letters*, New York Press, 2000; Nicholas Cull, *The Cold War and the United States Information Agency : American Propaganda and Public Diplomacy*, 1945~1989, Cambridge University Press, 2008; Chizuru Saeki, U.S. *Cultural Propaganda in Cold War Japan, Promoting Democracy*, 1948~1960, The Edwin Mellen Press, 2007; Penny M. Von Eschen, *Satchmo Blows Up the World : Jazz Ambassadors Play the Cold War*, Harvard University Press, 2004; 한국 사례로는 허은, 『미국의 헤게모니와 한국 민족주의—냉전시대(1945~1965) 문화적 경계의 구축과 균열의 동반』, 고려대학교 민족문화연구원, 2008을 들 수 있다.

2. 식민지 연예인에서 미국 쇼비지니스 악단으로

1945년 일본으로부터의 해방 이후에도 한국에서 가장 지배적인 대중연예의 형식은 악극이었다. 1930년대부터 유행하기 시작한 이 통속적인 음악극은 춤, 노래, 개그, 원맨쇼 등을 버라이어티쇼의 형식으로 진행하는 공연물들을 지칭하였다. 역사적으로 볼 때 이러한 스타일의 대중연예는 1920년대부터 수입된 브로드웨이 스타일의 새로운 춤과 음악이 일본 그리고 식민지 조선에서의 기존의 대중연극을 변화시킨 것이라고 볼 수 있다. 일본에서는 도쿄 아사쿠사 오페라와 타카라즈카 가극단 등이 탄생하였고 조선에서도 넌센스, 코미디, 개그, 보드빌 또는 레뷔같은 잡다한 공연들이 무대에 등장하기 시작하였다.[6] 게다가 1930년대 부터 일본의 대표적인 레코드사인 컬럼비아나 빅터가 조선에 진출해 있었고, 많은 수의 악극단이 그 레코드사에 소속되어 활동하고 있었다. 이 악극단들의 공연은 레코드사의 신곡이나 일본 유행가의 번안곡을 광고하는 가장 유용한 창구였다.[7]

엘리트들의 취향에는 맞지 않는, 대중지향적인 이 악극들은 줄곧 저속한 오락으로 평론가들의 비난의 대상이 되곤 하였다. 그럼에도 불구하고 악극단은 1945년 이후 폭발적으로 증가하기 시작하였다. 한편으로는 총력전 시기 단체결사에 대한 과도한 통제가 사라짐에 따라 악극

---

6 황문평, 『돈도 명예도 사랑도』, 무수막, 1994, 277쪽; Jennifer Robertson, *Takarazuka : Sexual Politics and Popular Culture in Modern Japan*, Berkeley : University of California Press, 2001.

7 김호연, 「한국 근대 악극 연구-레코드사 소속 악극단을 중심으로」, 『동양학』 32, 2002; 박진수, 「동아시아 대중음악과 근대 일본의 "조선붐"」, 『아시아문화연구』 29, 2013.

단 등록절차가 간소화되고, 다른 한편으로는 조선에 파견되어있던 일본 레코드사의 스태프와 기술자, 설비가 철수하면서 음반의 생산시설과 배급 네트워크가 붕괴되었기 때문이다.[8] 따라서 많은 수의 음악가들은 서울과 지방의 극장가를 중심으로 활동하는 악극단에 의지할 수밖에 없게 되었고 악극단 간의 경쟁이 과열됨에 따라 지나치게 상업적이고 대중의 취향에만 영합한다고 종종 비난받곤 하였다.[9]

하지만 악극단에 대한 비난은 단지 해방 이후 일시적인 과다 경쟁에 따른 질적 저하에 기인한 것만은 아니었다. 악극단 공연은 여전히 일본식 레퍼토리의 유행가, 인정비극을 소재로 한 연극과 버라이어티쇼로 식민지시기에 행해졌던 방식과 유사하게 유지되고 있었다. 이 악극은 도피적이고 퇴폐적인 일본식 유행가의 보급창구로 비난받았고 또한 악극단의 주요 공연소재인 '신파'라 불리우던 인정비극들이 대중들에게 소극적이고 패배주의적인 태도를 조장한다고 비판받았다. 과거에 대한 회고와 비굴한 삶의 태도는 남성적이고 진취적이어야 할 국민문화로서 부적절한 것으로 종종 여겨졌다.[10] 즉, 악극단은 식민 기억과 가장 강하게 결부되어 있는 낡은 대중연예의 형태였으며, 많은 비평가들은 이것을 극복하는 것만이 진정한 국민문화의 창출과 근대성의 추구로 이어진다고 믿었다.[11]

---

8   신현준·허둥홍, 「냉전 초기 남한과 타이완에서 대중연예의 국가화 및 미국 대중문화의 번역」, 『냉전 아시아의 문화풍경 1─1940~1950년대』, 현실문화연구, 2008, 325~326쪽.

9   「해방후 총출하는 극단과 악극단」, 『동아일보』, 1945.12.2; 「악극 분산에서 규합에로」, 『경향신문』, 1946.10.8; 「음악시평 악단의 적신호」, 『경향신문』, 1947.10.7 참조.

10 「팔도강산 발 가는대로 붓 가는대로 : (32) 유랑악극단」, 『동아일보』, 1958.11.30, 기사에서는 악극 공연 광경을 굉장히 낡고 값싼 감수성에 호소하는 것으로 폄하하는 동시에 이를 향수어린 시선으로 묘사하고 있다.

하지만 일본 쇼비지니스에 많은 영향을 받은 이 악극이 적어도 표면상으로 다수의 일본식 유행가들로 구성되었음에도 불구하고 항상 '전통적인' 것과도 연결이 되어 있었다는 점은 흥미롭다. 그것은 많은 수의 악극들이 실제로 춘향전이나 아리랑, 견우직녀와 같은 한국의 고전들을 바탕으로 이미 1930년대부터 익숙한 민족문화의 아류들을 재생산하고 있었기 때문이다.[12] 제국적 질서 하에서 식민자가 피식민자로 하여금 민족적인 것을 권장하고 창출해내기를 유도하는 것은 단순히 피식민자들을 문화적으로 회유하기 위한 방편이 아니라 보다 넓은 관점에서 식민 본국과 식민지의 관계를 재규정하는 과정이었다. 백현미에 따르면, 1940년을 전후하여 조선의 음악극 공연 단체의 수와 공연 횟수가 놀라울 정도로 증가하고 농어촌뿐만 아니라 만주, 동남아 지역까지 광범위하게 활동 무대가 넓어진 것은 이 시기 일제의 문화정책의 변화에 따른 것이다. 특히 각 지역의 '지방적 특수성'에 대한 강조는 제국과 지방의 관계설정 과정에서 그리고 근대 초극론의 관점에서 부각

---

11 해방 이후 당대의 유행가에 대한 평론가들의 비판에 관해서는 심재겸, 「국민을 위한 노래―해방 이후 국민가요운동의 전개와 국민 주체의 음악적 구상」, 『대중음악』 18, 한울, 2016, 109~115쪽 참조.

12 Roald Maliangkay, "Koreans Performing for Foreign Troops : The Occidentalism of the C.M.C. and K.P.K.", *East Asian History* 37, 2011, p.63. 필자는 일본영화 〈思ひつき夫人〉에 등장한 조선악극단의 공연장면에서 민족적인 것이 어떻게 악극에서 재현되는지 자세히 묘사하고 있다. 조선악극단은 본래 오케 레코드에 소속된 오케 그랜드쇼라는 이름으로 활동하였다. 1939년 3월 일본 흥행업체 요시모토와 계약하여 일본 공연을 할 당시, 요시모토 측에서 좀 더 향토색을 표현할 수 있는 이름을 사용하기를 권유하였고 이 악극단은 조선악극단으로 이름을 바꿨다. 이 에피소드는 식민지와 제국 간에서 제국적 질서, 각 식민지의 민족문화와 지방적 향토성이 어떻게 배치되고 전시되며 상호보완하는지 보여준다. 그리고 전쟁을 거치면서 이 '조선'이라는 향토의 연출이 제국이 점차 요구하기 시작한 '국민'의 연출과 어떻게 긴장관계를 일으키게 되는지에 관해서는 김청강, 「'조선'을 연출하다 : 조선악극단의 일본 진출 공연과 국민화의 (불)협화음」, 『동아시아문화연구』 62, 2015 참조.

되었다. 즉, 근대 초극론을 통해 일본을 중심으로 한 새로운 체제를 구축하는 도정에서 일제는 조선을 일제의 한 지방으로 위치 짓고자 했고, 조선의 전통을 지방의 전통문화로 '이국화'하고자 하였다. 따라서 일제 말기 가장 인기 있던 대중연예이자 지방적 특수성을 담아내는 유효한 매개로 인식된 악극은 제국주의 전시체제 하에서 한편으로는 전시 생활력 강화와 국민의식 고양의 목적으로, 한편으로는 이 지방적 특수성을 재현하는 국민 오락의 형태로 군 위문 공연 등에 동원되었다.[13]

민족의 전통적인 고전들을 재창조하여 상연하던 악극이 해방 이후 그 형식이 가지는 식민성에도 불구하고 민족적인 무대예술의 하나로 담론에 등장하게 되었다. 여러 논설에서 드러나듯이, 악극이 상업성보다는 예술성을 갖추기를 요구하는 신중한 태도들은 악극을 단순히 일제의 식민 잔재로서 청산해야 한다기보다는 민족문화로서의 하나의 가능성을 가진 형태로 포섭하고 보호해야 할 필요가 있다는 주장으로 발전한다.[14] 저속함과 왜색의 온상, 하지만 동시에 민족주의적 욕망이 투영 되는 대상이라는 양가적인 위치에서, 악극은 청산되지 않은 식민지 유산이자 탈식민 한국의 국민문화 창출욕구의 교차점에 서있던 대중연예였다.

한편, 해방과 동시에 특히 한국전쟁 이후 광범위하게 진주한 미군기지를 통해 새로운 대중연예의 형식이 수입되었다. 한국전쟁의 종언과 일본 본토로부터 미군의 철수 이후, 남한은 가장 많은 미군병사가 체

---

13 백현미, 「'국민적 오락'과 '민족적 특수성' – 일제 말기 악극의 경우」, 『공연문화연구』 11, 2005; 김호연, 앞의 글.

14 「정서악극에 갈판」, 『경향신문』, 1947.4.9; 「무대예술의 회고와 전망」, 『경향신문』, 1948. 1.25.

재하는 나라가 되었다. 전국 각지에 150개 이상의 군사기지와 더불어, 미군의 수는 1953년 32만 5천 명, 그 이듬해인 1954년에는 22만 3천 명에 이르렀다. 전쟁으로 폐허가 된 나라에서 미군기지를 둘러싼 기지경제는 경제적으로 가장 중요한 수입원이었다. 미국 정부로부터 지출되는 대량의 달러를 획득하기 위해 수많은 상인들, 일꾼, 그리고 연예인들이 이 PX 경제에 봉사하기 시작하였다. 특히 젊은 미군들을 위한 위문클럽의 수는 전성기 시절 270개 이상이었다. 많은 한국 음악인들이 미군에 의해 고용되었고, 이에 따라 대중연예는 기존의 지배적인 악극단에서 새롭게 만들어진 미군클럽을 위한 쇼로 그 중심이 이동하기 시작하였다.[15]

관계자들 외엔 출입금지였던 미군기지 클럽은 이 "지역 연예인 쇼local talent shows"의 출연진들에게 기존의 연예활동과는 전혀 다른 성격의 퍼포먼스를 요구하였다.[16] 전과는 전혀 다른 관객, 즉 젊은 미국 병사들 앞에서 그들의 취향과 향수에 부응하기 위해 대다수가 악극단 출신이었던 한국 연예인들은 완벽하게 미국적인 무대를 연출할 수 있도록 일본식 스타일을 극복해야 했다. 가장 중요한 것은 스테이지 매너와 쇼맨십과 같은 미국 스타일의 연예를 모방하는 것이었다. 이를 위해 미군 쇼에 음악인들을 공급하는 데 특화된 업체들이 만들어졌고, 이들은 연예인들이 미군 오디션과 정기적인 심사에 대처할 수 있도록 가능한 한 다양한 스타일의 최신 미국 팝을 훈련시켜야 했다. 한국 연예인들은 미군 오디션과 관객들에게 적극적으로 어필하기 위해 최대한 미국 문화에

---

15 신현준·허둥홍, 앞의 책.
16 "24th to Have Korean Shows", *Stars and Stripes*, 1955.5.1.

대한 진정성을 가지고 있음을 증명하고자 노력하였다.[17]

이미 1956년 미군 내에서 가장 유명한 한국 연예인이 되었던 김시스터즈는 한국전 당시부터 식민지기 유명 가수였던 어머니 이난영과 함께 미군 무대에 서기 시작하였다. 유명한 작곡가이자 악극단 리더였던 아버지 김해송 그리고 모든 재산과 집을 전쟁으로 잃은 그들은 식량을 얻기 위해 무대에 올라야 했고, 처음으로 미군캠프에서 노래를 부르기 시작한 1952년, 그들은 고작 9, 10, 11살이었다. 당시 영어를 한마디도 하지 못했기에 김시스터즈는 미군기지나 암시장에서 구한 미국 음반을 반복적으로 듣고 발음 그대로 외워야 했다.[18] 특히 그들은 앤드류 시스터즈the Andrew Sisters의 음반을 하루에 수백 번씩 들었으며 캠프쇼에서도 종종 "한국의 앤드류 시스터즈" 혹은 맥과이어 시스터즈the McGuire Sisters 등으로 소개되곤 하였다.[19]

여전히 연주와 작곡 영역에서는 남성 음악가들이 주로 활동했지만, 1950년대 중반부터 무대에선 여성 듀엣과 트리오가 유행하기 시작하였다. 월간 잡지 『명랑』 1958년 8월호 「노래하는 시스터즈붐」 특집기

---

17 위문쇼 프로그램 조직을 담당하던 서울 지역 사령부 특별위문소 (the Seoul Area Command Special Services Entertainment) 하사관 로버트 번햄 (Robert B. Burnham)의 증언에 따르면, 한국 쇼단들은 미국문화에 대해 자신들이 가장 정통하다고 어필하기 위해 20세기 (Twentieth Century), A.B.C., 아메리-캣츠(Ameri-Cats), N.B.C. 등의 괴상한 이름을 고르곤 하였다. "Lucky Pick Wins Top Show for Troops", *Stars and Stripes*, 1956.7.23.

18 "'When We Become Big,'" *Newsweek*, Aug. 31, 1959; "Interview with Sook-ja Kim : An Oral History Conducted by Myoung-ja Lee Kwon, 1996.2~4." *Las Vegas Women in Gaming and Entertainment Oral History Project*, University of Nevada, Las Vegas, 1997, p.7.

19 Lloyd Shearer, "The Kim Sisters : From GI Chocolate Bars to $13,000 A Week", *Parade*, Mar. 20, 1966, p.7. 김시스터즈뿐만 아니라 미국 클럽의 한국연예인들은 항상 미국 연예인과 연관되는 이름으로 호명되었다. 이를테면 박단마는 한국의 테레사 브루어 (Teresa Brewer)로 소개되곤 하였다. "On the Town", *Stars and Stripes*, 1956.2.23.

사에서는 가장 널리 알려진 김시스터즈를 비롯하여 미국 스탠더드 팝의 정시스터즈와 엘비스 프레슬리를 연상시키는 현시스터즈를 소개하고 있다.[20] 로큰롤, 재즈, 로커빌리 등 미국의 최신 경향들을 흡수한 이 "이그조틱"한 트리오들은 출입금지 구역이었던 미군클럽에서 주로 활동하였음에도 불구하고 여러 매체들에 소개될 만큼 일반 대중들에게도 노출되어 있었다. 정시스터즈가 "우리는 미국에서 왔어요" — 실제로는 "한국의 하와이"라 불리던 목포 출신 — 라고 할 만큼, 이들 여성 트리오들은 그들이 어떻게 미군기지에서 가장 선진적인 미국성을 체득하고 그것을 한국사회로 전파하는지 파티드레스와 미국식 무대매너의 젠더화된 이미지로 시각화한다.

김시스터즈의 어머니가 1930년대 저고리시스터즈라는 이름으로 활동했던 이난영이라는 사실은 특기할 필요가 있다. 조선악극단의 주축이었던 이난영은 식민지기부터 해방 이후까지 가장 인기있던 유행가 가수이자 김시스터즈들에게 노래, 무대매너, 연기 등을 가르친 선생이었다. 게다가 그들이 어릴 때부터 아버지의 음악을 흉내내곤 했다는 점을 고려한다면, 맥과이어 시스터즈와 앤드류 시스터즈를 모방하며 미군쇼에 등장한 김시스터즈는 단순히 미국화의 신드롬이라기보다는 식민지 유산과 미국적 근대가 탈식민 사회에서 어떻게 교차하고 통합되는지를 상징적으로 드러낸다.[21] 김청강은 "미국의 정치 문화적 헤게모니 안에서 여전히 은밀하게 그러나 힘있게 작용하고 있는 식민지 대중문화의 유산"을 간과해서는 안 된다고 지적하며, 김시스터즈가 출연

---

20 「노래하는 세자매의 쓰리 시스터」, 『명랑』, 1958.8, 86~97쪽.
21 「노래하는 세자매-가수 이난영과 그의 딸들」, 『명랑』, 1956.10, 38~41쪽.

한 영화『청춘쌍곡선』의 짧은 퍼포먼스컷에 대하여 설명한다. 그들의 모습은 "식민지시대의 저고리시스터즈의 기억과 병치"되며 식민지기부터 다양한 악극단에서 활동하던 작곡가 박시춘이 하와이안 기타로 노래를 연주하기 시작하는 장면은 "식민지적 흔적이 농후"하였다. 하지만 그녀들이 영어로 노래와 안무를 시작하자 곧 그 장면은 낯설어진다. 즉, 관객들에게 이 3분의 짧은 클립은 "식민의 기억"에서 "미국적 근대"가 어떻게 문화적으로 경험되는지를 함축한다.[22]

신태양의 한 카툰은 전통과 서구 근대성, 그리고 그의 문화적 절충을 바라보는 당황스런 시선들을 여실히 드러낸다. 전통 복장을 한 젊은 여성이 길거리를 지나가자 양복을 입은 남성들에게 "시골처녀"라고 비웃음을 당한다. 이에 부끄러움을 느낀 여성이 서구식으로 옷을 갖춰입고 펌을 하고 밖에 나서자 다른 남성이 "양공주"를 만났다고 불쾌해한다. 당황한 그 여성이 전통 복장을 입고 위에 서구식 상의를 걸치고 '절충'한 복장으로 나가자 남성들은 그 괴상한 모습에 질려버리고 만다.[23]

여성들을 여전히 식민성과 구태를 극복하지 못한 혹은 지나치게 서구화된 문화적 징후들로 대상화하는 비평가들의 시선은 오히려 해방 한국의 문화적 딜레마가 어떻게 여성들에게 투영되는지를 암시한다. 동시에 이러한 방향상실은 해방 후부터 논의되어 온 진취적이고 선진적이며 남성적인 국민문화 만들기의 모호성을 은유한다. 민족성을 추출해 내려한 악극은 1950년대 중반을 지나면서 점차 낡은 것으로 여겨

---

22 김청강, 「악극, 헐리우드를 만나다—1950년대 한국 대중영화의 혼종성에 드러나는 식민성과 탈식민적 근대성의 문제들」, 『대중서사연구』 29, 2012, 40, 60~61쪽.
23 김성환, 「초춘만화룸」, 『신태양』, 1953. 2.

지고 미군클럽 쇼에서 파생된 젊은 층 취향의 새로운 쇼 비지니스와 헐리우드 영화가 점차 대중연예의 영역에서 악극단을 몰아내었다. 그럼에도 불구하고 1950년대 동안 악극단은 여전히 대중연예의 큰 축을 차지하고 있었다. 한국 내 정치, 경제, 사회, 문화 전반으로 '미국화'에 대한 우려와 여전히 진행되던 식민지 문화에 대한 민감한 비평들은 항상 대안으로서의 국민문화의 창출을 요구하였다. 하지만 식민지 경험과 해방후 급속한 미국화에 직면하여 '외래' 문화는 해방 한국의 문화적 독자성에 대한 위협이라기보다 오히려 종종 국민문화라는 그 실체의 부재를 폭로하곤 하였다.

3. 김시스터즈 공식The Kim Sisters' Formula

─ 이국주의, 섹슈얼리티, 그리고 아시아

1950년대를 지나면서 김시스터즈는 한국내 미군클럽에서 가장 유명하고 친근한 연예인이 되었다. 미군 일간신문 스타스 앤 스트라이프스 Stars and Stripes지는 1959년 1월 김시스터즈의 미국 진출을 소개하는 한 기사에서 언제나 "미국에 가고 싶다"고 했던 그들이 염원이 마침내 이루어졌다고 서술하고 있다. 기사에 따르면, 그들은 라스베가스의 썬더버드 호텔에서 6주간 출연하기로 예정되었고, 헐리우드의 물랑 루즈 등 라스베가스, 뉴욕, 마이애미 등지에서의 호텔과 나이트클럽 출연도 잡혀있었으며, 에드 설리번 쇼 출연 역시 거의 확정되어 있었다.[24] 1964

년 발매된 김시스터즈의 첫 미국음반의 뒷면에서 에드 설리번이 묘사한 바에 따르자면, 이러한 아시아 여성 연예인의 미국 진출은 그들의 놀라운 재능과 노력, 그에 호응한 미군들의 지지, 그리고 미국에 닿을 정도의 입소문 등 자발적이고 우연스런 계기들에 의한 것으로 보인다.[25] 그럼에도 불구하고 이처럼 개별화된 성공의 스토리는 각각의 진주군 거점으로부터 미국 본토와 연결되는 체계적인 통로들이 존재했음을 은폐하곤 한다.

태평양 연안에 펼쳐져 있던 미군기지 클럽들은 그 자체로 광범위한 네트워크로서 작동하고 있었다. 지역 미군클럽 출연자들은 단지 그들의 출신 지역에 한정되어 있던 것이 아니라 다른 도시의 클럽으로 항상 순회공연을 다니곤 했다. 특히 주요 미군기지들을 순회하며 캠프쇼를 관장하던 USO^United Services Organization는 이러한 지역 연예인들을 국제적으로 조직하는 역할을 수행했다. USO는 본래 프랭클린 루즈벨트의 요청으로 해외 파병 미군들의 사기진작과 오락 제공을 위해 1941년 창설되었던 민간기관이다. 1947년 지원 중단과 함께 공식적으로 활동을 종료하였지만, 1951년 한국전쟁 당시 다시 한국과 일본을 중심으로 활동을 재개하기 시작하였다.[26] 이 위문쇼는 미국에서 초청한 연예인들

---

24 "The Kims Head East", *Stars and Stripes*, Jan. 18, 1959.
25 그에 따르면, "Back in 1958, I received a letter from Seoul, Korea, signed by thirty G.I.'s, urging me to sign for our TV show, three young Korean sisters who mightily were singing for G.I.'s in various America installments around Seoul. The youngsters they recommended were the Kim Sisters.", "Ed Sullivan Speaks out for Kim Sisters : Their First Album", *The Kim Sisters : Their First Album*, Monument, 1964.
26 Julia Carson, *Home away from Home : The Story of USO*, NewYork : Harper &Brothers Publishers, 1946; L.F. Kimball, *Five Years of Service : Report of the President*, Feb. 4, USO, 1946 참조; 1949년부터 USO의 부활이 논의되었지만 본격적으로 활동을 개시하기 시작

만으로 순회공연을 계속해왔지만 1950년대 중반부터는 유명한 지역 연예인들도 그들의 쇼에 출연시키기 시작하였다.[27] 게다가 USO 캠프 쇼는 이들을 단지 한국내 미군클럽 순회뿐만 아니라 일본, 홍콩, 필리핀, 대만, 싱가폴 등 태평양 주둔군의 기지들 순회공연에 대동하였다.

당시 미군기지 클럽들에는 각지의 미군기지들을 순회할 탤런트들을 관리하는 클럽 매니저들로 항상 붐비고 있었다. 서울 특별 위문소에는 "매달 200명 이상의 매니저들이 찾아와" 자신들의 클럽에 출연시키기 위한 연예인들을 찾곤 하였다.[28] 또한 미군클럽 매니저들뿐만 아니라, 헐리우드와 라스베가스에서 온 기획자와 프로모터들도 미국으로 데려갈 아시아 연예인들을 물색하고 있었고 그를 위해 그들은 주로 미군 출신 현지기획자들과 긴밀하게 접촉하고 있었다. 특히 톰 볼Tom Ball은 당대 활동하던 가장 유능한 "night talent hunter"였다. 이미 슈리 미사오朱里 みさを와 토요다 토니Toyoda Tony 등 몇몇의 일본연예인들을 미국으로 데려간 바 있던 그는 "아시아의 구경거리American Asiatic Attractions" 기획사 대표였던 한국전쟁 참전용사 밥 맥머킨Bob McMackin의 도움을 받아 김시스터즈와의 계약을 성사시켰다.[29]

한 것은 1951년부터이다. "SS Is Unaltered by USO Revival", *Stars and Stripes*, 1949.2.21; "Guam Organizations Form USO to Entertain Island Servicemen", *Stars and Stripes*, 1951.3.9; "USO Camp Show Begins Tour", *Stars and Stripes*, 1951.5.21; "USO will Increase Shows Touring FE", *Stars and Stripes*, 1951.8.11; "USO Show Starts 'Kimchi Circuit' Tour", *Stars and Stripes*, 1951.8.19도 참조.

27 "Dominion Day Plans Readied by Canada Units'", *Stars and Stripes*, 1954.6.28; "24th to Have Korean Shows", *Stars and Stripes*, 1955.5.1.

28 "Lucky Picks Wins Top Show for Troops", *Stars and Stripes*, 1956.7.23.

29 "Japan Troupe Lands in U.S.", *Stars and Stripes*, 1957.11.2; "On the Town", *Stars and Stripes*, 1958.8.5; "On the Town", *Stars and Stripes*, 1958.11.18; "On the Town", *Stars and Stripes*, 1960.8.18; "The Kims Head East", *Stars and Stripes*; Bruce Agnew, "Bouncy Kims Found

크리스티나 클라인Christina Klein은 자신의 저서 『냉전 오리엔탈리즘』에서 제2차 대전 이후 미국에서 아시아에 대한 호기심과 수요가 어떻게 발생하였는지에 관하여 논하고 있다. 1945년 이후 소련과의 심화된 갈등과 중국의 공산화, 그리고 한국전쟁을 거치면서 아시아는 미국의 냉전 정책 하에서 공산주의의 확장을 막아낼 봉쇄정책의 첨병이자 동시에 미국적 세계관에 포섭되어야 할 중요한 우방으로서 자리매김하게 된다. 그리고 아시아가 점차 미국인들에게 주된 관심의 대상으로 부상하자 이에 부응하여 미국의 문화생산자들은 아시아와 태평양 지역을 소재로 하는 다수의 픽션과 논픽션들을 생산해냈다. 이러한 작품들 속에서 아시아는 미국의 냉전 세계관 안에 새롭게 통합된 이국주의로 가득한 지역으로 상상되었다. 이러한 상상 속에서 『8월 달의 찻집 The Teahouse of the August Moon』(1951), 『수지 웡의 세계The World of Suzie Wong』(1957), 『플라워 드럼 송Flower Drum Song』(1957) 등과 같은 아시아에 관한 다양한 베스트셀러들이 쓰여졌고 이 중 많은 작품들이 영화화되거나 뮤지컬로 소비되었다. 그리고 이러한 시각화에는 많은 아시아 여성 연예인들의 존재가 필요하였다.[30]

New Road to Fame", *San Antonio Light*, 1960.11.24; Interview with Sook-ja Kim : An Oral History Conducted by Myoung-ja Lee Kwon, 1996.2~4, *Las Vegas Women in Gaming and Entertainment Oral History Project*, University of Nevada, Las Vegas, 1997, p.7.

30 Christina Klein, *Cold War Orientalism : Asia in the Middlebrow Imagination 1945~1961*, University of California Press, 2003; 이를테면, 1950년대 초반부터 미군기지에서 재즈를 부르기 시작한 우메키 미요시(Nancy Umeki / 梅木美代志)는 1955년 미국으로 건너가 헐리우드, 라스베가스, 샌프란시스코의 나이트클럽에서 성공적인 데뷔를 하였고 1957년에는 미군과 일본 여성의 로맨스를 그린 말론 브란도 주연의 영화 〈Sayonara〉에 출연하였다. 이후에도 〈플라워 드럼 송〉의 뮤지컬(1958)을 비롯하여 아시아를 배경으로 하는 다수의 영화와 뮤지컬에 출연한 바 있다.

이처럼 아시아의 미군기지 주둔국에서 미국 연예기획자들의 숫자가
늘어나는 것은 미국에서의 아시아 연예인의 수요의 발생과 맞물려 있
었다. 그리고 이에 미군기지 클럽들은 영어 의사소통 능력을 갖추고 미
국식 쇼에 익숙한 아시아 연예인들의 공급기지이자 훈련장이 되고 있
었다. 이러한 관점에서 김시스터즈의 미국연예계 진출은 "오리엔탈 판
타지"에 대한 새로운 수요가 작동한 결과였다. 김시스터즈가 데뷔한
미국 무대는 썬더버드 호텔의 〈차이나 돌 레뷰China Doll Revue〉 쇼였으
며, 이는 중국 혹은 일본연예인들로 구성된 오리엔탈 쇼를 선보이곤 하
였다. 〈차이나 돌 레뷰〉뿐만 아니라 〈Forbidden City〉, 〈Chinese Sky
Room〉, 〈Holiday in Japan〉, 〈Geisha Revue〉 등 라스베가스와 샌프란

썬더버드 호텔 〈차이나 돌 레뷰〉 홍보팸플릿(1959)

시스코 등지의 나이트 클럽들의 오리엔탈 쇼가 인기를 끌고 있었다.[31] 게다가 아시아 연예인들의 출연료는 미국인들에 비해 현저히 낮았다. 김시스터즈는 하룻밤에 여섯 개의 쇼에 출연해야 했을 정도로 가혹한 조건으로 계약을 했지만 이마저도 주당 400불(개인당이 아니라 팀당) 밖에 받지 못했다. 후에 숙자 김은 만일 그들이 미국인이었으면 절대 그런 일은 일어날 수 없었다고 증언하였다.[32]

다시 말해, 김시스터즈는 특정한 연예인 집단의 일원이었으며, 그 아시아 출신의 연예인 집단은 미국 관객들을 위한 동양적 구경거리를 생산하고 있었다. 로스엔젤레스 타임즈의 한 기자는 물랑루즈 쇼 레스토랑에서 열린 〈오리엔탈 판타지〉 쇼를 관람하며 이러한 쇼들이 어떻게 아시아성을 재현하는지 묘사하고 있다. 김시스터즈, 토쿠호 아즈마 吾妻德穗, 슈리 미사오, 밍 앤 링Ming & Ling 등이 출연한 이 쇼에서 출연진들은 "아름다운 극동의 복장"을 하고, 게이샤 소녀 가극를 선보이거나 〈Mystical Japan〉, 〈Oriental Night〉, 〈Beautiful Japan〉, 〈Dragon Festival〉 등의 노래와 춤, 그리고 퍼레이드를 벌여 관객들의 이국취미를 만족시키고 있었다.[33] 마찬가지로, 1960년 1월 24일에 방송된 에드 설리번쇼에서는 일본 타카라즈카 소녀 가극단, 필리핀에서 온 피아니

---

31 벤자민 한(Benjamin Han)에 의하면, 적어도 1950년대 초반부터 미국에서는 아시아 연예인들에 대한 수요가 증가하고 있었다. Benjamin Han, op. cit., pp.8~14, pp.36~43; Anthony W. Lee, *Picturing Chinatown : Art and Orientalism in San Francisco*, University of California Press, 2001; Trina Robbins, *Forbidden City : The Golden Age of Chinese Nightclubs*, Hampton Press Inc., 2009도 참조.

32 "Interview with Sook-ja Kim", op. cit., p.43.

33 John L. Scott, "Nightlife Scene : Oriental Show Colorful, Gay", *Los Angeles Times*, 1959. 12.19.

스트이자 가수인 5세 여아 지니티우Ginny Tiu, 그리고 김시스터즈가 출연 하였다.[34] 이처럼 텔레비전과 라스베가스 클럽들의 국제 쇼들이 아시아 태평양 연안의 미군기지 주둔 국에서 온 아시아 연예인들을 통해 특정한 아시아성을 재생산하고 있던 것은 우연이 아니다.

특히 여성 연예인들이 아시아성을 체현하기 위해 주로 동원되었다는 점에 주목할 필요가 있다. 여성으로만 이루어진 극단은 미국 관객들, 특히 2차 대전에 복무했던 남성들에게는 그리 낯선 것이 아니었다. 쉐리 터커Sherrie Tucker의 연구에 따르면, "올걸 밴드All-Girl band"는 USO 캠프쇼 순회공연에서 중요한 위치를 차지하고 있었고 이는 청년 남성 미군 관객들이 범할 수 있는 주둔지역에서의 성범죄와 부패를 예방하는 역할을 수행하였다. 여성 캠프쇼 연예인들은 "고향의 소녀들을 상기"시켜야 했고 그들은 "전쟁 이후에 군인들이 다시 돌아갈 고향의 판타지를 자극"하도록 고용되었다. 이러한 목적을 위해서 "올걸 밴드"의 여성 연예인들은 주둔지역의 창녀나 문란한 여성들의 여성성과는 대비되는 백인 중산층 출신의 외양을 가진 "좋은 소녀"를 연기하여야 했다.[35] 다시 말해, 2차대전기 미국 여성 연예인들은 친근함과 익숙함, 향수, 그리고 프로페셔널연예인이나 성적어필과는 다른 보수적이고 절제된 중산층 취향의 쇼를 선보였다.

하지만 해외 미군기지 클럽 출신의 여성 연예인들에 대해서는 그들이 영어로 미국의 팝송을 부름에도 불구하고 고향에 대한 향수보다는 이국

---

34 "Takarazuka Dancers of Japan to Appear on TV", *Troy Times Record*, 1960.1.15; "Ed Sullivan to Televise Japanese", *Stars and Stripes*, 1960.1.20.

35 Sherrie Tucker, *Swing Shift : "All-Girl" Bands of the 1940s*, Durham and London : Duke University Press, 2000, pp.229~237.

주의와 성적 어필에 보다 초점이 맞추어져 있었다. 1960년 라이프*Life*지에 실린 한 기사는 금색과 흰색으로 조악하게 제작된 불교 연등을 배경으로 화려한 한복을 입고 가야금을 들고 있는 김시스터즈의 사진을 싣고 있다. 하지만 이 현란한 이미지는 곧 그들의 코미디언과 같은 우스꽝스러운 표정과 충돌한다. 이 사진은 마치 '순수'한 아시아인보다는 오히려 아시아인을 연기하고 있는 누군가를 다채로운 이미지로 그려내고 있다. 그리고 등을 훤히 드러낸 드레스에 하이힐을 신고 불교 행사에서나 쓰일 연등 아래에서 브로드웨이 스타일 춤을 추고 있는 김시스터즈를 담고 있는 초현실적인 흑백 이미지는 이 독특한 이국주의를 한층 강조하고 있다.[36]

라이프지에 실린 김시스터즈

1964년에 발매된 그들의 첫 음반은 중국 식의 복장을 하고 접부채를 든 김시스터즈를 전면 사진

김시스터즈의 미국발매 음반

---

[36] "The Three Kims and Their Kayagums", *Life*, Vol. 48, No. 7, 1960. 2. 22.

에 내세우고 있다. 그 음반은 〈Try to Remember〉, 〈Harbor Lights〉, 〈Charlie Brown〉 등의 미국 스탠더드 팝, 그리고 〈China Night〉, 〈Chinese Lullaby〉, 〈Hawaiian Wedding Song〉과 같은 이국적인 아시아를 환기시키는 곡들과 두 곡의 한국 곡, 〈Arirang(아리랑)〉과 〈Korean Spring Song(봄맞이)〉을 담고 있다. 주로 영어로 노래를 부르지만 몇몇 곡은 한국어로 혹은 일본어로 부르기도 한다. 특히 〈Arirang〉은 연주나 편곡 면에서 한국보다는 중국풍의 클리셰들이 눈에 띈다. 이 음반은 전체적으로 전형적인 동시에 모호한 '극동'을 문화적으로 재현하고 있지만 이것이 김시스터즈의 의도에 의한 것으로 보기는 힘들다. 오히려 그들은 매니저에게 특정한 아시아성을 재현하고 드러낼 것을 요구받곤 하였다. 특히 톰 볼은 그들에게 긴 검은 머리를 자르지 못하도록 하였고 포니테일을 고집하였으며 몸매를 드러내기 좋은 중국풍의 드레스를 입기를 종용하였다.[37] 그들은 포니테일로 상징되는 미성숙함과 순응주의, 그리고 중국풍 드레스의 성적 판타지라는 모순적인 이미지를 유지하도록 요구받았다.

미국 쇼비지니스 세계에서 그들의 성공은 전후 미국의 역사적 맥락과 결부되어 있었다. 미국 관객들은 이국적인 볼거리들을 즐기기를 원하였고 그들의 욕구는 아시아 미군기지 클럽의 국제적인 네트워크에 의해 충족되었다. 김시스터즈는 이 특정한 역사적 조건 속에서 커다란 인기를 얻을 수 있었고 머지않아 아시아 연예인들을 위한 하나의 롤 모델이 되었다. 미국 노래를 부르는 아시아 소녀들을 지칭하는 "김시

---

37 Interview with Sook-ja Kim, op. cit., p.48.

스터즈 공식"은 이후 도쿄 해피 코트Tokyo Happy Coats, 김치캐츠Kimchi Kats, 대한시스터즈Daehan Sisters, 몬테실로 시스터즈Montecillo Sisters 등을 위한 발판을 마련하였다. 하지만 그들이 재현한 아시아성은 온전히 그들에 의한 것이라기보다는 오히려 미국 연예기획에 의해 재생산된 것이라고 볼 수 있다. 그들의 현란한 퍼포먼스 속에서 아시아는 이국적인 시각으로 재현되지만 동시에 춤출 수 있을 만큼 친숙한 미국식 리듬으로 전달되어야 했다.

4. "미국은 얼마나 아름다운가"
─냉전의 딸과 아메리칸 드림에 삽입된 냉전 국제주의

1966년 퍼레이드Parade지는 김시스터즈를 특집으로 다루었다. 「김시스터즈: 미군 초콜렛에서 주당 만삼천 불로The Kim Sisters: GI Chocolate Bars to $13,000 a Week」라는 제목의 이 기사는 그들의 미국에서의 성공보다는 한국전쟁 당시와 그후의 비참한 시절에 주목하고 있다. 저자는 베트남전을 언급하며 1950년대 초반동안 미국이 한국에서 공산주의자를 막기 위해 어떻게 노력을 해왔는지 설명한다. 얼마나 많은 젊은 미국인들이 공산주의자와 싸우기 위해 한국으로 보내졌고, 또 얼마나 많은 수가 부상당하고 사망하였는지 수치를 나열하다가, "피와 생명을 건 이 커다란 희생이 무엇을 가져왔는가?"라고 자문한다. 그리고 그는 이에, 미국이 2천만 명의 한국인들을 공산주의자로부터 구해냈으며, 정부를 출범시킬 수 있도록 안보를 제공하였고, 마침내 "그들에게 자유와 새로운 희망"을 주었다고 답한다. 미국과 공산진영과의 대치하는 상황에서 김시스터즈는 한없는 공포의 희생양이자 "전쟁에서 우리의 군대가 구한 수많은 생명 중"의 하나로서 그려진다.[38]

1965년 미국이 베트남전에 본격적으로 개입하면서 미국 내에서 전쟁에 대한 비판과 반전 운동이 거대한 규모로 발생하기 시작하였다. 1950년대 초반에는 한국전쟁 개입에 대한 비판이 맥카시즘에 의해 공산주의자로 낙인찍힐 우려가 있었던 반면, 1960년대의 사회정치적 분위기는 충분히 바뀌어 지식인들과 반대자들은 베트남전을 비판하는 의견을 공공연히 내세울 수 있었다.[39] 동시에 시카고 트리뷴 등의 "냉전이데올로기"를 전파하던 보수지들은 베트남전이 반공주의의 합리적인 연장 선상에 있는 것이며 미국이 이에 개입하는 것은 민주주의를 증진하기위한 것이라고 주장하며 베트남전을 지속적으로 지지하였다.[40] 이에 김시스터즈의 비극적인 이야기는 공산주의에 대한 반감을 이끌어 내기에 적합하였다. 비록 미국의 개입이 일견 비효율적이고 정의로워 보이지 않아도 그들은 공산주의의 침략에 의해 고통받던 사람들에게 희망과 자유를 줄 수 있었고 김시스터즈는 그들의 노력이 가져온 살아있는 증거였다. 즉, 미군이 구한 '전쟁고아'들의 성공스토리는

---

38 Lloyd Shearer, op. cit., p.6.

39 John E. Mueller, "Trends in Popular Support for the Wars in Korea and Vietnam", *The American Political Science Review*, Vol.65, No.2, 1971, pp.372~373.

40 Daniel C. Hallin, *The "Uncensored War" : The Media and Vietnam*, New York : Oxford University Press, 1986, pp.48~49; J. Michael Sproule, *Propaganda and Democracy : The American Experience of Media and Mass Persuasion,* New York : Cambridge University Press, 2005, pp.262~271도 참조.

미국이 베트남에서 정의를 수행하고 있다는 적합한 사례로 활용될 수 있었다.[41]

이러한 맥락에서 한국전쟁 시기 김시스터즈의 아버지의 죽음과 그들의 비참한 삶이 기사에서 상세하게 묘사된다. 그들의 아버지였던 김해송은 1950년 북한군에 의해 납치되었고 생사여부는 줄곧 불분명하였음에도 불구하고 많은 사람들은 그가 살해되었다고 추정하였다. 하지만 사실 여부와 관계없이, 그들의 "아버지가 공산주의자에게 살해당했다"라는 '진실'은 퍼레이드지뿐만 아니라 다른 미국 언론에서도 광범위하게 재생산되었다.[42] 한편, 그들의 어머니 역시 북한군에게 억류되었지만 가까스로 탈출한 바 있다. 이때 집과 아버지를 잃은 그들에게 노래를 부르고 식량을 얻을 수 있는 무대를 제공한 것이 미군캠프였다. 그들은 어머니가 "너희들은 미군을 위해 노래 부를 것이다. 그들이 너희를 돌봐 줄 거다. 그들은 좋은 사람들이다"라고 말하며 노래와 춤을 가르쳤다고 증언한다. 한국 전쟁 당시의 고통스러운 시절에 대하여 그들은 공산주의자에 대한 적개심을 숨기지 않았다. 반면에 미국은 평화의 수호자이자 공산주의에 의해 고통받는 불쌍한 사람들을 지켜주는 후견인으로서 그려진다.

미군들이 공산주의와 싸우기 위해 한국에 왔을때, 그들은 시골사람, 농민, 빈자뿐만 아니라 교양있고 재능있는 사람들과 나라를 건설할 수 있는

---

41 Lloyd Shearer, op. cit., p.8; "Korea's Kim Sisters A Smash in States", *Stars and Stripes*, 1963.1.18.

42 Ibid.; Bruce Agnew, "Bouncy Kims Found New Road to Fame", *San Antonio Light*, 1960.11.24.

훌륭한 사람들도 구해주었어요. 미군들은 구세주였어요. 난 베트남전에
대해서는 말하고 싶지 않아요. 나는 그저 내 두 여동생들과 네 형제들이 미
국에 와있는 사실 자체에 너무 감사해요.[43]

타자의 시선으로 그려진 미국은 공산주의자들로부터 연약한 나라
들을 구해주고 인민들을 자유와 평화로 이끄는 수혜적인 국가였다. 비
록 세 자매들은 베트남전에 대해 말하기를 꺼려하지만, 대신 "그저 미
국에 와있는 사실 자체에 너무 감사"한다며 말한다. 스타스 앤 스트라
입스지는 미군이 구제한 사람들과의 관계를 보다 친밀하게 그리고 미
군이 그들이 수호한 나라의 평화에 얼마나 기여하고 있는지 서술하며
다른 신문들 역시 비슷한 논조를 공유하였다. 한 신문이 김시스터즈에
게 첫무대를 제공하였던 미군 하사관 사진을 게재하였는데, 그 사진은
마치 딸들에게 둘러싸여 사랑받는 아버지의 모습과 같았다. 한국에서
온 소녀들은 마침내 미국의 딸이 되었다.[44]

미군에게 구제받은 아시아인들이 어떻게 미국사회에 통합되는지를
묘사하는 과정 역시 주목할 만하다. 신문들은 미국에서의 그들의 삶과
어떻게 그들이 미국적 생활 양식을 체득하고 있는지 흥미롭게 보도하
였다. 이를테면, 한 신문은 그들이 크리스마스와 미국 스파게티를 "발
견"하였다고 소개한다. 김시스터즈와 마찬가지로 한국에서 초대받아
온 그들의 연예인 형제 김브러더스는 커다란 크리스마스트리에 매료

---

43 Ibid., p.7.
44 "Singers Visit GI Who Gave Them First Break", *Northwest Arkansas Times,* 1963.4.5;
"Cake Break", *Stars and Stripes,* 1963.4.11

되었다고 한다. 왜냐하면 그들은 한국에서 이런 것을 본적도 없었고 크리스마스 파티라는 것도 그들에게 굉장히 낯선 것이었기 때문이다. 그들이 서로를 놀래켜 주기 위해 크리스마스 선물을 포장하는 광경을 보고 리포터는 그의 행복했던 어린 시절을 떠올렸다고 한다. 비록 크리스마스 저녁식사는 보통 스파게티가 아니지만 그들은 "스파게티를 사랑했다". 그리고 그들은 실수로 너무 많은 "미국 스파게티"를 주문했었다고 얘기하며, 아무리 그들이 다 먹어치우려고 해도 불가능할 만큼 양이 많았다고 한다.[45] 이러한 풍요로움과 크리스마스 파티의 불빛이 만들어내는 특정한 미국의 이미지들은 "암울한 폐허의 땅"과 "전쟁으로 황폐화된" 한국과 극단적으로 대비된다. 앞서 언급한 기사의 제목처럼─"미군 초콜렛에서 주당 만 삼 천 불로"─미국의 자기 이미지는 '미국화'를 경험하는 타자의 눈을 통해 풍요와 기회의 땅으로서 재구성된다. "당신은 절대 모를거에요. 미국이 얼마나 아름다운지. 당신은 알 수 없어요. 다른 나라에서 태어나보지 않는 한."[46]

미국 관객들이 매료된 김시스터즈의 스토리는 그들을 전국적인 스타로 발돋움하게 만들어주었다. 한편으로 그들의 비극적인 배경은 미국의 냉전 전략을 정당화하기 위한 전쟁 프로파간다로서 종종 동원되었고 다른 한편으로 그들의 성공은 미국적 생활양식의 우월함을 증명하는 미국식 내러티브로 통합되어갔다. 일견 이 아시아 출신 여성 연예인들은 미국적 생활양식에 적응하고 미국시민처럼 발언을 하면서 '미국화'되어 갔지만 동시에 '이국성'은 줄곧 유지되어야 하였다. 그들

45 Earl Wilson, "Korean Brothers Discover Christmas", *Wichita Falls Times*, 1963.12.25.
46 Lloyd Shearer, op. cit..

은 "한국의 관습"에 따라 "데이트를 하지 않는" 신비로운 소녀들로 남아있어야 했고, 처음엔 "lots of luck"을 완벽하게 발음하려고 노력했음에도 불구하고 다시 "rots of ruck"으로 돌아가야 했다. 너무 완벽한 발음은 관객들에게 동양적인 특징이 없는 것으로 비춰졌기 때문이다.[47]

이국주의로 구축된 '아시아성'은 베트남전을 배경으로 냉전의 문화지리 속에 편입된다. 1967년 그들이 도미한 지 벌써 9년이 되던 해, 워싱턴 포스트지의 한 비평가는 김시스터즈의 퍼포먼스를 보고 적잖은 실망감을 내비추었다. 왜냐하면 그들의 퍼포먼스가 너무 "미국적 취향"에 맞춰져 있고 "그들의 문화에서 가져온" 무언가를 결여하고 있었기 때문이라고 한다. 익숙함과 이국성 사이에서 배회하는 그의 복잡한 심경은 종종 타자의 본질화를 수반하는 문화적 다원성이라는 이름으로 통합과 배제가 어떻게 작용하는지 은밀히 드러내고 있었다.[48]

5. 동남아순회공연
─트랜스퍼시픽 연예 네트워크의 탄생과 코리언 쇼

패티 김은 미군클럽에 연예인들을 공급하던 화양연예주식회사의 소개로 1958년 말부터 미군클럽 무대에 서기 시작하였다. 비범한 재능과 뛰어난 외모 덕분에 그녀는 곧 미군들 사이에서 큰 인기를 얻게 되

---

47 "Walter Winchell on Broadway", *Logansport Pharos Tribune*, Dec. 4, 1960; "Singing Kim Sisters Establish Dating Ban", *Hutchinson News*, 1961.8.20; "The Three Kims and Their Kayagums", Ibid..

48 William Rice, "Kim Sisters Storm Shoreham, *The Washington Post*, 1967.11.24.

ORIENTAL CUTIES — The talented Korean Kittens are currently making their U.S. debut in the Continental Theatre of Hotel Thunderbird with four performances every day beginning at 4:30 p.m. Starting Tuesday they move up in the Thunderbird's 24-hour entertainment schedule with three shows every afternoon at 1, 2:15 and 3:30.

『라스베가스선』지에 실린 코리언키튼즈(1966.1.29.)

었고, 1960년 초부터는 조선 호텔 외국인 전용 클럽에서도 노래를 부를 수 있게 되었다. 고급 사교클럽이었던 조선 호텔 외국인 전용 클럽은 주로 외국 장성이나 외교관 등이 드나들고 있었고 이때 패티 김을 주목한 것은 당시 AFKN에서 근무하던 군무원 에드 마스터스Ed Masters 였다. 1952년 한국전쟁시기에 AFKN으로 근무지를 옮긴 마스터스는 FENFar East Network에서 근무한 바 있으며 일본에서도 라디오 도쿄 프로그램을 진행하고 있었다. 그의 주선으로 패티 김은 1960년도 일본

NHK 친선 콘서트에 출연하게 되었다. 당시 NHK방송 악단장이자 유명 흥행사 와타나베 프로덕션의 대표였던 와타나베 히로시渡辺晋는 그녀와 함께 일하기를 원하였고 곧 패티 김은 도쿄의 유명 나이트클럽이었던 코파카바나Copacabana와 극장 니치게키日劇에도 여러 차례 출연을 하였다. 당시는 한일 국교수립 정상화 이전이었기 때문에 장기체류가 불가능하였던 패티 김은 오키나와의 미군 클럽이나 필리핀, 홍콩 등의 나이트클럽으로 정기적으로 순회공연을 해야 했으며 마스터스는 그녀의 각국에서의 일정을 모두 조율해주었다.[49]

동남아순회공연을 소화하던 패티 김은 1962년 어느 날 김시스터즈의 도미를 중개한 맥머킨에게 라스베가스에 가지 않겠냐는 제의를 받게 된다.[50] 그리고 그녀는 1963년 4월 라스베가스의 탈리호Tallyho 호텔의 한 라운지에서 미국 데뷔를 하게 되었다. 현지 언론들은 한국어로 한국노래와 〈Summertime〉 등 미국 발라드를 부르는 "한국 미녀" 패티 김의 데뷔가 매우 성공적이었다고 평가하기도 하였다.[51] 이미 1960년대 초반부터 미군기지 클럽 무대 데뷔, 그리고 오키나와를 포함한 동남아시아 각 지역에서의 미군 클럽과 민간 클럽 경험은 태평양 너머 미국으로 진출하기 위한 하나의 정해진 경로처럼 인식되었다. 김치캐츠Kimchi Kats와 김계자의 경우도 마찬가지였다. 1962년 프로듀서이자 매니저인 래리 에이블Larry Abel[52]은 1955년부터 미군 무대에서 아

---

49 조영남·패티 김, 『그녀, 패티 김』, 돌베개, 2012, 25~69쪽.
50 맥머킨은 1962년부터 친구들과 "아마추어 스카우터"들에게 그녀에 관한 편지를 여러 차례 받아왔다고 소개하였다. "Korean Star Comes Here Well Touted", *Las Vegas Sun*, 1963.4.26
51 "Vegas Strip At A Glance", *Las Vegas Sun*, 1963.5.4
52 에이블은 1960년대 초부터 가장 활발하게 활동하던 연예 기획자 중 한명이었다. 그는 필리핀 소녀 지니 티우를 미국에 진출시키고 필리핀 몬테실로 시스터즈(Montecillo Sisters)

마추어 가수로서 노래를 부르기 시작한 김계자와 이미 1960년대 초부터 동남아 지역의 미군기지 클럽 순회공연을 하던 김치캐츠를 포함한 쇼단을 구성하여 오키나와, 대만, 필리핀, 홍콩 등지를 순회공연하였다.[53] 김치캐츠는 이 순회공연이 끝나고 1964년 1월 라스베가스의 데저트인호텔Desert Inn 레이디 럭 라운지Lady Luck Lounge에서 데뷔하였고 김계자는 신일본예능사와 계약을 맺고 일본의 나이트클럽과 미군클럽에 장기출연하게 된다.[54]

미군기지 클럽에서 출발한 이 국제주의적 연예 사업은 서울, 도쿄, 오키나와, 마닐라, 홍콩, 방콕, 사이공, 콸라룸푸르, 대만, 싱가폴, 인도네시아 그리고 라스베가스를 잇는 하나의 냉전적 풍경을 형성하였다. 또한 주목할 만한 것은 미군 프로모터와 매니저들의 역할뿐만 아니라 각지의 민간 흥행업체의 성장이다. 본래 당시 가장 활발하고 경제적 이윤을 취하기 용이하였던 미군기지 클럽에 연예인들을 훈련, 공급하던 이 민간 흥행업체들은 점차 미군 클럽 의존도를 줄이면서 각지 업체들 간의 네트워크를 발전시켰다. 특히 1960년대 중반부터 격화된 베트남전은 태평양 연안 국가들의 연예 네트워크의 폭넓은 확장을 가져왔다. USO는 1960년대 초 사이공에 첫 USO 클럽을 설치하였고 이후 다낭과 태국에도 수십 개의 클럽들을 개설하였다. 하지만 USO 부설 클럽 외에도 사이공과 다낭에는 민간 클럽들에서 상업적인 '위문' 공연

의 한국 공연을 성사시킨 바도 있다.

53 「일본과 동남아 휩쓴 김치캐츠의 가는 길」, 『아리랑』, 1961.12, 174~177쪽; 「돌아온 매혹의 목소리 – 귀여운 재롱둥이 김계자양」, 『아리랑』, 1963.6, 226~231쪽; 「라스베가스의 럭키걸 김치캐츠」, 『아리랑』, 1961.1; 「싱거를 말하는 대화 – 양지를 맞는 귀여운 베이비」, 『아리랑』, 1964.6, 116~119쪽.

54 "Lounge Spotlite", *Las Vegas Sun*, 1961.1.18.

이 이루어지고 있었다. 당시 사이공과 다낭에는 미국, 한국, 호주, 필리핀, 뉴질랜드 출신의 연예인 쇼단들이 상주하고 있었고, 병사들을 위문하기 위한 이 클럽들은 각 참전국별로 구분되어 있었으나 때때로 이 경계는 큰 의미가 없었다.[55]

USO 투어와 미군기지 클럽 매니저들의 활동을 중심으로 태평양 연안 지역의 미군기지들을 순회하던 이 연예인들은 점차 성장하기 시작한 민간 흥행업체들 간의 교류에 힘입어 각국의 호텔과 나이트클럽과 같은 민간 무대에도 진출하기 시작하였다. 한국의 경우, 1960년대 중반부터 공보부의 후원으로 다수의 연예인들이 베트남 파병위문공연에 나서게 되었다. 하지만 이는 베트남 위문공연에 그치지 않고 말레이시아, 태국, 싱가폴 등지의 민간 대상 나이트클럽 출연으로까지 이어졌다. 1960년대 초반부터 한국연예협회, 한국예술문화진흥회 등의 설립과 맞물려 그동안 주로 미군 클럽에서만 활동하던 연예인들이 이전보다 활발하게 국내의 일반무대로 진출하고 있었다. 그리고 김시스터즈의 성공과 더불어 '해외진출' 연예인의 수도 점점 늘어갔다. 이는 새로운 정부의 해외문화활동증진 방침에 따라 공보부의 추천과 심의만으로 해외활동이 간소화된 것에 힘입은 바가 컸다. 물론 이전부터 공인된 순수예술을 통한 문화교류가 빈번히 이루어졌지만, 이제는 연예인들이 가장 그럴 듯한 한국문화의 전시자로서 각광을 받게 되었고 연예인들의 해외활동은 적극 권장되었다. 그리고 이들은 모두 미군부대 클

---

55 Mahora Peters and James George, *Showband!* : *Mahora and the Māori Volcanics*, Wellington : Huia Publisher, 2005; Mara Willis, *Entertaining Vietnam*, 2003 (Documentary Film) 등 참조.

럽에서 훈련받고 미국식 쇼매너를 익힌 가수들이었다. 민간외교와 외화획득이라는 목적을 성실히 수행할 수 있었던 이 미국식 쇼단들은 점차 코리언 쇼라고 불리게 되었다.

비록 국제적인 한국연예인들이 미국 스타일의 쇼를 선보이고 있다고 할지라도, 저널리즘은 그것에 내재된 '한국성'을 강조하였다. 그것은 단순히 모방이 아니라 "외국 것을 받아들여 우리 것으로 소화시킨 다음 그것을 세계수준으로 끌어올린다"는 문화적 전략의 일환으로 여겨졌다.[56] 즉, 그것은 미국의 문화를 모방하고 그것의 가치에 지배되는 것이 아니라, 외국의 선진적 문화를 한국화하는 문화적 역량을 보여 주는 것에 다름 아니라는 것이었다. "코리언재즈"라는 명명은 퇴폐적이고 저급한 것으로 받아들여지던 미국의 대중문화가 어떻게 중립화되고 보편화된 문화적 위치를 획득하는지, 그리고 동시에 한국화될 수 있는, 다시 말해 어떻게 한국적으로 상상되고 재창출될 수 있는지에 대한 전망을 제공하였다.

김시스터즈가 미국에서 성공을 거두고 있다는 사실은 한국인들에게 무척 인상깊은 것이었다. 미국에서 성공하였다는 것은 곧 한국의 문화가 세계에서 인정받을 가능성이 있다는 것을 의미하는 것이었다. 게다가 김시스터즈의 성공에 따라 해외연예기획자들이 한국 연예인을 섭외하러 오자, 그것이 한국의 문화가 세계시장에서의 경쟁력을 인정받은 것으로 여겨졌다.[57] 한 리포터가 자신 있게 선언하듯이, "외국에

---

56 「세계무대 주름잡는 보칼팀」, 『경향신문』, 1963.3.21.
57 「미흥행계의 눈 코리언쇼에」, 『경향신문』, 1963.12.28; 「우리 연예인 25명」, 『동아일보』, 1963.12.28.

서 우리의 예술이 환영받는다는 것은 그만큼 한국 수준이 세계의 그것과 대등해지고 있다는 증거"였다.[58] 따라서 김시스터즈의 이야기에서 항상 언급되는 "주급 1만 달러"라는 수식은 단순히 외화획득의 문제가 아니라 한국의 근대성과 문화적 역량을 측정할 수 있는 객관적인 바로미터로서 기능하였다.

김시스터즈에 대한 소식은 그들이 미국으로 떠난 1959년부터 한국에서 줄곧 관심 깊게 보도되었다. 언론은 라이프, 스타스 앤 스트라입스, 뉴스위크 등의 미국신문 기사를 매번 소개하며 그들이 미국에서, 특히 에드 설리번 쇼 출연 이후 어떻게 전미 시청자들에게 커다란 인기를 얻고 있는지 자랑스럽게 보도하였다. 명랑 잡지는 1959년 8월 「미국을 휩쓰는 한국의 재즈」라는 제목으로 한복을 입고 가야금을 연주하는 그들의 대표적인 퍼포먼스 사진을 메인으로 그들의 기사를 실었다. 기사에서는 '한국적인 것'을 상징하는 이러한 공연 사진뿐만 아니라 새로 구입한 차, 선글래스, 파티 등 디즈니랜드, 로스엔젤레스, 헐리우드, 뉴욕 등지에서의 그들의 생활도 함께 소개하였다. 화려하고 소비주의적인 이미지들을 담은 이 사진들은 특정한, 하지만 두서없는 논리를 시각적으로 드러내고 있다. 이러한 이미지들의 복합적인 배치는 '한국적인 것'의 국제적 수용, 한국인들이 동경하던 미국적 생활 양식, 그리고 세계 연예 중심지에서의 "빛나는 한국의 딸들"의 화려한 성공이 어떻게 상호 연관될 수 있는지를 암시한다.[59]

1967년 주미한국대사관은 김시스터즈에게 한국정부로부터 감사장

---

58 「해외로 뻗는 연예계」, 『경향신문』, 1964.10.10.
59 「김시스터즈─미국을 휩쓰는 한국의 재즈」, 『명랑』, 1959.8.

을 전달하게 될 것이라 발표하였다. 대중가요를 통해 한미 양국간의 상호이해 증진에 힘쓴 공로를 치하하기 위한 것이라 하였다. 하지만 다른 한편으로 해외 진출 코리언 쇼들은 1960년대 중반을 지나면서 점차 문제를 일으키기 시작하였다. 특히 미군의 수요가 높았던 베트남을 중심으로 인도네시아, 태국, 말레이시아 등으로 흥행업체들이 사업을 확장하면서 지나치게 많은 코리언 쇼의 수출이 이루어졌고 이를 처리하기에는 공보부의 심의도 불충분했고 현지에서의 감독도 제대로 이루어지지 않았다.[60] 현지에서 각 쇼단 간의 경쟁이 심화되고 자극적이고 선정적인 쇼를 벌여 해당 국가 당국으로부터 공연 금지를 당하는 사례도 생겨났다. 결국 1970년대 들어 베트남 특수의 규모가 축소됨에 따라 해외 진출 코리언 쇼의 숫자 역시 크게 줄어들게 되었다.

앞서 설명하였던 것처럼 김시스터즈의 미국 진출과 성공은 1950년대 초반부터 형성되기 시작한 아시아 태평양지역 미군기지 클럽 네트워크의 확장에 의존하고 있었다. 그리고 김시스터즈뿐 아니라 다수의 아시아 여성 연예인들 역시 마찬가지였다. 영어로 노래를 부르는 이 여성 연예인들은 홍콩의 일급 호텔과 헐리우드의 호화로운 나이트클럽, 그리고 오키나와의 캠프와 베트남의 전장으로 유통되며 냉전의 최전선을 달렸다. 이 연예 네트워크를 통해 동아시아, 동남아시아, 태평양의 섬들, 그리고 미국 서부는 라스베가스 쇼의 화려한 이국주의와 적대적 반공 정치 사이에서 상호 접속되었다.

그럼에도 불구하고 이러한 연예가 미국과 아시아 태평양 블록 내의

---

60 「재검토해야할 연예인 해외진출」, 『경향신문』, 1968.3 23; 「나라망신 해외진출연예인들」, 『동아일보』, 1968.3.26.

여전히 지배적인 위계 속에서 소비되고 있었음을 간과해선 안 된다. 재즈를 부르던 일본인 여가수가 미국에서 전통의상을 차려 입은 일본 여성 혹은 수줍은 중국 이주 여성을 연기하고 매우 서구적인 외모를 가졌던 한국 여가수는 일본에서 한복을 입고 도라지타령을 불렀으며 필리핀의 쇼단이 서울의 한 극장에서 아크로바트를 선보였지만 그 반대의 이동은 거의 찾아보기 힘들다는 점에서 그렇다. 아시아 여성 연예인은 마치 미국인 남성과 아시아인 여성 간의 로맨스를 다룬 영화에서처럼 여성화된 아시아, 다시 말해 오리엔탈리즘의 시선 속에서 재현된 냉전 아시아-태평양의 권력관계를 은밀하게 드러내는 하나의 상징이었다.

참고문헌

논문 및 단행본

(1차 자료)

『경향신문』, 『동아일보』, 『명랑』, 『신태양』, 『아리랑』

Las Vegas Sun, Life, Los Angeles Times, Newsweek, Parade, San Antonio Light, Stars and Stripes, The Washington Post

(단행본)

황문평, 『돈도 명예도 사랑도』, 무수막, 1994.

Julia Carson, *Home away from Home : The Story of USO*, New York : Harper&Brothers Publishers, 1946.

L.F. Kimball, *Five Years of Service : Report of the President*, USO, 1946.

(인터뷰 및 다큐멘터리)

"Interview with Sook-ja Kim : An Oral History Conducted by Myoung-ja Lee Kwon February-April 1996", *Las Vegas Women in Gaming and Entertainment Oral History Project*, University of Nevada, Las Vegas, 1997

Mara Willis, *Entertaining Vietnam*, 2003 (Documentary Film).

(2차 자료)

김호연, 「한국 근대 악극 연구-레코드사 소속 악극단을 중심으로」, 『동양학』 32, 2002.

산드라 스터드반트·브렌다 스톨츠퍼스, 김윤아 역, 『그들만의 세상-아시아의 미군과 매매춘』, 잉걸, 2003.

백현미, 「'국민적 오락'과 '민족적 특수성'-일제 말기 악극의 경우」, 『공연문화연구』 11, 2005.

신현준·허둥훙, 「냉전 초기 남한과 타이완에서 대중연예의 국가화 및 미국 대중문화의 번역」, 『냉전 아시아의 문화풍경 1-1940~1950년대』, 현실문화연구, 2008.

김청강, 「악극, 헐리우드를 만나다-1950년대 한국 대중영화의 혼종성에 드러나는 식민성과 탈식민적 근대성의 문제들」, 『대중서사연구』 29, 2012.

_____, 「'조선'을 연출하다―조선악극단의 일본 진출 공연과 국민화의 (불)협화음」, 『동아시아문화연구』 62, 2015.

박진수, 「동아시아 대중음악과 근대 일본의 '조선붐'」, 『아시아문화연구』 29, 2013.

심재겸, 「국민을 위한 노래―해방 이후 국민가요운동의 전개와 국민 주체의 음악적 구상」, 『대중음악』 18, 한울, 2016.

John E. Mueller, "Trends in Popular Support for the Wars in Korea and Vietnam", *The American Political Science Review*, Vol.65, No.2, 1971.

Daniel C. Hallin, *The "Uncensored War"* : *The Media and Vietnam*, New York : Oxford University Press, 1986.

広岡敬一, 『戦後性風俗体系―我が女神たち』, 朝日出版社, 2000.

Sherrie Tucker, *Swing Shift* : *"All-Girl" Bands of the 1940s*, Durham and London : Duke University Press, 2000.

Anthony W. Lee, *Picturing Chinatown* : *Art and Orientalism in San Francisco*, University of California Press, 2001.

Petra Goedde, *GIs and Germans* : *Culture, Gender, and Foreign Relations, 1945-1949*, Yale University Press, 2002.

Christina Klein, *Cold War Orientalism* : *Asia in the Middlebrow Imagination 1945-1961*, University of California Press, 2003.

Mahora Peters and James George, *Showban!* : *Mahora and the Māori Volcanics*, Wellington : Huia Publisher, 2005.

J. Michael Sproule, *Propaganda and Democracy* : *The American Experience of Media and Mass Persuasion*, New York : Cambridge University Press, 2005.

Trina Robbins, *Forbidden City* : *The Golden Age of Chinese Nightclubs*, Hampton Press Inc., 2009.

Yu Jung Lee, "Embedded Koreanness in American Oriental Imagination : Kim Sisters' 'Their First Album'", 『비교문화연구』 24, 경희대학교 비교문화연구소, 2011.

Roald Maliangkay, "Koreans Performing for Foreign Troops : The Occidentalism of the C.M.C. and K.P.K.", *East Asian History* 37, 2011.

Benjamin Han, "Small Screen Talent : Ethnic Performers, Music, and Variety Shows in Cold War America", a doctoral thesis, New York University, 2012.

기지를 감지한다는 것

도미야마 이치로(冨山一郎)

도대체 나는 누구인가?

도대체 나는 '전전(戰前)'에 있는가?

도대체 나는 '전중(戰中)'에 있는가?

도대체 나의 '전후(戰後)'는 어떻게 되었는가?

—신죠 다케카즈, 新城兵一[1]

1. 기지에 대한 감지력

시작과 끝으로 구분되고 지리적으로 둘러싸인 전장에 한정된 전쟁이 아니라, 늘 군사적 폭력이 일상 세계에 존재하는 사태를 냉전이라고 생각해 보자. 일상 세계에 계속해서 존재하는 폭력은 어떠한 통치와 관계될까. 이 통치야말로 냉전에서 군사적 폭력의 문제가 아닐까.

---

1   新城兵一, 「派兵または未来の法廷」, 『死生の海』, あすら舎, 2011.

그리고 미리 말하자면 이 문제를 생각하기 위해서는 우선 폭력에 대한 감지력을 확보할 필요가 있는 것이다.

팀 오브라이언의 소설 『本当の戦争の話をしよう(진짜 전쟁 이야기를 하자)』[2]에는 오키나와라고 확실히 밝히지는 않았지만 오키나와 미군 기지가 등장한다. 베트남전쟁에 병사로 종군한 오브라이언은 오키나와 미군 기지를 베트남 정글 배후에 있는 전선 기지로서 그렸다. 전장은 지도상의 베트남에 머무르지 않았고, 오키나와 기지는 일본에 잠재적 주권이 있다고 여겨진 오키나와 내부에 존재하지 않았다. 오브라이언에게 오키나와 기지는 전장과 이어진 곳에 있다. 기지는 국가의 국경으로 둘러싸인 지도 내부에 표시될 수 없다. 그 존재는 이미 국가라는 경계를 넘어 혹은 국가 주권을 초월하여 있는 것 아닐까. 오브라이언의 기지에 대한 감지력이 부각시키는 것은 기지를 지리적으로 둘러싸인 국가 내부에 그리는 것이 무엇을 부인하는가라는 문제가 아닐까.

물론 이러한 오브라이언의 상상력은 뒤에서 말할 전후戦後 냉전을 구성한 글로벌한 밀리터리즘의 전개와 무관하지 않다. 하지만 본고에서 생각하고자 하는 것은 군사적 폭력의 거점으로서 기지라는 존재가 주권을 영토적으로 표현한 지도상의 국경이라는 틀 내부에 포함될 수 있는가라는 문제이다, 어쩌면 그것은 고전적인 정치학에서 다루는 주권이나 그것을 단위로 하여 구성된 국제 관계에서 군사적 폭력이 가지는 의미가 과연 이해될 수 있는가라는 물음이기도 하다. 군사적 폭력은 그 존재 자체가 이러한 안과 밖을 구성하는 경계를 통해 그려지는

---

2 ティム・オブライエン, 村上春樹訳, 『本当の戦争の話をしよう』, 文藝春秋, 1998.(한국어 판은 팀 오브라이언, 김준태 역, 『그들이 가지고 다닌 것들』, 한얼미디어, 2004)

세계 자체를 전혀 다른 것으로 바꿔버리는 힘이 아닐까. 기지라는 것은 그 힘의 존재 자체의 양태로서 있는 것은 아닐까.

여기서 경계와 관련하여 언급하고 싶은 게 하나 있다. 그것은 기지를 지리적으로 구분 짓는 펜스라는 경계이다. 기지의 안과 밖은 우선이 펜스에 의해 구분된다. 여기서 몇 가지 사태를 상상해 보자. 거리에 놓인 탱크와 펜스 안에 있는 탱크는 다른 것일까. 나오미 클라인Naomi Klein의 『쇼크 독트린』을 다큐멘터리화한 필름[3]을 보고 알아차린 것이 있다. 그것은 독트린의 사례로서 들어진 칠레, 아르헨티나, 소련, 동유럽의(혹은 책에서는 논의되었지만 다큐멘터리에서는 다뤄지지 않은 인도네시아나 중국까지 넣어도 된다) 어떤 영상도 시각적으로 닮았다는 것이다. 거리에는 탱크가 있다. 지금 그 탱크가 어느 나라 탱크인지는 문제가 아니다. 또한 이렇게 거리에 군대가 배치된 상태에 대해서는 계엄령이라 불러도 될지 모르겠다.

하지만 국적이나 제도적인 문제로 환원하기 전에 우선 이 탱크의 존재를 주시해 보자. 그 탱크와 펜스 안에 놓인 탱크는 다른 것인가. 어쩌면 이렇게 바꿔 말해도 괜찮다. 원래 국가의 비합법성을 표현하는 계엄령은 법령적 선언이 아니라 탱크가 거리에 놓인 순간부터 시작되는 것 아닐까.[4] 혹은 저 거리의 탱크는 자신을 지키기 위한 것인가, 아니면 진압하기 위한 것인가. 기지 내부에 놓인 탱크에서 끌어내야 할 것은 이 물음이 아닐까.

---

3 다큐멘터리 〈The Shock Doctrine〉(Michael Winterbottom + Mat Whitecross 감독, 2009).
4 이 점에 대해서는 冨山一郎, 『流着の思想』, インパクト出版会, 2013(한국어판은 도미야마 이치로, 심정명 역, 『유착의 사상－오키나와 문제의 계보학과 새로운 사유의 방법』, 글항아리, 2015), 제1장 참조.

훈련이라면서 기지 주변을 선회하는 군용 헬리콥터를 상상해 보자. 머리 위를 선회하는 헬리콥터는 팔레스타인에서 사람들 머리 위로 무차별 공격을 퍼붓는 그 헬리콥터와 다른 것인가. 만일 저 헬리콥터가 자신을 공격하지 않을 거라고 생각된다면 그 근거는 무엇인가. 펜스 내부에 주둔한 것이 자국이나 동맹군 군대라는 주권적 존재에 의한 분류나 명명이, 탱크가 자신을 진압하는 계엄부대가 될 수는 없고 또 군용 헬리콥터가 머리 위에서 공격하는 일은 절대로 없다는 근거가 정말될 수 있을까.

걸프전 당시 오키나와 가테나嘉手納 기지 가까이에 사는 마쓰다 마리코松田真理子 씨는 '기지가 생물처럼 움직인다'고 말했다.[5] 마쓰다 씨에게 감지된 기지는 펜스 내부에 구분되어 갇혀 있지 않다. 또한 그 움직임은 중동을 향한 일직선의 벡터가 아니라 생물처럼 펜스를 비집고 나와 마쓰다 씨의 일상을 뒤덮었다. 아니 오키나와가 최전선 기지였던 한국전쟁 당시에도 가테나 기지에서는 F80 전투기, B26 · B29 폭격기가 한반도를 향해 몇 초 간격으로 발진하였다. 그 때 오키나와 사람들은 또 전쟁이 시작되었다고 식료품을 비축하기 시작했다.[6] 이 사람들도 기지의 움직임을 감지했던 것이다. 그리고 이 사람들 머리 위로 나는 전투기는 자신들을 지키는 것으로 지각되지는 않았을 것이다. 그 때는 오키나와 전투의 기억이 상기되면서 점령 상태를 구성하는 군사적 폭력 자체가 '생물'처럼 감지된 것이 아닐까. 때문에 당시 오키나와를 통치하던 미국의 시츠Josef Robert Sheetz 장관은 '전쟁을 하는 것이 아니다. 경찰 행동을

---

5   VHS 〈いま語る沖縄の思い〉, 市民の意見30の会 제작, 1996.
6   沖縄タイムス社編, 『沖縄の証言 上』, 沖縄タイムス社, 1971, 286쪽.

하는 것이다'라는 변명을 주민들에게 하지 않을 수 없었던 것이다.[7]

냉전 중에 수많은 기지가 지도상에 그려졌다. 특히 오키나와 전투 이후 1972년까지 미국 지배하에 있던 오키나와에는 엄청나게 많은 기지가 그려졌다. 이러한 기지를 주관적 영토 내부의 펜스로 둘러싸인 토지가 아니라 상주하는 군사적 폭력의 존재 양태로서 생각했을 때, 국경과 펜스라는 두 가지 경계를 통해 유지되던 일상 세계는 다른 모습을 드러내지 않을까. 오브라이언이나 마쓰다 씨의 감지력은 이런 모습과 관계된 것이 아닐까. 그것은 오키나와에 관해 말하자면 1972년 이후 일본 주권 내부에 있는 오키나와를 어떻게 생각할 것인가라는 문제이기도 하다. 기지는 지금도 거기에 있다.

2. 냉전의 시간

지금 말한 이러한 국경과 펜스에 관한 물음은 냉전에 한정되는 것이 아니며, 전후 세계만의 문제도 아니다. 하지만 전후가 냉전 구축을 통해 작동되기 시작했다고 한다면, 거기에는 주권적 존재의 등장과 주권을 뛰어넘은 군사력이라는 이중의 전개가 있을 것이다. 아시아 태평양 지역에 주목해 말하자면, 제국 일본이 지배했던 지역에 자치나 주권을 구축하는 과정과 미국의 글로벌한 군사적 전개가 겹쳐졌다. 다른 한편에서 거기에는 소련을 축으로 한 코민포름이나 군사동맹의 글로벌한 전

---

7   위의 책, 286쪽.

개도 있을 것이다. 거칠게 말하면 전략적 신탁통치, 병합, 독립 후의 군사동맹 등 자치나 주권 획득에 관한 여러 형태를 회로로 삼아 군사적 확장을 이루어 가는 제국이 냉전을 만들어 간 것이다. 따라서 다시 말하면 냉전에서 정치란 주권적 존재를 통해 구성된 정치공간이 아닐 뿐더러 주권을 단위로 하여 구성되는 국제 관계도 아니고, 주권과 주권을 뛰어넘은 군사적 폭력이 겹치는 곳에서 발생하는 통치 문제인 것이다. 그리고 이 통치야말로 국경과 펜스로 지탱되던 일상 세계가 다른 모습을 드러내는 것과 관련되지 않을까. 즉 전후 냉전에서 군사화가 주권적 존재와 주권을 뛰어넘은 밀리터리즘의 합작인 이상, 기지는 주권을 통해서는 포획할 수 없는 존재가 아닐까. 바로 그렇기 때문에 주권을 통해 구성되는 펜스와 국경이라는 지정학적 지리 구분을 뛰어넘는 군사적 폭력에 대한 감지력이 냉전을 생각할 때 극히 중요한 것이 아닐까.

오키나와의 경우 미국 통치가 시작된 것과 오키나와가 마치 하나의 주권적 존재인 것 마냥 자치적 조직이 구성된 것이 서로 겹쳐진다. 물론 그것은 불충분한 자치여서 완전한 주권에 대한 희구를 사람들 사이에 낳았지만, 주권적 존재와 글로벌한 밀리터리즘은 오키나와에서 극명하게 서로 겹쳐진다고 말할 수 있다. 그리고 오키나와가 '기지의 섬'이 되어 한반도, 대만, 동남아시아, 베트남에 대한 최전선 기지로서 냉전을 짊어지는 가운데, 완전한 주권에 대한 희구는 일본으로 복귀를 요구하는 조국복귀운동이라는 형태로 전개되었다. 주권을 회복하고 미국 지배를 끝내 군대를 철퇴시키자는 것이다. 그리고 그 운동의 동인으로서 기지에 대한 감지력이 틀림없이 존재했을 것이다. 또한 바로 그렇기 때문에 1972년 5월 15일 오키나와가 미국 통치로부터 일본에 귀속되어 주권 안에 포함될 때, 그 감지력이 더 날카롭게 물어지게 된 것이다. 즉 감지된 군사적 폭력은 주권 회복에 의해 소멸되었는가.

1969년 말 '사토-닉슨 회담'과 공동 성명을 통해 정식으로 오키나와 반환의 정치 일정이 정해졌다. 복귀를 군사적 폭력에서 해방으로 여긴 이들에게, 이 회담과 공동 성명은 복귀에 배신당한 것이 명확해진 사건이었다. 예를 들어 가와미쓰 신이치川満信一는 「わが沖縄・遺恨二十四年」(『展望』, 1970.1)을 통해, 복귀가 현상의 계속임을 명확히 밝힌 '사토-닉슨 회담'을 '오키나와에는 앞으로도 핵 기지가 있는 것만으로도 그곳에 거주하는 백만 명의 인간은 이전에도 이후에도 살아 있는 채로 사망자 명부의 머릿수로서 여겨지는 데 지나지 않는다'[8]고 받아들였다. 그리고 다음과 같이 말하였다.

사토-닉슨 회담의 공동 성명을 기다린 1969년 11월 22일 심야, 오키나와는 사반세기 동안 축적된 '말로는 표현하지 못할 굴욕'을 삼키고, 이미 배신당한 꿈의 단편에서 조그만 희망이라도 찾을 수 있지 않을까, 마치 지푸라기라도 붙잡는 심정으로 잠들지 못하고 계속 뒤척였다.[9]

일단 절망이란 단어를 사용한다면 이러한 가와미쓰 신이치의 절망은, 일본이라는 주권으로 복귀를 군사적 폭력에서 탈출로 여기고 그것

---

8 川満信一, 「わが沖縄・遺恨二十四年──死亡台帳からの異議申し立て」, 『展望』, 1970.1(『沖縄文学全集 18巻』, 国書刊行会, 1992, 123쪽).

9 위의 글, 119쪽.

을 희구한 이들이, 바로 그 복귀 순간에 배신당해 버린 절망이다. 물론 거기서 복귀 후에도 불완전한 주권이라는 이해를 통해 미군 기지를 주권 침해로 간주하는 사고는 가능할 것이다. 하지만 무릇 전후 세계에서 주권이라는 존재가 밀리터리즘의 매개항임을 감안한다면 가와미쓰의 절망은 주권에 탈출을 걸었던 이들이 바로 주권 회복 순간에 주권의 정체를 통감하게 된 사태라고 말할 수 있다. 주권의 회복이 주권으로 환원 불가능한 통치를 드러낸 것이다.

그것은 또한 복귀를 통한 폭력에서 탈출을 그려온 복귀 운동으로서는 운동의 동인이었던 기지에 대한 감지력이 갈 곳을 잃고 운동에서 분리되어 공공연하게 퍼져나가는 사태라고 할 수 있다. 또한 이러한 사태는 주권 회복이라고 상정된 전후라는 시간이 붕괴하는 것이기도 했다.

> 시시각각 흘러나오는 사토-닉슨 회담 내용은 오키나와의 실낱같은 희망마저 철저하게 박탈하였고 다시 저 불길한 '철의 폭풍'의 전조(원문은 '豫兆' -역자)를 품은 악운이 되어 어둠의 무게를 더하는 듯했다.[10]

여기서 가와미쓰가 말한 '철의 폭풍'이란 아시아·태평양 전쟁 당시 오키나와 전투를 가리킨다. 과거 전쟁은 미래에 대한 '전조'로서 지금 떠오르는 것이다. 기지에 대한 공공연한 감지력은 오키나와 전투에서 살아남은 전후라는 시간의 붕괴이기도 했다. 경계를 넘어선 통치가 발견되는 과정은 공간적 변용인 동시에 전후라는 시간의 문제이기도 했다.

---

10 위의 글.

3. '그림자'로서 삶

다음으로 전후 줄곧 기지의 섬이었던 오키나와에 관한 소설을 살핌으로써 소설이 가지는 상상력을 통해 기지를 검토해 보자. 먼저 다루고자 하는 것은 1954년 『琉大文学』 7호(1954.11)에 게재된 이케자와 사토시池沢聡의 「空疎の回想(공허한 회상)」이다. 이 소설에서는 기지를 호위하기 위해 고용된 지역 주민 '가드'를 그리고 있다.

2001년 9·11 테러 직후 오키나와 미군 기지가 경계 태세(컨디션 델타)에 들어갔을 때도 경비를 담당한 것은 지역 주민인 '가드'들이었다. 이들은 24시간 계속해 자신들이 사는 곳을 향해 총을 겨눠야 했다. 굳이 말하자면 기지라는 존재는 주민이 자신들의 일상에 총을 겨눌 때에야 비로소 눈앞에 나타나는 것이 아닐까. 기지와 다른 장소를 구분 짓는 것은 물리적인 펜스가 아니다. 일상적으로 행해지는 이러한 '가드'들에 의한 경호 활동이야말로 구분을 유지하는 것이며, 바꿔 말한다면 기지란 지도에 선을 그어 만들어지는 펜스 안에 있는 것이 아니라 경호 활동이라는 실천을 통해 일상 세계에 떠오르는 무언가이다. 그리고 구분은 주민이자 '가드'이기도 한 사람들 내부에 각인된 구분이기도 하다. '가드'는 주민에게 총을 겨누고 그 주민은 '가드'이기도 한 것이다.

소설에서는 '가드'가 경계해야 할 대상인 사람들은 '어둠'이나 '그림자'로밖에 그려지지 않는다. 하지만 '가드'들도 '어둠'은 아닐지언정 서치라이트를 통해 비춰지는 존재였다. 굳이 말하자면 '어둠' 안에 있는 것이 아니라 비춰지는 존재가 되었을 때 사람은 '가드'가 되는 것이다. "서치라이트는 나를 강제한다. 꿈 안에까지 침입한다."[11] 그리고 '그림자'일 수밖에 없는 사람들과 비춰진 '가드'들이 접촉하는 장면에서 이루어지는 행위는 단지 칼빈 총 총성과 화약 냄새로만 그려질 뿐이다. 거기에는 일체의 언어적 주고받음이 없다. 액터는 어디까지나 칼빈 총인 것이다.

칼빈 총으로 체현되는 말이 소용없는 폭력을 정당화하는 근거는 무엇인가. 소설에서는 '어둠' 속에서 징후적으로 느껴지는 '그림자'가 살기 위해 물자를 훔치러 오는 사람들임을 시사하지만 명시적으로 서술되지는 않는다. 즉 살해될 대상이 누구이며 뭘 하고 있는지가 확인되지 않은 채 표적이 되는 것이다. 적으로서가 아니라 '어둠'이나 드리워진 '그림자'로서. 여기서 몇 가지 물음을 던져 보자. 만약 절도 사건이라면 처벌은 사법을 통해 이루어지게 된다. 그리고 행위의 사실 확인에 관한 심문이 행해지게 될 것이다. 하지만 소설에서는 일체의 언어 행위가 소멸되고 '그림자'만이 살해당할 대상을 가리키는 징후로서 존재한다.

언어 행위인 심문이 '그림자'를 보는 것으로 대체되는 사태가 거기에는 있을 것이다. 그것은 또한 사법이 말이 소용없는 폭력과 겹쳐져 유착되는 것이기도 하지 않을까. 이 물음은 절도라면 경범죄라든가 냉전 하에서는 공산주의자라면 죽여도 된다는 식의 형량의 문제는 아니다. 누구인지 심문 없이 행사된 폭력이야말로 중요한 논점인 것이며, 따라서 '○○이니까'라는 심문을 통해 확보되는 근거 없이 다만 '그림자'라는 것만으로 살해되는 것이다. 거기서는 '○○이니까'는 사후적인 설명밖에 안 된다. 거꾸로 말하자면 누구냐는 물음이 언어 내용을 통해 확보되는

---

11 이 소설은 후일 「ガード(가드)」로 표제를 바꿔 다른 잡지에 실렸다. 『沖繩文学全集 7巻』, 国書刊行会, 1990, 수록. 인용은 위의 책, 100쪽.

것이 아니라, 행동거지를 판별하고 '그림자'를 알아차림으로써 폭력이 행사되는 것이다. 그렇게 움직이는 자, 보이는 자는 말이 소용없이 살해되는 무언가(원문 'モノ'-역자)가 되는 셈이다. '그림자'는 이미 사람이 아닌 것이다.

이러한 언어에서 행동거지로 이행을 생각할 때 1923년 간토關東대지진 때 계엄령이 깔린 수도권에서 행해진 심문을 상기하는 것은 중요할지 모른다. 간토대지진에 관한 기술에는 자경단이나 병사에 의한 심문 장면이 다수 존재한다.

(거리 장면) "병사 한 명이 내 등에 날선 총검을 겨누었다. 나는 흠칫 놀라 나도 모르게 총검에서 한 발짝 물러났다. 그러자 "서라! 너, ××인이지"라고 고함치며 그 병사는 내 옆으로 한 발짝 다가왔다. "전 일본 사람입니다!" 덜덜 떨면서 나는 겨우 이렇게 답했다. "거짓말 마! 이 자식!" … "이런 복장을 하고 있으니까 의심을 받는 거야." (壺井繁治, 「十五円五十錢」, 『戰旗』, 1928.9)

(거리 장면) "좀 주의자 같이 보여서" (山之口漠, 「野宿」, 『群像』, 1950.9)

주지하는 바와 같이 심문 중에 많은 조선인, 중국인, 사회주의자, 아나키스트가 말이 소용없이 살해되었다. 하지만 그것을 여기서는 '○○이니까 살해됐다'고 금방 생각하지 말고 이 심문이 무엇인가에 초점을 맞춰 보자.[12] 위에서 말한 여러 장면에서 알 수 있는 것은 심문은 시선

---

12 같은 문제를 富山一郎, 「戒厳令における発話行為を考える」, 국제심포지엄 '都市の中の外国人'(名古屋大学, 2014.1.25)에서도 논의하였다. 또한 이 계엄령이라는 문제를 오키나

이기도 했다는 것이다. 즉 언어적 커뮤니케이션이라기보다 일방적으로 본다는 행위이기도 했다. 그리고 그 시선은 복장이나 두발, 신체동작으로 향한다. 또한 이 시선에 대해 언어적 항변은 일단 무력하다. 어떻게 설명을 해도 '그렇게 보인다'는 것이다. 또한 중요한 것은 심문과 더불어 존재한 이러한 신체를 향한 일방적 시선이 살아남아도 될 인간인지를 판별하는 기준이었다는 점이다.

> (창을 통해 기차 안을 바라보는 병사) "어이, 너, 쥬고엔고짓센('十五円五十錢'의 일본어 발음-역자)이라고 해봐!" (壺井繁治, 「十五円五十錢」, 『戰旗』, 1928.9)

이 장면에서 알 수 있는 건 심문이 요구하는 언어 행위는, 무엇을 말하는가라는 언어적 의미 내용이 아닌 신체 동작이라는 점이다. 이 '쥬고엔고짓센' 외에도 '자부톤ザブトン'이라고 말하게 시켜보거나 교육칙어를 읽히거나 했다.[13] 거기서는 발화 자체가 허용되는 자인지 아닌지가 물어지고 있는 것이며, 발화 주체가 무엇을 말하느냐가 아니라 발화 주체 자체의 존재를 묻는 것으로서 심문이 존재했다는 사실에 주의하고자 한다. 발화를 발화로서 들어야 할 사람과 발화가 허용되지 않고 그것이 동작으로서만 의미를 가지는 사람으로 분할된 이러한 언어

와 전투 상황과 겹쳐 전장의 기억 문제로서 검토한 바 있다. 잘 알려진 대로 오키나와 전투가 한창일 때 제32군 사령부에서는 "오키나와어로 담화하는 자는 간첩으로 간주하여 처분한다"는 명령이 발포되었다. 이는 바로 말이 살해되어야 할 '그림자'의 징후가 되는 사태에 다름 아니다. 자세한 내용은 冨山一郎, 「戒嚴狀態と沖繩戰」, 川島正樹編, 『記憶の共有をめざして』, 行路社, 2015, 참조.

13 '쥬고엔고짓센', '자부톤' 등은 한국인이 발음하기 어려운 일본어다. (역주)

공간을 어떻게 이해해야 할 것인가.

주디스 버틀러는 군대 내에서 동성애자의 발화에 대한 검열이라는 문제를 들어 그 검열이 '발화가 아닌 행동거지'에 관련된다는 것에 주목하며 다음과 같이 말하였다. 또한 여기서 버틀러가 논의하는 검열은 군대 내 동성애자를 적발하는 심문이기도 하다.

> 여기서 문제는 주체에 의해 말해지는 어떤 종류의 발화가 검열을 받을지 말지가 아니라, 주체가 될 인간을 어떤 종류의 검열 조작이 어떻게 정하고 있는가이다. 그 때 의거하는 것은 무엇이 이야기할 수 있는 거고 무엇이 그렇지 않은가를 정하는 규범을 주체가 될 후보자의 발화가 따르고 있는가이다. 발화 가능성 밖으로 벗어나는 것은 주체로서의 지위를 위험하게 하는 것이다. 자기의 발화 가능성에 관한 규범을 스스로 신체화함으로써 자기는 발화 주체라는 스스로의 지위를 완성시킨다. '불가능한 발화'라 함은 바로 비사회적인 것이 발호하는 발화이며 '정신병 환자'의 신음소리이다. 그러한 것이야말로 발화 가능한 영역을 정하는 규칙에 의해 생산되고 또한 그러한 규칙에 끊임없이 따라붙는다.[14]

버틀러는 검열이라는 영역에서 두 가지 문맥을 보려고 한다. 하나는 발화의 시비를 판정하는 검열 제도이고, 다른 하나는 발화 주체로서 인정할 것인가 말 것인가의 검열이다. 또한 후자에는 규범이 관여하

---

[14] ジュディス・バトラー, 竹村和子訳, 『触発する言葉』, 岩波書店, 2004, 208쪽. 한국어판은 주디스 버틀러, 유민석 역, 『혐오 발언—너와 나를 격분시키는 말 그리고 수행성의 정치학』, 알렙, 2016.

고, 전자에는 굳이 말하자면 검열 제도라는 법적 문맥이 관여한다. 즉 법에 입각하여 법정 안에서 시비를 가리는 검열과 발화 주체의 존재 가능성 자체를 문제시하는 검열이 존재한다는 것이다. 그리고 후자를 전자의 전제라고 보아, 이 전제로서의 검열에 의해 발화 가능성이 부정되는 사태를 '사전 배제'라고 부른다.[15]

이러한 배제에서는 발화는 이야기하고 있지만 발화로서 인정받지 못하고 단순한 신체 동작이 될 뿐이다. 그것은 말하자면 검열제도 바깥이며 법의 바깥이기도 할 것이다. 그리고 검열이 이러한 법 외 추방으로서 등장할 때 "발화 가능성이 미리 배제될 때 주체가 느끼는 위험에 처해 있다는 감각"[16]이 신체를 감싼다. 또한 발화가 '행동거지'라는 동작이 된다는 것은, 그것이 이야기를 들을 상대가 아니라 그 동작을 바라보며 판단을 내릴 대상물이 된다는 것이기도 할 것이다.

여기에서 시선(서치라이트)의 문제도 떠오른다. 거기서는 이미 '어둠' 속에 몸을 감출 수밖에 없다. 그리고 '어둠'에서 '그림자'가 나타나는 순간 말이 소용없는 폭력이 행사된다. '위험에 처해 있다는 감각'이 감지하는 것은 이러한 말이 소용없는 폭력인 것이다. 거기서는 '사전 배제'가 치고 올라와 말의 영역이 침식된다. 무엇을 들었는지가 아니라 무엇을 들어야 할 말로 간주할 것인지가 전경화前景化되는 사태. 그것은 탱크가 거리에 있는 계엄 상태이기도 하며 또한 기지라는 존재가 만든 상황이기도 하지 않을까. 그리고 이런 상황은 말의 정지와 함께 퍼져나가는 것이다.

이 말의 정지는 단순한 침묵이 아니다. 사법적 판단이 국가의 폭력 행

---

15 위의 책, 210쪽.
16 위의 책, 216쪽.

사에 관한 것이라면 어떤 발화의 법적 판단이 금지나 배제, 혹은 벌칙의 대상이 될 수는 있다. 하지만 버틀러가 '사전 배제'라고 간주한 것은 법 이전의 판단이며, 이렇게 법 이전에 놓이는 것 자체가 신체에 관한 폭력이라는 문제이다. 그것은 사법 전 감정鑑定에 의해 아무리 법정 증언으로서 발화해도 발화로서 인정받지 못하고 단지 병적 증상으로 받아들여져 말이 소용없는 폭력이 행사되는 버틀러가 말하는 '정신병 환자'의 영역이기도 할 것이다. 이 영역에 대해서는 뒤에서 다시 검토하겠다.

1967년 『新沖縄文学』 4호(1967.2)에 게재된 오오시로 다쓰히로大城立裕의 「칵테일 파티」 또한 펜스 안과 밖을 횡단하는 소설이다. 칵테일 파티란 기지 내 미군 가족 주택에서 열리는 파티를 가리키는데 주인공은 거기에 참가한다. 이미 많은 평론이 존재하는 소설이지만 여기서는 펜스라는 경계에 초점을 맞춰 생각해 보자.

주인공인 '나'는 예전에 게이트를 슬쩍 지나 기지에 들어갔다가 길을 잃은 경험을 가지고 있다. 길을 잃은 그 때 '나'에게는 예기치 않은 공포가 엄습한다. 또한 동시에 설 곳을 잃은 기댈 데 없는 외로움을 느낀다. "여기도 역시 자신이 살고 있는 도시 안이라는 의식을 가지려고 하지만 소용이 없었다."[17] 그리고 그 공포와 기댈 데 없음을 '나'는 기지 안으로 일하기 위해 들어간 주민이 '도둑으로 오해 받아' 헌병에 체포된 것과 겹쳐서 이해한다. 또한 이런 예기치 않은 공포를 경험한 후 '나'는 기지 주변에 가까이 가는 것에 공포를 느끼게 된다.

단적으로 말하면 '나'를 덮친 것은 오해를 받는다는 공포이고 아무리

---

17 大城立裕, 「カクテル・パーティー」, 『沖縄文学全集 7巻』, 国書刊行会, 1990, 258쪽.

항변해도 받아들여지지 않을 말이 소용없는 폭력에 대한 공포이다. 또한 이 공포는 펜스가 구분 짓는 것이 아니라 군사적 폭력의 존재 자체가 만들어내는 공포이다. 그리고 그것은 군이 말하자면 '그림자'가 되는 공포이다. 아무리 말로 설명해도 소용이 없다. 기지의 존재는 사람들에게 '그림자'가 되는 공포를 감지시키는 것이다.

이러한 공포를 품고 기지 내 칵테일 파티에 참석하기 위해 '나'는 기지 안으로 들어간다. 그런 '나'가 '그림자'가 되지 않고 살아남을 수 있는 수단은 초대해 준 미군의 이름과 전화번호와 주소였다. "예컨대 누군가에게 잡히더라도 미스터 밀러라는 이름과 전화번호와 하우스 번호를 말하면 된다."[18] 공포 속에서 말은 그 내용이 아니라 단지 부적이 된다. 그리고 가장 중요한 부적은 전화번호와 하우스 번호인 것이다. 하지만 거기서는 이 부적이 도움이 안 되는 상황을 이미 예감한다고 말할 수 있다. 이 예감된 상황에서는 '나'는 설 곳을 잃고 온몸에는 '위험에 처해 있다는 감각'이 감돌 것이다. 그리고 그것은 주민이기도 한 '가드'에게도 마찬가지다. '그림자'는 기지가 존재하는 한 모든 사람들 안에 잠재적 위험성으로서 존재한다. 거기서 기지는 펜스에 의해 구분된 것이 아니라 온몸에 감도는 공포로서 존재한다.

---

18 위의 책, 259쪽.

4. 네크로폴리틱스

기지의 존재에 의해 떠오른 것은 펜스 안과 밖을 가로지르는 위험에 처해 있다는 감각이다. 역시 거리의 탱크와 펜스 안의 탱크는 구별되지 않는 것이다. 기지는 팀 오브라이언이 감지한 바와 같이 국경을 넘어 퍼져가는 군사력인 동시에 펜스에 의해서도 가둘 수 없는 '생물'인 것이다. 처음에 인용한 것처럼 가와미쓰 신이치는 일본 복귀 후에도 기지가 존속되는 것에 대해 "살아 있는 채로 사망자 명부의 머릿수로서 여겨지는 데 지나지 않는다"고 적었다. 산 채로 이미 죽었다는 것이다. 그것은 언제 칼빈 총에 맞을지 모르는 '그림자'로서 일상을 살아간다는 것이기도 할 것이다. 이러한 기지를 통해 체현되는 삶의 통치를 어떻게 생각하면 될까. 프란츠 파농은 식민주의 아래 삶에 대해 다음과 같이 말하였다.

> 원주민은 — 이 점에서는 저개발국 사람들도 세계 온갖 지역의 혜택을 받지 못하는 사람들도 마찬가지이만 — 생명을 어떤 근원적 풍요로움의 개화 내지 발육이라고 지각(知覺)하지 않고 주위로부터 밀려오는 죽음과의 끝없는 투쟁이라고 지각한다……[19]

삶은 '밀려오는 죽음'과의 투쟁으로 존재하고 사람들은 그것을 지각

---

[19] フランツ・ファノン, 宮ヶ谷・花輪・海老坂訳, 『革命の社会学』, みすず書房, 2008, 98~99쪽. 한국어판은 프란츠 파농, 성찬성 역, 『혁명의 사회학—알제리 민족해방운동연구』, 한마당, 1979.

한다. 또한 파농은 이러한 지각을 '죽음을 앞둔 수동적 자세'에서 이탈하는 주체화의 문제로서 생각하였다. 또한 더욱이 '밀려오는 죽음' 안에서 사는 것에 대해 파농은 '불완전한 죽음'이라는 말을 사용하였다. 기지와 함께 하는 삶은 살해당하지는 않았지만 이미 죽었다고 생각해도 되는 '불완전한 죽음'이 아닐까. 이러한 '불완전한 죽음'으로서의 삶에 관련된 통치를 어떻게 생각하면 될까.

주지하는 바와 같이 미셸 푸코는 근대적 주권을 생정치biopolitics라는 개념으로 고찰하였다. 즉 '죽이거나 산 채로 놓아두는' 낡은 통치에서 '살려 두거나 죽음 안에 폐기하는 권력'이 등장하는 것이다. 거기서는 권력은 삶을 정의하는 것을 둘러싸고 구축되어 "바야흐로 생에 대하여 그 전개의 모든 국면에 대해 권력은 그 장악을 확립"한다.[20] 이 생정치는 죽이는 것이 아니라 신체의 훈육이나 관리 같은 삶의 양태를 권력의 문제로서 떠오르게 했다. 또한 네그리나 하트는 생정치를 새로운 제국의 통치와 더불어 고찰하였다. 다만 여기서 주목하고자 하는 것은 죽음이고 푸코 자신의 말을 빌리자면 '죽음 안에 폐기'하는 통치의 문제이다. 그것은 예전의 낡은 권력으로 회귀가 아니다. 거기서 죽음은 생사의 문제라기보다 오히려 인간을 대상으로 구축된 생정치의 임계에 위치한 것은 아닐까. "죽음은 권력의 한계이며 권력의 손에는 잡히지 않는 시점"인 것이다.[21]

마크 드리스콜Mark Driscoll은 제국 일본의 문예를 노동의 포획이라는

---

[20] ミッシェル・フーコー, 渡辺守章訳, 『知への意志』, 新潮社, 1986, 175쪽. 한국어판은 미셸 푸코, 이규현 외역, 『性의 역사 1 – 앎의 의지』, 나남, 2004.
[21] 위의 책.

점에서 검토하면서, 인간을 인간으로서가 아니라 노동력이라는 무언가(원문은 'モノ'—역자)로서 포획하는 권력으로서 제국을 고찰하였다. 또한 이 고찰에서 노동력으로서 포획을 죽음에 관한 통치와 겹쳐 생각하며 '네크로폴리틱스Necropolitics'라는 개념을 설정하였다.[22] 이러한 통치에서 중요한 것은 사람을 어떻게 살릴 것인지가 아니라 어떻게 노동력으로서 끝까지 사용할 것인지인데, 드리스콜은 제국 일본의 폭력성을 이 '네크로폴리틱스'에서 찾은 것이다.[23] 즉 이러한 통치에서는 사람을 둘러싼 생사가 아닌 '쓸모 있다'(원문은 'モノになる'—역자)는 것이야말로 요점이다.

그런데 드리스콜이 주목하는 '네크로폴리틱스'는 아킬레 음벰베 Achille Mbembe가 주장한 개념인데,[24] 그것은 바로 푸코의 생정치의 이면인 '죽음 안에 폐기한다'는 점에 초점을 맞춘 것이다.[25] 음벰베의 논

---

22 Mark Driscoll, *Absolute Erotic, Absolute Grotesque*, Duke U.P., 2010.
23 Sandro Mezzadra와 Brett Neilson은 글로벌한 사람의 이동과 노동력 도야를 검토하면서 주권을 국경으로 둘러싸인 내부성을 통해 생각하지 않고 내부 바로 앞에서 머무르는 '유치(留置, detention)' 그리고 언제라도 강제적으로 버릴 수 있는 '폐기성(廢棄性, deportability)'을 통해 파악하고자 하였다. 또한 거기서는 국경을 선 그어진 경계가 아니라 밀려드는 노동력을 대기시키는 장인 경계 존으로 간주하고 또한 이러한 대기 상태와 관련하여 계엄 상태가 예외로서가 아니라 일반적 상황으로 상정되었다. 이러한 노동력 도야라는 문제는 동아시아와 관련지어 말하면 제국 일본과 냉전에서 글로벌 밀리터리즘이나 기지와 관련된 통치 나아가 냉전 후 이민이나 난민과 관련된 통치에 공통된 논점으로서 존재한다고 할 수 있다. Sandro Mezzadra &Brett Neilson, *Border as Method*, Duke U.P., 2013, pp.142~157.
24 Achille Mbembe, Necropolitics, *Public Culture* 15(1), Duke University, 2003.
25 푸코 스스로 다음과 같이 말하고 있다. "생정치(biopolitics)의 이면은 죽음의 정치 (thanatopolitics)인 것이다"(ミッシェル・フーコー, 田村俶・雲和子訳, 『自己のテクノロジー』, 岩波書店, 1990, 231쪽. 한국어판은 미셸 푸코 외, 이희원 역, 『자기의 테크놀로지』, 동문선, 2002). 또한 洪允伸은 이러한 죽음의 정치를 통해 오키나와 전투에서의 '위안부'와 '위안소'를 그렸다. 이 획기적 노작을 꼭 참조하기 바란다. 洪ゆん伸, 『沖縄戦場の記憶と「慰安所」』, インパクト出版会, 2016.

의에서 주목해야 할 것은 이러한 '네크로폴리틱스'에서 탈출 혹은 저항에 관계되는 주체화에 대한 논의이다. 음벰베는 이러한 주체화를 언어행위와 죽음의 두 방향에서 검토하였다. 또한 그 때 참조되는 것이 플랜테이션에서 노예 노동에 관한 폴 길로이Paul Gilroy의 논의이다.

길로이는 노예의 주체성에서는 "담론에 저항함anti-discursive과 더불어 언어를 초월extra-linguistic한 힘의 유동ramification"이 중요하며, "거기서는 커뮤니케이션적 이성을 매개하는 발화의 문법적 통일 등은 없었다"고 말한다.[26] 길로이의 주체성에 대한 지적은 앞서 서술한 버틀러의 '사전 배제'에 해당할 것이다. 즉 그것은 말로서 승인되지 않는 발화이며 거기서는 발화가 '행동거지'라는 동작으로서 의미를 띠는 동시에 말이 소용없는 폭력이 행사되는 '정신병 환자'의 영역이기도 한다. 음벰베는 여기서 '네크로폴리틱스'에 대항하는 삶의 가능성을 보고자 한 것이다. 그것은 중얼대기나 혼란스러운 말이 저항이라는 것이 아니다. 버틀러가 '사전 배제에 의해 그어진 경계선에 저항하려면 그 경계를 다시 긋는 수밖에 없다'고 말한 바와 같이,[27] 경계 바깥이 저항인 것이 아니라 거기서 다른 의미를 찾아내 수행적으로 바꿔 말함으로써 경계를 계속해서 다시 긋는 작업이야말로 중요한 것이다.

하지만 이런 다시 긋기는 '어둠'에서 '그림자'가 부각되는 사태이며 따라서 우선은 칼빈 총의 표적이 되는 것은 아닐까. 따라서 음벰베가 말하는 주체화는 일단 죽음과 밀접하게 관계되는 것이며, '네크로폴리

---

26 ポール・ギルロイ, 上野俊哉・毛利嘉孝・鈴木慎一郎訳, 『ブラック・アトランティック』, 月曜社, 2006, 115쪽.
27 ジュディス・バトラー, 앞의 책, 218쪽.

틱스'란 말이 소용없는 폭력에 의해 주체화를 '어둠'에 머무르게 하려는 정치이기도 할 것이다. 여기서 저항 혹은 이탈은 죽음의 문제와 직결된다. 길로이는 노예에서 해방과 자유의 획득이 죽음을 향한 전회로서 현실화된다고 말하는데,[28] 음벰베도 마찬가지로 저항과 자살의 경계가 애매해지는 사태야말로 '네크로폴리틱스'라고 여겨 적극적으로 죽음을 선택하는 것에서 해방을 검토하고자 한다. 바꿔 말하면 그것은 '불완전한 죽음'을 완전한 죽음으로 바꾸는 시도이며, 파농이 말하는 '죽음을 앞둔 수동적 자세'에서 이탈해가는 주체화일지도 모르겠다. 이 완전한 죽음에 의해 삶이 부각되는 것일지 모른다.

이 물음은 중대하다. 거기서는 죽음을 걸고 혹은 죽을 걸 알면서 궐기하는 사태를 낭만화하지 않고 검토하는 것이 요구된다. '네크로폴리틱스'에서 저항은 칼빈 총으로 살해될 것을 아는 무모한 궐기를 어떻게 생각할 것인가라는 물음과 함께 존재한다.

5. 정치·죽음

처음에 다룬 가와미쓰 신이치 글의 첫머리는 '이것은 자신의 광기가 가까스로 정신병원 철창 안으로 나를 끌어넣지 않도록 억제하기 위한 카타르시스라고 생각한다'는 중얼대기로 시작되어 '나하那覇시(오키나와 중심 도시-역자) 근교의 정신병원 철창에서 멍청한 눈으로 하늘을 바

---

28 ポール・ギルロイ, 앞의 책, 126쪽.

라보며 무언가에 조정 당하는 듯이 벽을 치고 소리를 지르고 미쳐 날뛰는' H씨, '자살에 실패한' M씨, '점점 자신의 광기를 증폭시켜가는' K군이 차례로 등장한다.[29] 주권을 통해서는 언어화되지 않는 감지된 군사적 폭력은 분명히 절망과 연결되며 따라서 광기나 자살은 이 절망을 의미하는 것일 수도 있다. 하지만 동시에 길로이나 음벰베가 말하듯이 들을 수 없는 말이나 죽음에는, 다르게 읽어야 할 탈출이나 저항의 단서가 있을지도 모른다. 어쩌면 버틀러가 말한 '경계를 다시 긋는' 작업은 거기서 시작될지도 모르겠다.

1969년 6월 20일 B52 전략폭격기에 공격을 가하려고 몇 명의 동료와 함께 화염병으로 무장하고 가테나 기지 펜스를 넘어 기지에 침입한 마쓰시마 초기松島朝義는 사건 직후 옥중에서 「乗りこえの論理(넘어서기의 논리)」를 썼다. 거기에는 다음과 같이 적혀있다.

나에게 죽음을 제기해 준 작년 B52 필연적 추락 사고 현장에서 시행한 것은 이것이었다. 국가권력＝미일 양제국주의자가 힘으로 우리의 죽음을 빼앗으려는 것에 대해 우리는 자립성 확보를 지향하는 변혁 측에서 자신의 죽음은 자신이 처리하는 죽음을 각오하고 탄압사(彈壓死) 자체를 탈환하지 않으면 안 되는 것이 아닐까. 죽음 그 자체를 해방하는 싸움이 즉 생을 쟁취하는 것이 아닐까.[30]

여기서 등장하는 B52 추락 사고란 1968년 11월 19일 새벽, 이륙에

---

29 川満信一, 「わが沖縄・遺恨二十四年－死亡台帳からの異議申し立て」, 117~118쪽.
30 松島朝義, 「乗りこえの論理」, 沖縄研究会編, 『沖縄解放への視角』, 田畑書店, 1971, 221쪽.

실패한 B52 전략폭격기가 가테나 기지 내에 추락해 대폭발을 일으켜 근방이 불바다가 된 일을 가리킨다. 또한 거대한 B52 전략폭격기는 당시 오키나와가 베트남 전장과 직결됨을 보이고, 또한 핵전쟁의 최전선에 있음을 계속해서 보여주는 아이콘으로서 존재했다. 그리고 이 대폭발을 보고 마쓰시마는 '자신의 죽음은 자기가 처리'하겠다는 각오를 굳힌 것이다. 즉 이 B52 추락 사고가 마쓰시마로서는 이미 살해되어 있는 것을 확인하는 사건이었던 것이다.[31]

그리고 펜스에 돌입한 것은 능동적으로 '그림자'가 되는 것이었다. 따라서 그것은 표적이 되는 것이기도 했다. 마쓰시마는 자각적으로 선택한 '그림자'=죽음에 대해 '자기 자신을 위한 죽음=자유=자유사=정치사'라고 적고 있다. 마쓰시마는 '그림자'와 죽음이 결부되기 직전 즉 표적 바로 앞에 자유와 정치를 끼워 넣으려고 했다고도 생각된다.

중요한 것은 죽음 그 자체도 아니며 마쓰시마가 다행히 살아남았다는 것도 아니다. 서치라이트에 수동적으로 비춰지는 것이 아니라 '어둠'에서 빠져나와 굳이 '그림자'로 등장할 때 무엇이 일어났는가. 마쓰시마뿐 아니라 그것은 다른 사람들에게도 그리고 '가드'에게도 던져져야할 물음이다. 이러한 물음과 더불어 '그림자' 세계의 가능성을 사고하는 것. 기지를 생각한다는 것은 이러한 영위를 드러낼 말을 찾는 것일 게다.

---

31 오에 겐자부로(大江健三郎)는 「核基地の直接民主主義」(『世界』, 1969.1, 『沖縄経験 大江健三郎同時代論集4』수록)에서 이 추락 사고를 '진행 중인 전쟁 상태'라고 부르는 동시에 "가테나 기지 주변 사람들은 혹은 전쟁이 오키나와 섬을 다시 불바다로 만들기 시작한거라고, 혹은 핵폭탄이 그곳을 덮친 거라고 어두운 밤에 놀라 뛰어다녔다"고 그렸다. 이 진행 중인 전쟁 상태가 이전의 전쟁 기억과 합선이 된다는 오에의 현상 인식은 중요하다.

마지막으로 극히 미시적인 논의를 해 두고 싶다. 살아남은 직후 옥중에서 쓰여진 이 마쓰시마의 「넘어서기의 논리」에는 '넘어서야 할 것은 자신이며 넘어서져야 할 것은 철조망'이라는 문장이 몇 번이나 등장한다. 넘어서져야 할 대상물로서 펜스 철조망이 있는 것이다. 그리고 자기를 넘어서는 영위, 즉 자유와 정치를 통해 표현된 주체화는 분명히 넘어선다는 행위를 통해 수행되지만, 그것은 대상물로서 철조망을 넘어서는 영위와 바로 직결되지 않는 것은 아닐까. 굳이 말하자면 넘어서야 할 대상물로서 철조망을 바라보는 것에서 시작되는 자기의 변태變態는 이미 시작되었다고 할 수 있지 않을까. 펜스를 응시하는 시선을 통해 이미 정치가 시작된 것은 아닐까.[32] 그리고 삶은 완전한 죽음 바로 앞에서 확보할 수 있는 것이 아닐까. 이렇게 응시된 철망에서 시작되는 변태變態를 확보하는 작업이야말로 말이 해야 할 작업이 아닐까.

(번역 : 홍종욱)

---

32 冨山一郎, 「単独決起を想起するということ」, 국제학술대회 '분노와 유토피아'(2013.6.14, 전남대학교)에서도 논의한 바 있다.

참고문헌

沖縄タイムス社編, 『沖縄の証言 上』, 那覇：沖縄タイムス社, 1971.

沖縄研究会編, 『沖縄解放への視角』, 東京：田畑書店, 1971.

ミッシェル・フーコー, 渡辺守章訳, 『知への意志』, 東京：新潮社, 1986.
 　　　(한국어판은 미셸 푸코, 이규현 외역, 『性의 역사1-앎의 의지, 나남, 2004)

ミッシェル・フーコー, 田村俶・雲和子訳, 『自己のテクノロジー』, 東京：岩波書店, 1990.
 　　　(한국어판은 미셸 푸코, 이희원 역, 『자기의 테크놀로지, 동문선, 2002)

ティム・オブライエン, 村上春樹訳, 『本当の戦争の話をしよう』, 東京：文芸春秋, 1998.
 　　　(한국어판은 팀 오브라이언, 김준태 역, 『그들이 가지고 다닌 것들』, 한얼미디어,
 　　　2004)

ジュディス・バトラー, 竹村和子訳, 『触発する言葉』, 東京：岩波書店, 2004.
 　　　(한국어판은 주디스 버틀러, 유민석 역, 『혐오 발언-너와 나를 격분시키는 말 그리고
 　　　수행성의 정치학, 알렙, 2016)

ポール・ギルロイ, 上野俊哉・毛利嘉孝・鈴木慎一郎訳, 『ブラック・アトランティック』, 東
 　　　京：月曜社, 2006.

フランツ・ファノンン, 宮ヶ谷・花輪・海老坂訳, 『革命の社会学』, 東京：みすず書房, 2008.
 　　　(한국어판은 프란츠 파농, 성찬성 역, 『혁명의 사회학-알제리 민족해방운동연구』,
 　　　한마당, 1979)

新城兵一, 「派兵または未来の法廷」, 『死生の海』, 那覇：あすら舎, 2011.

冨山一郎, 『流着の思想』, 東京：インパクト出版会, 2013.
 　　　(한국어판은 도미야마 이치로, 심정명 역, 『유착의 사상-오키나와 문제의 계보학과
 　　　새로운 사유의 방법』, 글항아리, 2015)

川島正樹編, 『記憶の共有をめざして』, 大津：行路社, 2015.

洪ゆん伸, 『沖縄戦場の記憶と「慰安所」』, 東京：インパクト出版会, 2016.

—4부—
조선족, 재일조선인, 한국화교

냉전기 조선족의 아이덴티티에 대한 고찰
이해연

재일 조선인의 '국적'과 조선전쟁(1947~1952)
'조선적朝鮮籍'은 어떻게 하여 생겨났는가?
정영환

반공국가 사이에서 겪은 한국화교의
냉전 경험(1950~1970년대)
왕 언메이

냉전기 조선족의 아이덴티티에 대한 고찰

이해연

1. 서론

아이덴티티는 인간의 원점이다. 아이덴티티는 일반적으로 개개인
이 속한다고 여기는 사회적 귀속, 즉 인종, 성, 국가, 출생지, 사회계급
등을 가리킨다. 본고에서 논의할 국가적 아이덴티티national identity는
다른 아이덴티티와는 다르게, 명백한 충성이나 배타적인 충성을 요구
하고, 반대되는 존재對立物는 말할 것도 없고, 상충되는 존재競合物조차
도 인정하지 않는 일종의 독특한 존재이다.

조선족은 한반도에 뿌리가 있으면서도 중국 국적을 보유하고 있다
는 특징이 있다. 이러한 이주 과정은 19세기 후반, 1910년의 '국권피
탈', 1932년의 '만주국'의 성립을 배경으로, 세 시기에 걸쳐서 이루어졌
는데, 제2차 세계대전의 종전과 함께 대규모로 귀환이 이루어졌다.

중국 동북지구에서는 '만주국'의 붕괴 후에 초래된 권력의 공백상태로 인해, 국민당과 중국공산당(이하 중공) 사이에 내전이 진행되었는데, 결국 중공이 내전에서 승리하여 1949년 10월 1일에 중화인민공화국(이하 중국)이 수립되었다. 건국 직후인 1950년 6월 25일에 인접한 한반도에서 전쟁이 발발하여, 중국은 한반도에 파병하였다. 동북지구에 거주하는 조선인은 이러한 두 개의 전쟁 사이에서 공산주의 진영의 중요한 역할을 수행했다. 국공내전에서 중공군의 정예부대인 제4야전군의 15% 내지 20%는 조선인이 차지하고 있었다고 한다. 동북지구의 전투가 끝나고 나서, 그들의 일부는 중국 최남단인 해남도海南島까지 진출했다. 중공군에 귀속되어 있던 조선인부대의 대다수는 국공내전의 종료 후에 북한으로 이동했다. 이러한 약 4~5만 명의 조선인 부대는 북한인민군의 보병 병력의 2내지 3할을 차지하였는데, 북한은 전투에서 조선족 부대의 대부분을 선봉부대로 활용했다.

동시기의 중공은 동북지구에 머무르고 있던 조선인에 대한 '소수민족 지위', '공민지위', 즉 국적을 공포했다. 국적의 부여와 자치구역의 설치(연변조선민족자치구를 1955년부터 연변조선족자치주로 변경했다)는 중국이라는 정치공간 가운데, 조선족에게 주어진 정치적 틀이었다고 할 수 있다. 그리고 조선족의 중국'공민'으로서의 국가적 아이덴티티가 형성된 시기는 공산주의 진영과 자본주의 진영의 이념대립이 격렬했던 냉전기였다. 이 시기의 중국 국내사정을 보면, 건국 초기의 소수민족 우대로부터 민족정풍운동 이후 계급노선으로 기울어지는 과정을 거쳐, 문화대혁명에 의해서 민족정책 자체가 사라지고 있었다.

한편 건국 이후 처음으로 중공 문서에 표기된 조선족에 관한 통계에 따르면, 1951년 1월 현재의 인구는 1,068,839명이었다.[1] 그 가운데 6할은 길림성에 거주하고 있었고, 9할 이상이 농업, 특히 논농사에 종사하고 있었다. 중국의 건국 이후, 사람들에 대한 추상적 수량화, 계열화를 도모하는 인구조사와 지도 상의 정치적 공간의 확인이 이루어졌는데, 이것이 조선족 초기의 윤곽이었다고 할 수 있다. 당시의 사회상황을 보면, 1958년 초에 실시되기 시작한 호구등록제도에 의해서, 이주의 제한이 매우 엄격해져서, 조선족인구의 대부분이 조선족 마을에 공동체com-munity를 형성하여, 논농사를 짓고 있었다. 정보도 엄격하게 제한되어, 언론매체는 당이 운영하는 몇 개의 기관지와 라디오 방송뿐이었다.

냉전기 조선족의 민족적 아이덴티티는 결론적으로, 국가와 국가기관에 의해서 고난을 겪으면서 형성된 측면이 있다.[2] 이 연구는 연구과제의 중요성에도 불구하고, 환경의 제약으로 인해 연구공간이 제한되어 있다. 그러한 가운데, 특별히 언급해두고 싶은 연구는 염인호의『또하나의 한국전쟁(만주조선인의 조국과 전쟁)』(역사비평사, 2010)으로, 이 저서는 군사사軍事史적인 측면으로부터 만주조선인의 조국관을 분석한 중요한 연구성과이다. 본고에서는 중국현대사와 민족문제의 흐름 속에서 조선족의 아이덴티티에 대해서, 특히 민족적 아이덴티티를 중심으로 고찰하려고 한다. 동시에 민족적 아이덴티티 형성의 중요한 요소인 언어문제와 역사교육의 변천도 살펴보고자 한다.

---

1 「東北區朝鮮民族人口職業情況」, 1951.1, 延辺朝鮮族自治州檔案館所藏.
2 ジグムント・バウマン, 伊藤茂訳,『アイデンティティ』, 日本経済評論社, 2007, 50쪽.

2. 냉전전기

일본의 패퇴 후, 중국 동북지방에서 시작된 중국공산당(이하 중공)과 국민당의 내전(국공내전)에서 조선족은 중공을 지지하여 적극적으로 입대했다. 또한, 중공이 내전에서 열세에 놓인 시기에는 인구의 8할을 조선인이 차지하고 있던 연변이 중공길림성위中共吉林省委의 근거지가 되어 동만주東滿洲의 후방기지가 되었다.

중공이 연변거주 조선인의 중국공민中國公民 지위를 공식적으로 확인한 시기는 동북지구에서 승리할 것이 확실시되고, 북한의 건국을 눈앞에 둔 1948년 8월이었다. 당시의 중공연변지위中共延邊地委는 '조선민족의 특징은 조국이 있는 소수민족으로 (…중략…) 3세대 이상 중국 경내에 거주하고 있어도, 조선이 조국이라는 인식이 상당히 농후하다'[3]고 인식하고 있었다. 중공은 당시 동북지구에 거주하는 조선인의 뿌리 깊은 '조국관祖國觀'에 대해서, 민족감정을 존중하여 실제 공작工作을 하는 가운데에도 상당히 주의를 기울였다고 할 수 있다. 이는 제2차 세계대전 이후 조선민족이 일본의 식민지 통치로부터 해방되어, 민족감정이 고양되는 당시의 상황에 기반한 것이었다.

3　延边地委, 「延边民族問題」, 1948.8.15, 延边朝鮮族自治州檔案館所藏.

1) 조선민주주의인민공화국의 성립으로 보는 민족의식의 고양

1948년 9월 9일에 조선민주주의인민공화국(이하 북한)이 수립되자, 조선족은 이를 민족 최대의 경사慶事라고 받아들였다. 중공의 동북지역 기관지인『동북일보』사설에서 동북조선인민은 여러 행사를 열어 '자신들의 조국(북한)의 통일과 독립을 축하했다'고 보도되었다.[4] 연변에서 축하대회가 개최되었을 때, '조선민주주의인민공화국 만세', '비할 데 없는 조선의 애국자이자 지도자인 김일성 수상 만세'를 전원이 외쳤다.[5] 하얼빈시에 거주하는 조선인도 전례 없는 대규모의 경축대회를 개최하여, 대표자가 '전 중국을 해방하고, 남한의 괴뢰정권을 무너뜨려 조국의 통일을 실현할 것을 요구한다'고 연설하였다.[6]

더욱이, 11월 10일 100여 명의 조선족대표단은 두만강을 넘어 평양에 가서, '조국동포'를 방문했다. 김일성이 그들을 접견했는데, 그 자리에서 김일성은 해외에서 자신의 조국(북한)을 항상 사랑하고, 조국(북한)의 융성隆盛과 발전을 언제나 기원하고 있는 중국 동북지방의 100만여 명의 동포들에게 감사를 표했다. 그리고 "여러분이 동북의 민주화를 위해서 중국인과 함께 투쟁을 전개하기를 바란다. 왜냐하면 전 중국의 완전한 해방과 민주화는 우리 조국(북한)의 발전과 안전에 굉장히 중요한 관련성을 갖기 때문"이라고 지적하고, 끝으로 "여러분은 자신이 이미 나라 없는 민족으로서 해외에서 방황하지 않고, 독립된 조국

4　『東北日報』, 1948.11.17.
5　『延辺日報』, 1948.10.27.
6　『東北日報』, 1948.11.17.

과 중앙정부가 있는 당당한 민족이 되었다"고 말했다.[7] 일동이 중국에 돌아가고 나서 중공의 연변지역 기관지인 『연변일보』에 발표된 기행문에는 "해외동포인 우리들도 조선민주주의인민공화국의 국기와 문장을 지지, 옹호하여, 우리 민족의 혁명적 전통과 영광을 영원히 빛낼 것을 맹세했다"고 서술되어 있다.[8]

당시에 이미 간부와 지식인 가운데 '조국관' 논쟁이 펼쳐지고 있었다. 중공에 가입한 조선인 간부 내에서도 조선을 조국이라고 생각하는 경향이 강하여, '조국'이라는 새로운 근대개념을 각기 이해하는 방식이 달랐다. 1949년 초 봄에 조선족의 지도자로 지명되어 연변에 부임한 주덕해朱德海는 80여 명의 조선인 간부를 좌담회에 소집하여, 조국문제에 대해서 토론했다. 그러한 가운데, '무산계급의 조국은 소련이고, 민족의 조국은 조선이고, 현실의 조국은 중국'이라는 '다조국론多祖國論'이 제기되었다.[9] '다조국론'은 연변에서 금세 확산되었는데, 예를 들면, 1949년 연변의 각계 대표의 '남한의 이승만과 미 제국주의에 반대하는 성명' 가운데, '민족조국의 통일, 민주, 자주독립을 위한 투쟁을 성원聲援한다'는 내용이 있다.[10] 또한, 일부의 청년학생도 조선은 자신의 조국이라고 인식하여, 교육부문의 경우, 조선민족의 각 학교에서 애국주의 교육과 국제주의 교육을 도입하는 것이 과제로 여기고 있었다.[11]

---

7   『延辺日報』, 1948.11.23.
8   『延辺日報』, 1948.12.1.
9   金英順他, 『朱德海』, 實踐文學社, 1992, 209~210쪽.
10 『東北朝鮮人民報』, 1949.8.24.
11 「延辺地區朝鮮民族敎育狀況」, 延辺朝鮮族自治州檔案館所藏.

2) 한국전쟁 시기의 입대 열풍과 그 동기

연변을 중심으로 하는 조선족 사회에 한국전쟁이 발발했다는 뉴스가 전해진 것은 6월 말이었다. 이승만 정권이 서울에서 철수했다는 뉴스가 전해진 후, 연변에서 '국제주의 정신 하에서 동북지구에 있는 조선민족의 민족조국이자, 세계평화민주진영의 일원인 조선의 완전한 통일을 바르게 인식'하자는 성명이 발표되었다.[12]

그러나, 정세가 급변하여 9월 15일에 미군이 인천상륙작전을 성공시키고, 27일에는 서울을 탈환하고 38도선을 넘어 북상하였다. 10월 19일에는 26만 명에 이르는 중국의 대군大軍이 압록강을 건너서 한반도에 파병되었다. 여기에서 주목해야 하는 점은, 인천상륙작전을 계기로 UN군이 북상한 이후의 조선족 사회의 움직임이라고 할 수 있다. 조선족 가운데 '조국(북한)에 돌아가서 조국(북한)을 방어하고 싶다'는 동기에 의해서 입대 열풍이 불었다. 중공은 처음에는 이를 묵인하였다. 그 결과, 이러한 동향이 보름 넘게 연변의 기관지인 『동북조선인민보』의 일면을 차지하였다.

중공에 대한 조선족의 지지와 옹호는 한반도의 남과 북이라는 2개의 정치세력에 대한 입장과 직접적으로 관련되어 있었다. 조국인 조선이 독립하여 2년도 지나지 않은 채로 미 제국주의의 침략을 당했다고 생각했던 것이다. 남한으로부터의 정보는 단절되고, 인민군 간부가 찾아와서 한국군의 '북침'을 비난하는 연설을 했다. 또한, 조선족은 북한

---

12 『東北朝鮮人民報』, 1950.6.29.

출신이 많았기 때문에, 더욱 격렬한 분노를 불러일으켰다. 빨라도 11월 2일에 동북지역의 중공 기관지인 『동북일보』는 "연변의 조선민족은 미 제국주의의 조선침략을 보고도 못 본 척을 할 수는 없다"고 하여, 특히 많은 노동자와 농민은 조국(북한)에 돌아가서, 조국(북한)을 방어하는 전쟁에 참가할 것을 요구하였다.[13] 11월 10일자『동북조선인민보』의 사설은 "조국(북한)은 36년간 왜구강도倭寇强盜의 통치 하에서 노예처럼 지냈는데, 지금 다시 미국 침략자 무기武器의 노예가 될 것인가 (…중략…) 조국(북한)의 적인 미국 침략자는 38도선을 넘어서 두만강과 압록강으로 향하고 있다. 강(두만강)의 북쪽에 있는 우리들의 행복한 생활과 평화와 자유를 지키기 위해서는 강(두만강)의 남쪽에 있는 조국(북한)을 지켜야만 한다"고 주장하였다.[14]

조선족에게 조국방위활동이란, 중국인민지원군에 입대하여, 전쟁이 벌어지고 있는 조선에 가서 미군과 직접 싸우는 것을 의미했다. 이러한 움직임은 직업과 계층에 관계없이, 조선족 가운데 폭 넓게 나타났다. 조선족의 다수를 점하고 있는 농민과 노동자는 '조국(북한)과 인민을 침략전쟁으로부터 해방시키고 싶다. 민족조국인 조선에 돌아가서 조국방위전에 참가할 준비를 끝냈으므로, 하루라도 빨리 (조선의 전장에) 보내줄 것을 기다리고 있다. 연변의 조선청년으로서 누가 조국(북한)의 비참한 모습을 보고도 못 본 체 할 수 있을까. 두만강을 건너서, 조국(북한)의 침략자들을 직접 물리치고 싶다'며 조선의 전장에 보내줄 것을 요구했다.[15] 게다가 그들 가운데에는 북한의 인민군에 입대할 것을 희망하

---

13 『東北日報』, 1950.11.2.
14 『東北朝鮮人民報』, 1950.11.10.

는 인원도 있었다. 전장에서는 특히 조선어가 통하고, 조선의 지리에 밝은 운전수가 필요하다고 판단되었는데, 운전수들은 '조국(북한)의 형제들이 자신들의 붉은 피로써 침략자들과 격전을 벌이고 있을 때, 탄약을 빨리 보내야 한다'며 전장에 갈 것을 지원했다.[16] 지식인 계층 내에서도 '조국' 조선에 대한 애국심이 강하여, 연변사범학교 학생 700여 명은 '우리들은 하루라도 빨리 조국(북한)에 돌아가서, 침략자를 몰아내고 조국(북한)을 지키고 싶다'는 내용의 편지를 마오쩌둥毛澤東에게 보냈다.[17] 이러한 입대열풍은 당시의 사회적 분위기 또는 선전공작에 기인한 측면도 있었겠지만, 연변에서는 입대지원의 동기가 '조국' 조선을 위함이라는 특징이 있었다.

1950년 겨울부터 1951년 봄에 걸쳐서, 연변에서는 조선의 전장에 갈 것을 희망하여, 입대지원을 한 인원이 남녀 통틀어 1만 9394명에 달하여,[18] 대다수의 조선족 청년이 등록하였다. 1950년 11월 초에 546명의 운전수가 조선으로 향했는데, 이는 연변에서 조선의 전장으로 투입된 최초의 인원이었다. 그들은 '다시 망국의 노예가 되기를 바라지 않기 때문에, 조국(북한)에 돌아가서 조국방위전쟁에 참가하여, 조국(북한)을 위해서 마지막 한 방울의 피를 흘리고 싶다'고 표명했다.[19] 조선족 입대지원자의 대다수는 중국인민지원군의 신분으로 1951년 1월부터 6월 사이에 조선의 전장으로 향했다. 연변행정부의 공작보고工作報告에

---

15 위의 신문, 1950.11.5.
16 위의 신문, 1950.11.9.
17 위의 신문, 1950.11.10.
18 中共延辺地委, 「延辺民族地區情況及今後工作的幾個意見的草稿」, 1951.10, 延辺朝鮮族自治州檔案館所藏.
19 『東北日報』, 1950.11.10.

따르면, 4,634명의 조선족이 중국인민지원군으로 참전했고, 그 중에 다수가 수송輸送과 번역에 종사했다고 한다.[20]

3. 1950년대

1) '항미원조抗美援朝 · 보가위국保家衛國' 캠페인

중국인민지원군이 한반도에 파병된 이후, 중국 국내에서는 '항미원조 · 보가위국의 성스러운 임무를 위해서 분투하자'는 정치 캠페인이 전개되었다. 전황이 호전되는 1951년 봄부터는 더욱 전국적인 캠페인의 보급과 강화가 기획되었다. 이는 애국교육, 애국운동에 적극적으로 참가할 것을 요구하는 '애국주의적' 양상을 띠었다.

연변에는 4월부터 항미원조총회抗美援朝總會 연변분회가 설립되어, '미 제국주의의 침략을 물리치고, 미 제국주의의 일본재무장에 반대하고, 조국(중국)을 보위하여, 우리들의 생활을 지키기 위해서 분투할 것'을 호소했다.[21] 연변 행정부의 항미원조 캠페인 총괄회의는 '조선족 대중에게 자신의 조국 중화인민공화국에 대한 애국심을 고취하는 교육을 강화하여, 일부 군중이 항미원조 때 드러난 민족주의적인 사상경향을 극복해야 한다'고 지적했다. 여기에서 주목해야 할 점은 '앞으로 공작임

20　延辺教育出版社編 · 發行, 『吉林省延辺朝鮮民族自治區第一回各族各界人民代表會議文件集』, 1952, 25~26쪽.
21　『東北朝鮮人民報』, 1951.4.21.

무로서, 항미원조란 집家과 나라(중국)을 지키기 위한 일이라는 점을 중점적으로 설명하는 것이다. 즉, 우리들이 적극적으로 조선을 지원함으로써 우리들의 조국(중국)과 집을 지킬 수 있는 것'이라는 지적이었던 것이다.[22] 이로써 '조국'이라는 근대개념에 대한 이해와 해석, 사용방법에 대한 지시사항이 명확해졌다. 당시부터 공적 간행물에서 '조국'은 중화인민공화국으로 해석되어, 다른 해석은 전혀 보이지 않게 된다. 예를 들면, 한 유명한 조선족 작가는 '적과의 싸움으로'[23]라는 시를 작성했는데, 그 가운데 조선이 '이웃나라隣國'로 표현되어 있다.

조선의 전장에서는 휴전회담이 시작되어, 연변사회는 안정을 되찾고 있었다. 여기에서 중공연변지위는 다시 한 번 조선족의 '협애狹隘한 민족주의 관점(사고)'를 경계하여, 애국주의 교육의 강화를 꾀했다. 연변 행정부수장의 명의로 발표된, 중국이 한국전쟁에 참전한 이래 '1년간 연변지구의 공작 성과와 금후의 방향'에서 앞으로 더욱 중요한 공작으로서, 조선족에 '조국'을 정확하게 인식시켜서, 조국(중국)에 대한 애국사상교육을 강화할 것이 거론되었다.[24] 같은 시기에 중공연변지위가 작성한 내부문서 가운데 조선족에 대해서 '아직 국제주의 정신이 결여되어 있다. 일부 대중은 왕왕 협애한 민족주의 관점에 빠진다'[25]고 여기고 있는 내용이 있다. 또한, 앞으로의 공작은 대중에 대해서 끊임없이 지속적으로 애국주의 교육과 국제교육을 중점적으로 실시하여,

22 위의 신문, 1951.4.23.
23 위의 신문, 1951.4.10.
24 위의 신문, 1951.10.1.
25 中共延辺地委, 「延辺民族地區情況及今後工作的幾個意見」, 1951.10, 延辺朝鮮族自治州檔案館所藏.

조국의식에 대한 교육을 강화할 것이 요구되었다. 특히, 교육분야에 대한 부분을 언급할 필요가 있는데, 학교 정치과政治課에서는 '애국주의 교육'의 내용을 강화하고, 계획적으로 '애국주의 교육'을 학교의 각종 과목에 반영하여, 이를 모든 학생의 가정까지 확대할 것이 요구되었다.[26]

그런데, 이 시기에 조선족학교의 역사교육에 변화가 나타났다. 건국 초기 수 년간 조선족 소・중학교에서는 조선역사와 조선지리에 대한 교육이 배정되어 있었다. 예를 들면, 흑룡강성의 조선족 소・중학교에서 사용된 '중등조선역사'는 고조선부터, 삼국시대, 고려왕조, 조선왕조, 일제강점기와 항일독립운동을 다루고 있었다. 1951년 요동성 조선족중학교에서는 1학년에 고려시대사, 2학년에 조선시대사, 3학년에 1910년 이후의 조선역사를 교육하고 있었다. 1952년이 되자, 동북인민정부 교육부는 조선족소학교의 조선역사 교육을 중지할 것을 지시하여, 1953년에는 중앙교육부의 지시로, 조선역사를 독립된 과목으로 배정하는 것이 중지되어, 조선역사는 세계사의 일부로 다뤄지게 되어, 오늘날에 이르게 되었다.[27]

그러나, '조국'이라는 근대개념이 선전과 교육에 의해서 즉각적으로 정착되었던 것은 아니었다. 예를 들면, 당시 조선족 중에 다수가 '자신은 중국인이 아니라 조선사람'이라고 하였고, 또한, 조선이 조선족의 민족조국이기 때문에, 자신들은 조선사람이라고 인식했던 것 같다. 이에 대하여 『연변일보』는 칼럼을 통해서, 국민과 민족, 조국과 민족을

26 『東北朝鮮人民報』, 1951.4.23.
27 吉林省教育廳, 『中等朝鮮歷史』, 延辺教育出版社, 1948.3.

혼동하기 때문에 생긴 오해로, 조선족의 조국은 중화인민공화국뿐이며, 중국 국적을 보유하고 있는 조선족은 민족적으로는 조선족이지만, 국민적으로는 중국인이라고 설명했다.[28]

2) 정풍운동整風運動

건국 직후인 1950년대 전반은 민족정책의 황금기라고도 불리는데, 민족평등정책에 의해서 변경의 주민을 신정권으로 포섭하여 민족적 융화를 어느 정도 실현할 수 있었다. 그런데 반우파운동反右派運動을 계기로 상황이 일변하여, 급진적인 민족정책을 취해지기 시작했다. 이는 정치 전반의 흐름에 기인한 것으로, 1957년 여름이 중요한 분기점이었다고 할 수 있다. 4월에 중공중앙은 정풍운동을 전개하는 것에 대한 지시를 전국에 하달하였는데, 이를 계기로 동년同年 가을부터 당의 일원적 지도강화, 계급투쟁론으로 확대되어 대약진과 문화대혁명이 연달아 일어났다.

정풍운동은 주로 지식인과 간부 사이에서 전개되었다. 당시 조선족 사회의 상황을 보면, 흑룡강성과 요녕성의 조선족은 논농사를 하는 농민이 많았고, 각기 분산되어 거주하고 있었다. 한편, 연변에서는 조선족 인구가 8할을 차지하고 있어서, 1952년 9월에 주덕해를 지도자로 하는 연변조선민족자치구 인민정부가 수립되어, 조선족사회의 중심

---

28 『延辺日報』, 1957.6.6.

이 되었다. 연변에서의 반우파투쟁은 7월 7일 연변일보에 「각 민족 인민은 궐기하여 우파분자의 침공을 격퇴 분쇄하자」라는 사설이 게재되면서 본격적으로 시작되었다. 8월에는 연변의학원 교수인 정규창鄭圭昌이 '반당·반사회주의'언행을 했다는 것을 구실로, 우파분자로 비판받았다. 이를 시작으로 중국작가협회 연변지부, 연변대학, 연변인민출판사 등에서는 내부의 우파분자를 고발·비판하기 시작했다. 중국작가협의회 연변분회의 작가 몇 명과 연변대학 교수 노승균盧承均, 연변인민출판사의 김현대 등의 지식인이 연이어 우파분자로 비판받았다. 특히, 이 과정에서 조선족문단은 괴멸적인 타격을 받았다. 그 중에서 김학철金學鐵의 모든 작품은 '독초'로 취급되어 비판받았다. 국공내전과 한국전쟁에 참전한 경험이 있는 작가인 최정연도 강하게 비판받았다. 후술하겠지만, 작가와 지식인들은 민족정풍운동에서 '자산계급조국관資産階級祖國觀', '민족언어의 순결화' 문제로 강하게 비판받았다. 그들은 정치적 권리가 박탈되고, 다수가 농촌에서 강제노동을 강요당하는 등, 문화대혁명이 끝날 때까지 박해받았다.

우파분자의 색출 및 비판은 급속히 확대되어, 연변대학의 학생에서부터 농촌의 소학교 교원에 이르기까지 다양한 사람들이 우파분자로 몰려 고발되었다. 상급기관은 우파분자의 목표치를 하달하고, 일정수의 우파분자를 반드시 고발하도록 각 기관에 요구했다. 이에 따라 각 기관은 각 분야에서 한 명이라도 우파분자를 가려내야 하는 의무를 떠안게 되었다. 또한 이 과정에서 개인 간의 사적인 감정이 반영되는 측면도 있었다. 연변의 당지도부는 9월 1일 「누가 연변에 우파가 없다고 하는

가」라는 제목의 사설을 연변일보에 발표하여, 반우파투쟁을 더욱 고조시켰다. 11월에 이르러 반우파투쟁은 소강상태에 접어들었지만, 반우파투쟁으로 비판받은 조선족 간부와 지식인은 1,300명에 이르렀고, 그중 598명은 우파분자로 낙인찍혀서 장기간에 걸친 피해를 입었다.

전국적으로 보면, 봄에 시작된 정풍운동에서 민족간부들은 중앙의 민족정책과 '대한족주의大漢族主義'에 대해서 날카롭게 비판하였지만, 가을에는 '지방민족주의비판地方民族主義批判'을 주된 내용으로 하는 방향으로 전환하였다. 9월 23일에 덩샤오핑鄧小平은 중공8기3중전회中共八期三中全會에서 '정풍운동에 대한 보고'를 통해서, 소수민족출신의 간부의 지방민족주의 경향에 반대하도록 하는 것을 중요한 과제로 설정하여, 그 후 민족지구民族地區 정풍운동에서 중요한 방침이 되었다. 민족분야의 중앙기구인 중앙민족사무위원회의 부주임인 유춘劉春은 1958년 초에 기구의 기관지인 『민족단결』에 발표한 글에서, '지방민족주의는 매우 심각하여, 조국통일과 민족단결에 반대하고, 민족자치구에 반대하고, 독립을 통한 건국을 기도하고, 또는 연방공화국을 수립하여 분리하려는 목적을 달성하려고 한다. 이러한 의도를 가진 언론과 인사들이 많고, 면적이 넓은 위구르, 몽골, 티벳, 조선 등의 민족 가운데 보인다'[29]고 주장했다. 지방민족주의 경향이 강한 사례 가운데 하나로 조선족이 거론되어 있는 것이다.

연변을 관할하는 상급 행정기관인 길림성의 사무위원회는 1957년 11월에 전성민족사업위원회全省民族事業會議를 개최하여, 소수민족 안

---

29 『民族団結』, 1958.1.

에서 정풍운동을 전개할 것을 하달했다. 그러한 가운데 거론된 지방민족주의 사상의 하나로서, '다조국론多祖國論을 만들어내고 민족분리주의를 주장하고 있다. 혈통에 의해서 조국을 확정하는 방식은 우파분자들의 날조이다. 한 개인이 하나의 국적만을 가지는 것으로, 국적이 있는 국가가 자신의 조국이다. '다조국론'은 일종의 공허한 얘기에 지나지 않는다'[30]고 여겨졌다. 지방민족주의 표현의 하나로서 조국관 문제가 다뤄진 것은 주목할 만하다. 중앙부문에서도 언급되지 않았고, 다른 민족지역에서도 이 문제는 문제제기가 되지 않았다. 예를 들면, 제1기 전국인민대표대회민족위원회에서 민족사무위원회 부주임인 왕펑汪鋒이 발표한 「소수민족의 정풍과 사회주의 교육 문제에 관한 보고」, 그리고 동同대회에서 전국인민대표대회민족위원회 부주임위원인 시에푸민謝扶民이 발표한 「지방민족주의에 반대하는 사회주의교육을 최후까지 행함」[31]이라는 보고에서는 반대해야 할 지방민족주의적 경향의 일례로서 조국관 문제가 언급되거나 다뤄지지 않았다.

1958년 4월에 개최된 자치주 당원간부대회에서 자치주의 당 부서기를 맡고 있던 김명한金明漢은 「지방민족주의에 반대하여 민족단결을 강화하자」는 보고를 했다. 이는 연변에서 민족정풍운동의 시작을 알리는 사건이었다. 장편의 보고서는 지방민족주의는 확실하고, 새롭게 조장되어 조선족 지식인과 간부 사이에서 정도의 차이는 있을지라도 일반적으로 존재하는 것으로 파악했다. 어느 우파는 '조국은 자신이 거주하는 국가나 공민의 권리·의무 등의 조건에 의해서 결정되는 것

---

30 『延辺日報』, 1957.12.13.
31 『民族団結』, 1958.3.

이 아니라 조상과 혈통에 의해서 결정되어야 한다'고 주장하고, 중국이 자신의 조국이라는 것이 '조선민족의 감정에 상처를 입히는 것'이라고 여겨, 굴욕적이라며 중화인민공화국이 조국이라는 것을 부정했다. 또한, 누군가는 2, 3개의 조국을 동시에 가지는 것이 가능하고, 이를 '민족조국', '제일조국', '법률조국', '무산계급조국' 등으로 구분할 수 있다고 주장하여, 중국을 조국이라고 인정하는 것은 한족에 동화되는 것이라고 주장했다.[32] 지식인이 모여 있는 연변대학의 정풍운동에서도 '중국이 조선족의 유일한 조국임을 부인하고, 다조국론 또는 조선유일조국론을 주장하여, 민족언어의 순수화와 우월성을 주중하고 한어와 한문을 거부한다'[33]는 점이 지방민족주의 경향으로 비판받았다.

당시의 논리로는 지방민족주의는 자산계급우파의 주장으로 타도해야 할 대상이었다. 이러한 가운데, 연변에서는 축출작업이 시작되었는데, 다수의 조선족 간부 및 지식인이 지방민족분자라는 오명을 쓰고 쫓겨나게 된다. 연변의 민족정풍운동은 1959년 봄에 일단락되었는데, 1960년 초까지 비판을 받은 조선족 간부, 지식인은 2천명을 상회하여, 최종적으로 지방민족주의분자로 인정된 것은 14명이었다. 연변의 민족정풍운동은 지방민족주의만을 반대하는 편협한 운동으로 치우쳤고, 대한족주의大漢族主義에는 이르지도 못했다고 할 수 있다.

상술한 반우파투쟁과 민족정풍운동은 거의 지식인과 간부 사이에서 전개되었지만, 이후에는 대중을 대상으로 하여 '한어漢語를 학습하

---

32 中共延辺朝鮮族自治州委統一戰線工作部彙編, 『民族問題學習資料(1)』延辺人民出版社, 1958.5, 134~135쪽.
33 中共延辺朝鮮族自治州委統一戰線工作部彙編, 『民族問題學習資料(3)』延辺人民出版社, 1958.8, 63쪽.

고, 한족을 배우는 운동'이 전개되었다. 전국인민대표대회민족위원회 **부주임인 시에푸민**은 '지방민족주의의 출현은 한족의 선진성을 인정 **하지 않고**, 한족으로부터 배우고 싶어하지 않기 때문이다. 한족을 중 심으로 한 민족대단결을 강화해야한다'[34]고 주장했다. 인구의 다수를 차지하는 '주체민족主體民族인 한족을 배우고, 민족 간의 공통점을 늘리 고 차이를 줄여야 하며, 민족의 특수성을 강조하는 것은 민족 간의 분 열을 조장하고 조국통일, 사회주의를 방해하는 것으로 여겨졌다. 연변 에서도 '조선족이 한어를 학습하는 것은 애국주의 임무 가운데 가장 중 요한 임무'라고 신문에서 연일 선전되어, '한족을 배우자'는 운동이 진 행되었다. 중공 중앙의 기관지인 『인민일보』에서 '연변조선족자치주 에서는 전민全民이 한어학습에 몰두하고 있다'는 기사가 나올 정도로 분위기가 고조되었다.[35] 정풍운동 이전인 1957년 3월부터 6월까지 『연변일보』를 통해서 이루어진 민족언어 순결화에 대한 논의는 언어 공작분야에서 지방민족주의의 '독초毒草'로 불렸는데, 조선어는 문혁기 에 들어서자 연변조선족자치주 공용어의 지위를 잃게 된다.

당시 중앙민족사무위원회 부주임이었던 왕평이 제풀한 민족관은 '민 족융합은 역사발전의 필연적인 추세로서, 민족융합 또는 동화에는 자 연동화와 강제동화가 있다. 자연적인 동화는 역사발전의 필연으로, 환 영해야 할 일이지만 강제적인 동화는 민족억압을 초래'[36]한다는 것이었 다. '민족융합론'은 교육분야에 강하게 영향을 미쳐서 조선족학교는 협

---

34 『民族団結』, 1958.3.
35 『人民日報』, 1958.10.4.
36 『民族研究』第2期, 1959.

애狹隘한 민족주의의 산물로 치부되었다. 조선족학교는 한족학교와 통합되거나, 수업언어를 한어로 하여, 조선어 학습시간을 최소한으로 하는 등의 조치가 취해졌다. 학부모 가운데 (이러한 조치에 대한) 불안감을 느끼고, 조선족 학생을 자퇴, 또는 한족학교로 전학시키는 사례가 늘었다.[37] 조선어로 쓰여진 글 내용을 보면, 1958년부터 중국에서 통용되는 교과서를 번역한 내용이 70%를 차지했고, 1959년 상반기가 되자 조선어 교과서는 정치교과서, 번역교과서가 주를 이루게 되었다.[38]

그런데, 1960년 봄부터 3년에 걸쳐서 연변의 농촌은 심각한 식량부족에 허덕이고 있었다. 민족정풍운동과 대약진정책에 따른 악영향으로 인해서, 수 만명에 이르는 조선족이 북한으로 건너갔다. 시인 주선우, 작곡가 정진옥, 작가 김동구, 아동문학가 채택룡 등의 지식인은 정치적 억압을 피해 북한행을 택했다. 대중은 북한에 있는 친지, 지인에게 부탁하여 식량문제를 해결하고자 했다. 당시 강을 건너다 익사한 시체가 강 여기저기에서 발견되었다. 많은 사람들은 강이 어는 겨울을 기다려 북한으로 향했다.

당시 조선족의 북한이주에 대한 본격적인 연구는 아직 보이지 않는다. 그러나 필자는 청취조사를 통해서 상당한 증언을 들을 수 있었다. 예를 들면, 당시 흑룡강성 이춘伊春에서 중학생 시절을 보낸 한 남성은 '당시 조선족 중에서 조선(북한)으로 돌아가고 싶어한 사람은 모두 돌아가게 되어 있었다. 1961년에 북한이 '복국건설復國建設'에 참여할 것을

---

37 『中國朝鮮族歷史足跡』編輯委員會, 『中國朝鮮族歷史足跡叢書 7 風浪』, 民族出版社, 1993, 160쪽.
38 『中國朝鮮族教育史』編寫組, 『中國朝鮮族教育史』, 東北朝鮮民族教育出版社, 1991, 376쪽.

요청하여, 주위의 조선인들이 거의 조선으로 돌아갔다. 우리(가족)도 사진을 찍고 수속을 시작했지만, 한족학교에 다니고 있었던 내가 조선의 학교 교육에 따라갈 수 있을지에 대해서 아버지가 불안하게 생각하여 결국 포기했다'[39]고 증언했다.

당시 북한은 한국전쟁 이후 국가 재건사업을 전개하고 있었으나 노동력이 부족했다. 또한 적십자를 통해서 재일조선인의 귀국사업이 실시되던 시기였기 때문에, 국경을 넘어온 조선족은 환영을 받았다. 북한은 두만강과 압록강의 국경 마을에 조선족 동포를 접대하는 시설을 설치했다. 북한 정부가 운영하는 초대소에는 담당자가 파견되어 있어서 신분을 등록하고 직업을 알선해주었다.

4. 1960년대

1963년 8월에 마오쩌둥毛澤東은 미국의 흑인공민운동에 대해서 '민족투쟁은 결국 계급투쟁의 문제'라는 발언을 했다. 이는 국내 민족정책에 대해 논한 것은 아니었지만, 민족분야를 지도하는 민족사무위원회民族事務委員會의 부주임인 유춘劉春은 '민족문제는 실질적으로 계급문제'라고 바꾸어 국내 민족문제에 적용했다. 그 후 10년간 민족이론분야의 강령문헌으로 여겨진 유춘의 주장은 '민족은 특수부르주아적 역사개념이다', '민족은 서서히 소멸하고 민족의 융화가 실현된다'며 민

---

39 필자에 의한 LCL氏 청취조사(남성, 67세, 흑룡강성B현 간부), 2013.8.9.

족공작에 대한 특수한 접근을 부정하고 있었다. 이를 단적으로 보여주는 것이 1975년 헌법으로, 여기에서 건국 후 최초의 헌법인 1954년 헌법에는 명시되어 있었던 지방구역자치地方區域自治라는 원칙과 구체적인 자치권이 없어지게 된다.

1) 주덕해朱德海의 실각

문화대혁명(이하 문혁)의 시작을 알리는 '중국공산당위원회의 통지 (5.16)'가 내려지고 1개월 후, 동북지구의 변경에 위치한 연변에서도 문혁이 시작되었다. 연변 문혁의 중심지인 연변대학의 학생들이 집회를 열기 시작하고, 8월에는 중학생 홍위병조직이 등장했다. 그들은 마을에 있는 조선이나 연변의 지명을 내건 가게 이름은 '민족주의적'이라고 간주하고 간판을 떼어냈다. 8월 27일에는 연변대학내에서 처음으로 대중반란조직인 '8.27 혁명반란단(8.27)'이 결성되고, 직후에 이에 반발하는 세력이 '혁명반란단(이후에 홍기전투연단(紅旗戰鬪聯軍)으로 개칭)을 결성했다. 30일에 '8.27'은 부주장副州長이나 연변대학 당서기들을 대중 앞에서 비판하는 최초의 대중집회를 열었다. 연변에서도 중학생이 교원을 폭행하고 모욕을 주는 일이 흔한 일이 되었다. 사태는 고조되어, 12월 초에 17년간 조선족자치주의 당서기와 주장을 역임한 주덕해를 구속하고, 주덕해를 그가 설립하여 관계가 깊었던 연변대학의 구내에 감금했다.

특히, 1967년 초 연변에 마오웬신毛遠新이 나타나자 사태는 최악의 상황으로 치달았다. 마오웬신은 마오쩌둥의 조카로, 장칭江靑(마오쩌둥의 부인이자 문혁4인방)가 총애하던 인물로, 마오 주석과 주덕해 중에서 누구의 명령에 따를 것인가가 연변의 투쟁에서 초점이라고 주장하고 있었는데, 결국 주덕해의 실각에 착수했다.[40] 마오는 주덕해를 '연변 최대의 집권파'라고 규정하고, 주덕해를 표적으로 한 대규모 운동을 선동·지휘했다. 마오는 '8.27'의 일부와 연계하고, 거기에 인민해방군46군의 군장인 고봉皐峰, 조선족 간부 최용해崔龍海가 가담했다. 마오는 '조선족은 신뢰할 수 없다', '연변의 문혁에 외국의 손이 뻗치고 있다'[41]는 소문을 유포했다고 한다. 마오는 문혁 후에 징역 17년을 받았다.

여기에서 중화인민공화국이 건국되기 직전부터 17년간 연변의 최고위급에서 활약했던 조선족지도자인 주덕해라는 인물을 알아둘 필요가 있다. 주덕해는 러시아 연해주의 조선인 마을에서 태어나서, 1931년 중국공산당에 가입하여 북만주에서 항일무장투쟁에 참여했다. 1936년부터 2년간 소련에서 유학한 후, 연안延安으로 가서 항일군정대학抗日軍政大學에서 간부로서의 경력을 쌓고, 중앙해외연구반에서 공부했다. 그리고 연안조선혁명군정학교延安朝鮮革命軍政學校의 총무처장總務處長 등을 역임했다. 일본의 패퇴 직후, 주덕해는 조선의용군 제3지대를 결성하는 임무를 띠고 하얼빈으로 갔다. 같은 시기의 다른 조선혁명가들과는 달리, 주덕해는 조선에서 생활한 경험이 없고, 정치경력을 중공중앙에서 가까운 위치에서 쌓았다고 할 수 있다.

---

40 金英順他, 『朱德海』, 實踐文學社, 1992, 273쪽.
41 『中國朝鮮族歷史足跡叢書 7 風浪』, 民族出版社, 1993, 399쪽.

건국 직전인 1949년 1월, 연변이 장래에 어떻게 나아가야 할 것인가를 모색하기 위해서, 중공은 민족공작좌담회를 개최했다. 여기에는 조선인 간부 30여 명 외에 길림성 당서기와 정부주석도 참석했다. 회의에서 크게 3개의 의견이 나왔는데, 합의가 난항을 겪었다. 주덕해는 중국 영역내의 자치를 제안하면서, '동북지구거주 조선인은 100년 전부터 중국에 정착하여 중국인과 그 외의 민족과 함께 황무지를 개척하고, 일본과 싸워왔다. 당이 지도하는 자치를 실시해야 동북지구거주 조선인이 융성해지고 발전할 수 있다'고 주장했는데, 상급 지도부는 이 의견을 긍정적으로 인식했다. 이후 3월에 주덕해는 연변에 파견되어, 연변 당서기와 행정수장으로 임명되었다.

이를 통해서, 다수의 조선인에게 익숙하지 않았던 주덕해라는 인물이 서서히 지도자로서 부상하여 활약하게 된다. 주덕해는 연변에서 각종 좌담회를 열어, 조선족이 한족漢族과 함께 일본 및 장제스蔣介石정권과 싸워온 '영광스러운 역사'를 언급하면서, 민족단결의 중요성과 민족구역자치정책에 대해서 누차에 걸쳐 설명했다. 연변에 자치구역이 설치되기 직전인 1952년 7월에 중앙은 주덕해에게 그 영역에 대해서 문의했다. 이에 대해 주덕해는, 지리적으로 연변과 인접한 돈화현, 장백현과 흑룡강성의 동녕현, 영안현 등을 연변에 귀속시켜서 성省 규모의 자치구를 설치하는 구상을 제출했다.[42] 전국적으로 보면 일단 작은 촌村, 향鄕 단위의 자치구역을 이를 기반으로 크기를 조정했다. 이 구상은 (중앙으로부터) 즉각적인 답변을 얻지 못한 채로, 1952년 9월에 연길 ·

---

42 金英順他, 『朱德海』, 實踐文學社, 1992, 243쪽.

화룡·훈춘·왕청·안도 등의 5개 현을 관할대상으로 하는 연변조선민족자치구가 설치되었다. 주덕해는 17년간이나 연변의 당·정·군의 최고위급 인사를 역임하여, 길림성 부성장, 중공길림성위 상무위원 등을 겸임했다. 중앙정치에서도 중공중앙위원회 제8기 후보위원, 제3기 전국인민대표대회상무위원회민족위원회 부주임을 역임하는 등의 활약을 했다.

전국에서 정치환경의 영향을 받았다고 해도, 중공중앙에 조선족 지도자로서 인정된 주덕해의 실각은 상징적인 사건으로, 연변의 문혁에서 중요한 문제였다. 여기에서 주덕해에게 씌워진 죄명을 볼 필요가 있다. 혁명위원회 주심인 고봉皐峰은 '대대적인 독립왕국을 만들어 민족분열을 조성하고, 조국의 통일을 파괴하여 외국과 내통하여 자본주의의 복귀를 기획했다'[43]고 공개적으로 비판했다. 중공중앙의 지도하에서 장려된 민족공작이 전부 부정되어, '민족당, 민족부대, 민족간부, 민족문화, 민족공업, 민족농업을 제창하여, 자신을 중심으로 한 독립왕국을 만들 것을 기도했다'[44]는 비판을 받았다. 주덕해가 연변을 떠나고 나서도, 연변에서는 주덕해를 비판하는 것이 혁명의 방향성에 합치하는 것으로 여겨져, 다조국론多祖國論, 민족문화혈통론, 민족분열주의를 주덕해의 죄명으로 하여, 연변의 류사오치劉少奇의 대리인이라고 격렬하게 매도되었다.[45]

그러나 실상을 보면, 주덕해는 항상 각종 좌담회를 개최하는 등, 조

---

43 『延辺日報』, 1968.8.18.
44 위의 신문, 1968.9.3.
45 『革命的大批判』編集組, 『革命的大批判』, 1970.9, 2쪽.

선족내의 '조국관'을 다시 보기 위해서 노력했다. 주덕해는 '자신이 이 나라(중국)의 공민임을 부정한다면 어떠한 자격으로 토지가 분배되고, 입대하고, 정치적 권리를 행사할 수 있겠느냐'[46]고 말했다. 건국 전인 1949년 9월에 열린 중국인민정치협상회의中國人民政治協商會議에서 주덕해는 '국내 소수민족대표'로서 '동북의 조선인민은 중화민족구성의 일부분으로, 중화 각민족인민 대가정中華各族人民大家庭의 일원'[47]이라고 언급했다.

그 사이, 타 지역과 같이 연변에서는 파벌의 성립·분리·재편이 반복되었다. '홍기紅旗'의 일부가 분리되어 '노동자혁명위원회勞動者革命委員會(이하 노혁회)'가 결성되었는데, 주덕해를 지지하는 조선족 위주의 조직이 되었다. 이에 대항하여 '8·27'의 일원 중에 일부가 참여한 '홍색반란자혁명위원회紅色反亂者革命委員會(이하 홍색)'가 결성되어, 마오웬신의 지도 하에서 주덕해의 타도를 주장했다. '노혁회'와 '홍색'에는 학생 이외에 노동자와 시민도 참가하여 주요세력이 되었다.

주덕해를 둘러싼 양대 세력의 대립은 첨예화되어, 5월부터 양쪽이 무장하는 방향으로 나아갔다. 8월이 되자, 양대 세력의 무장투쟁은 더욱 격해져, 2일에 개산툰開山屯, 2일, 4일, 16일 연길시에서 무력충돌이 일었다. '홍색'은 군분구軍分區의 무기창고로부터 무기를 탈취하는 데 성공하였고, '홍색'의 총격에 쫓긴 '노혁회'의 인사들은 도문강에 뛰어들어 강 건너편으로 피난하는 비참한 상황이 초래되었다. '홍색'은 '노혁회'가 외국 장군의 지휘를 받고 있어, 무기는 외국으로부터 가지고

---

46 『中國朝鮮族歷史足跡叢書 7 風浪』, 民族出版社, 1993, 5쪽.
47 『人民日報』, 1949.9.28.

왔다는 소문을 유포했다.[48] 이러한 사태의 결과, '노혁회'는 탄압을 받아서 10명이 심문과정에서 사망하고, 40여 명이 신체적 장애를 피할 수 없게 되었다. 1968년 6월 말이 되어서야 연변의 주요 4대 파벌이 각기 조직을 해산했다. 8월에는 마오웬신 밑에서 출세한 고봉과 최용해를 최고위급으로 하는 혁명위원회가 설립되어 권력을 쥐었다.

이러한 가운데, 폭력이 방치되어 사회는 공포와 불신에 빠지게 되었다. 연변의 문혁 기간의 폭력에 의한 피해상황을 보면, 최대 3000명이 사망했는데, 이는 전국적으로 보아도 매우 높은 수치였다.

2) '계급대오정리階級隊伍整理' 캠페인

1960년대가 되자 중국은 국제적 고립이 심화되어 갔다. 1959년에서 1962년에 걸친 중인분쟁中印紛爭, 1960년부터 시작된 중소대립, 특히 1963년 4월의 신강新疆 카자흐인지구에서 대량으로 발생한 도망사건逃亡事件 등, 중공중앙에서는 변경의 민족지구를 무대로 한 분쟁으로 인해 안전보장이 위협받고 있다는 위기감이 고조되었다. 7월 중소회담의 결렬 후, 중공중앙은 소련공산당 지도부를 공식적으로 '수정주의'라고 규정했다. 이는 국내적으로는 '계급적階級敵'을 찾아내어 타도하는 계급투쟁의 존속이 계속혁명론繼續革命論이라는 논리와 결부되었다. 민족지구는 수정주의와의 싸움에서 최전선이 되어, 신강이나 내몽골이

---

48 『中國朝鮮族歷史足跡叢書 7 風浪』, 民族出版社, 1993, 345쪽.

반수정주의反修正主義로 간주되어 혹독한 정책이 취해졌다.

이러한 흐름 속에서, 조선족사회에서 전개된 '계급대오정리階級隊伍整理' 캠페인은 필연적으로 조중관계朝中關係에 깊은 영향을 받았다. 문혁기의 조중관계는 공식적인 형태의 비난은 피하고 있었지만, 홍위병에 의한 김일성 비판은 더욱 격렬해져서, 양국관계는 긴장상태에 빠지게 되었고, 결국 각기 대사를 소환하기에 이르렀다. 불명확한 부분이 많지만, 조중관계가 국교수립 이래 최악의 상황에 빠졌던 것은 틀림없다.

연변에서 처음으로 '계급대오정리학습반'이 열린 것은 1968년 4월로서, 공안국, 검찰원, 법원 등 사법부문이 선두에 섰다. 이 회의에서는 51명이 '외국간첩'이라고 간주되어, 3명이 형 집행으로 인해서 사망하고, 10여 명이 신체적 장애를 피할 수 없게 되었다. 이 캠페인이 계속되어, 연변의 사법부문에서는 175명의 간부와 경찰이 '외국간첩'으로 여겨졌는데, 이는 사법부문에서 근무하는 조선족의 70%를 차지했다.[49] '외국간첩'으로 판단하는 '증거'로서 외국에 친척이 있다든가, 외국어를 구사할 수 있다든가, 외국으로부터 편지가 온다든가 하는 점이 거론되었다. 또한, 연변대학 교원 중에서 29명이 '간첩'으로 여겨지고, 연변농학원에서는 교직원 중에서 3분의 1이 '반혁명', '간첩'용의자로 취급되었다.[50] 이 캠페인은 농촌, 공장, 학교 등에서 전면적으로 전개되어, 연변에서는 2000명에 가까운 사람들이 '반역자', '간첩', '지하국민당 당

---

49 『中國朝鮮族歷史足跡叢書』編集委員會編, 『中國朝鮮族歷史足跡叢書(7)風波』, 民族出版社, 1993, 306쪽.
50 『中國朝鮮族教育史』編寫組, 『中國朝鮮族教育史』, 東北朝鮮民族教育出版社, 1991, 411쪽.

원'이라는 누명을 쓰고 폭행치사, 장애, 투옥 등의 피해를 입었다.

연변 이외의 조선족사회에도 영향이 미쳤는데, 예를 들면, 9월에 길림성 안도현 만보인민공사萬寶人民公社에서는 264명이 심문 중에 사망했다. 특히, 조선족간부는 거의 외국간첩으로 간주되었다.[51] 또한, 흑룡강성 목단강시牡丹江市에서는 1968년 7월에 조선족이 많이 거주하는 서삼조로西三條路의 조선족을 대상으로 한 간첩색출이 행해졌다. 그 결과, 7000여 명의 조선족 주민 가운데 젊은 학생을 포함한 70여 명이 '간첩', '반혁명분자'로 간주되어 심각한 피해를 입었다.[52]

그런데, 1969년 가을부터 조중관계의 개선이 도모되어, 10월에 개최되는 건국 20주년 기념식전에 중국과 깊은 관계를 가진 연안파의 최용건崔庸健을 단장으로 하는 대표단이 참가하여, 양국관계는 문혁 이전으로 회복되었다. 특히 1970년 4월 저우언라이周恩來의 방북을 정점으로 '전투우의戰鬪友誼'가 강조됨으로써, 관계정상화가 결정되었다. 연변의 문혁도 일단락되어, '외국간첩' 용의자로 취급받는 일은 거의 사라졌다.

상술한 바와 같이, 이념통합 및 소련'수정주의'와의 싸움에 의해서 변경방어가 우선시되어, 민족공작 자체가 실질적으로 없어지게 되었다. 조선족사회도 피치 못하게 영향을 받아서, 조선어무용론朝鮮語無用論이 횡행하고, 조선어로 쓰인 글은 번역교재가 되어 민족작품은 거의 사라지게 되었다. 흑룡강성의 일부 고교에서는 조선어 교육을 중지했다. 일부 학교에서는 조선어 수업시간을 줄이고, 조선어 교육내용과

---

51 『中國朝鮮族歷史足跡叢書』編輯委員會編,『中國朝鮮族歷史足跡叢書 (7) 風波』, 民族出版社, 1993, 307쪽.
52 崔範洙他,『黑龍江朝鮮族教育史』, 東北朝鮮民族教育出版社, 1993, 252쪽.

방법이 한어와 같아져서 조선어 수업의 질이 떨어졌다.[53] 조선족학교 체계는 파괴되어, 민족연합학교가 민족적 융화를 촉진하는 혁명적인 형식으로 인식되었다. 흑룡강성의 주요 중학교는 한족학교에 합병되거나 폐교의 위기에 놓였다.

젊은 세대 가운데에는 출신때문에 인생이 불우해진 사례가 다수 존재했다. 어떤 젊은 이공계 연구자는 누이 부부가 1964년에 북한으로 이주했기 때문에, 간첩 용의자로 취급되어, 1968년에 스스로 목숨을 끊었다.[54] 경로가 '남한'인 경우에는 정치심사에 걸려서 공적인 부문에는 취직하기 어려웠다. 예를 들면, 흑룡강성의 어느 고교 졸업생은 대학입시가 취소되어, 1969년에 입대신청을 했다. 신체검사를 통과하여, 간부들로부터도 호평을 받았으나, 마지막 정치심사에서 불합격 처리되었다. 모친이 남한에 가족이 있다고 주위에 말한 적이 있었기 때문에, 만난 적조차 없는 '해외(에 거주하는 가족)관계'로 인해서 농촌을 벗어날 길이 막혀서 크게 절망했다고 한다.[55]

5. 결론

지금까지 언급한 내용을 정리해보도록 하겠다. 국공내전 시기의 중공의 지방당조직인 연변지위는 조선족 사이에서 '조선이 조국이라는

---

53 崔範洙他, 『黑龍江朝鮮族敎育史』, 東北朝鮮民族敎育出版社, 1993, 266쪽.
54 『中國朝鮮族歷史足跡叢書』編集委員會編, 『中國朝鮮族歷史足跡叢書(7)-風波』, 民族出版社, 1993, 384쪽.
55 필자에 의한 LCL氏 청취조사(남성, 67세, 흑룡강성B현 간부), 2013.8.9.

사상이 상당히 농후하다'는 점을 확인했지만, 이해 및 배려하는 입장을 취하고 있었다. 이는 동북 조선인의 강력한 부대가 존재하고, 조선인이 인구의 8할을 차지하는 연변이 동만주의 거점지역이라는 점이 크게 작용했다. 1948년 9월 9일에 조선민주주의공화국(이하 북한)의 수립을 민족의 경사로 여기고 축하하는 집회가 여러 곳에서 개최되었다. 이는 일본의 장기간에 걸친 식민지 통치 가운데 '나라'가 없는 설움이나 열등감으로부터의 해방과 독립을 의미했다. 한국전쟁의 발발 이후, 연변의 조선족 안에서 '조국으로 돌아가서, 조국방위전쟁에 참가한다'는 취지의 입대열풍이 고조되었다. 전시戰時에 민족주의가 고조되는 것은 일반적인 경향이라고 할 수 있으나, 주목해야 하는 점은 자신들이 방어해야 할 '조국'을 북한이라고 인식하고 있었다는 사실이다. 같은 공산주의 진영이라고 해도, 중공 연변지위는 전황이 어느 정도 안정을 찾은 1951년 봄부터 조선족의 '조국관'을 문제시하기 시작했다. 전국적으로 전개된 항미원조 캠페인 가운데, 당연하게도 애국주의 교육이 실시되었다. 특히, 조선족을 대상으로 '적극적으로 조선을 지원함으로써 우리들의 조국(중국)과 집을 지킬 수 있다'면서 조국은 중국이라는 논리를 내포한 애국주의 교육이 시작되었다. 조선족은 이 전쟁에서 처음으로 자신들이 중화인민공화국의 공민이라는 신분이 명확히 확인되어, 공화국의 일원으로서의 충성심과 신중국에 대한 '애국'이 요구되었다.

건국 초기에는 민족평등정책을 실시하여 중국에 존재하던 이전의 여러 정권과의 차이점이 두드러졌는데, 1957년 민족정풍운동 이후에는 사회와 국민의 통합이 추진되었다. 1957년의 반우파투쟁에서는 조선족 작가와 지식인이 우파분자로 몰려서 박해받았는데, 특히, 조선족 문단이 괴멸적인 타격을 입었다. 이듬해의 민족정풍운동에서는 민족간부들이 지방민족주의분자로 비판의 대상이 되었는데, 다른 민족지구의 상황과 다른 점은 '조국관'에 대한 비판이 중점적으로 이루어졌다는 점이다. 이전까지 조선족 지식인과 간부 사이에서는 여러 형태의 '조국관'이 존재하고 있었다. 이후에는 (조선족)대중 전체를 대상으로 하는 '한어를 배우고, 한족을 배우는 운동'이 실시되었다.

1960년대가 되자 중국은 국제적으로 고립이 심화되고, 민족분야에서 계급투쟁이 정점에 이르렀다. 주덕해의 실각(1967년)은 이러한 분위기를 반영하는 상징적인 사건이었다. 주덕해는 '동북의 조선인민은 중화민족 구성원의 일부로서, 중화 각 인민 대가정大家庭 가운데 일원'이라고 선언하여, 연변의 자치를 주장한 후, 17년간 연변의 최고위급 지위에 있었던 인물이었다. 지도자의 실각은 다른 민족지구에서도 일반적으로 발생하는 일이었지만, 연변의 문혁을 지휘하던 마오쩌둥의 조카 마오웬신은 '조선족은 신뢰할 수 없다', '연변의 문혁에 외국의 손이 뻗치고 있다'고 선전했다. 연변의 문혁에서 쟁점이었던 주덕해의 처우문제를 둘러싸고, 파벌투쟁에 민족문제가 결부되어서 더욱 격화되었다. 또한, 1968년에는 '계급대오정리階級隊伍整理'라는 명목으로 계급적階級敵을 색출하는 캠페인이 진행되었다. 여기에서는 연변의 사법부문의 조선족 간부가 '외국간첩'으로 몰려서 대거 숙청되었는데, 이후 북중관계의 개선에 의해서 대다수의 '외국간첩' 혐의가 풀렸다. 이 캠페인에 대해서는 규명되지 않은 부분이 많다. 배경으로는 당시 중국이 외교면에서 고립이 심화되어, 안보상의 불안감이 고조되고 있었고, 그 연장선상에서 1969년 3월에 중앙군사위원회가 '정치방어강화방침'을 취한 점을 지적할 수 있다. 문혁기는 민족분야에서 가장 엄혹한 시기로서, 조선족의 정치적 지위가 위협받았다.

대체로 조선족이 정치적으로 세력을 형성하거나 정치공동체가 되는 일은 없었다. 그럼에도 순차적으로 실시된 중앙의 정치캠페인에 수동적으로 휘말렸다. 민족정풍운동과 문혁에서는 민족간부와 지식인의 다수가 숙청되었다. 항미원조 캠페인, 한어를 배우는 운동이 대중 안에서 전개되어, 애국주의 교육이 중심이 되었다. 조선족의 아이덴티티는 정치적인 측면은 배제되고, 문화 및 이념적인 측면에서 독자적인 아이덴티티를 형성했다고 할 수 있을 것이다.

한편, 이민2세, 3세 등의 젊은 세대가 아이덴티티를 형성하는 데에 중요한 영향을 미친 교육분야에서, 역사교과서를 시작으로 변화가 일어났다. 건국 초기에는 소·중학교에서 조선역사 및 조선지리 교과서가 사용되었지만, 1952년에 소학교에서 조선역사교육이 중지되고, 1953년에는 조선역사의 단독개설을 취소하라는 지시가 내려왔다. 조선어 교과서의 내용에도 변화가 생겨서, 1959년 상반기에는 거의 번역 교과서가 되어버렸다. 문혁기에는 '조선어 무용론'이 횡행하여, 조선어는 자치주에서 공용어의 지위를 잃었다. 흑룡강성의 일부 고교에서는 조선어 교육을 중지했다. 조선족학교 체계는 파괴되어, 민족연합학교가 민족적 융화를 촉진하는 혁명적인 형식으로 인식되었다. 또한,

젊은 계층 사이에는 뿌리가 조선이라는 이유로, 군이나 공적기관에서 근무하기 어려워지는 사례가 나타났다.

중국 동북지구의 조선인은 항일무장투쟁, 전후의 국공내전, 한국전쟁에서 존재감을 드러냈다. 냉전기 중국내에서 순차적으로 전개된 정치캠페인은 사람들한테 공포감을 갖게 했음에 틀림없다. 문혁 이후, 1980년대에 실시된 민족융화정책을 지나서, 조선족의 국내외 이주는 극적으로 증가하였다. 그로 인해 과거부터 존속되어 온 동북지구의 공동체는 위기에 놓여 있다. 동북지구의 조선족 공동체를 떠난 조선족 개개인은 '타자'와의 비교를 통해서 아이덴티티를 재차 확인하지 않으면 안 될 것이다.

참고문헌

논문 및 단행본

염인호, 『또 하나의 한국전쟁(만주조선인의 조국과 전쟁)』, 역사비평사, 2010.

柳銀珪, 『연변문화대혁명10년의 약속』, 토향, 2010.

ジグムント・バウマン, 伊藤茂訳, 『アイデンティティ』, 東京：日本経済評論社, 2007.

ジョン・L・ガディス, 河合秀和他訳, 『冷戦－その歴史と問題点』, 東京：彩流社, 2007.

マルコ・マルティニエッロ, 宮島喬訳, 『エスニシティの社会学』, 東京：白水社, 2002.

加々美光行, 『知られざる祈り・中国の民族問題』, 東京：新評論, 1992.

権寧俊, 「中国朝鮮族の「朝鮮語純化運動」と漢語」, 『一橋論叢』第123巻 第3号, 2000.

権香淑, 『移動する朝鮮族 エスニック・マイノリティの自己統治』, 東京：彩流社, 2010.

金野純, 『中国社会と大衆動員－毛沢東時代の政治権力と民衆』, 東京：御茶の水書房, 2008.

毛里和子, 『周縁からの中国－民族問題と国家』, 東京：東京大学出版会, 1998.

小坂井敏晶, 『民族という虚構』, 東京：筑摩書房, 2011.

楊麗君, 『文化大革命と中国の社会構造－公民権の配分と集団的暴力行為』, 東京：御茶の水書房, 2003.

李海燕, 『戦後の「満洲」と朝鮮人社会－越境・周縁・アイデンティティ』, 東京：御茶の水書房, 2009.

鄭雅英, 『中国朝鮮族の民族関係』, 東京：アジア政経学会, 2000.

平岩俊司, 『朝鮮民主主義人民共和国と中華人民共和国－「唇歯の関係」の構造と変容』, 横浜：世織書房, 2010.

下斗米伸夫, 『アジア冷戦史』, 東京：中央公論社, 2004.

재일 조선인의 '국적'과 조선전쟁(1947~1952)*

'조선적朝鮮籍'은 어떻게 하여 생겨났는가?

정영환

1. 머리말―'조선적朝鮮籍'이란 무엇인가?

'조선적'이란 무엇인가? 현재, 외국 국적의 재일 조선인[1]의 재류 카
드 및 특별영주자 증명서(2012년 이전은 외국인등록증명서)[2]의 국적・지역

---

* 본고는 *PRIME*(메이지학원대학 국제평화연구소(明治学院大学国際平和研究所)) 제40호
에 게재한 논문 「재일 조선인의 '국적'과 조선전쟁(1947~1952) : '조선적'은 어떻게 하여
생겨났는가,(在日朝鮮人の「国籍」と朝鮮戦争(1947~1952) : 「朝鮮籍」はいかにして生ま
れたか」)를 바탕으로 일부 가필・수정한 것이다. (편자) 본고에 나오는 '조선전쟁', '조선
반도' 등은 필자의 바람대로 그 입장과 의도를 존중하여 대한민국 학계에서 보통 사용되
는 '한국전쟁', '한반도' 등으로 번역하지 않고 그대로 표기하였다.

1 본고에서는, 국적이나 지지하는 정부와는 관계없이 식민지 지배의 결과 조선반도에서
일본으로 건너왔거나 강제적으로 연행되어온 사람들 및 그 자손을 총칭하는 용어로서
'재일 조선인'을 사용한다.

2 2012년 7월 9일의 외국인등록법(이하 등록법)의 폐지와 출입국관리 및 난민인정법(이
하 입관법), 일본국과의 평화조약에 의해 일본의 국적을 이탈한 자 등의 출입국관리에
관한 특례법(이하 입관특례법)의 개정에 따라, 재일 외국인은 그때까지 사용하던 외국
인등록증명서를 대신하여, 재일 카드나 특별영주자 증명서를 의무적으로 휴대하게 되

난을 기재하는 곳에는 '조선'과 '한국'이라는 두 가지 표시가 있다.

〈표 1〉 외국인등록증명서의 국적란에 '조선(朝鮮)·한국(韓国)'이라고 기재된 외국인 숫자의 추이(1947~2015)

연도	1947	1950	1955	1960	1965	1970	2012	2013	2014	2015
조선	598,507	467,470	433,793	401,959	339,116	282,813	40,617	38,491	35,753	33,939
한국	–	77,433	143,889	179,298	244,421	331,389	489,431	481,249	465,477	457,772
총 수	598,507	544,903	577,682	581,257	583,537	614,202	530,048	519,740	501,230	491,711

주① 1971~2014년은 '한국·조선'을 일괄하여 집계·공표하였으나, 2016년 3월부터 2012~2015년말 현재의 분리 집계 결과를 공표하였다.
주② 수치는 해마다 연말의 숫자. 단, 1960~70년에 관해서는 다음에 인용하는 김영달金英達의 저서에 출전이 표시되어 있지 않다.
출전 : 1947~1970년은 김영달(金英達), 「あなたの隣の『北朝鮮』」(別冊宝島221『朝鮮総聯の研究 あなたの隣の『北朝鮮』」, 宝島社, 1995)에서, 2012~2015년은 법무성 「平成27年末現在における在留外国人数について(確定値)」 공표 자료에 의함.

〈표 1〉에 나타난 바와 같이 외국인등록제도가 시작된 1947년 당시, 모든 재일 조선인의 국적란에는 '조선'이라고 기재되어 있었으나, 2015년 말일 현재에는 그 수는 3만 3,939명에 지나지 않는다. 이 3만 여 명의 사람들은 일본에서 '유효한 여권'을 소지하지 않고 있으며 한국법에서 말하는 '재외동포'에도 포함되지 않고 입국할 때 특별한 허가를 얻지 않으면 안 된다.[3] 이 사람들의 '국적', 즉 조선적은 어떻게 해서 생겨

<hr>

였다. 더불어 주민기본대장법(住民基本台帳法)도 개정되어, 시정촌(市町村)에서는 '외국인 주민에 관한 주민표'를 작성하게 되었다.
3 조선적 재일 조선인은 조선민주주의인민공화국의 여권을 발급받을 수 있으나, 일본은 이를 '유효한 여권'으로 간주하지 않는다. 해외로 나갈 경우에는 법무성이 발행하는 '재입국허가서'를 소지하는 경우가 많다. 또한 한국에 입국할 때는 한국 외무성으로부터 '여행증명서'를 발급받지 않으면 안 된다. 조선적 재일 조선인의 해외나 재입국에 관해서는 鄭栄桓, 「『再入国許可』制度の歴史と現在 在日朝鮮人に対する運用を中心に」, PRIME(明治学院大学国際平和研究所) 第33号, 2011; 鄭栄桓, 「入管法改定と再入国許可制度の再編, 「みなし再入国許可制度」と在日朝鮮人」, 『法律時報』 第84巻, 第12号, 2011.11; 조경희, 「남북분단

난 것인가? 본고의 문제의식은 이 질문에 답하기 위하여 일본의 패전에서 강화조약 발효 전후의 시기까지 재일 조선인의 외국인등록의 국적란에 관한 취급이 어떻게 변천되어왔는가를 명확히 하는 데 있다.

본론에 들어가기에 앞서 용어를 정리해두고자 한다. 외국인등록증명서 국적란의 '조선'에 관해서는 조선적 외에 조선 국적, 조선 표시 등 몇 가지 명칭이 있다. 오늘날은 당사자뿐 아니라 일본이나 한국 연구자들 사이에서도 '조선적'이라는 용어가 널리 사용되고 있는 현실을 감안하여, 본고에서는 외국인등록증명서 국적란의 '조선'이라는 기재를 '조선적'이라고 부르기로 한다(이하 빈번히 등장하므로 ' '를 생략한다).

현재 조선반도에는 남북 두 개의 정부가 있기 때문에 종종 조선적은 조선민주주의인민공화국의 국적을 가리키는 것으로 잘못 간주된다. 1970년 이래 법무성은 '조선·한국'의 통계를 일괄하여 공표하고 있었으나, 2016년에 들어서 두 개의 범주를 분리하여 공표하기로 하였다. 그 배경에는 자민당 의원들의 '일본에 사는 '북한 국적자'가 실제 숫자 이상으로 많아 보인다'는 의견이 있었다고 한다.[4] 조선적을 조선민주주의인민공화국으로의 귀속을 나타내는 것으로 생각하는 전형적인 인식이라고 할 수 있을 것이다.

그러나 일본 정부의 해석에 따르면, 이 '조선'은 조선민주주의인민공화국으로의 귀속을 의미하는 말은 아니다. 법무성은 "재류 외국인 통계에서 '조선'은 국적을 나타내는 것으로서 사용되는 것이 아니라, 조

과 재일 조선인 한일 정부의 '조선적'에 대한 해석을 중심으로」, 『통일인문학』(건국대 인문학연구원) 제58호, 2014를 참조.

4 『아사히신문(朝日新聞)』, 2016.3.5. 한편, 법무성은 "12년 7월에 재류관리제도(在留管理制度)를 변경했기 때문에 분리했다"고 설명하고 있다. 『도쿄신문(東京新聞)』, 2016.3.19.

재일 조선인의 '국적'과 조선전쟁(1947~1952) | 483

선반도 출신자 및 그 자손 등으로서 한국적을 비롯하여 어느 쪽의 국적인가가 확인되지 않은 자는 재류 카드 등의 국적·지역난에 '조선' 표기가 되어 있습니다"라고 설명하고 있다.[5]

한편, 현행 관련 법률·정령政令·성령省令에도 조선적에 관한 설명은 없다. '재류 카드'에는 국적에 관한 사항으로서, '국적의 속하는 나라 또는 제2조 제5호 ㅁ(일본어 가타카나 로-역주)에 규정하는 지역'을 기재할 것이 정해져 있다(출입국관리 및 난민인정법(이하, 입관법) 제19조의 4, 제1호, 이하'국적·지역'). 특별영주자 증명서의 '국적·지역'이나 외국인 주민에 관한 주민표의 '국적 등'도 마찬가지이다(일본국과의 평화조약에 의거하여 일본의 국적을 이탈한 자 등의출입국관리에 관한 특례법(이하, 입관특례법) 제8조 제1호, 주민기본대장법 제30조의 45). 이 '제2조 제5호 ㅁ의 정령으로 정한 지역'이란, '타이완 및 요르단강 서안지구 및 가자지구'를 가리키며(입관법 시행령 제1조), '요르단강 서안지구 및 가자지구'는 '국적·지역'난에는 '팔레스티나'라고 기재하도록 되어 있다(입관법 시행규칙 제19조의 6 제3항). 즉, 외국인이 소지하는 '재류 카드' 등에는 여권을 발급한 나라이거나 '타이완' 혹은 '팔레스티나'라는 '지역'의 명칭을 기재하도록 되어 있으나, 조선적은 여기서 말하는 '국적'에도, '지역'에도 해당되지 않는다.

조선적에 관한 일본정부의 견해를 알기 위해서는, 우선 1965년 10월 26일에 발표된 정부통일견해, 「외국인 등록상의 국적란의 '한국' 혹은 '조선' 기재에 관하여」(이하, 정부통일견해)까지 거슬러 올라가지 않으면 안 된다.[6] 한일기본조약 및 관련되는 4개의 협정 체결(1965.6.22)과 더불

5   법무성 홈페이지의 「재일 외국인 통계(在留外國人統計)」. http://www.moj.go.jp/housei/toukei/housei05_00021.html (2016년 11월 16일 확인).

어 발표된 이 정부통일견해에 의하면, 조선적이란 재일 조선인이 '본래 조선 호적에 속하여 일본 국내에 거주하고 있는 채 일본 국적을 잃어 외국인이 된 특수사정으로 인하여 여권 또는 이를 대신할 국적증명서를 소지하고 있지 않으므로, 편의의 조치로서의 '조선'이라는 명칭을 국적란에 기재한 것'이다. 그리고 "이런 의미에서, '조선'이라는 기재는 일찍이 일본의 영토였던 조선반도에서 일본으로 건너온 조선인을 나타내는 용어이며, 어떠한 국적을 표시하는 것이 아니다."

즉, 외국인등록증명서의 국적란에 기재되어 있기는 하지만, '조선'은 '국적이 속하는 나라'를 표시하는 말이 아니라, 어디까지나 지역·출신지의 명칭에 지나지 않는다. 이것이 일본 정부의 견해이다.

왜 이러한 기묘한 '국적'이 생겨났을까? 위의 정부통일견해에 답이 적혀있는 것처럼 보인다. 즉, 재일 조선인의 특수사정으로 인하여 1947년의 외국인등록령(이하, 외등령) 제정 때 '편의의 조치'로서 '조선'이라고 기재하면서 생겨난 것이다. 그런데 이것만으로는 충분한 답이 되지 않는다. 본론에서 설명하는 것처럼, 일본정부는 샌프란시스코강화조약 발효와 더불어 조선인은 일본 국적을 상실하였다고 간주하였다. 이 때 왜 '외국인'이 된 조선인의 국적이 기재되지 않고 '편의의 조치로서의 조선적이 남게 되었는가?' 이 문제에 답하지 않으면 안 된다. 조선적이 어떻게 하여 생겨나게 되었는가 하는 물음에 답하기 위해서는 1947년의 등장뿐 아니라 1952년 이후도 계속된 배경을 탐구해볼 필요가 있다.

그 때 함께 생각해야 할 문제로서 외국인등록에서 한국적의 등장과

6　日本社会党朝鮮問題対策特別委員会編, 『祖国を選ぶ自由 在日朝鮮人国籍問題資料集』, 社会新報, 1970, 6쪽(이하 『社会党資料集』이라고 줄임).

일본정부의 해석의 변천이 있다. 재일 조선인의 국적문제는 일본의 식민지 지배 청산을 둘러싼 문제임과 동시에 남북의 분단, 그리고 일본의 남북과의 외교관계와 밀접히 연결된 문제였다. 따라서 외국인등록제도의 국적란에 대한 행정실무나 해석도 일본정부의 조선반도에 대한 정책의 반영이었다고 보지 않으면 안 된다.

정부통일견해는 한국적 등장의 배경에 대하여 다음과 같이 설명한다. 즉 외국인등록령 시행 당초에는 '조선'이라고만 기재할 수 있었으나, 재일 조선인 사이에서 "'한국'(또는 '대한민국')으로 바꿔쓰기를 강하게 요망하는 사람이 있었기 때문에, 본인의 자유의지에 의거한 신청에 의한 것이 있고 대부분은 한국대표부가 발행한 국민등록증을 제시하게 한 후에 '한국'으로 바꿔쓰는 것을 인정하였다."[7] 1965년 현재 한국 국적자는 "이러한 경위에 따라서 '한국'이라고 바꾸어 기재하게 된 것이며, 더욱이 그것이 오랫동안에 걸쳐 유지되고 나아가 실질적으로 국적과 같은 작용을 나타내는 것이라고 생각하지 않으면 안 된다." 즉, 조선적에 대해 '국적을 표시하는 것이 아니다'고 해석하면서 한국적에 대해서는 '대한민국의 국적을 나타내는 것'이라고 설명하였던 것이다.

실은 이 정부통일견해는 종래 일본정부의 외국인등록증명서의 국적란 해석을 수정한 것이었다. 1950년 2월 23일, 법무총재는 '조선', '한국'은 "단순한 용어의 문제이며, 실질적인 국적문제나 국가 승인의 문제와는 전혀 관계없다"는 담화를 발표하였다.[8] 따라서 조선적이든 한

7　『社会党資料集』, 6쪽.
8　外国人登録に関する法務総裁談話, 1950.2.23, 『外国人登録例規通牒綴 其ノ二 昭和二十五年』, 京都府総務部渉外課. (이하 『登録例規通牒綴 ②』이라고 줄임)

국적이든, "그 사람의 법률상의 취급을 달리하는 일은 없다"고 해왔다. 그런데도 정부통일견해는, 한국적을 '실질적으로 국적과 같은 작용을 해왔던 경과'를 근거로 국적을 나타내는 것으로 판단하였다. 즉 이 정부통일견해에 따르면 1965년 이전의 어딘가 시점에서 한국적에 대한 일본정부의 취급이 변했던 것이다. 당시 이 정부통일견해가 종래 정책의 '180도 전환'[9]이라고 평가되는 이유이다.

그렇다면, 일본정부의 한국적 해석은 언제 바뀌었는가? 재일 조선인 연구자인 김영달金英達이 1987년에 발표한 논문은 이 문제를 검토한 것이다.[10] 김영달은 법무성 입국관리국이나 가와사키시川崎市가 내부 자료로서 편집・정리한 통달집通達集을 사용하여, 1947년부터 1971년에 이르는 기간의 국적란을 둘러싼 행정실무의 변천을 밝혔다.[11] 김영달의 연구에 의거하여 일본정부의 '국적'란 해석과 기재 변경에 관해 필자가 정리한 것이 〈표 2〉이다.

〈표 2〉에서 '표시 내용의 해석'이란 일본정부가 외국인등록 국적란의 '조선'이나 '한국'이라는 명칭이 무엇을 표시한다고 해석했는지를 나타낸다. 지역명을 표시한다는 해석을 '출신지 표시설'로 하고, 국가명 표시라는 해석을 '국적 표시설'로 하였다.[12]

---

9 「社説」, 『朝日新聞』, 1965.10.29. 단, 인용은 『社会党資料集』, 8쪽.
10 金英達, 「在日朝鮮人の外国人登録『国籍欄』記載に関する行政実務の変遷について」, 『在日朝鮮人史研究』第17号, 1987.
11 김영달(金英達)이 사료로서 사용한 것은 「在日朝鮮人の外国人登録国籍欄記載の経緯について」, 法務省入国管理局, 『入国管理月報』第127号, 1971.8 및 『川崎市における国籍書換え処理経過概要 在日朝鮮人の国籍変更を中心に」, 川崎市総務局総務部市民課, 1971.9월 수록의 각종 통달(通達)이다.
12 이들 용어에 관해서는 김영달 앞의 글, 79~80쪽을 참조.

<표 2> 외국인등록 '국적'란에 대한 일본정부의 해석 변천

시기 구분	조선		한국		
	표시 내용의 해석	'조선'으로의 기재 변경 가부(可否)	표시 내용의 해석		'한국'으로 기재 변경할 때 국적증명문서를 요하는가의 여부
제1기 (1947.5.2~50.2.22)					
제2기 (1950.2.23~51.2.1)		가	출신지 표시설		부(본인의 진실만)
제3기 (1951.2.2~70.9.25)	출신지 표시설	부	1965.10.25 이전	사실상의 국적 표시설	요구(국적증명문서 제시)
		부	1965.10.26 이후	국적 표시설	요구(상동)
제4기 (1970.9.26~71.2.26)		예외적으로 가능(*1)	국적 표시설		요구(상동)
제5기 (1971.2.27~)		조건부로 가능(*2)	국적 표시설		요구(상동)

*1 ① 사무상의 기재 오류이거나, ② 본인의 의사에 의하지 않고 타인이 마음대로 바꿔 써서 수속에 의해 '한국'이 되어 있는 것만 예외적으로 기재 변경을 인정하였다.
*2 ① 한국의 재외국민 등록을 하지 않음, ② 한국 여권을 발급받은 적이 없음, ③ 협정영주허가가 되어 있지 않음의 3가지가 확인 가능하면 시정촌장(市町村長)에 한하여 '조선'으로의 기재 변경을 인정하였다.
출전 : 필자 작성

　　김영달에 의하면, 일본정부가 한국적 해석을 사실상 수정한 것은 1951년 2월이다. 〈표 2〉에 나타난 바와 같이 일본정부는 일관되게 조선적은 국적의 귀속이 아니라, 출신지를 표시하는 것이라는 해석을 채용해왔다. 한국적에 대해서도 처음에는 출신지라는 해석을 채용하였으나, 1951년 2월(제3기) 이래 겉으로는 출신지 표시설을 취하는 한편, 외국인등록에서의 국적 기재 변경 때 국적증명문서('대한민국 국민등록증')의 제출을 요구하여 사실상의 국적 표시설로 해석을 수정하였다고 한다. 그리고 한일기본조약 체결 후에 앞에서 설명한 정부통일견해를 발표함으로써 명실상부하게 국적 표시설을 취하게 되었다.

그 후 한일기본조약 체결 후에 일어난 '조선 국적'으로의 변경을 요청하는 운동에 응하여 후쿠오카현福岡縣 다가와시田川市 등의 혁신 자치체는 한국에서 조선으로의 기재 변경을 인정하였다. 법무성은 처음에는 기재 변경을 일체 인정하지 않는 방침이었으나, 최종적으로는 조건부로 '한국'에서 '조선'으로의 변경을 인정하기에 이르렀다. 국적의 기재 변경이라고 하는 문제가 '국적란'의 해석에 커다란 영향을 미치고 있음을 알 수 있다.

재일 조선인의 국적문제를 둘러싸고는 최근에 연구가 심화되고 있으나, 외국인등록의 국적란에 관해서는 1차 사료 기초조사에 바탕을 둔 김영달의 연구를 뛰어넘는 성과는 나오지 않았으므로 그의 연구가 선구적인 업적이라고 할 수 있다.[13] 다만, 외국인등록의 국적란에 대

---

13 일본 패전 후의 재일 조선인 국적문제에 관해서는 다음의 연구가 있다. 飛田雄一,「サンフランシスコ平和条約と在日朝鮮人」,『在日朝鮮人史研究』6号, 緑陰書房, 1980; 大沼保昭,「在日朝鮮人の法的地位に関する一考察(一~六・完)」,『法学協会雑誌』96巻 3,5,8号, 97巻 2-4号, 1979~80(후에『在日韓国・朝鮮人の国籍と人権』, 東信堂, 2004으로 출판); 松本邦彦,「在日朝鮮人の日本国籍剥奪-日本政府による平和条約対策研究の検討」,『法学』 52巻4号, 東北大学法学会, 1988; 田中宏,「在日朝鮮人政策の不条理な出立-"日本国籍喪失"の論理にひそむもの」,『日本のなかのアジア』, 大和書房, 1980; 宮本正明,「GHQ / SCAP 占領期における日本政府の在日朝鮮人対策 1948年半ば~1949年初頭の時期にかけての『国籍』措置を中心に」,『研究紀要』(世界人権問題研究センター), 第18号, 2013. 한일회담에서의 재일 조선인의 법적 지위문제에 관해서는, 金太基,「在日韓国人三世の法的地位と「一九六五年韓日協定」(一)」,『一橋論叢』第105巻 第1号, 1991; 金太基,『戦後日本政治と在日朝鮮人問題-SCAPの対在日朝鮮人政策1945~1952年』, 勁草書房, 1997; 도노무라 마사루, 「한일회담과 재일 조선인-법적지위와 처우 문제를 중심으로」,『역사문제연구』14, 2005; 장박진,「한일회담 개시전 한국정부의 재일한국인 문제에 대한 대응 분석-대한민국의 국가정체성과 "재일성"(在日性)의 기원」,『아세아연구』52-1, 2009; 장박진,「초기 한일회담(예비 제3차)에서의 재일한국인 문제의 교섭과정 분석 : 한일 양국의 교섭목표와 전후 '재일성'(在日性)형성의 논리」,『국제지역연구』18(2), 2009; 小林玲子,「日韓会談と「在日」の法的地位問題」, 李鍾元・木宮正史・浅野豊美編著,『歴史としての日韓国交正常化II脱植民地化編』, 法政大学出版局, 2011; 吉沢文寿,「日韓会談における「在日韓

한 행정실무를 둘러싼 문제에 관해서는 밝혀져야 할 몇 가지 문제가
여전히 남아있다.

첫째, 왜 일본정부는 1951년 2월에 '한국' 표시의 해석을 사실상의
국적 표시설로 수정하였는가?

둘째, 왜 조선적은 강화조약 발효 후에도 계속하여 남았는가? 본론에
서 밝힌 대로 외등령 제정 당시의 일본정부는, 조선인은 일본 국적이라
고 하는 해석을 취하고 있으며, '조선'이란 이 해석을 반영하여 '출신지'
표시를 의미하였다. 그런데 강화조약의 발효(1952.4.28)와 더불어 조선
인은 일본 국적을 '상실'하였다. 조선인=일본 국적이라는 해석과 연동
되어 있을 터인 조선적은 왜 강화조약 후에도 계속 남게 되었는가?

셋째, 강화조약 발효 후의 한국적에 관하여 일본 정부는 어떠한 해
석을 취하였는가? 1951년 2월의 사실상의 국적 표시설로의 수정이라
고 하는 불완전한 상태는 한국과의 협정 체결에 따라 해결된다고 생각
되었다고 보인다. 그러나 실제로는 한일회담은 결렬되어 강화조약 발
효까지 재일 조선인의 법적 지위에 관한 협정은 체결되지 못하였다.
협정이 존재하지 않는 가운데 일본정부는 어떠한 논리로 한국적=국
적 표시설을 유지하였는가?

이하 본고에서는 우선 외국인등록령 제정 당시의 일본정부의 국적
및 국적란 해석을 확인한 후 이들 세 가지 문제에 관하여 검토하고자
한다. 검토에 있어서는 교토부京都府와 이바라기현茨城縣의 공문서관이

国人」法的地位交渉-国籍・永住許可・退去強制問題を中心に」,『朝鮮史研究会論文集』
49, 2011; 太田修, 「第1次日韓国交正常化交渉における 在日朝鮮人の法的地位と処遇 植民
地主義・分断・冷戦の交錯」,『社会科学』(同志社大学) 第103号, 2014. 또한 조선적에 관
한 일본・한국 양쪽 정부의 해석을 개관한 것으로서 조경희, 앞의 글이 있다.

소장하는 외국인 등록관계의 행정문서, 최근 공개된 한일회담관계문서, 재일 조선인 단체의 의사록, 단체가 발행한 기관지·신문을 사료로서 사용한다. 또한 마찬가지로 구 식민지 출신자이면서도 재일 조선인과는 약간 다른 처우를 받는 '타이완인'의 '국적' 표시의 변천에 관해서도 함께 검토하고자 한다.

2. 외국인등록령과 구 식민지 출신자의 '국적'

1) 외국인등록령 제정과 조선적의 등장

우선은 조선적이 외국인등록제도에 등장한 경위를 확인해 보자. 1947년 5월 2일, 일본정부는 칙령 제207호로서 외국인등록령을 공포·시행하여 조선인에게 의무적으로 등록하게 하였다. 외국인등록제도의 시작이다. 〈표 3〉은 이 칙령에 따라 등록한 1947년 12월 말일 현재의 '외국인' 인구이다.

'조선'이 전체의 93.63%에 해당하는 59만 8,507명을 차지하며, 여기에 '중국'의 1만 9,770명(3.1%), '타이완'의 1만 3,119명(2.1%)이 뒤를 따른다. '외국인' 가운데 구 식민지 출신자인 조선인·타이완인이 압도적인 다수를 차지하고 있음을 알 수 있다.

다만, 당시의 일본정부는 조선인이나 타이완 등에 의무적으로 외국인 등록을 하도록 하였으나 일본국적을 이탈한 외국인으로 취급한 것

〈표 3〉 외국인등록 상황 일람표(법무청 민사국(民事局), 1947년 12월 말일 현재)

국적(출신지)	인구	국적(출신지)	인구	국적(출신지)	인구	국적(출신지)	인구
조선	598,507	포르투갈	177	덴마크	26	아라비아	3
중국	19,770	인도	134	멕시코	25	안남(安南)	3
타이완	13,119	스페인	113	시리아	23	우루과이	3
미국	2,249	브라질	83	프랑스령 인도차이나	21	이집트	3
독일	1,007	스위스	81	파나마	18	쿠바	2
캐나다	479	페루	66	그리스	17	불가리아	2
영국	461	폴란드	61	말레이	15	라트비아	2
무국적	447	샴	48	에스토니아	12	리투아니아	2
프랑스	351	스웨덴	41	아르헨티나	9	루마니아	2
백계 러시아	348	헝가리	41	유고슬라비아	7	아르메니아	1
러시아	302	타타르	31	과테말라	6	살바도르	1
터키	262	오스트레일리아	30	노르웨이	6	세일론	1
필리핀섬	240	아일랜드	27	룩셈부르크	6	칠레	1
이탈리아	207	오스트리아	27	핀란드	5	버마	1
인도네시아	191	체코슬로바키아	27	이라크	4	레바논	1
네덜란드	181	벨기에	27	이란	4		
						총 수	639,368

*1 이 표는 1947년 12월말 현재 법무청민사국 조사에 의한 것이다.
*2 표기는 원문 그대로 게재하였다. 표에 기재된 총수는 639,368명이나 실제 합계는 639,367명이다. 원주에는 법무청 민사국 조사로 기재되어있으나 정확하게는 1947년12월말 현재 외국인등록 담당 관청은 내무성조사국이다. 또한 1948년 이후의 담당관청은 내무성 폐지 이후에 창설된 법무청이다(동청은 1949년 6월에 법무부로 개칭).
출전 : 「外国人登録状況について」, 『新刑事月報』 第6号, 法務庁検務局, 1948.1.

은 아니다. 일본정부는 구 식민지 출신자의 국적에 관해서는 강화조약
의 발효까지는 변동이 없다는 해석을 취하고 있었다. 그 배경에는 구
식민지의 주권에 관한 일본정부의 독자적인 해석이 있었다. 일본정부

는 포츠담선언 수락 직후부터 '조선에 관한 주권은 독립문제를 규정하는 강화조약 비준의 날까지 법률상 우리 쪽에 있지만 강화조약 체결 이전에도 외국 군대에 의해 점거되는 등의 사유에 의해 우리 쪽의 주권은 사실상 휴지상태에 빠지는 일이 있을 것'(종전처리회의 결정)이라 하여,[14] 조선의 주권은 강화조약까지 일본에 있다는 해석을 취하였다.

정부는 조선인의 국적도 이러한 주권에 관한 해석과 연동시켜 강화조약까지 변경하지 않으려 했다. 연합군은 '일본 점령 및 관리를 위한 연합국 최고사령관에 대한 항복 후 최초의 기본지령'(1945.11.1)에서 "귀관은 타이완계 중국인 및 조선인을 군사상 안전을 허용하는 한 해방인민으로서 취급한다. 그들은 본 지령에 사용되고 있는 '일본인'이라는 말에는 포함되어 있지 않으나, 그들은 일본 신민이었기 때문에 필요한 경우에는 귀관은 적국민으로서 처우해도 좋다"[15]라고 하여 원칙적으로 '해방인민'으로서 처우하는 자세를 보였으나, 결과적으로는 일본정부의 이러한 국적 해석을 용인하고 있었다.

외등령에서의 조선인 · 타이완인의 취급이 다른 외국인과는 다른 것은 이 때문이다. 동령同令 제11조는 "타이완인 가운데 내무대신이 정한 자 및 조선인은, 이 칙령의 적용에 관해서는 당분간 이를 외국인으로 간주한다"라고 하였다. 굳이 '간주한다'는 규정을 만든 것은 강화조

---

14 「終戦処理に関する件」(内閣総理大臣官房総務課資料, 国立公文書館本館 : 2A-040-資 00056100). 일본정부와 조선총독부의 조선에 대한 주권 해석에 관해서는, 宮本正明, 「朝鮮の『解放』と日本」, 趙景達編, 『植民地朝鮮 その現実と解放への道』東京堂出版, 2011및 長沢裕子, 「研究ノート : 『ポツダム宣言』と朝鮮の主権―『朝鮮に対する日本の主権維持論』を中心に」, 『現代韓国朝鮮研究』第6号, 現代韓国朝鮮学会, 2006을 참조.

15 大沼保昭編, 「『資料と解説』出入国管理法制の成立過程」, 『法律時報』第50巻 4号, 1978.4, 95쪽.

약까지의 국적은 변동되지 않는다는 해석과의 정합성을 유지하기 위해서이다.

내무성 조사국은 외등령 제11조 제1항에 관하여, "조선인, 타이완인의 본적에 관해서는 강화조약에서 처리해야 할 문제이며, 현재는 그들이 일본인이라는 것은 의심할 여지가 없다"고 해설하고 있으며,[16] 여기서도 일본정부가 이 시점에서 조선인·타이완인의 국적이 변경되었다는 해석은 채용하지 않는 것을 알 수 있다. 일본정부는 이들을 '일본인'으로서 계속하여 치안 단속의 대상에 포함시키는 한편, 조선인에게 등록 의무를 부여하여 동령을 위반한 경우는 퇴거 강제의 대상으로 삼아 다음날 시행되는 일본국헌법의 '거주·이전의 자유'에서 배제한 것이다.[17]

그리고 제11조 제1항 해당자의 '국적(출신지)'의 기재에 관하여, 외국인등록령 시행규칙의 별기別記 제1호 양식 '등록신청서' 뒷면의 '주의'는 다음과 같이 정하였다.[18]

3. 국적(출신지)란에는 타이완인 및 조선인은 타이완 또는 조선이라고 기입할 것(IN NATIONALITY (NATIVE PLACE) SECTION MUST WRITE DOWN FORMOSAN OR KOREAN WHEN YOU ARE A FORMOSAN OR KOREAN)

---

16 内務省調査局,『外国人登録令の解説』(『外国人登録事務についての例規綴 昭和二十二年~昭和二十三年』所収, 茨城県歴史館蔵).

17 외국인등록령과 조선인단체에 대한 치안정책의 관계에 관해서는, 鄭栄桓,『朝鮮独立への隘路 在日朝鮮人の解放五年史』, 法政大学出版局, 제3장, 2013을 참조.

18 『入管シリーズ1 出入国管理法令の改廃集録』, 法務省入国管理局, 1957, 46~47쪽.

국적란의 '조선', '타이완'은 이렇게 하여 일본의 법령에 등장하게 되었다. 앞에서 설명한 일본의 국적 해석에서 이 때의 '조선', '타이완'은 국적이 아니라 '출신지'의 표시라는 것을 알 수 있다. 더욱이 〈표 2〉에 있는 것처럼 '조선', '타이완' 이외에도 '필리핀섬', '타타르', '프랑스령 인도차이나', '말레이', '안남' 등 국명이라고 할 수 없는 지역의 이름이 사용되고 있다. 이들도 '출신지'로서의 기재일 것이다.

외등령에 대하여 재일본조선인연맹(이하 조련(朝連))을 비롯한 민족단체는 경찰의 개입 반대나 재류의 합법화 등의 요구를 들어 교섭하였으나, 특히 강하게 반대한 것은 내무성의 이러한 국적 해석에 대해서였다.[19] 조선에서는 해방 직후부터 건국준비위원회가 정부 수립의 준비를 추진하여 1945년 9월 6일에는 '조선인민공화국'의 수립을 선언하였다. 조련도 해방 직후부터 스스로가 조선의 '독립 국민'임을 주장하여 인민공화국 지지를 결의하고 있었다. 일본에서의 법적 처우도 '준연합국민'으로 대우해줄 것을 요구하고 있었다. 조련의 이러한 입장으로 볼 때 조선의 주권은 아직 일본에 있다는 식민주의 계속의 논리와, 이에 바탕을 둔 국적 해석은 도저히 받아들일 수 없는 것이었다.

2) '조선인', '타이완인'이란 누구인가?

그렇다면, 외국인등록을 해야 하는 '조선인'이란 누구인가? 앞에서

---

19 前揭, 『朝鮮独立への隘路』, 第三章 及び, 拙稿, 「植民地の独立と人権 在日朝鮮人の『国籍選択権』をめぐって」, *PRIME*(明治学院大学国際平和研究所) 第36号, 2013 참조.

설명한 국적 해석의 귀결로서, 그 판단 기준은 조선의 국내법이 아니라 일본법인 '조선 호적령의 적용을 받아야 할 자로 할 것'으로 되었다.[20] 내무성 조사국의 『외국인등록령 해설』은 등록증이 말하는 '조선인'에 관하여 "'조선인'이란 인종적, 민족적인 개념을 기준으로 하여 이른바 조선인에게 시집을 간嫁した 타국인 등을 포함함과 동시에, 다른 한편, 타국인에게 시집을 간嫁した 조선인 등을 제외해야 한다. 바꾸어 말하자면, 종래 일본의 국적을 가진 자로서 호적법의 적용을 받는 자(내지의 호적에 들어있는 자)에 포함되지 않는다"고 해설한다.[21]

식민지시대에 조선인과 일본인은 적용되는 호적법령에 의해 구별되고 있었다. 조선인에게는 조선호적령이, 일본인은 호적법이 속인적屬人的으로 적용되었다.[22] 즉, 법적으로는 조선호적령 적용 대상자가 '조선인'이고, 호적법 적용 대상자가 '일본인'이었다. 천황제 국가의 조선민중 지배의 수단이었던 호적이 항복 후에도 '조선인'을 식별하기 위하여 그대로 사용되었다. 또한 양자가 호적을 옮기는 것은 원칙적으로 금지되어 있었다. 호적이 근거가 되었기 때문에 조선민족이라 해도 호적법 적용 대상자는 '조선인'에 포함되지 않는다. 일본인 남성과 결혼한 조선인 여성, 데릴사위가 된 조선인 남성, 혹은 일본인의 '이에家'에 양자로 들어간 조선인은 외등령상의 '조선인'에서 제외된다. '이른바 조선인에게 시집을 간嫁した 타국인 등을 포함함과 동시에, 다른 한편,

---

20 内務省調査局,「外国人登録事務取扱要領」, 1947.6.21,『外国人登録例規通牒綴 其ノ一 自昭和二十二年至昭和二十四年』, 京都府総務部渉外課.(이하『登録例規通牒綴 ①』이라고 줄임)
21 内務省調査局,「外国人登録令解説」,『登録例規通牒綴 ①』.
22 조선 해방 전의 조선 호적의 기능에 관해서는, 坂元真一「敗戦前日本国における朝鮮戸籍の研究 登録技術と徴兵技術の関係を中心として」,『青丘学術論集』第10号, 1997; 遠藤正敬,『近代日本の植民地統治における国籍と戸籍 満洲・朝鮮・台湾』, 明石書店, 2010을 참조.

타국인에게 시집을 간嫁した 조선인 등을 제외해야 한다'라고 하는 것은 이것을 가리키고 있다.

한편, 타이완인의 규정은 조선인과는 약간 다르다. 앞에서 설명한 『외국인등록령 해설』은 '타이완인'에 관하여 다음과 같이 설명한다.

(ㅁ) '타이완인'으로서 등록 대상이 되는 것은 '타이완인으로서 우리나라 밖에 있는 자 및 우리나라에 있는 타이완인으로서 중화민국 주일대표단으로부터 등록증명서 발급을 받은 자 중에서, 칙령 제2조 각호에서 든 자 이외의 자'로 되어 있다(시행규칙 제10조). 입법론으로서는, 중국측의 등록증명서 유무와 상관없이 조선인과 마찬가지로 전원에 대하여 등록하게 하는 것이 부정입국자 방지상으로도 바람직하지만, 중국측이 국제법의 원칙에 반하여 강화조약 체결을 기다리지 않고 타이완성민의 중국 국적과 재판 관할권 행사를 요구하고 있으므로 그쪽 원안을 거절하였다. 타이완인이나 조선인과 달리 일반적으로는 인종적, 민족적 개념이 아니다. 그러나 타이완에는 국적법이 시행되고 있었으므로 '타이완인'이란 타이완에 거주하는 자 또는 타이완 출신자로서 일본국적을 갖는 자(1989년 칙령 제298호에 의하여 국적법의 적용을 받는 자)라고 할 수 있다.

중화민국 정부는 1946년 6월 22일자로 재외 대교臺僑처리변법을 공포・시행하고, 1945년 10월 25일(타이페이(臺北)에서의 일본군 항복일) 이후 '타이완 거류민'의 중화민국 국적을 회복시키는 한편, '등기할 때에는 타이완적을 가진 자임에 틀림없다는 것을 보증하는 두 명의 화교

보증인을 세울 것'을 정하였다.[23] 미국 국무성도 타이완인을 중국국민
＝연합국민으로서 취급하도록 지시하고, GHQ는 치안유지의 관점에
서 국무성에 저항하였으나 최종적으로 중국대표부가 발급하는 등록증
보유자를 중국국민＝연합국민으로서 인정하게 되어, 1947년 2월 25일
에 연합국 최고사령관지령SCAPIN 제1543호 「중국국민의 등록에 관한
각서」가 발령되었다.[24] 누가 '타이완인'인지를 승인하는 권한이 일본
정부가 아니라 중국대표부에 속하게 된 것이 조선인과의 커다란 차이
이다. 다만, 일본정부는 이 사이에 재일 타이완인의 '일본화'가 진행되
고 있다고 하여 일본국민으로서 취급할 것을 요구하였다.[25]

한편, '이중 국적'인 타이완인에 관하여 내무성의 미야케三宅 사무관
은 1947년 6월 29일, 교토부京都府 앞으로 "일본 국적을 가지면서 화교
임시등기증을 가진 자는 이중 국적의 일본인이므로 등록신청 의무는
없다. 다만, 이 자는 장래 일본 국적을 벗어날 것이 분명하므로 본인이
신청할 때는 등록하여도 무방하다"라고 답변하고 있다.[26] '타이완인'
의 경우에는 이러한 화교 임시등기증을 가지고 외국인등록을 한 사람
과 그렇지 않은 사람의 두 종류가 나타나게 되었다.

---

23 「在外台僑国籍処理弁法」, 大沼保昭編, 「『資料と解説』出入国管理法制の成立過程6」, 『法
　律時報』第50巻 9号, 1978.9, 99쪽.
24 大沼保昭, 「出入国管理体制の成立過程 1952年体制の前史」, 『単一民族社会の神話を超え
　て 在日韓国・朝鮮人と出入国管理体制』, 東信堂, 1986, 41쪽.
25 중앙종련정치부(中央終連政治部)는 '실제문제로서 일본측에 법권을 필요로 하는 사유'
　로서 '타이완은 50여 년 일본에 귀속된 관계도 있어 일본주재 타이완인의 다수는 언어,
　풍속, 습관 등 일본인과 다른 점이 없을 정도로 일본화되어 있는 실정이며, 중화민국인
　이 외국인으로서 일본에 거주하고 있는 상황과는 취지가 다른 사실'을 들고 있다(「타이
　완인에 대하여 우리 쪽에 법권이 있다고 하는 이유(종련정치부)」, 『渉外資料第7号 台湾
　人に関する法権問題』最高裁判所事務総局渉外課, 1950.5, 18쪽).
26 『登録例規通牒綴 ①』.

3. 한국적의 등장─출신지 표시에서 국적 표시로?

1) '한국' 표시의 등장

다음으로 한국적이 등장하게 된 경위를 정리해보자. 조선반도에서는 1948년에 들어서 북위 38도선 이남에는 대한민국 정부(8월 15일)가, 이북에는 조선민주주의인민공화국 정부(9월 9일)가 각각 수립을 선언하였다. 한국정부는 도쿄에 한국주일대표부를 설치함과 더불어 1949년 11월 24일에 재외국민등록법을 공포하였다. 주일대표부와 재일대한민국거류민단(이하 민단)은 등록하지 않으면 '완전한 독립국민으로서 그 법적 지위와 권리를 일체 상실한다'고 호소하였다.[27]

한편, 1949년 12월 3일에는 외국인등록령이 개정되었는데, 벌칙이 강화되어 2년마다의 등록증명서 교체제도가 도입되었다. 같은 날 법무부령 제97호에 따른 외국인등록령 시행규칙도 개정되었다. 별기別記 제1호 양식도 개정되어(제18조의 2), '국적(출신지)'란은 '국적'란으로 바뀌었다. 1947년 외등령의 '출신지'라는 개념은 이렇게 하여 등록제도에서 소멸하게 된다. 그렇지만 그 뒷면의 '주의', '국적란에는 타이완 및 조선인은 타이완 또는 조선이라고 기입할 것'은 남았다.

주일대표부는 이 재외국민등록과 외국인등록을 연결시킬 것을 요구하였으며, 국적란도 '대한민국'의 국호로 통일할 것을 일본에 요구하였다. 그 결과 1950년 2월 23일을 기하여 외국인등록 국적란에 '조선'

---

27 大韓民国居留民団,「第八回全体大会報告」, 1949. 10. 18~19, 朴慶植編,『在日朝鮮人関係資料集成'戦後篇'』(이하『在日資料集成』으로 줄임) 第3巻, 不二出版, 2000, 75쪽.

에 추가로 '한국', '대한민국'이라고 기입하는 것이 가능해졌다. 중요한 것은 이 시점에서도 일본정부는 앞에서 설명한 국적 해석 — 강화조약 발효까지 일본 국적 — 을 수정한 것은 아니었다는 점이다.[28] 주일대 표부나 민단의 요구는 부분적으로밖에 받아들여지지 않았던 것이다. 맨 앞에서 소개한 '한국', '조선'은 "단순한 용어의 문제로서, 실질적인 국적문제나 국가의 승인문제와는 전혀 관계가 없으며, '조선인' 혹은 '한국인', '대한민국인'의 어느 쪽을 사용하는가에 따라서 그 사람의 법률적 취급을 달리 하는 것은 아니다"라고 하는 1950년 2월 23일의 법무 총재담화는 이 때 발표된 것이다.[29]

법무총재의 담화 발표를 받아들여 같은 날 법무부의 무라카미 쵸이 치村上朝一 민사국장은 각 도도부현都道府縣 지사知事 앞으로 통달을 보냈다.[30] 여기서는 국적란에 기재하는 '국호'에 관하여 "본인의 희망에 따라 '한국' 또는 '대한민국'이라는 호칭을 채용하여도 무방하게 되었다"라고 하여 앞으로는 다음과 같이 처리할 것을 통달하였다.

1. 현재 이미 발급하고 있는 등록증명서에 관하여, 국적란의 '조선'이라는 기재를 '한국', 혹은 '대한민국'으로 변경하는 것을 신청하는 조선인이 있을 때는 신청을 통하여 국적란의 기재를 정정함과 동시에 등록원표의 국적란 기재도 이와 같도록 고칠 것.

2. 앞으로 조선인에 대하여 새롭게 발급하는 등록증명서의 국적란에는

---

28 前揭拙著, 『朝鮮独立への隘路』, 제9장 참조.
29 外国人登録に関する法務総裁談話, 1950.2.23, 『登録例規通牒綴 ②』.
30 法務府民事局長民事甲 第554号「外国人登録事務取扱に関する件」(法務府民事局長発, 京都府知事宛, 1950.2.23), 『登録例規通牒綴 ②』.

본인의 신청에 따라, '조선'을 대신하여 '한국', 또는 '대한민국'이라고 기재하고 등록원표의 국적란 기재도 같게 할 것.

　3. 일부 조선인 중에 등록증명서의 국적란 기재를 '조선민주주의인민공화국'으로 하겠다고 신청하는 자가 있어도 신청에 응하지 말 것.

　1950년 2월의 법무총재담화 및 민사국장 통달의 특징은 변경할 때 '본인의 희망'만을 요건으로 한 점이다. 구체적인 국적란의 기재 변경 방법을 지시한 1950년 3월 6일의 통달에서는 '조선'에서 '한국'으로의 기재 변경의 경우 "변경등록신청서를 제출할 필요는 없지만, 령 제8조에 규정하는 변경등록의 경우에 준하여 등록증명서 국적란의 '조선' 기재를 붉은 선으로 지우고, '한국' 또는 '대한민국'이라고 기재하고 변경사항란에 신청을 수리한 연월일 및 국적란의 기재를 정정하였음을 기재한다"[31]라고 되어 있어, 외등령 제8조('외국인은 등록사항에 변경이 발생하였을 때는 14일 이내에 내무대신이 정하는 바에 의하여 변경 등록을 신청하지 않으면 안 된다.')의 규정에 준하여 국적란의 기재사항을 변경하게 되었다. 1951년 2월 이후와는 달리, 국적 기재를 변경할 때는 한국정부가 발급한 국적증명서 등은 필요 없었다.

　이 시기에는 '한국'에서 '조선'으로의 '재변경'도 인정되었던 듯하다. 1950년 7월 24일에 가나가와현神奈川縣에서 관하 시정촌에 전달된 통달에는 "조선을 한국으로 변경한 후 다시 조선으로 변경을 신청한 경우는, 한국을 붉은 선으로 지우고 그 위에 조선이라고 기재하지 않고 뒷

31　法務府民事局民事甲 第617号, 「外国人登録事務取扱に関する件」(法務府民事局長発, 各都道府県宛, 1950.3.6), 『登録例規通牒綴 ②』.

면 변경사항란에만 재변경하였음을 기재한다"라고, '재변경'할 때의 수속이 정해져 있다(법무부 통달의 발령연월일과 발령번호는 불명).[32]

'본인의 희망'에 따라 '조선'이나 '한국'을 선택할 수 있는 것은 조선인 남성과 결혼한 일본인 여성의 경우도 마찬가지였다. 출입국관리청은 1950년 12월 20일, 조선인 남성과 결혼한 일본인 여성의 외국인등록에 즈음하여 "등록신청의 국적란에 본인의 선택에 따라 한국 또는 조선이라고 기입하기 바란다"고 회답하였다.[33]

또한 1950년 2월 23일 민사국장 통달은 '조선', '한국' 그 어느 쪽도 '용어'의 문제이며, '실질적인 국적의 문제나 국가의 승인 문제와는 전혀 관계없다'고 하여 출신지 표시설을 채용하였다. 이는 일본정부의 '한국', '대한민국'으로의 기재 변경 용인이 강화조약 발효까지 조선인의 국적은 변동되지 않는다는 해석의 변경을 의미하는 것은 아니었던 데 따른 논리적 귀결이다. 다만 한국주일대표부에 속하는 자에 관하여 법무부 민사국장은 1950년 2월 24일에 후쿠오카현福岡縣 지사에 대하여, "대한민국 주일대표단에 속하는 자는 령 제2조 제3호에 해당하는 자에 준하여 취급하는 것이 맞다"고 회답하였다.[34] 아울러 "대한민국 주일대표단 지부가 일본에 거주하는 조선인을 현지 채용한 경우에 그

---

32 『川崎市における国籍書換え処理経過概要 在日朝鮮人の国籍変更を中心に』(川崎市総務局 総務部市民課, 1971.9), 47~48쪽, 단, 김영달 앞의 글 66~67쪽에서 재인용. 또한, 교토 부(京都府)나 이바라기현(茨城県)의 외국인등록 관련 예규통첩철(例規通牒綴)에는 '재 변경'에 관한 통달은 수록되어 있지 않다.

33 管二二 第64号, 「外国人登録事務取扱に関する疑義回答の件」(出入国管理庁長官発, 静岡 県知事宛, 1950.12.20), 『外国人登録事務についての例規綴 昭和二十五年~昭和二十七年』 所収, 茨城県歴史館蔵.

34 法務府民事局民事甲 第534号, 「外国人登録令の疑義について」(法務府民事局長発, 福岡県 知事宛, 1950.2.24), 『登録例規通牒綴 ②』.

사람이 실질적으로 해당 지부의 사용인이며, 단순히 명목적인 것에 그치는 것이 아닐 때는 해당 조선인은 령 제2조 제3호의 '이에 추종하는 자'에 준하여 취급하는 것이 맞다"는 판단을 나타내었다. 이 등록 변경의 결과, 1950년 12월 말 현재에 6만 9,855명이 '한국'으로 국적란의 기재를 변경하였다.(〈표 1〉 참조). 전 조선인 등록자 수(544,903명)의 12.9%이다.

한편, 일본정부는 '대한민국'의 기재를 인정하는 한편, '본인의 희망'이 있어도 '조선민주주의인민공화국'으로의 변경은 수리하지 않기로 하였다. 조선민주주의인민공화국을 지지한 조련은 1949년 9월 8일에 단체 등 규정령을 적용받아 해산당하였으나, 구 조련계의 재일 조선인들은 '한국'만 기재하도록 인정하는 이 조치에 강하게 반발하여 시정촌 관청에서 '조선민주주의인민공화국'의 기재를 인정하도록 요구하게 된다. 실제로, 구 조련계 신문인 『해방신문解放新聞』은 효고현兵庫縣 아보시網干에서 '조선인민공화국'의 국호를 기재하는 것을 인정받았다고 보도하고 있다.[35] 아마도 이는 외국인등록증명서 국적란 기재만을 시정촌 관청의 판단으로 변경한 것이며, 외국인등록 원표의 기재는 변경되지 않았을 것이다.

구 조련계의 한국적으로의 기재 변경에 대한 인식을 엿볼 수 있는 논설로 『해방신문』에 게재된 김일산金一山의 「외국인등록증에 나타난 몇 가지 교훈」이 있다.[36] 이 논설은 1950년의 '한국' 표시로의 변경을

---

35 「國籍은 人民共和國으로記入」, 『解放新聞』, 1950.2.2.
36 金一山, 「外國人登錄証의 나타난 몇 가지 敎訓」, 『解放新聞』, 1950.6.22, 金一山, 「外國人登錄証의 나타난 몇 가지 敎訓(下)」, 『解放新聞』, 1950.6.24.

"민족반역자와 반동의 소굴인 민단·건청建靑에서 조련 해산 이후에 재류 동포들을 그들의 무리 가운데로 끌어들이려고 하는 모든 수단을 사용한 가운데 가장 큰 사건이 한국인 등록이었다"라고 간주하여 1950년 3월 말 현재의 등록자 수(조선 : 49만 5,818명, 한국 : 3만 9,418명)에서 다음의 5개 '교훈'을 이끌어내야 한다고 지적한다.

첫째로, 동포 가운데 '국제 반동의 박해'에 이기지 못한 사람이 많고, "조선민주주의인민공화국의 영예 있는 국민이라는 긍지를 가질 수 있는 교육이 부족하여 낙오자를 내었던" 것은 부끄러워해야 할 일이다. 둘째로, 많은 사람들이 이 '박해'에 굴하지 않았던 것에 경의를 표해야 한다. 셋째로, 한국적으로 변경하지 않았던 사람들의 수는 '민족반역자와 국제반동세력'의 박해에 대한 '조선인민의 항의이며 회답'이라고 간주해야 한다. 넷째로, 만약 조련·민청의 해산이나 재산 몰수, 간부의 공직추방이 없었으면 '한국'이라고 등록한 사람이 보다 더 적었을 것이라는 것을 알아야 한다. 그리고 다섯째로, 조선적 93%라는 숫자를 "조국 조선민주주의인민공화국을 높이 받들어 그 국민의 한 사람으로서의 운명을 조국의 운명과 함께 하는 절대 다수의 동포들의 굳은 결심"을 나타낸 것이라고 생각해야 한다.

김일산의 논설을 통해 구 조련계 활동가들이 한국적으로 변경하지 않는 것을 '조선민주주의인민공화국의 영예 있는 국민'으로서의 긍지를 나타내는 지표라고 생각하여 중시한 것을 알 수 있다. 법무총재 담화가 '조선'인가 '한국'인가는, "단순한 용어의 문제로서 실질적인 국적의 문제나 국가의 승인문제와는 전혀 관계없다"고 하면서도 '대한민국'

만을 인정함으로써 외국인등록의 국적란을 둘러싼 문제는 식민지로부터의 독립에서 남북 대립의 무대로 바뀌게 되었다.

2) '국적 표시설'로의 사실상의 수정
― 외국인등록과 재외국민등록의 연결

1950년 2월에 시작된 '본인의 희망'에 따른 기재 변경이라는 방침이 수정된 것은 1년 후인 1951년 2월이다. 1951년 1월 12일, 외무성 출입국 관리청장관은 외국인등록증명서의 국적변경 취급에 관하여 각 도도부현 지사에게 다음과 같이 지시하였다.[37]

등록 외국인으로부터 국적 변경에 따른 변경 등록 신청이 있을 때는, 새로운 국적을 취득한 해당국 관헌(이를테면, 재일 외교사절단 또는 영사)이 발급한 국적 취득 증명서를 등록증명서 및 변경등록신청서에 첨부하여 제출받도록 하기 바란다.

이 점에 관하여 등록할 때, 한국 혹은 대한민국, 또는 조선의 국호를 사용한 자가 국호의 변경을 신청한 경우는, 앞으로는 해당인이 혼인이나 그밖의 신분상의 변경 등의 이유에 따른 특별한 경우를 제외하고는 수리하지 않도록 하기 바란다.

---

37 管二二合 第27号, 「外国人登録証明書の国籍変更の取扱について」(出入国管理庁長官発, 知事宛, 1951.1.12), 『外国人登録例規通牒綴 其ノ三 昭和二十六年』, 涉外課. (이하 『登録例規通牒綴 ③』이라고 줄임)

나아가 같은 해 2월 2일, 이 관 22합 제27호 통달 후단의 '특별한 경우'의 구체적 해석에 관하여 출입국관리청장관은 다음과 같이 도도부현 지사에게 지시하였다.[38]

一, 한국주일대표부가 발행한 '대한민국국민등록증(별지 견본 참조)을 첨부하여 국호 변경 신청을 하였을 때.

二, 부모와 자식, 부부 사이 등 동일가족 사이에서 국호를 통일하기 위하여 국호 변경을 신청하였을 때.

이 경우는 관계자 전원의 등록증명서 및 동일 가족원이라는 것을 나타내는 한국대표부의 증명서를 제출하게 하여 그 신청에 이유가 있다는 것을 확인할 것. 위의 변경 신청을 수리하는 이유는 가족 사이에서 국호를 통일하기 위한 것이므로, 국호가 다른 가족이 한 명 이상일 때는 특별한 이유가 없는 한, 동시에 전원을 신청하게 할 것.

三, 혼인이나 그 밖의 신분상의 변경이 발생하여 국호 변경을 신청하였을 때. 이 경우는 그 신분 변경에 관한 한국주일대표부의 증명서를 첨부하게 할 것.

四, 이상의 어떠한 경우에도 사실상 한국에서 조선으로의 국호 변경은 인정되지 않는다.

五, 본 건에 관한 신청은 외국인등록령 시행규칙 제7조(제5호 양식)에 따른 것임에 관해서는 이미 통달하였으나 확인을 위하여 첨부한다.

---

38 管二二合 第109号「朝鮮又は韓国の国号呼称の取扱について」(出入国管理庁長官発, 都道府県知事宛, 1951.2.2), 『登録例規通牒綴 ③』.

즉, 관 22합 제27호 통달에서 말하는 '특별한 경우'란, ①대한민국국민등록증'을 첨부한 경우, ②부모 자식, 부부 사이 등, 동일 가족 사이에서의 국호 통일을 위하여, ③혼인과 그 밖의 사유로 신분상의 변경이 있는 경우를 말한다. 제2항에서 말하는 '한국주일대표부의 증명서'는 '대한민국국민등록증'을 가리키지만, 이 등록증은 15세 미만자에게는 발행하지 않기 때문에 "여기서는 동 등록증의 본인 직계 가족란에 기재되어 있는 것에 한하여 동일 가족이라고 간주"한다고 되었다.[39] 제4항에 있는 것처럼, 이는 가족의 국적란을 '한국'으로 통일하는 경우만을 상정하고 있으며, '조선'으로의 통일은 불가능했다. 이렇게 하여 1950년에는 주일 대표부와 민단이 달성하지 못했던 외국인등록과 재외국민등록의 연결이 실현되게 되었다.

그런데 이 관 22합 제109호 통달은 김영달이 지적하는 것처럼 '1950년 법무총재담화의 핵심 (…중략…) 을 무력화시키는 것'이었다.[40] 이 통달에 의하여 '한국' 표시는 '대한민국국민등록증'과 연동되어, "종래의 출신지를 표시하는 지역명에서 국적을 표시하는 국가명으로 그 성격이 변질되게" 되었기 때문이다. 게다가 그것이 새로운 정부견해로서 공표되는 일 없이 어디까지나 내부의 통달로서 처리되었던 것이다.

'한국' 표시 해석의 '출신지 표시설'에서 '국적 표시설'로의 수정은 강화조약까지 국적은 변동되지 않는다는 종래의 국적 해석에 저촉될 우려가 있는 중대한 변경이다. 왜 이 시기에 일본정부는 '한국' 표시와 '대

39　六渉 第392号, 「大韓民国国民登録証の送付について」(総務部長発, 地方事務所長・市長宛, 1951.3.29),『登録例規通牒綴 ③』.

40　김영달, 앞의 글, 69쪽.

한민국국민등록증'의 연동이라는 중대한 변경을 행한 것일까?

법무성이 차후에 한 설명은 국적란 기재사항의 변경이 너무나도 '방종'하게 되었기 때문이 라는 것이었다. 법무성 법무사무관이었던 모리타 요시오森田芳夫는, 1955년에 간행된 보고서에서 "이를테면 한국에 상용商用으로 건너갈 필요에서 국호를 한국으로 변경하고, 일본에 돌아와 조선이라고 재변경을 신청하는 사람과 좌익과 민단의 세력다툼에 이용되어 변경수속을 밟는 자가 속출하였기" 때문에 취급을 변경하였다고 설명하고 있다.[41] 모리타의 설명을 통해 당시의 조선인들이 남북 양 정권에 대한 지지 문제뿐 아니라 생활이나 상용을 위해서도 '한국', '조선'의 기재 변경을 행했다는 것을 엿볼 수 있다.

또한 가츠노 야스스케勝野康助 입국관리국장은 1959년, 조선전쟁 발발 후 "재일 조선인연맹(현재는 조선인총연합회로 개칭)과 재일대한민국거류민단 사이에서도 대립 항쟁이 격화되어, 외국인등록증명서 국적란의 '조선' 또는 '한국'이라는 기재에 이상할 정도로 집착하여 '조선총련(원문의 오류)'은 '조선'이라는 용어로, '민국(원문의 오류)'은 '한국'이라는 용어로 바꿔서 기재할 것을 서로가 시구정촌장 및 도도부현 지사에게 강하게 호소하고 진정하는 것을 반복하게 되었으며", "그 후에도 이런 상태가 계속되었고 오히려 치열해졌기 때문에 그 취급을 명시할 필요가 발생하였"으므로 이 통달을 내게 되었다고 설명하였다.[42]

---

41 『法務研究報告 第43集3号 在日朝鮮人処遇の推移の現状』法務研修所, 1955. 단, 인용은 湖北社版, 186~187쪽에서.

42 法務省管登 第7949号,「外国人登録証明書記載事項変更請求に対する取扱方について(回答)」, 法務省入国管理局長発, 訟務局長宛, 1959.11.9, 60쪽. 『在日朝鮮人国籍書換問題資料集』田川朝鮮国籍問題弁護団, 1970.12, 『在日朝鮮人国籍 2』, 日本社会党国民運動局旧蔵資料, 国立国会図書館蔵.

가츠노의 설명은 민족단체 사이의 다툼만을 요인으로 보고 있으며, 조선전쟁 발발이 수속변경의 중요한 요인이었던 것을 일반적으로 지적한데 그치고 있으나, 보다 구체적으로는 1951년 1월 현재의 전쟁 상황이 외무성에 '한국'에서 '조선'으로의 변경을 사실상 금지하는 통달을 내게 된 배경이었다고 볼 수 있다. 1950년 6월 25일의 조선전쟁 발발 후 조선인민군은 한때 낙동강 이남을 제외한 전역을 점령하였지만, 9월 15일의 미군을 주력으로 하는 UN군의 인천상륙작전 결과, 중국과 조선의 국경 부근까지 후퇴한다. 그러나 10월 19일의 중국인민지원군의 참전에 의해 다시 전황은 역전되어 12월 5일에는 UN군은 평양에서 후퇴하여 1951년 1월 4일에는 중국인민지원군과 조선인민군이 다시 서울을 점령하였다.

관22합 제27호 통달이 전달된 1월 12일은 이러한 전황이 중국인민지원군과 조선인민군에게 다시 유리하게 전개된 시기였다. 이 무렵 구 조련계의 활동가들을 중심으로 1월 9일에 재일조선통일민주선전(이하 민전)이 결성되었는데, 이것 또한 '조선'으로의 기재 변경 요구 활성화를 촉진하였다고 여겨진다. 조선반도에서의 전황의 변화, 즉 조선민주주의인민공화국의 공세에 따른 '조선'으로의 기재 변경 증가를 막기 위해 관22합 제27호 통달이 나온 것으로 추측할 수 있다.

치안정책의 관점에서 조선적을 조선민주주의인민공화국을 지지하는 사람들을 식별하는 지표로 보는 인식도 이 무렵에는 나타났다. 1950년 12월의 고베神戸에서 조선인생활옹호투쟁(이른바 제2차 고베사건) 조사보고서의 국회심의(1951.2.13)를 할 때 원안인 「북선 구 조련계 조선인의 동향

에 관하여北鮮旧朝連系朝鮮人の動向について」라는 제목에 대하여 나시키 사쿠지로梨木作次郎 의원(일본공산당)의 "같은 조선인 가운데 이러한 구별은 무엇을 기준으로 한 것인가?'라는 질문에 대하여, 오시타니 도미조押谷富三 의원(민주자유당)은 "북한계의 조선인, 한국계의 조선인 구별은 외국인등록에 의해 판단하고 있는 것이 주요 자료입니다"라고 답변하고 있다.[43]

한편, 주일대표부와 민단의 동향을 보여주는 사료에서는, 관22합 제109호 통달을 내릴 때 외무성 출입국관리청은 처음부터 '한국' 표시와 '대한민국국민등록증'의 연동, 즉 '출신지 표시설'에서 '국적 표시설'로의 전면적인 수정을 의도하고 있지 않았다는 것을 엿볼 수 있다. 여기서 관22합 제27호 통달의 뒷부분은 얼핏 보면, '혼인과 그 밖의 신분상의 변경 등의 이유에 의한 특별한 경우' 이외는 한국 혹은 조선에서 다른 쪽으로의 국적 표시의 기재 변경을 수리하지 않는다는 방침이 드러났다고 읽을 수 있다. 이것만으로는 '한국' 표시로의 변경도 또한 제한되게 된다.

민단은 이 통달의 의미를 확인할 필요를 강하게 느꼈던 것으로 보인다. 민단 제12회 중앙의사회(1951.2.10)에서 박성주朴聖周 민정국장의 보고, 「외국인등록증 국적란 국호 변경에 관한 건」은 관 22합 제27호 통달을 들어 다음과 같이 그 경과를 설명하였다.[44]

위의 건으로 일본정부는 현재까지 본인의 자유의지에 따라 변경 기입을 시행해왔으나, 최근 정세 혹은 현(縣) 본부의 조회에 따르면, 올해 1월 18일

---

43 『第十回国会衆議院法務委員会会議録 第三号』, 1951.2.13, 3쪽.

44 民生局長朴聖周, 社会部長劉虎一, 商工部長曺允具, 『民生局報告書』(『第十二回中央議事会報告書』, 1951.2.10, 『在日資料集成』 第3卷, 147쪽. 이 보고서는 단기(檀紀) 4283년(서기 1950년) 2월 10일자로 되어 있으나, 아마도 4284년을 잘못 쓴 듯하다.

(원문 오류)자 일본 정부 외무성 출입관리청의 지령 아래 특수사정 이외에는 중지하고 있기 때문에 사회부장이 관계당국에 그 진위를 조사하여, 또한 앞으로 시행할 요령을 상(相, 다음자 불명)하여 각 현 본부에 공문을 발행하였다.

　一, 앞으로 국적란 국호 변경 기입은 국민등록증을 소지한 자에 한하여 하게 되었다.

　二, 변경 희망자는 소관 시정촌(市町村) 사무소 외국인등록계에 본인이 출두하여 국민등록증을 제시한 후 변경 기입하게 되었다.

여기서는 1월 12일의 통달을 받아 민단중앙총본부의 유호일劉虎一 사회부장이 '관계당국'에 '진위여부'를 조사한 후에 앞으로의 수속을 각 현 본부에 통지한 것을 알 수 있다.

주일대표부도 확인에 나섰던듯하다. 교토부의『외국인등록예규통첩철』에는 1951년 1월 12일의 통달에 이어 2월 12일에 민단 교토부 본부 배동준裵東俊 부장으로부터 각 지부단장 앞으로 보낸 주일대표부 발행의 2월 8일 통첩(代大發 제1004호 단기 4284년 2월 8일자)이 철해져 있다.[45] 이 주일대표부의 통첩은, ① 대한민국 국민등록증을 제출하여 외국인등록증명서의 국적 '조선'을 '한국'으로 변경 신청하는 경우는 1월 12일자 관22합 제27호 입관청장 통달에 의해 수리하도록 된 점, 사무를 간편하게 하기 위해 한국 국민등록증을 각 지사에게 송부하도록 일본의 외무성에 의뢰한 점, ② '한국'에서 '조선'으로의 변경 신청은 동

---

45 民京本社 第二号,「外国人登録証의 国号変更中止의 件과 国民登録의 件」(大韓民国居留民団京都府本部発, 各支部団長宛, 檀紀4284年[西暦1951.2.12),『登録例規通牒綴 ③』.

통달에 의해 수리하지 않도록 된 점, ③ 국민등록 완료자가 외국인등록의 '국적' 변경을 할 수 없는 사태는 일어나지 않도록 시구정촌에서 수속을 완료시키도록 지시되어 있다.

또한 민단 교토부 본부발 통첩에는 두 개의 주註가 붙어 있다. 첫째는, 지금까지는 외국인등록의 국적을 '한국'으로 한 다음에 '한국인등록신청'(재외국민등록을 의미한다고 생각된다)을 했으나, 앞으로는 '한국인등록'을 제출하지 않으면 시구정촌에서 국적을 '한국'으로 정정해주지 않기 때문에, "우선은 본인에게 신분을 잘 조사한 후 이유서가 적당하다면 한국인등록을 우선적으로 하도록 노력해 주시기 바랍니다"라는 요망이다. 둘째는, "해외에 거주하고 있는 동포로서 국제연합이 승인한 국호(대한민국)를 취득하지 않으면 생명재산 또는 그 밖의 권익에 대한 손실을 입었을 때 본국 정부 및 주일대표부와 민단은 어떠한 책임도 지지 않는다"는 점이다.

이상의 사료를 통해 관 22합 제27호 통달을 받아 민단중앙이나 주일대표부가 외무성 등에 확인과 연락을 해본 결과 '특별한 경우'의 해석을 나타내는 제109호 통달이 내려진 것을 알 수 있다. 또한 민단 민정국장 보고를 통해서는 관22합 제27호 통달이 민단과 주일대표부와는 관계없이 내려졌다는 것을 엿볼 수 있다. 1월 12일부터 2월 2일의 사이에 어쩌면 어떠한 교섭이 행해져, 주일대표부의 요청을 받아들여 '특별한 경우'를 넓게 해석함으로써 결과적으로 정부는 법무부 총재 담화의 '출신지 표시설'을 '국적 표시설'로 수정하게 되었다고 여겨진다.

4. '국적 선택의 자유'인가, 한국 국적인가
－ 한일회담에서 강화조약으로

1) 한일회담과 외국인등록증명서의 '국적'

　1951년 2월의 '한국적＝국적 표시설'로의 전환은 어디까지나 사실상의 전환에 지나지 않으며, 적어도 겉으로는 1950년 2월의 법무총재 담화(출신지 표시설)가 살아 있었다. 재일 조선인의 국적문제가 본격적으로 검토되는 것은 1951년 10월 20일에 시작된 한일예비회담에서였다.

　1951년 3월 26일, GHQ 외교국의 시볼트는 주일한국대표부에 '재일동포 가운데 일부 악질 공산분자의 강제 추방을 요청', 한국정부는 그것을 실시하기 위해서는 '범죄인 인도에 관한 조약'이 체결되지 않으면 안 되며 그를 위해서는 '재일 한국인의 국적문제를 확정'할 필요가 있다고 판단하였다.[46] 이리하여 한국 외무부와 재무부는 재일 조선인의 법적 지위에 관한 방침안을 책정하기 시작한다. 한국정부는 한국국적법을 재일 조선인에게 전면적으로 적용하고 싶어하여 GHQ에게 교섭을 타진하였으나 1951년 8월 24일, GHQ는 주일 대표부에 대하여 국적문제는 일본정부와 직접 교섭하도록 회답한다. 이 결과 한일예비회담이 1951년 10월 20일에 시작되었다.

　외국인등록 국적란에 관해서는 당장 한일회담에서 문제가 되었다. 1951년 10월 30일의 재일 조선인의 법적 지위 및 처우문제를 토의하는

---

[46]　太田, 앞의 글, 4쪽.

위원회(처우위원회, ~1952년 4월 1일)에서는 먼저 한국측 대표 유진오兪鎭午가 "외국인등록령으로 한국과 조선을 구별하고 있는 것에 중대한 관심을 가지고 있는데, 경위를 설명해주시기 바란다"고 질문하여, "외국인 등록에 나타난 조선의 숫자가 한국보다 압도적으로 많은 것은 공산당측의 좋은 선전 재료가 되므로" "호의적 취급을 받도록 희망"한데 대해 일본측 위원인 다나카 미츠오田中三男는 "일본이 한국을 승인하면 명칭 통일도 가능하다고 생각한다"고 대답하였다.[47]

이러한 교섭에서도 알 수 있듯이 국적란문제에 관하여 한일간에는 분쟁이 일어나지 않았다. 재일 조선인의 법적 지위에 관한 한일교섭이 타결되면 외국인등록의 국적란도 '한국'으로 통일되므로 문제는 해결된다고 양자가 생각하고 있었기 때문일 것이다. 일본정부도 이 시점에서 강화조약 발효에 따라 '조선의 독립'을 승인하고 이와 더불어 전 조선인은 일본국적을 상실하게 하여, 조선인의 국적은 일률적으로 한국국적이 될 것이라 생각하고 있었다. 민단도 1951년 10월 20일에 민단중앙총본부에서 민중대회가 열었으며, 출입국관리령 시행에 즈음하여 "1945년 8월 15일 이전부터 거주하는 한교韓僑에 대하여 무조건 영주권을 부여"할 것, 입관령에 의한 강제송환에 즈음해서는 민단과 협의를 행할 것에 덧붙여 "재일동포의 국적은 일률적으로 '대한민국'으로 할 것"을 요구하고 있었다.[48]

1952년 4월 1일에 작성된 「재일 한인의 국적 및 처우에 관한 협정

---

47 日本政府公開日韓会談文書, 文書番号220, 「日韓会談処遇小委員会(第一次)」, 1951.10.30, 総司令部外交局.

48 高成浩, 「日韓会談と朝鮮人強制追放」, 『朝鮮評論』第2号, 1952.2.

안」은 '대한민국은 재일한인이 대한민국 국민이라는 것을 확인한다.' (제2조 제1항)이라고 하여,[49] 한국정부로서도 이는 기정노선이었다. 동 협정안은 '일본정부는 재일 한인이 이 협정 발효발생일부터 2년 이내에 대한민국정부가 발급하는 등록증명서를 첨부하여 일본국정부에 영주허가를 신청할 때는 이를 허가한다. 이 경우, 일반 외국인에 적용되는 영주 허가의 조건, 수속 및 수수료에 관한 일본국의 법령 규정을 적용해서는 안 된다.'(제3조 제1항)이라고 하여, 한국 국적 증명서를 영주허가를 위한 첨부문서로 할 것을 예정하고 있었다. 이는 1951년 2월 2일의 관 22합 제109호 통달의 연장선상에 있다고 할 수 있을 것이다.

그러나 실제로는 청구권문제를 둘러싼 의견 대립이 해소되지 않아 제1차 한일회담은 결렬되었다. 법적 지위문제에 관한 협정도 체결되지 않았기 때문에 일본정부는 재일 조선인의 국적문제에 관한 종래의 방침, 즉 일본 국적 상실→한국 국적 회복이라는 순서를 당장 추진하는 것은 어렵게 되었다. 한일교섭 준비과정에서 외무성 관리국이 지적한 바와 같이 "평화조약 초안은 '조선의 독립' 승인은 규정하고 있으나, '대한민국의 독립' 승인은 규정하고 있지 않기 때문"이다.[50] 강화조약 발효에 따라 일본 국적을 상실한 조선인은 대체 어느 나라의 국민이 되는가, 하는 문제가 미해결인 채 남게 되었다.

---

49 太田, 앞의 글, 17쪽.

50 日本政府公開日韓会談文書, 文書番号548, 「平和条約に伴う国籍問題等処理要綱(法務府民事局案)についての意見」.

2) 입관령·외등법 반대 투쟁과 '국적 선택의 자유'론

전 조선인을 한국 국적으로 한다는 방침을 시도할 때의 장벽은 협정의 부재뿐만 아니었다. 한국정부를 지지하지 않고 한국 국적이 되는 것을 바라지 않는 재일 조선인들이 상당수에 이르렀기 때문이다. 제1차 한일회담에서 합의한 방침을 실행하는 것은 이 사람들의 의사를 무시하는 것으로 연결된다.

민전民戰은 당시, '강제 추방 반대', '국적선택의 자유'를 내세워 출입국관리령·외국인등록법의 적용에 반대하는 운동을 전개하고 있었다. 1952년 1월 30일, 민전은 한일회담의 '분쇄'와 '괴뢰 한국 국적 강요 반대 서명운동'을 위한 투쟁방침을 결정한다.[51] 이후 조선민주주의인민공화국의 국적을 선택할 자유, 한국 국적 강요 반대, 나아가서는 지문날인을 포함한 외국인등록법 개악 반대를 민전은 호소하였다. 특히 외국인등록법에서 "반동 요시다吉田 정부는 행정사무의 각종 수속으로서 증명서가 필요하다고 하면서, 이른바 한국주일대표부로부터 교부된 증명서가 필요하다고 강요할 것이 예상된다"고 비판하여, "일본정부 권력기관에 대해서는 우리들이 자주적으로 인정하는 조선인의 유일한 대표기관인 민전이 교부하는 증명서를 인정하게 해야 할 것"(1952.5.26, 민전 제6회 확대중앙위원회)이라고 하였다.[52] 한국의 국적증명서 대신에 민전의 증명서를 인정받으려고 하였던 것이다. 히라노 요시타로平野義太郎 등 혁신계의 지식인들이나 오가타 쇼지尾形昭二, 후세 다쓰지布施辰

---

51 『檢察研究特別資料第6号, 在日北鮮系朝鮮人団体資料集』, 法務研修所, 1952. 10, 283쪽.
52 위의 책, 194쪽.

^治 등과 같이 일본인 가운데도 '강제추방 반대', '국적선택의 자유'를 주장하는 사람들이 있었다. [53]

민단·조선건국촉진청년동맹(후의 재일대한민국청년단)에서 이탈한 조선통일동지회의 사람들을 중심으로 결성된 재일한민족출입국관리령적용반대공동투쟁위원회도 출입국관리령의 적용에 반대함과 더불어 국적문제에 관하여 "현재 하나의 조선 가운데 현실적으로 두 개의 정부가 있으나, 그 한쪽이 일본정부와의 교섭중이며, 전 재일 조선인 개개인이 자신의 의사로 선택할 자유를 가진다. 국적을 마음대로 정하는 것은 국제적 제규정으로 보아도 위법이며, 특히 '세계인권선언'의 중대한 침범이다"라며 일본 정부의 자세를 비판하고, "따라서 원칙적으로 전 재일 조선인은 통일된 '조선적'의 국민이어야 할 것이며(이 점에서는 의견 차가 있었다), 지금 당장 국적을 정하지 않으면 안 된다면, 그 선택의 자유가 당연히 허용되어야 할 것이다"라며 '국적선택의 자유'를 주장하였다. [54]

'국적선택의 자유'라는 주장은 이처럼 조선민주주의인민공화국의 선택을 인정하려는 입장에 국한하지 않는다. 『통일민보^{統一民報}』(발행인은 조선통일동지회의 고성호(高成浩))는, 1952년 1월 18일자의 조선인상공회연합본부의 다음 신청서를 소개하고 있다. [55]

---

53 太田, 앞의 글, 24쪽.
54 高成浩, 앞의 글.
55 『統一民報』, 1952.2.22. 이 자료는 호세이대학(法政大學) 오하라사회문제연구소 소장. 또한 김광지(金広志)에 따르면, 이 청원서는 관동조선인상공회(関東朝鮮人商工会)와 조선인상공회연합회(朝鮮人商工会連合会)가 연명으로 제출한 것이라고 한다. 金広志, 「東京朝鮮人商工会13年の歩み 1945〜1958年」, 『東京朝鮮人商工便覧 1959年版』, 東京朝鮮人商工会, 1958. 단, 인용은 『追悼 金広志先生』, 刊行世話人会編, 『追悼 金広志先生』(『追

재일 조선인은, 남북 정부의 어느 한쪽 국적을 강요당하는 것을 바라지 않는다. 특히 휴전회담이 진행되고 머지않아 조국이 평화적으로 통일될 것이 예상되는 오늘날 성급하게 한국적에 따라 외국인으로서의 특권을 얻으려고 하는 사람은 없다. 왜냐하면 그것은 조국의 분열을 고정화시키고 민족의 멸망을 돕는 것이 되기 때문이다. 게다가 한편에서는 북조선측과의 사이에 휴전회담이 진행되고 다른 한편에서는, 한일회담이 열리고 있는 현실을 보면서 우리들은 점점 국적 선택을 신중히 생각하게 된다.

이처럼, 조선에는 분명히 두 개의 정부가 존재하고 그 한편의 정부와 UN과의 사이에 휴전회담이 진행되고 있다. 그런데도 일본정부는, 다른 한편의 정부인 한국정부와 정치적으로 협의하여 재일 조선인의 국적을 한국이라고 인정하고 '출입국관리령'과 '외국인 재산에 관한 정령(政令)'을 적용시키는 것을 합리화하려는 점은 매우 유감스럽다.

따라서 재일 조선인상공회는 다음과 같이 청원한다.

一, 1945년 9월 2일 이전부터 일본에 재류하고 있는 조선인은 '출입국관리령'의 적용에서 제외할 것

二, 1945년 9월 2일 이전부터 일본에 재류하고 있는 조선인의 국적은 조선이 완전히 통일될 때까지 선택의 자유를 인정하여 영주권을 부여할 것

　이상과 같이 청원한다.

이 신청서는 조선민주주의인민공화국인가, 대한민국인가의 '국적 선택의 자유'를 원하는 것에서 그치지 않는다. 조선에 두 개의 정부가

悼 金広志先生』刊行世話人会編, 1997年), 51~52쪽에서.

있는데도, "한쪽의 정부인 한국정부와 정치적으로 협의하여 조선인의 국적을 한국으로 인정하여 '출입국관리령'과 '외국인재산소득에 관한 정령政令'을 적용시키는 것을 합리화하려고 하는 점"을 유감이라고 하였으며, "일본에 재류하는 조선인의 국적은 조선이 완전히 통일할 때까지 선택의 자유를 인정하여 영주권을 부여할 것"을 요구한 것이다.

모리타 요시오도 1952년 당시 '한국'에서 '조선'으로의 기재 변경을 요구한 사람들의 이유로서, "1. 내전상태이므로 통일될 때까지 일단 '조선'으로 변경하고 싶다, 2. 대리인에 의해 자신도 모르는 사이에 '한국'으로 되었다, 3. 한국대표부가 발행하는 국민등록증을 소지하고 있지 않다, 4. 주변 사람들이 모두 '조선'이므로 혼자만 '한국'으로 하는 것은 입장이 곤란하다, 5. 상용을 위한 편의상 '한국'으로 하였으나, 그 필요가 없어졌으므로 '조선'으로 바꾸고 싶다"의 5개를 들고 있다.[56] '국적 선택의 자유'라는 주장은 남인가 북인가의 '선택'뿐 아니라 이 상공회의 청원서처럼 통일될 때까지 한쪽 정부만을 선택하는 것을 피하고 싶다는 의견도 포함된 것이었음을 알 수 있다.

3) 외국인등록법안의 국회 심의와 '편법'

1952년 3월부터 4월에 걸친 외국인등록법안의 국회심의는 이러한 한일회담에서 재일 조선인의 국적문제 '해결' 방침과 '국적 선택의 자

---

56 앞의 『在日朝鮮人処遇の推移の現状』, 187쪽.

유'론에 바탕을 둔 비판을 둘러싼 격론의 무대가 되었다. 3월 4일자의
『요미우리신문讀賣新聞』은 법적 지위협정안의 '재일 선인鮮人(원문 오류)
은 한국적'이라는 제목으로 보도되었으며, 협정안의 대략적인 내용은
널리 알려져 있었다.[57]

외국인등록법안(내각 제출 제89호)의 심의는 3월 20일부터 중의원 외
무위원회에서 시작되어, 포츠담선언 수락과 더불어 발하는 명령에 관
한 건에 의거하여 외무성관계제명령의 조치에 관한 법률안(내각제출 제
88호, 후의 법률 제126호)과 일괄 의제가 되었다. 이 심의에서, 공산당이나
사회당 의원은 한일협정의 부재와 대량의 한국 국적 거부자의 존재라
는 일본정부의 국적 처리방침의 아킬레스건을 찔렀다.

최대 논점은 재일 조선인의 국적은 어느 나라의 국내법에 의해 정해
지는가, 당사자들에게 선택의 자유는 있는가 하는 것이었다. 이 문제
는 강제송환에 즈음하여 받아들이는 나라와도 관련되어 있었다. 이에
관하여 이를테면 공산당의 하야시 햐쿠로林百郎 의원은 3월 25일의 위
원회 모두冒頭연설에서 당장 한국 국적 강제를 의제로 올려 일본정부
가 "아시아의 우리들의 우방인 중국, 조선 사람들의 의사를 무시하고
일부 미국 제국주의의 괴뢰정권과 교섭하는 것"을 비판하고, 나아가
국적문제로서 "조선의 인민공화국의 국적을 갖게 할 것인가, 혹은 이
승만의 이른바 한국 국적을 선택하게 할 것인가 하는 것은 국적 선택
의 자유이며, 이것을 간접적으로도 직접적으로도 강제할 권한은 일본
정부에는 없다"고 지적하였다.[58]

57 『讀賣新聞』, 1952.3.4.
58 『第十三回国会衆議院外務委員会議録 第十二号』, 1952.3.25, 5쪽.

일본정부측은 이러한 비판에 대하여, 국적은 한국의 국내법에 의해 결정된다는 설명으로 시종 일관하였기 때문에 논의가 이뤄지지는 못하였다. "통일을 위하여 UN군이 휴전을 절충하는 중이므로, 그 어느 쪽 정부에 붙으라고 강요하는 것은 오히려 통일을 방해하는 것이며 더욱이 이른바 정권이 두 개 있어서 그것이 서로 싸우는 문제가 생길 때 일본이 (국적을 : 인용자 주) 강제한다는 것은 일종의 내정간섭이 되는 것은 아닌가"(사회당, 오오야 쇼조(大矢省三) 의원)하는 질문이 사회당의원에게서 나오기도 했다. 그러나 이시하라 간이치로石原幹一郎 외무정무차관은, 한국은 'UN 스스로가 조선의 독립을 위하여 만든 정권'이며 "평화 발효와 더불어 일본의 국적을 이탈하게 됩니다. 한국사람들의 문제에 대해서는 이는 상대방 국내법이 결정하는 바"라고 대답하여 "저쪽은 두 개 있으므로, 두 개 있는 경우에는 일본에 있는 사람들이 어느 쪽 나라를 선택하든 자유이지만, 저쪽의 국내법은 두 개로 되어 있다. (…중략…) 그런 경우에는 이른바 국적 선택을 자유롭게 인정하는가?"(오오야(大矢)의원)라는 질문에는 충분히 답변하지 않았다.[59]

이 문제는 1952년 10월에 예정된 등록 갱신시의 국적증명서 취급을 둘러싸고 보다 더 논의되게 되었다. 출입국관리령의 영주허가신청서나 외국인등록법의 등록 갱신에 즈음해서는 국적증명서의 제출이 필요하였다. 그러나 한국 국적 취득을 바라지 않는, 혹은 한국정부로부터 증명서를 발행받지 못하는 재일 조선인의 경우, 이러한 수속에 필요한 서류를 갖추지 못하여 등록법 위반에 의해 경우에 따라서는 강제

---

59 『第十三回國會衆議院外務委員會法務委員會連合審查會議錄 第一号』, 1952.3.26, 6쪽.

송환당하게 되는 것은 아닌가 하는 점이 문제가 되었던 것이다.

일본정부는 이 문제에 대하여 뭔가 '편법'을 궁리해보는 것으로 대응한다는 입장을 보였다. 공산당이나 사회당 의원들의 국적증명서나 강제송환에 관한 질문에 대하여, 3월 27일의 심의에서 오카자키 가츠오岡崎勝男 국무대신은 '뭔가의 편법을 궁리한다'고 발언하였다.[60] 이후의 심의의 쟁점은 이 '편법'이 구체적으로 무엇을 가리키는가로 옮겨간다. 다음날인 28일의 심의에서 하야시 의원은 '편법'에 관하여 "외국인등록을 갱신하는 경우에 이전에 등록할 때 조선이라고 기재한 자는, 그대로 역시 조선으로 기재되는 것입니까?"라고 질문하였으며, 스즈키 하지메鈴木一 입국관리청 장관은, "그런 것이 편법의 내용 중 하나가 될 것이라 생각합니다"라고 답변하였다.[61] 이후 52년 10월의 등록 갱신에 관해서는 국적증명서를 필요로 하지 않고, '조선'이라고 그대로 기재해도 된다는 '편법'을 반복적으로 설명하게 된다.

그러나 외국인등록법이 1952년 4월 28일에 참의원 본회의에서 가결되기까지, '국적 선택의 자유' 문제에 관하여 일본정부는 양보하지 않았다. "일본정부가 상대하고 있는 것은 한국정부이다. 한국정부는 국내법을 가지고 국적을 정하고 있다. 그에 따르면 38도선 너머에 있는 사람도 역시 조선적을 취하고 있는 것으로 되는 것은 어쩔 수 없는 일로서, 조선에 관하는 한, 두 개의 국적은 없다는 것입니다." (스즈키 하지메 입관청 장관)라는 입장이 되풀이되었다.[62] 다른 한편으로 "등록증명

---

60 『第十三回國會衆議院外務委員會議錄 第十三号』, 1952.3.27, 10쪽.
61 『第十三回國會衆議院外務委員會議錄 第十四号』, 1952.3.28, 1쪽.
62 위의 책, 20쪽.

서라는 지금까지의 서류에 기재되어 있는 국적명으로 그대로 교체를
행하는 것이 되며, 또한 하려고 합니다"(오카자키 가츠오 국무대신)[63]라는
입장이 '편법'으로서 표명되어, 일단 교체에서는 국적증명서가 필요 없
고 희망하는 사람은 '조선'으로 계속 기재할 수 있는 조치가 취해지게
되었다.

4) 강화조약 발효와 '편법'으로서의 조선적 유지

이러한 심의를 거쳐 1952년 4월 28일에 외국인등록법과 포츠담선언
수락에 동반하여 발하는 명령에 관한 건에 의거한 외무성관계제명령
의 조치에 관한 법률(법률 제126호)이 제정되었다. 일본정부는 예정대로
샌프란시스코강화조약 발효에 맞춰 4월 19일의 법무부 민사국장 통달
「평화조약 발효에 동반하는 조선인, 타이완 등에 관한 국적 및 호적 사
무처리」(민사 甲 제438호 법무부 민사국장 통달, 1952년 4월 19일)에 의해 "조선
및 타이완은 조약발효일로부터 일본국 영토에서 분리되게 되므로 이
에 따라 조선인 및 타이완인은 내지에 재주하고 있는 자를 포함하여
모두 일본 국적을 상실한다"고 하였다. 이에 따라 재일 조선인·타이
완인은 출입국관리령·외국인등록법을 적용받게 된다. 다만, 법률 제
126호 제2조 제6항에 따라 "출입국관리령 제22조의 2 제1항의 규정에
상관없이 별도로 법률에서 정하는 바에 따라 그 사람의 재류자격 및

---

63 『第十三回國會衆議院外務委員會議錄 第十五号』, 1952.3.29, 1쪽.

재류기간이 결정되기까지의 사이에 계속하여 재류자격을 갖지 않아도 우리나라에 재류하는 것이 가능하다"고 하였다.

외국인등록법 시행 직후인 5월 1일, 스즈키 하지메 입국관리청 장관은 통달을 발하여, 외국인등록의 '국적에 관한 사항'은 다음과 같이 처리하도록 지시하였다.[64]

三, 국적에 관한 사항

(취급요령), 국적에 관해서는 다음의 준칙에 따라 취급하도록 한다.

① 여권(그 밖의 설명서)을 소지하고 정규적으로 입국한 자는 여권에 기재된 국적.

② 종전부터 거주하는 외국인 자녀의 국적은, 신청시의 부모의 국적으로 할 것(이 경우의 국적은 등록증명서에 기재되어 있는 국적이다). 국적 문제에 관해 의문이 있을 때는 가까운 법무국에 확인하기 바란다.

③ 불법입국자가 석방증명서에 따라 등록을 신청하였을 때는 석방증명서에 기재되어 있는 국적으로 할 것.

④ 종래에 일본인으로서 취급받아 등록령 적용을 받지 않았던 타이완인도 강화 발효와 동시에 외국인이 된다. 따라서 이들 타이완인의 등록 신청에 대해서는, 화교 등기증을 제시하는 자는, 그에 따라 중국적으로 하며, 등기증을 제시하지 않는 자에 대해서는 그 사람이 종전 전부터 거주하고 있는 사람이라고 인정될 때는 그 사람의 신청하는 바에

---

64 實三 第428号, 「外國人登錄法の運營に關する件」(入國管理廳長官發, 各都道府縣知事宛, 1952.5.1), 『外國人登錄例規通牒綴 其ノ四 昭和二十七年』, 京都府總務部涉外課(이하 『登錄例規通牒綴 ④』이라고 줄임).

따라 중국적 또는 타이완적으로 하여도 무방하다.

⑤ 국적란의 기입 변경 신청에서 그 사실을 공적으로 설명하는 문서를 제시할 때는, 어느 쪽 국적으로 하여도 무방하다.

이 통달에서는 조선적·한국적에 관한 지시는 없으나, 타이완인에 대해서는 국적 기재의 취급요령이 나타나 있다. 강화조약 전에 화교 등기증을 소지하지 않고 외국인등록을 하지 않았던 '타이완인'도, 일본 국적을 상실한 관계상 외국인등록이 필요하며, 그 국적란에는 '중국' 또는 '타이완'이라고 기재할 수 있게 되었다. 그러나 이 방침은 곧 수정된다. 5월 17일, 스즈키 장관은 이 통달의 "그 사람이 신청하는 바에 따라 중국적 또는 타이완적으로 하여도 무방하다"는 내용을 "중국적(중화민국 국적)으로 한다"고 정정하였다.[65] 더욱이 그 후 10월 14일, 이 방침은 다시 수정되어 "현재의 미묘한 국제정세 때문에 재일 타이완인 사이에 복잡한 문제를 불러일으킬 우려가 있으므로 본적이 중국 본토인가, 타이완인가를 묻지 말고 반드시 '중국'이라고 기재하여 중화민국이라고 하지 않도록 부탁한다"라고 되었다.[66]

그리고 1952년 6월 21일, 외무성 입국관리청 장관은 각 도도부현 지사 앞으로 다음과 같은 통달을 내려 '출입국관리령 및 외국인등록법의 적용상, 조선인 및 타이완인의 국적문제의 해석'을 통일하였다.[67]

---

65 實三合 第481号, 「外國人登錄法の運營に關する件」(入國管理廳長官發, 都道府縣知事宛, 1952.5.17), 『登錄例規通牒綴 ④』.

66 管資合 第208号, 「外國人登錄切替最終日の大擧申請對策及び違反者の告發他四件に關する件」(法務省入國管理局長發, 都道府縣知事宛, 1952.10.14), 『登錄例規通牒綴 ④』.

67 實三合 第594号, 「在日朝鮮人及び台湾人の國籍に關する件」(入國管理廳長官發, 各都道府縣知事宛, 1952.6.21), 『登錄例規通牒綴 ④』.

一, 조선에 관하여

(1) 샌프란시스코평화조약 제2조(a)에서, 일본은 조선의 독립을 승인함과 더불어, 조선에 대한 일체의 권리, 권한을 포기한다. 따라서 평화조약 발효 이후는 조선인은 그 거주지에 상관없이 모두 일본국의 국민이 아니게 된다. 그러나 그 이상으로 조선인이 한국인이 되는지 아닌지는 독립한 조선 자체가 결정해야 할 국내문제로서, 일본이 관여해야 할 문제가 아니다.

(2) 대한민국 정부는, 조선에서 국제연합에 의해 승인된 유일한 정부이며, 그 군대는 현재 UN군의 일원으로서 조선동란에서 침략군과 싸우고 있다. 일본정부는 평화조약과 요시다·에치슨 교환공문에서, 평화조약 발효 후의 국제연합에 대한 협력 의무를 약속하였다. 또한 한일회담에서도 서로 대표를 임명하여 공식 교섭을 계속하고 있다.

(3) 국적 부여는, 자국 국민을 보호하려는 국가의 일방적 행위이지만 대한민국 헌법에 의하면, 한국은 전 조선(원문 그대로)을 지배한다는 명분을 취하고 있어 만일 한국이 재일 조선인에 관하여 국적을 부여할 의도가 있다면 일본으로서는 이를 존중할 수밖에 없다.

(4) 현 단계에서는 평화조약의 규정에 의한 독립 후의 대한민국 정부가 부여하는 국적을 개개의 조선인에 관하여 증명하는 문서를 교부하는 방법도 아직 채택되지 않았고, 다른 한편으로 재일 조선인 가운데는 대한민국 정부가 부여하는 국적은 어떠한 것이든 이를 받아들이기를 바라지 않는 자도 일시적으로는 존재할 것이 예상되므로, 외국인등록증명서의 일제 갱신에 즈음하여 그 등록증명서를 단순히 새로운 것으로 교환하는데 지나지 않는다는 의미에서 구 증명서의 기재사항을 그대로 신 증명서에 기재하여 쓸

데없는 혼란을 피하기로 한다.

(5) 위는 어디까지나 일제 갱신에서의 편법이며, 법적문제로서의 국적은 일본정부로서는 현재로는 대한민국 정부가 부여하는 국적이라고 생각하며, 또한 현재의 미결정 사태도 머지않아 해결되어 국적이 통일되리라고 예정하고 있다.

제1항은 강화조약 발효에 따른 일본국적 상실에 관한 지적이지만, 문제는 제2항 이하이다. 앞에서 설명한 바와 같이 제1차 한일회담은 결렬되어 법적 지위에 관한 협정을 체결할 수 없었다. 따라서 강화조약에 의한 전 조선인의 일본국적 상실→한일협정에 의한 한국정부(국적) 승인이라는 일본정부의 방침은 가장 중요한 후자의 법적 근거를 잃은 채 강화조약 발효를 맞이하게 된다. 외국인등록법안의 심의에서 이 점이 문제가 된 것은 앞에서 설명한 바와 같다.

이 공백을 한국정부가 UN에 의해 승인받은 점, UN군의 일원으로서 '침략군'과 싸우고 있는 점, 그리고 강화조약과 요시다·에치슨 교환공문에 의한 UN에 대한 협력의무 존재에 의해 우회적으로 메우려고 한 것이 제2항의 취지라고 할 수 있다.

UN의 승인이란, 1948년 12월 12일의 제3차 UN총회 결의 195(Ⅲ)호가, 한국정부를 '유일한 합법정부'로 하여 국제연합임시조선위원회 UNTCOK를 대신하여 국제연합조선위원회 UNCOK를 설치한 것을 가리킨 것으로 여겨진다. 단, 이 결의는 1948년 5월의 선거에서 "UNTCOK가 관찰하고 나아가 협의할 수 있었던 조선의 대다수가 거주하고 있는 지역에서, 유효한 지배와 관할권을 미치는" 대한민국 정부가 "조선반도에서 유일한 그러한 정부"라고 되어 있으며, 한국의 시정권施政權이 미치는 조선반도 남부에서의 '유일한 합법정부'라고 말하는데 지나지 않는다. 북부 정권과의 관계를 어떻게 하는가의 문제는 여전히 남는데도 불구하고, 제3항에서는 한국 헌법의 '조선반도 전체를 지배하는 명분'에 따라 한국정부의 방침을 '존중'한다고 되어 있다.

요시다·에치슨 교환공문이란 1951년 9월 8일의 미일안전보장조약에 서명할 때 요시다 시게루吉田茂 수상과 딘 에치슨Dean Acheson 국무장관 사이에 교환된 공문이다. 조선전쟁 발발 후 일본은 UN군에 대하여 부대 통과, 시설 이용, 물질·역무役務 조달을 통하여 협력하였으나, 일본에 의한 이러한 UN군에 대한 원조를 강화조약 발효 후에도 계속하도록 하기 위하여 이 공문이 교환되었다. 이른바 일본의 조선전쟁 협력의 바탕이 되는 협정이었다. 이는 강화조약 제5조에서 "국제연합이 헌장에 따라 취하는 어떠한 행동에 관해서도 국제연합에 모든 원조를 제공할" 의무를 다할 것을 약속한 결과로서 일본정부가 UN군에 대한 협력 의무 부여를 받아들인 것이므로 이 통달이 말하는 '평화조약'은 구체적으로는 제5조를 가리킨다.

즉, 일본정부는 UN의 한국정부 승인, 샌프란시스코강화조약 제5조에서 정한 UN에 대한 협력의무와 이에 바탕을 둔 UN군에 대한 원조 약속을 근거로, 한국 국내법을 재일 조선인의 국적 해석의 준거법으로 삼아야 한다고 한 것이다. 조선민주주의인민공화국과 중화인민공화국을 '침략군'으로 규정한 UN군에 대한 일본의 협력을 재일 조선인의 국적문제와 연결시키는 이러한 해석은 외국인등록법안의 심의에서도 표명되지 않았으므로 어떠한 경위를 거쳐 나타나게 되었는지는 분명하지 않다.

다른 한편, 제4항·제5항에서는, 외국인등록법안의 국회심의를 통과한 '편법'으로서, '구 증명서의 기재사항을 그대로 신 증명서에 기재하여 쓸데없는 혼란을 피할' 것이 지시되었다. 다만, 마찬가지로 국회심의에서 되풀이하여 정부가 표명하였듯이 "법적문제로서의 국적은 일본정부로서는 현재로서는 대한민국정부가 부여하는 국적이라고 생각한다"는 입장을 표명하는 것도 잊지 않았다.

또한 타이완에 관해서는 ① 강화조약 제2조에 의한 타이완 및 펑후 제도澎湖諸島의 영토권 포기와 '타이완 주민'의 일본국적 상실, ② 강화조약 제26조와 중일평화조약 제10조에 의해 타이완인의 지위와 중국 국적을 가진 자로 간주한다, ③ 재일 타이완인으로서 중화민국 법률이 정하는 바에 의해 국적 증명서를 가진 자는 중국인으로서 취급한다, ④ 구 등록령의 적용을 받지 않았던 재일 타이완인도 국적증명서를 제시하거나 "구 등록령 시행 전부터 일본에 재주하는 타이완출신자인 것이 증명될 때는 이를 중국인으로서 취급할 수 있다", ⑤ "위의 재일 타이완인으로서, 중화민국정부의 국적증명서를 제시하지 않고 더욱이 중화민국인이라는 것을 어디까지나 거부하는 자에 관해서는 등록수속상의 쓸데없는 분규를 피하기 위하여 등록증명서에 무국적이라고 기재하는 것도 어쩔 수 없는 조치로 한다"라고 하여, 조선의 경우와 마찬가지로 외등법안의 국회 심의에서 문제가 된 중화민국 정부의 국적을 거부하는 자에 관해서는 '무국적'이라고 기재하게 되었다.

일본정부는 1952년 10월의 외국인등록중 갱신에 즈음하여 재일 조선인단체의 요청에 이 통달에 따라 대응하였다. 스즈키 하지메 법무성 입국관리국장은 8월 23일, 갱신에 관해 ① "무국적인 경우는 국적란 기재는 무국적으로 한다"가, "이를테면 '백계 러시아', '러시아' 또는 '타타르' 등으로 기재되어 있는 것은, 이 뜻을 국적란 여백에 괄호를 넣어 기재할 것"이라고 하는 한편, 국교가 수립되지 않은 "소련국적은 여권 기타 공적 증명서에 의해 '소련' 또는 'U·S·S·R'이라고 명시된 것만으로 한다(더욱이 통계 보고의 경우도 무국적인의 내역을 알 수 있도록 종대로 한다)"라고 하며, ② 한국과 조선 사이의 국적 변경에 관해서는 갱신기간 중에는 이를 인정하지 않고, 갱신 전이거나 후에 할 것, 으로 하였다.[68] 또한 9월 8일의 조선인·타이완인의 일제 갱신에 즈음해서는 "신청서의 재류자격 및 재류기간란은, 사선으로 지우고 제출하게 하고, 위 신청서에 관계된 원표 및 복사본의 해당란은 그대로 두도록" 지시하였다.[69] 갱신에서는 기재사항의 변경은 행하지 않는 방침을 철저히 하였다고 할 수 있다.

민단은 1952년 10월 4일, 일본정부에 대해 요청사항으로서 "一, 등록갱신에 즈음하여 세대주 또는 각 지방민단에서 일괄하여 대리신청하도록 할 것", "一, 태평양전쟁중 강제 피난에 의해 본국으로 귀국하여 재입국해온 자에게는 정식 등록증을 부여할 것", "一, 불법 입국에

---

68 管登合 第54号, 「外國人登錄証明書切替措置に關する件」(法務省入國管理局長鈴木一發, 各都道府縣知事宛, 1952.8.23), 『登錄例規通牒綴 ④』.
69 管登 第36号, 「朝鮮人及び台湾人の在留資格に關する照會回答の件」(入國管理局登錄課長發, 長野縣涉外課長宛, 1952.9.8), 『登錄例規通牒綴 ④』.

의하여 현재 등록이 없는 자에 대해서는 한국동란 휴전 성립 때까지 잠정적으로 등록증을 부여할 것", "一, 1952년 4월 28일 이후의 출생아에 대해서는 출생신고만으로 자동적으로 영주권을 부여할 것"에 덧붙여 다음 사항을 요청하였다.[70]

一, 국적은 일률적으로 대한민국으로 할 것

이는 특히 종전부터 강하게 주장해온 것으로서 한일회담이 성립되면 필연적으로 국적란은 한국으로 바꿔 쓰게 될 것입니다.

동일한 외국인에게 상이한 두 개의 국적명을 인정하는 것이 불합리적일 뿐 아니라 일본이 북선 인민공화국을 인정하지 않고 한국을 인정하고 있는 이상, 앞으로의 등록 갱신에 일률적으로 한국이라고 기입하도록 영단을 내려야 할 것입니다.

일본정부의 이러한 영단은 구 조련계 분자의 파괴활동을 억압하는 가장 좋은 수단일 것입니다.

일본정부의 종전의 미온적인 태도는 재일 우리 동포를 미혹시킬 뿐 아니라, 좌익계에 준동의 여지를 주는 것입니다. 이것이 얼마나 일본정부에 많은 어려움과 손실을 가져오는가를 다시 한 번 생각할 필요가 있을 것입니다.

법무성 입국관리국의 나카무라 시게루中村茂 총무과장은 10월 10일, 이에 관하여 다음과 같이 회답하였다.[71]

---

70 「外國人登錄証切替に際しての要請事項」(1952.10.4), 『在日資料集成』 第3卷.
71 電信合 第216号, 「切替に對する民団の要望と法務省の回答などについて」(入管局長發, 知事宛, 1952.10.15), 『登錄例規通牒綴 ④』. 管總 第1号, 「登錄切替に際しての民団要望事項に對する回答の件」(法務省入國管理局總務課長發, 在日本大韓民國居留民団第十五回全体

국적에 관해서 이번 갱신은 실질적으로 구 등록증명서의 내용을 옮겨 써서 취급할 방침이므로 현재의 증명서 기재를 그대로 옮겨 쓰게 되지만, 조선에서 한국으로의 이동은 한국정부의 공적 증명서가 있는 자에 대해서는 갱신 종료 후 언제든지 그 이동을 인정합니다. 국적란에 관해서는 일본정부의 기본적인 태도로서는 설령 형식적으로 '조선'이라고 기재한 사람이라 해도 그것만으로 그 사람이 북선 인민공화국의 국민이라고는 생각하지 않습니다.

이번 등록 갱신에 즈음하여 구 조련 분자는 국적란 기재를 '한국'에서 '조선'으로 바꿔 쓸 것을 강하게 요구하여, 이 요구를 통하여 갱신 사무를 방해하려고 하고 있습니다. 따라서 이 때 국적란을 바꿔 쓰려고 하는 것은 헛되이 시정촌의 창구 사무를 혼란시켜 오히려 반한국정부 분자의 술책에 놀아나는 사태를 초래할 우려가 있습니다.

이런 교섭을 보면, 민단과 법무성은 '구 조련계 분자의 파괴활동', '반한국정부 분자'에게 갱신을 이용당해서는 안 된다는 입장을 공유하고 그것을 바탕으로 법무성으로서는 1952년 6월 21일의 실3합實三合 제594호 통달과 같이 설명하고 있음을 알 수 있다. 민단은 후에, "민단은 국적란에 재일동포는 반드시 '한국'이라고 기재하도록 할 것을 요구하였으나, 일본정부 당국은 '국적 선정의 자유'라고 하여 조총련계동포에게는 국적을 '조선'이라고 기재하는 것을 허용하였다"고 당시 정부의 대응을 비판하였다.[72] 그러나 실제로는 일본정부가 민단의 요망을 받

大會議長洪賢基苑, 1952.10.10), 『在日資料集成』 第3卷.
72 『民団四十年史』, 在日本大韓民國居留民団, 1987, 74.

아들이지 않은 이유는 '국적 선택의 자유'를 인정하였기 때문이 아니라, 어디까지나 앞에서 이야기한 '편법'을 강구하려고 한 것에 지나지 않는다. 또한 갱신 종료 후에 한국적에서 조선적으로 변경하는 요청에 관해서도 법무성은 기본적으로는 이를 인정하지 않는 종래의 방침을 견지하였다. 법무성은 이러한 입장에서 민전의 강력한 외국인등록 갱신 반대투쟁에 맞서게 되지만, 이 투쟁에 관해서는 다른 연구에서 별도로 논하고자 한다.

5. 맺음말–'국적'에 각인된 전쟁

이상으로 본고에서는 외국인등록의 국적란 '조선'의 등장과 계속에 관하여 일본정부의 행정문서를 자료로 하여 검토하였다. '머리말'에서 제기한 물음에 답하여 본고에 의해 밝혀진 사항을 정리하면 다음과 같다.

① 조선적은 1947년의 외국인등록령 공포 시행과 더불어, 조선인은 강화조약 발효까지 일본 국적이라는 해석을 통해 등장하였다. 때문에 일본정부로서는 '조선'은 출신지를 표시하는 것이었다.

② 한국적 기재를 허용한 1950년에도 강화조약 발표 전이었기 때문에, '한국', '대한민국'은 출신지를 표시한다고 해석되었다. 그러나 국적란 변경의 '방종'을 제약하기 때문에 1951년 1월에 출입국관리청은 '특별한 경우'를 제외하고 변경을 인정하지 않는 방침으로 바꾸려 하였으

나, 주일대표부와 민단의 움직임에 의해 '특별한 경우'는 대한민국 국민등록증 첨부를 의미하게 되었다. (사실상의 한국=국적 표시설로의 수정). 이 무렵에는 조선적을 조선민주주의인민공화국을 지지하는 자('북선계'(北鮮系))를 식별하는 지표로 하는 견해도 나타났다.

③ 일본·한국정부는 강화조약과 한일회담에 의해 재일 조선인의 국적 문제를 ㉠ 일본국적 상실 → ㉡ 한국국적 취득이라는 방침으로 해결하여 외국인등록의 국적란도 전부를 한국으로 통일하려고 하였으나, 회담이 결렬됨에 따라 ㉡의 근거가 되는 협정을 얻지 못하게 되었다.

④ 일본정부는, 강화조약 발효 후 협정을 대신하여 제3차 국제연합 총회 결의195(III)호와 재일 조선인의 국적은 한국 국내법에 따라 결정한다는 해석(재일 조선인=한국 국적)을 채용하는 한편, 분단상태, 더욱이 교전중인 한편 정부만을 교섭하여 한국 국적을 거부하는 사람들의 의사와 '국적 선택의 자유'를 무시하고 있다는 강한 비판에 직면하였기 때문에 '편법'으로서 구 등록증의 기재, 즉 조선적의 계속 기재를 인정하였다.

⑤ 일본정부는 타이완 출신자에 관해서는 처음에 '타이완'이라고 표기하도록 지시하였다. 강화조약 후에는 '중국'과 '타이완'의 어느 쪽 기재가 가능하다는 방침이었으나, 직후에 '중국(중화민국)'만을 기재 가능하도록 하였으며, 나아가 52년 10월의 갱신을 거쳐 '중국'만을 기재하도록 지시하게 되었다.

조선적은 재일 조선인의 역사적 형성과 외국인등록령 제정의 경위에서 종종 식민주의의 유산으로 간주되었다. ①에 적은 바와 같이 분명히 조선적=출신지 표시설은 민족자결의 부정과 동반되어 등장한 것이며, 그런 의미에서 일본식민주의의 유산이라는 지적은 적절하다고 할 수 있다. 그리고 본고의 검토를 통해서는 이에 덧붙여 조선적이 일본 외국인등록제도에 남게 된 배경에는 조선전쟁 — 보다 구체적으로는 UN군에 대한 일본정부의 '원조'와, '국적 선택의 자유'를 주장하는 재일 조선인운동의 대항이 있었음을 알 수 있다.

1952년 6월의 일본정부 통달의 논리는 단순히 남북 양 정부 가운데 한국정부의 정통성을 인정하는데 그치지 않는다. 조선전쟁과 국적문제를 연결시켜 조선민주주의인민공화국·중화인민공화국을 '침략국'으로 인식하는 UN군에 대한 '원조'라는 논리(요시다·에치슨 교환공문)에 부응하여 국적문제를 해석하는 것을 의미한다. 1952년 6월 이후의 재일 조선인의 국적에 관한 일본정부의 해석은 조선전쟁의 '기지국가基地國家'[73]로서의 일본의 전후체제에 연결되었던 것이다.

그런 까닭에, 조선적을 쓰는 조선인들은 단지 이전부터의 구 등록증 기재를 계속하는 사람이 아니라, 일본정부가 말하는 UN군에 대한 '원조'의 논리를 매개로 한 한국 국적(이는 조선과 중국을 '침략군'으로 하는 기재와 표리일체이다)을 계속 거부하는 사람들로 간주되게 되었다. 조선전쟁 하에서 재일 조선인의 '국적'을 둘러싼 새로운 국면은 반 세기 이상을 거친 오늘날 조선적에 대한 대처를 생각할 때에도 시사하는 바가 적지 않다. 남북관계 악화가 항상 한국정부에 의한 조선적 재일 조선인의 입국 제한을 포함한 억압과 연동되는 것은 단순히 한국정부의 재일 조

---

73 남기정, 『기지국가의 탄생 일본이 치른 한국전쟁』, 서울대 출판문화원, 2016.

선인에 대한 무지·몰이해나 '기민棄民'인식에만 있는 것은 아니며, 조선전쟁 아래에서 역사적으로 형성된 조선적을 둘러싼 인식의 틀과 관계가 있다고 보지 않으면 안 될 것이다.

중요한 것은 이러한 역사적으로 형성된 조선적에 대한 적대적 인식이 한국정부의 조선적 인식뿐 아니라 오늘날 일본정부의 재일 조선인 정책에도 그림자를 드리우고 있는 것이다. 2016년 2월 7일, 조선중앙통신은 조선민주주의인민공화국 국가우주개발국이 지구관측위성 '광명성-4'호를 궤도에 진입시키는데 성공하였다고 보도하였다. 이에 대하여 아베 신조安倍晋三 내각은 10일, '우리나라의 독자적인 대북 제재'를 발표하였으며, 2월 19일에 각의에서 결정되어 그날로 발동되었다. 이 조치에 따라 당장 조선민주주의인민공화국의 최고인민회의 대의원과 재일본조선인총연합회(조선총련) 임원, 그리고 산하 단체의 회원들 총 22명의 재입국 허가가 취소되었다.[74] "재일 북조선 당국 직원 및 해당 직원이 행하는 당국 직원으로서의 활동을 보좌하는 입장에 있는 자의 북조선을 도항처로 한 재입국의 원칙적 금지"를 정하였기 때문이다. 일본정부는 2006년 이래, 재일 조선인의 재류권과 해외 도항의 자유/조국 왕래의 자유를 제약하는 '제재'를 모색해왔으나 이번의 조치에 의해 그 대상이 더욱 확대되었다.

나아가 각지의 공항에서 출국하는 조선적 재일 조선인을 대상으로 "나는 북조선으로 건너가지 않습니다", "만일 북조선에 건너간 것이 확인된 경우에는 다시 일본에 상륙하는 것이 인정되지 않는다는 것을 알

---

[74] 『東京新聞』, 2016.3.14.

고 출국합니다"라고 쓰인 '서약서' 기입이 요구되게 되었다. 본래 일본 정부의 제재 조치는 모든 조선적 사람에게 조선을 기항지로 하는 경우에 재입국 허가를 금지하는 것이 아니다. 그런데도 모든 조선적 재일 조선인에게 이러한 내용의 서약서를 요구하는 것은 제재 조치의 목적에서조차 벗어난 것이라고 할 수 있을 것이다. 더욱이 한국 국적자는 이 '서약서'의 제출을 요구받지 않는다.

물론 이러한 일본정부의 정책은 2000년대에 시작된 새로운 '제재'로서, 1950년대의 사상事象과 직접적인 매개 없이 연결시키는 것은 신중하게 해야 하지만, 현대 일본의 조선적 인식을 생각할 때에도 표면적인 변화의 근본에 있는 '끝나지 않은 조선전쟁'에 주목할 필요가 있을 것이다.

(번역 : 김영숙)

참고문헌

논문 및 단행본

남기정, 『기지국가의 탄생−일본이 치른 한국전쟁』, 서울대 출판문화원, 2016.

도노무라 마사루, 「한일회담과 재일조선인−법적지위와 처우 문제를 중심으로」, 『역사문제연구』 제14호, 역사문제연구소, 2005.

장박진, 「한일회담 개시 전 한국정부의 재일한국인 문제에 대한 대응 분석−대한민국의 국가정체성과 "재일성(在日性)"의 기원」, 『아세아연구』 제52권 1호, 고려대 아세아문제연구소, 2009.

_____, 「초기 한일회담(예비 제3차)에서의 재일한국인 문제의 교섭과정 분석−한일 양국의 교섭목표와 전후 '재일성(在日性)' 형성의 논리」, 『국제지역연구』 제18권 2호, 서울대 국제대학원 국제학연구소, 2009.

조경희, 「남북분단과 재일조선인−한일 정부의 '조선적'에 대한 해석을 중심으로」, 『통일인문학』 제58호, 건국대 인문학연구원, 2014.

遠藤正敬, 『近代日本の植民地統治における国籍と戸籍 満洲・朝鮮・台湾』, 東京 : 明石書店, 2010.

太田修, 「第1次 日韓国交正常化交渉における 在日朝鮮人の法的地位と処遇 植民地主義, 分断, 冷戦の交錯」, 『社会科学』 第103号, 同志社大学人文科学研究所, 2014.

大沼保昭, 『在日韓国・朝鮮人の国籍と人権』, 東京 : 東信堂, 2004.

_____, 「出入国管理体制の成立過程 1952年体制の前史」, 『単一民族社会の神話を超えて 在日韓国・朝鮮人と出入国管理体制』, 東京 : 東信堂, 1986.

何義麟, 「戦後日本における台湾人華僑の苦悩 国籍問題とそのアイデンティティの変容を中心として」, 『大原社会問題研究所雑誌』 第679号, 2015.

金太基, 「在日韓国人三世の法的地位と『一九六五年韓日協定』(一)」, 『一橋論叢』 第105巻 第1号, 一橋大学, 1991.

_____, 『戦後日本政治と在日朝鮮人問題 SCAP の対在日朝鮮人政策 1945~1952 年』, 東京 : 勁草書房, 1997.

金英達, 「在日朝鮮人の外国人登録『国籍欄』記載に関する行政実務の変遷について」, 『在日朝鮮人史研究』 第17号, 東京 : 緑蔭書房, 1987.

小林玲子, 「日韓会談と『在日』の法的地位問題」, 李鍾元・木宮正史・浅野豊美編著, 『歴史と

しての日韓国交正常化Ⅱ脱植民地化編』, 東京：法政大学出版局, 2011.

坂元真一, 「敗戦前日本国における朝鮮戸籍の研究 登録技術と徴兵技術の関係を中心とし
　　　　て」, 『青丘学術論集』第10号, 韓国文化研究振興財団, 1997.

田中宏, 「在日朝鮮人政策の不条理な出立 "日本国籍喪失"の論理にひそむもの」, 『日本のなか
　　　　のアジア』, 東京：大和書房, 1980.

鄭栄桓, 『朝鮮独立への隘路 在日朝鮮人の解放五年史』, 東京：法政大学出版局, 2013.

＿＿＿＿, 「植民地の独立と人権 在日朝鮮人の『国籍選択権』をめぐって」, PRIME 第36号, 明治
　　　　学院大学国際平和研究所, 2013.

＿＿＿＿, 「入管法改定と再入国許可制度の再編『みなし再入国許可制度』と在日朝鮮人」, 『法
　　　　律時報』第84巻 第12号, 東京：日本評論社, 2012.

＿＿＿＿, 「『再入国許可』制度の歴史と現在 在日朝鮮人に対する運用を中心に」, PRIME 第33
　　　　号, 明治学院大学国際平和研究所, 2011.

長沢裕子, 「研究ノート：『ポツダム宣言』と朝鮮の主権『朝鮮に対する日本の主権維持論』を
　　　　中心に」, 『現代韓国朝鮮研究』第6号, 現代韓国朝鮮学会, 2006.

日本社会党朝鮮問題対策特別委員会編, 『祖国を選ぶ自由 在日朝鮮人国籍問題資料集』, 社会
　　　　新報, 1970.

飛田雄一, 「サンフランシスコ平和条約と在日朝鮮人」, 『在日朝鮮人史研究』6号, 東京：緑蔭書房,
　　　　1980.

松本邦彦, 「在日朝鮮人の日本国籍剥奪 日本政府による平和条約対策研究の検討」, 『法学』52
　　　　巻 4号, 東北大学法学会, 1988.

宮本正明, 「GHQ / SCAP占領期における日本政府の在日朝鮮人対策 1948年半ば～1949年
　　　　初頭の時期にかけての『国籍』措置を中心に」, 『研究紀要』第18号, 世界人権問題研究
　　　　センター, 2013.

宮本正明, 「朝鮮の『解放』と日本」, 趙景達編, 『植民地朝鮮 その現実と解放への道』, 東京：東
　　　　京堂出版, 2011.

吉沢文寿, 「日韓会談における『在日韓国人』法的地位交渉 国籍・永住許可・退去強制問題を
　　　　中心に」, 『朝鮮史研究会論文集』第49集, 東京：緑蔭書房, 2011.

『渉外資料第7号 台湾人に関する法権問題』, 最高裁判所事務総局渉外課, 1950.

『法務研究報告 第43集 3号 在日朝鮮人処遇の推移の現状』, 法務研修所, 1955.

『民団四十年史』, 在日本大韓民国居留民団, 1987.

반공국가 사이에서 겪은 한국화교의 냉전 경험(1950~1970년대)

왕 언메이(王恩美)

1. 머리말

냉전시기 한국과 대만의 사회는 유사한 국가 체제를 유지하고 있었다. 양측은 모두 '반공이데올로기'를 국민통합 방법으로 사용했고 양측 정부는 유사한 방법으로 '반공체제'를 수립했다. 필자는 이 두 국가의 '반공체제'에는 두 가지 중요한 공통점을 포함하고 있다고 생각한다. 첫째는 양국은 모두 반공교육, 반공구호, 미디어 등을 통해 반공이데올로기를 전파한 측면과 둘째는 구체적인 법률을 규정함으로서 반공이데올로기를 '제도화'한 측면이다.

중화민국정부는 대만으로 이전하자마자 반공교육, 반공구호, 미디어 선전을 통해 반공이데올로기를 대만인의 일상생활에 침투시켰다. 그리고 1947년 7월부터 반공에 기초한 「동원감란완성헌정실시강요動員戡亂完成憲政實施綱要」, 「징치반란조례懲治叛亂條例」, 「감란시기검숙비첩조례戡亂時期檢肅匪諜條例」 등 법률을 공포했다. 이로 인해서 '제도화'된 반공체제가 수립되어, 1950년대에 대만 사회는 농후한 반공 분위기가 형성되었다.

한국의 이승만 정권은 1948년 12월에 「국가보안법」을 제정·공포했으나 박정희 정권 때 본격적인 반공교육이 실시되었고 반공구호와 미디어 선전을 통해 반공이데올로기가 강화되었다. 1961년 7월에 「반공법」이 제정·공포되어 '제도화'된 반공체제를 수립하게 되고 한국사회는 1970년대에 가장 농후한 반공분위기가 형성되었다. 시간 순서로 말하자면 한국의 체제화, 제도화된 반공체제의 설립은 대만에 비해 10년 정도 늦었다고 할 수 있다.

한국화교는 한국에서 거주하는 소수자로 2015년 한국화교의 인구는 17,825명이다.[1] 한국화교의 90%이상은 중국대륙인 산뚱성山東省 출신임에도 불구하고 대다수가 중화민국의 국적을 소지하고 있다. 냉전시기 한국화교의 생존방식은 한국과 중화민국 양쪽의 반공체제의 강력한 영향을 받았다. 냉전시기 한국화교는 대만에서 정권을 유지하는 중화민국에 대해 강력한 국가의식을 형성하고 있었으며 중화민국을 '조국'으로 인식했다. 이러한 한국화교의 '조국인식'은 동아시아 냉전체제의 산물이라 할 수 있다.[2]

---

1   그 중 거주가 1,441명, 동반이 121명, 영주가 13,563명이다. 법무부, 『출입국·외국인정책본부2015』, 과천 : 출입국·외국인정책본부, 2016, 379쪽.

냉전시기 한국화교는 '분단국가'의 개념으로 한국과 중화민국의 상황을 이해했다. 남한과 북한의 분단과 같은 형태로 중화민국과 중화인민공화국의 상태를 이해한 것이다. 한국화교에게 있어, '중국'은 '분단' 상태에 처해 있었다.

한국화교는 '분단국가'인 한국과 중화민국 사이에서 살아가는 특수한 소수자였고 그 틈새에서 생존해 가지 않으면 안 되었다. 한국과 중화민국은 '반공'에 기초한 국가체제를 형성하고 외교적으로도 '반공'을 기초로 '반공동맹'이 형성되었다. 따라서 한국과 중화민국은 냉전체제 하에서 '반공공동체'를 형성하고 있었다고 할 수 있다. '조국'과 '거주국'이 '반공공동체'를 형성한 이 특수한 환경은 한국화교의 삶에 큰 영향을 끼쳤다.

한국화교의 삶은 '분단국가'가 형성한 '반공공동체' 속에서 한국과 중화민국의 영향을 받지 않을 수 없었다. 비록 한국과 중화민국의 반공체제의 수립은 시간적으로 차이가 있지만 1980년대까지 양국은 모두 '반공'을 기본 방침으로 국가체제가 유지되었다. 양국에서 중공과 북한은 전 국민의 '공공의 적'으로 인식되었고 중공, 북한과의 일체의 접촉을 금지했다. 양국에서는 중공, 북한 관련의 책자를 소지하거나 그와 관련된 발언을 하는 것만으로도 법에 의해 처벌을 받았다. 이러한 처벌은 한국국민에게만 국한된 것이 아니라 한국에 사는 외국인 즉 한국화교에게도 적용되었다. 한국화교의 친중공적인 행위도 처벌 대상이었다. 또한 한국화교의 반공 법규 위반은 본국인 중화민국에서도 처벌의 대상

---

2 왕 언메이(王恩美), 송승석 역, 『동아시아 현대사 속의 한국화교-냉전체제와 조국의식』, 학고방, 2013 참고.

이 되었다. 한국과 중화민국이 '반공공동체'를 형성한 상황하에서 한국 화교는 양측의 반공법규를 모두 준수하지 않으면 안 되었다. 만일 어느 한 쪽의 법규를 위반해도 양쪽 국가로부터 처벌을 받았다.

본문에서는 한국과 중화민국이 형성한 '반공공동체' 속에서 한국의 반공법규 위반 경험을 통해 한국화교의 냉전의 경험을 검토해 보고자 한다. 한국화교는 반공법규에 저촉되었을 때 자신들의 삶이 얼마나 반 공의 통제를 받고 있는지를 절감했을 것이다. 자료에 관해서는 주로 중 화민국의 외교문서(당안)를 사용했다. 필자는 이러한 일차자료는 한국 화교의 당시 상황을 파악할 수 있는 귀중한 자료라 생각한다. 본문에서 는 이러한 일차자료를 통해 1950년대부터 1970년대에 발생한 3가지 사 건을 중심으로 한국화교의 반공경험 살펴보도록 하겠다.

필자는 소수자인 한국화교의 냉전시기 반공경험은 '반공체제'가 동 아시아 사람들에게 끼친 영향을 한 층 더 심도 깊게 이해하는 데 도움 이 될 것이라 생각한다.

2. 한국과 중화민국의 법적 반공체제의 형성

1) 한국의 법적 반공체제의 형성

1948년 8월 15일 대한민국이 성립되고 초대 대통령인 이승만은 1948년 10월 20일 '여순사건'[3] 발생을 계기로 좌파세력과 공산당의 비인도적인 면모를 강조하며, 12월 1일 「국가보안법」을 제정·공포해 좌익세력을 처벌하는 법적 근거를 정비했다. 이후, 공산주의 활동을 반정부행위로 간주하는 것이 가능해졌고 좌익세력은 소멸되었다. 「국가보안법」의 제정은 한국에서 반공체제가 형성되는 기초가 되었다. 이승만 정부는 「국가보안법」을 이용해 반공체제를 강화하고 반공국가가 되기 위한 작업에 착수했다.[4] 그러나 당시의 반공이데올로기는 국민의 동의에 기반하고 있다기보다는 강제적인 측면이 강했다.[5] 반공이데올로기는 주로 정치적 차원에서 사용되었다.

한국전쟁의 경험은 한국 국민에게 공산주의에 대한 공포감과 위화감을 갖게 하기에 충분했다. 반공주의는 단순한 이데올로기가 아니라 생사를 좌우하는 것으로 받아들여졌다. 한국 국민은 사실 여부를 떠나 '용공'이란 딱지가 붙는 것이 육체적으로나 사회적으로 죽음을 의미한다는 것을 몸으로 느낄 수 있었다. 이러한 경험은 한국인에게 반공주의를 심리적으로 받아들이는 것을 가능하게 했다. 반공이데올로기는

---

3   '여순사건'은 1948년 제주도 '4·3사건'에 연동되어 발생했다. 미군의 좌익세력에 대한 무력 진압으로 잔존한 좌익세력은 장기적인 유격전에 돌입했다. 한국정부 수립 후, 정부는 잔존세력의 토벌작전을 재개했다. 1948년 10월 8일에 한국정부는 제주도 전 지역에 계엄령을 선포하고 11일부터 제주도 사령부를 설치함과 동시에 토벌을 위해 여수와 순천에 주둔하고 있던 제14연대에 출동을 명령했다. 그러나 제14연대는 "동족에 대한 학살을 강요하는 제주도 출동 명령을 거부한다"는 이유로, 1948년 10월 19일에 반란을 일으켰다. 이른바 '여순사건'의 발발이다. 이 반란은 여수와 순천 인근의 군(郡) 지역까지 확산되었다. 정부군은 10월 23일부터 24일에 걸친 여순 탈환작전에 실패했지만, 10월 26일부터 27일에 작전을 재개해 여순 탈환에 성공했다. 이승만은 '여순사건'의 배후에는 공산주의세력 심지어는 소련이 관련되어 있다고 판단했다.(김수자, 「대한민국 수립 직후 민족주의와 반공주의의 형성과정」, 『韓國思想史學』 제25집, 한국사상학회, 2005.12, 381쪽.
4   김수자, 「대한민국 수립 직후 민족주의와 반공주의의 형성과정」, 385~386쪽.
5   유일제, 「한국전쟁과 반공이데올로기의 정착」, 『역사비평』 통권 16호, 역사문제연구소, 1992 봄, 141쪽.

한국전쟁 경험을 토대로 국민들에게 내면화되었고 한국에서 지배적인 이데올로기로 부상했다.[6]

그러나 1950년대의 반공체제는 일반 민중들의 생활 깊숙히 침투하지 못했다. 1960년 '4·19학생운동'이 일어나 이승만은 4월 26일 대통령직을 사임했다. 5월 9일 장면 정부는 '국가보안법개정 기초특별위원회'를 조직해 「국가보안법」 개정에 착수한다. 수정된 「국가보안법」은 '불고지죄'가 신설되어 '죄를 범한 자를 인지'하고도 고지하지 않은 자를 처벌하는 규정이 추가되었다. 그러나 너무 광범위하게 규정되었던 '국가기밀'과 '정보'에 관한 조항들, 언론 통제를 위한 규정이었던 '허위사실유포' 및 '헌법기관에 대한 명예훼손' 조항 등이 없어졌다. 또한 '적을 이롭게 할 목적'이라는 얼마든지 남용이 가능한 표현도 삭제되었다. 이승만 정권의 붕괴와 더불어 '반공'은 '가장 인기 없는 명사'가 되고 말았고 일반 민중들 사이에서는 그 동안 금기시 되었던 통일을 둘러싼 논의가 활발해졌다. 그 중 주류가 되었던 것이 바로 '중립화통일론'이다.[7]

장면 정부는 '중립화통일론'에 대해 "중립론에 의한 통일은 공산노예로의 제일보"라며 반공주의적 입장을 분명히 밝혔다. 1961년 1월 '대공사찰 강화'를 위해 「반공단속법(가칭)」을 기초 중에 있고 '결과적인 친공행위'도 규제할 수 있다고 보도되었다. 3월 10일에는 「반공임시특별법(시안)」이라고 법명이 변경되었다. 이 시안에는 '국가보안법 제1조의 단체 중 공산주의에 따라 활동하는 단체'를 단속대상으로 하고 있다

6　유일제, 「한국전쟁과 반공이데올로기의 정착」, 144~145쪽.
7　후지이 다케시, 「4·19/5·16 시기의 반공체제 재편과 그 논리―반공법의 등장과 그 담지자들」, 『歷史問題硏究』 제25호, 역사문제연구소, 2011.4, 12~13쪽.

고 규정하고 있으며, 1960년 「국가보안법」 개정 시 사라졌던 '약속, 협의, 선동, 선전 등'(제17조)의 내용을 '찬양 고무 등'에 관한 조항을 신설해 그 내용을 계승했다. 그 내용은 "문서, 녹음판,도서 기타의 표현물을 제작, 복사, 보관, 운반 또는 휴대한 자"를 처벌하도록 한 것이었다. 후지이 다케시는 '찬양 고무 등'에 규정에도 '불고지죄'가 추가 된 것을 근거로 이승만 정권 보다 장면 정권이 더 시민사회 수준의 반공을 중요시 한 것을 알 수 있다고 지적했다.[8] 그러나 장면 정권은 「반공임시특별법(시안)」 입법을 실행하지 못 했다.

1961년 '5·16 군사쿠데타'가 일어나 박정희가 정권을 장악했다. 이승만 정권이 무너지면서 한동안 약화되었던 반공이데올로기는 이전보다도 더 강화되었다. 박정희 정권은 반공주의에 기초한 법률을 통해 국민생활을 규제하는 방법으로 반공체제를 강화해 갔다. 군사쿠데타 이후, 박 정권은 첫 번째 혁명공약으로 "반공을 국시의 제일로 함으로써 지금까지 형식적인 구호에 지나지 않았던 반공체제를 재정비하고 강화한다"라고 명시했다.[9] 5월 19일에 군사쿠데타세력(군사혁명위원회)은 「포고령 제18호」를 공포했다. 여기에서 "반국가단체라 함은 공산당 및 이와 동조한다고 인정되는 단체를 지칭한다"고 규정했다. 이 「포고령 제18호」는 장면 정권의 「반공임시특별법(시안)」을 계승한 것이었다.[10]

---

8 후지이 다케시, 「4·19/5·16 시기의 반공체제 재편과 그 논리─반공법의 등장과 그 담지자들」, 18~19쪽.
9 김혜진, 「박정희 정권 반공이데올로기의 정치적 기능」, 『역사비평』 통권 16호, 1992, 봄, 151쪽.
10 후지이 다케시, 「4·19/5·16 시기의 반공체제 재편과 그 논리─반공법의 등장과 그 담지자들」, 21쪽.

그리고 장면 정권이 입법화하지 못했던 「반공임시특별법(시안)」은 「반공법」이라는 이름으로 재탄생되어 1961년 7월 3일 법이 제정되었다. 「반공법」 제2조(정의)에는 "본 법에서 반국가단체라고 하는 것은 국가보안법 제1조에 규정한 단체 가운데 공산 계열 노선에 따라 활동하는 단체를 말한다"라고 규정되어 있다. 이에 따라 "공산 계열 노선에 따라 활동하는 단체"야 말로 「국가보안법」 제1조의 "정부를 참칭僭稱하거나 국가변란을 획책하는 반국가단체"에 해당한다고 처음으로 명확하게 제시되었다. 「국가보안법」과 「반공법」은 이중구조가 되어 「반공법」에 명시된 '공산 계열 노선에 따라 활동하는 단체'(=반국가단체)는 「국가보안법」에 의해 처벌되었다.[11]

'찬양 고무 등'의 조항이 그대로 「반공법」에 반영되어, 1960년 「국가보안법」에서 삭제되었던 "적을 이롭게 할 목적"이 「반공법」에서 "반국가단체를 이롭게 하는 행위"라는 표현으로 부활되었다. "반국가단체나 그 구성원의 활동을 찬양, 고무 또는 이에 동조하거나 기타의 방법으로 반국가단체를 이롭게 하는 행위를 한 자"는 처벌받게 되었다. 그리고 「반공임시특별법(시안)」의 "문서, 도서 가타의 표현물을 제작, 복사, 보관, 운반 또는 휴대한 자"는 "문서, 도화 기타의 표현물을 제작, 수입, 복사, 보관, 운반, 반포, 판매 또는 취득한 자"로 변경되어 '수입,

---

11 「국가보안법」(1960년 6월 10일 개정) 제1조에 "수괴는 사형 또는 무기징역, 간부 또는 지도적인 임무에 종사한 자는 사형, 무기 혹은 5년 이상의 징역, 이외의 자는 7년 이하의 징역에 처한다"라고 되어 있다. 또한 「반공법」 제3조에는 "반국가단체에 가입하거나 가입할 것을 권유한 자는 7년 이하의 징역"에 처하도록 되어 있었다. 아울러 동법 제5조에 의해, '반국가단체'의 지령을 받거나 회합하거나 연락을 취하는 것도 7년 이하의 징역에 처해졌다. 「국가보안법」과 「반공법」 전문은 '국가법령정보센터' http://www.law.go.kr/main.html 참조.

반포, 판매'가 추가 되었다.[12]

그러나 「반공법」에서 말하는 '공산 계열 노선에 따른 활동'이나 '반
국가단체를 이롭게 하는 행위'가 구체적으로 어떠한 활동인 것인지에
대해서는 명시되어 있지 않아 정부의 편의에 따라 해석할 수 있었다.
일상적으로 행해지는 모든 반정부 활동이나 행위가 「국가보안법」이나
「반공법」에 따라 규제할 수 있게 되었다.

「반공법」은 전두환 정권인 1980년 12월에 폐지되어 「국가보안법」
에 흡수되었지만, 「반공법」 제4조 등은 대부분 그대로 편입되었다.[13]
현재도 「국가보안법」은 여전히 폐지되지 않고 있다.

2) 중화민국 법적 반공체제의 형성

중화민국의 반공체제도 한국과 마찬가지로 국민을 통제·관리하는
수단으로 이데올로기적 성격이 강한 것이 특징이었다. 또한 중화민국
의 반공체제는 '전시체제'를 가동하는 것으로 형성되었다. 또한 한국과

12　「반공법」(1961년 7월 3일 제정) 제4조 (찬양, 고무등) ① 반국가단체나 그 구성원의 활동
　　을 찬양, 고무 또는 이에 동조하거나 기타의 방법으로 반국가단체를 이롭게 하는 행위를
　　한 자는 7년이하의 징역에 처한다. 이러한 행위를 목적으로 하는 단체를 구성하거나 이
　　에 가입한 자도 같다. ②전항의 행위를 할 목적으로 문서, 도화 기타의 표현물을 제작, 수
　　입, 복사, 보관, 운반, 반포, 판매 또는 취득한 자도 전항의 형과 같다. ③전항의 표현물을
　　취득하고 지체없이 수사, 정보기관에 그 사실을 고지한 때에는 벌하지 아니한다. ④제1
　　항, 제2항의 미수범은 처벌한다. ⑤제1항, 제2항의 죄를 범할 목적으로 예비 또는 음모
　　한 자는 5년이하의 징역에 처한다.
13　1964년부터 1999년까지 「국가보안법」이나 「반공법」으로 기소된 사람은 약 12,000명이
　　었다고 한다. 김인배, 「국가보안법·반공법과 한국 인권 50년」, 『역사비평』 통권46호,
　　역사문제연구소, 1999 봄, 55쪽.

는 달리 중화민국에서는 1950년대부터 교육과 법률의 차원에서 반공이데올로기의 제도화가 실시되었다. 주목할 것은, 중화민국의 반공이데올로기 선전방법과 국민에 대한 규제방식이 한국과 매우 흡사했다는 점이다. 그리고 반공이데올로기의 제도화는 중화민국에서 먼저 실시되었고 매우 삼엄한 반공체제로서 가동되고 있었다는 점이다.

대만에서 일본의 항복을 접수한 중화민국정부는 1945년 8월 25일에 대만행정장관공서台灣行政長官公署를 발족시켰다. 그 후, 1947년 4월에 대만행정장관공서는 폐지되고 성정부省政府로 개편되었다. 1947년 7월 19일, 중화민국정부는 「국가총동원법」,[14]에 기초해 「동원감란완성헌정실시강요動員戡亂完成憲政實施綱要」를 공포했다. 이 「동원감란완성헌정실시강요」에 따라 인력과 물자의 동원뿐만 아니라 파업이나 집회도 통제할 수 있게 되었다.[15] 1949년 5월 19일에는 대만에 「계엄령」이 공포되었다.

대만에서는 중앙정부가 이전하기 전부터 전쟁준비상태에 들어간 상태였다.[16] 1949년 12월 7일에 대량의 군민軍民과 함께 중화민국정부

---

14 「국가총동원법」은 1942년 3월 14일에 제정, 같은 해 3월 29일에 공포 그리고 5월 5일부터 실시되었다. 그 제1조에는 그 제정목적에 대해 다음과 같이 되어 있다. "국민정부는 전시에 전국의 인력·물력을 집중해 국방의 역량을 강화하고, 항전의 목적을 관철하기 위해 국가총동원법을 제정한다." 「국가총동원법」은 '立法院法律系統' http://lis.ly.gov.tw/lgcgi/lglaw?@@846930886에서 검색할 수 있다.(열람일 : 2017.3.30)

15 「동원감란완성헌정실시강요」는 「全國法規資料庫」 http://law.moj.gov.tw/Law/LawSearchResult.aspx?p=A&t=A1A2E1F1&k1=%E5%8B%95%E5%93%A1%E6%88%A1%E4%BA%82%E5%AE%8C%E6%88%90%E6%86%B2%E6%94%BF%E5%AF%A6%E6%96%BD%E7%B6%B1%E8%A6%81를참조.(열람일 : 2017.3.30) 이하의 법률에 대해서도 「立法院法律系統」이나 「全國法規資料庫」에서 검색할 수 있다.

16 林果顯, 『「中華文化復興運動推行委員會」之研究(1966~1975)-統治正當性的建立與轉變』, 臺北 : 稻鄉出版社, 2005, 20쪽.

는 대만으로 철수했다. 대만은 공산당세력에 저항하는 최후의 보루로써 본격적인 '전시체제'에 돌입하게 되었다.[17]

중화민국정부는 대만을 대륙반공의 기지로 삼기 위해 대만 국민의 생활 방면의 규제를 강화했다. 1950년 6월 3일에는 '전시생활촉진회'가 발족되어 「전시생활공약戰時生活公約」[18]과 「전시생활규율戰時生活規律」[19]이 공포되었다. 이밖에 중화민국정부는 간첩이나 반역자에 대한 형벌과 검거를 강화하기 위해 법률도 정비했다. 1950년 4월 26일에는 「징치반란조례懲治叛亂條例」를 개정·공포했다. 이에 따라 "국체國體의 파괴, 국토의 불법점거 혹은 불법적인 방법에 의한 국가헌법 변경이나 정부 전복을 시도하는 자 또는 그 실행에 가담한 자", "외국 혹은 그 파견인과 도모해 그 나라 혹은 타국이 중화민국에게 전쟁을 시작하도록 의도하는 자", "외국 혹은 그 파견인과 도모해 중화민국의 영토가 그 나라 혹은 타국에 속하도록 의도하는 자"[20]는 '반역자'로 규정해 사형

---

17 차이진탕(蔡錦堂)은 1949년 이전 대만은 대륙 사람들의 '피난처'였지만, 이후에는 반공항소(反共抗蘇)의 사령탑이 되어 '포스트 전쟁시대'에 '전시체제'로 돌입했다고 지적한다. 蔡錦堂, 「戰後初期(1949~1950)台灣社會文化變遷初探—以『中央日報』記事分析爲中心」, 『淡江史學』第15期, 2004.6, 255쪽.

18 「전시생활공약」은 다음과 같이 총 10개의 항목이 있다. ① 모든 사람이 생활을 평민화(平民化)한다. ② 모든 사람이 비첩(匪諜)(인용자 주 / 공산당 스파이)을 방범(防犯)한다. ③ 모든 집에서 야채를 재배한다. ④ 모든 집이 청결을 위해 노력한다. ⑤ 도박과 술을 탐하지 않는다. ⑥ 선물과 접대를 줄인다. ⑦ 물자를 소중히 해 낭비하지 않는다. ⑧ 전우(戰友)를 열렬히 애호한다. ⑨ 돈과 힘으로 공비(인용자 주 / 공산당와 싸운다). ⑩ 대만과 조국을 방위한다. 蔡錦堂, 「戰後初期(1949~1950)台灣社會文化變遷初探—以『中央日報』記事分析爲中心」, 256쪽.

19 「전시생활규율」도 다음과 같이 총 10개 항목으로 되어 있다. ① 질서를 지킨다. ② 시간을 엄수한다. ③ 청결을 중시한다. ④ 생산을 중시한다. ⑤ 도박을 하지 않는다. ⑥ 술을 탐하지 않는다. ⑦ 화려한 새 옷을 입지 않는다. ⑧ 사치스런 연회를 열지 않는다. ⑨ 호화로운 사택을 건축하지 않는다. ⑩ 일없이 차를 몰지 않는다. 蔡錦堂, 「戰後初期(1949~1950)台灣社會文化變遷初探—以『中央日報』記事分析爲中心」, 256~257쪽.

20 「중화민국형법(中華民國刑法)」(1948년 10월 26일 개정), 제100조 제1항, 제101조 제1항,

을 선고할 수 있게 되었다.[21]

그리고 "반란 조직이나 집회에 참가한 자",[22] "허위사실이나 허위정보를 유포하거나 치안을 방해한 자 혹은 인심을 동요시킨 자",[23] "문자·도서·연설을 통해 반역자에게 유리한 선전을 행한 자"[24]는 모두이 「징치반란조례」에 따라 처벌되었다.

그러나 「징치반란조례」에서 말하는 '반역자'가 반드시 공산 계열에속하는 자를 가리키는 것은 아니었다. 다시 말해, 중화민국정부는 「징치반란조례」 공포 직후인 1950년 5월 23일에 「감란시기검숙비첩조례戡亂時期檢肅匪諜條例」를 제정하고 6월 13일에 공포했다. 그 제2조에는"본 조례에서 말하는 비첩匪諜이란 「징치반란조례」에서 말하는 반역자또는 반역자와 공모한 자를 가리킨다"라고 규정했다. '비첩'은 '공산당간첩'을 말하는데, 이로써 '비첩'이 반역자라는 것을 명문화했다. 그리고 "각 기관·부대·학교·공장 또는 기타 단체의 모든 인원에게 2인이상의 연대보증을 세워 비첩의 잠복을 발견하면 연대보증인과 그 직속 책임자에게는 처분을 받도록 한다"라고 규정했다. 또한 "비첩 또는비첩의 혐의가 있는 자를 발견하면 누구라도 해당 지역 정부 또는 치안기관에 신고해 검거토록 하지 않으면 안 된다"[25]라고 해 "비첩인 것

제103조 제1항, 제104조 제1항.

21 「징치반란조례(懲治反亂條例)」 제1조에는 다음과 같이 규정되어 있다. "본 조례에서 반역자라 함은 제2조 각 항의 죄를 범한 자를 가리킨다." 그 제2조에는 "형법 제100조 제1항, 제101조 제1항, 제103조 제1항, 제104조 제1항의 죄를 범한 자"라고 규정되어 있다.

22 「징치반란조례」(1950년 4월 14일 개정) 제5조.

23 「징치반란조례」(1950년 4월 14일 개정) 제6조.

24 「징치반란조례」(1950년 4월 14일 개정) 제7조.

25 「감란시기검숙비첩조례」(1950년 5월 23일 제정) 제4조.

을 알면서 신고, 검거하지 않은 자 또는 방임한 자"[26]는 처벌을 받도록 했다. 이것은 한국의 「반공법」의 '불고지죄'와 동일한 내용이다.

따라서 '비첩'인 공산당과 관련이 있는 조직이나 집회에 참가하거나 또는 그러한 글을 쓰거나 연설을 하더라도 「징치반란조례」에 따라 처벌을 받게 되었다. 「징치반란조례」와 「감란시기검숙비첩조례」는 상호보완적인 관계에 있었고, 이는 한국의 「국가보안법」과 「반공법」 관계와 매우 흡사했다. 이렇게 중화민국에서는 1950년대에 이미 「징치반란조례」와 「감란시기검숙비첩조례」가 실시되어 매우 삼엄한 반공체제가 가동되고 있었다.

이밖에 중화민국의 반공이데올로기도 생활 전반에 등장했다. 그것도 한국보다 이른 1950년대에 이미 라디오에서는 반공이데올로기 선전이 행해졌고, 공공장소 즉, 교통 환승역에서 반공·애국의 노래나 라디오드라마가 방송되었다.[27] 또한 1950년대에 반공영화가 다수 제작되었다. 연극에서도 '반공항소反共抗蘇'를 주제로 한 것이 주류였다.[28] 이 밖에도 일상생활 전반에 반공이데올로기를 전파했다. 마을 전체에 '비첩의 검거, 모든 이들의 책임' 등의 구호를 붙여놓고 '비첩'에 대해 주의를 호소했다.[29] 또한 국민당대만구우정당부國民黨台灣區郵政黨部는 대만 우정총국台灣郵政總局과 연계해 "가정에까지 선전한다宣傳到家"는 계획을 수립해 우정업무를 이용해 반공이데올로기를 선전했다. 우

---

26 「감란시기검숙비첩조례」(1950년 5월 23일 제정) 제9조.
27 曾薰慧, 「台灣50年代國族想像中 '共匪 / 匪諜'的建構」, 臺中 : 東海大學社會研究所碩士論文, 2000, 74쪽.
28 위의 글, 80~83쪽.
29 위의 글, 73쪽.

편봉투·관제엽서·우편포스터·우편함 등에 각종 반공표어가 인쇄되었다.[30] 또한 담뱃갑 포장지·달력·영화티켓·영수증 등에도 반공표어가 인쇄되었다.

대만에서도 반공이데올로기가 일상화되면서 사람들은 반공의 분위기를 피부로 느낄 수게 되었다. 한국에 비해 중화민국의 반공체제는 1950년대에 이미 엄격한 시스템으로 가동되었고 강력한 통제력을 가지고 있었다. 중화민국정부는 대만을 '전시체제'로 만드는 방법으로 반공체제를 구축했던 것이다. 그 후에도 대만의 '전시체제' 상황은 지속되었고 반공체제도 유지되었다.

1987년에 계엄령이 해제됨으로써 40년 간 지속된 계엄시대는 종식되었다. 중화민국정부는 '전시체제'를 형성하는 것으로 반공체제를 유지해왔지만, 계엄령 해제 후에는 '전시체제'를 상징하는 법률이 점차 폐지되었다. 1991년 5월 1일에 「동원감란시기임시조관」이 폐지되고 같은 해 5월 17일에 「동원감란완성헌정실시강요」와 「징치반란조례」가 폐지되었다. 또한 같은 해 5월 24일에는 「감란시기검숙비첩조례」가 폐지되었다. 그 후, 2003년 12월 16일에 대만의 '전시체제'를 가장 상징적으로 보여주는 법률이라고 할 수 있는 「국가총동원법」이 폐지되었다. 이것으로 중화민국의 반공체제는 종식되었다고 할 수 있다.

---

30 위의 글, 74쪽.

3. 한국화교의 반공 법규 위반과 냉전 경험

한국에서 반공주의는 매우 강한 규제력과 규범성을 지니고 있었다. 한국에 사는 사람이라면 누구라도 그 규제력과 규범성으로부터 예외가 될 수 없었다. 그것은 한국 국민에 국한된 것이 아니고 외국인인 화교에게도 해당되었다. 그리고 한국뿐만 아니라 중화민국에서도 반공주의는 강력한 규제력을 발휘하고 있었다.

이 두 국가는 모두 반공주의에 입각한 법령이 실시되고 있었다. 그리고 양측의 법령에서 공통적인 것은 모두 '공산주의'와 관련된 활동을 하는 자는 모두 '반국가적행위' 혹은 '반역죄'로 처벌 할 수 있었다. 또한 양국 모두 '공산주의'를 찬양하거나 선전하는 행위를 엄격히 금지하고 있었다.

한국화교는 한국에서 '공산주의'와 관련된 활동으로 인해 「국가보안법」과 「반공법」에 위반했다는 혐의는 중화민국의 「징치반란조례」와 「감란시기검숙비첩조례」에 저촉될 수 있었다. 따라서 중화민국대사관에서도 이 문제를 신중히 처리하지 않으면 안되었다. 아래에서는 한국에 거주하고 있는 화교가 '공산주의'와 관련된 활동 혐의 사례를 중심으로 화교가 한국과 중화민국 사이에서 겪은 냉전 경험을 검토하고자 한다.

1) 비첩 혐의 추방사건

장張 씨[31]는 원래 어선의 선원으로, 1952년 7월 18일 안뚱성安東省[32] 해상에서 미국 극동사령부 해안 치안대에 의해 붙잡힌 후 강화도 부근의 작은 섬 초도椒島에 남아 일을 하게 되었다. 그 후, 1953년 2월 인천화교자치구[33]에 넘겨졌다. 그리고 인천화교자치구의 주선으로 인천화교상인이 운영하는 '준화準和 주물공장'에서 근무를 하다가 다시 서울 화교 상인이 운영하는 '천홍泉興 주조공장'으로 옮겼으나 동료와 싸움이 벌어져 동료를 구타하는 바람에 해고 되었다. 그는 1955년 가을에 서울의 '일품향—品香 만두집'에서 다시 일하기 시작했다. 1956년 3월 24일 한국 경기도 (인천) 경찰서는 서울 경찰국과 공조해 간첩혐의로 장 씨를 체포했고, 다음날(25일) 그는 보증인 없이 석방되었다. 하지만 한국 치안 당국은 주한중화민국대사관을 통해 장 씨를 대만으로 추방하겠다는 의사를 표명했다. 5월 9일 한국 치안국은 장 씨를 체포해 부산에 있는 외국 이민자수용소로 이송했고, 주한중화민국대사관이 빠른 시일 내에 그를 대만으로 소환할 것을 종용했다.[34]

주한중화민국대사관은 장 씨가 한국 경찰국에 체포되었다는 소식을 접한 후, 이 사건에 대해서 조사를 진행했다. 인천화교자치구의 보

---

31 본문에서는 화교의 이름은 생략하고 성만 표기하기로 한다.

32 1947년 6월, 중화민국 정부는 이전의 만주국 관할이었던 안뚱(安東), 통화(通化) 두 개의 성(省) 자치구를 '안뚱성'으로 통합하는 '동북 신성(新省) 자치구 방안'을 반포했다.

33 1950년대 당시 한국 각 지역에 48개의 화교차지구가 결성되어 운영되었는데 1960년대에 각 지역의 자치구는 화교협회로 이름을 변경한다.

34 『在韓拘押之匪區漁民9人及旅韓僑犯4人遣台 第1冊(1956.3~1957.10)』, 中華民國外交部檔案, 檔案號 : 062.6 / 0002, 中央硏究院近史所檔案館所藏, 59~64쪽.

고에 의하면 당시의 상황은 아래와 같다.

장 씨는 위장으로 귀순을 했기에 중공(共匪) 지역으로 돌아갈 생각을 항상 마음 속에 품고 있었고, 간첩 쑹(宋)과 연계해 「준화 주물공장」의 순진한 청년 노동자들을 꾀어 공비 집단에 끌어들였다. 1942년 6월 21일 저녁, 다 함께 도주하기 위해서 강화도 일대의 도서 지역에 잠복했다. (…중략…) 본 단체는 교민 사회의 안정을 위해 장 씨를 (당시에 무장 간첩조직을 책임지던) 딩(丁) 씨에게 인도해 감독 관리하게 했다. 훗날 딩 씨의 말에 의하면, 장 씨는 일찍이 자신이 안뚱에 있을 때 공비조직에 가담한 적이 있으며, 술에 취해 공산당 노래를 부르거나 공산당 지도자를 찬양하는 구호를 외치는 등 경거망동한 적이 있음을 인정했다. 공비 쑹이 검거되었을 때, 그는 장 씨와 마오(毛) 씨 등과 공모해 안뚱의 공비 집단에게 수 차례에 걸쳐 정보를 빼돌렸음을 실토한 적이 있다. …… 3월 하순에 한국 경기도 경찰국에 체포될 당시 장 씨는 몰래 도망을 가다 결국 붙잡혀왔다.[35]

인천화교자치구의 보고에 따르면, 장 씨는 한국으로 위장 잠입해 한국에서 비첩 활동을 했던 것이다. 하지만 한성화교자치구의 보고 내용은 이와 달랐다. "장 씨는 평소에 외출을 자주하지 않았으며, 왕래하는 친구도 많지 않았다. 언행은 보통 사람들과 다를 바가 없었으며, 의심을 불러 일으킬 만한 어떠한 극단적인 행동도 하지 않았다." 한편, 중국 국민당 중앙위원회 소속 딩 씨의 보고에 따르면, 장 씨가 '준화 주물공

---

35 위의 책, 61~62쪽.

장'에서 일할 당시 인천화교자치구의 회장이 그를 비첩이 아닐까 하고 의심했는데, 사실 회장은 장 씨가 공장을 떠난 것에 대해서 불만을 가지고 있었다. 장 씨는 딩으로부터 감시를 받던 기간 중 자신이 안뚱에 있을 당시 공비 청년단에 강제로 가입했던 사실을 인정했을 뿐만 아니라, 강화도 근처의 작은 섬에서 알게 된 쑹의 비첩 활동에 대한 증거도 제공했다. 쑹을 검거한 후에, 한국 당국은 장 씨도 혐의가 있다고 생각했다.[36]

위의 서술한 인천화교자치구, 한성화교자치구와 딩 씨의 보고 중에서 오로지 인천화교자치구만 장 씨가 비첩이라는 입장을 표명하고 있다. 한국에 있던 국민당 정보조직의 전직요원인 딩 씨는 인천화교자치구의 회장이 개인적인 불만 때문에 장 씨를 모함한 것으로 보았다. 하지만 한국 정부는 진위 확인도 없이 간첩 혐의자라는 이유만으로, 장 씨를 대만으로 추방할 것을 요청했다. 이러한 요청에 대해서 주한중화민국대사관 측은"(장 씨를 공비 지역으로부터) 체포해 와 이곳에 두는 것은 아무래도 좋지 못한 영향을 줄 것 같다"고 판단해, 업무 보고 회의를 거쳐 "자발적인 귀국"의 형식으로 장 씨를 대만으로 보내겠다는 결의안을 제출했다.[37] 1956년 11월 10일 중화민국 정부는 장 씨의 사건에 대해 중앙2팀과 제6팀, 국방부 정보국, 총 정치부, 국가 안보국, 보안사령부, 외교부 제3팀은 공동으로 장 씨의 본국 송환에 관한 좌담회를 열고 그를 대만으로 송환할 것인지에 대해 상의했다. 회의 결과, "원칙에 따라 대만으로 송환하는 것에 동의하며, 국가 안전국은 보안 사령부가

---

36 위의 책, 59~60쪽.
37 위의 책, 64쪽.

입국 절차를 처리하도록 한다"고 최종 결정했다.³⁸ 1957년 5월 1일, 장 씨는 중화민국 공군 전용기로 대만으로 송환되었다.[39]

장 씨는 대만에 도착한 후 보안사령부의 심문 조사를 받았다. 장 씨는 비첩 청년단 가입 및 그와 관련된 불법 행위에 대해서 단호히 부인했다. 그리고 보안사령부의 심문 결과, 그의 언행 및 사상 조사를 통해 어떠한 혐의도 발견할 수 없었다. '대륙 이재민 구호 연합'에서는 장 씨가 한국에서 주한공작원인 딩 씨와 일을 했으며, 비첩인 쏭을 검거하는 데도 일조했기 때문에 직업을 알선해 주기로 했다.[40]

이 사건의 경위를 살펴보면, 장 씨는 결코 비첩이 아니었음을 알 수 있다. 하지만 그가 중공 정권에서 활동했던 경험 때문에 다른 사람들에게 공격이나 모함을 받는 '정당한 사유'가 되었던 것이다. 중화민국 정부 역시 장 씨가 비첩이 아니라는 사실을 알았지만 결국 그를 대만으로 송환할 것을 결정한 주된 이유는 "(장 씨를 공비 지역으로부터) 체포해 와 이곳에 두는 것은 아무래도 좋지 못한 영향을 줄 것 같았기" 때문이었다. 다시 말하면, 한국과 중화민국은 모두 반공체제를 유지하고 있었기에 두 나라에서의 "비첩 활동"은 나라의 안전을 위협하는 위험한 행위로 간주되었다. 따라서 '중공에서 붙잡혀 온 사람'은 모두 잠재적인 위험인물로 간주되었고, 중화민국 정부는 한국정부의 추방 요구를 받아들일 수밖에 없었다.

---

38 위의 책, 85쪽.
39 위의 책, 64쪽.
40 위의 책, 100~101쪽.

2) 중국서국中國書局〈홍주무紅綢舞〉화보 판매 사건

1956년 5월, 중국국민당 직속 한국지부의 과장 한韓 씨는 서울 '중국
서국中國書局'에서 판매하는 〈홍주무紅綢舞〉라는 화보에 공비를 선전하
는 문구가 인쇄되어 있다며 주한중화민국대사관에 신고했다. 주한중
화민국대사관은 보고를 받은 후에 사람을 보내 이 서점을 조사했다.
그 결과 '중국서국'에서 수입한 〈홍주무紅綢舞〉라는 화보는 상해 신화
서국新華書局 인쇄한 그림이 그려져 있었고, "홍주무紅綢舞는 우리 조국
의 우수한 민간무용이다. 중국 인민이 혁명에서 승리한 후 마음 속 깊
은 곳에서 우러난 불같은 열정과 기쁜 마음을 표현하고 있으며, 우아
한 자태와 생동감 넘치는 춤으로 청춘의 활력을 보여줌으로써 사기를
북돋워준다"라는 문구가 인쇄되어 있었다. 주한중화민국대사관은 서
점의 주인 저우周 씨를 추적조사 했다. 저우 씨의 말에 의하면, 〈홍주
무紅綢舞〉 화보는 홍콩에 있는 서점에서 주문한 것으로, 그 서점에서 보
내온 샘플에는 공비를 선전하는 문구가 전혀 없었다는 것이다. 그는
샘플을 대사관으로 보내 조사하도록 했다. 조사결과 샘플에는 확실히
어떠한 선전 문구도 실려 있지 않았다.[41]

이 사건에 대한 주한대사관의 초보적인 대응방법은 다음과 같았다.
첫째, "이 화보가 화교 사회에 악영향을 끼치는 것을 막기 위해" 저우 씨
에게 화보를 회수해 폐기 처분하도록 명했다. 둘째, 저우 씨의 가정 배
경과 언행 및 사상 조사를 시작했다. 서울과 대구에 있는 화교자치구의

---

[41] 『在韓拘押之匪區漁民9人及旅韓僑犯4人遣台 第2冊(1956.10~1959.4)』, 中華民國外交部檔
案, 檔案號 : 062.6 / 0003, 中央研究院近史所檔案館所藏, 99쪽 참조.

조사에 의하면, 저우 씨는 1945년에 한국으로 건너와 식당과 서점 등을 운영했으며, 언행 방면에 있어서 다소 도도하고 건방진 점이 있긴 했지만, 사상 면에 있어서는 그다지 불순하지 않았다.[42]

그러나 얼마 후에 '중국서국'은 비슷한 내용의 화보를 또 판매했다는 이유로 다시 한 번 고발당했다. 따라서 주한중화민국대사관은 그의 사상에 대해서 확실한 검증이 있기 전까지 그를 감시할 필요가 있다고 판단해 꽤 오랜 기간 동안 그를 감시했다. 또한 주한중화민국대사관은 「화교 출판업자 도서간행물 수입 단속 방안」을 제정해, 이 사건을 처리하는 근거로 삼았다. 이러한 단속 방안과 서울 및 대구에 있는 화교 자치구의 보고 내용을 기초로, 1956년 10월 8일 주한중화민국대사관은 저우 씨에게 반성문을 써서 대사관에 제출하고 구호금의 명목으로 한화 500환圜을 기부하도록 했다.[43] 이렇게 함으로써 이 사건이 일단락되는 듯 했다.

하지만 1957년 1월 7일에 '집금재集錦齋'의 사장 왕王 씨가 서울 경찰국 검찰과 외사처에 소환되어 〈홍주무紅綢舞〉 화보를 '중국서국'에서 구매했는지의 여부와 구매한 수량은 얼마나 되는지에 대해서 조사를 받았다. 같은 해 2월 5일과 6일 저우 씨 역시 이틀에 걸쳐 서울 경찰국 검찰과 외사처에 소환되어 조사를 받았고, 여러 권의 관련 서적을 압수당했다. 5월 13일 저우 씨의 아내는 남편이 체포되어 서울 지방 경찰청으로 압송되어 심문을 받고 있다고 대사관에 알렸다. 그리고 45명의 화교가 저우 씨는 "절대로 공산당이 아니라는 사실"을 보증하기 위해

---

42 위의 책, 89~90쪽.
43 위의 책, 90~92쪽.

서 연대 서명도 했다. 그럼에도 불구하고 결국 기소되어, 7월 30일에 「국가보안법」과 「형법」을 위반했다는 이유로 유기 징역 10개월과 집행 유예 2년을 선고 받았다.[44]

저우 씨에 대한 재판이 열리자 한성화교자치구의 총무 천陳 씨는 (7월 23일) 법정에 나와 "저우 씨는 무역을 하는 사람으로, 그의 사상에 대해서 그다지 잘 알지는 못하지만 절대로 공산주의자는 아니라고 생각한다"고 증언했다.[45] 하지만 검찰관은 그의 죄목에 대해서 아래와 같이 열거했다.

주한중화민국대사관에서 보내온 편지와 다른 증인들의 진술에 의하면, 피고 저우 씨는 공산당 조직에 가입하지 않았음이 사실로 증명되었다. 하지만 그의 행동으로 보았을 때 이미 충분히 한국 보안법 제4조를 위반했으며 국가의 안보와 질서를 위협했다고 볼 수 있다. 그가 판매한 출판물은 모두 중공 지역인 상해에서 발행했으며, 자유 중국에 대한 온갖 비방과 폄하의 내용을 담고 있어, 반공 의식에 부정적인 영향을 끼칠 수 있기에 그 죄가 가볍지 않다.[46]

서울 지방 법원이 유죄를 선고한 이유를 살펴보면, 첫째는 이 화보에 공비 정권의 선전 공작을 여실히 보여주는 내용이 인쇄되어 있는데다, 공비 정권이 대한민국 헌법을 위반하고 북한 괴뢰집단을 참칭僭稱

---

44 위의 책, 132~134쪽.
45 위의 책, 157쪽.
46 위의 책, 157쪽.

하고 있다는 사실을 충분히 인지하고 있음에도 불구하고 저우 씨가 운영하는 서점이 그러한 화보를 한국에 있는 화교들에게 모두 판매해 북한 괴뢰집단의 선전 공작을 도와준 결과가 되었기 때문이다. 둘째는 저우 씨가 연회를 열어 검열과의 제2과장 및 직원 2명을 접대함으로써 위에서 언급한 출판물 및 공비 관련 화보 등의 통관을 비준 받았다고 보고, 이를 뇌물수수로 판단했다. 따라서 「국가보안법」 제4조와 「형법」 제133조 제1항[47]을 적용해 저우 씨에게 유죄를 선고 했다.

이 사건이 앞서 살펴본 '비첩혐의 추방 사건'과 크게 다른 점은, 한국 정부가 「국가보안법」을 적용해 이 사건을 처리했다는 점이다. 앞에서도 언급했듯이, 한국의 「국가보안법」은 1948년 12월 1일에 제정되었고, 1949년 12월과 1950년 4월에 세부적인 항목에 대해서 수정을 거친 바가 있다. 1957년에 사용된 「국가보안법」의 내용은 아래와 같다.

제1조 정부를 참칭하거나 변란을 야기할 목적으로 결사 또는 집단을 조직한 자 또는 그 결사 또는 집단에 있어서 그 목적수행을 위한 행위를 한 자는 좌에 의하여 처단한다.

① 수괴간부는 사형 또는 무기징역에 처한다.

---

47 「형법」(1953년 9월 18일 제정) 제129조(수뢰, 사전수뢰) ① 공무원 또는 중재인이 그 직무에 관하여 뇌물을 수수, 요구 또는 약속한 때에는 5년 이하의 징역 또는 10년 이하의 자격정지에 처한다. ②공무원 또는 중재인이 될 자가 그 담당할 직무에 관하여 청탁을 받고 뇌물을 수수, 요구 또는 약속한 후 공무원 또는 중재인이 된 때에는 3년 이하의 징역 또는 7년 이하의 자격정지에 처한다.
제133조(증뇌물전달) ① 제129조 내지 전조에 기재한 뇌물을 약속, 공여 또는 공여의 의사를 표시한 자는 5년 이하의 징역 또는 2만5천환 이하의 벌금에 처한다. ②전항의 행위에 공할 목적으로 제삼자에게 금품을 교부하거나 그 정을 알면서 교부를 받은 자도 전항의 형과 같다.

② 지도적 임무에 종사한 자는 사형, 무기 또는 10년이상의 징역에 처한다.

③ 결사 또는 집단에 가입하여 그 목적수행을 위한 행위를 한 자는 3년이 상의 유기징역에 처한다.

④ 정을 알고 결사 또는 집단에 가입한 자는 10년이하의 징역에 처한다.

전항의 결사 또는 집단의 지령이나 전항의 목적을 지원할 목적으로서 살 인, 방화 또는 건조물, 운수, 통신기관과 기타 중요시설의 파괴를 한 자는 사형, 무기 또는 10년이상의 징역에 처한다.[48]

위에서 말한 「국가보안법」의 규정에 따르면, 기타 다른 방법으로 정부를 참칭僭稱하거나 변란 획책을 목적으로 하는 선전 공작을 방조한 사람 역시 죄가 있었다. 당시 한국의 「국가보안법」은 명확한 설명 없이 공산주의와 관련된 행동, 예를 들면 결사結社, 집단 조직, 선전 공작 등의 행위를 "정부 참칭僭稱이나 변란 획책"으로 간주했다. 그래서 재판관은 "북한 괴뢰집단이야말로 대한민국을 전복시킬 목적으로 결성된 집단"으로, 저우 씨가 중공에서 만든 화보를 판매한 점을 "북한 괴뢰집단의 참칭僭稱 행위"와 동일시해, 자동적으로 북한 괴뢰집단을 도와 선전 공작의 목적을 달성하는 것으로 해석했다. 다시 말하면, 한국에서 중공의 화보를 판매하는 행위는 북한 괴뢰집단을 도와 선전을 하는 것과 같은 맥락으로 보았던 것이다. 결국 북한이 발행하는 모든 서적을 한국에서 판매하는 것을 금지하듯이, 한국정부는 중국 대륙에서 인쇄된 모든

---

48 「국가보안법」(1950년 4월 21일 개정), 「국가법령정보센터」 http://www.law.go.kr/lsS c.do?menuId=0&p1=&subMenu=2&nwYn=1&query=%EA%B5%AD%EA%B0%8 0%EB%B3%B4%EC%95%88%EB%B2%95&x=23&y=12#liBgcolor12. 열람날짜 : 2017. 3.28.

인쇄물도 한국에서의 판매를 금지시켰던 것이다.

저우 씨는 판결내용에 불복해 서울 고등법원에 상소했다. 1957년 9월 25일, 한국외교부는 주한 중화민국대사관에 서신을 보내 다음과 같이 통보했다. "저우 씨는 과거의 잘못에 대해 조금도 뉘우치는 기색을 보이지 않았을 뿐만 아니라, 계속해서 불량한 중국사람들과 친밀한 관계를 유지하고 있어 또 다시 재범을 저지를 여지가 있다. 그래서 「외국인 출입국 및 등록법」에 의거해 대만으로 송환하고자 한다."[49] 같은 해 10월 8일, 저우 씨는 한국 치안국에 체포되었고, 부산에 있는 외국 이민자수용소에 구금되어 강제로 추방당할 처지에 놓였다. 저우 씨의 아내는 주한 중화민국대사관에 청원서를 보내, 소송은 계속 진행 중으로 저우 씨가 죄가 있는지 없는지 아직 확정도 되지 않은 상태에서 치안국이 저우 씨를 체포한 것은 위법행위이므로, 주한 중화민국대사관이 직접 치안국과 협상을 벌여 저우를 석방시켜달라고 요청했다.[50]

그러나 주한중화민국대사관은 "저우가 정말로 비첩匪諜이었는지 아니면 본 사건에 또 다른 요인이 있는지에 대해서는 대만 당국의 엄정한 조사를 통해 해결해야 한다"고 판단했다. 중화민국 외교부는 저우 씨의 사건에 대한 수사자료를 넘겨 받은 후 보안사령부에게 이 사건에 대해서 어떻게 처리할 것인지 의견을 물었다. 보안사령부는 주한중화민국대사관이 보내온 관련된 모든 자료들을 종합적으로 분석한 결과, 저우 씨의 혐의 사실 및 그 원인에 대해 "〈홍주무紅綢舞〉 화보의 샘플에는 출판자도 없고 선전용 문구도 없다. 저우는 단지 경제적인 이익만

49 『在韓拘押之匪區漁民9人及旅韓僑犯4人遣台 第2冊(1956.10~1959.4)』, 145쪽.
50 위의 책, 136~137쪽.

추구했을 뿐 정치적인 경각심이 부족해 고의로 공비집단共匪에게 유리한 선전을 했다고는 보기 어렵다"고 판단했다. 저우 씨가 한국경찰에 체포된 것은 저우에게 불만을 품은 한 씨와 한국 경찰국이 결탁해 이루어졌고, 주한대사관도 이를 방치했으므로 주한 당정黨政 업무자와 협조에 문제가 없었다고는 할 수 없다. 그러므로 보안사령부는 저우 씨가 이미 비첩匪諜이 아니기 때문에 사실상 대만 당국의 사찰이 필요 없으며, 외교적인 경로를 통해서 협의 하에 정부가 화교를 보호하는 취지를 달성해야 한다고 판단했다.[51]

이 밖에도 교무위원회는 내정부內政部, 외교부, 사회처社會處, 보안사령부, 안전국安全局, 중앙위원회 제3팀 등을 소집해 회의를 개최하고, 저우 씨의 송환을 받아들일 것인지에 대해서 토론했다. 회의 결과는 다음과 같았다. ① 본 사건은 법률적인 처리가 아직 최종단계에 이르지 않았으며, 저우의 비첩匪諜 혐의도 아직 확정되지 않은 상태인 까닭에 정부는 그를 대만으로 송환하는 것에 동의하지 않는다. ② 주한 중화민국대사관은 한국 측의 송환요청을 거절해야 하며, 동시에 한국 측이 사건이 종결되지 않은 상태에서 수용소에 구금한 것에 대해서 주한대사관은 한국 측에 강력한 이의를 제기해야 하며, 저우가 상소하는 것을 도와야 한다.[52] 외교부는 즉시 주한대사관에 통지해 처리하도록 한다.[53]

하지만 1958년 5월 8일, 주한대사관은 외교부에 서신을 보내 한국의

---

51 위의 책, 204~211쪽.
52 위의책, 217~219쪽.
53 위의 책, 145쪽.

치안국治安局이 송환입장을 고수하고 있으며, 한국법원이 저우 씨의 상소 건에 대해 언제 처리할지도 명확하지 않다고 통보했다. 저우 씨는 부산의 외국 이민자수용소에 구금 된지 이미 반년이나 지났고, 언제 자유를 되찾을 수 있는지도 몰랐다. 더욱이 서울에 머물고 있는 그의 가족들은 생계가 매우 곤란한 처지에 빠졌고, 이미 재차 상소할 여력도 없었다. 그래서 저우 씨는 살길을 모색하기 위해 온 가족과 함께 대만행을 자원했다.[54]

1958년 9월 25일, 저우 씨는 마침내 대만으로 송환되었다.[55] 대만에 온 후에도 저우 씨는 '반란혐의안叛亂嫌疑案'에 대한 조사를 받아야 했는데, 정부가 의거한 법령은 「징치반란조례懲治叛亂條例」 제7조로, "문자, 도서, 연설 등을 통해 반역의 무리들에게 이로운 선전을 한 자는 7년 이상의 징역형에 처한다"였다. 1959년 3월 10일, 경비총사령부는 심사 끝에 저우 씨에게 무죄 판결을 내렸는데, 그 이유는 첫 번째 홍콩 서점에서 보내온 샘플의 하단 부분에는 그림을 그린 화가의 이름, 가격 및 그림을 그린 연도의 일련번호만 기록되어 있을 뿐, 반역의 무리들에게 이로운 글귀는 없었기 때문이다. 화보에는 공비의 선전성 문구가 인쇄되어 있었지만, 피고가 예견할 수 있는 것은 아니었다. 둘째, 화보를 홍콩에서 우편으로 보낸 후, 한국 체신부 우정국 검열과檢閱課의 검사를 거쳐 통관된 것이며, 검사 소홀의 이유로 조만간 곧 판매될 예정이었다. 셋째, 화교 동포이자 액자 판매상인 왕王 씨에게만 4, 5장을 팔았을 뿐, 공공연히 걸어 놓거나 혹은 다른 광고판을 세우지도 않았다. 그래

---

54 위의 책, 221~222쪽.
55 위의 책, 225쪽.

서 문자와 그림으로 반역의 무리들에게 유리한 선전 공작을 펼쳤다는 죄의 구성요건에 명백하게 일치한다고 보기 어렵다. 넷째, 피고는 한국에 머무르는 동안 언행과 사상부분에 아무 문제가 없었다.[56]

이 사건을 종합해 보면 1956년 5월 한 씨가 저우 씨를 고발한 시기로부터 대만으로 송환되어 심판을 받고 무죄로 판결이 나기까지 장장 2년 10개월의 시간이 소요되었다. 그 중에서 1957년 10월부터 1958년 9월까지 약 1년 동안은 수용소에 구금되어 신체적 자유까지 박탈당한 상태였다. 한국 치안국이 구금하고 강제추방을 결정한 이유는 "과거의 잘못에 대해서 뉘우치는 기색이 없어, 여전히 비슷한 범죄를 다시 저지를 가능성이 있다"는 것이었다. 그러나 "과거의 잘못에 대해 뉘우치는 태도를 보이지 않았다"는 것에 대한 구체적인 설명을 하지 않았다. 저우 씨의 항소 행위를 "과거의 잘못에 대해 뉘우치는 태도를 보이지 않았던 것"처럼 여겼을지도 모른다. 대만의 경비총사령부가 지적한 바와 같이 화보가 수입된 경위에는 한국 체신부 우정국 겸열과의 검사 소홀도 하나의 원인으로 작용했다. 그러나 재판에서는 저우 씨가 뇌물을 주고 통관시켰다고 보았다. 한국에서의 화교는 소수 집단의 외국인일 뿐으로, 한국 정부의 거대한 행정적 폭력에 대항할 수 없는 상황에서 단지 피해자가 될 수밖에 없었다.

또한 주목해야 할 점은 저우 씨가 한국의 적대 정권인 북한의 화보를 직접 판매한 것이 아니라 중공의 화보를 판매했을 뿐이지만 한국정부는 「국가보안법」 위반행위로 간주했다. 만일 저우 씨가 서울 고등법

---

56 위의 책, 240~242쪽.

원에 항소를 하지 않았다면 강제출국을 당하지 않아도 되었을까?

4. 「반공법」 위반 강제 추방 사건

1970년 2월 12일, 충주에서 중화요리점을 경영하던 화교 쑨孫 씨는 한국 전매소專賣所 소장 및 직원들과 충돌이 일어나 언쟁을 벌였는데, 다음과 같은 발언을 했다는 이유로 검거되었다.

① 중국 대륙을 통일한 자는 역사상 진시황과 모택동뿐이다.

② 과거 지도자들이 외국기술자를 초빙해서도 완성하지 못한 양자강 철교 및 인도교를 완성시켰다.

③ 과거에는 흉년 시에 식량 수송이 되지 않아 마적단이 성행했으나, 현 중공 치하에서는 교통이 편리해서 식량 수송이 잘 되어 마적단이 없어지고 살기가 좋다.

④ 장개석 총통은 중공 대륙의 1개성의 장 자격뿐이다.

⑤ 중공 방송은 잘 들리는데, 대만 방송은 들리지 않는다.[57]

쑨 씨는 1970년 3월 16일에 체포되어, 5월 29일에 충주 지방법원 충주지원에서 징역 1년 6개월, 집행유예 3년을 선고 받았다. 이 판결에 불복한 쑨 씨는 충주지방법원에 항소했지만 기각되었다.[58] 기각된 이

---

[57] 『韓國華僑孫承億, 譚文光遣送(1971.1~1972.7)』, 中華民國外交部檔案, 檔案號: 062.6 / 0003, 中央研究院 近史所 檔案館所藏, 10쪽.

유는 "대한민국은 반공국가로, 반공체제를 강화하고 국가의 안전을 위태롭게 하는 공산계열의 여하 활동도 봉쇄하고 있다는 점을 알고 있으면서도 국외의 공산계열인 중공을 찬양할 의도하에 (…중략…) 중공 모택동의 업적을 찬양한 것입니다"였다.[59] 같은 해 12월 7일, 출입국관리소 소장은 「출입국관리법」 12조 제3항[60]을 위반했다는 이유로, 쑨 씨를 체포해 서울 외국인수용소에 구금했다. 12월 18일, 한국 법무부는 쑨 씨 사건을 조사한 뒤 「출입국관리법」을 확실히 위반했다고 판단해 같은 법 31조 제3항[61]에 의거해 '강제출국명령'을 하달했고, 주한중화민국대사관과 협의해 쑨 씨를 대만으로 송환하도록 외무부에 요청했다.[62] 쑨 씨는 '강제출국명령' 조치에 대해 두 차례나 항소했지만 받아들여지지 않자 고등법원에 '강제출국명령 취소 청구소송'과 '행정처분 효력정지 가처분 신청소송'을 제기했다.[63]

이 사건에 대한 주한중화민국대사관의 대응은 과거의 경우와 조금 달랐다. 주한중화민국대사관은 한국외무부의 송환 요청을 접한 후에 그전과 다르게 별다른 조사 없이 중화민국외교부에 공문을 보내 "빠른 시일 내에 적당한 방법을 통해 송환할 것"을 요청했고, 쑨 씨가 "공비共

58 위의 책, 6쪽.
59 위의 책, 14~15쪽.
60 「출입국관리법」(1967년 5월 3일 개정) 제12조 (입국의 금지) : "법무부장관은 다음 각호의 1에 해당하는 외국인의 입국을 금지할 수 있다. (…중략…) 3. 대한민국의 국시에 위배되거나 경제질서를 교란하는 행동을 할 우려가 있다고 인정되는 상당한 이유가 있는 자."
61 「출입국관리법」(1967년 5월 3일 개정) 제31조 (강제퇴거) : "법무부장관은 다음 각호의 1에 해당하는 외국인을 국외로 강제 퇴거시킬 수 있다. (…중략…) 3. 제12조 각호의 1에 해당하는 사유가 입국 후에 발견되었거나 발생된 자."
62 출입국관리40년사편찬위원회編, 『출입국40년사』(서울 : 법무부, 2003), 107쪽.
63 위의 책, 108쪽.

匪의 라디오를 듣고 그들의 선전에 현혹되었다"고 판단했다.[64] 하지만 중화민국외교부, 사법행정부, 국가안전국, 대만경비총사령부, 중앙위원 제3조 및 대만성경무처는 잇달아 회의를 열고, 다음과 같은 결론을 내렸다. ① 「부비친비자신판법附匪親匪自新辦法」에 따라 화교 쑨 씨가 갱생하도록 허가한다. ② 그의 송환에 대한 한국 요청에 동의할 수 없다. 이러한 결론에 대해 주한중화민국대사관은 "우리측의 입장에서 말하자면, 이 화교는 공비共匪를 위해 불법적인 선양을 하는 데 그치지 않고 공개적으로 우리의 원수元首를 조롱하고 멸시했다. 하지만 이에 대해서 자세히 살펴보지도 않은 채 우리의 입장을 헤아리지 못하니, 본관은 한국 측이 요청한 송환을 거절한 것에 대해서 깊은 유감을 나타낸다"라며 불만을 표시했다.[65] 당시의 대사였던 뤄잉더羅英德는 "한국 측이 요청한 송환 문제를 우리측에서 받아들이지 않은 것은 나 같은 충절지사에게 있어서는 매우 통탄할 일로, 내 입장을 무시한 처사"라고 단호하게 소신을 밝힌 후, 관련 부서에서 다시 검토해 줄 것을 건의했다.[66] 1971년 3월 24일, 중화민국 정부는 뤄잉더의 건의를 받아들여 교무위원회僑務委員會가 관련 부서들[67]을 소집해 쑨 씨 송환 건에 대해서 재차 논의를 했고, 결국에는 "송환해 법대로 처벌할 것"을 결정했다.[68]

1971년 5월 18일, 주한중화민국대사관은 한국 측에 쑨 씨를 대만으로 송환하는데 동의한다고 통보를 했고, 5월 31일 '강제출국'을 집행했

---

64 『韓國華僑孫承億, 譚文光遣送 (1971.1~1972.7)』, 4, 7쪽.
65 위의 책, 46~47쪽.
66 위의 책, 58쪽.
67 회의에 참석했던 관련 부서로는 사법행정부, 국가안전국, 대만경비총사령부, 중앙위원회 제3팀, 교무위원회 등이 있었다.
68 『韓國華僑孫承億, 譚文光遣送(1971.1~1972.7)』, 61쪽.

다.[69] 쑨 씨가 대만으로 송환된 후, 대만 경비총사령부臺灣警備總司令部
가 그의 '공비共匪 찬양 선동 혐의'에 대해 조사를 벌였다. 대만 경비총
사령부의 조사에 따르면, 쑨 씨는 화교 협회에서 적극적으로 활동했으
며, 화교 반공 구국회華僑反共救國會 충주지부의 회장에 당선되기도 했
다. 충주화교협회가 보낸 탄원서를 보면, 쑨 씨는 "사상이 충성스럽고
절개가 있으며 조국을 사랑하고 있다"라고 쓰여 있다. 그리고 쑨 씨의
자백에 의하면 소자본으로 중화 요리점을 경영한지 몇 개월이 채 안되
었을 무렵, 충주시 전매소 직원들에게 수차례 외상값을 값아 달라고
독촉했으나 갚지 않아 언쟁이 발생했으며, 이에 불만을 품은 전매소
직원들이 자신을 경찰에 허위로 고발했다는 것이다. 이러한 조사를 바
탕으로, 대만 경비총사령부는 "쑨 씨의 집안 및 그가 생활해 온 과정을
면밀히 조사한 결과, 공비共匪 활동을 했다는 명확한 혐의점을 찾을 수
없었다"라고 최종 판결을 내렸다.[70]

그 후, 이 사건은 한국에서도 반전이 일어났다. 1971년 11월 9일 서
울 고등법원은 '강제출국명령취소 청구소송'에서 쑨 씨의 승소 판결을
내렸다. 12월 8일, 출입국 관리사무소 소장은 이에 불복해 대법원에 항
소를 했지만, 1972년 3월 28일 대법원은 "「출입국관리법」 제31조와 제
43조[71]의 규정에 따라 출입국 관리사무소 소장은 국내 거주 외국인에

---

69 출입국관리40년사편찬위원회 편, 『출입국40년사』, 108쪽.
70 『韓國華僑孫承億, 譚文光遣送(1971.1~1972.7)』, 65~66쪽.
71 「출입국관리법」(1967년 5월 3일 개정) 제42조 (심사 후의 절차) 1. 사무소장의 심사 결
   과, 혐의가 있다고 인정된 자가 제31조에 부합하지 않을 경우에는 지체하지 말고 신속히
   법무부 장관에게 보고해야 한다. 2. 사무소장의 심사 결과, 혐의가 있다고 인정된 자가
   제31조에 부합하는 경우에는 신속히 혐의자에게 강제출국 명령을 내릴 수 있다. 사무소
   장은 혐의자에게 강제출국 명령을 내릴 때에 법무부 장관에게 이의를 신청할 수 있다는

대해 강제출국 명령을 내릴 수 있다. 하지만 이 규정은 소장의 재량에 따라 처리하는 사항으로, 법규가 규정한 의무사항은 아니다"라고 판결 내렸다. 아울러 대법원은 "원고가 우리나라에서 출생 성장해 우리나라 여성과 결혼했고 노모를 모시고 있으며 원고의 형수, 매형 등도 우리나라 사람이며 원고의 평소사상은 반공적일 뿐 아니라 한국화교 반공구국회 충주지부장까지 역임한 사실을 감안하면 비록 반공법위반으로 징역 1년 6개월, 집행유예 3년의 판결을 받았다 할지라도 강제퇴거를 명한 것은 심히 가혹하고 부당해 재량의 범위를 일탈한 위법한 처분"이라고 설명했다.[72] 쑨 씨는 승소 판결이 난 후, 한국으로 돌아갈 것을 신청했고, 최종적으로 주한중화민국대사관이 이를 허가하면서 이 사건은 결국 마무리 되었다.[73]

당시 한국 국민들은 「국가보안법」과 「반공법」이라는 강력한 제약을 받고 있었는데, 특히 「반공법」은 한국 국민들의 일상생활 속으로 깊숙이 파고 들었다. 예를 들면, 술자리에서 술기운에 "장백산 줄기줄기 피어린 자욱, 만고에 발치산이 누구인가를, 절세의 애국자가 누구인가를, 그 이름도 빛나리 우리의 장군, 그 이름도 거룩한 김일성 장군"이라는 김일성 장군 노래를 부르거나, "대한민국은 부패할 대로 부패했다. 인민을 위해 한 일이 뭐냐, 통일은 김일성이 하지 박○○는 못한다", "이북은 강력한 경제를 실시하고 있어 중공업, 무기 공업이 이남보다 더 성장되었다", "미국이 6·25사변을 일으켰다. 대한민국을 멀리하고 중공 및

사실도 함께 통보해주어야만 한다.
72 출입국관리40년사편찬위원회 편, 『출입국40년사』, 109쪽.
73 『韓國華僑孫承億, 譚文光遣送(1971.1~1972.7)』, 73쪽.

일본과 친교해야 한다", "공산주의가 민주주의보다 좋고 이북은 사회보장제도가 잘 되어 있으매 자본주의와 제국주의는 멸망한다"라고 발언한 사람들은 모두 주변 사람들의 밀고密告로 공산주의를 '찬미, 고무, 동조'했다는 이유로 「반공법」 4조가 적용되어 처벌을 받았다. 심지어 버스 안에서 "김일성에게 정권을 맡기면 더 잘 살 수 있다"고 말한 경우에도 「반공법」 제4조 위반으로 기소되어 처벌 받았다.[74]

충주 화교협회가 보낸 탄원서를 보면 알 수 있듯이, 이 사건은 아마도 채무관계 분쟁으로 인한 원한 때문에 발생된 것으로, 쑨 씨가 반공국가인 한국의 공직자들 면전에서 공공연하게 공비共匪를 찬양하고 대만 총통의 명예를 훼손했을 가능성은 높지 않다. 그러나 한 가지 주의해야 할 점은 한국에 거주하는 화교들도 반드시 「반공법」의 구속을 받아야 했으며, 중국 공산당도 찬양하면 안되었다. 밀고를 당하면 한국화교들 역시 한국정부에 의해서 체포되었다. 이는 한국화교들이 대중교통, 술자리 혹은 어떠한 공공장소에서도 공산당을 인정하는 발언을 할 수 없었음을 보여주고 있는 대목이다.

위에서 언급한 몇 가지 사건을 통해, 한국화교들이 「국가보안법」 혹은 「반공법」을 위반해 초래된 결과가 한국 국민들이 당했던 경우보다 더욱 심각했음을 알 수 있다. 「국가보안법」이나 「반공법」을 위반한 한국화교들은 모두 '강제출국'이라는 위험에 처해졌다. 이 외에도 더욱 중요한 점은 한국화교들은 한국 반공체제의 구속을 받았을 뿐만 아니

---

74 박원순, 『국가보안법연구 2』, 역사비평사, 1992, 104~110쪽. 1967년부터 1970년까지 「국가보안법」과 「반공법」 위반으로 재판을 받은 사람은 476명이었고 그중 「반공법」 제4조 위반자는 160명이었다.

라, 중화민국의 반공체제에 대해서도 구속을 받아야 했다. 한국에 거주하는 화교는 '비첩匪諜', 즉 공산당 혐의가 있으면 반드시 '사상조사思想檢査'를 받아야 했다. 주한중화민국대사관은 먼저 용의자의 사상이 불순한지를 조사하고, 그 조사 결과를 중화민국 정부에 보고했다. 대만으로 송환된 후에도 또다시 '사상조사'를 받았다. 한국화교의 '비첩' 혐의는 단순히 한국의 「국가보안법」이나 「반공법」뿐 아니라 중화민국의 「징치반란조례懲治叛亂條例」에도 저촉되었다. 따라서 대만으로 송환된 후에도 반드시 「징치반란조례懲治叛亂條例」를 위반했는지에 대한 조사도 받아야만 했다. 만일 다른 한국화교가 '공산당 비첩' 혐의가 있는 화교를 구제하려면, 반드시 한국과 중화민국 정부에게 그의 '사상이 순수하고 올바름'을 증명해야만 했다. 냉전시기 한국화교들은 반공국가인 한국과 중화민국의 사이에 끼어 양측의 반공과 관련된 법령을 준수해야 하는 경험을 해야만 했다.

5. 맺음말

동아시아 냉전체제하에서 한국과 중화민국은 반공진영으로 편입되어 '반공공동체'를 형성하고 있었다. 한국과 중화민국의 반공체제는 강력한 반공주의적 법령에 기초해 유지하는 측면을 가지고 있었으며, 양측 모두 '공산주의' 활동을 금지하는 엄격한 법령을 실시하고 있었다. 한국화교는 중화민국 국적을 소지하고 한국에서 거주하는 사람들이다. 따라서 한국과 중화민국의 법령이 모두 한국화교에게 적용되었다. 한국과 중화민국에서는 '공산주의'를 동조하거나 찬양하는 그 어떠한 행위도 용납되지 않았다. 한국에서 발생한 '공산주의'와 관련된 혐의는 중화민국에서도 적용이 되었으며, 중화민국의 법령에도 저촉되었다.

한국화교의 '공산주의'혐의는 한국인에 비해서 심각한 것이었다. 한국인 역시 '공산주의'혐의로 인해 생명을 잃을 수 있었고, 이것은 한국화교도 마찬가지였다. 중화민국의 국적소지자인 한국화교는 '공산주의'혐의는 한국과 중화민국에서 모두 극형을 처벌 받을 가능성이 있었다. 그러나 한국인에 비해 심각한 것은 한국화교는 '공산주의'혐의로 인해 강제출국 당할 가능성이 높았다. 앞서 제시한 사례의 한국화교는 모두 '공산주의'혐의로 대만에 압송되었다. 한국과 같은 반공주의적 법적 체제를 실시하는 중화민국은 '공산주의'혐의가 확정되지 않아도 한국정부의 '공산주의'혐의자의 퇴출을 받아들일 수 밖에 없었다. 한국화교는 '공산주의'혐의만으로도 한국에서 추방되어 한국에 있는 가족들과 이별을 하지 않으면 안 되었고, 설사 강제출국 당한 한국화교가 대만에서 '공산주의'혐의가 무죄로 판명되었다 해도 한국으로 돌아 올 수 있을 지는 불명확했다. 위에서 제시한 순 씨의 사건만 해도 승소 후 정말로 한국으로 돌아 왔는지는 알 수가 없었다.

그리고 위에서 제시한 사례들에서 알 수 있듯이 한국화교에게 씌워진 '공산주의'혐의의 발단은 무척 사소한 것으로 화교사회 내 혹은 한국인과의 사이에서 발생한 인간관계에서 비롯된 것일 가능성이 높았다. 하지만 이것은 한국과 중화민국에서 '공산주의'혐의가 한 사람의 생사를 좌우할 수 있는 사회적 규범으로 자리잡고 있었기 때문에 가능한 일이었다.

　반공국가 사이에서 겪은 반공법규 위반 경험은 한국화교가 얼마나 냉전의 영향을 많이 받았는지 알려주는 대목이기도하다. 냉전시기의 한국화교는 한국과 중화민국의 사이에서 살아가는 존재로 양측의 영향을 피해 갈 수 없었다. 한국화교는 한국 반공체제의 법적 감시를 받는 동시에 중화민국 반공체제의 법적 감시를 같이 받고 있었다. 한국과 중화민국이 형성한 '이중 반공시스템' 속에서 한국화교가 그 감시망으로부터 벗어나는 것은 쉽지 않았다. 뿐만 아니라 한국과 중화민국의 반공 감시망은 검증의 허술성을 동시에 지니고 있었다. 철저한 검증도 없이 밀고만으로도 한 사람의 생명과 안전을 위험에 빠뜨릴 수 있었다. 한국화교들은 반공법규를 위반했을 때 자신이 반공국가 사이에서 살아가고 있다는 것을 절실히 느꼈을 것이다. '이중 반공시스템' 속에서 한국화교는 한국인, 대만인보다 더 심각한 반공의 통제를 받고 있었다. 소수자인 한국화교의 냉전의 경험은 한국인, 대만인보다 더 강력하고 억압적인 것이다.

참고문헌

자료

『在韓拘押之匪区漁民9人及旅韓僑犯4人遣台 第1冊(1956.3~1957.10)』, 中華民国外交部
　　　档案, 档案号 : 062.6 / 0002, 中央研究院近史所档案館所蔵.

『在韓拘押之匪区漁民9人及旅韓僑犯4人遣台 第2冊(1956.10~1959.4)』(駐韓大使館代電
　　　1957.10.6), 中華民国外交部档案, 档案号 : 062.6 / 0003, 中央研究院近史所档案館
　　　所蔵.

『韓国華僑孫承億, 譚文光遣送(1971.1~1972.7)』, 中華民国外交部档案, 档案号 : 062.6 /
　　　0003, 中央研究院 近史所 档案館所蔵.

논문 및 단행본

김수자, 「대한민국 수립 직후 민족주의와 반공주의의 형성과정」, 『韓国思想史学』 제25집,
　　　한국사상사학회, 2005.12.

김인배, 「국가보안법·반공법과 한국 인권 50년」, 『역사비평』 통권46호, 역사문제연구소,
　　　1999 봄.

김혜진, 「박정희 정권 반공이데올로기의 정치적 기능」, 『역사비평』 통권 16호, 역사문제연
　　　구소, 1992 봄.

박원순, 『국가보안법연구』 2, 역사비평사, 1992.

법무부, 『출입국·외국인정책본부 2015』, 과천 : 출입국·외국인정책본부, 2016.

왕 언메이(王恩美), 송승석 역, 『동아시아 현대사 속의 한국화교-냉전체제와 조국의식』,
　　　학고방, 2013.

유일제, 「한국전쟁과 반공이데올로기의 정착」, 『역사비평』 통권 16호, 역사문제연구소,
　　　1992 봄.

출입국관리40년사편찬위원회 편, 『출입국 40년사』, 법무부, 2003.

후지이 다케시, 「4·19 / 5·16 시기의 반공체제 재편과 그 논리-반공법의 등장과 그 담지
　　　자들」, 『歴史問題研究』 제25호, 역사문제연구소, 2011.4.

林果顕, 『「中華文化復興運動推行委員会」之研究(1966~1975)-統治正当性的建立与転変』,
　　　台北 : 稲郷出版社, 2005.

曾薰慧,「台湾50年代国族想像中'共匪/匪諜'的建構」, 台中：東海大学社会研究所碩士論文, 2000.

蔡錦堂,「戰後初期(1949~1950)台湾社会文化変遷初探－以『中央日報』記事分析為中心」, 『淡江史学』第15期, 2004.6.

인터넷 데이터베이스 자료

국가법령정보센터 http://www.law.go.kr/main.html

立法院法律系統 http://lis.ly.gov.tw/lgcgi/lglaw?@@846930886

全国法規資料庫 http://law.moj.gov.tw/

◎초출일람

식민지 기억과 분단—1940년 양구군 해안면 소학교 낙서사건을 사례로
「식민지 기억과 분단—1940년 양구군 해안면 소학교 낙서사건을 사례로」, 『역사
문제연구』 32호, 2014.

냉전/전쟁 그리고 억류의 기억—1975년 베트남 공관원 억류 사건을 둘러싼 기억들의 재구성
「1975년 베트남 공관원 억류 사건을 둘러싼 기억들의 재구성」, 『구술사연구』 제6
권 1호, 2015.

냉전시대 동아시아 지역의 미국학 확산과 '知的 네트워크' 구축—한국의 사례를 중심으로
「냉전시대 동아시아 지역의 미국학(American Studies) 확산과 '지적 네트워크'
구축」, 『아세아연구』 제60권 1호, 2017.

재일 조선인의 '국적'과 한국전쟁(1947-1952년)—'조선적(朝鮮籍)'은 어떻게 하여 생겨났는가?
「在日朝鮮人の「国籍」と朝鮮戦争(1947-1952年)—「朝鮮籍」はいかにして生ま
れたか」, *PRIME* 40, 2017.

◎필자 소개

정병욱 鄭昞旭, Jung, Byung Wook
　　1966년 출생. 현재 고려대 민족문화연구원 인문한국(HK)교수이다. 한국 근대사를 전공하며, 주요 논저로 『식민지 불온열전』, 『일기를 통해 본 전통과 근대, 식민지와 국가』(공저), 「Migrant Labor and Massacres : A Comparison of the 1923 Massacre of Koreans and Chinese during the Great Kanto Earthquake and the 1931 Anti-Chinese Riots and Massacre of Chinese in Colonial Korea」 등이 있다.

이타가키 류타 板垣竜太, ITAGAKI Ryuta
　　1972년 출생. 현재 도시샤(同志社)대학 사회학부 교수이다. 전문분야는 한국 근현대 사회사 및 문화인류학이다. 한국에서 나온 책으로 『한국 근대의 역사민족지 - 경북 상주의 식민지 경험』(2015), 『동아시아 기억의 장』(공저, 2015) 등이 있다.

김원 金元, Kim Won
　　1970년 출생. 한국학중앙연구원 사회과학부 부교수이다. 서강대 사학과를 졸업하고 같은 대학 정치외교학과에서 석사와 박사를 마쳤다. 최근 관심 분야는 냉전 동아시아에서 서발턴의 기억에 관한 것이다. 논저로 『여공문학, 섹슈얼리티, 폭력 그리고 재현의 문제』(공동번역), 「밀항, 국경 그리고 국적 - 손진두 사건을 중심으로」, 「국가와 마이너리티 - '상기'하는 방법을 생각하며」, 『여공 1970, 그녀들의 반역사』, 『박정희 시대의 유령들』, 『잊혀진 것들에 대한 기억』, 『87년 6월 항쟁』 등이 있다.

오타 오사무 太田修, Ota Osamu
　　1963년 출생. 현재 교토 도시샤대학 대학원 글로벌스터디즈 연구과 교수이다. 고려대 대학원에서 한국 현대사를 전공했고 주로 조선 근현대사를 연구해왔다. 주요 논저로 『한일교섭 - 청구권문제 연구』, 『朝鮮近現代史を歩く―京都からソウルへ』 등이 있다.

김수지 Suzy Kim

　　1972년 출생. 현재 미국 럿거스대학교 아시아언어문화과 부교수이다. 시카고대학교에서 한국 현대사를 전공하고, 여성사, 젠더학 등 냉전시대 사회문화사 연구를 진행해 왔다. 주요 연구로 "Everyday Life in the North Korean Revolution, 1945~1950"(Ithaca : Cornell University Press, 2013), "(De)Memorializing the Korean War : A Critical Intervention"(*Cross-Currents: East Asian History and Culture Review Special Issue*, No.14, March 2015)(공저) 등이 있다.

하라 유스케 原佑介, HARA Yusuke

　　1980년 출생. 현재 리츠메이칸대학 기느가사총합연구기구 전문연구원이다. 비교문학을 전공했고, 주요 논저로 「고바야시 마사루와 최규하」(2012), 「植民地鄕愁を擊て一小林勝 「「懷しい」と言ってはならぬ」と「日本人中学校」」(2017) 등이 있다.

츠치야 유카 土屋由香, Tsuchiya Yuka

　　현재 교토대학 대학원 인간・환경학연구과 교수이다. 미국 메릴랜드대학에서 석사학위를, 미네소타대학에서 박사학위를 취득하고, 미국연구, 냉전기 미국의 대아시아외교를 연구해왔다. 저서로『親米日本の構築―アメリカの対日情報・教育政策と日本占領』(단저),『占領する眼・占領する声―CIE/USIS映画とVOAラジオ』(편저) 등이 있다.

허은 許殷, Heo Eun

　　1966년 출생. 현재 고려대 한국사학과 교수이다. 고려대에서 한국 현대사를 전공하고, 한미관계사, 냉전시대 사회문화사 연구를 진행해 왔다. 주요 논저로『미국의 헤게모니와 한국민족주의』,『한국현대 생활문화사』(공저), 「동아시아 냉전의 연쇄와 박정희 정부의 '대공새마을' 건설」 등이 있다.

심재겸 沈載謙, Jaekyom Shim

　　1978년 출생. 한양대에서 서양사 석사학위 취득 후 현재는 베를린자유대학 역사문화학과 박사수료 후 글로벌히스토리의 관점에서 냉전동아시아 연구를 진행 중이다. 주요 연구로 「하얀 피부 검은 가면―1960년대 미국 화이트팬더당과 문화혁명」, 「국민을 위한 노래―해방 이후 국민가요운동의 전개와 국민주체의 음악적 구상」 등이 있다.

도미야마 이치로 冨山一郞, Tomiyama Ichiro

　1957년 출생. 현재 교토 도시샤대학 대학원 글로벌스터디즈 연구과 교수이다. 오키나와 근현대사를 연구해왔다. 저서로 『暴力の予感』, 『流着の思想』 등이 있다.

이해연 李海燕, Li Haiyan

　도쿄이과대학 공학부 준교수를 하고 있으며, 히토쯔바시대학 사회학 연구과에서 공부하였다. 연구분야는 동아시아 지역연구, 마이너리티 연구이다. 주요 논저로 「中国黒竜江省M市朝鮮族へのインタビュー記録－1940~1970年代を中心に」, 『東京理科大学紀要(教養篇)』 48卷(2016), 『戦後の「満州」と朝鮮人社会－越境・周縁・アイデンティティ』(御茶の水書房, 2009) 등이 있다.

정영환 鄭栄桓, Chong Young-hwan

　1980년 출생. 현재 도쿄 메이지가쿠인대학 교양교육센터 준교수이다. 전공은 주로 조선 근현대사, 재일조선인사를 연구해왔다. 주요 논저로 『누구를 위한 화해인가 『제국의 위안부』의 반역사성』(임경화 역, 푸른역사, 2016), 『朝鮮独立への隘路 在日朝鮮人の解放五年史』(法政大学出版局, 2013) 등이 있다.

왕 언메이 王恩美, Wang, En-Mei

　1972년 출생. 현재 국립타이완사범대학(國立臺灣師範大學) 동아시아학과(東亞學系) 교수이다. 주요 연구분야는 동아시아화교・화인사회로 최근 한국화교와 일본화교의 비교사, 한국과 중화민국의 냉전사에 관심을 갖고 있다. 주요 논저로 『동아시아 현대사 속의 한국화교－냉전체제와 조국의식』(2013), 「해방 70년, 한국화교에 대한 이해」(2016), 『20세기 동아시아화교의 지속과 변화』(공저, 2017) 등이 있다.

◎역자 소개

서민교 徐民教, Seo Min-kyo

　　동국대 대외교류연구원 책임연구원. 주요 논저로 『일본근세근현대사』(한국방송통
　　신대학교출판문화원, 2015), 『地域の中の軍隊』 7, 帝国支配の最前線 : 植民地 (吉川
　　弘文館, 2015) 등이 있다.

이세연 李世淵, Lee Seyun

　　한양대 비교역사문화연구소 HK연구교수. 주요 논저로 『사무라이의 정신세계와 불
　　교』(혜안, 2014), 『술로 풀어보는 일본사』(이상미디어, 2017), 『제국과 변경』(혜
　　안, 2017) 등이 있다.

이주호 李柱澔, Lee, Jooho

　　고려대 한국사학과 박사과정 수료. 주요 논저로 「1945~1948년 북한 소비조합 정책
　　의 전개」(2015), 「해방 이후(1945~1950) 북한 방직공업 정책의 전개와 성격」
　　(2016) 등이 있다.

김선희 金仙熙, Kim Sunhee

　　일본 히로시마대학 대학원 교육학연구과 졸업. 학술박사. 주요 논저로 『現代アジア
　　の女性たち-グローバル化社会を生きる』(2014), 『국학과 일본주의-일본 보수주의
　　의 원류』(2011)(이상 공저), 「'중심'공간으로서의 한일 경계 지역 연구-전근대 표
　　류민을 중심으로」(2014), 「근대 도시 문화의 재생과 새로운 커뮤니케이션의 창출-
　　군산을 중심으로」(2013) 등이 있다.

홍종욱 洪宗郁, Hong Jong-wook

　　서울대 인문학연구원 부교수. 주요 논저로 『戦時期朝鮮の転向者たち-帝国／植民地
　　の統合と亀裂』(有志舎, 2011), 『가지무라 히데키의 내재적 발전론을 다시 읽는
　　다』(공저, 아연출판부, 2014) 등이 있다.

김영숙 金英淑, Youngsuk Gim

도쿄대학 대학원 인문사회계연구과 일본사학과 졸업. 고려대학교 한국사연구소 연구교수. 저서로 『근대 일본의 동아시아정책』(선인, 2009)이 있으며, 역서로는 『만주사변에서 중일전쟁으로』(가토 요코, 일본근현대사 시리즈 5, 어문학사, 2012), 『폭주하는 일본의 극우주의—재특회, 왜 재일 코리안을 배척하는가』(히구치 나오토 지음, 미래를소유한사람들, 2015), 『재특회(在特会)와 일본의 극우—배외주의운동의 원류를 찾아서』(제이앤씨, 2016)가 있다.